KB107409

이것이 책이다

100권의 책으로 본 책의 역사

A HISTORY OF THE BOOK IN 100 BOOKS

예경

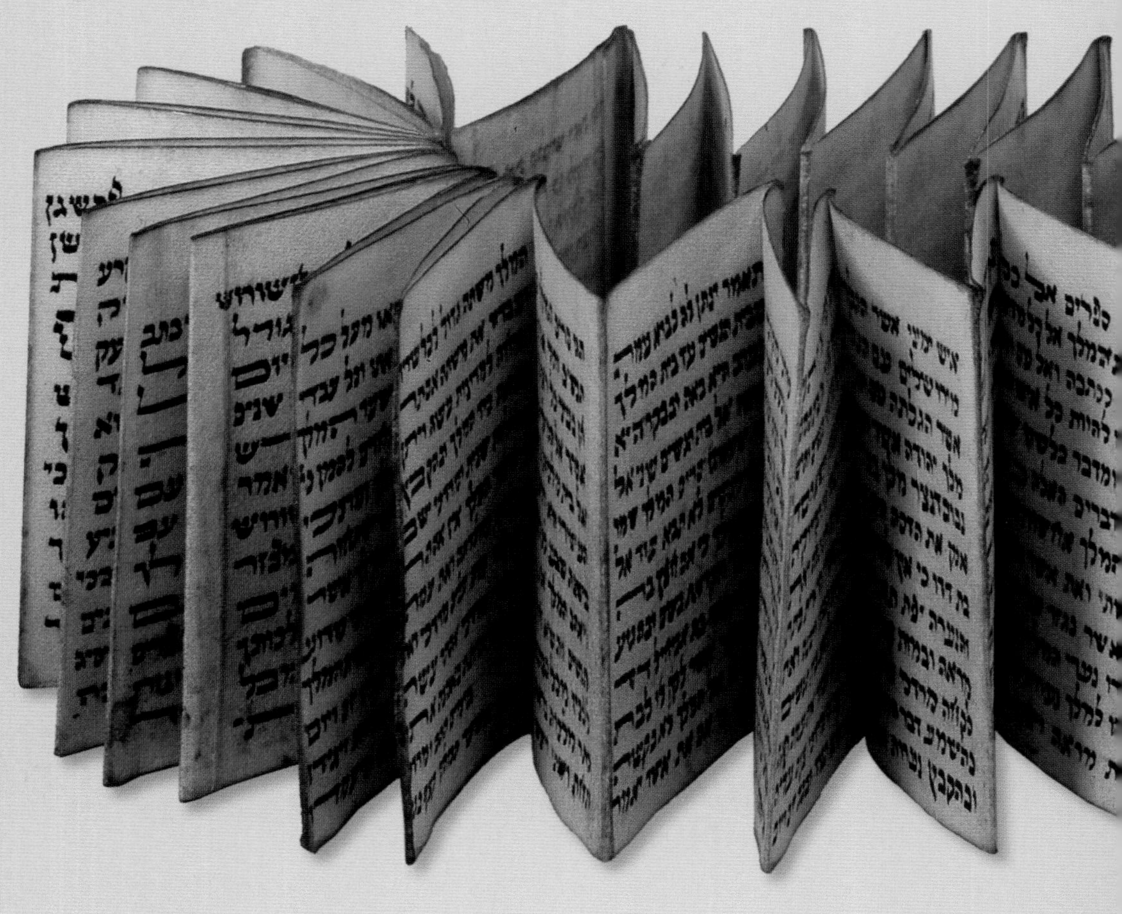

위 「에스더서」 두루마리 (유대인의 구원을 기념하는 큰 명절인 부림절에 낭독하며) 히브리어로 '메길라(Megillah, 두루마리)'라고 부른다. 양피지(羊皮紙)에 펜과 잉크를 이용해 히브리어 텍스트를 깨알같이 적고, 아코디언처럼 접어서 정교한 돋을새김 은갑(銀甲)에 넣었다. 겉의 은장식은 네덜란드의 수입 규제용 순도 표식을 나타낸다. 이것이야말로 그 내용물, 그 재료와 미적 가치 그리고 (최근에 와서는) 그 유래와 역사 때문에 무척 귀중하게 여겨지는 책의 좋은 사례이다.

이것이 책이다

100권의 책으로 본 책의 역사

A HISTORY OF THE BOOK IN 100 BOOKS

로더릭 케이브 · 새러 아야드 지음
박중서 옮김

예경

옮긴이 박중서

출판기획자 및 번역가로 활동하고 있다.
한국저작권센터(KCC)에서 근무했으며,
'책에 대한 책' 시리즈를 기획했다. 옮긴 책으로는
『아주 짧은 세계사』, 『생각의 힘을 실험하다』,
『해부학자』, 『모뉴먼츠 맨』, 『식량의 세계사』, 『생각의 완성』,
『선택의 과학』, 『무신론자를 위한 종교』,
『거의 모든 사생활의 역사』, 『지식의 역사』,
『과학적 경험의 다양성』, 『런던 자연사 박물관』, 『신화와 인생』,
『끝없는 탐구』, 『인간의 본성에 관한 10가지 이론』, 『대구』,
『언어의 천재들』, 『성찰하는 삶』,
『여행자를 위한 고전 철학 가이드』 등이 있다.

이것이 책이다
100권의 책으로 본 책의 역사

지은이 | 로더릭 케이브 · 새러 아야드
옮긴이 | 박중서

편집 | 유승준
교정교열 | 백상열
디자인 | 박광자

펴낸이 | 한병화
펴낸곳 | 도서출판 예경

초판 1쇄 인쇄 | 2015년 1월 20일
초판 1쇄 발행 | 2015년 1월 26일

출판 등록 | 1980년 1월 30일(제300-1980-3호)
주소 | 서울시 종로구 평창2길 3
전화 | 02-396-3040~3
팩스 | 02-396-3044
전자우편 | webmaster@yekyong.com
홈페이지 | www.yekyong.com

ISBN 978-89-7084-521-0 (03900)

책값은 뒤표지에 있습니다.

이 도서의 국립중앙도서관 출판시도서목록(CIP)은
e-CIP 홈페이지(http://www.nl.go.kr/ecip)와
국가자료공동목록시스템
(http://www.nl.go.kr/kolisnet)에서 이용하실 수 있습니다.
(CIP 제어번호: CIP 2014026258)

차례

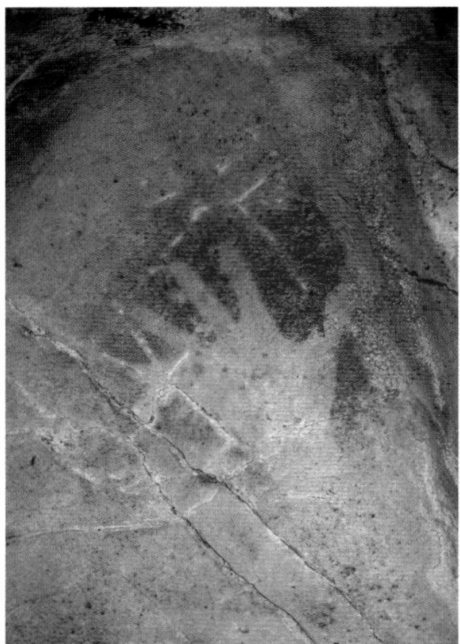

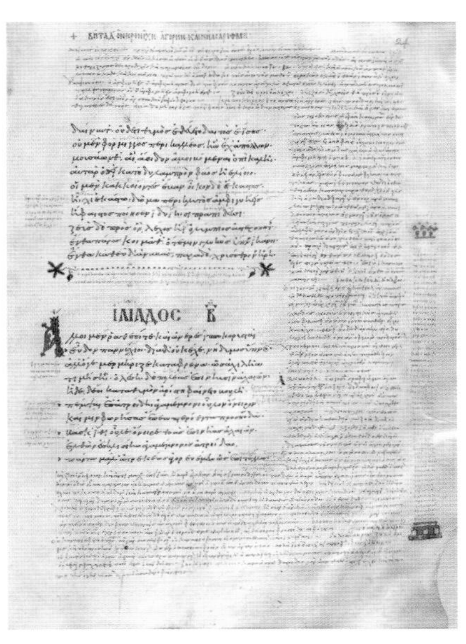

Secunda etas mundi Folium XII

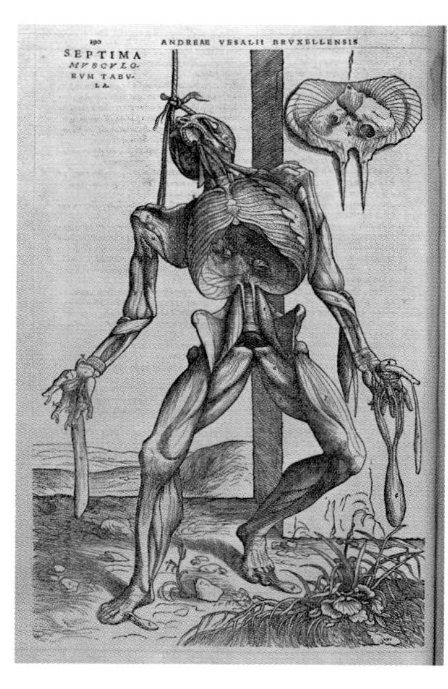

A
DICTIONARY
OF THE
ENGLISH LANGUAGE:
IN WHICH
The WORDS are deduced from their ORIGINALS,
AND
ILLUSTRATED in their DIFFERENT SIGNIFICATIONS
BY
EXAMPLES from the best WRITERS.
TO WHICH ARE PREFIXED,
A HISTORY of the LANGUAGE,
AND
AN ENGLISH GRAMMAR.
By SAMUEL JOHNSON, A.M.
IN TWO VOLUMES.
VOL. I.
THE SECOND EDITION.
LONDON,
Printed by W. STRAHAN,
For J. and P. KNAPTON; T. and T. LONGMAN; C. HITCH and L. HAWES;
A. MILLAR; and R. and J. DODSLEY.
MDCCLV.

제6장 94

변화의 수레바퀴

제7장 120

위험한 발명품

제8장 148

인쇄술과 계몽주의

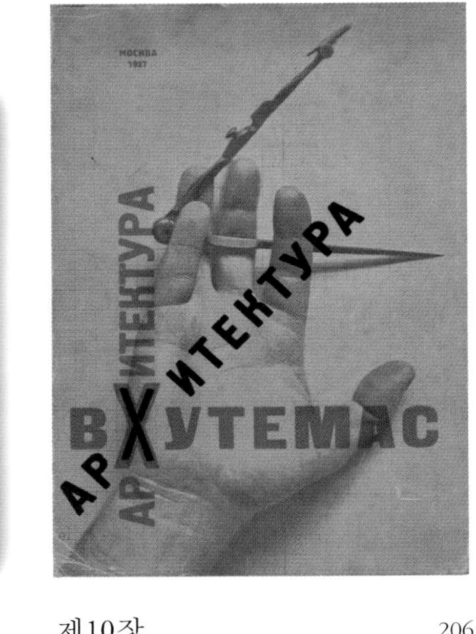

제9장 178
인쇄술과 증기력

제10장 206
떠들썩했던 20세기의 책들

제11장 234
디지털화와 책의 미래

서문

'책의 죽음'을 이야기하는 것이 이제는 진부하게까지 느껴지는 시대이다. 그런데도 우리가 과거에는 책이 어떠했는지를 굳이 돌아보는 한편, 나아가 문자 통신의 미래에 관한 갖가지 추측까지 살펴보는 데에는 충분히 그럴 만한 이유가 있다.

일부 언론인과 사서는(아울러 컴퓨터광들도) 전자책의 도래가 전면적으로 완전한 혁명을 나타낸다고 믿고 있다. 이들은 가까운 미래에 출판이 완전히 전자화되리라고 예측한다. (지금으로부터 20년 전에 그토록 자신만만하게 예언되었던) 종이 없는 사무실의 등장이 계속 지연되는데도 불구하고, 이들은 종이도 없고 인쇄도 없는 세상을 기대한다. 즉 모든 정보를 스크린 위의 이미지로 접근하는 세상을 기대하는 것이다.

어쩌면 전자책의 인기는 조금씩 오르고 있는지도 모른다. 그리고 결국 종이 인쇄본은 사라질지도 모른다(바빌론의 점토판과 고대 이집트의 파피루스 두루마리가 이미 오래전에 사용이 중지된 것처럼 말이다). 하지만 우리는 미래의 책 형태가 완전한 전자화밖에 없을 것이라는 섣부른 주장에는 결코 동의하지 않는다. 왜냐하면 지난 1만 년이 넘는 역사 동안 인류는 우리의 무의식 속에 깊이 파묻혀 있는 정보를 보전하고 전송하는 방법을 다양하게 발전시켰기 때문이다.

우리가 유형(有形)의 책과 맺는 감정적 관계는 이 책에서 굳이 다루지 않을 것이다. 또 도서 제본이라든지 신문 및 잡지 출판에 대한 검토도 물론 중요하지만, 우리는 그런 내용까지는 이 책에 포함시키지 않기로 (마지못해) 결정했다. 만약 우리가 연대기적 접근법을 취한다면 한 세기당 한 장의 그림만 배당해야 할 것이고, 결국 소개할 책을 고르는 일에서부터 고심하지 않을 수 없을 것이다. 예를 들어 극(劇) 분야의 책은 한 권만 넣을까, 두 권 넣을까? 발명 분야는 한 권만 넣을까? 금서(禁書)는 몇 권을 넣을까? 100권의 책을 선택하는 과정에서 우리는 많은 생각과 함께 (자문단과의) 많은 논의를 거쳐야 했다.

우리는 단순히 '최고의 책 100권 모음'을 만들려고 하지 않았다(무엇이 '최고'인지를 제아무리 잘 정의했다 하더라도 말이다). 이런 방면 또는 저런 방면에서 '최초의 책 100권 모음'도 아니었다. '가장 유명한', '가장 아름다운', '가장 영향력 있는', '가장 가치 높은' 등도 아니었다. 물론 이 모두는 우리의 선택에서 어느 정도 영향을 끼치기는 했지만 말이다. '가장 돋보이는'도 아니었지만, 그렇다고 해서 아시아와 유럽의 인쇄술에서 최초의 사례 몇 가지를 선택하고, 다른 책들 몇 가지를 선택하는 것까지 피하기는 어려웠다.

책을 선정하는 우리의 원칙은 상당히 폭이 넓었기 때문에, 남극 대륙을 제외한 모든 대륙의 책을 망라했다. 광범위한 판형과 양식을 보여주는 책들을 골랐기 때문에, 끈으로(즉 '결승문자'로) 만든 책이라든지, 뼈와 나무껍질과 야자나무 잎에 쓴 책이라든지, (유럽과 북아메리카에서 더 친숙한) 점토판과 파피루스 두루마리와 우피지(牛皮紙)와 종이에 적은 책까지 소개했다. 우리는 특정 장르를 상징하는 책들을 선정하려 했지만, 그렇다고 해서 우리가 선정한 책이 반드시 가장 돋보이는 책들은 아니었다.

이 책에 수록된 그림들에서 알 수 있듯이, 너무 유명해서 더 이상 설명이 필요 없을 것 같은 몇 가지 책은 그냥 넘어갔다(예를 들어 '킹 제임스 성서'도 없고, '셰익스피어'도 없다). 대신 우리는 각 시대마다 그에 못지않게 중요했거나, 또는 영향력이 있었던 다른 책을 소개했다. 예를 들면 '킹 제임스 성서' 대신 '구스타브 바사 성서'를 모든 국가별 성서의 대표 격으로 소개했다(왜냐하면 이 성서는 루터교의 북유럽 전파, 근대 스웨덴어의 형성, 독일 타이포그래피의 전파 등과 같은 사건에서 워낙 중요했기 때문이다).

만약 특정 지역이나 시기를 이해하고 싶다면, 오로지 위대하고 훌륭한 것만 바라보지는 말아야 한다는 이야기가 있다. 차라리 덜 위대한 것이나, 아주 훌륭하지는 않은 것을 바라봄으로써 더 많은 것을 배울 수 있기 때문이다. 이 책은 이 두 가지 관찰 대상을 혼합했는데, 이는 독자의 관심을 충분히 자극해서 계속 책을 읽어나가게 만들려는 의도에서이다. 왜냐하면 이 책을 통해 발견될 보물이 워낙 많기 때문이다!

'진짜' 인쇄본이 더 많이 간행되는 지금, 또한 자비 출판도 꾸준히 더 쉬워지는 지금, 과연 인쇄본의 시대가 끝났다고 말할 수 있을까? 우리의 대답은 '아니다!'이다. 분명한 사실은, 새로운 발전이 앞으로 더 많이 생겨나리라는 것이며, 가끔은 전자책과 매우 다른 (그리고 '더 나은') 뭔가가 간행되리라는 것이다. 하지만 우리의 설명이 보여주듯이, 21세기에 와서도 어떤 사람들은 마치 의도적으로 시대에 뒤처진, 또는 엉뚱한 방법을 이용해서, 그리고 디지털화를 완전히 거부하면서 새로운 형태의 필사본이나 인쇄본을 만들어내고 있다. 따라서 전통적인 방식의 책은 앞으로도 아주 오랜 시간 동안 여전히 제작될 것이다.

로더릭 케이브 · 새러 아야드

오른쪽 **엘 카스티요 동굴** 에스파냐 북부에 있는 이 구석기 시대의 그림은 제작 연대가 최소한 (이전까지의 추정보다 1만 년이나 더 앞선) 4만 8백 년 전으로 거슬러 올라가기 때문에, 유럽에서 가장 오래된 현존 동굴 벽화이다. 최초의 인간(즉 네안데르탈인)이 그린 이 벽화는 11개 동굴에서 발견되는데, 이 가운데 돌 위에 물감을 입으로 불거나 뱉어서 만든 손자국과 원반 형태가 50여 개에 달한다(14~15쪽 참고).

1

제1장 태초에……

책의 기원은 언어의 기원만큼이나 딱 꼬집어 말하기가 어렵다.
이 장에서는 선사 시대부터 기원전 1000년경까지
무려 수백 세기에 달하는 기간 동안, 여러 문명의 여러 문화가
지식과 정보를 포착하고 보전하는 방법을 어떻게 발전시켰는지를 개관할 것이다.

우선 한 가지 고백으로 시작하자. 우리는 '책'이란 것이 언제, 어디서, 어떻게 만들어졌는지에 관해 사실상 전혀 알지도 못하고 이해하지도 못한다. 그걸 알려면 책의 텍스트가 있어야 하는데, 고대의 저술이 살아남을 확률은 매우 낮기 때문이다. 실제로 책의 텍스트가 살아남아 우리가 그 내용을 읽을 수 있는 곳에서는(예를 들어 메소포타미아, 이집트, 중국처럼) 인류가 이미 선사 시대에서 역사 시대로 옮겨왔다. 하지만 그보다 이전에, 말(言)의 발달이야말로 우리를 다른 유인원 집단과 구분해주는 요소 가운데 하나이다. 말도 물론 중요하지만, 체계화된 기억의 발전 역시 필수적이었다. 우리는 지식을 구체화하는 법과 단어를 암기하는 법을 배우는데, 이런 학습은 주로 시각적 수단을 통해 이루어진다. 대개 그림이나 기호인 이 수단을 이용함으로써, 그걸 만든 이는 메시지의 내용을 반복하거나 전달할 수 있다. 선사 시대에 세계 곳곳에 살던 사람들은 자기가 살던 곳에 표식과 그림을 만들어놓았고, 이런 표식과 그림은 대개 동굴 벽화 속에서만 보전되었다. 추상적 패턴이건 묘사적 그림이건 간에, 이런 표식과 그림은 작성자와 '독자' 모두에게 의미를 전달했다.

통신의 방법

현대의 학자들 중 일부는 동굴 벽화에 들어 있는 그림 요소에 뭔가 발달되고 널리 이해된 의미가 담겨 있다고 해석하는데, 그에 따르면 이런 그림은 일종의 시각 언어가 된다(14~15쪽 참고). 이 이론은 아직 널리 받아들여지지 않고 있지만, 학자들은 동굴 벽화에 나타난 기호가 무려 1만 년 이상 반복되어 사용되었다고 생각한다. 그렇다면 이것이야말로 사람들이 문자 작성 체계를 향해 나아갔다는 최초의 희미한 증거가 될 수 있을까? 만약 그게 사실이라면, 그 시기는 아마 지금으로부터 2만 년 또는 그 이전일 것이다. 고고학의 시간 개념에서 보면, 결코 오래전 일이 아니다.

동굴 벽화에서 사용된 수단을 제외하더라도, 정보를 기록하려는 최초의 시도는 무척 단순했을 것이다. 인류는 매우 일찍부터 숫자를 배웠다. 현존하는 가장 오래된 기록 가운데 일부인 스와질란드의 르봄보 뼈라든지, 콩고민주공화국의 이상고 뼈는 지금으로부터 2만 년 전(즉 기원전 1만 8000년경)의 것으로 여겨지는데, 그 위에는 소유주가 적어놓은 표식이 들어 있다(16~17쪽 참고). 그것은 수학적 표식일까, 아니면 천문학적 계산일까? 오늘날의 우리와 마찬가지로, 우리의 선조들에게도 시간 측정은 중요하기 짝이 없는 일이었다. **부절(符節)**은 비교적 최근까지도 사용되었는데, 이 사실은 그처럼 외관상으로 단순한 도구가 상당한 실용적 이득을 가져왔음을 보여준다.

'책'이라는 것이 반드시 **두루마리**나 낱장 엮음(**코덱스**)이어야만 한다고, 그리고 표면에는 그림이나 글이 적혀 있어서 다른 사람이 읽을 수 있어야만 한다고 생각한다면, 우리는 이미 지성과 문화에서 상당한 발전을 가정하는 셈이다. 그러려면 우선 단어의 시각적 표현이 있어야만 한다. 즉 의미를 담은 소리, 그리하여 이해할 수 있는 소리가 있어야 한다는 것이다. 우리 조상들은 글쓰기를 배움으로써 다른 집단들보다 더 성공했는데, 이런 사실은 일찌감치 인지되었다. 여러 문화마다 문자를 선물했다는 이유로 숭배받는 신과 전설의 인물이 있다. 이집트의 토트[Thoth]와 세스하트[Seshat], 바빌로니아의 나부[Nabu], 그리스의 카드모스[Cadmos], 멕시코의 케찰코아틀[Quetzalcoatl]이 그렇다.

기록 작성의 형태들

어느 사회나 쉽게 이용할 수 있는 재료라면 무엇이든 기록에 사용했다. 우리는 진흙판에 표식을 찍는 일이 글쓰기의 방법으로는 번거롭다고 생각할 수도 있지만, 이 방법에는 내구성이라는 장점이 있었다(우리가 바빌로니아의 역사에 대해 꽤 많이 알게 된 까닭도 바로 그래서이다). **파피루스**를 사용하던 사람들의 경우, 그 재료의 연약성 때문에 텍스트를 거듭해서 필사해야 했다. 잉카인은 세계에서 유일하게 대제국을 건설하면서도 문자 작성 체계를 갖추지 않았는데, 대신 **결승문자(結繩文字)**라는 매듭 끈을 이용해 기억을 보충하고, 일부나마 정보를 보관하고 전달했다. 이 체계는 수천 년이나 살아남았는데, 그 재료가 상당히 오래가는 재질이었다는 것도 그 이유 중 하나였다(20~21쪽 참고).

문자가 축복으로만 간주된 것은 아니었다. 여러 세기 동안 보수적인 사람들은 문자의 사용이 잘못이라고 비판했는데, 왜냐하면 그로 인해 사람들이 기억을 유지하는 능력을 잃게 된다고 여겼기 때문이었다. 사실 기억이라는 행위에는 상당한 정도의 노력이 필요했다. 예를 들어 브리타니아에 주둔하던 시절의 율리우스 카이사르가 (기원전 50년대에) 집필한 『갈리아 전쟁기』를 보면, 제대로 교육을 받은 드루이드가 되기 위해서는 20년에 걸쳐 공부를 해야 했다. 드루이드는 문자를 불신하고 오로지 구전이라는 수단에만 의존했기 때문에, 오늘날의 우리는 그들의 전승과 지식에 접근하는 방법을 모두 잃고 말았다. 거기서 2천 년 뒤인 지금도 사정은 마찬가지여서, 방대한 양의 필사 및 인쇄 기록과 전자 기록들을 현재와 미래의 매체로 옮겨놓지 않는다면, 우리는 결국 그 내용에 접근하는 방법도 잃어버리게 될 것이다.

인류는 돌, 진흙판, 나무껍질, 나뭇잎, 파피루스, 뼈, 짐승 가죽, **종이** 외에도 여러 가지 매체를 기록면(記錄面)으로 이용했다. 우리는 염료를 '잉크'로 삼고, 막대기나 갈대 혹은 깃털이나 흑연 조각을 '펜'으로 삼아서, 이런 재료의 표면에 표식을 옮기는 방법을 발견했다. 우리는 현대 문명의 여러 가지 인공물을 쓰고, 복제하고, 보관하고, 되찾는 효율적인 체계를 고안했다. 책의 경우, 한편으로는 우리가 사용하는 알파벳 글자 형태에 정교함을 더하고, 또 한편으로는 기술을 응용한 레이아웃의 규약을 통해서, 이제는 놀라우리만치 다양한 문학적 창조물을 읽을 수 있게 되었다. 구두법의 발전 덕분에 저자마다 자기 메시지를 모두 읽을 수 있도록 정확히 전달할 수 있게 되었다. 또는 의도적으로 그런 규약을 조롱할 수 있게 되었다(166~167쪽 참고).

한 가지 필요, 여러 가지 해결책

우리는 매체와 (그 매체가 운반하는) 메시지 사이의 상호 작용을 자연스럽게 (거의 무의식적으로) 인식한다. 책의 역사는 하나의 원천에서 일어난 하나의 발전이 아니다. 수많은 사회가 저마다의 문자 작성 체계를 발전시켰다. 메소포타미아에서 진흙을, 이집트에서 파피루스를, 인도와 인도네시아에서 **론타르** 야자나무를 (아울러 중국과 동남아시아에서도 다양한 문자 기록면을) 이용할 수 있었기 때문에, 이 모든 지역에서는 저마다의 문자 작성 체계와 책 제작법을 발전시킬 수 있었다(22~23쪽 참고).

이런 발전은 서로 다른 장소에서 서로 다른 시기에 일어났는데, 그 원인은 한편으로 (이 책 뒷부분에서 보여주겠지만) 인류의 지속적인 창의성과 정교함 때문이다. 어떤 사람들은 더 진보된 방법을 채택하는 대신 저마다의 독특한 방법을 발전시키기도 했다. 즉 전 세계의 책과 전자책의 미래는 (태초에 그랬던 것처럼) 무척이나 다양한 모습을 드러낼 가능성이 있다.

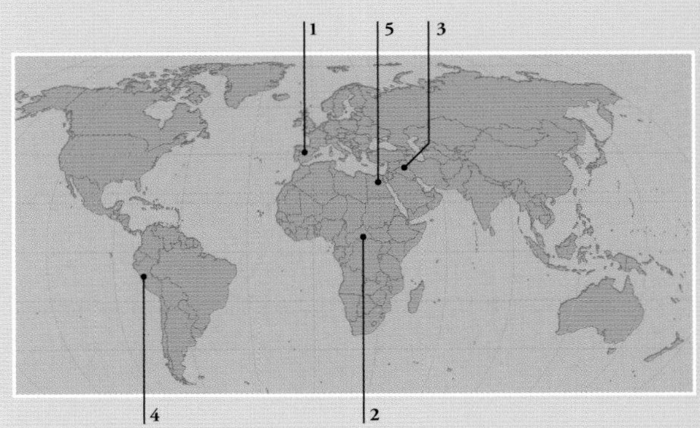

소개할 책들

동굴 벽화

인류 초창기에 사람들은 동굴 속에다가
자기네 시대에 관한 흔적을 그림으로 남겼다. 추상적이든 현실적이든 간에, 그림은
화가에게 어떤 의미를 갖게 마련이다. 과연 이 그림들은 무슨 말을 하고 있었던 걸까?

세계 전역의 동굴에서 거주하던 사람들은 자기네 현존에 대한 흔적을 다양하게 남겼다. 때로는 자신들이 사냥한 짐승과 생선의 뼈와 껍질을 남기거나, 사냥감을 죽이는 데 사용한 도구의 흔적을 남기거나, 요리와 난방과 조명을 위해 사용한 불의 흔적을 남겼다. 사후에 그들의 유골은 우리의 옛 조상에 관해 알아내려고 노력하는 현대의 고고학자들이 흙과 함께 체로 걸러 찾아내는 잔재의 일부가 되었다.

따뜻한 지역에서 제작된 동굴 벽화는 들소와 사자와 기린을 묘사한 반면, 추운 기후에서 제작된 동굴 벽화는 간혹 (그 당시에 지상을 거닐던) 곰과 매머드와 엘크를 묘사했다는 점에서 차이가 있다. 또 지구 전역의 유적에서 발견되는 동굴 벽화에서는 유사성도 나타난다. 그중 일부는 벽화 제작에 사용된 수단에서 나타난다. 즉 흙이나 (불을 피우고 남은) 숯으로 만든 물감이 그렇다. 상당수는 그 벽화를 제작한 사람들의 지역적인 경험, 감정, 믿음을 반영한 것으로 보인다.

많은 동굴 유적에는 사람의 손 그림이 있는데(때로는 손이 하나뿐이지만, 대개는 손의 이미지가 여러 개 나와 있다) 대부분 '분무 그림' 기법으로 만들어진 것이다. 즉 화가가 손을 스텐실 삼아 벽에 갖다 대고, 그 위에다 물에 섞은 황토색 물감을 입으로 뱉거나 부는 것이다. 고고학자들은 일부 동굴에서 가느다랗고 속이 빈 뼈 대롱을 발견했는데, 그걸 이용해 물감을 분 흔적이 있었다. 그런 벽화는 종종 아이들의 손을 이용해 만들어졌지만, 가끔은 사고로 손상된 어른의 손을 이용하기도 했다. 그런 사례는 기원전 1만 6000년 전의 것으로 추정되는 에스파냐의 엘 카스티요 동굴 벽화에서 찾아볼 수 있다(맞은편 쪽 참고). 이보다 더 나중 것인 (아르헨티나) 파타고니아 중부의 '쿠에바 데 라스 마노스(손의 동굴)' 동굴 벽화는 기원전 9500년쯤의 것이며, 술라웨시 남부 모로스 인근의 레앙레앙 Leangleang 동굴 벽화는 기원전 3000년경의 것인데, 모두 유사하다. 이 그림들은 이렇게 말하고 있다. "우리가 여기 다녀감!" 하지만 이 벽화는 과연 어떤 다른 의미 또는 메시지를 담고 있을까?

오른쪽 우리가 여기 다녀감! 아르헨티나 산타크루스 주의 '쿠에바 데 라스 마노스'에서는 이 손자국 다발을 만드는 과정에서의 흥분을 지금도 여전히 느낄 수 있다. 이 '벽화'는 음화(陰畵)로 되어 있다. 즉 돌 표면에 손을 갖다 댄 다음, 그 위에다 광물성 물감(산화철)을 대롱으로 불어 만든 실루엣이다.

오른쪽 최초의 각인 엘 카스티요에 있는 돌 표면에 그려진 들소의 윤곽선과 손자국이야말로 그 지역 관람객을 위한 정적(靜的) 정보인 동시에 장소 특화적 정보이다. 비록 군중 참여(크라우드소싱)나 다른 현대적인 정보 전달 수단으로부터 멀리 떨어진 세계이지만, 모든 인간에게는 즉각적으로 인식이 가능하다. 손자국은 여전히 많은 아이들에게 예술적 표현의 최초 수단으로 남아 있다.

관련 내용

물감의 효과적인 사용의 다른 사례로는,
바탁의 '푸스타하', 38~39쪽
가리마 복음서, 50~51쪽
토로스 로슬린 복음서, 66~67쪽

수학 지식에 관한 가장 오래된 증거

선사 시대의 유물 중 상당수는 고고학 탐사를 통해 발굴된다.
가장 오래된 '책' 가운데 하나는 개코원숭이의 뼈인데,
선사 시대의 인간이 그 위에 정보를 기록해놓았기 때문이다.

아래 부절 13세기의 이 개암나무 부절은 '국고금 영수증'으로, 지불된 금액을 나타내는 눈금이 새겨져 있었다. 이 막대기를 길이로 쪼개면, 각각의 반쪽에 똑같은 개수의 눈금이 새겨져 있다. 그중 하나는 지불인이 갖고, 또 하나는 수취인이 갖는다. 나중에 장부를 검사할 때 두 개를 나란히 맞추어 서로 '맞아떨어지는지(符合)' 여부를 확인했다.

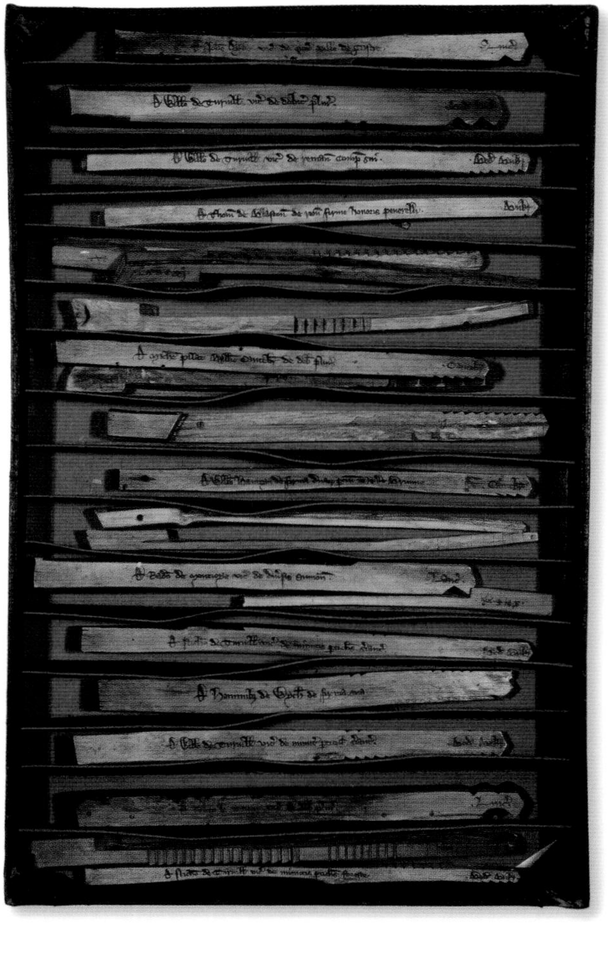

동굴을 조사하는 고고학자들은 단순히 벽과 천장에 있는 표식과 그림뿐만 아니라 발밑에 있는 것에도 관심을 가지고, (폼페이처럼 화산재에 뒤덮인 지역에서는) 사람들이 먹고 입고 일한 것이라든지, 심지어 사람들이 버린 것에 관한 증거에도 관심을 갖는다.

전 세계의 몇몇 동굴에서 인위적인 표식이 새겨진 뼈들이 발견되었다. 방사선 연대 측정 결과, 그중 일부는 매우 오래된 것으로 나타났다. 1960년에 벨기에 고고학자가 콩고민주공화국 에드워드 호수 인근의 화산재 속에서 발견한 뼈는 기원전 2만 5000년에서 2만 년 사이의 것으로 밝혀졌다. '이상고 뼈'라고 일컬어지는 이 개코원숭이의 종아리뼈는 한끝에 석영(石英)이 박혀 있어서 일종의 도구였음을 알 수 있다. 그리고 이 뼈 둘레에는 뭔가로 긁은 표식이 새겨져 있다.

처음에만 해도 이 뼈는 (유럽에서 현대까지 흔히 사용되던) 일종의 **부절(符節)**로 추정했지만, 이후의 연구에 따르면 6개월치 분량의 태음력이었을 가능성이 있다. 어떤 연구자는 그 표식을 여성이 새겼으며, 그 내용은 생리 주기라고도 주장한다. 또 다른 연구자는 이런 주장이 자료를 지나치게 해석한 것이라면서, 이 뼈들은 마치 남아메리카의 **결승문자**처럼 사용되는 기억 도구에 불과할 것이라고 믿는다(20~21쪽 참고). 회의주의자들은 뼈에 새겨진 표식이 단지 이 도구를 더 잡기 쉽게 만들기 위한 것뿐이라고 주장한다.

다른 몇 가지 선사 시대 달력도 발견된 바 있는데, 스와질란드에서 발견된 르봄보 뼈도 그중 하나이다. 이것은 오늘날까지도 남아프리카의 부시먼(산족)이 사용하는 달력 막대와 여러 면에서 유사하다. 1937년에 (체코공화국의) 돌니 베스토니체 Dolní Věstonice에서 발견된 늑대 뼈도 이와 유사한 종류이다. 하지만 이상고 뼈는 그보다 더 중요하다고 종종 간주되며, 수학 계산의 최초 발전을 보여주는 증거이다.

관련 내용
천문학 계산의 (매우) 다른 사례로는,
알 수피의 『항성지』, 86~87쪽
브라헤의 『천문학』, 136~137쪽
배네커의 『역서』, 170~171쪽
뼈를 재료로 삼은 책의 다른 사례로는,
바탁의 '푸스타하', 38~39쪽

아래 **콩고의 이상고 뼈** 이 개코원숭이 종아리뼈에 세 줄로 새겨진 168개의 눈금은 마치 뭔가를 나타내는 것처럼 보이지만, 그 정확한 의미는 불분명하다. 우리로선 제작자라든지, 용도에 관한 설명에 대해서는 아무런 단서도 갖지 못하고 있으나, 기원전 2만 년 전의 것으로 추정되는 이 유물은 종종 수학 지식에 관한 가장 오래된 증거로 간주된다.

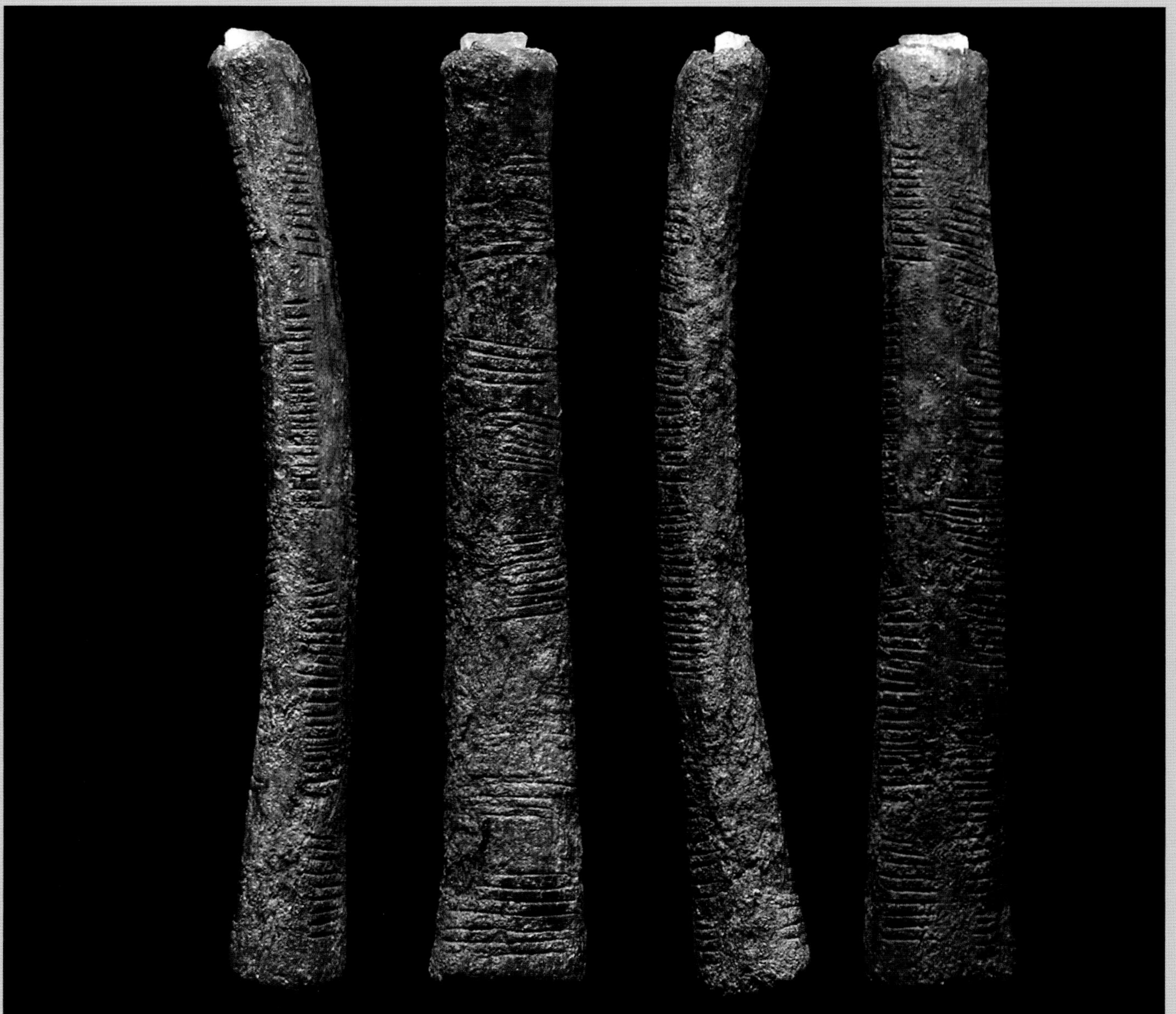

쐐기문자 평판

진흙 평판에 적은 쐐기문자는 매우 오랜 수명을 자랑한다.
의학, 법률, 수학 및 기타 내용을 담은 가장 오래된 책들 중 상당수가 바로 **쐐기문자**로 작성된 것들이었다.
가장 오래된 서사시인 '길가메시 이야기'와 '홍수 이야기'도 마찬가지이다.

축축한 진흙판 위에 기호를 찍는 방법은 위대한 문학 작품을 만드는 수단으로는 뭔가 좀 별나게 보인다. 하지만 티그리스와 유프라테스 강이 있는 '비옥한 초승달' 지역에는 진흙이 풍부했다. 그리고 진흙은 대부분의 문자 작성 체계를 뛰어넘는 몇 가지 강점을 갖고 있었다. 즉 언제라도 구할 수 있었고, 손쉽게 만들고 기록할 수 있었으며, 쐐기문자 평판을 불에 구우면 사실상 파괴가 불가능했다(이집트에서, 그리고 나중에는 로마에서 사용한 **파피루스**보다 훨씬 더 오래갔다).

진흙 원반을 계산에 사용했다는 증거는 기원전 8000년경에 나타났다. 기원전 3100년경에는 수메르 제국의 우루크에서 쐐기문자의 최초 형태가 사용되었다. 쐐기문자 문서는 아카드, 수메르, 바빌로니아 같은 다양한 지역 언어로 작성되었다. 이 문자는 워낙 널리 퍼져 있어, 외국에 머물던 이집트의 외교관이 파라오에게 보내는 문서에도 사용되었다(기원전 1340년경의 '아마르나 편지'가 그렇다). 최초의 법률, 의료 지침, 수학 텍스트, 천문학 연구, 사전, 심지어 (음식 삶는 법을 설명한) 초창기의 요리법까지도 있었고, 도시 국가의 발전 과정에서 필요했던 수많은 행정, 무역, 회계 기록이 오늘날까지 남아 있다. 연대가 확인된 쐐기문자 평판 중에서 가장 최근의 것은 기원전 75년에 작성된 천문학 역서(曆書)이다.

수메르와 바빌로니아의 기록에는 여러 가지 격언이 포함되어 있다. 빅토리아 시대의 한 아마추어 언어학자가 해독한 '길가메시 이야기'는 큰 화제가 되었다. 왜냐하면 '노아의 홍수' 이야기와 유사한 내용이 들어 있었기 때문이다. 오늘날에는 이 사건이야말로 문학사의 결정적 순간 가운데 하나로 간주된다. 우리는 그 저자가 누구인지 몰라도, 진흙 평판을 편집하고 쐐기문자를 새겨 넣은 필경사의 이름은 알고 있다. 바로 기원전 1300년부터 1000년 사이에 메소포타미아에 살았던 사제('마슈마슈슈mashmashshu') 신레키운닌니Sîn-lēqi-unninni이다.

쐐기문자 텍스트에 대한 우리의 이해는 빠르게 발전하고 있다. 옥스퍼드, 시카고, UCLA를 비롯한 여러 대학들이 텍스트의 디지털화와 사전의 편찬에 뛰어들면서, 고대 메소포타미아 연구가 이전보다 훨씬 더 쉬워진 것이다. 비록 길가메시 이야기 같은 것을 또다시 발견할 가능성은 없어 보이지만 말이다.

왼쪽 **『길가메시 서사시』 중 '홍수' 평판** 이 신(新)아시리아 시대의 평판은 니네베의 궁전에 쐐기문자 평판 수천 개를 수집했던 아슈르바니팔 왕(재위 기원전 669~631)의 장서 가운데 일부였다. 여기 적힌 내용은 배를 만들고 그 안에 사람과 동물을 태웠다는 점에서 노아와 유사한 인물인 우트나피시팀이 길가메시를 만나는 대목이다.

오른쪽 **아시리아의 필경사** 궁정 필경사들이 철필을 하나씩 들고 전투가 끝난 뒤에 인원 조사를 하고 있다. 기원전 640~620년에 니네베에서 제작되어 센나케리브 남서쪽 궁전에 설치된 정교한 신아시리아 설화석고 평판의 일부이다. 턱수염을 기른 필경사가 글자를 적는 경첩 달린 평판에는 아마 밀랍이 덮여 있었을 것이다..

관련 내용

색다른 기록면과 방법의 사례로는,
슐라웨시본 '론타르', 252~253쪽
이만큼 유명한 유럽 서사시의 다른 사례로는,
호메로스의 『일리아스』, 48~49쪽
브뤼헤본 『장미 이야기』, 72~73쪽
알두스판 베르길리우스 작품집, 108~109쪽

안데스의 수수께끼

대부분의 문명은 특정 재료의 표면에 표식을 넣는 방식의 기억 체계를 고안했다. 그런데 페루에 도착한 에스파냐 침략자들이 발견한 잉카인의 통신 방법은 전혀 달랐는데, 그것은 바로 색색의 매듭진 끈을 사용하는 방법이었다.

지금으로부터 5천 년 전 (메소포타미아에서 수메르 문화가 나타나고 이집트에서 피라미드가 세워지기보다 훨씬 오래전에), 아메리카 대륙에서 현재까지 확인된 최초의 문명인 카랄수페는 오늘날 페루의 리마에서 북쪽으로 2백 킬로미터 떨어진 곳에 피라미드를 건립했다. 물론 여러 면에서 초보적인 발전에 불과했지만, 카랄수페 사람들은 (도기 제작조차 시도하지 못한 상황에서 의외로) 매듭지고 염색한 노끈을 이용하는 기록과 통신 체계를 발전시키는 성과를 이룩했다. 이 체계를 **결승문자**라고 한다. 카랄 유적지는 1940년대부터 알려졌으며, 최근의 발굴에서는 카랄이 어떻게 발전했는지가 상당히 많이 밝혀졌다. 하지만 그곳의 사람들이나 언어에 관해서는 여전히 아는 바가 거의 없다.

초창기의 결승문자는 카랄수페에서 이루어진 중요한 고고학적 발견 가운데 하나였다. 이 방법은 4천 년 동안이나 살아남았으며, 에스파냐가 잉카 제국을 정복하던 1530년대 초까지도 이어졌다. 에스파냐인은 결승문자에 매료되었다. 잉카의 관리들이 운반하던 물품 가운데 일부를 약탈한 에스파냐인은, 상대방이 빼앗긴 물건을 어떻게 기록해두었는지 몰라 어리둥절해했는데, 사실 케추아족 관리들이 끈 가운데 일부를 다시 매듭짓는 방법으로 기록한 것이었다. 이들에게 그런 방법은 오늘날 우리가 사용하는 스프레드시트라는 대안만큼이나 단순명료했던 것이다.

잉카 시대에는 결승문자에 대한 기록이 몇 가지 있는데, 그중 하나는 1572년에 갈리시아 출신 탐험가 페드로 사르미엔토 데 감보아가 저술한 『잉카인의 역사』에 나온다. 케추아족 귀족인 구아만 포마가 1615년경에 『훌륭한 정부와 새로운 연대기』를 쓰면서 그린 그림도 실려 있다. 18세기 이후 코펜하겐의 덴마크 왕립 도서관이 소장한 이 필사본은 워낙 상태가 나빠서 학자들조차 이용할 수 없었다가, 1990년대에 그 내용물을 디지털화함으로써 누구나 읽을 수 있게 되었다.

관련 내용

초창기 아시아의 매듭 끈 문자의 사례로는,
곽점 초간, 28~29쪽
매우 희귀한 초창기 아메리카 인디언 책의 다른 사례로는,
베이 시편집, 128~129쪽
코덱스 멘도사, 130~131쪽

오른쪽 잉카의 창고 케추아족 귀족인 구아만 포마의 『훌륭한 정부와 새로운 연대기』는 에스파냐의 식민지 지배 당시의 토착민이 쓴 고발 가운데 가장 오래된 것으로, 398점의 전면 삽화가 들어 있다. 이 가운데 창고 일을 묘사한 삽화에서 결승문자가 나타나는데, 이때에는 계산에 사용되었던 것으로 추정된다.

왼쪽 카랄의 결승문자 카랄수페 유적지는 지금까지 확인된 것 가운데 가장 오래된 아메리카 대륙의 문명 중심지였다. 이 결승문자는 지금까지 확인된 것 중에서도 가장 오래되었으며(지금으로부터 4천6백 년 전의 것으로, 잉카 시대의 '서술용 끈'보다 시기상 앞선다) 매듭진 면실을 막대기 주위에 둘러 만들었다.

오른쪽 『아니의 사자의 서』 왼쪽에서 오른쪽으로 읽어나가는 이 파피루스는 오시리스 앞에서 이루어지는 '사자의 심판'을 묘사하고 있다. 아니와 그의 부인 옆에는 시체 방부 처리의 신 아누비스가 서 있다. 가운데에는 아니의 심장과 깃털을 저울에 올려놓고 무게를 재는데, 여기서 깃털은 '마트(maat)', 즉 질서의 원리를 상징한다.

이집트의 파피루스 책

고대 이집트인은 **파피루스**를 기록면으로 사용하는 천재성을 발휘했으며, 이후 파피루스는 이집트와 그리스에서 여러 세기 동안 표준 기록면이 되었다. 『아니의 사자(死者)의 서(書)』는 이집트의 필사본 중에서도 가장 중요한 것 가운데 하나이다.

메소포타미아의 **쐐기문자**를 기록하는 데 사용되던 진흙 평판은 오래가기는 했지만 매우 번거로웠다. 기원전 2900년경에 이집트인은 비교적 저렴하고 휴대가 용이해서 필경사와 화가가 손쉽게 사용할 수 있는 기록면을 만들어내는 방법을 발견했다. 나일 강 삼각주에서 흔히 자라는 사초(莎草)의 일종인 파피루스(학명은 *Cyperus papyrus*)의 심지 있는 줄기는 본래 배, 가구, 상자, 가방, 밧줄을 만드는 재료였는데, 나중에는 기록면을 만드는 데에도 사용되었다. 기록면으로서의 파피루스는 점차 인기를 얻었다. 지중해 인근 여러 나라에도 광범위하게 수출되어 사용되었지만, 이집트와 달리 습한 기후였던 그리스와 로마에서는 파피루스 필사본의 수명도 더 줄어들었다. 파피루스는 접을 수가 없었다. 대신 **두루마리** 형태로 둘둘 말아 사용

위 **이집트의 필경사** 파피루스에 글을 쓰는 필경사를 묘사한 조각상은 많이 남아 있는데, 양식화된 형태이면서도 놀라우리만치 실물에 가깝다. 이 석회석 채색 조각상은 제5왕조의 유명한 필경사 프타세프세스(Ptahshepses)를 묘사한 것으로, 사카라의 무덤에서 출토되었으며 기원전 2450년경의 것으로 추정된다.

했는데, 보통 높이가 최대 30센티미터였으며, 두루마리 위에(한쪽 면에만) 텍스트를 줄줄이 적어나갔다. 두루마리의 길이는 제각각이어서, 긴 것은 30미터 이상에 이르기도 했다. 이집트의 건조한 기후는 파피루스 두루마리의 보존에 유리했다. 수천 개의 현존 문서는 이집트인들이 법률, 의료, 수학, 천문학 그리고 특히 죽음에 관심을 갖고 있었음을 보여준다. 그중에서도 가장 훌륭한 작품은 장례 목적으로 작성된 것인데, 사자(死者)와 함께 무덤에 넣어두는 두루마리였다. 그 목적은 이집트인의 영혼이 사후의 삶으로 '손쉽게 나아가도록' 안내하는 것이었다. 그 안에 들어 있는 기도와 주문은 미라가 된 시체를 보전하고, 사후의 삶에서 사자를 돕기 위한 것이었다(예를 들어 사자가 노역을 감당해야 할 때에는, 부장품 인형을 하인으로 삼아 노역을 대신하게 한다). 현재 이런 두루마리는 1백 개 이상 전해진다. 필경사 한 명을 고용해서 이런 두루마리 하나를 만드는 데 들어가는 비용은 1년 치 봉급에 해당했다. 『아니의 사자의 서』는 기원전 1275년에 흘림체 **상형문자**로 작성되었으며, 오늘날과 같은 현대적인 보존의 개념이 생겨나기 이전인 1880년대에 대영 도서관이 이집트에서 구입한 것이다. 안전한 운송을 위해 이 두루마리는 37개의 조각으로 절단하여 액자에 집어넣었다. 최근의 보존 및 디지털화 덕분에 이제는 관람객도 원래의 형태에 가까운 모습으로 볼 수 있다.

관련 내용
대안적인 식물성 기록면의 사례로는,
날란다본 『팔천송반야경』, 34~35쪽
바탁의 '푸스타하', 38~39쪽
『보낭의 서』, 92~93쪽
장례식에 사용되는 책의 또 다른 사례로는,
둔황본 『금강경』, 80~81쪽

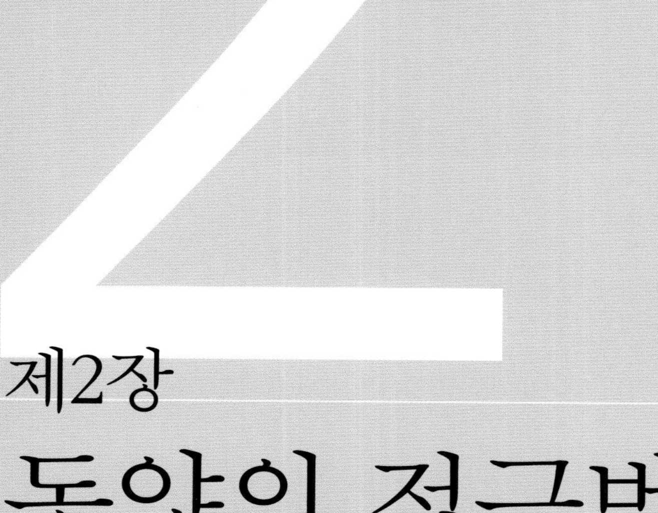

제2장
동양의 접근법

동아시아 문명은 지중해 여러 나라의 문명과는
매우 다른 방식으로 발전했다. 문자와 종이와 인쇄 분야에서
아시아가 이룬 발전은 현대 도서업계의 기반이 되었다. 그러나 서양인의 눈에는
이 가운데 일부가 상당히 낯설게 보이는 것도 사실이다.

위 **바탁 점술서**
이 비범한 물건은 '위대한 마법서'로 알려져 있으며,
수마트라 북중부에서 1850년경에 만들어졌다.
바탁어를 구사했던 네덜란드 출신 선교사 H. J. A. 프로메스 신부의
기록에 따르면, 이 책에는 "중요한 업무나 전투의 와중에
'힘'과 '도움'을 얻는 방법"을 알려주는 주문이 들어 있다(38~39쪽 참고).

메소포타미아와 이집트의 책 제작에는 불연속성이 있다. **쐐기문자**와 메소포타미아 언어의 사용이 중단되고 말았기 때문이다. **파피루스**는 그리스와 로마 세계로도 전파되기는 했지만, 고대 이집트 문명의 몰락은 그 식물이 나일 강 유역에서 멸종되었음을 의미했고, 시간이 흐르면서 **상형문자**를 읽는 능력 역시 사라져버렸다.

중국에는 파피루스가 없었지만, 천재적인 재능을 가진 중국인과 기타 아시아 국가 사람들은 다른 기록면과 방법을 만들어냈다. 일부 고고학자들은 '거북 등딱지에 새겨진 표식(胛骨文)'의 연대가 기원전 6600년경으로 거슬러 올라간다면서, 이는 중국인이 이미 그때 문자를 사용했음을 보여준다고 주장한다. 대부분의 연구자는 이 연대가 이례적이라고 간주하지만, 늦어도 기원전 1400년에는 중국인이 상(商)의 황제들을 위해 점을 치려고 등딱지에 표식을 남겼다는 데 동의한다. 중국의 신화에서, 문자는 기원전 2650년에 네 개의 눈을 가진 **창힐(蒼頡)**이 발명한 것으로 나온다. 기원전 7세기경에는 '대나무 띠(竹簡)'와 비단 위에 글을 쓰는 방법이 광범위하게 사용되었다(28~29쪽 참고). 죽간의 형태는 더 나중의 중국 책 디자인을 결정했는데, 바로 글자를 위에서 아래로, 그리고 오른쪽에서 왼쪽으로 써나가는 방식이었다. 중국의 종교들은 (불교, 유교, 도교 할 것 없이) 이런 책들 가운데 상당수의 배후에 놓인 추진력이 되었으며, 이는 다른 국가에서 힌두교와 이슬람교가 담당했던 역할과 같았다.

제지술의 도래

비단 말고도, 중국인은 돌이나 나무 때리개를 사용해 닥나무(학명은 *Broussonetia papyrifera*)의 속껍질을 기록면으로 가공하는 방법을 이용했다. 중국에서는 그 제작이 거의 2천 년 전에 잦아들었지만, (더 남쪽에 있는 국가들인) 남양(南洋)에서는 더 오랫동안 생산되었다. 자바에서는 **들루왕**, 폴리네시아에서는 **타파**라는 이름으로, 목피지(木皮紙)는 남태평양 일부 지역에서 계속 만들어졌다. 중국에서는 서기 105년에 이르러 목피지 대신 종이가 사용되기 시작했는데, 전설에서 **종이**의 발명자로 알려진 채륜(蔡倫)은 아직도 중국 제지 기술자들의 존경을 받고 있다.

제지술(製紙術)은 7세기에 이르러 한국과 일본으로 전파되었다. 일설에는 751년에 탈라스 강 전투에서 아바스 부대의 포로가 된 중국 기술자 몇 명이 사마르칸트에 제지술을 전해주었다고 한다. 12세기가 되자, 제지술에 관한 지식은 유럽으로도 전파되었다.

일본의 제지술과 인쇄술은 (중국과 약간 다른 형태를 취하는데) 역시 불교로부터 큰 영향을 받았다. 여기서도 제지술에 닥나무를 사용하지만, 일본인은 안피(雁皮)와 삼지(三枝) 같은 다른 식물 섬유도 수확하기 시작했으며, 색다른 **표면 처리** 방법을 채택함으로써 품질 좋은 종이를 만들어냈다. 그들은 일찌감치 인쇄술을 배워, 770년경에는 도서의 대량 생산을 가능하게 했다(30~31쪽 참고). 하지만 이후로도 여러 세기 동안 일본 서적의 표준 제작 방법은 인쇄본이 아닌 필사본 제작에 국한되어 있었다.

한국의 도서 제작과 인쇄술 역시 중국으로부터 크게 영향을 받았으며, 특히 불교가 중시되었기 때문에 상당히 주목할 만한 업적이 나왔다. 1087년에 판각된 '팔만대장경'이라는 목판 인쇄물이 바로 그것이다(32~33쪽 참고).

다른 문자 기록면

인도는 더 강력하게 불교의 영향을 받았는데, 붓다(기원전 563~483년경)가 남아시아 출신이기 때문이었다. 비록 구전이 여전히 중요하게 남아 있었지만, 붓다의 가르침은 물론이고 다른 대부분의 기록은 **론타르** 잎을 이용해 이루어졌다. 파피루스처럼 쉽게 구할 수 있는 재료였지만, 장기적으로 볼 때 이 야자나무 잎은 보존이 어려워 문제였다.

잎들의 형태가 워낙 여러 가지였기 때문에, 사람들은 파피루스에 사용되던 판형과는 전혀 다른 판형을 채택하게 되었다(34~35쪽 참고). 제지술에 관한 지식은 800년경 티베트와 카슈미르를 통해 인도에 도입되었지만 인도, 스리랑카, 인도네시아에서는 이후 여러 세기 동안 계속해서 필사본 제작에 론타르를 사용했으며, 이런 이유로 인쇄술은 오랫동안 인도에서 널리 채택되지 않았다.

출판업의 발전

중국 정부는 고도로 중앙집권화되었으며, 황제들은(또는 관리들은) 거대한 규모의 계획을 세웠다. 서양의 여러 지배자와 마찬가지로, 이들 역시 검열과 후원을 통해 서적을 (나아가 '사상'을) 통제하려는 소망을 품었다. 종교, 문학, 과학 텍스트를 망라한 광범위한 총서(叢書)를 만들려는 시도도 있었는데, 그중에서 가장 유명한 것이 1403~1408년에 완성된 『영락대전(永樂大典)』, 즉 '영락 황제의 거대한 경전'으로, 지금까지 제작된 책 중에서 가장 분량이 많은 책일 것이다

(36~37쪽 참고).
책을 만드는 일반적인 법칙에는 항상 예외가 있었다. 소규모 언어 또는 문화 집단이라면 대개 영향력 있는 이웃 국가의 서체, 양식, 방법을 차용하게 마련인데, 일부 고립된 사회에서는 외부의 도움 없이 독자적인 양식을 발전시키기도 했다. 특히 인도네시아에서 이런 사례가 부각되는데, 술라웨시 남부의 부기족이 만든 이례적인 띠 형태의 필사본이 그렇다(252~253쪽 참고). 수마트라의 바탁족이 만든 뼈와 나무껍질 책 역시 (유럽의 식민화를 통해 다른 방법이 도입되기 전까지만 해도) 이웃 사회에서 생산된 책과는 상당히 달랐다(38~39쪽 참고).
동남아시아에서는 한 지역의 여러 문명 및 언어 집단이 종종 다른 나라들과 똑같은 문자 기록면과 판형을 차용했는데, 자바와 발리에서 작성된 기록에는 불교와 힌두교가 뚜렷한 영향을 남겼으며, 여기서도 론타르 잎이 기록 매체로 사용되었다. 이슬람교 집단은 그 지역에서 생산된 목피지인 들루왕이나, 더 나중의 유럽산 수입품 종이를 사용하는 것이 일반적이었다. 버마와 그 지배를 받던 인근 지역에서는 **파라바이크**가 발달했다. 원래는 야자나무 잎 필사본에서 기원한 것으로 추정되는 이 아코디언 모양의 책은 널리 사용되었으며, 불교도의 파라바이크 필사본은 지금도 여전히 작성되고 있다. 파라바이크의 판형이며 버마어 서체의 사용은 라오스와 타이 북부의 언어로 작성된 필사본에서도 쉽게 찾아볼 수 있다(40~41쪽 참고).

유사점과 차이점

현대 서양의 책과 판형에 익숙한 사람들에게는 초창기 동양의 책에 사용된 기록면, 서체, 주제와 판형 모두가 낯설어 보일 것이다. 더 간단한 유럽의 알파벳과 비교했을 때, 한자의 **표의문자** 형태가 인쇄 과정에서 몇 가지 심각한 어려움을 제기했음은 의심할 여지가 없다. 인도 언어의 서체 역시 활자로 주조하기에는 기술적 어려움이 따랐으므로, 동양에서의 인쇄술 발달은 지연되었다. 서양 제국주의에서는 책에서 동양의 방식이 결국 서양의 방식으로 대체되었으며, 도서 제작에서(예를 들어 활자 주조 같은) 서양의 발전이 도서 제작 방식 자체를 바꾸어놓았다고 자처한다. 하지만 이런 몇 가지 지장에도 불구하고, 동양의 방법과 양식은 실제로 한참 더 오랫동안 지속되었으며, 서양의 방법 대부분과 마찬가지로 본래의 목적에 충분히 유용했다.

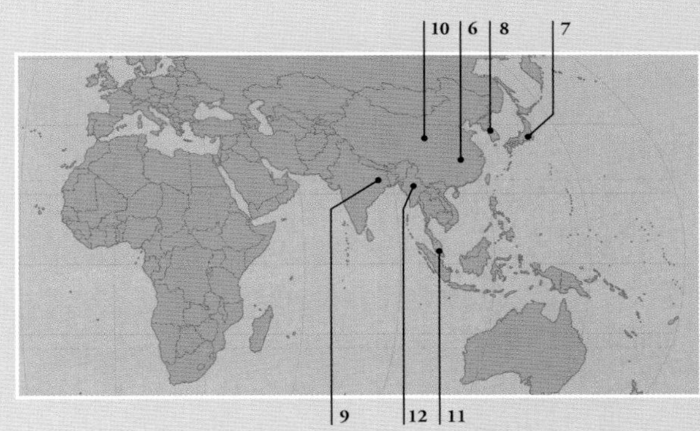

소개할 책들

책 제작에서 중국의 발전

기원전 300년경에 작성된 죽간 책이
최근에 후베이 성 곽점촌의 한 무덤에서 발견되었는데,
이것이야말로 현대 중국 책의 선조로 인정할 만하다.
그러나 한자는 그보다 훨씬 더 일찍부터 발전되었다.

기원전 2650년에 중국을 통일한 황제(黃帝)는 기존의 **결승문자**에 만족하지 못하고 네 개의 눈을 가진 **창힐**을 불러 의미를 전달하는 데 사용할 문자를 발명하게 했다. 이 이야기는 물론 전설이다. 그 시기의 중국에는 이미 수많은 **표의문자**를 이용하여 정보를 기록하고 전달하는 나름대로의 표기법이 있었기 때문이다. 이 방식은 글쓴이가 비록 방언을 사용하더라도, 누구나 읽을 수 있다는 것이 장점이었다. 다만 문자가 무척 많이 필요하고, 사람들이 문자 읽는 법을 배워야 한다는 것이 단점이었다.

한자의 기원은 비석문(碑石文)에서, 또는 기원전 11세기에 주조된 청동 접시에서, 또는 최대 기원전 12세기까지 거슬러 올라가는 (일부 학자들은 그보다 더 오래되었다고 추정하는) '뼈와 거북 등딱지(胛骨)'에 긁어 표시한 기호들에서도 찾아볼 수 있다. 대나무는 풍부하고 저렴했지만, 결국 썩거나 해충의 먹이가 되게 마련이었다. 물론 무덤에 봉인되는 예외적인 상황도 있었지만 말이다.

'곽점 초간(郭店楚簡)'은 ('곽점에서 발견된 초나라 시대 죽간'이라는 뜻인데) 이보다 더 최근의 것으로, 기원전 300년경의 무덤에서 출토되었다(맞은편 쪽 참고). 이처럼 죽간(竹簡)에 작성된 책들은 지금까지 수천 권이 발견되었다. 곽점에서 발견된 804개의 죽간에는 고전 몇 가지의 발췌문도 들어 있었는데, 그중에는 도교의 기본 경전, 유교 경전인 『예기(禮記)』 그리고 중국의 문명과 사상을 이해하는 데 중요한 텍스트들이 포함되어 있었다. 이 유물들을 발견함으로써 초기 중국 문명에 대한 우리의 이해는 크게 향상되었으며, 이를 뒷받침하기 위해 현재 죽간의 디지털화 프로그램이 진행 중이다.

최근에 발굴된 다른 유물처럼, '곽점 초간'은 비단이나 **종이**에 작성하는 중국 책의 디자인이 죽간의 사용이라는 모범을 그대로 따르게 되었음을 보여준다. 즉 죽간 위에서부터 아래까지 표의문자를 세로로 써나가고, 한 칸을 다 채우면 그 왼쪽에 또 한 칸을 덧붙이는 식이었다. 현대의 중국 책에서도 이와 마찬가지로 페이지를 여러 개의 칸으로 나누고 있다.

오른쪽 곽점 초간 1993년에 중국 후베이(湖北) 성 징먼(荊門) 시의 곽점(郭店)에서 발견된 이 고대의 죽간 책에는 전서체(篆書體) 한자가 세로로 적혀 있다. 그 내용은 공자의 철학에 따르는 현실의 생활과 내면의 생활 모두를 묘사하고 있다. 이는 매장 시점에, 또는 그보다 더 먼저 작성되었을 것이다.

왼쪽 예언용 뼈 기원전 1400년경의 것인 이 석화(石化)된 거북 등딱지 또는 가슴받이(腹甲)에는 예언용 문구가 새겨져 있는데, 중국의 상(商) 왕조 말기에 화점술(火占術)에서 사용된 도구이다. 점쟁이들이 표면에 질문을 새긴 다음, 거기에 강한 열을 가하고 나서 그로 인해 생겨난 균열을 해석하는 것이었다. 초기 한자 가운데 상당수는 이런 예언의 형태로 발견된다.

관련 내용
결승문자의 주된 사용의 사례로는,
카랄의 결승문자, 20~21쪽
아시아의 종교 풍습에서 사용한 다른 사례로는,
쇼토쿠판 『다라니경』, 30~31쪽
한국의 '팔만대장경', 32~33쪽
날란다본 『팔천송반야경』, 34~35쪽
둔황본 『금강경』, 80~81쪽

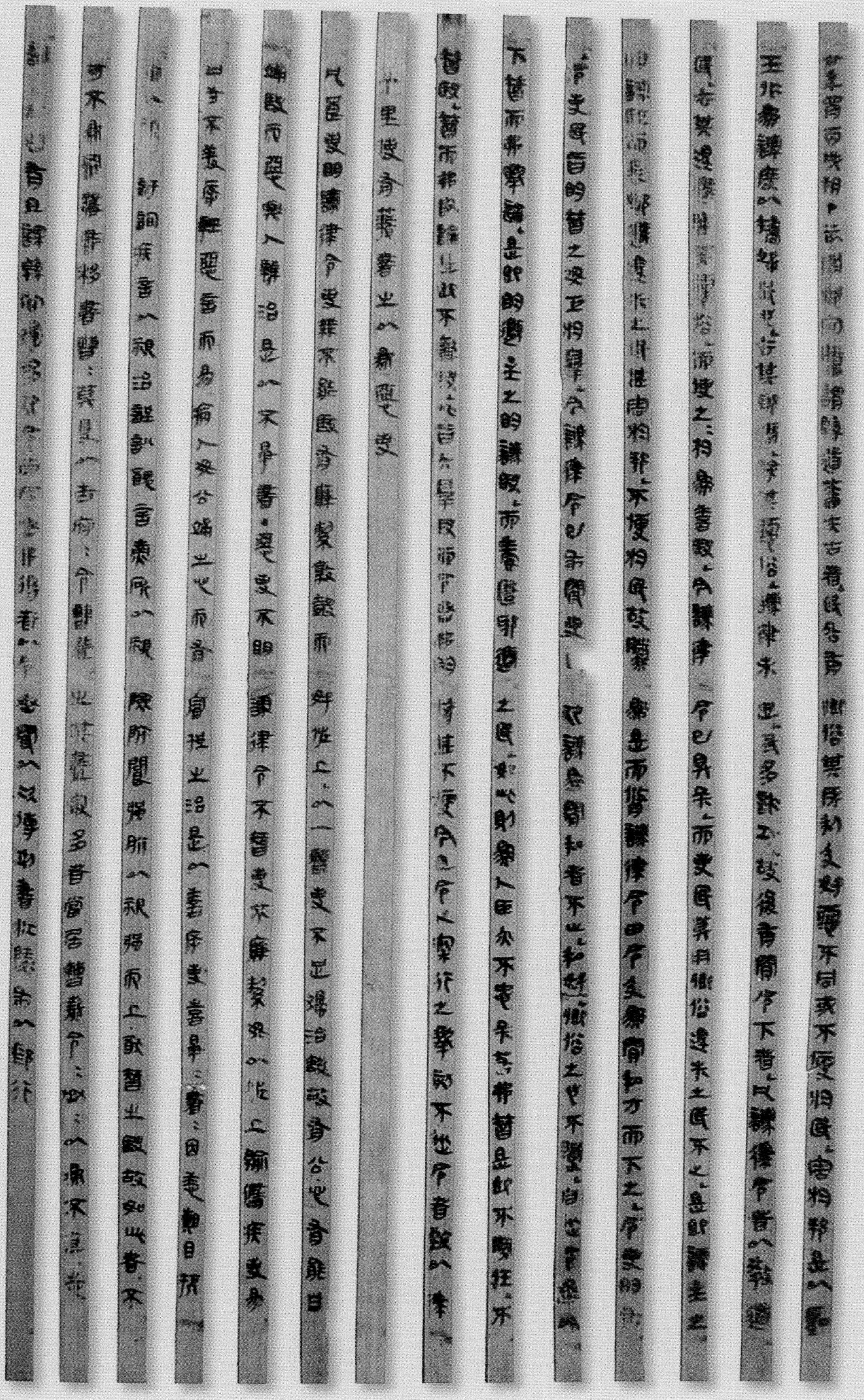

無垢淨光經

일본의 대량 생산 인쇄물

책의 대량 생산을 보여주는 가장 오래된 사례는 바로 1백만 개에 달하는 '다라니' 또는 '주문'의 제작이다. 이는 서기 770년에 일본 쇼토쿠 천황의 명령에 따른 것인데, 혹시 양심의 가책이 그 동기는 아니었을까?

왼쪽 **일본의 '다라니'** 소나무로 만든 이 모형 나무탑은 높이가 20센티미터이고, 그 안에는 목판 인쇄물로 추정되는(한때는 '금속판' 인쇄물로 추정되었던) 불교 기도문 두루마리가 들어 있다. 이는 8세기에 쇼토쿠 천황의 명령으로 제작된 '햐쿠만' 가운데 하나이다('햐쿠만'은 일본어로 '1백만'이라는 뜻이다).

전 세계 어디에서나 여성 통치자는 권력의 획득과 유지 과정에서 어려움을 겪었다. 일본의 쇼토쿠(稱德) 천황('고켄〔孝謙〕 천황'으로 불리기도 한다)은 특이하면서도 복잡다단한 삶을 겪은 것으로 알려져 있다. 제46대 통치자인 그녀는 아버지 쇼무(聖武) 천황이 퇴위하면서 왕위를 물려받아 749년부터 758년까지 일본을 다스렸다. 쇼토쿠는 우울증을 겪은 뒤 자기가 좋아하던 사촌에게 왕위를 물려주고 퇴위했는데, 후임자인 준닌(淳仁) 천황은 조신(朝臣) 후지와라 나카마로(藤原仲麻呂)의 통제를 받았다.

친구들과 나카마로의 조언 덕분에 쇼토쿠는 젊고 카리스마 있는 승려 도쿄(道鏡)의 지도를 받아 우울증에서 회복되었다. 덕분에 '태정대신선사(太政大臣禪師)'로 임명된 도쿄는 세속적이고 종교적인 권력을 전무후무할 정도로 축적하게 되었다. 그러다가 내전이 벌어졌다. 결국 준닌 천황은 퇴위하고, 나카마로는 피살되었으며, 764년에 쇼토쿠가 정권을 탈환해 제48대 통치자가 되었다. 천황은 승려에게 매료된 모양이었고, 한편에는 도쿄가 왕위를 계승해야 한다고 주장하는 파벌도 있었다. 쇼토쿠는 자기 행동에 대한 의구심을 가라앉히기 위해 종교에 귀의했고, 주문(呪文)을 인쇄한 **종이**를 넣은 조그만 목조탑을 만들어 사찰마다 배포하라는 명령을 내렸다. 그리하여 770년에 이르러 1백만 개의 탑이 완성되었는데, 그중 상당수가 지금까지도 여러 사찰과 전 세계 박물관에 남아 있다.

목조탑의 조각이며, 종이 제작이며, 주문의 인쇄에 이르기까지, 제작 과정은 매우 조직적이었다. 종이는 삼실로 만들었고, 인쇄는 여덟 개의 청동판을 주조해 사용한 것으로 추정된다(만약 '금속판'이었다면 유럽의 **연판 인쇄술**보다도 천 년이나 더 앞선 셈이지만, 현재는 '목판'일 가능성이 크다고 추정된다). 손으로 잉크를 바른 인쇄판에 종이를 얹고 문지르는 방식으로, 인쇄업자는 인쇄판 하나당 12만 5천 개의 인쇄물을 만들어냈다. 하지만 쇼토쿠 천황이 사망하면서, 이것은 그녀의 마지막 사업이 되고 말았다. 도쿄는 유배되어 772년에 사망했다. 이후 오랜 세월 동안 일본에서는 더 이상의 인쇄가 이루어지지 않았고, 일본인은 중국에서 제작된 책을 수입하는 데 만족했다.

관련 내용
아시아의 초기 인쇄술의 또 다른 사례로는,
한국의 '팔만대장경', 32~33쪽
둔황본 『금강경』, 80~81쪽

활판 인쇄 발전을 선도해온 한국의 상징

한국은 중국 이외의 나라 중에서 최초로 인쇄술을 받아들인 나라로, 활판 인쇄의 발전을 선도하기도 했다. 한국에서 가장 유명한 책은 13세기에 간행된 '팔만대장경'이다('대장경(大藏經)'은 본래 불교의 주요 경전을 모은 전집이다).

위 **한국의 해인사** 한국의 경상도에 자리한 이 사찰의 나무 덧문 너머, 먼지 쌓인 바닥 위에 줄지어 놓인 선반에는 모두 합쳐 8만 1,258개의 대장경 경판이 보관되어 있다(경전의 종류로는 1,496종에 달한다). 이 나라의 가장 값진 문화재 가운데 하나인 '팔만대장경'은 현재 유네스코 세계 문화유산으로 지정되어 있다.

한국은 오랫동안 중국과 긴밀한 연관을 맺으며, 중국의 지식과 기술 혁신이 일본과 더 넓은 세계로 퍼져나가는 과정에서 통로 역할을 했다. 숱한 침략과 정복에도 불구하고, 한국은 끈질기게 자국의 언어와 문화를 지켰다.

한국에 제지술이 도입된 것은 일본과 유사한 7세기의 일이었다. 최근의 연구에 따르면, 770년에 인쇄된 일본의 부적 '백만탑다라니'는 현존 최초의 인쇄물이 아닌 것으로 나타났다. 왜냐하면 700년경에 제작된 한국의 다라니 부적 '무구정광대다라니경'이 1966년에 발견되었기 때문이다.

한국의 인쇄술은 불교와 긴밀하게 연관되어 있었다. 1087년, 거란과의 전쟁 중에(당시 거란은 만주와 몽골의 넓은 영토를 차지하고 있었다) 붓다의 가호를 바란 왕은 한역(漢譯) 불경 전체를 인쇄하도록 했다. 그렇게 해서 불경은 간행되었지만, 인쇄용 경판은 1232년의 몽골 침략 당시 파괴되었고, 현재까지 남아 있는 것은 그 파편 몇 개에 불과하다. 고려의 왕 고종(高宗)은 새로운 판본을 준비하도록 명령했고, 1236년부터 1251년까지 두 군데 사찰의 지휘하에 30명의 목판공으로 이루어진 작업조가 동원되었다.

8만 개 이상의 목판은 1398년에 해인사로 옮겨졌으며 아직까지도 그곳에 보전되어 있다. 경판과 보관 장소가 잘 유지 관리된 덕분에 컬렉션 전체가 잘 보전되어, '유네스코 세계 문화유산'으로 지정되었다. 전 세계에서 가장 중요하고 가장 완전한 불교 경전 전집으로 평가되는 이 한국의 경전은 이후에 나온 일본, 타이완, 중국 판본 경전의 기초로 사용되기도 했다. 현재는 경전의 디지털화가 이루어지고, 이 작품에 대한 특별 연구 프로젝트가 진행되고 있다.

위 **팔만대장경** 고려 시대 고종의 지시로 1236년부터 1251년까지 12년에 걸쳐 만들어진 이 대장경은 1232년 몽골의 침략으로 파괴된 경판들을 다시 만든 것이다. 이 기념비적인 사업에서 한자 경문이 섬세하게 판각된 각각의 자작나무 목판은 길이가 가로 70센티미터에 세로 24센티미터, 두께 4센티미터에 무게는 3~4킬로그램에 달한다.

관련 내용

불경 인쇄본의 또 다른 사례로는,
쇼토쿠판 『다라니경』, 30~31쪽
둔황본 『금강경』, 80~81쪽
아시아의 초기 종이책의 또 다른 사례로는,
『영락대전』, 36~37쪽
아시아의 대안적인 '원시 종이'의 사례로는,
『보낭의 서』, 92~93쪽

인도의 야자나무 잎 필사본

인도에서 작성하고 장식해서 만든 야자나무 잎 필사본은 대부분 아름답지만, 이 고대 불교 경전에는 제작 과정에서 발휘된 종교적 열성이 유난히 뚜렷하게 드러난다. 그리고 이 가운데 일부가 전해진다는 점에서 우리는 운이 좋은 셈이다. 이런 걸작이 일부나마 남아 있으니.

인도와 동남아시아의 방대한 지역에서는 가공한 야자나무 잎(**론타르**)에 글을 쓰는 것이 여러 세기 동안 책을 만드는 표준적인 방법이었다. 비록 해충에게 손상을 입기는 하지만, 어떤 책은 수명이 제법 길어서 수백 년을 가기도 했다. 더 이전의 **파피루스** 두루마리와 마찬가지로, 거기 적힌 텍스트를 보전하기 위해서는 (오늘날의 '디지털화'처럼) 재(再)필사가 필수적이었다.

기록에 사용할 잎을 가공하고 나면, (위의 사진에서처럼) 갈대펜이나 날카로운 철필을 이용해 잎 표면에 글자를 새기고, 그 위에 검은 물감을 문질렀다 닦아내서 텍스트만 검게 물들인다. 여러 개의 잎사귀를 끈으로 한데 묶기 위해 구멍을 뚫다 보니 (한편으로는 읽기에 방해가 되고, 또 한편으로는 필경사가 '페이지'를 세 칸으로 나눠야 하는 등) 디자인의 가능성에도 한계가 생겼다. 위 사진에 나오는 이 유명한 야자나무 잎 사본의 경우는 디자인과 제작 솜씨 모두가 탁월하다.
서기 100년경에 대승불교가 발전하면서, 8천 행으로 이루어진 '지혜의 완성에 관한 경전', 즉 『팔천송반야경(八千頌般若經)』이 가장 중요한 경전 가운데 하나가 되었다. 인도와 티베트를 비롯한 여러 나라에서도 다양한 서체와 양식을 이용해 많은 필사본이 만들어졌지만, 위 사진에 나오는 정도의 품질을 지닌 것은 극소수이다.

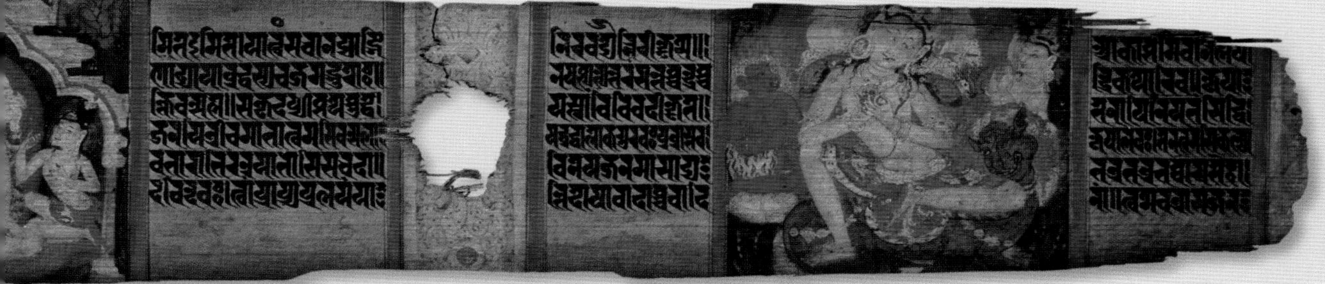

이 책은 평신도인 우다야 신하Udaya Sinha의 보시품이며, 아마도 그 당시에 불교 문화의 중심지였던 날란다(비하르 주)에서 제작된 것으로 여겨진다. 동부의 날란다는 알렉산드리아의 대(大)도서관에 비교할 만한 도서관이 자리한 곳으로도 유명했다. 또한 알렉산드리아와 마찬가지로, 이곳의 도서관도 고의적으로 파괴되고 말았다.

1193년에 그런 만행을 저지른 장본인은 무슬림 장군 바크티야르 킬지Bakhtiyar Khilji였다(오늘날의 페르시아 역사 전문가의 말에 따르면, "필사본이 불타면서 생긴 연기가 며칠 동안이나 검은 장막처럼 낮은 언덕 위에 드리워져 있었다"고 한다). 인도에서 불교가 쇠퇴한 데에는 이때의 재난이 한 원인이 되었다고도 생각한다. 고대 인도의 의학과 과학 저술을 기록하고 있는 수십만 개의 야자나무 잎 필사본이 이때 파괴되었다. 그러니 위 사진에 나온 책은 보기 드문 현존 유물인 셈이다.

위 **『팔천송반야경』** 12세기에 비하르에서 제작된 이 불경은 다음과 같은 것들을 묘사하고 있다. 가운데에는 관세음보살(觀世音菩薩)이 분홍색 연꽃 보좌(蓮花臺) 위에 놓인 형형색색의 연꽃 위에 앉아 있다. 왼쪽에는 녹다라보살(綠多羅菩薩, 녹색의 다라보살)이 두 명의 여신과 푸른 연꽃과 함께 있다. 오른쪽에는 부(富)의 신 마하가라(摩訶迦羅)가 불꽃에 에워싸인 채 몽구스를 들고 있다.

관련 내용

매우 특이한 모양의 론타르 필사본의 또 다른 사례로는
술라웨시본 '론타르', 252~253쪽
불교 경전의 다른 사례로는,
한국의 '팔만대장경', 32~33쪽
둔황본 『금강경』, 80~81쪽
『판차탄트라』, 84~85쪽

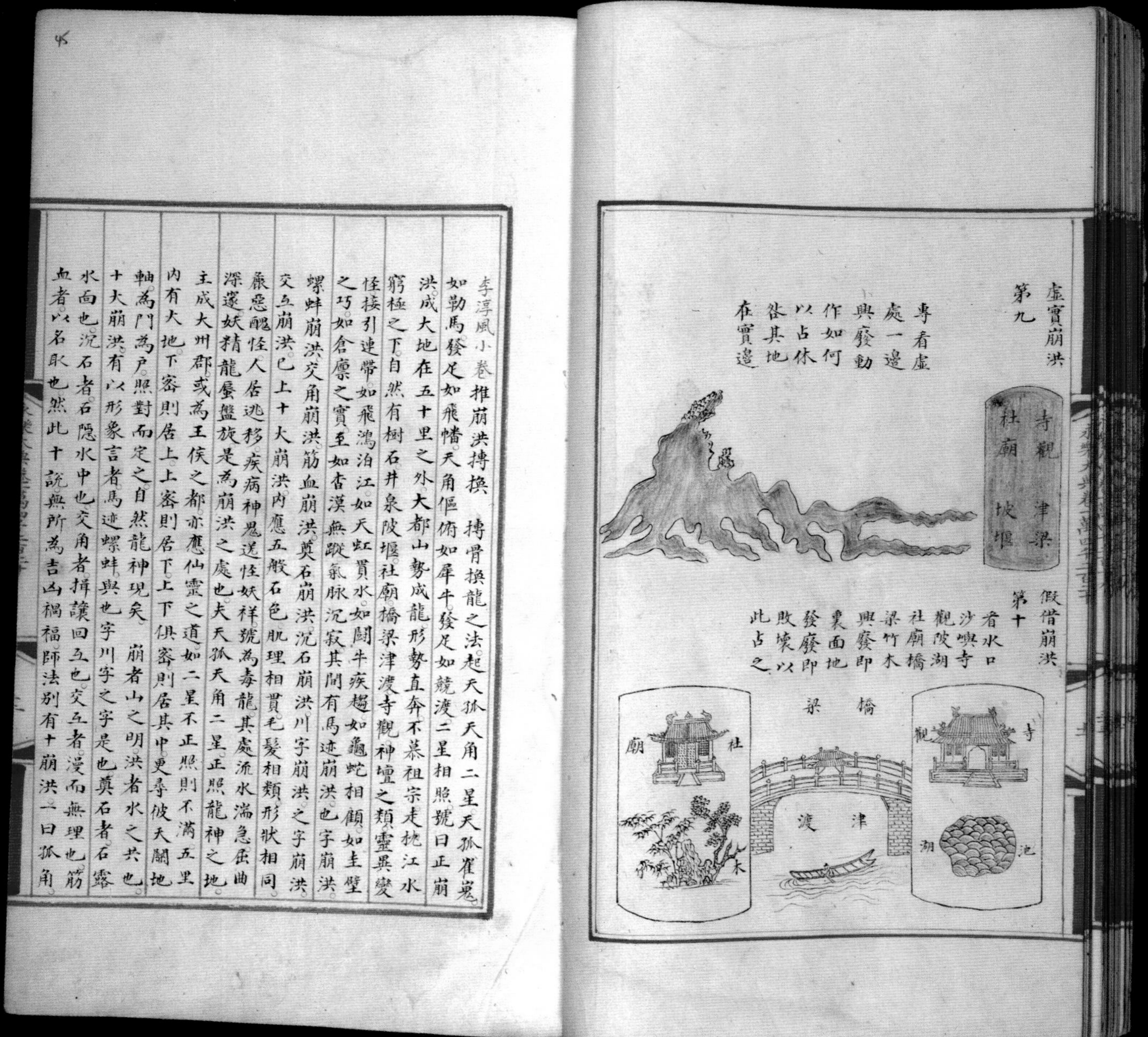

『영락대전』 1403년에 왕명에 의해 시작된 이 종합 백과사전은 역사와 과학과 예술과 철학을 한데 아우르려는 야심만만한 작업이었다. 사진에 나온 이 책은 가정(嘉靖) 시대(1562~1567)에 간행된 세 번째 필사본 가운데 일부이다. 사진에 나온 부분은 홍수에 관한 내용이며, '실제 상황'과 '홍수 관리'를 삽화로 보여주고 있다. 책배의 붉은 테두리에는 '영락대전'이라는 제목과 함께 권수와 쪽수가 나와 있다.

역사상 가장 분량이 많은 책

1403년에 중국 명(明)의 영락제는 이른바 '대전(大典)', 즉 백과사전의 제작을 명령했다. 이 책은 이후 오랫동안 가장 분량이 많은 책으로 손꼽혔지만, 훗날 청의 건륭제는 분량 면에서 이를 능가하는 책을 만들려고 시도했다.

문학과 중앙집권적 정부 모두에서 오랜 역사를 지닌 전통 때문인지, 중국에서는 중요한 책을 모은 거대한 컬렉션이 자주 편찬되었는데, 이런 책들은 서양의 백과사전에서 흔히 볼 수 있는 요약 문집이 아니라, 수많은 장서의 정보 내용 전체를 모은 완전한 컬렉션에 더 가까웠다. 영락제(永樂帝)는 1403년 제위에 오르자마자 종교, 과학, 기술, 천문학, 의학, 농업은 물론이고 연극, 미술, 역사, 문학을 비롯한 모든 분야의 지식을 방대하게 모아 책으로 편찬하라고 명령했다. 2천 명 이상의 학자들이 이 일에 동원되어 8천 종 이상의 텍스트를 분석하고 편집했으며, 5년 만에 임무를 완수했다.

1408년까지 텍스트를 필사하는 과정에서 필경사들은 3억 7천만 개 이상의 한자를 적어 넣었는데, 책으로는 1만 1천 권 이상에 달했다. 이론적으로는 목판을 새겨 텍스트를 인쇄하는 것도 가능했지만(이 정도면 '팔만대장경'보다 훨씬 규모가 큰 사업이 되었을 것이다. 32~33쪽 참고) 실제로는 단 두 벌의 필사본만 제작되었다. 훗날 이 책이 화재에 소실될 뻔한 사건을 겪자, 1557년에 가정제(嘉靖帝)는 세 번째 사본을 제작하라는 명령을 내렸다. 이후 4백 년이 지나면서 화재와 전쟁과 약탈로 인해 이 세 가지 필사본 가운데 남은 것은 겨우 4백 권 남짓 되었으며, 그나마도 세계 각지의 도서관과 박물관에 흩어져 있다.

이 백과사전의 명성을 기억하고 있던 청(靑)의 건륭제(乾隆帝)가 1773년에 학자들에게 이와 유사한 책을 새로 편찬하라고 명령했는데, 그 결과물은 훗날 『사고전서(四庫全書)』, 즉 '네 가지 보고(寶庫)를 망라한 완전한 장서'라고 일컬어지게 되었다. 제작 과정에서는 상당한 정도의 검열이 이루어졌다. 역사를 새로 쓰려는 이 시도의 와중에, 지배층인 만주족에 반대하는 내용이라고 편집자들이 간주한 많은 저술이 파괴되었다. 『영락대전』이 겪은 과거를 기억했던 건륭제는 일곱 벌의 사본을 제작하게 했고, 1782년에 필경사의 작업이 끝났을 때에는 3만 7천 권에 8억 개의 한자가 사용되어 있었다. 하지만 전쟁의 결과, 그 사본의 개수는 네 벌로 줄어들었으며, 현재는 중국과 타이완에 소장되어 있다.

위 **중국의 제지술** 제지술(펄프화한 섬유를 틀로 떠낸 다음, 물이 틀 아래로 빠지면, 틀 위에는 종이만 남게 된다)을 보여주는 이 삽화는 중국의 직업을 묘사한 19세기의 수출용 풍속화집(즉 외국의 식민지 시장에 판매하려는 의도로 제작된 책)에 수록된 것이다. 제지업자의 이런 기술은 영락제 이후로 지금까지 거의 변하지 않았다.

관련 내용

방대한 학술적 편찬의 다른 사례로는,
콤플루텐세 다언어 성서, 118~119쪽
존슨의 『영어 사전』, 154~155쪽
디드로의 『백과전서』, 158~159쪽
아시아의 종이 사용의 다른 사례로는,
둔황본 『금강경』, 80~81쪽

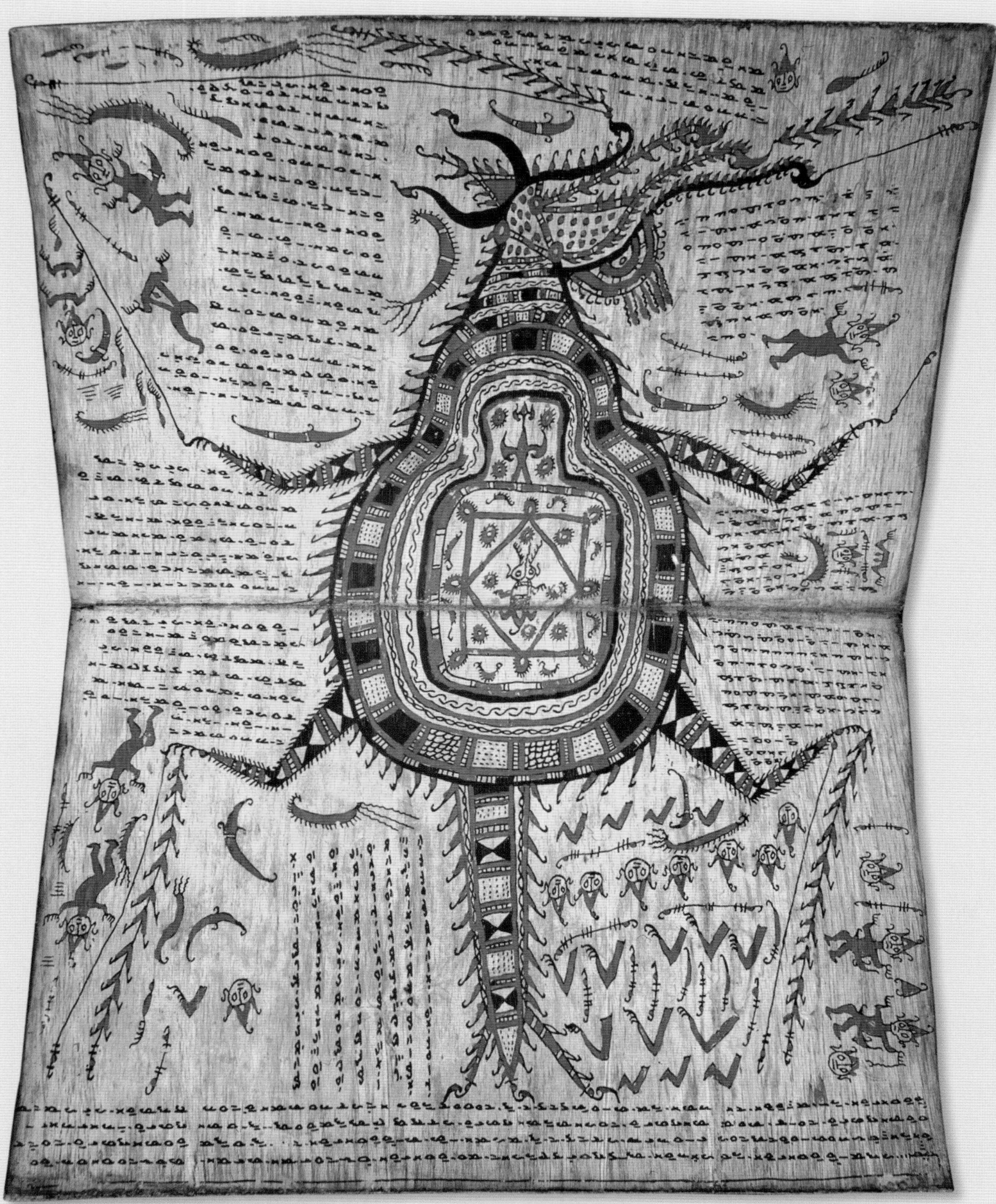

뼈와 대나무와 나무껍질

이 유물이 18세기에 처음 유럽에서 선보였을 때,
서양 학자들은 수마트라 사람들이 만든 이 비범한 책을 보고 깜짝 놀랐다.

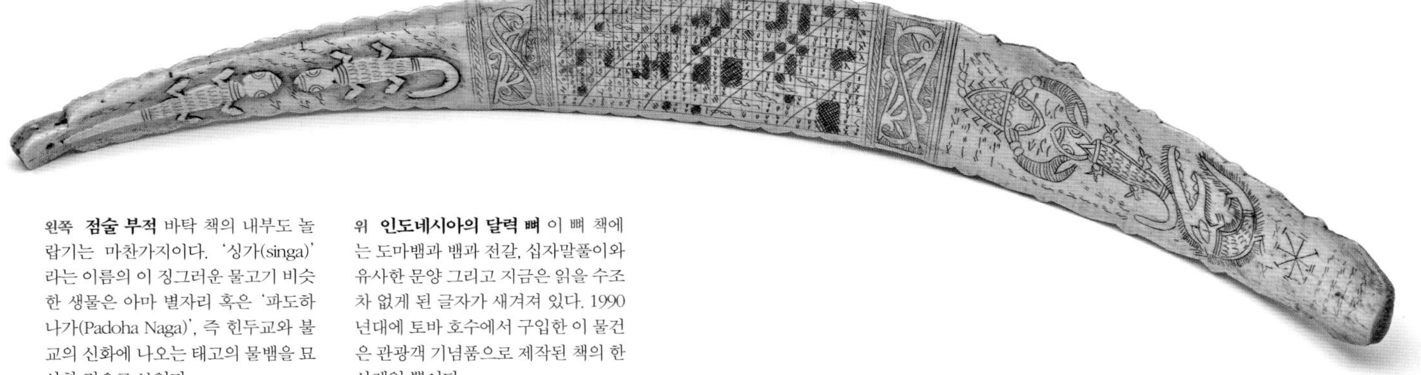

왼쪽 **점술 부적** 바탁 책의 내부도 놀랍기는 마찬가지이다. '싱가(singa)'라는 이름의 이 징그러운 물고기 비슷한 생물은 아마 별자리 혹은 '파도하 나가(Padoha Naga)', 즉 힌두교와 불교의 신화에 나오는 태고의 물뱀을 묘사한 것으로 보인다.

위 **인도네시아의 달력 뼈** 이 뼈 책에는 도마뱀과 뱀과 전갈, 십자말풀이와 유사한 문양 그리고 지금은 읽을 수조차 없게 된 글자가 새겨져 있다. 1990년대에 토바 호수에서 구입한 이 물건은 관광객 기념품으로 제작된 책의 한 사례일 뿐이다.

마르코 폴로와 다른 초창기 유럽 여행자들은 바탁족을 가리켜 야만적인 식인종으로, 특히 북부의 아체에 사는 무슬림에게 두려움의 대상이라고 서술했다. 물론 제의적인 식인 행위의 사례가 있기는 했지만, 19세기에 이 지역에 온 기독교 선교사들이 이들의 악명을 지나치게 과장한 면도 있었다.

오늘날 토바 호수를 중심으로 살아가는 수백만 명의 바탁족은 고유의 언어와 문자를 갖고 있는데, 그 철자는 모음에 의해 자음이 변화되는 **아부기다** 방식이다(에티오피아의 게즈어와 같다). 유럽인이 **종이**를 들여오기 전까지만 해도, 대나무 조각이나 표면에 문자를 긁어 새기고, 그 위에 검은색 물감을 문질렀다 닦아내 글자에 물감이 스며들게 만드는 것이 바탁 문자의 일반적인 제작법이었다. 오늘날 물소 뼈에 글자를 적는 경우에도 이 같은 방법이 사용되는데, 세계 다른 지역에서 '책'을 만드는 방법과는 크게 다르다.

1840년대에는 청년들이 대나무에 글을 써서 처녀들에게 보냈고, 상대방의 윤기 있는 머리카락이며, 풍만한 가슴이며, 쌀을 찧을 때의 힘 등을 예찬하는 것이 주된 내용이었다고 전하지만, 오늘날에는 이런 대나무 연애편지가 완전히 사라진 듯하다. 대신 '푸스타하pustaha'라는 것이 발견되는데, 이는 의료와 종교 분야에서 제의적 점술에 사용되던 책이다. 뼈에 새긴 형태로도 간혹 발견되는 이 점술 책은 종종 **침향목(沈香木,** 학명은 *Aquilaria malaccensis*)의 속껍질로 만들었는데, 이제는 이 나무 자체가 멸종 위기종이 되어버렸다. 기록면은 아코디언 모양으로 접었으며, 양면 모두에 글자와 그림이 들어 있고, 물소 뿔이나 대나무나 사탕야자(학명은 *Arenga saccharifera*)로 만든 펜을 이용해서 기록했다.

푸스타하는 오로지 사제('다투datu')나 그의 조수만이 만들 수 있었으며, 그 내용을 읽을 수 있는 능력 역시 제작을 돕는 사람에게만 제한되어 있었다. 이런 책은 오늘날도 여전히 제작되지만, 어디까지나 관광객 기념품으로만 사용될 뿐이다. 바탁족은 예전의 종교를 상실했고, 이들 고유의 문자도 더 이상 사용하지 않지만, 이 책들은 정보를 전달하는 대안적인 방법을 우리에게 상기시키기 때문에, 유럽의 연구 도서관에서는 오히려 가치가 높게 평가된다.

관련 내용
나무껍질 책의 또 다른 사례로는,
『보낭의 서』, 92~93쪽
뼈를 이용한 더 이전의 사례로는,
이상고 뼈, 16~17쪽
달력의 다른 사례로는,
배네커의 『역서』, 170~171쪽

버마의 접지 판형

버마에서는 야자나무 잎을 이용해 필사본을 제작했다.
토착적인 종이 제작법이 발전하면서, '파라바이크'라는 특유의 접지(摺紙) 판형이 도서 제작에 사용되었다. 이 방식이 워낙 성공적이었기 때문에 20세기 말까지도 이 지역에서는 여전히 이 방식으로 책을 제작했다.

타이와 라오스 북부 그리고 미얀마의 샨 주(州)에는 텍스트와 그림을 수록한 보기 드문 직사각형 판형의 책이 있는데, 불교 사원의 종교 행사 때 사용하는 **카마와사**라는 이름의 책이다. 이는 붉은색의 광택제를 칠한 판에 검은색 타마린드 씨앗 광택제로 텍스트를 쓴 다음, 풍부하면서도 아름다운 금장식을 덧붙인 것이다.

그런가 하면 카마와사의 가난한 친척뻘 되는 종교 경전이 있는데, 닥나무 속껍질로 만든 질긴 미색 **종이**를 이용한 '파라바이크'라는 아코디언 형식의 책이다(90쪽의 다른 사진도 참고하라). 오로지 종교 교육이 목적이어서(젊은 승려들에게 교육의 일부로, 경전을 종이 위에 옮겨 적게했다) 이 책에는 삽화가 전혀 없다. 일반적으로 작은 것은 가로 36센티미터에 세로 14센티미터에서, 큰 것은 가로 42센티미터에 세로 17센티미터 정도이다. 종이가 접힌 가장자리 부분은 붉게 물들이고, 튼튼하게 덧댄 붉은색 종이 덮개를 씌우며(덮개 한가운데에 제목을 적는다) 가볍고 휴대가 간편한 책 덩어리이기 때문에 시골 마을에서는 지금도 흔히 발견되며, 따라서 해충의 공격 대상이 된다.

파라바이크 중에서 더 오래된 것은 간혹 두꺼운 검은색 종이로 만들었는데, 이때는 글과 그림을 **동석(凍石)** 철필로(즉 검은색 바탕에 흰색으로) 작성했다. 마치 교습용 석판(石板)이나 공책처럼 사용되었고, 글자가 지워지는 일이 없도록 검은색 종이를 충분히 질기게 **표면 처리**하기 때문에, 파라바이크는 한 번 썼던 내용을 지우고 재사용이 가능하다.

과거에는 이 판형이 여러 용도로 사용되었는데, 그중에서도 가장 정교한 사례에서는 중요한 사건을 화려한 색깔과 생생한 그림으로 묘사하고 있어, 다른 사회의 필사본에서는 거의 찾아보기 힘든 개성이 나타난다. 이 판형의 편리함 때문에 버마인은 의료와 의복을 비롯해 다양한 주제에 관한 실용 지침서를 제작했다. 그중에는 (맞은편 쪽에 나오는 것처럼) 19세기의 문신 기술자를 위한 실용 지침서도 있었다. 버마의 전통 사회에 사는 청년들은 문신을 중요하게 여겼다. 문신의 형태는 (아울러 몸에서 문신이 자리한 위치는) 행운을 가져다준다고 여겼다. 이 무척이나 낡고, 벌레 먹은 흔적까지 있는 필사본에 수록된 도판에서는 삽화가의 실력과 섬세함이 뚜렷이 나타난다.

관련 내용
실용 지침서의 다른 사례로는,
알 자자리의 『기계 기술 개론』, 88~89쪽
마컴의 『영국의 승마인』, 140~141쪽
헬름의 『바느질의 기술과 근면』, 142~143쪽
수아예의 『현대의 주부』, 202~203쪽
접는 판형을 이용한 다른 사례로는,
바탁의 '푸스타하', 38~39쪽
종이 접기의 매우 다른 이용 사례로는,
메겐도르퍼의 『대서커스』, 198~199쪽
프리에토의 『반책』, 250~251쪽

오른쪽 **버마의 '파라바이크'** 19세기에 버마에서 제작된 이 문신 제작 지침서는 대략 가로 40센티미터의 직사각형이며, (호랑이, 용, 코끼리 같은) 신화와 현실의 동물들을 비롯해 버마의 민간 신앙에 등장하는 정령 '나트(Nat)'와 유사한 인물이 그려져 있다. 그 아래의 원 안에는 동물과 기타 상징이 들어 있는데, 아마도 행성을 나타내는 듯하다.

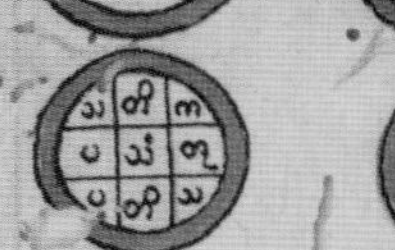

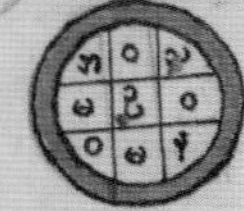

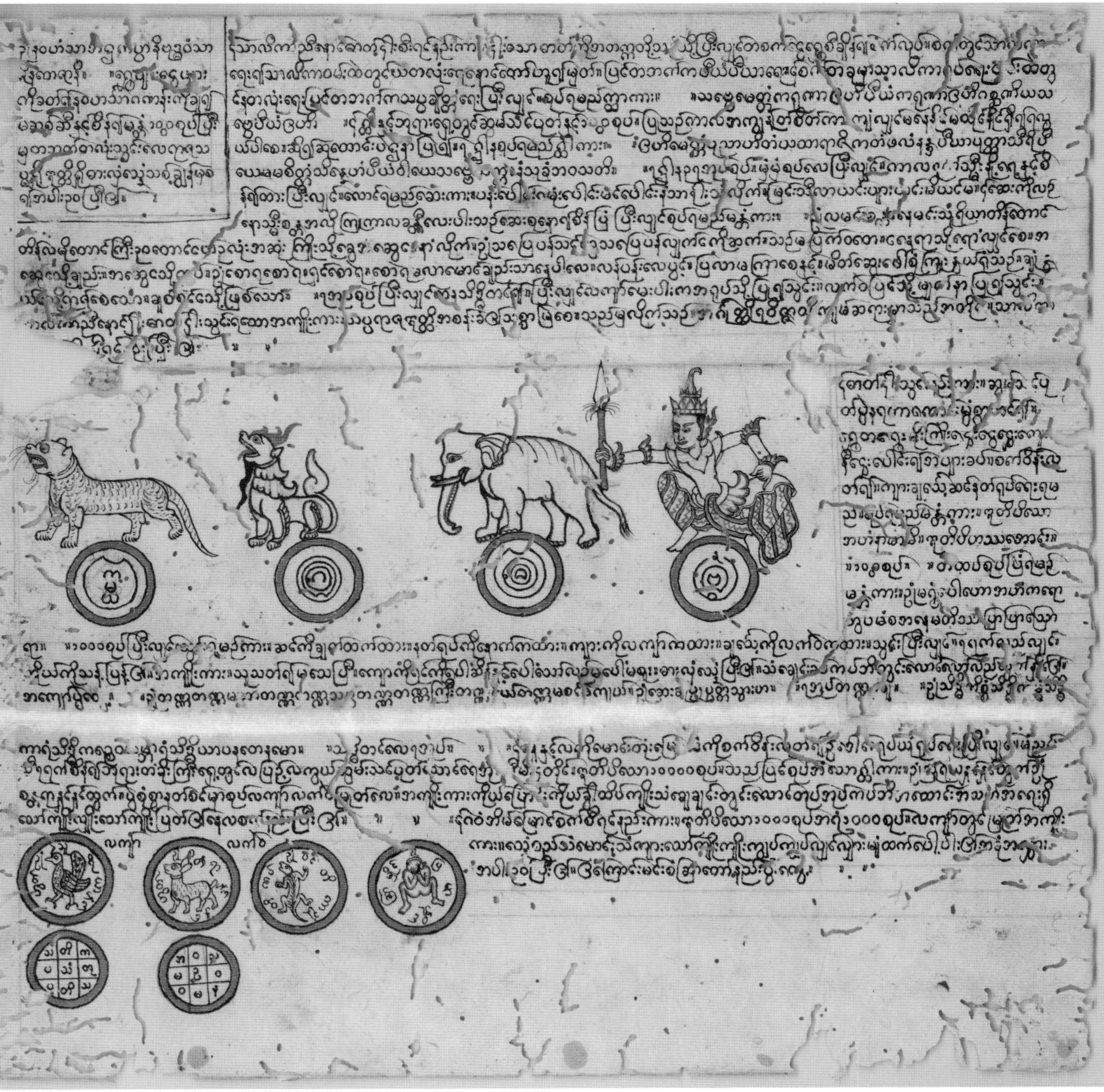

오른쪽 호메로스의 『일리아스』 베네치아의 마르치아나 도서관에 소장된 이 10세기의 베네투스 A 코덱스는 현대의 다른 『일리아스』 판본이 주요 근거로 삼고 있는 필사본이다. 950년경에 콘스탄티노플에서 제작된 것으로 추정되는 이 필사본은 아주 작은 소문자체로 작성되었고, 여러 사람이 작성한 주석이 붙어 있다(48~49쪽 참고).

제3장 위대한 고전

기원전 600년부터 시작해 이후 1천 년 동안 그리스와 로마 문화에서는 도서 제작, 저술업, 정보 통제 등이 (오늘날 우리가 이해할 수 있는 방식으로) 표준화하기 시작했다. 하지만 정보에 대한 권위, 검열, 접근에 대한 (그리고 정보의 손실에 대한) 우려도 함께 나타났다.

[illegible]

δαίνυντ'· οὐδέ τι θυμὸς ἐδεύετο δαιτὸς ἐΐσης·
οὐ μὲν φόρμιγγος περικαλλέος, ἣν ἔχ' Ἀπόλλων·
Μουσάων θ', αἳ ἄειδον ἀμειβόμεναι ὀπὶ καλῇ·
αὐτὰρ ἐπεὶ κατέδυ λαμπρὸν φάος ἠελίοιο·
οἱ μὲν κακκείοντες ἔβαν οἶκόνδε ἕκαστος·
ἧχι ἑκάστῳ δῶμα περικλυτὸς ἀμφιγυήεις
Ἥφαιστος ποίησεν ἰδυίῃσι πραπίδεσσι·
Ζεὺς δὲ πρὸς ὃν λέχος ἤϊ' Ὀλύμπιος ἀστεροπητής·
ἔνθα πάρος κοιμᾶθ', ὅτε μιν γλυκὺς ὕπνος ἱκάνοι·
ἔνθα καθεῦδ' ἀναβάς· παρὰ δὲ χρυσόθρονος Ἥρη·

ΙΛΙΑΔΟΣ Β

Ἄλλοι μέν ῥα θεοί τε καὶ ἀνέρες ἱπποκορυσταὶ
εὗδον παννύχιοι· Δία δ' οὐκ ἔχε νήδυμος ὕπνος·
ἀλλ' ὅ γε μερμήριζε κατὰ φρένα ὡς Ἀχιλῆα
τιμήσῃ· ὀλέσῃ δὲ πολέας ἐπὶ νηυσὶν Ἀχαιῶν·
ἥδε δέ οἱ κατὰ θυμὸν ἀρίστη φαίνετο βουλή·
πέμψαι ἐπ' Ἀτρεΐδῃ Ἀγαμέμνονι οὖλον ὄνειρον·
καί μιν φωνήσας ἔπεα πτερόεντα προσηύδα·
βάσκ' ἴθι οὖλε ὄνειρε θοὰς ἐπὶ νῆας Ἀχαιῶν·
ἐλθὼν ἐς κλισίην Ἀγαμέμνονος Ἀτρεΐδαο·
πάντα μάλ' ἀτρεκέως ἀγορευέμεν ὡς ἐπιτέλλω·

[illegible]

문자 기록이 전혀 없는 선사 시대와, 문자 기록이 있는 역사 시대를 피상적으로 구분하기는 쉽다. 선사 시대에 관해 우리가 가진 정보는 고고학적 발굴을 통해서, 그리고 (예를 들어) 고대의 시신에 대한 법의학적 분석을 통해서 얻은 것들이다(후자 덕분에, 우리는 고대인이 어떤 질병을 앓았고 어떤 음식을 먹었는지 알 수 있다). 우리는 그리스의 파피루스나 메소포타미아의 **쐐기문자**에서 모은 방대한 정보를 갖고 있으며, 이들이 자료를 어떻게 이용했는지도 알고 있다. 『길가메시 서사시』를 읽으며 우리는 그걸 작성한 사람들의 정신에 가까워지는 기분을 느낀다. 하지만 그들은 우리에게 여전히 낯설게만 보인다. 그들과 우리를 완전히 동일시할 수 없는 것이다.

기원전 몇 세기 동안, 여러 정착 공동체에서 일어난 인류의 진보로 저술가들이 각자의 믿음과 경험을 보고함으로써, 우리는 그들로부터 문화를 물려받게 되었다(46~47쪽 참고). 그리스인은 자기네 알파벳과 문자 작성 체계를 이용해 (처음에는 **좌우교호서법(左右交互書法)**, 즉 '좌우로 번갈아 쓰는 방법'이었는데, 나중에는 '왼쪽에서 오른쪽으로 쓰는 방법'으로) 오늘날도 우리가 여전히 사용하는 체계를 발전시켰다. 물론 지금은 세계 어디서나 그리스식 알파벳 대신 이탈리아에서 발전한 로마식 알파벳을 더 많이 사용하지만.

출판업과 도서관

문자 이용 능력이 늘어나면서 다른 변화들도 찾아왔다. 그리스 시인 사포의 저술에서는 여성의 목소리를 들을 수 있다. 문자 이용 능력과 함께 출판업이 생겼고, 도서관도 나타났다. 거대한 알렉산드리아 도서관은 프톨레마이오스 1세 '소테르'(기원전 323~283)의 시대 또는 그의 아들 시대에 만들어졌는데, 그곳에서 그리스인들은 구두법을 발전시키는 한편, 자기들이 재필사해야 했던 **파피루스** 두루마리에 적힌 텍스트를 표준화하는 작업으로 나아갔다(48~49쪽 참고). 컬렉션이 늘어나면서 도서관의 장서 관리를 위한 필요성도 늘어났다. 다시 말해 정보 과다라는 발상에 대한 자각은 무려 2천2백 년도 더 되었다는 것이다. 알렉산드리아의 비평가 겸 사서 겸 서지학자인 칼리마코스(기원전 305~240년경)는 도서관의 목록 제작법과 서지 정보 편찬법을 발전시켰다. (아쉽게도 지금은 없어진) 그의 '도서 목록' 120권은 초기 그리스 저술 가운데 일부에 대한 최상의 안내서였다. 더 나중의 사서들도 '큰 책은 큰 악'이라는 그의 믿음을 공유했을 것이다.

대규모의 그리스어 도서관을 보유한 도시는 알렉산드리아뿐만이 아니었다. 아테네에도 리케이온이라는 도서관이 있었다. 로마 치하에서는 제국 전체에 도서관이 전파되었는데, 특히 유명한 곳은 그리스계 로마인 원로원 의원 티베리우스 율리우스 켈수스 폴레마이아누스가 서기 135년에 설립한 에페소스의 켈수스 도서관이었다(그곳의 장서인 1만 2천 개의 **두루마리**는 서기 282년에 일어난 지진으로 파괴되었다).

대규모 도서관은 곧 통치자가 보유한 힘의 상징으로 여겨졌다. 알렉산드리아와 경쟁한 또 다른 도서관은 (오늘날의 아나톨리아 서부 '베르가마'에 해당하는) 페르가몬의 에우메네스 2세가 발전시킨 것이었다. 이집트의 프톨레마이오스 왕조에서는 파피루스 수출을 금지했는데, 부분적으로는 페르가몬과의 경쟁을 의식한 까닭이었다. 전승에 따르면, 이에 대응하여 페르가몬인은 새로운 기록면을 개발했으니, 바로 '페르가미누스pergaminus' 또는 '페르가메나pergamena'라고 불린 **양피지**였다. 훗날 로마가 페르가몬을 점령하면서 알렉산드리아와의 경쟁도 끝났다. 전승에 따르면, 마르쿠스 안토니우스는 클레오파트라에게 페르가몬 도서관의 장서 가운데 20만 권을 결혼 선물로 건네주었다고 한다!

책의 파괴

페르가몬에는 건물 유적이 아직 남아 있지만, 장서는 대부분 파괴되었으며, 비슷한 시기에 알렉산드리아의 장서도 파괴되고 말았다. 그중 일부는 율리우스 카이사르의 점령 당시 우연히 일어난 화재로 상실되었다. 또 일부는 더 나중의 여러 전쟁 때 파괴된 것으로 추정된다. 아니면 기독교의 광신 때문일 수도 있는데, 서기 391년에 알렉산드리아 주교 테오필로스가 이교도 신전인 세라페이온의 파괴를 명령한 바 있었다. 또 다른 기록에 따르면, 훗날 이 도시를 장악한 무슬림이 파괴를 자행했다고도 한다. 이때 누군가 도서관에서 책을 가져가도 되느냐고 묻자 무슬림으로부터 이런 대답이 나왔다. "만약 그 책의 내용이 코란과 일치한다면 우리에게는 그 책이 필요 없다. 만약 그 책의 내용이 코란에 반대된다면 그 책은 파괴하라." 종교란 (어느 종교이든 간에) 책의 적이 되는 경우가 종종 있다. 무슬림이 지배하건, 기독교인이 지배하건 간에 고대(즉 이교도) 책은 더 큰 위험에 노출되었다. 그나마 다행인 것은 파피루스 두루마리에 적는 예전의 문자 작성 체계 대신 양피지를 **접장(摺張)**으로 만들어서 **코덱스**를 만드는 방법이 생겨났다는 것이다. 접장 여러 개를 엮고 딱딱한 덮개를 씌우면 코덱스가 되었다(50~51쪽 참고). 코덱스의 유행은 종종 기독교의 전파에 수반되었으며, 외딴 수도원에서 이루어진 도서의 지속적인 보관과 보전은 여러 도시의 도서관에서 상실된 책들의 생존을 보장했다.

새로운 판형들, 지속된 문제들

새로운 판형의 책은 수명도 길었기 때문에(튼튼한 **우피지**에 작성된 책은 특히 더 길었다) 책 중에서도 당시 사람들이 읽을 수 있는 언어와 서체로 기록된 것, 그리고 관심 있어 하는 것은 두루마리에서 코덱스로 필사될 기회를 얻었다. 요리책처럼 사람들이 종종 참고하는 책에서는 텍스트 일부를 손쉽게 찾아보는 일이 중요했기 때문에, 코덱스는 두루마리보다 더 편리한 판형이었다(52~53쪽 참고). 반면 이단적이거나 종교적 광신을 불러일으킨다고 여긴 책이 양피지에 필사되는 경우는 드물었고, 설령 그런 내용이 양피지에 기록되었다 하더라도, 나중에는 누군가가 그 텍스트를 지워서 재사용(즉 '**팔림프세스트**')이 가능한 텅 빈 책으로 만들었다. 때로는 현재까지 확인된 중요한 텍스트의 유일본이 바로 그런 신세인 경우도 있다(54~55쪽 참고).

썩어가는 파피루스에서 다른 두루마리로 필사된 텍스트들은 얼마나 많았고, 또 양피지라는 새로운 매체에 옮겨 적힐 기회조차 얻지 못하고 상실된 텍스트들은 얼마나 많았을까? 우리는 결코 알 수 없다. 사서들과 개인 소유주들은 이런 재기록 작업 때마다 상당한 비용을 지출해야 했기 때문에 꼭 필요한 책만 옮겼다. 후세를 위해서라도 어떤 책은 반드시 필사해두어야 한다고 주장한 사람은 아무도 없었다. 예를 들어 칼리마코스는 사서인 동시에 저명한 시인이었으므로, 그의 저서가 꽤 많이 필사되었을 것이라고 예상할 수 있다. 더 나중에 간행된 비잔틴 백과사전 '수다Suda'에 따르면, 칼리마코스의 저술은 8백여 권에 달했다. 하지만 오늘날 우리에게 남아 있는 것은 장편 저술 두 권 가운데 일부분과 64개의 경구, 6개의 찬가, 일부 단편뿐이다. 오늘날 살아남은 칼리마코스의 저술은 기껏해야 전체의 10퍼센트 미만일 것이다.

이것이야말로 한 기록 매체에서 또 다른 기록 매체로의 전환이 일어날 때마다, 상당한 자료 손실이 발생한다는 자명한 이치를 보여주는 사례이다. 로마 제국이 쇠퇴하면서, 과거 텍스트의 지속적인 보전은 중세에 활동한 필경사들의 노력에, 전적으로 '운'에 의존하게 되었다. 혹시 오늘날 우리의 도서 디지털화에서도 이와 유사한 문제들이 반복되지는 않을까?

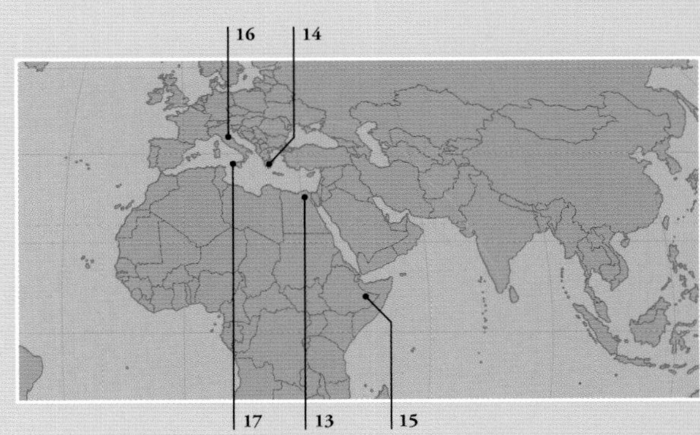

소개할 책들

아동서의 고전의 기원

무려 2천 년이 넘도록, 전 세계 어린이들은 이솝 우화를 즐겨왔다. 하지만 이 작품을 쓴 사람은 과연 누구일까? 이솝은 실존 인물이었을까?

이솝 우화는 워낙 유명한 까닭에, 오늘날에 와서는 세계 어느 문화에서나 이런저런 상황을 설명하기 위해 '양의 탈을 쓴 늑대'나 '신 포도'라는 표현을 사용할 지경이 되었다. 1593년에 포르투갈 선교사들은 이 우화를 일본어로 번역하고 '에소포노파부라스(エソポのハブラス)'라는 제목의 한 권짜리 책으로 펴냈는데, 워낙 인기 있다 보니 서양인을 모두 추방한 이후에도 일본에서 유일하게 인쇄가 허락된 유럽 책으로 남았다.

하지만 이 우화들이 정말 유럽의 산물일까? 이 우화의 기원은 그리스라고 하지만, 인도의 저술 중에도 이와 유사한 내용이 있다. 그리고 탈무드에도 유사한 이야기가 들어 있다. 그리스어 사용권에서는 이솝 우화 가운데 상당수가 최소한 기원전 5세기부터(어쩌면 그보다 더 이른 시기부터) 구전되었음이 명백하다. '실존 인물'인 이 우화 작가는 기원전 620~564년에 살았으며, 헤로도토스, 아리스토파네스, 소크라테스, 플라톤이 그의 저술에 관해 언급한 바 있다. 그의 우화는 모두 알고 있지만 그의 존재는 여전히 불확실한 상태로 남아 있다. 일부 학자들은 기원전 3000년대에 제작된 수메르와 아카디아의 **쐐기문자** 기록에서도 이솝 우화를 발견한 바 있다.

이솝 우화 가운데 일부는 데메트리오스 팔레레우스(기원전 350~280)가 '아이소페이아'라는 제목으로 다시 쓰기도 했는데, 이 저자는 프톨레마이오스 1세 '소테르' 치하에서 알렉산드리아 도서관 건립에 관여한 것으로 유명한 인물이다. 하지만 데메트리오스 버전의 우화는 손실되어 전하지 않는다. 대신 오늘날의 우리는 서기 200년 이전에 살았던 발레리우스 바브리우스가 만든 텍스트에 의존하고 있다. 이 우화의 그리스어 **파피루스** 필사본 가운데 가장 오래된 단편과 라틴어 및 다른 언어로 된 필사본 사이의 시간적 차이는 크지 않다. 이솝 우화의 판본들은 구텐베르크의 인쇄기가 발명된 초창기부터 오늘날까지 자주 인쇄되었다.

이 우화는 수많은 번역가들과 시인들이 저마다 텍스트를 파냈던 일종의 채석장이었다. 시각적 매력 때문에도 이솝의 작품은 삽화가들과 출판인들에게도 각별한 호소력을 발휘했으며, 덕분에 다양한 **예술품 책**과 아동서가 만들어졌다.

THE BEAR AND BEE HIVES.
8
F. Barlow delin.
Ja. Kirk fecit.
A Bee's keen Sting a Bear did so enrage,
That, with the Hives, a War he does engage:
The Numbers join, and on their Foe do fall,
Who grieves his private Feud prov'd national.
MORAL.
So petty Tumults, by the Rout pursu'd,
Have often mighty Commonwealths subdu'd.

왼쪽 **17세기의 이솝 우화** 17세기 버전의 이 이솝 우화에서는 곰이 벌집을 뒤집다가 꿀벌의 공격을 받고 있다. 프랜시스 발로의 원화에 기초한 제임스 커크의 동판화이다.

관련 내용
우화와 전설을 수록한 책의 다른 사례로는,
『길가메시 서사시』, 18~19쪽
『판차탄트라』, 84~85쪽
아동서의 다른 사례로는,
뉴베리의 『작고 예쁜 주머니책』, 156~157쪽
에이킨의 『한 음절 단어로만 된 로빈슨 크루소』, 194~195쪽
호프만의 『더벅머리 페터』, 196~197쪽

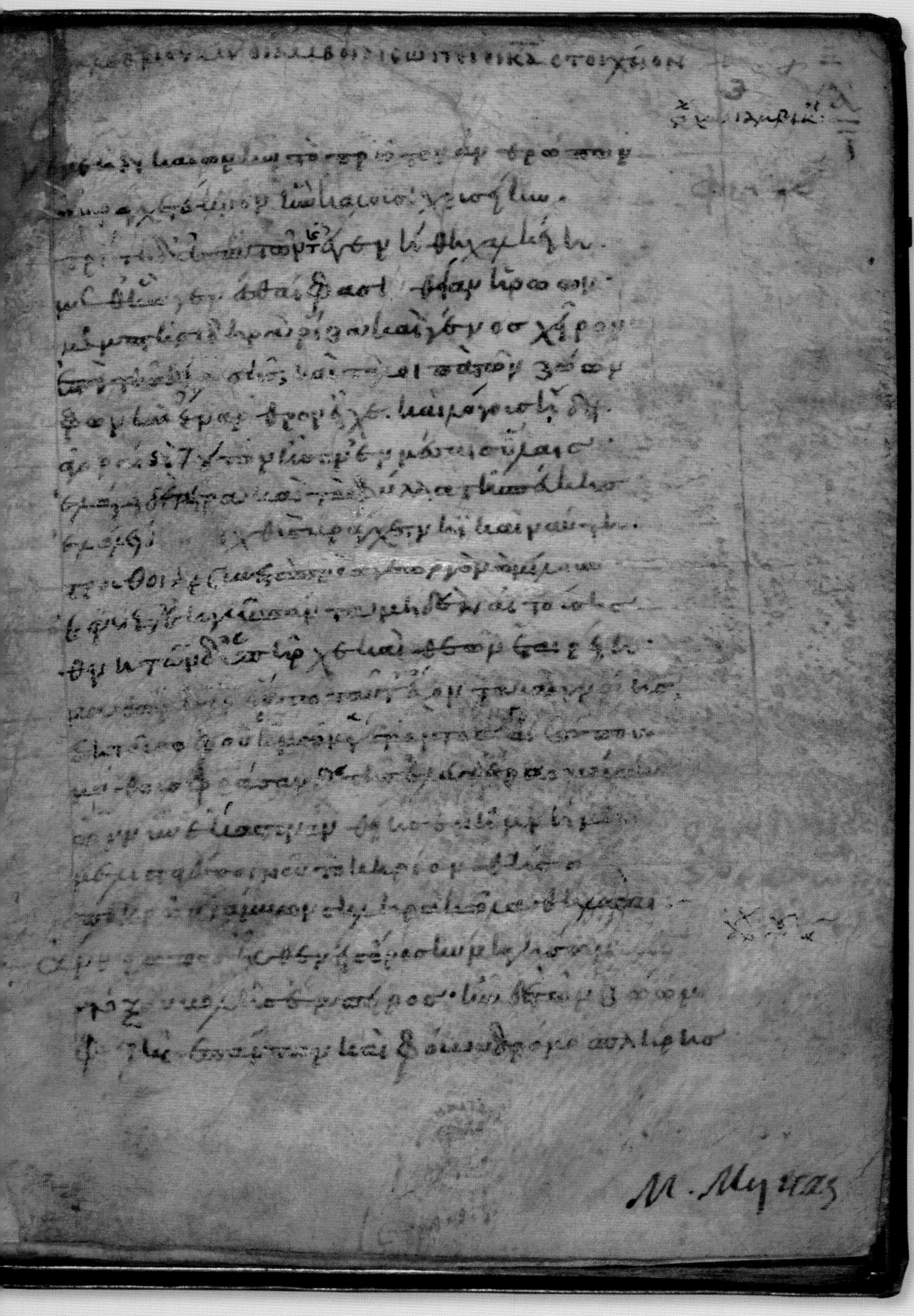

왼쪽 이솝 우화 아토스 산에서 발견된 이 11세기 양피지 필사본은 염소 가죽으로 제본되었고 '이솝 우화시(詩)'라는 제목이 붙어 있다. 이 불규칙 단장격(短長格)의 그리스어 운문에 엿보이는 라틴어의 영향은 이 우화의 혼성적인 기원을 반영한다. 그리스 문화에 동화된 로마인 저술가 바브리우스는 이 운문을 '브란쿠스'라는 어린이에게 헌정했는데, 이로 인해 그 자신은 물론이고 이 어린이의 정체에 대해서도 갖가지 설(說)이 제기되었다.

Η ΕΛΕΝΗ
ΕΛΕΝΗ
Ο ΠΑΡΙΣ
Η ΑΦΡΟΔΙΤΗ

시대를 초월한 서사시

호메로스의 『일리아스』는 영원한 문학적 성공 사례 가운데 하나로, 2천 년 이상 연구되고, 번역되고, 간행되어왔다. 하지만 그 제작의 초창기는 역사 속에 망각되었고, 우리가 현재 사용하는 버전은 겨우 1천 년 전의 필사본에서 유래한 것이다.

역사상 가장 중요한 문학 작품을 대보라면, 많은 사람이 호메로스의 『일리아스』를 말할 것이다. 아니면 역시나 호메로스의 작품으로 여겨지는 『오디세이아』일 수도 있겠다. 두 작품의 단편을 담고 있는 이집트산 파피루스의 생존율만 놓고 보면(『일리아스』는 454조각이, 『오디세이아』는 140조각이 남아 있다) 청동기 시대 전투에 관한 철기 시대의 회고인 『일리아스』가 항상 더 인기를 끌었던 것 같다.

호메로스의 서사시는 기원전 750~650년 사이에 작성된 것으로 여겨지지만, 일부 권위자들은 그 시기를 훨씬 더 이른 기원전 12세기까지로 잡고 있다. 하지만 『일리아스』와 『오디세이아』의 텍스트가 그때 이후 계속된 과정을 통해 표준화되었다는 사실은 이미 공인된 바이다. 이 과정에서는 알렉산드리아 도서관의 역할이 중요했다. 『일리아스』를 지금과 같이 여러 부로 나눈 사람은 그곳 최초의 사서인 에페소스의 제노도토스(기원전 280년 활동)로 간주된다. 그리고 가장 훌륭한 텍스트를 수립한 사람은 그곳의 또 다른 사서인 사모트라케의 아리스타르코스(기원전 220~143년경)로 간주된다.

거의 기적적으로, 아리스타르코스의 주석은 베네치아에 있는 일명 '베네투스 A' 필사본에 보전되었다. 9세기에 그리스에서 작성된 이 필사본은 그리스어 필사본을 수집하던 한 이탈리아 학자의 손에 들어가 이탈리아로 오게 되었다. 이후 베사리온 추기경(1403~1472)의 소유가 되었는데, 그는 이탈리아 르네상스 시대에 그리스 연구가 부흥하는 데 큰 역할을 한 학자이다. 1468년에 그는 이 필사본을 베네치아 의회에 기증했으며, 이 장서는 훗날 마르치아나 도서관의 중핵을 이루게 되었다.

'베네투스 A' 필사본의 명성 때문에 많은 학자들이 이를 열람하러 찾아왔다. 하지만 필사본은 이미 노후화되어 잉크가 흐려지고 다른 퇴화 현상도 나타났기 때문에 계속해서 학술적으로 사용하기가 불가능해졌다. 하지만 현대의 기술적 모험의 위업에 힘입어 마르치아나 도서관과 하버드 대학 그리스 연구 센터는 '호메로스 멀티텍스트' 프로젝트를 통해 디지털 버전을 공동으로 준비하고 있다. 이는 역사적인 틀 안에서 『일리아스』와 『오디세이아』의 텍스트 전송이 어떻게 이루어졌는지를 보여줌으로써, 알렉산드리아에서 이 작품을 보전하기 위해 노력했던 최초의 호메로스 학자들의 열성을 계승하는 일이 될 것이다.

왼쪽 **호메로스의 『일리아스』** '베네투스 A' 필사본에 수록된 이 10세기의 삽화는 (스파르타의 여왕) 헬레네와 (트로이 왕 프리아모스의 아들) 파리스가 (두 사람을 맺어준 아프로디테의 가호 아래) 트로이를 향해 배를 타고 떠나는 광경을 묘사하고 있다. 이로써 파리스는 헬레네의 남편 메넬라오스를 속인 셈이 되었고, 그녀를 되찾으려는 그리스인의 노력이 트로이 전쟁의 배경이 되었다.

관련 내용

서사시의 다른 사례로는,
『길가메시 서사시』, 18~19쪽
알두스판 베르길리우스 작품집, 108~109쪽
심각한 보존 문제를 겪는 책의 다른 사례로는,
아르키메데스 팔림프세스트, 54~55쪽
켈스의 서, 60~61쪽
『전자책 베오울프』, 242~243쪽

에티오피아 예술의 초기 걸작

최근에야 세상에 알려진 '가리마 복음서'는 사실상 세계에서 가장 오래된 성서 필사본이다. 기독교가 아프리카에 처음 소개되었을 당시에 작성된 이 복음서는 무려 1천6백 년이 넘도록 가리마 도서관 안에만 보관되어 있었다.

이것은 에티오피아 성서 삽화의 두드러진 사례이며, 기독교의 초기 중심지에서 작성된 가장 오래된 성서이다. 에티오피아 북부 산맥의 아부나 가리마 수도원에 있던 이 **양피지** 필사본이 서양에 처음 알려진 것은 1950년에 수도원을 방문한 영국의 한 미술사학자를 통해서였다. 처음에는 전문가들도 이 필사본의 수명이 1천 년쯤 되었을 것으로 생각했지만, 최근의 방사선 연대 측정 결과, 이 책에 사용된 염소 가죽 양피지 가운데 하나는 서기 390~570년의 것이고, 또 하나는 550~660년의 것이

었다. '가리마 1권'의 장정 역시 아직까지 필사본에 부착된 상태로 남은 장정 중에서는 가장 오래된 것으로 여겨진다. 이 책들은 1천6백 년이 넘도록 수도원에 보전되어 있었다.

전승에 따르면, 에티오피아의 아홉 성인 가운데 하나인 성(聖) 가리마 신부가 494년에 에티오피아에 와서 복음을 전했다. 이 책들이 그 직후에 작성된 것들로 작성 연대가 확인되자 미술사학자들과 성서역사학자들은 열광했다. 왜냐하면 이 책이야말로 그들 분야에서 현존하는 가장 오래된 책이었기 때문이다. 고대의 필사본은 하나같이 허약한 데다 서투른 수선으로 인한 손상도 없지 않은데, 이 에티오피아의 보물은 '에티오피아 문화유산 기금'의 보존 작업 덕분에 미래가 보장되었다.

대부분의 국가에서는 (모세 오경이나 코란 같은) 경전을 새로 제작하는 과정에서 자국 특유의 영적이고 예술적인 성격을 드러내게 마련이다. 에티오피아는 5세기 중반에 가톨릭교회와 정교회로부터 분리되었고, 이 성서는 게즈어로 작성되었다. **암하라어**는 히브리어와 관련이 있지만, 글을 쓸 때는 갈대 펜과 그 지역 특산의 물감을 이용해 히브리어와는 반대 방향인 왼쪽에서 오른쪽으로 작성했다. 두 권은 서로 다른 필경사가 여러 달 동안 작업했다. 이 책의 채식(彩飾)은 이후에 나온 대부분의 에티오피아 성서보다는 오히려 비잔틴의 성서와 더 비슷하다고 여겨지는데, 그래도 에티오피아의 다른 필사본과 똑같은 활기와 에너지를 보유하고 있다.

왼쪽 **가리마 복음서** 방사선 연대 측정법의 분석에 따르면, 이 책의 제작 연대는 서기 330년에서 650년 사이에 해당한다. 그럴 경우 이것이야말로 현존하는 기독교의 삽화 수록 필사본 가운데 가장 오래된 것일 수 있다. 세 종류의 선명하게 장식된 필사본이 두 권으로 제본되어 있는 이 책은 '악숨 왕국 시대 에티오피아' 언어로 작성되었는데, 이전까지는 주화나 기둥 비문(碑文)에서만 발견되던 언어였다.

관련 내용

보존 문제를 겪는 다른 고대 서적의 사례로는,
『아니의 사자의 서』, 22~23쪽
아르키메데스 팔림프세스트, 54~55쪽
『전자책 베오울프』, 242~243쪽
성서 텍스트의 다른 사례로는,
켈스의 서, 60~61쪽
클루도프 시편집, 62~63쪽
토로스 로슬린 복음서, 66~67쪽

위 **가리마의 제본** 금속 덮개는 이 필사본과 마찬가지로 최초 제작 당시의 것으로 생각된다. '가리마 1권'의 금속 덮개는 도금 구리로 되어 있는데, 거기 난 구멍에는 한때 귀금속이 박혀 있었을 것이고, 이것이야말로 필사본에 여전히 붙어 있는 제본으로는 가장 오래된 것이다. '가리마 2권'의 은제 덮개는 더 뒤의 시대, 즉 10세기에서 12세기의 것으로 여겨진다.

위 **복음서 수리법** 이 활기 넘치는 장식은 양식 면에서 비잔틴을 연상시키지만(또 어쩌면 시리아나 예루살렘에서 온 것일 수도 있지만) '가리마 2권'은 콥트식 장식과의 연관성을 드러낸다(사진 참고). 에티오피아가 아니라 중동에 서식하는 조류 20여 종의 모습이 책 전체에 걸쳐 나타나기 때문이다. 지금은 부서지기 쉬운 이 양피지에는 과거의 수리와 접힘과 해충 손상의 흔적이 드러나 있다.

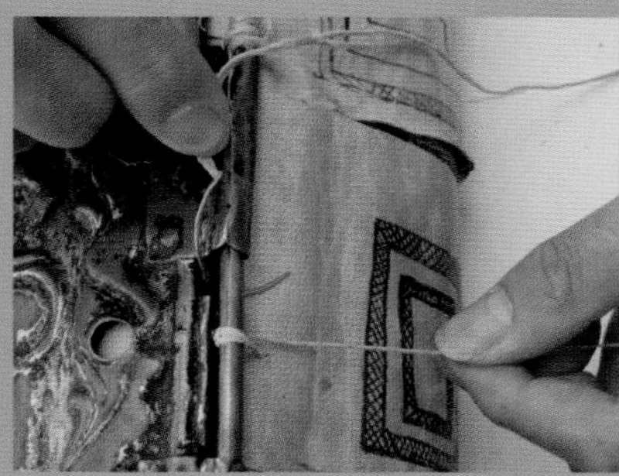

위 **복음서 다시 꿰매기** 세 종류의 양피지 복음서 필사본은 두 권으로 나뉘어 제본되었으며, 그중 일부는 세월이 흐르면서 잘못된 순서로 다시 제본되기도 했다. 결국 보존 전문가인 레스터 캐폰이 책을 수리하고, 가느다란 아마실을 이용해 다시 제본했다(사진은 '가리마 1권'의 앞표지를 다시 붙이는 모습이다).

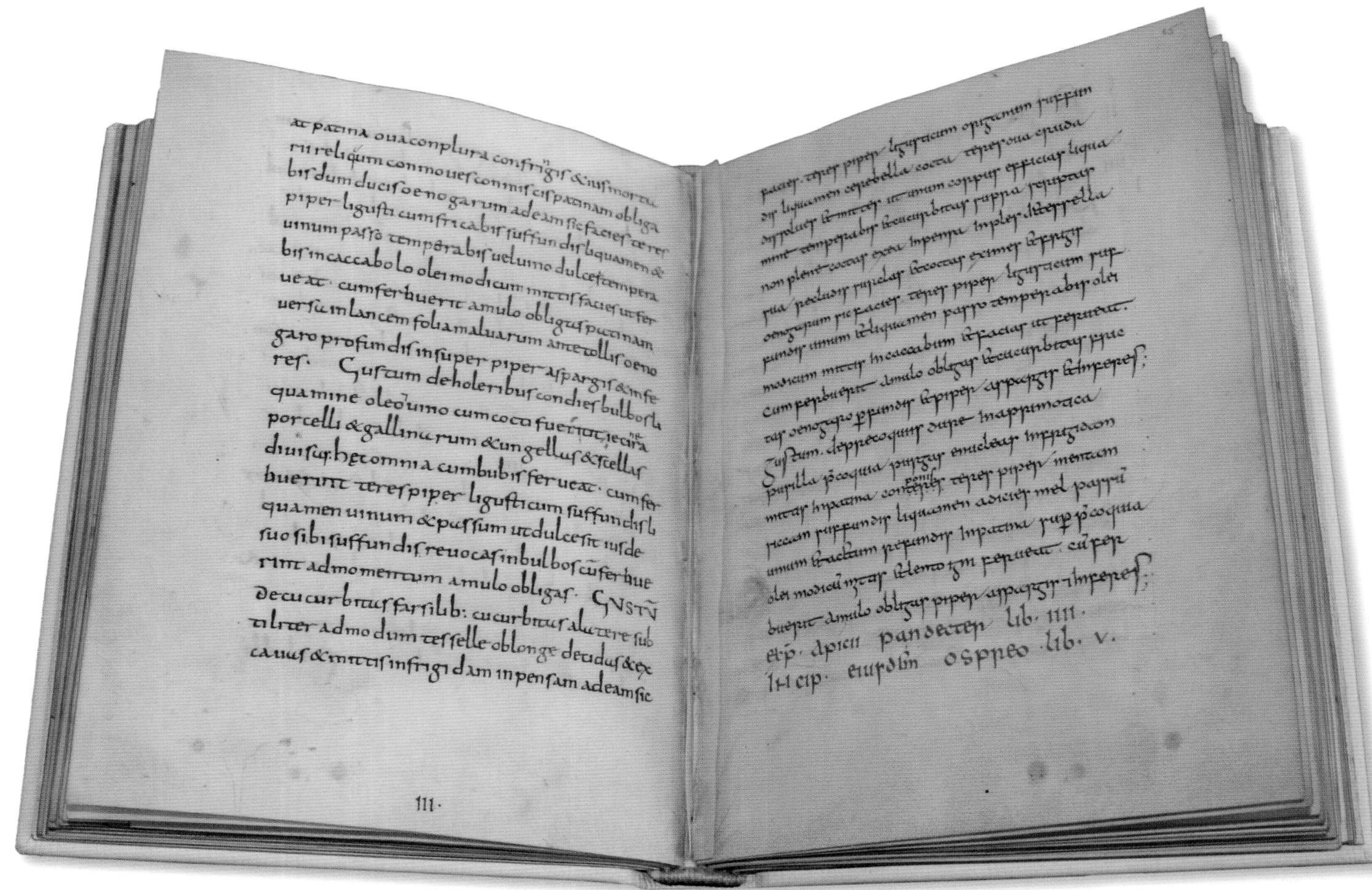

위 아피키우스 뉴욕의학협회는 이 2세기 요리책의 가장 오래된 사본 두 가지 가운데 하나를 소장하고 있는데, 원래는 서기 830년에 그 책을 필사한 독일의 풀다에 있는 수도원의 소장품이었다. 57쪽짜리 이 책에는 5백여 종의 조리법이 들어 있다. 종달새 혀와 멧돼지 엉덩이 살은 오늘날 정육점에서는 찾아보기 힘들지도 모르지만, 여기 묘사된 콩과 살구 스튜에 들어가는 많은 재료들은 우리에게도 친숙하며, 맛있게 요리할 수 있다.

최초의 요리책

이집트인과 바빌로니아인과 그리스인은 하나같이 자기들이 먹는 음식에 대해 관심을 가졌다. 그러나 현존하는 전문 요리책 중 가장 오래된 것은 '아피키우스'라는 제목으로만 알려져 있다. 이 책에는 지금으로부터 2천 년 전쯤 유행한 로마 제국의 폭음·폭식이 잘 나타나 있다. 하지만 그 저자에 대해 우리는 아직도 잘 모르고 있다.

1498년, 그러니까 구텐베르크가 성서를 처음 인쇄한 때로부터 45년쯤 뒤에 밀라노의 인쇄업자 굴레르모 레 시네레가 『아피키우스 데 레 쿠오퀴나리아(요리에 대한 애호)』를 간행했는데, 얼마 안 있어 요안네스 데 레냐노라는 또 다른 인쇄업자가 이본(異本)을 간행했다. 1500년경에는 베네치아에서 또 다른 해적판이 간행되었다. 이때부터 이미 요리책은 판매가 보장되는 물건으로 간주된 것이다.

바티칸 도서관에 있는 가장 오래된 필사본은 4세기에서 5세기의 것이다. 이것은 티베리우스 치하에 살았던 로마의 유명한 미식가 마르쿠스 가비우스 아피키우스의 저술이라고 전해진다. 마르티알리스, 세네카, 아테나이오스, 플리니우스 같은 저자들은 그의 폭음·폭식에 관해 놀리는 언급을 많이 남겼다. 예를 들어 플리니우스의 기록에 따르면, 아피키우스는 푸아그라 만드는 방법을 보고 나서, 이와 유사한 방식의 돼지 간 요리를 고안했는데, 그 방법은 돼지에게 말린 무화과를 먹인 다음, 물숨mulsum(꿀을 탄 와인)을 잔뜩 먹여서 도살하는 것이었다.

오른쪽 **후추를 뿌려서 식탁에 올린다**
나폴리의 보스코레알레 인근에 있는 저택에서 발견된 서기 50~75년경의 이 프레스코화 단편은 맨발의 부엌 일꾼이 아마도 새끼 사슴인 듯한 동물의 내장을 빼내는 모습을 보여주고 있다. 왼쪽에 놓인 금속제 쟁반에는 마늘 그리고 값비싼 수입 향신료가 몇 가지 놓여 있는데, 이는 로마의 부유한 미식가들이나 아피키우스가 공들여 만든 요리에 즐겨 넣던 재료였다.

로마 역사에 관해 우리가 안다고 생각하는 사례 가운데 상당수가 그러하듯, 이런 설명 역시 상당수가 추측일 뿐이다. 마르쿠스 가비우스 아피키우스는 분명히 있었지만, 그의 저술이라고 전해지는(미식가 '아피키우스'가 워낙 유명했기 때문에, 후대에는 그의 이름이 '미식'이나 '요리에 대한 애호'의 대명사로 사용된 데에서 생겨난 오해라는 지적도 있다. 즉 위의 책이 간행된 시점에는 '아피키우스' 자체가 일반명사였기 때문에, 제목이 '아피키우스'라는 것만 가지고 그를 저자로 단정할 수는 없다는 비판이다 - 옮긴이) 조리법 모음집은 그가 쓴 것이 아닐 터이며, 이는 특정한 우화가 이솝의 저술이라고 여겨지는 것처럼 추측일 뿐이다.

조리법 모음집은 아마도 4세기에 편찬되었을 것이며, 더 나중에 나온 필사본 몇 가지가 남아 있다. 음식을 주문하거나 준비해야 하는 사람 모두에게 조리법 모음집은 하나쯤 갖고 있을 만한 책이었다. 실용 지침서가 흔히 그렇듯, 요리책은 하찮게 여긴 까닭에 종종 파손당하기 일쑤였다(훗날의 인쇄본 시대에도 사정은 마찬가지였다). 이 책을 보면 흥미로운 사실이 많이 드러난다. 현대 이탈리아 요리에서 핵심이나 다름없는 파스타와 토마토를 로마인은 전혀 모르고 있었으며, 로마의 요리에서 널리 사용되었던 실피움silphium이라는 (현재는 멸종된) 식물의 맛에 대해서나, 또는 그 당시 상업적으로 제조되었다는 리콰멘liquamen이 과연 우스터소스와 유사한 것인지는 우리도 추측만 할 수 있을 뿐이다.

더 나중의 사람들 가운데 상당수는 아피키우스의 조리법에 관심을 가졌고, 이제 우리는 온라인 게시판이나 학술지에서 '로마 시대에는 이 요리 또는 저 요리에 어떻게 양념을 했는가'를 놓고 벌어지는 열띤 논쟁을 읽을 수 있다. 이후에 나온 수천 가지 요리책의 선조인 아피키우스의 텍스트에 접근하는 것만 놓고 보면, 이전의 어느 시대보다도 지금이 훨씬 더 낫다고 할 수 있다.

관련 내용
더 실용적인 요리 지침서의 사례로는,
수아예의 『현대의 주부』, 202~203쪽

수학 분야의 기적

아르키메데스는 역사상 가장 중요한 수학자 가운데 한 명이지만, 그의 저술 가운데 상당수는 중세를 거치며 사라져버렸다. 그러다가 1906년에 그의 텍스트 가운데 일부를 담고 있는 우피지 필사본이 발견되었는데, 불행히도 거기 적힌 텍스트는 거의 읽을 수가 없는 지경이었다.

아래 **아르키메데스 팔림프세스트** 1229년에 제작된 이 비잔틴 시대의 기도서는 잉크를 긁어내고 재활용한 174장의 양피지에 작성된 것이다. 원래 그 양피지에는 여러 고대 저술가의 10세기 텍스트 필사문이 적혀 있었고, 그중에는 아르키메데스의 논고 7편과 웅변가 히페레이데스의 연설문도 들어 있었다. 지금은 13세기의 텍스트 아래 적힌 원래의 글자를 희미하면서도 감질날 정도로만 알아볼 수 있는데, 그나마도 종종 현재의 텍스트와 직각으로 적혀 있거나 여백에 적혀 있다.

왼쪽 팔림프세스트의 영상화 아르키메데스의 숨은 텍스트와 도해를 드러내기 위한 복잡한 영상화 작업과 보존 작업이 동시에 이루어지고 있다. (왼쪽의) '실제 색상' 이미지에서는 그 아래 적힌 것이 희미한 형태로 드러나는 반면, (오른쪽의) 회색 톤 이미지에서는 도해가 좀 더 선명하게 드러난다.

아르키메데스는 수많은 정리(定理)를 발견했으며, 그의 정리는 훗날 갈릴레이, 라이프니츠, 뉴턴 등이 사용한 바 있다. 그는 지금도 널리 사용되는 나사식 펌프를 발명했다. 그는 고향인 도시 국가 시라쿠사가 기원전 282년 로마의 공격을 받을 때 방어전에서 핵심적인 인물이었다고 전한다. 이처럼 아르키메데스의 명성은 이후에도 지속되었지만, 그의 수학 텍스트는 워낙 어려워 널리 재필사되지는 않았다.

서기 5세기에 이르자 유럽에서는 **우피지**나 **양피지**가 일반적인 기록면으로 널리 사용되었다. 하지만 가격은 비싼 반면에 수명은 몇 세기나 되었기 때문에, 나중에는 필사본 주인이 거기 적힌 텍스트 자체에는 아무 관심도 보이지 않는 경우가 종종 있었다. 그래서 필사본에서 잉크를 긁어내거나 씻어 없애, 다시 쓸 수 있는 텅 빈 페이지가 있는 책으로 만들어버렸다. 7세기에는 이런 일이 워낙 흔해서, 종교 관련 텍스트를 씻어 없애는 것을 금지하는 칙령이 나오기도 했다.

그런데 텍스트를 완전히 씻어내지 못한 경우에는, 페이지에 흐릿하게 숨은 텍스트를 나중에도 읽어낼 수 있다. 훗날의 고전학자들은 이렇게 재활용된 필사본(이른바 '**팔림프세스트**')을 발견하고, 종종 열이나 화학 약품을 이용해 숨은 텍스트를 읽기 가능한 상태로 만들었지만, 그로 인해 결국 필사본이 손상을 입거나 부패가 가속화되는 불상사도 일어났다(보존 전문가에게는 팔림프세스트가 이처럼 여러 가지 문제를 야기한다).

'아르키메데스 팔림프세스트'의 역사는 마치 어설픈 범죄물의 줄거리처럼 들린다. 1840년대에 콘스탄티노플의 예루살렘 성묘(聖墓)에서 이 원고의 일부가 '반출'되었다. 그러다 터키 정부가 제1차 세계대전 이후 유명무실한 상태가 되자, 그리스 정부는 비밀리에(그리고 불법으로) 콘스탄티노플 도서관의 소장품을 아테네로 옮기는 일을 꾸몄다. 아르키메데스의 필사본은 그 직후 종적을 감추었다가, 파리로 운반되어 몇 가지 위조된 삽화가 '덧그려진' 뒤에, 1990년대에 마침내 경매에 나와 매각되었다(19세기 말에는 없었던 '사복음서 저자'의 초상화 네 점이 20세기 말에는 기도서 텍스트 위에 덧그려져 있었다. 아마도 한 세기에 걸친 '실종' 기간 동안 이 책을 소유하던 사람은 이것이 '아르키메데스 팔림프세스트'라는 사실을 미처 모른 까닭에 가치 높은 삽화본으로 위조하려고 초상화를 덧그렸을 가능성이 있다 – 옮긴이).

이 필사본의 합법적인 소유권을 놓고 분쟁이 있었지만, 지금은 볼티모어의 월터스 미술관이 소장하게 되었다. 얼핏 보기에 월터스의 소장품은 1229년에 예루살렘에서 작성되고 지금은 썩어버린 기독교 기도서일 뿐이다. 하지만 기도문(그리고 위조된 삽화) 아래에는 이전까지 아무도 몰랐던 아르키메데스의 몇 가지 텍스트가 들어 있었다. 이 팔림프세스트 페이지를 촬영하고, 디지털 형태로 이용 가능한 텍스트로 변환하는 과정에서 온갖 어려움도 겪었지만, 덕분에 이제는 전 세계 과학자들이 아르키메데스의 숨은 텍스트를 읽을 수 있게 되었다.

관련 내용
고대 우피지 코덱스의 다른 사례로는,
호메로스의 『일리아스』, 48~49쪽
가리마 복음서, 50~51쪽
수학책의 다른 사례로는,
에우클레이데스의 『기하학 원론』, 106~107쪽
뉴턴의 『프린키피아』, 138~139쪽
혁신적인 영상화 기술 이용의 사례로는,
『아니의 사자의 서』, 22~23쪽
『전자책 베오울프』, 242~243쪽
테크니온 나노 성서, 246~247쪽

오른쪽 복음서를 집필하는 성(聖) 마태 아르메니아의 사제 토로스 로슬린은 자기가 만든 '복음서'에 잉크와 다색 염료와 금박을 이용해 정교하게 그린 세밀화 장식을 넣었다. 이 전면 초상화는 복음서의 저자가 자기 붓을 잉크병에 넣으면서 작업하는 모습을 보여준다(66~67쪽 참고).

4

제4장
중세 세계와 책

중세에 유럽에서는 도서 판매와 문자 이용 능력 모두 감소했지만, 필사실에서 일하던 수도사들은 수많은 고전 작품을 보전했다. 르네상스의 도래와 함께 필경사와 예술가들은 그 무엇과도 비교할 수 없는 아름다운 책들을 제작했다.

ՍԲՆՄԱ
ՏԹԵՈ
Ս

고전 시대의 유럽 문명이 끝난 때로부터 인쇄술이 도래할 때까지의 기간은 마치 계절이 지나가는 것과 비슷했다. 즉 긴 가을의 쇠퇴가 있고, (비바람에서 안전한 몇 군데를 제외하면) 아무것도 자라나지 않는 가혹한 겨울이 지나자, 신선한 생명의 흔적과 꽃의 만발이 도래하는 봄이 찾아오고, 이어 르네상스로 일컬어지는 여름이 찾아온 것이다. 토머스 홉스는 원시의 삶을 이렇게 묘사했다. "시간 계산도 없었고, 예술도 없었고, 학문도 없었고, 사회도 없었고 (……) 인간의 삶은 고독하고, 가난하고, 지저분하고, 야만적이고, 짧았다." 물론 중세는 완전히 이와 똑같지는 않았다. 계절의 시작과 가혹함은 장소마다 달라, 동쪽의 비잔틴 제국에서는 때때로 가을이 영원히 지속될 것처럼 보이기도 했다. 극동에서는, 그리고 이슬람의 지배하에 놓이게 된 지역에서는 기후가 역시나 더 순조로웠다. 서양에서는 문자 이용 능력이 극적으로 쇠퇴하여 상업적인 텍스트 필사나 출판업은 전혀 없었다. 도서관과 장서는 썩거나 사라지고 있었다. 오래된 세계의 지식이 보전된 방법은 세 가지였다. 첫째로 **양피지**가 기록면으로 널리 사용되었다. 둘째로 **코덱스** 형태가 채택되어, 텍스트를 보호하는 새로운 방법(도서 제본)이 나타나면서 책의 생존 기회를 더 향상시켰다. 셋째로 성서에 대한 숭배로 수도원마다 필사실이 생겨났고, 성직자들도 읽는 능력을 습득하도록 독려를 받았다.

필사실의 도래

필사실로 유명한 수도원은 꽤 많다. 투르 인근의 마르무티에 수도원은 성(聖) 마르티누스가 서기 372년경에 세웠는데, 대단한 가치를 지닌 필사본을 상당수 만들었다가 서기 853년에 노르만인에게 약탈당했으며, 나중에는 프랑스 혁명의 와중에 파괴되었다. 한 기록에 따르면, "그곳에서는 필사생(筆寫生)의 기술을 제외한 다른 기술은 전혀 사용되지 않았다". 그리고 마르무티에 수도원의 필사본은 그 필적이 깨끗한 것으로 유명했다. 나중의 수도원장 가운데 하나인 위대한 영국의 학자 앨퀸(735?~804)은 샤를마뉴를 위해 일하며, **카롤링거 소문자체**라는 글쓰기 양식을 발전시켰는데, 이것은 우리가 **로마자**라고 부르며 오늘날까지 사용하는 서체와 **자체(字體)**의 모범이 되었다.

아일랜드의 영향

아일랜드와 노섬브리아는 수도원 필사실의 또 다른 위대한 중심지였으며, 특히 성 콜룸바(521~597)의 영향하에서 그러했다(60~61쪽 참고). 전설에 따르면, 서기 561년에 콜룸바는 **시편집** 사본을 만들었다가 분쟁에 휘말렸고(원본의 소유주인 성 핀니안은 그 사본도 자기 것이 되어야 마땅하다고 생각했다), 급기야 무력 충돌이 벌어져 수도사 몇 명이 살해되기에 이르렀다. 콜룸바는 망명을 떠나 아이오나(스코틀랜드)에 또 다른 수도원을 건립했고, 이후 몇 세기 동안 아일랜드의 수도사들은 거기서 독일과 오스트리아와 스위스의 다른 필사실로 옮겨갔다. 더 나중에 생긴 장크트갈렌의 수도원은 비록 외적의 공격을 받기는 했지만, 그래도 1천 년 전에 자체 필사실에서 제작된 필사본을 지금도 보유하고 있다.

이 아일랜드 수도사들은 여전히 '켈스의 서'에서 사용된 것과 같은 **도서(島嶼)** 양식으로 필사본을 장식했지만, 그렇다고 이들이 항상 금욕적인 삶을 산 것은 아니었다. 오늘날의 오스트리아 (케른텐 주) 라반탈에 있는 장크트파울 수도원의 한 필경사는 책 여백에 아일랜드어로 짧은 시를 적어놓았다.

나와 내 고양이 팡구르 반은,
둘 다 하는 일이 똑같아 보여.
쥐를 잡는 것은 녀석의 기쁨,
나는 밤새 앉아 단어를 잡네.

유럽의 다른 쪽 끝, 즉 콘스탄티노플에서 제작된 채식(彩飾) 필사본에서는 간혹 종교적 분열이 드러나기도 했다(62~63쪽 참고). 중요한 고대 그리스 필사본의 필사는 여전히 계속되었으며, 그리스의 의사들과 과학자들의 여전한 명성 덕분에 그들의 책은 재필사가 (그리고 애독이) 보장되었다(64~65쪽 참고). 하지만 때로는 이런 필사본에 들어 있는 예전의 텍스트가 지금은 필요 없는 것이거나, 또는 읽을 수 없는 언어인 경우에는 그 양피지를 재활용해서 팔림프세스트를 만들었다(54~55쪽 참고). 거기서 더 동쪽으로는 아르메니아 왕국이 있었는데, 여기서는 (비잔틴과 그루지야와 에티오피아 그리고 다른 독특하면서도 종종 내성적인 사회들처럼) 도서 제작에서 나름의 전통을 만들었다(66~67쪽 참고).

카롤링거 부흥

서양에서는 서기 8세기와 9세기의 카롤링거 르네상스가 어떤 면에서 로마 제국의 이전 문화를 재창조하려는 시도였지만, 그 효과는 평신도가 아니라 성직자에게 가장 크게 미쳤다. 옛 문서들의 재발견은 대개 이득이 되었지만, 부작용도 있었다. 즉 위조도 늘어났다는 점이다. 이른바 '거짓 교령집

(敎令集)'은 로마 교회의 중앙집권적 권위와 비(非)중앙집권적 권위 간의 갈등에서 무기로 사용되었다. 이런 위조품 때문에 진짜 필사본까지 손상을 입는 일이 벌어졌다.
위조는 선전에서 여전히 무기로 광범위하게 사용되었다. 또한 위조는 필사본을 가지고 작업하는 사람들에게는 저주이기도 했다. 한편으로는 필사본의 천문학적인 가격 때문이었고, 또 한편으로는 빈번한 약탈과 절도 때문이었다. 당시의 기록을 보면 필사본 시장은 "의심스러운 물건이 가득할 뿐만 아니라, 온갖 종류의 거짓과 기만이 가득했다".
중세의 봄이 진전되면서, 필사본과 학습에 대한 관심의 부흥으로 인문주의의 발전이 일반적으로 가속화되었다. 이로써 사람들은 더 넓은 세계를 자각하게 되었다(68~69쪽과 70~71쪽 참고).

대학과 도서 수집

대학의 등장으로 인해(1088년에 볼로냐 대학을 시작으로, 1150년에 파리 대학, 1167년에 옥스퍼드 대학이 설립되었다) 도서관의 장서 수가 딱할 정도로 적었던 시절에 서적에 대한 수요가 늘어났다. 학생들은 품질 좋은 텍스트에 접근할 필요가 있었고, 대학은 **페키아** 체계를 조직해서, 출판업자가 합의된 가격에 텍스트의 사본을 일부분씩(또는 조금씩) 제작해 제공하도록 했다. 이렇게 해서 학술 도서관은 그 규모가 천천히 늘어났다. 개인 장서를 수집하는 유행도 점차 일반화되었다. 영국의 베네딕트회 수도사 리처드 드 베리(1287~1345)는 흔히 도서 수집가로 기억되는데, 그의 『애서(愛書)』(1345)는 종종 도서관 운영에 관한 최초의 책으로 간주된다. 드 베리는 옥스퍼드에 자신의 컬렉션을 유지할 보관소를 만들려고 계획했지만, 그가 사망한 후 그의 장서는 흩어졌으며, 현재까지 남은 것은 단 두 권에 불과하다.
호화스럽게 제작된 채식 필사본은 귀족 사회에서 유행이었는데, 그중 일부는 구텐베르크의 발명이 나온 지 한참 뒤에 제작된 것이다. 사치에 대한 취향 때문에 호화본은 계속해서 생산되었다. 이런 책은 읽기 위해서가 아니라 감탄하기 위해서 만든 것이었는데, 이에 관해서는 제바스티안 브란트가 『바보 배』(1494)에서 조롱했으며, 그때 이후로도 많은 사람이 조롱한 바 있다. 플랑드르와 이탈리아에서 제작된 이런 아름다운 책들 가운데 상당수는 오늘날까지 살아남았다(72~73쪽과 74~75쪽 참고). 오늘날의 우리 역시 그 책들을 보면 여전히 감탄하지 않을 수 없다!

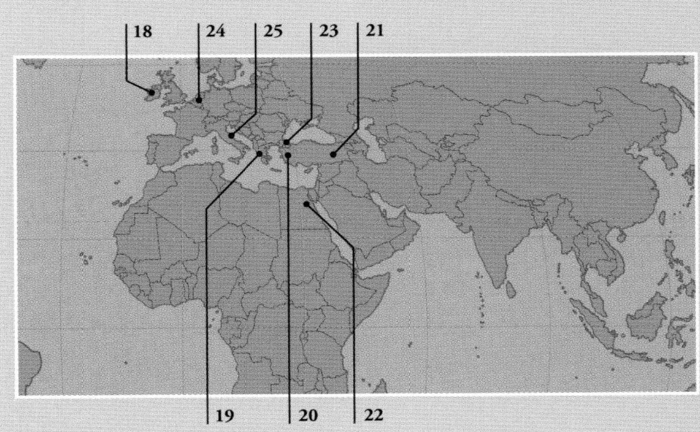

소개할 책들

오른쪽 켈스의 서 이 필사본에서 가장 아름다운 쪽 중 하나에서는 그리스도의 상징인 '카이로(XP, 그리스어에서 '그리스도'의 처음 두 철자인 X(카이)와 P(로)를 말하며, 이를 합쳐 '예수 그리스도'를 상징하는 기호를 만든다 - 옮긴이)'를 형판으로 삼아 교차 도안을 선보인다. 이것이야말로 현존하는 '도서' 복음서 중에서도 가장 크고 가장 호화로운 모노그램으로, 서로 엮인 매듭 장식 안에는 하늘과 땅의 온갖 생물들이 뒤엉켜 있다.

아일랜드 최고의 보물

'켈스의 서'라는 이름으로 알려진 이 필사본은 아일랜드의 정체성에서 초석 가운데 하나이다. 바이킹의 침략에서 (그리고 이후 여러 차례의 침략들에서) 이 책이 살아남았다는 것은 기적에 가깝다.

영미권의 초등학교에서 배우는 내용에 따르면, 성 패트릭이 아일랜드에 기독교를 전해주었고, 나중에 그의 추종자인 성 콜룸바와 다른 수도사들이 서기 563년에 아이오나로 가서 이교도인 픽트족을 개종시켰다. 우리가 배운 바에 따르면, 나중에 아일랜드의 수도사들은 린디스판 섬에 정착했으며, 잉글랜드 북부의 앵글로색슨족에게 기독교를 전하려고 했다. 아일랜드의 선교적 열정은 지속되었으며, 그 대상 지역은 영국 제도에만 머무르지 않았다. 아일랜드인은 수 세기에 걸쳐 유럽 대륙의 여러 지역에 수도원을 세우는 일에 적극적으로 관여했던 것이다.

이른바 '도서(島嶼, 일명 '하이버노색슨Hiberno-Saxon') 예술은 아일랜드와 앵글로색슨의 전통으로부터 발달한 것인 동시에, 지중해 양식의 잔재에서도 발달한 것으로서, 특히 이런 수도원에서 제작된 채식 필사본의 장식에서 잘 찾아볼 수 있다. 서기 715년에 제작된 '린디스판 복음서'는 영국에 현존하는 이런 필사본 가운데 가장 뛰어난 것이다. '도서' 양식의 필사본으로는 다른 것들도 있는데, 콜룸바의 추종자 가운데 하나인 성(聖) 갈(550?~646)의 지휘로 제작된 것이다(성 갈은 스위스에 있는 '장크트갈렌(성 갈) 수도원'을 만든 사람이기도 한데, 이 수도원에는 유명한 필사실이 있다).

'도서' 양식 필사본 가운데 가장 유명한 것은 '켈스의 서(書)'로, 8세기 말에 작성된 이 책의 이름은 미스 주(州)에 있는 (서기 554년경에 성 콜룸바가 설립한) 켈스 수도원에서 따온 것이다. 일부 전문가들은 '켈스의 서'가 본래 아이오나에서 작성되고 채식되었지만, 아이오나에 대한 바이킹의 공격이 점점 늘어난 까닭에 피난차 켈스로 옮긴 것으로 믿고 있다. 또 다른 전문가들은 켈스의 수도사들이 이 책을 만들었다고 믿고 있다. 켈스에서도 바이킹의 공격은 이후로도 계속되었지만 이 필사본은 살아남았고, 다행히도 그 지역적 명성 때문에 오랫동안 교회 안에 안전하게 보관되었다. 그러다가 1654년에 크롬웰의 기병대가 켈스에 있는 그 교회에 숙영하게 되자 프로테스탄트 성직자들은 이 필사본의 안전을 위해 1661년에 더블린 트리니티 대학에 넘겨주었다. 그리고 이 책은 오늘날까지도 그곳에 남아 있다.

한편으로는 채식의 아름다움 때문에, 또 한편으로는 아일랜드 역사에서 차지하는 중요성 때문에 이 책은 살아남을 수 있었다. 하지만 '켈스의 서'의 문화적이고 애국적인 중요성 때문에, 더블린을 방문하는 관광객은 복제본이나 디지털 대체품이 아닌 진품을 직접 보고 싶어 했다. 전시 덕분에 도서관은 수익이 늘어났지만, 그와 동시에 부패의 속도도 빨라졌는데, 이야말로 보존 전문가들에게는 상당한 위협이 아닐 수 없었다.

관련 내용
화려한 채식 필사본의 다른 사례로는,
클루도프 시편집, 62~63쪽
토로스 로슬린 복음서, 66~67쪽
크리스토포로의 『군도지』, 70~71쪽
파르네세 『기도서』, 74~75쪽
이보다 훨씬 더 청교도적인 종교 필사본의 사례로는,
『보낭의 서』, 92~93쪽

h generatio

오른쪽 클루도프 시편집 "그들은 또한 고기 대신 담즙을 내게 주었고, 갈증을 느끼는 내게 식초를 마시게 했습니다."(구약성서 「시편」 69편 21절. 기독교 전통에서는 훗날 예수 그리스도가 십자가에서 '신 포도주'를 마시게 된 사건을 예언한 구절로 해석한다 – 옮긴이) 1847년까지 아토스 산에 보관되어 있던 이 비범한 필사본은 「시편」 69편의 세밀화이다. 아래쪽에는 성상파괴주의자이며 본래 성상 화가였던 문법학자 요한이 로마군 병사와 똑같은 자세로 그리스도 초상화를 덧칠해 지우는 장면이 풍자적으로 묘사되어 있다.

분열과 불화

채식 필사본은 종종 지배자의 권력과 중요성을 나타낸다.
그렇다면 이것은 일부러 전복적으로 만든 책이었을까?

모든 종교의 역사에는 한 집단과 또 다른 집단 간의 경쟁, 음모, 심지어 유혈의 여러 가지 사례가 포함된다. 수니파건 시아파건, 가톨릭이건 프로테스탄트건, 집단마다 각자의 대의에 대해서는 열정을 품고 있게 마련이다. 하지만 비잔틴 정교회의 오랜 역사에서 생산된 채식 필사본을 보고 있자면, 우리는 그 아름다움에 매료된 나머지 어떤 특정 신앙에 대한 강력한 옹호자나 반대자가 있었다는 사실을 잠시나마 잊을 수 있다. 하지만 과거에도 가톨릭교회에서는 일부가 프로테스탄트 운동에서처럼 성상(聖像) 반대 집단으로 발전했다. 정교회에서는 모든 성상을 파괴하길 원했던 (아르메니아의 황제 레오 5세 같은) 성상파괴주의자들과, 성상을 숭배했던 성상애호주의자들 사이에서 충돌이 빚어졌다. 그리고 결국에는 레오 5세의 손자며느리로, 남편 사후에 섭정을 맡은 황후 테오도라 치하에서 성상애호주의자 쪽이 승리를 거두었다.

두 집단 사이에서 벌어진 투쟁의 증거를 제공하는 장식을 함유한 필사본을 찾아낸다는 것은 드문 일이다. 얼핏 보기에 '클루도프 시편집'은(19세기에 이 필사본의 소유주였던 A. 클루도프의 이름에서 따온 명칭이다) 마치 서기 9세기 중반에 콘스탄티노플에서 작성된, 그리고 '하기아 소피아Hagia Sophia'의 전례(典禮)를 따르는 전형적인 정교회의 **시편집**처럼 보인다. 이 책은 서기 843년에 성상애호주의자들이 권력을 탈환한 직후 제국 공방(工房)에서 제작되었다. 필경사들은 (나중에 다른 사람들이 장식을 추가할 수 있도록) 평소와 마찬가지로 여백을 넓게 남겨놓은 상태에서 텍스트를 작성했으며, 이 책에서는 작은 **언셜체**를 사용했다(하지만 그중 상당수는 수백 년 뒤에 **소문자체**로 조잡하게 다시 쓴 것이다).

이 책에 곁들여진 장식은 성서의 장면을 묘사한 일반적이고도 도식화된 그림과는 다르다. 예를 들어 십자가 처형 장면에서는, 로마군 병사가 장대 끝에 신 포도주(식초)를 묻혀 그리스도에게 주는 장면과 함께, 똑같은 모습으로 그리스도의 그림을 지우는 사람의 모습이 그려져 있다. 이것은 콘스탄티노플의 주교였던(그리고 성상파괴주의자 주교로는 마지막이었던) 문법학자 요한을 나타낸 것이다. 이 필사본의 여러 페이지에서 요한은 봉두난발한 모습의 우스꽝스럽고 난폭한 인물로 그려진다. 이 장식은 서기 843년에 제작된 것으로 추정되는데, 그때 요한은 주교직에서 물러난 다음이었다.

마르크스주의 역사학자들은 성상파괴주의자와 성상애호주의자 간의 반목을 중세의 계급투쟁 사례로 간주한다. 그게 만약 사실이라면 '클루도프 시편집'은 전복적인 간행물의 사례일까? 이런 양식은 비잔틴 미술에서는 보기 드문 것이다.

관련 내용
그리스/비잔틴 필사본의 다른 사례로는,
호메로스의 『일리아스』, 48~49쪽
디오스코리데스의 『약물지』, 64~65쪽
프톨레마이오스의 『지리지』, 68~69쪽
콘스탄티노플을 찾는 여행자의 사례로는,
크리스토포로의 『군도지』, 70~71쪽

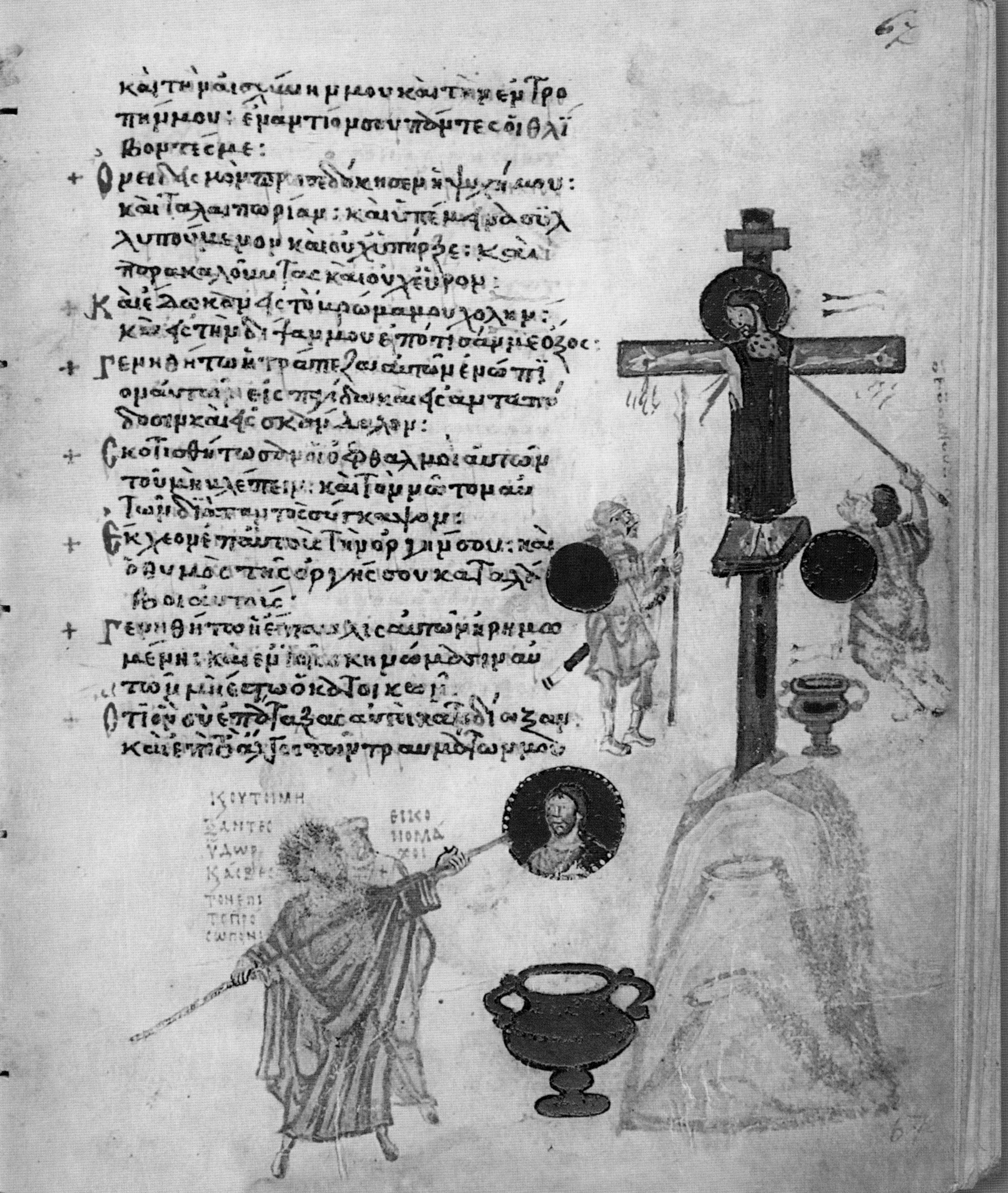
καὶ τὴν αἰσχύνην μου καὶ τὴν ἐντρο
πήν μου· ἐναντίον σου πάντες οἱ θλί
βοντές με·
Ὀνειδισμὸν προσεδόκησεν ἡ ψυχή μου·
καὶ ταλαιπωρίαν· καὶ ὑπέμεινα συλ
λυπούμενον καὶ οὐχ ὑπῆρξε· καὶ
παρακαλοῦντας καὶ οὐχ εὗρον·
Καὶ ἔδωκαν εἰς τὸ βρῶμά μου χολήν·
καὶ εἰς τὴν δίψαν μου ἐπότισάν με ὄξος·
Γενηθήτω ἡ τράπεζα αὐτῶν ἐνώπιον
αὐτῶν εἰς παγίδα καὶ εἰς ἀνταπό
δοσιν καὶ εἰς σκάνδαλον·
Σκοτισθήτωσαν οἱ ὀφθαλμοὶ αὐτῶν
τοῦ μὴ βλέπειν· καὶ τὸν νῶτον αὐ
τῶν διὰ παντὸς σύγκαμψον·
Ἔκχεον ἐπ᾽ αὐτοὺς τὴν ὀργήν σου· καὶ
ὁ θυμὸς τῆς ὀργῆς σου καταλά
βοι αὐτούς·
Γενηθήτω ἡ ἔπαυλις αὐτῶν ἠρημω
μένη· καὶ ἐν τοῖς σκηνώμασιν αὐ
τῶν μὴ ἔστω ὁ κατοικῶν·
Ὅτι ὃν σὺ ἐπάταξας αὐτοὶ κατεδίωξαν
καὶ ἐπὶ τὸ ἄλγος τῶν τραυμάτων μου

오른쪽 『약물지』 1229년에 이라크 북부 또는 시리아에서 유수프 알 마우실리(Yusuf al-Mawsili)가 샴스 아드딘(Shams ad-Din)을 위해 만든 디오스코리데스의 필사본에 헐겁게 삽입된 이 페이지는 지금까지 확인된 것 가운데 유일하게 이슬람 세계에서 나온 원물 인쇄 책이다.

약물학의 기초

17세기까지만 해도, 의료는 곧 식물의 추출물에 의존한 약초 치료였다. 이 분야를 집대성한 그리스인 디오스코리데스는 근대 의학의 발전에서도 가장 중요한 인물로 남아 있다.

의학의 역사는 이른바 '히포크라테스 선서', 즉 코스의 히포크라테스(기원전 460~370년경)로부터 시작된다고 전통적으로 간주되어왔다. 그 당시의 의료는 대부분 식물로 만든 조제약에 의존했기 때문에 어떤 식물이 사람을 치료할(또는 죽일) 수 있는지를 아는 것이 중요했다. 선사 시대에는 이런 지식이 구전되었지만, 페다니오스 디오스코리데스는 서기 30~50년경의 저서인 『약물지(藥物誌)』에서 이런 정보를 체계화했다. 네로 시대에 로마의 군의관이었던 디오스코리데스는 중동을 널리 여행했다. 그는 로마와 그리스 의사들도 미처 몰랐던 1백 종 이상의 약물 자원과 치료 효과를 확인했고, 또한 더 이전부터(아마도 알렉산드로스 대제의 정복 당시에도) 사용되었을 것으로 추정되는 5백 종 이상의 다른 식물을 찾아냈다.

『약물지』는 이후 1천5백 년이 넘도록 약초꾼과 약제사가 사용하는 표준 텍스트가 되었으며, 서양 세계 전역에서 수많은 필사본이(나중에는 인쇄본이) 나왔다. 그리고 아랍 여러 국가에서는 유럽보다 더 많은 필사본이 나왔다. 상당수의 필사본은 식물이 워낙 양식화된 모습으로 묘사되어 실제로 식물을 찾아내는 데 도움이 되지 않았다. 하지만 최상의 필사본은 화가들이 실제로 식물을 앞에 놓고 뿌리와 줄기와 꽃을 묘사했다고 봐야 할 정도로 정교한 삽화를 수록했다. 이렇게 정성껏 그린 삽화를 제작하려면 당연히 작업 속도가 느릴 수밖에 없었겠지만, 저 유명한 '코덱스 빈도보넨시스' 같은 초기의 필사본은 매우 훌륭한 솜씨를 보여준다(현재는 빈에서 소장하고 있는 이 필사본은 서기 512년에 비잔틴의 공주 아니키아 율리아나를 위해 콘스탄티노플에서 제작한 것이다).

여기 나오는 필사본 삽화는 더 나중의 것으로, 1228년에 아나톨리아인지 시리아에서 '기독교인 비남Bihnam'이라는(본명은 '유수프 알 마우실리') 필경사가, 현재 파리에 소장된 또 다른 아랍어 필사본을 토대로 필사한 것이다. 비남은 잉크 바른 식물의 잎사귀를 종이에 찍어내는 기발한 아이디어를 냈는데, 그렇게 옮겨진 이미지에다 빠르고도 쉽게, 그리고 정확하게 색을 칠해서 삽화를 완성할 수 있었다. 이런 **원물 인쇄**는 15세기에 이탈리아의 식물학자들도 흔히 사용하던 기법이었지만, 아랍 세계는 디오스코리데스의 책을 계속 필사하는 과정에서도 굳이 비남의 혁신을 뒤따르지는 않았다.

위 **디오스코리데스** 비남 버전의 『약물지』에서 디오스코리데스가 남자 제자에게(어쩌면 흔히 여성으로 묘사되는 '학습(Heuresis)'의 의인화일 수도 있다) 맨드레이크를 들어서 보여주는 모습이다.

관련 내용
식물 관련 필사본의 또 다른 사례로는,
블랙웰의 『흥미로운 약초들』, 144~145쪽
식물학 책의 다른 사례로는,
린네의 『식물종』, 160~161쪽
이후의 의학 발달에 관해서는,
『만수르 해부학』, 90~91쪽
베살리우스의 『인체의 구조에 관하여』, 134~135쪽

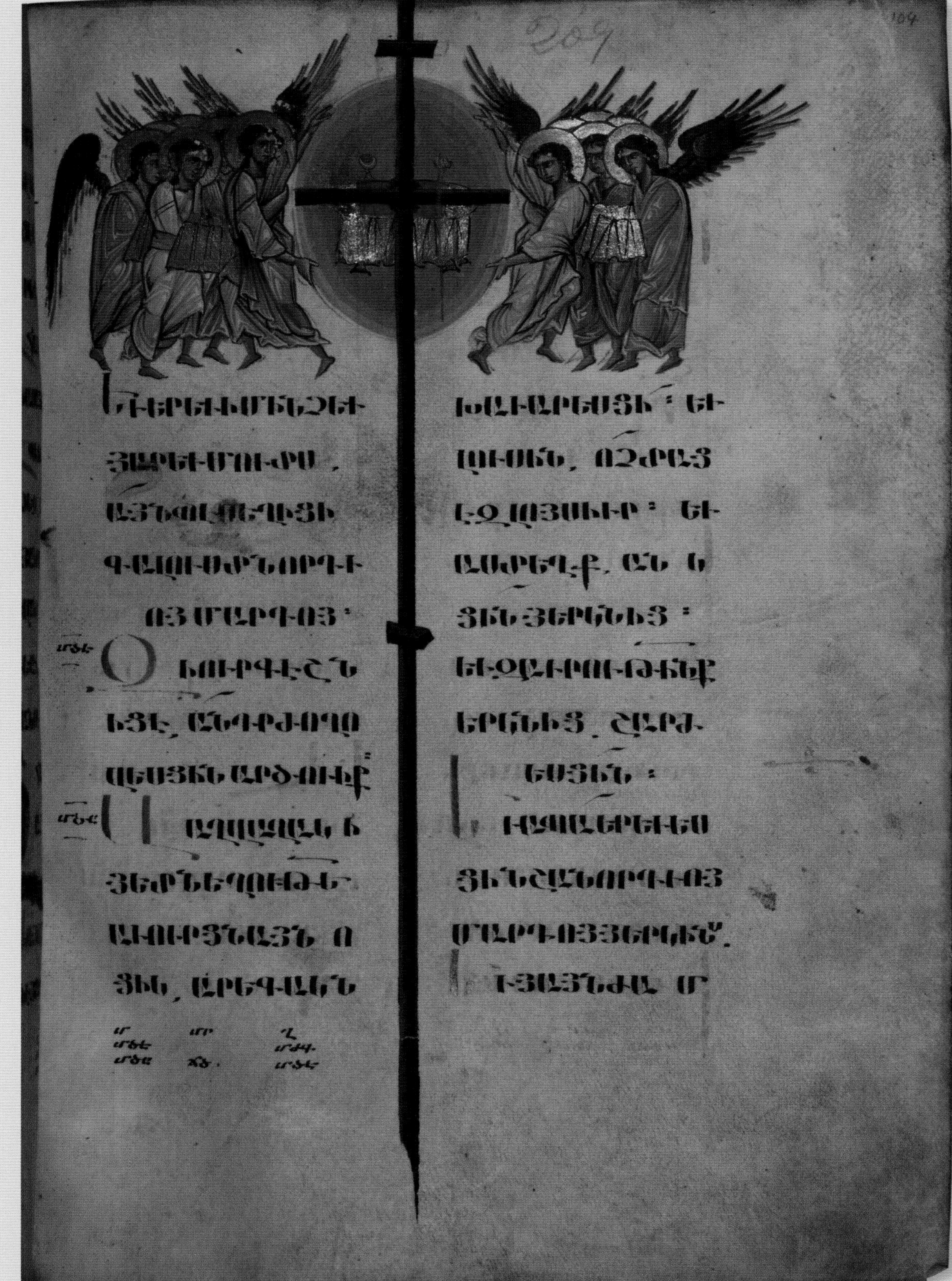

아르메니아 채식의 걸작

에티오피아와 아일랜드처럼, 아르메니아의 고대 문화에서는 여느 나라와 상당히 다른 책들이 생산되었는데, 특히 토로스 로슬린의 채식본이 유명하다.

아시리아와 그리스와 로마 제국의 시대로부터 몽골과 페르시아와 투르크의 지배를 받은 시대에 이르기까지, 아르메니아인은 온갖 역경에도 불구하고 고유의 언어와 문자와 문화 전통을 보유한 문화 민족으로 끈질기게 살아남았다. 지리적 위치 때문에 아르메니아는 멀리 중국 같은 다른 나라로부터도 영향을 받는 한편, 비잔티움과 다른 기독교 국가들과의 종교적 연관성 때문에 그 저술가와 예술가는 보통 서쪽을 바라보게 되었다.

아르메니아의 필사본 채식은 6~7세기부터 시작되었으며, 이와는 상당히 다른 에티오피아의 전통에서도 그러하듯, 대개는 복음서의 호화로운 필사본을 만드는 데에만 제한되어 있었다. 그 중에서 가장 오래된 채식본은 바로 서기 862년의 '믈케 왕비 복음서'이다. 이런 필사본 가운데 상당수는 지배자와 고위 성직자를 위해 만든 것이었다. 킬리키아의 아르메니아 왕국에는(오늘날의 터키에 해당하는 지역으로, 토로스 산맥의 남부이며 알레포 북부에 해당한다) 흐롬클라라는 동부의 중심지가 있었는데, 여기서는 가장 중요한 필사본 예술가들이 일했다. 그중에서도 가장 유명한 인물은 토로스 로슬린(1256~1268년 활동)이다. 그는 본래 사제였던 것으로 추정된다. 어떤 사람은 그가 십자군과 아르메니아인 사이의 후손이라고도 주장하는데, '로슬린'이 아르메니아 고유의 이름은 아니기 때문이다.

아르메니아의 성서 필사본은 대부분 복음서 저자 네 명의 초상화와 그리스도의 생애에서 주요 사건을 묘사한 그림을 10쪽에 걸쳐 전면에 까는 것을 규약으로 삼았다. 두주(頭註)와 여백의 장식도 사용되었으며, 그 기법의 독창성 때문에 이런 성서들은 비잔틴과 서양의 다른 채색 성서들과 확연히 구분된다.

아르메니아 예술가들은 아라라트의 연지벌레를 이용해 만든 짙은 진홍색 잉크를 사용했다(같은 재료가 터키와 페르시아에서는 양탄자 제작용 염료로도 사용된다). 아르메니아산 갈색, 녹색, 청색 염료는 품질이 좋아 중동에서 유명했다.

품질 좋은 흰색 **양피지**에, 이처럼 품질 좋은 염료에 금박까지 정교하게 사용한 덕분에 로슬린과 다른 제작자들은 기억에 남을 만한 필사본을 만들어낼 수 있었다. 로슬린이 만든 책 가운데 7종이 아직 남아 있지만, 20세기 초 아르메니아인의 디아스포라로 그중 상당수가 (그것도 무척이나 미심쩍은 상황에서) 유럽과 미국의 박물관으로 옮겨진 상태이다.

왼쪽 **토로스 로슬린 복음서** "사람의 아들의 상징이 하늘에 나타나리라"(「마태복음」 24장 30절의 일부 - 옮긴이)라는 구절에 해당하는 이 페이지는 양피지에 잉크, 물감, 금박을 사용했으며, 필경사 겸 삽화가로서 로슬린을 유명하게 만든 세심한 솜씨가 나타나 있다. 1262년에 대주교 콘스탄틴 1세의 후원하에 흐롬클라의 필사실에서 제작되었다.

오른쪽 **여리고의 장님** '토로스 로슬린 복음서'에는 섬세하게 그려진 여백 삽화가 풍부하게 들어 있다. 이 2절판 88번째 낱장 뒷면은 「마태복음」 20장 30절에서 그리스도에 의해 두 눈과 마음 모두 밝아진 남자를 묘사하고 있다.

관련 내용
채식 성서의 다른 사례로는,
가리마 복음서, 50~51쪽
켈스의 서, 60~61쪽
구텐베르크의 42행 성서, 98~99쪽
아나톨리아에서 작성된 또 다른 필사본으로는,
디오스코리데스의 『약물지』, 64~65쪽

위 프톨레마이오스의 세계 지도 1482년의 『우주지』에는 사람 머리 모양의 바람 열두 개가 주위를 에워싼 가운데, 프톨레마이오스가 생각한 세계, 즉 그때까지 알려진 세계가 한가운데 묘사되어 있다. 프톨레마이오스가 알렉산드리아에서 연구했기 때문에, 세부 사항 대부분은 지중해 인근에 집중되어 있었지만, 더 나중에 나온 이 지도에는 몇 가지 현대적인 개정(예를 들어 스칸디나비아에 관한 내용)이 이루어진 한편, 포르투갈의 아프리카 발견은 누락되어 있다. 인도양은 사방이 육지로 막혀 있고, 미지의 남쪽 대륙이 아시아와 아프리카를 이어주고 있는 것으로 묘사된다.

지도 제작의 아버지

위도와 경도라는 발상을 최초로 제시한 프톨레마이오스의 『지리지』는 모든 현대 지도 제작의 기반이 되었다. 하지만 서양에서는 몇 세기째 잊힌 상태였다.

클라우디오스 프톨레마이오스(90~168년경)는 가장 중요한 그리스인 과학자 가운데 한 명으로, 천문학에 관한 그의 연구는 이후 1천5백 년이 넘도록 유럽의 사상을 지배했다. 천문학과 지리학에서 프톨레마이오스의 연구는 지리학자 알 마수디

(956년 사망)와 다른 학자들의 저술을 통해 아랍 학계에 큰 영향을 주었다. 사실 프톨레마이오스의 필사본이 아직까지 남아 있는 것도 대부분 아랍 학자들의 저술 덕분이다.

『지리지』는 여러 부분으로 나뉘어 있는데, 그중 첫 부분에서는 우리가 아는 구형(球形)의 지구를 평면 위에 지도로 만드는 문제를 다룬다. 프톨레마이오스는 위도(緯度)와 경도(經度)의 개념을 창안했으며, 8천 개 이상의 장소에 관한 신중하고 구체적인 기록을 남겼기 때문에 훗날의 지도 제작자들이 이에 근거해 저마다의 지도를 만들었다. 그가 수집한 지명과 좌표는 2세기 로마 제국의 지리학적 지식을 드러내준다. 4세기에는 프톨레마이오스의 『지리지』를 근거로 삼아 제작된 초대형 지도가 프랑스의 오툉에서 전시되었다고도 전한다.

1300년에 프톨레마이오스의 『지리지』를 재발견한 사람은 콘스탄티노플의 그리스인 수도사 막시모스 플라누데스였다. 1400년경에는 비잔틴의 인문주의자 마누엘 크리솔로라스가 이 책을 이탈리아로 가져왔고, 자코모 단젤로 다 스카르페리아가 라틴어로 번역하고 '우주지(宇宙誌)'라는 제목을 붙인 필사본을 교황 알렉산데르 5세에게 헌정했다. 이후 이 책은 매우 인기가 좋아서 여러 가지 필사본이 제작되었다. 1477년부터는 인쇄본도 나타나기 시작했다. 프톨레마이오스가 사용한 투영 방법과 신중한 자료 덕분에 다른 지도 제작자들은 (특히 베네딕트회 수도사 니콜라우스 게르마누스〔1420~1490년경〕는) 더 정확한 지도를 만들어낼 수 있었다.

이 지도들은 지구에 관한 프톨레마이오스의 지식이 얼마나 폭넓었는지를 보여준다. 예를 들어 말레이 반도나 지중해와 중동 인근 지역의 윤곽은 한눈에 알아볼 수 있을 정도이다. 현대의 지도와 비교해보면 어딘가 뒤틀려 보이지만, 그런 약점은 어디까지나 프톨레마이오스가 활용한 기존 자료가 부정확한 내용을 담고 있기 때문이다. 즉 기존 자료의 측정이 잘못되었기 때문에 그 역시 정확한 위도 계산이 불가능하여 지구의 크기를 실제의 6분의 1로 잡을 수밖에 없었던 것이다. 하지만 프톨레마이오스의 방법론 자체는 흠이 없었으며, 그의 지도는 모든 현대 지도 제작의 기반을 형성한다.

위 **시편집 지도** 13세기의 이 작은 지도는 기독교 전통에 근거하여 이 세계를 묘사했으며, 그리스도가 감독자이고 예루살렘이 그 중심으로 묘사된다. 이 지도는 모세가 홍해를 건넌 것 같은 성서의 사건들을 오른쪽 위에 묘사했고, 아프리카에 사는 '괴물 같은'(기묘한 형체에 일부는 머리조차 없는) 인종들을 오른쪽 가장자리에 묘사했다.

관련 내용
지리 및 여행 관련서의 다른 사례로는,
크리스토포로의 『군도지』, 70~71쪽
셰델의 『뉘른베르크 연대기』, 100~101쪽
린스호턴의 『여행 안내서』, 132~133쪽
별의 지도에 관해서는,
알 수피의 『항성지』, 86~87쪽
브라헤의 『천문학』, 136 · 137쪽

비잔티움으로 가는 선원을 위한 안내서

15세기 초에 피렌체의 한 귀족이 그리스의 여러 섬을 거쳐 비잔티움까지 여행했다. 이 도시는 1453년에 투르크에 의해 함락되었지만, 이후 오랜 세월 동안 그의 필사본은 여전히 안내서로 이용되었다.

고전기 그리스에서는 글로 작성된 항해 보조 도구를 가리켜 **페리플루스(항해지)**라고 불렀다. 나중에 유럽에서는 항해할 때 방향을 알려주는 책들을 가리켜 **포르톨란(바다 안내서)**, **러터(항해 안내서)**, **이솔라리오(섬 안내서)**라고 불렀다. 이 책은 최초의 '이솔라리오' 가운데 하나이며, 특히 지중해에 집중하고 있다. 피렌체의 젊은 귀족이자 수도사인 크리스토포로 부온델몬티(1386~1430?)는 자신의 여행을 기록함으로써, 그리스와 그 고적에 관해 직접 보고 들은 지식을 세상에 퍼뜨리는 개척자 역할을 했다. 유명한 르네상스 인문학자인 (아울러 **이탤릭체**를 개발한 필경사로 여겨지는) 친구 니콜로 데 니콜리(1364~1437)와 함께, 1414년부터 그리스의 여러 섬을 여행했으며, 몇 년 뒤에는 거기서 다시 비잔티움(콘스탄티노플)로 향했다.

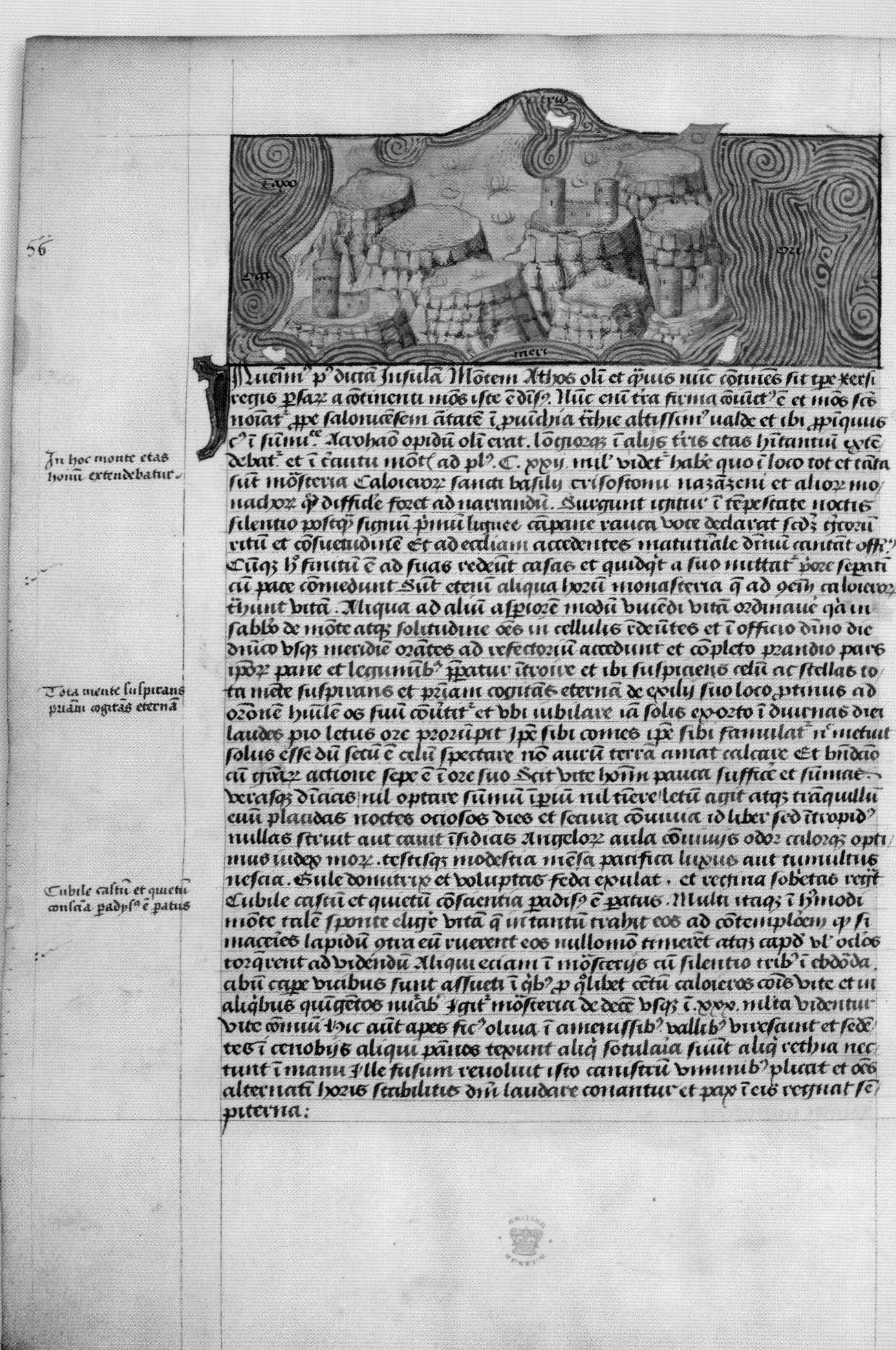

오른쪽 **크리스토포로의 『군도지』** 플랑드르의 **바스타르다체(體)**를 이용한 위풍당당한 책. 이 텍스트에서 저자는 헌정받는 사람을 기분 좋게 만들 법한 은밀한 예찬을 포함시켰다. 즉 이 책 각 장의 머리글자만 따서 이어보면 이런 문장이 된다. "Christofus Bondelmonti de Florencia, Presbiter, nunc misit Cardinal Iordano de Ursinio, MCDXX(피렌체의 사제 크리스토포로 부온델몬티가 오르시니의 조르다노 추기경께 이것을 바칩니다. 1570년)".

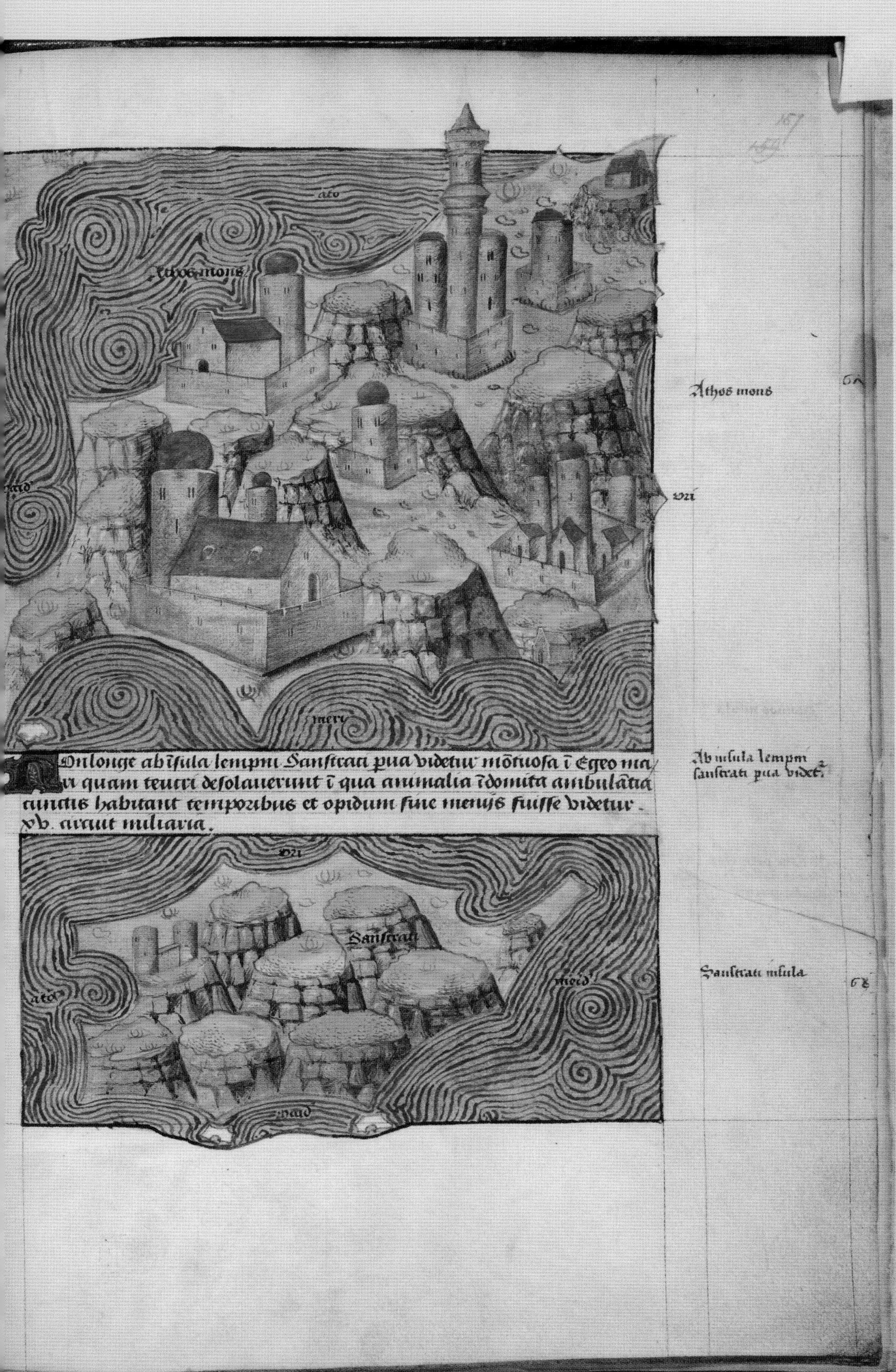

크리스토포로의 『군도지』는 1420년경 완성되었으며, 초기의 인문주의 문화 예술의 후원자 조르다노 오르시니 추기경(1438년 사망)에게 헌정되었다. 크리스토포로의 책에는 자기가 방문한 장소에 있는 고적에 대한 세심한 묘사는 물론이고, 도시와 섬의 지도도 포함되어 있어 여러 곳에서 수많은 필사본이 만들어졌다. 피렌체에서 활동하던 독일 출신의 지도 제작자 하인리히 하머(라틴어 이름은 '헨리쿠스 마르텔루스')가 1474년에 내놓은 저서도 크리스토포로의 『군도지』를 토대로 했다. 그리고 크리스토포로의 지도 역시 1485년에 베네치아에서 인쇄된 바르톨로메오 '달리 소네티(Dalli Sonetti)'의 '이솔라리오'에서 복제되었다(여기서 '달리 소네티'란 그가 이 작품의 텍스트를 소네트 형식으로 썼기 때문에 붙은 별명이다. 일부 전문가들은 그의 정체가 에우클레이데스를 라틴어로 번역한 '바르톨로메오 잠베르티'라고 주장한다).

크리스토포로의 텍스트는 한 번도 완전판으로 간행된 적이 없다가, 1824년에 가서야 한 학자가 정리해서 내놓았다. 하지만 이 책을 알고 있던 사람들은 그 필사본을 무척 가치 높게 여기고 있었다(이는 지금도 마찬가지이다). 필사본 가운데 한 권은 2012년의 한 경매에서 2백만 달러(120만 파운드) 가까운 금액에 팔렸다. 여기 소개된 책은 크리스토포로의 책 내용을 가치 있게 여긴 후원자 겸 겐트의 신트(聖) 바프 수도원의 원장인 라파엘 데 마르카텔리스(1437~1508?)를 위해 부르고뉴에서 제작한 것으로 추정된다. 이 책은 당시에 최고의 필경사와 채식사의 손에서 탄생한 물건이다.

관련 내용

부르고뉴의 화려한 필사본의 또 다른 사례로는,
브뤼헤본 『장미 이야기』, 72~73쪽
발견 항해의 또 다른 사례로는,
린스호턴의 『여행 안내서』, 132~133쪽

기도서 명장의 채식

'기도서 명장(明匠)'이 제작한 세련된 채식(彩飾)의 탁월한 사례인 이 책은 1500년경에 브뤼헤에서 제작되었다. 한편으로 이 작품은 그 내용 때문에 한동안 논란이 되기도 했다.

중세 후기에는 호화스럽게 장식된 다양한 종류의 필사본이 나왔는데, 이는 세련된 궁정인들을 위한, 그중에서도 특히 여성들을 위한 책이었다. 대표적인 것이 경건을 위한 『기도서』와 정서적 오락을 위한 **로망스**였다.

『장미 이야기』는 1230년경에 완성된 우의적인 꿈 이야기이다. 약 4천 행에 달하는 이 프랑스어 시에서 기욤 드 로리는 한 궁정인이 연인에게 구애하려는 시도를 묘사했다. 1275년경에 장 드 묑이 내용을 덧붙여 거의 1만 8천 행으로 늘렸는데, 드 묑의 언어는 드 로리의 언어보다 훨씬 더 관능적이었다. 때로는 성(性) 지침서로도 간주되었던 그의 로망스는 중세 후기에 베스트셀러가 되었고, 훗날 초서가 일부 내용을 차용하기도 했다. 초기 페미니스트이며 성공한 작가였던 크리스틴 드 피장(1364~1430?)은 이 작품을 강하게 비판하기도 했다.

『장미 이야기』는 서양에서 인쇄술이 발명된 이후에도 꾸준히 인기를 누렸으며, 1500년 이전까지 무려 일곱 가지 판본이 간행되었다. 오늘날 전해지는 드 묑의 시 필사본은 수백 종에 달하는데, 그중 상당수는 정교한 세밀화를 담고 있다. 여기 소개하는 필사본은 비교적 늦게 나온 것으로, 1500년경 브뤼헤에서 제작되었다. 제작을 의뢰한 사람은 나사우 공국의 엥겔베르트 백작이고, 제작자는 부르고뉴의 채식 명장이었다. '기도서의 명장'이라는 별명으로 알려진 이 화가는 이러한 궁정용 서적을 만들면서 뛰어난 솜씨를 발휘했다. 텍스트는 무명의 필경사가 숙달되고 뛰어난 **바스타르다체** 필기체로 작성했으며, 인쇄본에서 필사한 것이다. 명장은 이 필사본에 들어갈 92점의 대형 채식을 담당했다.

로망스라는 장르와 여기에 속하는 수많은 필사본의 전파에 관해 학술적 관심이 지속적으로 쏟아지는 까닭에, 급기야 볼티모어의 존스 홉킨스 대학과 프랑스 국립 도서관의 제휴 사업으로 '장미 이야기 디지털 도서관'이 설립되었다. 이 작업을 통해 150개 이상의 필사본이 디지털화되어, 전 세계 어디에서나 자유롭게 접속하여 열람할 수 있게 되었다.

위 **이성의 목소리** 1475년에 역시나 브뤼헤에서 필사되고 채식된 이 네덜란드어판 『여자들의 도시』는 유명한 저자 크리스틴 드 피장의 작품이다. 이 삽화는 노동하는 사람의 모습을 종종 묘사했던 인기 서적 『기도서』와 유사한 느낌을 주는데, 여기서 크리스틴과 함께 있는 인간 모습의 '이성(理性)'은 여성 차별적인 의견이 담긴 '글밭'을 청소하는 방법을 그녀에게 가르치고 있다.

오른쪽 장미 이야기 정원에 모인 류트 연주자와 가수들의 모습. 1490~1500년경에 제작된 브뤼헤 필사본에 수록된 삽화이다. 이 채식은 귀족적인 즐거움을 이상화한 그림이면서 꽃들과 새들로 이루어진 자연주의적 테두리가 상징으로 장식되어 있어 이 로망스의 또 다른 측면을 제시하고 있다.

관련 내용

색다른 성 지침서의 다른 사례로는,
클레런드의 『패니 힐』, 168~169쪽
스톱스의 『부부의 사랑법』, 230~231쪽
화려한 채식의 유사한 사례로는,
파르네세 『기도서』, 74~75쪽
브뤼헤에서 제작된 책의 또 다른 사례로는,
캑스턴의 『체스 교훈담』, 102~103쪽

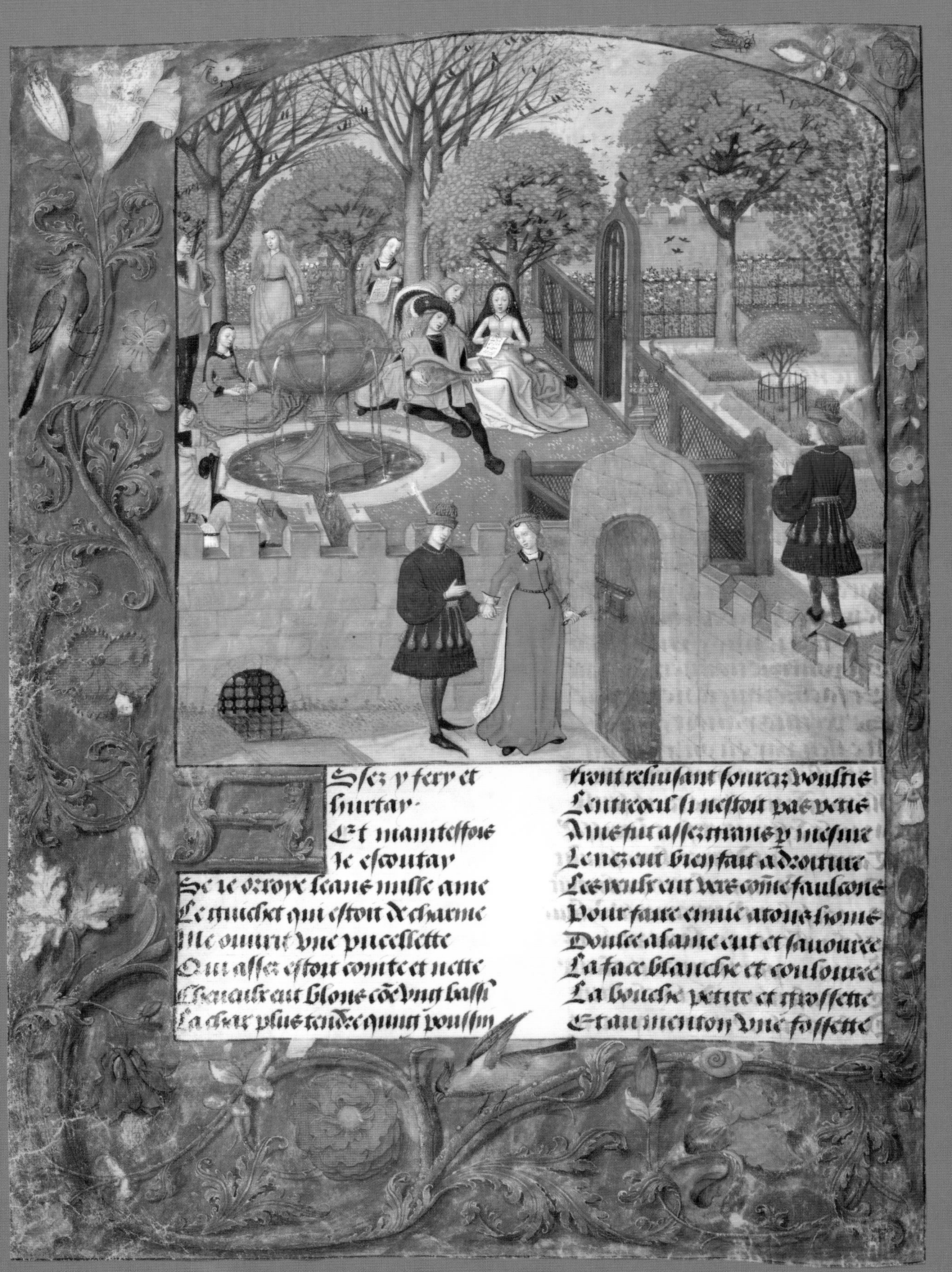

Assez y fery et
hurtay.
Et maintesfois
je escoutay
Se je orroye leans nulle ame
Le guichet qui estoit de charme
Me ouvrit une pucellette
Qui assez estoit gente et nette
Cheveulx eut blons cõe ung bassin
La char plus tendre que ung poussin
Front reluisant sourcilz voultis
Lentreoeil si nestoit pas petis
Ains fut assez grans par mesure
Le nez eut bien fait a droiture
Les yeulx eut vers cõme faulcons
Pour faire envie a tous homs
Doulce alaine eut et savouree
La face blanche et coulouree
La bouche petite et grossette
Et au menton une fossette

거인들 중의 거인

'기도서'는 온갖 종류의 르네상스 필사본 중에서도 가장 인기 있던 책이다. 크로아티아의 명장이 만든 이 책은 이탈리아에서 생산된 소수의 걸작 가운데 하나이다.

지배자가 뛰어난 예술가들에게 작품을 의뢰하면서, 고대를 상기시키는 양식으로 작업하라고 요구하던 시기에는(즉 이탈리아의 르네상스 시대에는) 채식 필사본의 제작 사업이 번창했는데, 특히 이탈리아 북부에서 그러했다. 볼로냐, 피렌체, 페라라, 만토바, 밀라노, 시에나 그리고 베네치아와 로마 같은 도시들은 이와 같은 필사본에서 세밀화를 제작하는 데 뛰어난 능력을 지닌 예술가들을 후원했다. 본명이 율리예 클로비치인 크로아티아인 줄리오 클로비오(1498~1578)는 18세 때 로마로 왔고, 이후 마리노 그리마니 추기경의 집에 머물면서 화가로 훈련을 받았다. 그는 (한때 라파엘로의 제자였던) 줄리오 로마노 밑에서 배우는 한편, 채식 분야의 명가(名家)들 중에서 베로나를 대표하던 지롤라모 다이 리브리와도 함께 일했다. 당시 헝가리의 선왕(先王) 후냐디 마차시는 도서 수집가 겸 채식사의 후원가로 유명하여, 클로비오는 헝가리로 이주하여 화가로서 경력을 지속하려 했다. 하지만 헝가리 왕 라요스 2세가 투르크군에 큰 패배를 당해 사망하고 헝가리 왕국이 몰락하는 바람에, 클로비오는 그곳을 떠날 수밖에 없었다. 1534년에 클로비오는 마리노 그리마니 추기경을 찾아 베네치아로 가서 몇 가지 중요한 작품을 만들었는데, 여기에는 그리마니의 저서

왼쪽 파르네세『기도서』 전성기 르네상스 채식의 영광스러운 사례라고 할 수 있다. 동시대인인 바사리로부터 "작은 것을 그리는 진귀한 화가"이며 "비록 더 작긴 하지만, 새로운 미켈란젤로"라는(미켈란젤로의 영향력은 여기 소개된 도판의 테두리 장식에서 찾아볼 수 있다) 평가를 들었던 클로비오의 이 탁월한 삽화「인간의 타락」은 또 다른 르네상스 시대의 거장 알브레히트 뒤러의 판화를 연상시킨다.

『바울 서신』(1537)에 들어갈 세밀화도 포함되어 있었다.

이후 클로비오의 경력은 주로 로마에서 이루어졌으며, 1540년대부터 유명한 예술 후원자이자 수집가인 알레산드로 파르네세 추기경(1520~1589)을 위해 일했다. 파르네세가 클로비오에게 의뢰한 필사본 『기도서』는 1546년에 완성되었는데, 이때는 구텐베르크가 인쇄본을 만들기 시작한 때로부터 거의 한 세기가 지난 뒤였다.

텍스트의 **이탤릭체**가 보여주는 아름다움에 클로비오의 탁월한 세밀화까지 더해져서, 이 책은 금세 걸작으로 공인되었다. 바사리 역시 『르네상스 화가전(畵家傳)』(1568)에서 "작은 것을 그리는 진귀한 화가로 이보다 더한 사람은 없었다"면서 클로비오를 크게 칭찬했을 정도였다. 엘 그레코도 클로비오가 필사본 『기도서』를 들고 있는 모습의 초상화를 그리는가 하면, 심지어 클로비오가 티치아노와 라파엘로와 미켈란젤로와 어깨를 나란히 한 또 다른 초상화를 그려서 예찬했을 정도였다.

관련 내용
이탈리아 르네상스 채식서의 다른 사례로는,
에우클레이데스의 『기하학 원론』, 106~107쪽
알두스판 베르길리우스 작품집, 108~109쪽
이와 유사한 화려한 채식에 관해서는,
크리스토포로의 『군도지』, 70~71쪽
브뤼헤본 『장미 이야기』, 72~73쪽

오른쪽 여행 중인 승려 서기 851~900년에 제작된 이 둔황의 벽화는 현재 대영 박물관에 소장되어 있는데, 아마도 인도까지 여행하여 불교 경전을 수집해 가져온 것으로 유명한 중국의 승려 현장(玄奘)을 묘사한 것으로 보인다. 함께 묘사된 호랑이와 작은 붓다는 현장의 전설에서 일부를 차지한다 (80~81쪽 참고).

5

제5장

동양에서 온 빛

유럽 문화가 르네상스를 통해 재정립된 시기보다 더 일찍부터 동양의 여러 중심지에서는 문학과 과학 연구가 활발하게 이루어졌다. 당시 이슬람 문화가 이룬 놀라운 발전은 더 나중에 유럽에서 이루어진 연구의 선구가 되었으며, 중국과 일본과 인도의 문학 역시 이에 못지않게 창의적이었다.

중국인은 책의 발전에서 절대적으로 중요한 여러 가지를 발명했다. 그 민족의 재능과 지성 덕분에 제아무리 가난하고 세련되지 못한, 멀리 떨어진(예를 들어 윈난의 나시〔納西〕족 같은) 집단이라 하더라도, 자기네 문화에 필요한 책을 인쇄할 수 있는 종이를 만들고 목판을 새기는 방법을 발전시켰다.

출판업의 성장

문자를 중시하는 중앙집권적 정부와 문화 집단이 있는 중국 같은 나라에서 출판업의 발전은 사실상 불가피한 일이다. 그런가 하면 불교 수행자들은 "경전을 이해하는 최상의 방법은 바로 그 경전을 필사하는 것"이라고 믿는 전통이 있다(동남아시아의 불교 사원에서는 여전히 이런 관습을 따르고 있다). 현존하는 가장 오래된 인쇄본이 불교 경전이라는 것도 이런 전통에 딱 어울리는 일처럼 보인다(80~81쪽을 보라). 필사는 서예 교육뿐 아니라 인쇄술의 발전도 조장했다. 중국에서는 판각공과 판화가로 이루어진 다수의 숙련된 노동력을 이용할 수 있었기 때문에, 손으로 잉크를 바르고 종이를 문질러 만든 인쇄본의 발전이 가능했다.

하지만 인쇄본은 필사본보다 더 열등하다고 간주되어, 12세기까지도 항저우(杭州)에 있는 왕궁 도서관의 장서 가운데 4분의 3은 여전히 필사본이었다. 그러나 중국에서는 인쇄술이 빠르게 발전했으며, 남송(南宋)에서 간행된 책의 **간기(刊記)**를 보면, 이야기책과 역서(曆書) 그리고 반(半)문맹자를 위한 실용 설명서에서부터 상류층을 위한 진지한 책에 이르기까지 다양한 출판물이 있었음을 알 수 있다. 심지어 송(宋) 왕조 때부터 무허가(즉 해적판) 서적이 이미 만연해 있었다.

인쇄술의 발전과 함께 장편 소설이 대두했다. 14세기의 『수호전(水滸傳)』이라든지, (1610년에 처음 인쇄되었지만, 이후 수 세기 동안 검열 삭제본으로 간행되었던) 『금병매(金甁梅)』라든지, 아니면 18세기의 『홍루몽(紅樓夢)』이 그러한데, 이 모두는 오늘날 세계적인 걸작으로 공인되었다.

일본에서도 궁중(宮中) 소설 분야에서 이와 유사한 만개가 있었고, 가장 유명한 작품은 무라사키 시키부(紫式部)의 『겐지 이야기(原氏物語)』이다(82~83쪽 참고). 동시대인인 세이 쇼나곤(淸少納言)의 『마쿠라노소시(枕草子)』도 훌륭하다. 하지만 일본의 책 제작은 중국과는 전혀 다른 경로를 걸었다. 『겐지 이야기』에 사용된 것과 같은 가나(假名) 서체의 미적 성질이 목판을 통해 더 잘 표현되기 때문이었다. 비록 1590년대에 예수회가 **활자** 사용법을 일본에 소개했지만(아울러 비슷한 시기에 한국에서 일본에 전래되기도 했지만) 그 영향은 미미했다. 일본의 책 개념은 더 현대적인 기술에 어울리지 않았기 때문이다. 하지만 교토, 에도, 오사카에서는 17세기 초부터 상업적 출판업이 대두하기 시작했으며, 여성 독자층을 겨냥한 책도 나타났다. 아울러 (도덕에 근거한) 검열도 나타났는데, 예수회가 추방된 이후에는 기독교에 대한 언급이 전면 금지되고, 오로지 네덜란드 책만 수입이 허가되었다.

남아시아에서도 활판 인쇄술이 받아들여지는 과정이 느렸다. 무굴 제국의 영토에서는 필경사의 실력이 (그리고 이들의 작업에 포함된 세밀화의 아름다움이) 여러 세기 동안 지속되었고, 19세기에 이르러 **석판 인쇄술**이 발전하면서 활자를 이용할 때보다 필경사의 솜씨가 더 잘 표현되기 전까지는 손글씨 소식지가 이 지역에서 여전히 일반적인 매체였다.

이슬람교의 도래

아시아의 무슬림 지역에서는 다른 어느 지역보다도 종이의 (그리고 **코덱스** 판형의) 사용이 더 많았으며, 이곳 사람들은 여전히 **론타르** 필사본에 충실했다. 인도에서 제작된 야자나무 잎 필사본 가운데 살아남은 것의 개수를 예측하기는 힘들다. 대략 5백만 개에서 3천9백만 개로 추정되는데, 그중에서 맨 처음 작성된 상태 그대로인 것은 극히 소수에 불과하다. 『라마야나』 같은 필사본은 종종 재필사되었고, 항상 인기가 높았던 민담 『비드파이 우화』도 마찬가지였다(84~85쪽 참고). 이 이야기들은 페르시아어와 아랍어 번역을 통해 『칼릴라와 딤나』 같은 무굴 제국의 세밀화에서 다시 나타났다.

중동과 북아프리카에서는 이슬람의 도입이 뭔가 반가운 발전으로 이어졌다. 더 이전에 나온 그리스어 필사본의 소유권을 얻게 됨으로써, 이슬람 학자들은 새로운 학습의 중심지를 만들었다. 바그다드에서는 9세기에 칼리프 하룬 알라시드가 설

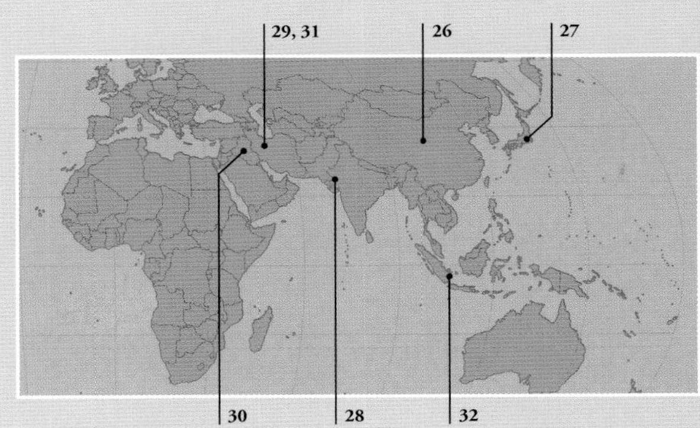

럽한 '바이트 알 히크마'(지혜의 집)가 대규모의 도서관과 연구소와 천문대를 갖추어, 과거 알렉산드리아의 비슷한 시설에 필적할 정도였다(86~87쪽과 88~89쪽 참고). 이 시기에는 코르도바와 카이로 그리고 이스파한과 심지어 팀북투까지도 과거의 알렉산드리아에 거의 필적할 만한 명성을 얻었다.

하지만 이슬람의 학술 전통은 여러 차례의 종교 전쟁과 무분별한 약탈, 코르도바가 기독교 국가 에스파냐에 패망한 사건 등으로 끊기면서 파괴되고 말았다. 이보다 더 큰 재난은 칭기즈 칸의 손자 훌라구 칸(1218~1265)이 이끄는 몽골군의 공격이었다. 1258년에 바그다드는 훌라구의 군대에 의해 포위되고 약탈당했으며, 이때 수천 명의 주민이 살해되었다. 특히 '바이트 알 히크마'가 완전히 파괴된 것이야말로 이슬람 과학의 미래에는 크나큰 재난이었으며, 이후 바그다드는 한때의 명성을 결코 되찾지 못했다.

인도네시아의 책들

인도네시아에도 이전 시대에 위대한 문화가 있었지만, 그렇다고 해서 이 지역이 위대한 과학 연구로 유명한 것까지는 아니었다. 이슬람교가 뒤늦게 인도네시아 제도에 도입된 과정 역시 격변적이라기보다는 오히려 잠행적이었다. 이슬람 관련서는 아랍 책의 판형을 따랐고, 심지어 그 지역의 문자로 작성한 책의 판형도 아랍식이었다. 그러다가 중동에서 생산되어 수입되는 종이의 대체품으로 (자바에서 처음 생산된 종이 비슷한 재료인) **들루왕**을 사용하면서, 그 지역의 필경사도 아랍의 영향을 벗어나 뚜렷이 자바적인 양식의 책을 간행할 수 있었다(92~93쪽 참고).

이슬람 서적이 자바에서 작성될 무렵에는 다른 영향도 있었다. 유럽 선교사들과 식민 활동이 만연했던 것이다. 예수회원은 이슬람의 천문학 연구를 중국으로 가져갔고, 네덜란드인은 유럽의 지식을 일본과 인도네시아로 가져갔다. 이처럼 새로운 발상과 방법이 동인도 제도에서 채택된 것은, 구텐베르크의 혁신이 출판업계를 영원히 바꿔놓기보다 더 이전의 일이었다.

소개할 책들

가장 오래된 인쇄본

대영 도서관의 대단한 보물 가운데 하나인 이 평범해 보이는 책은 러시아와 영국 간의 제국주의적 경쟁의 결과로 '구입'한 것이었다.

『금강경(金剛經)』은 붓다의 말씀을 담은 핵심 경전들 가운데 하나이며, 401년에 처음 산스크리트어에서 중국어로 번역되었다. 경전의 이름은 금강석(다이아몬드)의 견고함과 벼락의 힘을 상징하는 인도의 제의용품인 '금강저(金剛杵)'에서 따온 것이다. 이 사본은 868년 5월 11일에 왕개(王玠)가 만든 것으로 제작 일자가 분명한 현존 인쇄본 가운데 가장 오래되었고, 유럽에서 구텐베르크가 인쇄를 시작한 때보다 거의 6백 년이나 앞서 인쇄된 책이다.

훗날 식민 강대국들이 이집트를 비롯한 여러 나라에서 필사본을 구입(또는 '약탈')했는데, 특히 중국에서 그러했다. 이 같은 일은 종종 고고학 원정의 일부가 되었고, 러시아와 영국 사이에 벌어진 제국 건설을 위한 경쟁의 다른 이름인 경우가 많았다. 프랑스와 독일과 러시아도 뛰어들었고, 급기야 대담한 위조범들이(예를 들어 허텐 출신의 위구르인 사기꾼 이슬람 아쿤이 그러했다) 시장에 나타나기에 이르렀다.

(영국을 위해 일하던 헝가리 고고학자) 아우렐 스타인은 실크로드를 따라 (중국 북서부 간쑤〔甘肅〕 성) 둔황(敦煌)의 모가오 굴(莫高窟)에 가게 되었다. 그곳의 도사(道士)인 왕원록(王圓籙)은 밀폐된 굴 안에서 수많은 고서(古書)를 발견했는데, 이는 11세기 이후 사람의 손길이 전혀 닿지 않은 자료였다. 스타인은 1907년에 이 컬렉션(즉 앞서 설명한 『금강경』을 비롯한 **두루마리** 4만 개)을 구입해서 런던으로 발송했다. 프랑스의 중국학자인 폴 펠리오도 1908년에 러시아 정부에 뇌물을 써가면서 (러시아 군대에서 복무하던 핀란드인) 칼 구스타프 만네르하임과 함께 둔황에 갔다. 그 역시 5백 냥(약 72파운드 또는 120달러)에 귀중한 컬렉션을 구입해 파리로 보냈다. 중국인은 지금까지도 스타인과 펠리오의 구매를 자기네 문화유산에 대한 강도 행위로 여긴다.

전 세계에 분산된 둔황 컬렉션들은 현재 잘 관리되고 있다. 대영 도서관에서는 '국제 둔황 프로젝트'라는 대규모 연구 프로그램을 통해 둔황 필사본 전체의 디지털화 이미지를 무료 이용이 가능하도록 제공하고 있다.

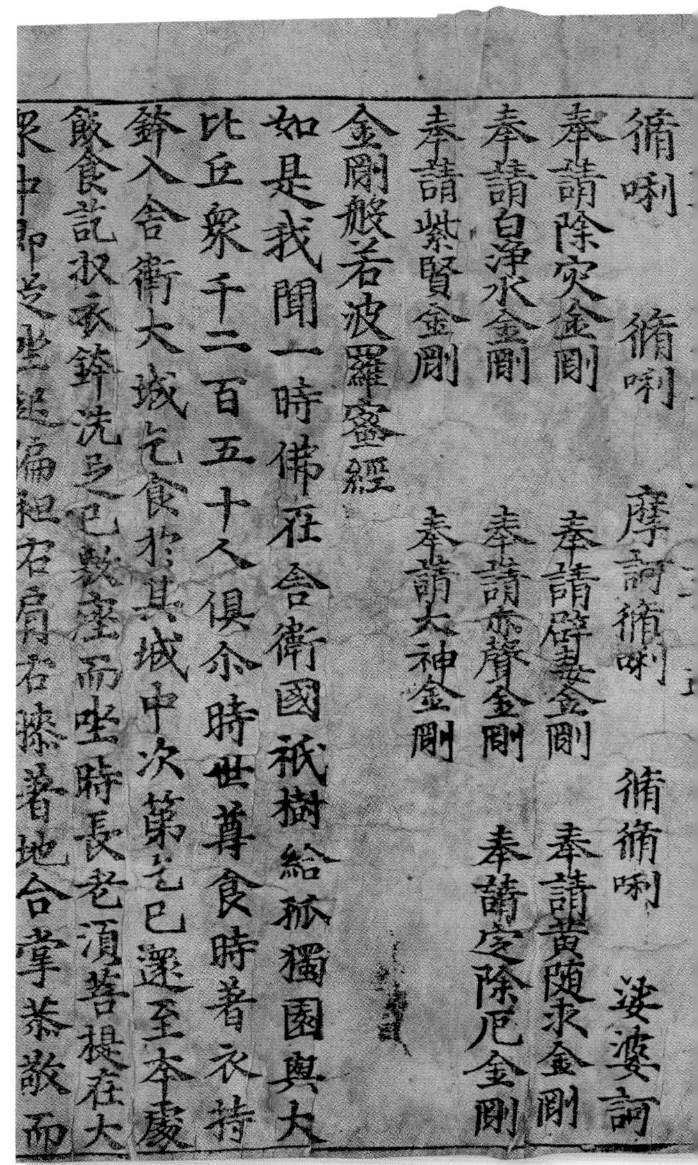
脩唎 脩唎 摩訶脩唎 脩脩唎 娑婆訶
奉請除災金剛 奉請辟毒金剛 奉請黃隨求金剛
奉請白淨水金剛 奉請赤聲金剛 奉請定除厄金剛
奉請紫賢金剛 奉請大神金剛
金剛般若波羅蜜經
如是我聞一時佛在舍衛國祇樹給孤獨園與大
比丘衆千二百五十人俱尒時世尊食時著衣持
鉢入舍衛大城乞食於其城中次第乞已還至本處
飯食訖收衣鉢洗足已敷座而坐時長老須菩提在大
衆中即從座起偏袒右肩右膝著地合掌恭敬而

아래 『**금강경**』 중국 북서부 둔황의 밀폐된 굴 안에서 발견된 이 책은 (868년에 만들어졌으므로) 제작 일자가 분명한 현존 인쇄본 가운데 (앞서 소개한 일본과 한국의 '부적'을 제외하면) 가장 오래되었고, 불경 중에서도 가장 중요한 것 가운데 하나이다. 목판 인쇄한 (지금은 색이 누렇게 바랜) 종이띠 일곱 개를 이어 붙여 길이 5미터가 넘는 하나의 두루마리로 만들었다.

관련 내용

아시아의 초기 인쇄술의 또 다른 사례로는,
쇼토쿠판 『다라니경』, 30~31쪽
한국의 '팔만대장경', 32~33쪽
희귀본 '구입'(약탈/도난)의 또 다른 사례로는,
카랄의 결승문자, 20~21쪽
코덱스 멘도사, 130~131쪽

왼쪽 『겐지 이야기』 시녀들을 거느린 궁녀들의 모습을 보여주는 이 이야기 두루마리는 1130년경에 제작된 것으로, 무라사키 부인이 쓴 이야기의 현존하는 버전으로는 가장 오래된 것이다. 원래는 길이가 137미터에 달했지만 지금은 단편만 남아 있으며, 헤이안(平安) 시대 궁중 회화의, 먹그림에 색상을 덧입히는 '쓰쿠리에(作り繪)' 양식을 보여주는 훌륭한 사례이다.

문학 및 예술의 걸작

지금으로부터 1천 년도 더 전에, 일본 황궁의 한 시녀가 이른바 최초의 근대 소설이라고 종종 일컬어지는 작품을 썼다. 이 시기에는 여성이 글을 쓰는 경우가 드물었고, 그런 글을 진지하게 여기는 경우도 역시 드물었다.

소설의 선조 하면 『일리아스』와 『오디세이아』 같은 고전 서사시, 페트로니우스의 『사티리콘』, 아풀레이우스의 『황금 당나귀』, 심지어 중세의 『베오울프』가 종종 언급된다. 하지만 최초의 산문집인 동시에 가장 오래된 심리 소설로 간주되는 작품이 있으니, 바로 무라사키 시키부(紫式部)의 『겐지 이야기(原氏物語)』이다(영어권에서는 '무라사키 부인'으로 알려졌고, 서기 978년에 태어나 1014년인지 1025년경에 사망했다).

무라사키는 일본 하급 귀족의 일원이었다. 그녀의 증조할아버지와 할아버지는 시인이었고, 아버지는 '예식 담당 관청(式部省)'의 관리로 역시 시인이었다. 그 당시 일본의 가정은 대개 본채와 별채로 나뉘어 있었으며, 딸들은 어머니하고만 함께 살았다. 여자는 교육을 받지 못하던 시대에, 이례적으로 무라사키는 아버지의 집에서 살며, 동생과 한문 고전을 배웠다. 또 아버지의 출장에 몇 차례 동행하기도 했는데, 이는 당시의 일본에서는 매우 드문 일이었다.

20대부터 그녀는 『겐지 이야기』 집필을 시작했는데, 전 3부 54장으로 구성된 이 긴 소설은 무려 10년이 지나서야 완성되었다. 무라사키의 문학적 양식은 (그녀의 인성과 마찬가지로) 복잡하기 짝이 없었다. 그녀의 저술은 신중한 집중을 요구했지만 이 작품은 지속적인 관심을 끌었다. 그녀가 이 작품을 완성한 직후부터 수많은 필사본이 제작되었다. 서로 다른 버전의 텍스트가 워낙 많이(수백 종이나) 만들어졌기 때문에, 비교적 이른 12세기부터 정본 텍스트를 만들려는 시도가 이루어졌다. 그때 이후로 일본의 화가들은 무라사키의 소설에 삽화를 그리는 일에 매료되어 수많은 삽화본이 제작되었다.

무라사키 시대 이후로는 일본어가 많이 변화되었기 때문에, 그녀의 고풍스러운 텍스트는 현대 일본의 독자도 이해하기가 쉽지 않다. 오늘날의 독자는 『겐지 이야기』를 항상 번역으로(즉 현대 일본어나 다른 언어 판본으로) 읽지만, 장막에 에워싸인 과거의 문화에 대한 이 여성의 통찰은 지금도 독자와 화가를 매료시키고 있다.

위 **황궁의 신중함** 이 결혼식 장면에 묘사된 것처럼, 필사본 삽화에서 여성들의 얼굴은 두루뭉술하게 그려졌다. 이는 무라사키가 묘사한 궁녀들의 실제 정체를 밝히지 않으려는 의도일 수도 있고, 또는 독자가 각자 상상한 등장인물을 이 장면에 투영하라고 권유하는 장치일 수도 있다.

관련 내용
이보다 더 오래된 일본 책의 사례로는,
쇼토쿠판 『다라니경』, 30~31쪽
재능 있는 여성이 저술한 학술서의 다른 사례로는,
브뤼헤본 『장미 이야기』, 72~73쪽
블래웰의 『흥미로운 약초들』, 144~145쪽
앳킨스의 『영국 조류 사진 도감』, 184~185쪽

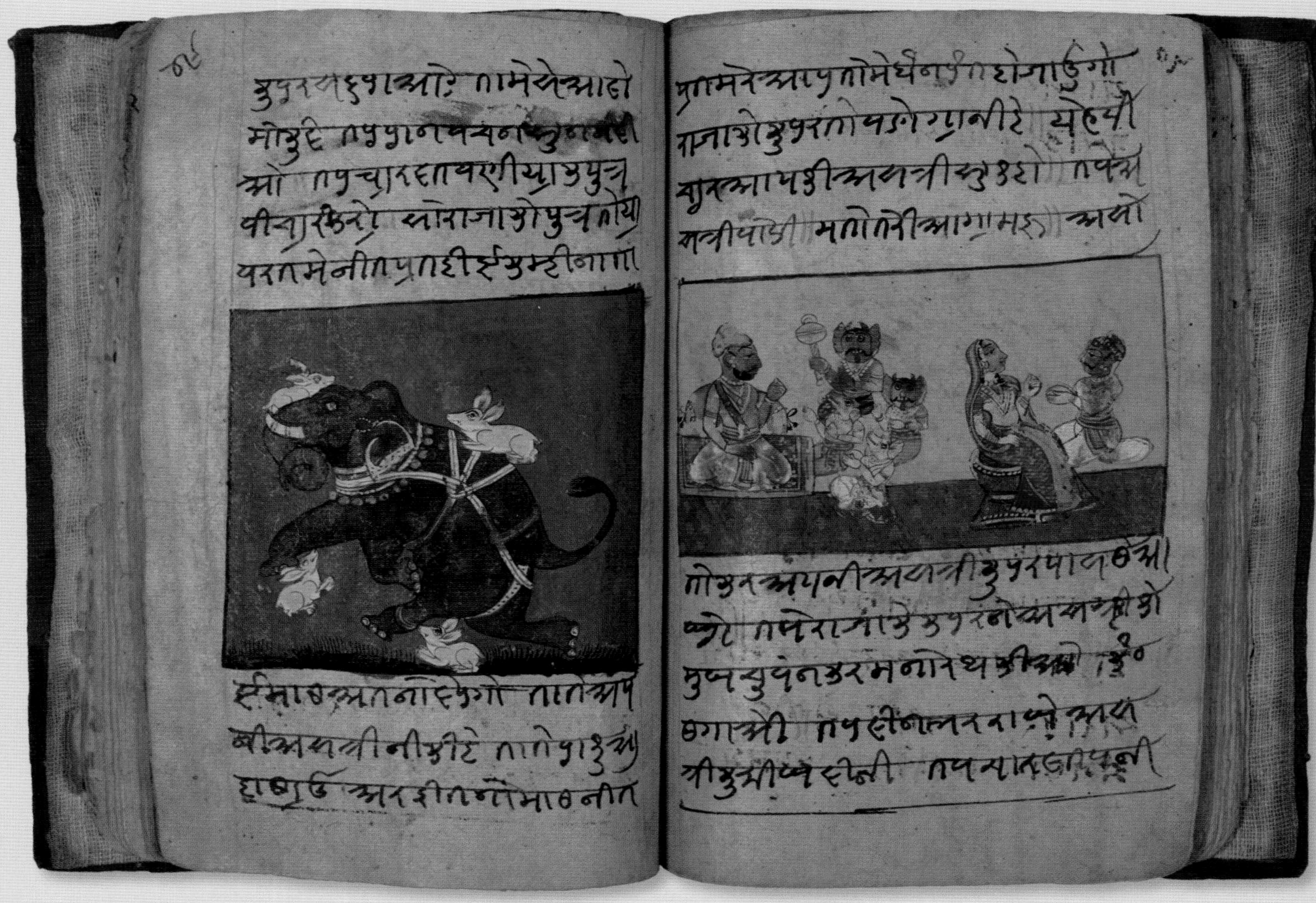

‘인도의 이솝 우화’

『비드파이 우화』는 알렉산드리아 도서관 화재 당시 살아남은 단 두 권의 책 가운데 하나였다. 하지만 내용은 그 사건보다 수천 년이나 더 오래된 것이었다.

모든 사회는 우리가 살아가는 이 세상을 인류가 이해하도록 도와주는 신화와 우화를 필요로 한다. 이런 필요는 워낙 오래되고 강해서, 오늘날까지도 우리가 사용하는 우화 가운데 상당수는 그 기원이 수천 년 전으로 거슬러 올라간다. 그중 상당수가 (‘토끼 씨’와 ‘아난시(거미)’처럼) 동물을 의인화하는데, 이들은 때때로 꽤 많은 장난꾼으로 묘사되기도 한다. 모든 우화는 강력한 교훈의 요소를 지니고 있는데, 그중에서도 가장 오래된 아시아의 우화는 아마도 권세 있는 가문의 자녀 교육을 위해, 즉 ‘군주를 위한 귀감’으로 삼기 위해 고안된 것으로 보인다(마키아벨리의 『군주론』 역시 같은 목적을 띠고 있었다).

학자들은 이런 우화들 가운데 일부의 기원이 불교의 『본생경(本生經)』까지 거슬러 올라간다고 보는데, 붓다가 인간이나 동물의 형태로 살았던 전생들을 설명하는 이 이야기는 기원전 400년경 인도 중부에서 처음 나타난 것으로 여겨진다. 여기 나오는 우화 가운데 상당수를 공유하는 『판차탄트라』는 기원전 3세기에 비슈누 샤르마가 산스크리트어로 썼다고 하지만, 정확한 성립 연대에 관해서는 여러 가지 의견이 있다.

‘다섯 개의 원칙’이라는 의미의 『판차탄트라』는 아마도 인도의 문학적 창조물 중에서도 가장 잘 알려진 작품일 것이며, 그 번역은 서기 570년경 페르시아에 전해진 것을 시작으로 전 세

왼쪽 『판차탄트라』 1754~1755년경에 제작된 것으로 추정되는 이 희귀한 필사본은 산스크리트의 교훈담을 담은 책이다. 즉 인도의 훌륭한 정치학의 원칙을 젊은 군주들에게 가르칠 목적으로 지어진 동물 우화이다. 49점의 멋진 세밀화가 라자스탄 남부의 전형적인 양식으로 그려져 있다.

오른쪽 『칼릴라와 딤나』 설교를 내놓는 두 마리 자칼 '칼릴라'와 '딤나'는 페르시아어 버전의 이 동물 우화에서 핵심 배역을 담당한다. 종이에 잉크와 물감과 금을 이용한 이 삽화는 1460년경의 것으로, 바그다드에서 제작되었을 가능성이 있다. 여기서 자칼은 당나귀를 먹어 치우려는 사자에게 그런 행동을 중지하고, 경건한 행동에 전념하라고 설득한다.

계에 널리 퍼지게 되었다. 이 우화는 페르시아어에서 또다시 문어(文語) 아랍어로 번역되었고, 서기 750년에 압둘라 이븐 알무카파가 '칼릴라와 딤나'라는 제목으로 펴냈다. 압둘라의 텍스트는 문학성이 높았기 때문에, 그의 저서는 오늘날까지도 아랍어 문학 양식의 모범으로 간주된다.

이후에 나온 번역은 대부분 이 아랍어 텍스트를 대본으로 삼았으며, 수많은 필사본이 오늘날까지 전해진다. 이 우화는 1251년에 톨레도에서 (역시나 아랍어본을 대본 삼아) 라틴어로 번역되었다. 12세기에는 히브리어 번역본이 라틴어로 재번역되었다. 카푸아의 조반니가 만든 이 라틴어 번역본은 유럽에서 맨 먼저 인쇄된 책들 가운데 하나이며, 1500년 이전까지 11판이 인쇄되었다. 물론 유럽에서 더 큰 인기를 누린 이솝 우화와 비교하면, 『비드파이 우화』가 누린 인기도 한 수 아래였지만 말이다(이 두 가지 우화의 **인큐내뷸러**에는 그 소박함이 각별히 매력적인 목판화가 종종 곁들여져 있었다). 인도와 페르시아와 터키에서 제작한 『칼릴라와 딤나』의 채식 필사본 가운데 상당수도 정교한 품질을 자랑하곤 했다.

관련 내용
이와는 매우 다른 인도의 필사본의 사례로는,
날란다본 『팔천송반야경』, 34~35쪽
교훈적 의도로 작성된 다른 책의 사례로는,
이솝 우화, 46~47쪽
뉴베리의 『작고 예쁜 주머니책』, 156~157쪽
에이킨의 『한 음절 단어로만 된 로빈슨 크루소』, 194~195쪽

이슬람의 표준 천문서

천문학의 발전에서 중요한 책 가운데 하나는 망원경의 발명보다 더 오래전에 한 페르시아인이 쓴 책이었다.

페르시아인 아브드알라만 알 수피(903~986)는 시아파의 부와이흐 왕조가 페르시아와 메소포타미아 대부분의 지역을 통치할 때 이스파한에서 왕궁 천문학자로 일했다. 당시 페르시아에서는 점성학을 진지하게 여겼으며, 천문학 관찰은 이보다 더 중요하게 여겼다. 육안으로 보이는 별들을 묘사한 알 수피의 책은 이슬람 국가 전역에서 표준서가 되어 이후 여러 세기 동안 거듭해서 필사되었는데, 저 멀리 동쪽의 사마르칸트에서는 그곳의 지배자 울루그 베그가 1417년에 필사본을 만들라고 명령하기도 했다. 1429년에 울루그 베그는 사마르칸트에 천문대를 짓도록 했는데, 이에 비해 유럽에서는 오랜 세월이 더 지난 후에야 비로소 천문학 연구가 발전했다.

위 **알 수피의 영향력** 17세기 말 또는 18세기 초의 것으로 보이는 페르시아의 한 필사본에 나타난 큰곰자리 묘사에서도 이런 영향력은 뚜렷이 나타난다.

오른쪽 **『항성지』** 페르시아의 천문학자 알 수피는 별자리를 이용해 별들의 위치며 밝기며 색상을 묘사했다. 위에 보이는 별자리는 거인 오리온자리(아랍어로는 '알 자바르(al-jabbar)' 즉 거인)이다. 그는 각각의 별자리를 그리면서, 천구 안과 밖에서 바라본 모습을 모두 그렸다. 보들리 소장 필사본은 (현존하는 가장 오래된 버전인데) 저자의 아들이 1009~1010년에 제작한 것이다.

알 수피의 『항성지(恒星誌)』는 이전에 나온 다른 이슬람 학자들의 책도 참고했는데, 그들의 활동 지역은 북아프리카와 알안달루스(무어인 치하의 에스파냐)와 중동까지 폭넓게 걸쳐 있었다. 프톨레마이오스의 천문학 책 『알마게스트』는 9세기에 이미 그리스어에서 아랍어로 번역되어 있었으며, 이 책은 알 수피가 주로 참고한 문헌이었다. 그 당시 서양에서는 『알마게스트』에 관한 기억이 완전히 사라진 다음이었다. 그러다가 12세기 중반에 들어와, 즉 시칠리아의 노르만족 왕들 치하에서 그리스어에서 라틴어로 번역이 이루어지고, 1160년에는 톨레도에서 '크레모나의 제라르드'가 아랍어에서 라틴어로 또 다른 번역을 수행함으로써, 비로소 유럽에서도 프톨레마이오스의 책을 구할 수 있었다(제라르드는 이슬람 사상을 서양에 소개하는 과정에서 아주 중요한 교량 역할을 한 사람들 가운데 하나였다).

현존하는 알 수피의 천문학 책 가운데 가장 오래된 필사본은 1009년에 제작된 것으로, 옥스퍼드 대학의 보들리 도서관에 소장되어 있다. 1713년에 나르시서스 마시가 이 책을 보들리 도서관에 기증한 것이다(그는 1696년에 네덜란드의 레이던에서 이 필사본을 구입했는데, 이는 아마도 그로부터 여러 해 전에 독일 출신의 동양학자 겸 책 사냥꾼 크리스티안 라비스가 터키에서 발견한 바로 그 필사본이었을 것이다). 지금은 '마시 144Marsh 144'라는 분류 기호로 지칭되는 이 필사본은 과학적 정확성과 함께 페르시아 미술의 특징이라 할 수 있는 느슨하고 편안한 회화 양식이 조합되어 있다. 서유럽 여러 도서관과, 터키에서 소장한 더 나중의 천문학 관련서 필사본은 별자리를 표현하는 알 수피 특유의 방법을 확고한 모범으로 삼고 있다.

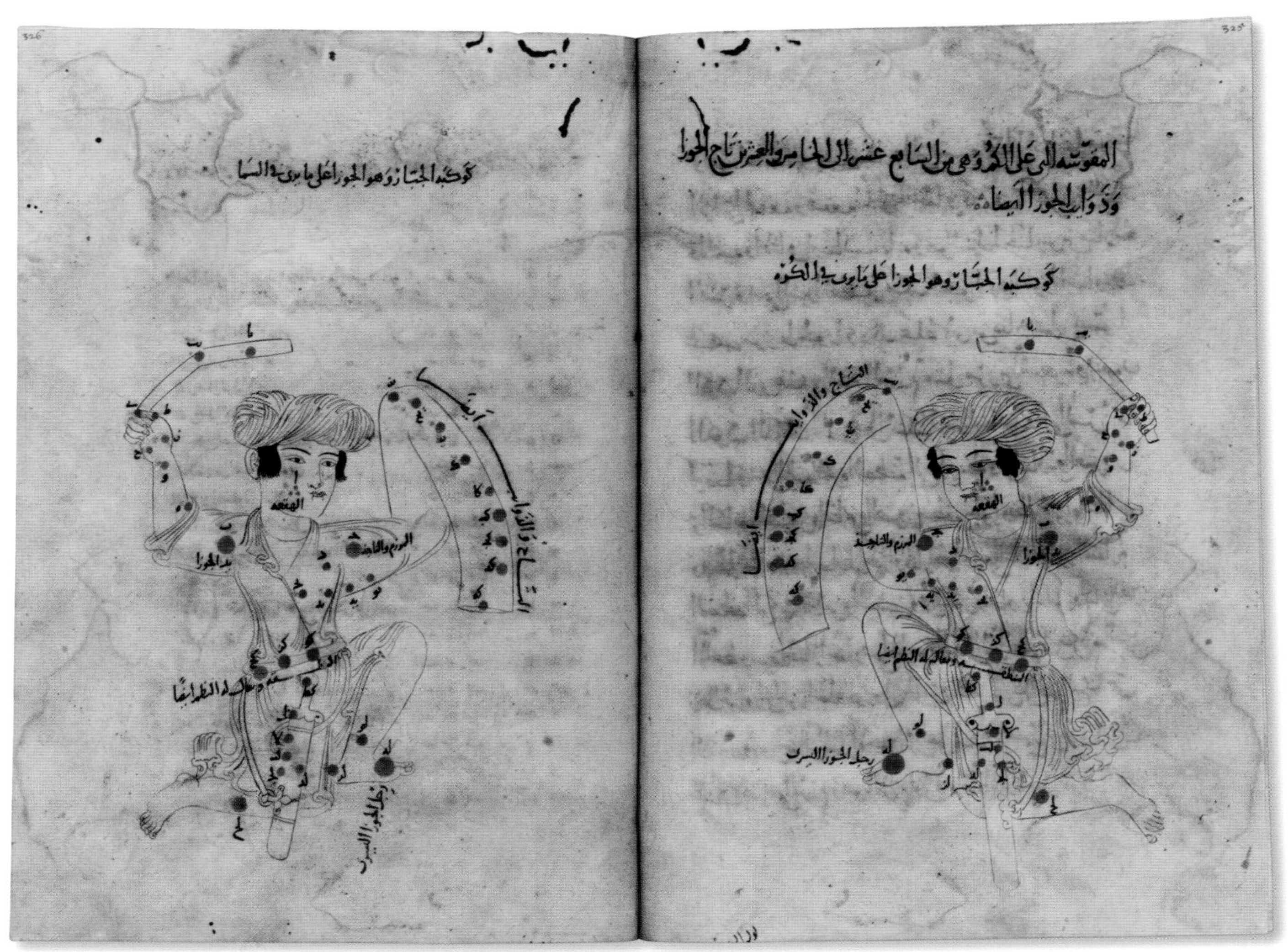

관련 내용
이슬람의 발견과 발명의 다른 사례로는,
알 자자리의 『기계 기술 개론』, 88~89쪽
『만수르 해부학』, 90~91쪽
천문학 책의 다른 사례로는,
브라헤의 『천문학』, 136~137쪽
아랍어로 된 전도용 책자로는,
『보낭의 서』, 92~93쪽
그레고리오의 『기도서』, 110~111쪽

다빈치를 앞섰지만 망각된 사람

유럽과 미국의 학교에서는 고대 그리스의 공학자들이라든지, 르네상스의 레오나르도 다빈치가 수행한 창의적인 연구에 관해 가르친다. 이슬람 세계에도 이에 못지않게 창의적인 공학자들이 있었지만, 서양에서는 최근에 와서야 알 자자리의 중요성을 비로소 인식하게 되었다.

알렉산드리아의 헤론이 활동한 서기 1세기부터 사람들은 자동 장치, 즉 스스로 작동하는 기계에 관심을 가졌다. 그리스의 이런 연구는 이슬람 세계에도 알려졌고, 그곳에서는 이와 관련된 기술이 크게 발전하여, 10세기경의 바그다드에서는 궁전 정원의 인공 나무에 올라앉아 노래하는 은제(銀製) 새가 있었다는 기록도 전해진다.

이슬람 해부학의 발전 과정에서는 발명가들의 실력이 매우 큰 역할을 했으며, 다른 온갖 공학적 과정의 발전에서도 자동 장치에 각별히 관심을 가진 공학자들이 중요한 역할을 했다. 그 중에서도 위(僞)아르키메데스라고만 알려진 사람의 연구를 이용한 12세기의 공학자가 있었으니, 그의 이름은 '알샤이크 라이스 알아말 바디 알자만 아부 알이즈 이븐 이스마일 이븐 알라자즈 알 자자리'였다.

알 자자리의 맨 처음 관심사는 수력을 이용해 관개용수를 길어 올리거나, 물시계에 동력을 제공하는 것이었다. 그의 발명품 가운데 하나는 오늘날까지도 화장실 세면대에서 여전히 사용되는 것과 같은 방식의 밸브였다. 알 자자리는 (어쩌면 그의 연구를 알고 있었을 수도 있는) 레오나르도 다빈치라든지, 19세기의 토머스 에디슨 못지않게 발명가로도 많은 연구를 남겼다. 그의 발명품 중에는 캠축, 크랭크축, 세그먼트 기어, 탈진기(脫進機)와 기계적 제어의 이용 등이 포함되어 있었다. 이 모두는 현대 공학에서 핵심적인 내용이지만, 1206년에 알 자자리가 사망한 이후 한동안은 유럽에서도 전혀 알려져 있지 않은 것이었다.

알 자자리가 (위아르키메데스처럼) 망각되지 않은 까닭은, 사망하기 몇 달 전인 1206년에 완성한 『기계 기술 개론』에서 자기 연구에 대한 요약을 남겼기 때문이다. 이 공학자는 아르투크 왕조의 술탄 나시르 알딘 마흐무드(재위 1200~1222)의 요청에 따라 이 책을 썼다. 알 자자리의 기발하고 명료한 도해는 현대의 가정용 수리 지침서에 들어 있는 도해만큼이나 훌륭하고 유용하며, 그의 설계도 가운데 일부는 현대의 여러 박물관이 참고해서 그가 고안한 기계의 시제품을 만들 수 있을 만큼 정교했다.

알 자자리의 필사본은 자주 만들어졌으며, 이 사본들은 오늘날 터키와 유럽 및 미국의 여러 도서관에서 찾아볼 수 있다. 다행히 필경사들이 알 자자리의 도해를 최대한 비슷하게 따라 그림으로써, 현존하는 필사본은 바그다드가 공학적 혁신이라는 분야에서 전 세계를 선도하던 시기에 그가 고안한 기계들이 어떻게 생겼는지를 우리가 충분히 짐작하게 해준다.

오른쪽 『기계 기술 개론』 부유했던 아르투크 왕궁의 수석 공학자였던 알 자자리의 이 텍스트에는 물시계와 분수와 기타 흥미로운 자동 기계 장치를 비롯해서, 그의 기념비적인 발명품 50개를 묘사한 구체적인 그림이 가득하다. 여기 나오는 그림에서는 이슬람교의 제의 때 사용하는 세면대를 공작 모양으로 설계해놓았다.

관련 내용
발명가가 쓴 책의 다른 사례로는,
플레이페어의 『상업 정치 도감』, 162~163쪽
퍼킨스의 특허, 182~183쪽
칼슨의 실험 일지, 212~213쪽
루이스의 『기계식 백과사전』, 244~245쪽
그리스의 이전 발명품에 관해서는,
아르키메데스 팔림프세스트, 54~55쪽

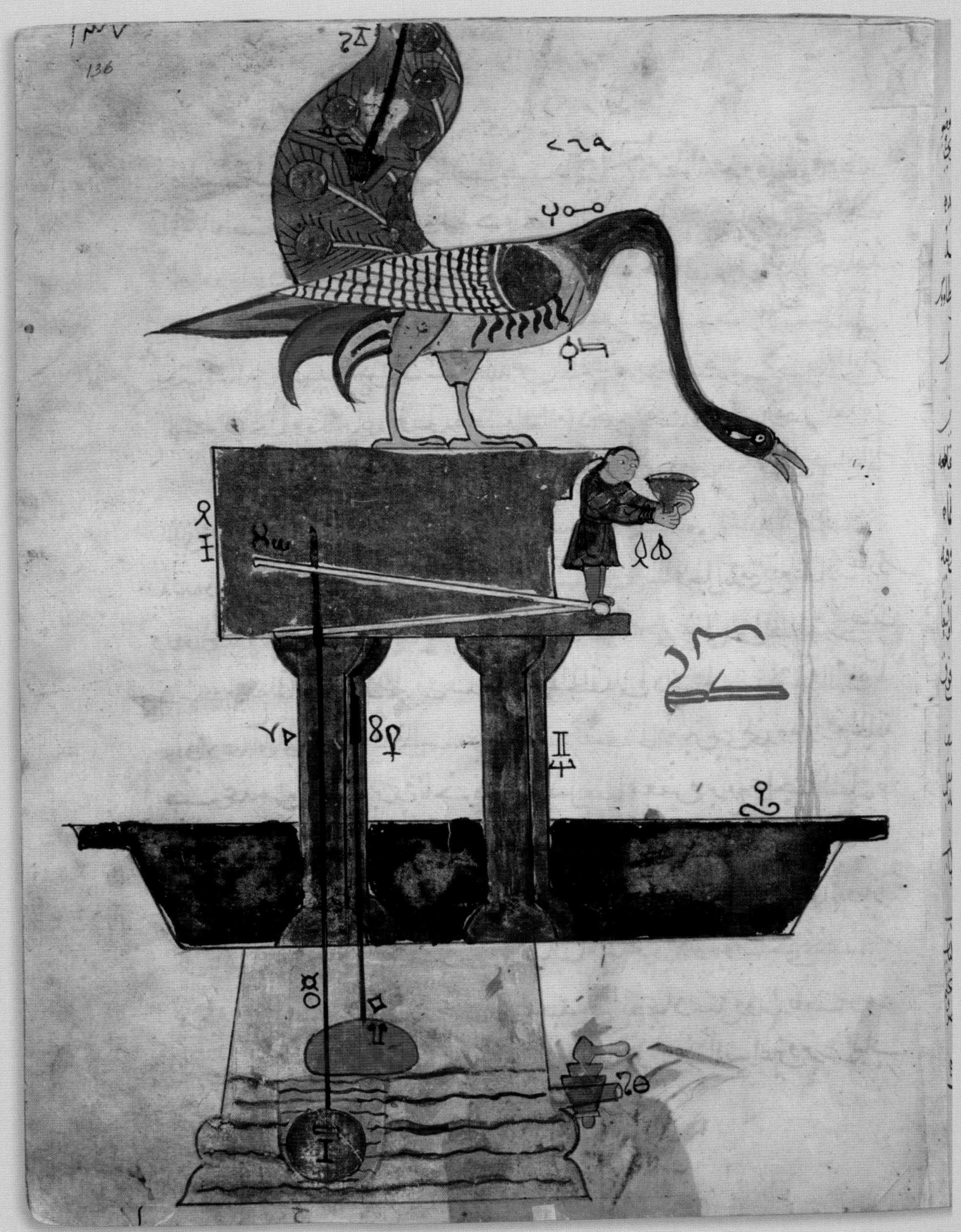

최초의 해부 '도감'

여러 세기 동안, 중요한 의학 연구는 모두 이슬람 국가에서 이루어진 것뿐이었다. 이 주목할 만한 페르시아의 책은 그곳에서의 의학 연구의 전성기가 끝날 때 나온 것이다.

오른쪽 **『만수르 해부학』** 이 책에서는 신체의 다섯 가지 '계(界)' 즉 골격계, 신경계, 근육계, 정맥계, 동맥계를 묘사하고 있다. 만수르는 각각의 삽화를 한 쪽 전면에 걸쳐 그렸으며, 잉크와 수채물감을 이용해 눈에 띄게 엉거주춤한 자세를 취한 사람을 그렸다. 현존하는 가장 오래된 사본 가운데 하나인 이 필사본의 삽화에서는 동맥계와 소화계가 나타나 있다.

이슬람 세계에서는 수많은 분야의 연구가 번성했다. 특히 의학 분야가 그러했는데, 이와 비교하면 유럽에서는 중세 동안 의학이 퇴조 상태에 머물러 있었다. 이슬람의 의학은 증거를 중시했으며, 페르가몬의 갈레노스(서기 129~200)의 (그리스어로 작성된) 연구를 기반으로 삼았다. 갈레노스는 숙련된 의료인이었으며, 검투사 전속 의사인 동시에 훗날에는 마르쿠스 아우렐리우스 황제의 어의(御醫)가 되었다. 서유럽 사회에서는 갈레노스의 연구가 한동안 잊혀 있다가, 11세기에 이르러 카르타고 태생의 의사 '아프리카인(人) 콘스탄티누스'가 살레르노에서 의학 교육과 저술을 시작하면서부터 상황이 달라졌다. 그전까지만 해도 유럽의 의료 수준은 빈약한 실정이었다.

8세기에 이르러 칼리프 하룬 알라시드는 바그다드에 교육용 병원을 설립했는데, 이곳에서는 의사들과 학생들이 매일 회진했으며, 이것이야말로 훗날 모든 의과대학에서 채택하게 된 방식의 선구였다. 이와 유사한 교육용 병원은 마라케시와 다른 곳에서도 세워졌다. 관찰과 실험은 이슬람 의학에서 계속 일반화되었고, 이븐시나(라틴어로는 '아비센나')와 이븐 자카리야 라지(라틴어로는 '라제스') 같은 의사들이 나오면서 의학적 지식은 (특히 페르시아의 영토에서) 크게 발전했다.

비교적 나중인 14세기의 선구적 의사 가운데 한 명인 만수르 이븐 일랴스는 시라즈에서 일한 의사들의 긴 계보에 속하는 인물이었다. 그는 해부학 텍스트에 삽화를 넣은 『만수르 해부학』을 만들어 파르스의 통치자이며 티무르의 손자인 피르 무함마드 이븐 자한기르에게 헌정했다. 이 책은 오로지 해부학만 다룬다는 점에서 독특하다. 그 텍스트는 갈레노스의 연구에 의거한 듯했지만, 삽화만큼은 만수르의 독창적인 작품이다. 즉 도식적인 인간의 모습을 마치 개구리처럼 엉거주춤한 자세로 묘사해, 신경과 뼈와 동맥과 근육과 기관을 보여주는 것이다(일부 필사본에서는 임부와 태아를 보여주는 삽화도 있다). 이슬람에서는 사람의 이미지를 만드는 것을 우상숭배로 여겨 엄격하게 금지하기 때문에, 만수르의 연구는 매우 대담한 것이 아닐 수 없었다.

『만수르 해부학』은 빈번히 필사되어, 오늘날 전 세계에 흩어져 있다. 만수르가 엉거주춤한 자세를 사용한 것도 동양에 전파되면서(타이에서는 마사지 지침서에 사용되고, 버마에서는 문신 지침서에 사용되는 등) 매우 다양한 목적에 활용되었다. 심지어 더 나중의 페르시아 필사본에서도 만수르 본인의 발견에 비해 뚜렷한 발전이 엿보이지 않을 정도이다. 그리고 이후 의학 연구의 주무대는 유럽으로 바뀌었다.

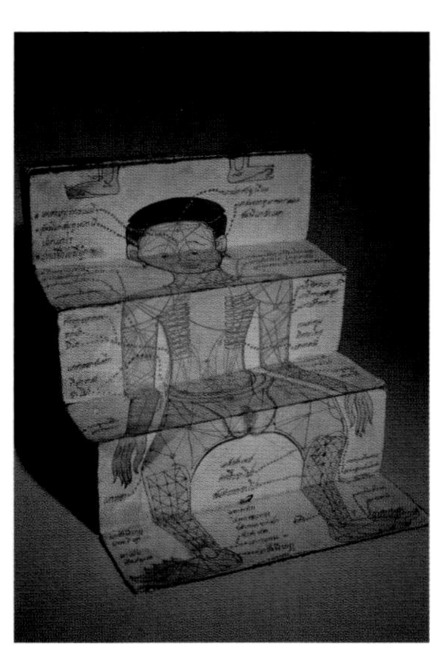

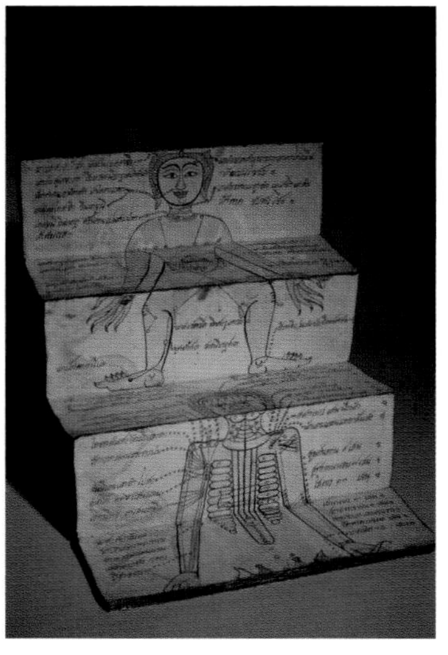

위 **불교 해부학** 국소 질환에 관한 이 의학 텍스트는 1830~1850년경에 타이나 캄보디아에서 제작된 것이다. 아코디언 모양으로 이루어진 40쪽짜리 파라바이크 형식의 이 필사본에는 양식 면에서 페르시아인 만수르의 영향이 반영된 것처럼 보인다. 하지만 양쪽 필사본 모두 페르시아의 전통이 아니라 그보다 더 오래된 중국과 인도의 해부학 전통에서 유래한 것이다.

관련 내용
더 이전의 의학 저술에 관해서는,
디오스코리데스의 『약물지』, 64~65쪽
더 나중의, 더 섬뜩한 삽화에 관해서는,
베살리우스의 『인체의 구조에 관하여』, 134~135쪽

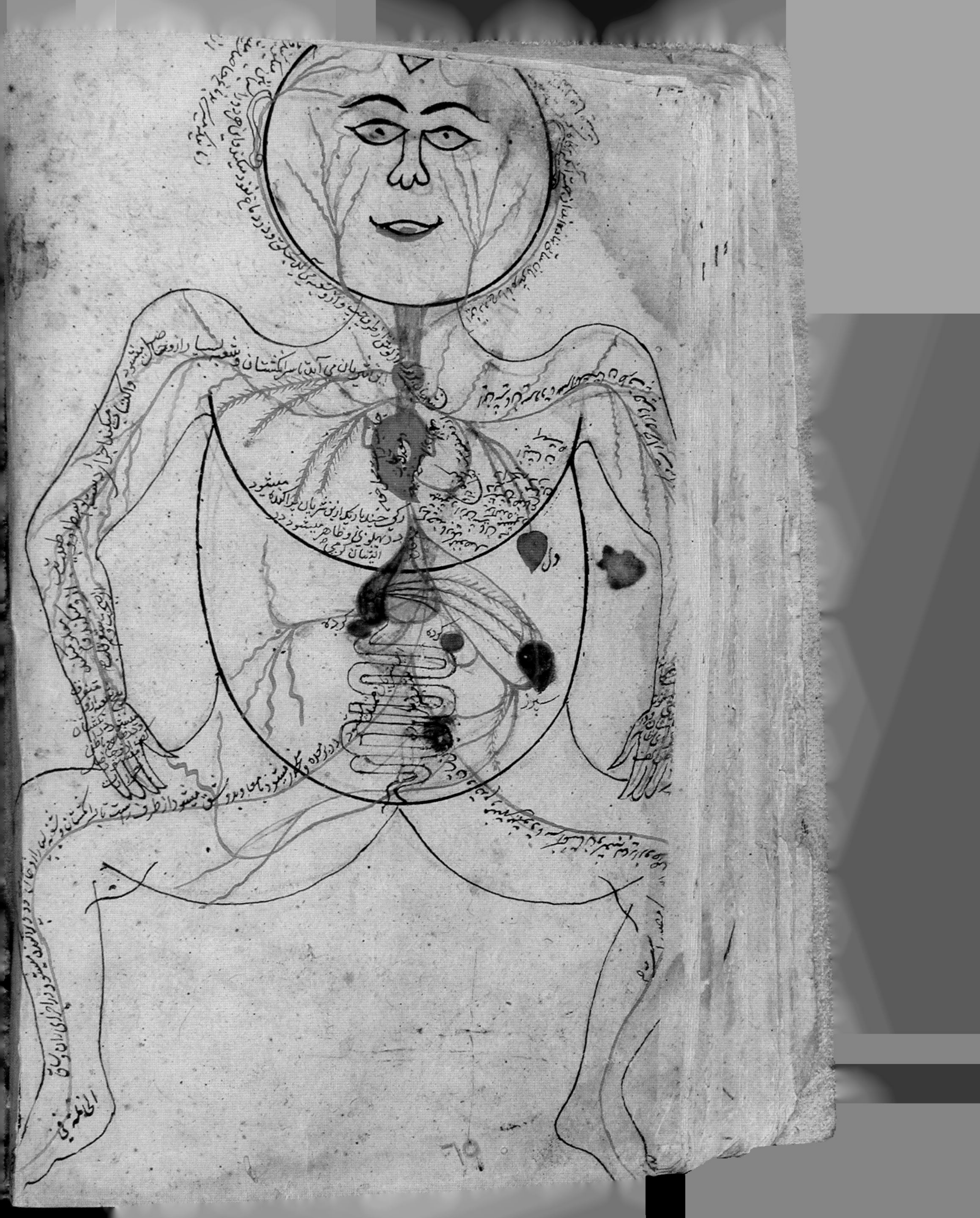

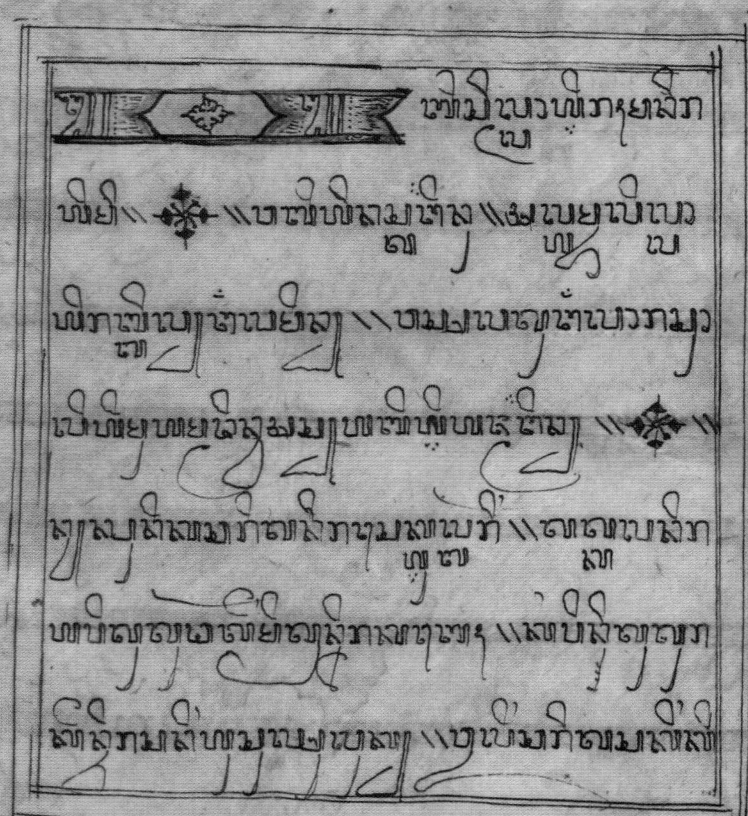

자바에서 제작된 초기 이슬람 서적

일찍이 자바를 방문한 사람들은 아마 이 평범해 보이는 책을 지나칠 수밖에 없었을 것이다. 하지만 이 책은 그 저자 및 주제와 제작 방식 등 모든 면에서뿐만 아니라, 나아가 유럽에 소개되었다는 사실 자체만으로도 중요한 유물이다.

이슬람 신앙이 극동과 인도네시아까지 퍼져나가는 과정은, 북아프리카를 거쳐 유럽으로 퍼져나가는 과정보다 더 느리게 진행되었다. 15세기에 이르러 이슬람 신앙은 자바에도 퍼져나갔다. 이 책의 저자인 수난 보낭(1465~1525)은 자바에서 이슬람교의 성자인 '왈리 상가wali sanga(신뢰할 만한 이)' 가운데 하나로 존경을 받고 있다(이는 영국에서 기독교를 전해준 성 콜룸바를 기념하는 것과 유사하다). 인도네시아에서 활동한 다른 이슬람교 선교사는 중동에서 왔지만, 보낭은 중국인과 자바인 사이에서 태어난 토착민이었다. 이런 문화적 배경은 그의 전도 사역에서 영향력을 발휘했다.

대부분의 이슬람교 선교사들은 코란이 아랍어로 계시되었으므로, 모든 신자는 반드시 아랍어를 배우고 사용해야 마땅하다고 믿었다. 이에 비해 무슬림 신비주의와 신학의 한 측면인 '알 바리al-Bâri(무(無)에서 형태를 창조하신 이)'에 관한 내용인 '보낭의 서(書)'는 유서 깊은 자바어로 작성하여, 토착민 독자가 더 쉽게 읽을 수 있었다. 또한 그는 섬세한 방식으로 전도를 했는데, 전통적인 방식의 자바어 노래를 만들고 거기에 이슬람교의 메시지를 담은 것이었다. 「마음의 치료」라는 곡은 지금도 이슬람 학교에서 가르치고, 종종 연주된다.

보낭은 전통적인 수단으로 자바인을 설득해 이슬람교를 받아들이게 했다. 그의 저서는 자바인에게도 친숙한 원시 **종이**인 **들루왕**에 작성되었는데, 닥나무 속껍질을 두들겨 만든 이 종이는 자바에서 생산되어 줄곧 사용되다가, 식민지 시대에 네덜란드인이 유럽산 종이를 들여오면서 자취를 감추었다(식민주의자들은 이 종이를 '자바 종이'라고만 일컬었다).

그러다 자바를 방문한 최초의 네덜란드인 가운데 누군가가 이 책에 관심을 갖고 결국 네덜란드로 가져갔다. 1600년에 이르러 이 책은 어느 학자의 소유가 되었는데, 그는 비록 그 내용을 읽지는 못했지만 필사본의 가치를 충분히 인식하고 있었다. 그가 바로 네덜란드의 주도적인 인문학자 겸 고대 문헌 편집자인 보나벤투라 불카니우스(1538~1614)였다(그가 편집한 고대 문헌 중에는 현존하는 가장 오래된 고딕 복음서인 '코덱스 아르겐테우스'도 있었다. 이것은 17세기의 여러 전쟁에서 전리품으로 이편과 저편 사이를 왔다 갔다 한 귀중한 필사본들 중 하나이다).

당시 새로 설립된 레이던 대학의 그리스어 교수였던 불카니우스는 자신의 컬렉션을 1614년에 대학 도서관에 기증했다. 이후 레이던의 관리 덕분에, 이슬람의 팽창과 아울러 유럽의 식민주의가 자바에 도달했던 무렵에 작성된 이 『보낭의 서』는 현존하는 자바 들루왕 책 가운데 가장 오래된 것으로 남았다.

왼쪽 **『보낭의 서』** 자바어로 작성되고, 유서 깊은 네모꼴 서체로 기록된, 무함마드 신학에 관한 이 논고는 현존하는 들루왕 종이 필사본 중에서 가장 오래된 것으로, 1600년 이전에 자바 북부 해안에서 네덜란드인 선원이 수집한 것이다. 사진은 책의 첫 페이지에 해당하며, 여기 나타난 이슬람교의 장식은 철필로(또는 깃털이나 대나무 찌르개로) 새겨 넣은 것이다.

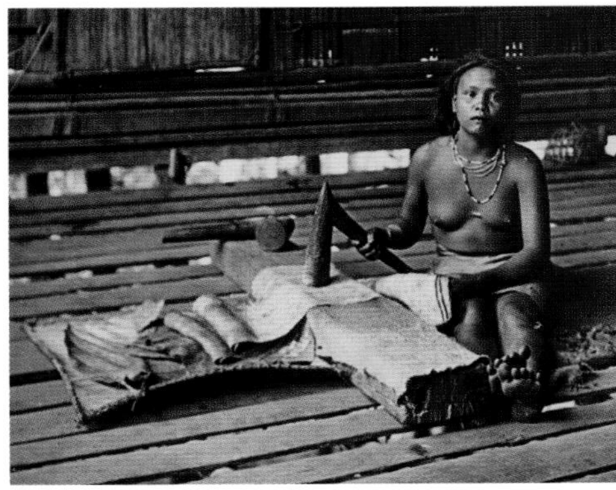

오른쪽 **나무 속껍질 종이 만들기** 다약족 여성이 자신의 전통 가옥에서 닥나무의 내피(內皮), 즉 껍질 아랫부분을 두들기고 있는 모습으로, 1910~1920년경 인도네시아의 칼리만탄바라트주에서 촬영한 사진이다. 이 지역의 전통 종이인 **타파**와 '들루왕'을 만드는 과정에서도 이와 유사한 방법이 쓰였다. 즉 무거운 돌이나 상아, 나무, 금속으로 만든 때리개를 이용했는데, 이미 발굴된 이런 때리개 중 일부는 제작 연대가 신석기 시대까지 거슬러 올라간다.

관련 내용
식민지인을 이해하려는 시도의 다른 사례로는,
카랄의 결승문자, 20~21쪽
코덱스 멘도사, 130~131쪽
비(非)로마자 서체를 사용한 다른 사례로는,
바탁의 '푸스타하', 38~39쪽
가리마 복음서, 50~51쪽
토로스 로슬린 복음서, 66~67쪽
술라웨시본 '론타르', 252~253쪽

오른쪽 **기묘한 '세계사'** 셰델의 연대기에는 몇 가지 지도가 들어 있다. 한쪽 가장자리에는 두려움의 대상인 '타자(他者)'의 삽화가 들어 있다. 당시의 대중은 개(犬) 머리 인간, 외눈박이 거인, 얼굴이 가슴에 있는 인간 등이 머나먼 땅에 살고 있다고 믿었다(100~101쪽 참고).

제6장 변화의 수레바퀴

근대 세계를 만들어냈다고 해도 과언이 아닌 구텐베르크의 발명이란, 바로 활자를 이용한 인쇄술이었다. 하지만 이는 구텐베르크 혼자서 해낸 일이 아니었으며, 이후 오랜 세월에 걸쳐 다른 사람들도 그 발전에 기여(또는 발전을 저해)했다.

DE homib⁹ diuersaꝝ formaꝝ dicit Pli.li.vij. ca.ij. Et Aug.li.xvi.de ci.dei.ca.viij. Et Isidorus Ethi.li.xi.ca.iij. oĩa q̃ sequũtur in india. Cenocephali homines sunt canina capita habẽtes cũ latratu loquũtur aucupio viuũt. vt dicit Pli. qui omnes vesciũtur pellibus animaliũ.

Cicoples in India vnũ oculum hñt in fronte suꝑ nasum hij solas ferarũ carnes comedũt. Ideo agriofagite vocãtur supra nasomonas confinesqꝫ illorũ homines esse: vtriusqꝫ nature inter se vicibus coeũtes.

Calliphanes tradit Arestotiles adijcit dextram mãmam ijs virilem leuam muliebrem esse quo hermofroditas appellamus.

Ferunt certi ab oriẽtis pte intima esse homines sine naribus: facie plana eq̃li totius corpis planicie. Alios supiore labro orbas. alios sine linguis ⁊ alijs cõcreta ora esse modico foramine calamis auenaꝝ potũ hauriẽtes.

Item homines habentes labiũ inferius. ita magnũ vt totam faciem contegant labio dormientes.

Item alij sine linguis nutu loq̃ntes siue motu vt monachi.

Pannothi in scithia aures tam magnas hñt. vt contegant totum corpus.

Artabrite in ethiopia pni ambulãt vt pecora. ⁊ aliqui viuũt ꝑ annos. xl. quẽ nullus supgreditur.

Satiri homũciones sunt aduncis naribus cornua i frontibus hñt ⁊ capraꝝ pedibus similes qualẽ in solitudine sanctus Antonius abbas vidit.

In ethiopia occidentali sunt vnipedes vno pede latissimo tam veloces vt bestias insequantur.

In Scithia Ipopedes sunt humanã formaꝫ eq̃nos pedes habentes.

In affrica familias quasdã effascinãtiũ Isigonus ⁊ Memphodorus tradũt quaꝝ laudatõne intereãt ꝓbata. arescãt arbores: emoriãtur infantes. esse eiusdem generis in tribalis et illirijs adijcit Isogon⁹ q̃ visu quoqꝫ effastinent iratis p̃cipue oculis: quod eorũ malũ facilius sentire puberes notabili⁹ esse ꝙ pupillas binas in oculis singulis habeant.

Item hoĩes. v. cubitoꝝ nũqꝫ infirmi vsqꝫ ad morteꝫ Hec oĩa scribũt Pli. Aug. Isi. Preterea legit̃ i gestis Alexãdri ꝙ i india sunt aliq̃ hoĩes sex man⁹ hñtes.

Itẽ hoĩes nudi ⁊ pilosi in flumine morãtes.

Itẽ hoĩes manib⁹ ⁊ pedib⁹ sex digitos habentes.

Itẽ apothami i aq̃s morantes medij hoĩes ⁊ medij caballi.

Item mulieres cũ barbis vsqꝫ ad pect⁹ ꝟ capite plano sine crinibus.

In ethiopia occidẽtali sũt ethiopes. iiij. oc̃los hñtes

In Eripia sunt hoĩes formosi ⁊ collo gruino cũ rostris aĩalium hoĩmqꝫ effigies mõstriferas circa extremitates gigni minime miru. Artifici ad formanda corpora effigiesqꝫ celandas mobilitate ignea.

Antipodes ãt eẽ. i. hoĩes a ꝯria pte terre vbi sol orit̃ qñ occidit nob̃ aduersa pedib⁹ nr̃is calcare vestigia nulla rõe credẽdũ ẽ vt ait Aug. 16. de ci. dei. c. 9. Ingẽs tñ ꝟ pug̃ lraꝝ ꝯtraqꝫ vulgi opĩoeꝫ circũfundi terre hoĩes vndiqꝫ cõuersisqꝫ ĩter se pedib⁹ stare et cũctis ilem eẽ celi v̄ticẽ. Ac sili mõ ex q̃cũqꝫ pte mediã calcari. Cur ãt ñ decidãt: miret̃ ⁊ illi nos ñ decidere: nõ eñi repugnãte: ⁊ quo cadãt negãte vt possint cadere. Nã sic ignis sedes nõ ẽ nisi ĩ ignib⁹: aq̃rũ nisi ĩ aq̃s. spũs nisi in spũ. Ita terre arcentibus cũctis nisi in se locus non est.

우리는 인쇄술에서의 혁명을 15세기 중반 구텐베르크의 혁신 덕분으로 돌린다. 하지만 실제로는 여러 가지 사건들이(흑사병의 영향까지 포함해서) 구텐베르크의 발전을 위한 기초를 놓았다고 해야 옳으며, 그의 발명은 기존의 여러 가지 기법과 기술을 성공적으로 조합한 것뿐이었다. 인쇄술이 성공을 거두기 위한 몇 가지 필요조건은 책에 대한 수요, **종이**와 **양피지**의 용이한 공급, 성공적이고도 저렴한 **활자** 주조를 위한 금속 기술, 문자 이용 능력을 지녀서 활자 조판이 가능한 숙련공 등이다. 이런 조건들이 충족된 후에 적당한 잉크와 인쇄기를 이용하면, 일꾼들은 고객이 원하는 만큼 많은 부수를, 고객이 원하는 가격에 인쇄할 수 있다. 인쇄를 마치면 조판한 페이지는 **해판(解版)**하여, 인쇄업자는 새로운 간행물을 위한 텍스트를 만드는 데 그 활자를 사용할 수 있게 된다.

이런 필요조건 중 상당수는 이미 충족되어 있었다. 유럽에 제지술이(12세기에는 에스파냐의 하티바에서, 13세기에는 이탈리아의 파브리아노에서) 도입된 이후, 아마포 넝마로 만든 품질 좋은 종이를 저렴한 가격에 공급할 수 있었다(이를 위해서는 독일에서 수력을 이용한 제지소의 발전이 필수적이었다). **우피지(牛皮紙)**와 양피지를 다량으로 제공하는 데에는 한계가 있었지만, 가죽 공급은 꾸준히 이루어졌다(그래도 비용은 상당했을 것이다. 구텐베르크의 성서 초판본 한 부를 만들기 위해 송아지 가죽 170장이 필요했으니까. 98~99쪽 참고).

금세공사와 기타 야금 기술자들은 이미 활자를 만드는 데 필수적인 기술을 갖고 있었다. 하지만 이 과정은 복잡했으며, **폰트** 만들기는 여전히 가격이 비쌌다. 인쇄업자가 부담하는 초기 비용이 막대했기 때문에, 책 판매로 상쇄하기까지는 오랜 시간이 걸렸다. (종종 지배자나 교회 같은) 후원자나 투자자라면 자금 지원을 할 수 있었으므로, 이런 자금줄을 확보하는 것이 출판에 필수적이었다(100~101쪽 참고). 금융의 발전과 자본주의의 대두로 이런 투자자들은 출판으로부터 수익을 기대하게(그리고 종종 실제로 수익을 거두게) 되었지만 종종 사업 실패도 생겼다. 인쇄업자들은 (영국의 초창기 인쇄업자들처럼) 위험 부담을 피하려고, 확실하게 팔릴 책만 인쇄했다(102~103쪽과 104~105쪽 참고).

오늘날에는 서양에서 인쇄술이 가능하게 만든 도구(즉 조절 가능한 주형〔鑄型〕)를 요하네스 구텐베르크가 발명했다고 일반적으로 공인된다. 하지만 비슷한 시기에 책의 대량 생산 수단을 발전시키려는 시도가 폭넓게 이루어졌기 때문에, 인쇄술의 창시자는 구텐베르크가 아니라 다른 사람들이라는 주장도 한때 있었다. 예를 들어 체코의 금세공사로 1440년대에 아비뇽에서 일했던 프로코피우스 발트포겔도 비슷한 시도를 했던 것이 분명하며, 초기의 독립 인쇄업자였던(그리고 1460년에 독일어 『성서』를 간행했던) 슈트라스부르크의 요하네스 멘텔린도 그러했고, 하를럼의 라우렌스 얀스존 코스테르도 (하를럼에 동상이 세워진 데에서 알 수 있듯이) 여러 세기 동안 네덜란드의 인쇄술 발명가로 간주되었다.

이 분야의 또 다른 초기 인물 중 하나는 투르의 왕립 조폐국에서 일하던 프랑스의 판화가 니콜라 장송(1420~1460)인데, 그는 1458년에 구텐베르크의 초기 인쇄술을 연구할 목적으로(일종의 산업 스파이로서) 마인츠로 파견되었다. 장송은 활자 주조의 기술 향상에 기여했다고 추정되며, 훗날 베네치아에서 초기 인쇄업자로 활동하면서(지금까지 만들어진 자체 중에서도 최고 가운데 하나로 꼽히는) **로마자** 자체(字體)를 만들었는데 15세기의 이탈리아에서는 활자 디자인의 변화와 인쇄기의 향상 덕분에 그 지역 인쇄업자들이 탁월한 타이포그래피의 책을 만들어내는 일이 가능했다. 에르하르트 라트돌트와 알두스 마누티우스도 로마자 자체를 사용했다는 사실은 장송의 영향력을 보여주며(106~107쪽과 108~109쪽 참고), 이들이 만든 책은 지금까지도 보기 좋고 읽기에도 편하다.

같은 시기에 독일의 책들 역시 신중하고 훌륭하게 제작되었는데, 『뉘른베르크 연대기』 같은 경우는 넉넉한 후원을 받았고, 판매 수익도 상당했던 출판물이었다(100~101쪽 참고). 하지만 이때에는 다른 인쇄업자의 해적 행위라는 문제가 생겼다. 해적판 인쇄업자는 편집 비용도 들지 않고 위험 부담도 없는 상태에서 기존 출판물의 수익성을 깎아먹기만 했다.

인쇄술을 둘러싼 찬반양론

구텐베르크의 발명은 반갑지 않은 의외의 결과를 가져왔는데, 이에 관해서는 제7장에서 설명하겠다. 단기적으로는 그의 동시대인 거의 모두가 인쇄술을 가리켜 인류에게 내린 하늘의 축복이라고 예찬했다. 이런 논평가 중에서 조금 뒤늦게 등장한 인물이 슈폰하임 수도원장 요하네스 트리테미우스(1462~1516)였다. 박식한 인물인 트리테미우스는 광범위한 주제의 글을 남겼다(그중에는 서지학에 관한 내용뿐만 아니라, 암호학에 관한 최초의 책인 『정보 은닉술』도 있었다. 이 책은 이후 1백 년 넘게 필사본으로만 남아 있다가, 1606년에 인쇄본으로 간행되자마자 가톨릭교회의 '금서 목록'에 올랐다).

인쇄술의 이득을 인식한 트리테미우스는 (인쇄업자에게서 직접 구매한) '최신품' 인쇄본을 다른 도서관의 '낡아빠진' 필사본과 맞바꾸는 방식으로 수도원에 도서관을 마련했다. 이런 방식으로 모은 책이 1천5백 권으로 당시의 가장 방대한 컬렉션 가운데 하나였다. 이 필사본들을 획득함으로써, 트리테미우스는 자신이 그저 새로운 기술의 확고한 신봉자만은 아니라는 사실을 입증했다. 1494년에 간행한 『필경사 예찬』에서 그는 필사본을 계속 만들라고 필경사들에게 촉구하면서, 어쩌면 인쇄용 잉크가 부식성이어서 결국 종이에 구멍을 내는 것으로 판명될지도 모른다는 의문을 제기했다. 보존에 관한 트리테미우스의 우려는 당시로선 드문 일이었지만, 전자책이 유일한 미래의 길이라고 믿은 나머지 인쇄본을 내버리는 현대의 도서관 관리자들에게는 좋은 교훈이 된다.

새로운 수요, 새로운 '자체'

구텐베르크의 발명도 필경사에 대한 수요를 아주 제거하지는 못했다(필경사는 타자기가 발명된 이후에야 비로소 사라졌다). 친숙하지 않은 알파벳이 필요한 경우 해당 활자를 제작하기 전까지는 인쇄본에 해당 부분을 수작업으로 적어 넣어야 했다. 머지않아 그리스어 활자가 나왔고, 더 나중에는 히브리어와 아랍어 활자도 나왔다(110~111쪽과 112~113쪽 참고). 다른 용도에 쓰이는 '자체'도 나왔는데, 예를 들어 기보법(記譜法)을 위한 활자도 있었다(114~115쪽과 116~117쪽 참고). 하지만 음악 분야의 간행물을 필사본으로 제작하는 관행은 이후로도 여러 해 동안 널리 지속되었다.

비주류에 해당하는 인쇄업도 그 나름의 유형이 있었다. 유대인의 끈기 덕분에 히브리어 인쇄술은 이후로도 줄곧 살아남았으며, (성서 연구를 위한) 히브리어 '자체'는 유럽에서 널리 사용되었다. 인쇄술에 대한 이슬람 세계의 반감 때문에 아랍어 활자 제작이 지연되는 바람에, 초기의 아랍어 인쇄본은 거의 모두 기독교의 전도 활동의 산물이거나, 아니면 더 나중에야 학술적 발전에 반응하여 나온 것이었다(무어인 치하의 에스파냐와 중동에서 발전한 제본 기술은 이 책에서 다루지 않았다).

대학 출판부가 생기면서 **다언어** 성서처럼 방대하고 값비싼 책의 제작이 조금씩이라도 이루어질 수 있다는 기대가 생겨났지만, 인쇄술의 처음 한 세기 동안 이런 책은 부유하고 결의에 찬 사람의 도움이 있어야 만들어질 수 있었다. 이 장 맨 마지막에 소개될 책, 그러니까 히메네스 추기경의 후원으로 제작된 '콤플루텐세 다언어 성서'가 그런 경우였다(118~119쪽 참고).

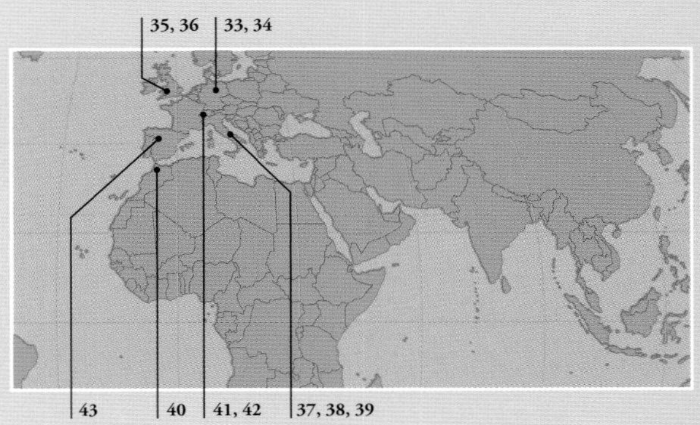

소개할 책들

구텐베르크의 혁명

구텐베르크의 발명에 관해서는 누구나 학교에서 배운다. 16세기 초 이후로 인쇄업자들, 서지학자들, 사서들은 그의 업적을 기렸지만, 대부분의 사람은 그가 정확히 무엇을 발명했는지조차도 모르고 있다.

15세기 초가 되자, 유럽의 책 수요는 어마어마하게 늘어나 있었다. 그로 인해 독일, 프랑스, 이탈리아, 네덜란드에 살던 몇몇 사람들은 책을 더 빠르고 더 저렴하게 만들어내는 방법을 고려하게 되었다. 인쇄술 역사상 최초의 걸작은 구텐베르크의 '42행 성서'로, 1450년대 중반에 마인츠에서 완성된 것이다.

구텐베르크(1395?~1468)의 성공은, 기존의 여러 기법과 기술을 합치면 대량 생산 방법을 통한 책 제작이 가능하다는 것을 깨달은 데에서 비롯되었다. 그전까지만 해도 책은 한 권씩 손으로 베껴 써서 만들었고, 여러 권을 만들려면 여러 번 베껴 쓰는 수밖에 없었다. 유럽에서는 **목판화** 기법을 이용한 **목판 책**의 제작도 이미 시작되고 있었다. 만약 글자와 숫자와 구두점을 활자로 주조할 수만 있다면, 이를 조합하고 재조합해서 페이지를 만들 수 있겠다고 구텐베르크는 생각했다. 이렇게 조합한 **활자**판의 글자 표면에 잉크를 바른 다음, 그 위에 **우피지**나 **종이**를 대고 누르면, 한 페이지 전체가 인쇄되는 것이다. 잉크 바르기와 누르기 과정을 반복하면 두 번이고 세 번이고, 얼마든지 페이지를 인쇄할 수 있었다.

물론 말처럼 쉬운 일은 아니었기 때문에, 상당히 많은 실험과 지출이 이루어진 다음에야 비로소 이 발명가는 필사본만큼이나 훌륭하게 보이는 책을 한 권 만들어낼 수 있었다. 구텐베르크는 1430년대에 슈트라스부르크에서 작업 실험을 시작한 듯하다. 이후 고향 마인츠로 돌아온 그는 부유한 시민 요한 푸스트(1400?~1466)의 후원을 받았다. 두 사람에게 더 중요했던 동업자는 페터 쇠퍼(1425~1503년경)로, 파리에서 필경사 훈련을 받은 인물이었다. 세 사람은 자신들의 첫 인쇄 출판을 훌륭하게 만들기로 작정한 듯, 최고의 양피지를 선택하고 최대한 주의를 기울인 끝에 자기네 능력 한도 내에서 최고의 책을 제작했다. '42행 성서'는 독일 북부의 서체와 **판형**을 보여주는 훌륭한 표본이었다. 한 역사가의 말처럼 "이것이야말로 이후 아무런 진보도 이루어지지 않았던 유일한 기술이다. 즉 인쇄술의 최초 사례가 아직까지도 최고 사례인 것이다".

이들이 제작한 성서는 1454년에 프랑크푸르트 도서 시장에서 판매되었으며, 초판본은 높은 가격에도 불구하고 삽시간에 모두 팔려나갔다. 인쇄술은 성공을 거두었지만, 구텐베르크에게는 부(富)가 따르지 않았다. 푸스트가 대출금 상환을 요구하더니, 급기야 사업을 독차지하고 쇠퍼를 지배인으로 삼았던 것이다(나중에 쇠퍼는 푸스트의 딸과 결혼했는데, 그야말로 안정된 일자리를 보장받는 익히 검증된 방법이다). 이후 인쇄 기술에 관한 지식은 독일의 다른 도시들로 급속히 퍼져나갔다. 곧바로 유명해진 '42행 성서'(각 페이지에 인쇄된 행의 숫자 때문에 이런 이름이 붙었다)는 그때부터 줄곧 높은 가치를 인정받았다. 초판본 180부 가운데 현재 50여 부가 남아 있는 것으로 추정되는데, 이 정도면 생존율이 상당히 높다 하겠다.

아래 **괴팅겐의 장식 견본서** 1450년경에 제작된 이 매혹적인 필경사의 장식 견본집은 원래 수도원 소유로, 이 안에는 장식이며 안료 제작에 관한 설명이 나와 있다. 맨 처음 나온 구텐베르크의 성서 몇 가지에서는 이 필사본에 묘사된 식물 문양을 매우 흡사하게 모방했는데, 괴팅겐 대학 소장본 '42행 성서'도 그중 하나이다.

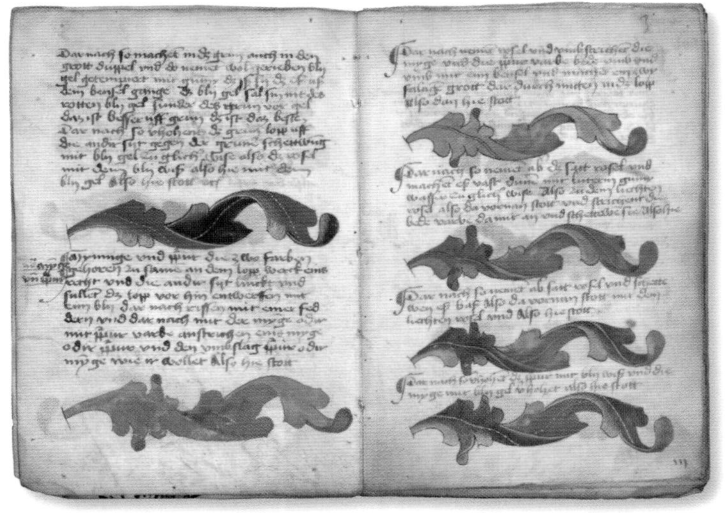

관련 내용
더 먼저 나온 아시아의 인쇄술 발전 사례로는,
쇼토쿠판 『다라니경』, 30~31쪽
한국의 '팔만대장경', 32~33쪽
초기 독일 인쇄술의 다른 사례로는,
'콘스탄츠 성가집', 116~117쪽
독일 바깥에서 인쇄술 전파의 사례로는,
캑스턴의 『체스 교훈담』, 102~103쪽

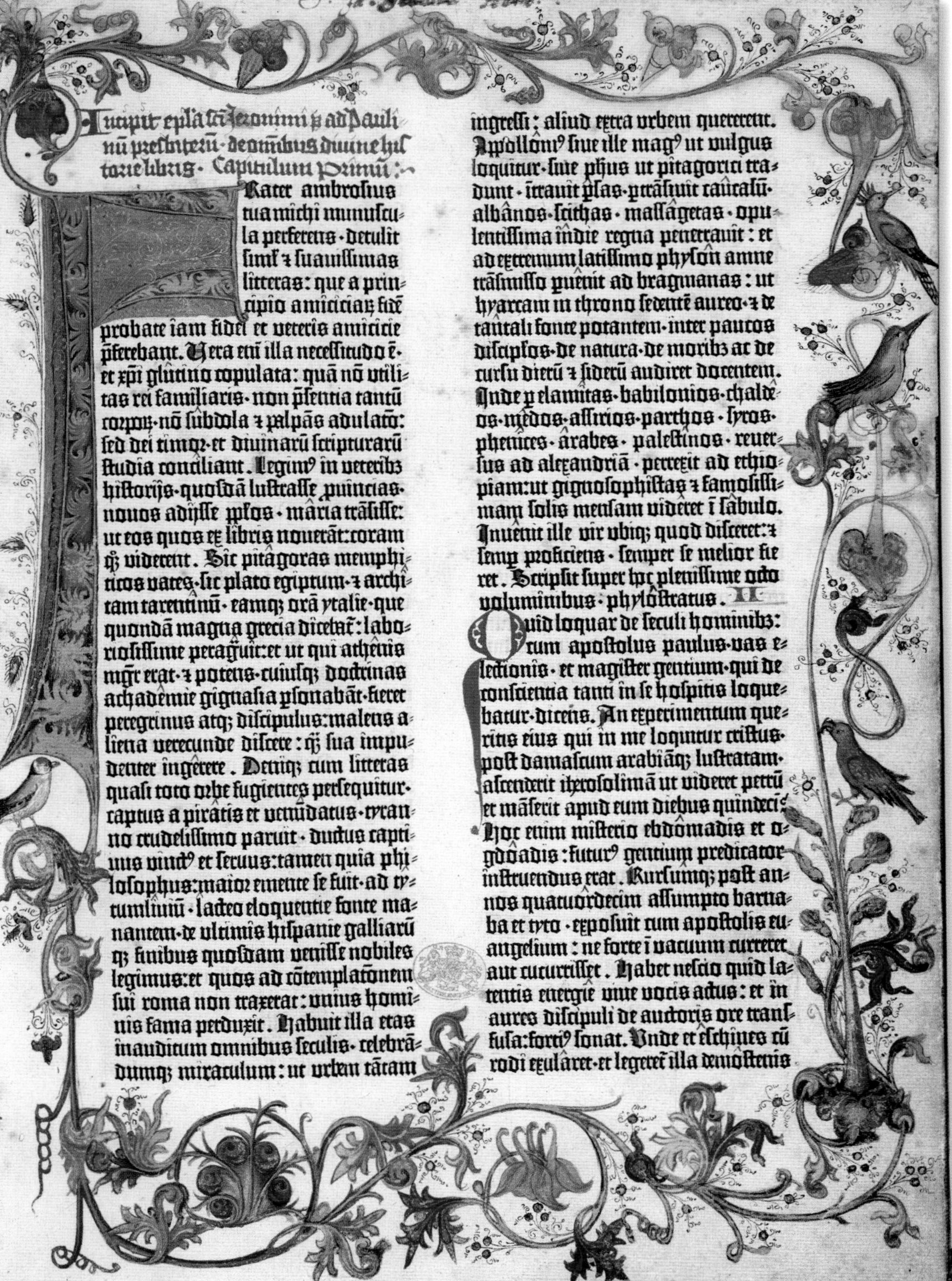

왼쪽 **구텐베르크의 '42행 성서'** 대영 도서관에 소장된 이 멋지게 채식된 종이본은 에버하르트 쾨니히가 에르푸르트에서 제작한 것으로 추정된다(사진에 나온 부분은 히에로니무스가 라틴어로 번역한 신약성서 가운데 사도 서한의 일부이다). 여러 가지 색깔의 잉크로 칠하고 금색으로 입체감을 준 이니셜 에프(F)가 여백을 따라 내려가 꽃무늬로 장식된 가장자리까지 도달해 있다. 애초에 인쇄업자들은 (왼쪽 단의 맨 위에 나온) 주서(朱書)도 인쇄하려 했지만, 작업이 너무 힘들다는 사실이 밝혀지자 필경사를 고용해 인쇄 대신 필사를 시켰다.

초기 인쇄본의 대작

『뉘른베르크 연대기』는
대대적인 투자를 받은 책으로 유명한 동시에,
풍부하면서 정교하게 디자인된 삽화로도 유명하다.
특히 제작에 관한 기록은 동시대의
다른 어느 대작(大作)보다도 더 잘 남아 있다.

상당수 인쇄업자는 후원자의 지원이나 자기 책의 판매에서 비롯된 (불안정한) 수입에 의존했다. 『뉘른베르크 연대기』는(‘연대기’ 또는 ‘셰델의 세계사’로 불리기도 하는데) 투자를 가장 잘 받고, 가장 호화롭게 제작된 책 가운데 하나였다.

그 시작은 두 명의 부유한 뉘른베르크 상인이 독일 역사학자 하르트만 셰델에게 라틴어 세계사 집필을 의뢰하고, 뉘른베르크의 시 정부 관리인 게오르게 알트에게는 셰델이 완성한 라틴어 텍스트의 독일어 번역을 의뢰한 것이었다. 결국 두 가지 판본이 거의 동시에 간행되었는데, 서로 다른 **자체(字體)**를 이용했으며, 가끔은 두 가지 판본 사이에 텍스트가 달라지기도 했다. 양쪽 판본 모두 다양한 **목판화** 삽화를 집어넣었고, 뉘른베르크에서 가장 중요한 **아틀리에**를 운영하던 미하엘 볼게무트와 빌헬름 플라이덴부르프가 디자인하고 새긴 것이었다(알브레히트 뒤러가 이들의 제자였다). 이 책의 인쇄는 안톤 코베르거(1440/1445?~1513)가 담당했는데, 그는 원래 금세공사였으나 1471년에 뉘른베르크에서 업종을 인쇄로 바꾸어, 결국 유럽 내에서 이 분야의 가장 큰 사업가가 되었다(코베르거의 대리인들은 파리와 부다페스트와 베네치아 등 각지에 있었으며, 24대의 인쇄기를 이용해 책을 만들었다고 전한다).

『뉘른베르크 연대기』는 큰 성공을 거두었다. 1493년 판본 두 가지는 거의 2천 부가 인쇄되었는데, 이 가운데 7백여 부가 지금까지 남아 있어, 15세기의 책들 중에서 가장 흔한 책이 되었다. 1천8백 개 이상의 목판 삽화를 포함하고 있는 이 책의 제작은 대단히 복잡했지만, 그 결과는 놀라우리만치 성공적이었다. 완성본 가운데 상당수는 삽화를 수작업으로 채색했다.

투자자들은 이 사업을 통해 상당한 수익을 거두었지만, 부도덕한 인쇄업자가 만든 해적판도 나왔다. 약삭빠른 아우구스부르크의 인쇄업자 요한 쇤슈페르거(1455?~1521 이전)는 진품보다 더 저렴하고 크기도 더 작은 판본을 세 가지나 내놓았다. 쇤슈페르거는 볼게무트와 플라이덴부르프의 목판을 모방했으며, 더 작은 **판형**에 맞도록 때로는 원본의 디자인을 단순화시키기도 했다. 저작권 개념이 없던 시대이다 보니, 이렇게 저렴한 버전이 유통되어 시장을 잠식하면서, 진품을 만든 뉘른베르크의 출판업자는 이 주목할 만한 책의 새로운 판본을 더 이상 제작하지 못하는 처지에 놓이고 말았다.

관련 내용
초기 출판업의 다른 사례로는,
알두스판 베르길리우스 작품집, 108~109쪽
콤플루텐세 다언어 성서, 118~119쪽
디드로의 『백과전서』, 158~159쪽
돋보이는 목판 삽화의 다른 사례로는,
베살리우스의 『인체의 구조에 관하여』, 134~135쪽
뷰익의 『영국 조류사』, 172~173쪽
크라나흐판 『햄릿』, 214~215쪽

위 **『뉘른베르크 연대기』** 하르트만 셰델의 야심만만한 저술에는 수작업으로 채색한 목판 삽화가 곳곳에 곁들여져 있었다. 상당수가 새로 디자인된 것이었지만, 그중 몇 가지는 '기존의' 이미지들이었다. 예를 들어 베네치아 풍경을 담은 이 삽화는 본래 최초의 삽화 인쇄본 여행서인 베른하르트 폰 브라이덴바흐의 『성지 순례』(마인츠, 1486)를 위해서 에르하르트 로이비히가 이전에 제작한 목판화에서 차용한 것이었다. 사진에 나온 이 '연대기'는 19세기 디자이너 윌리엄 모리스의 소장본이다.

오른쪽 **하느님 아버지** 셰델의 '세계사' 권두화로 사용된 펜화 디자인에서는 만물의 주재자인 하느님이 보좌에 앉아 있다. 1490년에 미하엘 볼게무트가 제작했다. 당시 볼게무트의 도제였으며, 코베르거의 대자(代子)였던 알브레히트 뒤러도 삽화 가운데 일부의 제작을 도왔을 것으로 추정된다.

영국 최초 인쇄업자의 책

초기의 인쇄업자 가운데 상당수가 고전 작품의 완벽한 텍스트 제작을 시도했지만 실패하고 말았다. 반면 영국 최초의 인쇄업자는 수준 높은 책 대신 독자들이 원하고 구입할 만한 책을 만드는 것을 목표로 삼았다.

영국의 인쇄업은 1476년에 시작되었는데, 이는 베네치아에서 에르하르트 라트돌트가 인쇄업을 시작한 것과 같은 해였지만, 양쪽의 공통점을 발견하기는 어려웠다. 영국은 인쇄업을 늦게 시작했고, 인쇄업자들은 의도적으로 중간 수준의 책을 만들었다. 기술적으로도 영국의 생산품은 평범한 편이었으며, 영국의 인쇄 부수는 전체 시장 규모에서 일부분에 불과한 상태로 한동안 남았다. 때문에 영국의 도서 수집가들은 원하는 책을 얻기 위해 유럽 대륙에서 생산된 책을 수입해야 했다.

영국의 인쇄업은 두 가지 면에서 흥미롭다. 첫째, 영국의 출판업은 대부분 영어로 간행된 책을 다루었다(즉 라틴어나 다른 언어로 간행된 책은 드물었다). 둘째, 제프리 초서의 문학적 중요성 때문에 영국의 인쇄업자들은 자기네 언어를 구체화하고, 세계에서 가장 성공한 언어로 만들 기회를 얻었다.

윌리엄 캑스턴(1424?~1491)은 본래 런던의 포목상이었다. 1446년에 그는 당시에만 해도 상업적으로 절정에 있던 브뤼헤로 갔다. 그곳에서 수출입 사업으로(그중에는 유럽산 필사본을 런던으로 수입하는 것도 있었다) 성공을 거두자, 브뤼헤 주재 영국 상인을 관장하는 감독관이 되었다. 그는 후원자들과 긴밀한 관계를 맺었고, 이들을 위한 번역가로도 성공을 거두었으며, 이를 계기로 인쇄업자로 일하게 된 것으로 보인다. 캑스턴은 쾰른에서 인쇄술을 배운 뒤, 1473년에 브뤼헤에서 인쇄업자로 일하기 시작했다. 동업자 콜라르트 만시온은 플랑드르의 오랜 필경사 겸 필사본 제작 대리인이었다. 이들이 제작한 인쇄본 가운데 상당수는 귀족들로부터 의뢰를 받은 것으로 캑스턴의 번역도 종종 이런 식으로 의뢰를 받은 것이었다. 그가 브뤼헤에서 펴낸 13세기의 피에몬테 출신 저자 야코부스 데 체솔리스(1250~1322년경)의 『체스 놀이와 방법』(1474, 번역본)도 마찬가지였다. 이 책은 체스 해설서가 아니라, 귀족의 의무와 사회에서의 역할을 가르치는 교훈서였다. 캑스턴은 1476년에 브뤼헤를 떠나 웨스트민스터로 사업 장소를 옮겼으며, 체솔리스의 책이 성공을 거둔 데 힘입어, 1483년에 새로운 삽화본을 인쇄했다. 캑스턴의 인쇄본 중에서도 가장 유명한 것은 초서의 『캔터베리 이야기』(1476)로, 1483년에 그는 같은 책의 삽화본을 인쇄하기도 했다. 캑스턴의 후계자로 영국에서 인쇄업에 종사한 윈킨 디 워드 역시 초서를 재간행했지만, 여기에는 차이가 있었다. 디 워드의 더 나중 판본은 몇 가지 필사본을 대조해 만든 비판본이었다. 학술적 편집은 유럽 대륙의 고전 인쇄업자들에게는 일상적인 일이었지만, 이보다 더 대중적인 책의 경우에는 보기 드문 일이었다.

If it plese ony man spirituel or temporel to bye ony pyes of two and thre comemoracio̅s of salisburi vse enpryntid after the forme of this prese̅t lettre whiche ben wel and truly correct, late hym come to westmo/nester in to the almonesrye at the reed pale and he shal haue them good chepe

Supplico stet cedula

Pray, do not pull down the Advertisement.

위 『**사룸 예식서**』 현존하는 영어 인쇄물 광고 중 가장 오래된 것으로, 1476~1477년에 웨스트민스터에서 캑스턴이 인쇄했다. 이 인쇄업자가 간행하는 사제용 교회력 전례 예식 지침서 『사룸(솔즈베리) 전례서』(『사룸 예식서』라고도 한다)를 홍보하는 내용이다. 웨스트민스터의 구호품 분배소에 있는 레드 페일이 바로 캑스턴의 인쇄소 주소였다.

관련 내용

일반 독자를 위해 간행된 책의 다른 사례로는,
윈킨의 『재미있는 질문들』, 104~105쪽
마컴의 『영국의 승마인』, 140~141쪽
바스타르다체를 이용한 다른 (더 나은) 사례로는,
크리스토포로의 『군도지』, 70~71쪽
브뤼헤본 『장미 이야기』, 72~73쪽

This first chapitre of the first tractate sheweth vnder what kyng the playe of the Chesse was founden and maad . Capitulo primo

Monge alle the euyl condicions & signes that may
a be in a man the first and the grettest is . Whan he fereth not ne dredeth to displese & make wroth god by synne & the peple by lyuyng disordnatly / Whan he retcheth not . nor taketh hede vnto them that repreue hym and his vyces / But sleeth them . In suche wyse as did the emperour nero . Whiche did do slee his mayster seneque / for as moche as he myght not suffre to be repreuyd & taught of hym . in like wise was sōtyme a kyng in babilon that was named

a iiij

왼쪽 『**체스 교훈담**』 『체스 놀이에 관하여』의 캑스턴 영어 번역본은 1474년 3월에 브뤼헤에서 인쇄되었으며(프랑스어 버전보다 2년 앞선 셈이다) 이것이야말로 사상 최초로 나온 제2판이었다. 웨스트민스터의 새로운 인쇄소에서 간행된 1482년의 이 재간행본은 체스 교본처럼 보이던 초판본의 제목과 달리 '교훈담'이라는 사실을 제목에서부터 명기했다. 아울러 초판본에는 클래런스 공작 조지에게 바치는 헌사가 있었지만, "거짓되고, 헛되고, 위증한 클래런스"(셰익스피어의 희곡 『리처드 3세』에 나오는 클래런스 공작 조지에 관한 표현이다 – 옮긴이)가 반역죄로 참수되자 재간행본에서는 신중하게도 헌사를 삭제했다. 목판화 삽화 바로 아래에서 시작되는 텍스트의 첫 단어는 'monge'가 아니라 'Amonge'가 되어야 한다. 인쇄업자는 수작업으로 대문자 A를 적어 넣을 자리를 두 줄에 걸쳐 비워 놓고, 거기에 무슨 철자를 적어 넣어야 할지를 화가에게 지시하기 위해 소문자 a를 적어놓았다.

오른쪽 『**재미있는 질문들**』 표지까지 포함해도 8쪽에 불과한 윈킨의 짧은 수수께끼 책은 1498년에 나온 이보다 약간 더 긴 프랑스의 수수께끼 선집의 요약본이다. 런던 중심부에서 인쇄된 이 책은 「오렌지와 레몬」이라는 동요에 관한 최초의 언급이 들어 있다고 종종 이야기되지만, 실제로 그 동요의 가사에 나오는 세인트클레멘츠 교회나 종(鐘)에 관한 언급은 전혀 없다.

최초의 유머집

최초의 인쇄본 가운데 일부는 그 아름다움 때문에 중요하다. 그런가 하면 수수께끼 책처럼 아름다움은 못하지만 그에 못지않게 중요하고 훨씬 더 희귀한 책도 있다.

미술관이나 박물관에서는 『뉘른베르크 연대기』 같은 중요한 책을 전시하게 마련이고, 이보다 더 작고 수수한 책을 전시하는 경우는 드물다. 하지만 실제로는 이런 보잘것없어 보이는 책들의 판매 덕분에 인쇄업자들은 이보다 더 야심만만한 작품을 제작할 수 있었던 것이다. 이처럼 중요성이 덜한 초기 인쇄물 가운데 오늘날 상실된 것이 얼마나 많은지는 우리도 결코 알 수 없는데, 왜냐하면 여러 세기 동안 사서와 서적상과 도서 수집가가 이런 책들에 관심을 두지 않았기 때문이다. 이처럼 당시 출판의 이면에 속했던 간행물 중에는 종종 널리 읽힌 '요리책' 같은 것이 있었는데, 1500년에 간행된 이 조리법 모음집은 오늘날 단 한 부만 남아 있는 실정이다. 이 책을 인쇄한 사람은 성공한 노르만계 인쇄업자인 리처드 핀선으로, 그는 1506년에 '왕실 인쇄업자'에 임명되어 헨리 7세와 헨리 8세 치세에 그 직위를 유지했으며, 대단한 위신과 함께 공식 인쇄물을 상당수 만들어냈다.

핀선의 가장 큰 경쟁자는 웨스트민스터에 있던 캑스턴의 인쇄소를 인수한 윈킨 디 워드였다. 그는 1500~1501년에 런던으로 와서, 플리트 스트리트에 '태양 모습의 간판'을 걸고 정착했다. 1509년에는 세인트폴스 처치야드에도 인쇄소를 열었는데, 훗날 이 지역은 출판업의 중심지가 되었다. 윈킨은 스테디셀러가 될 책의 제작을 통해 상업적 성공을 추구했으며, 이런 책으로는 시집, 교과서, 소설, 의학서 그리고 좋은 삶을 영위하기 위한 지침서 등이 있었다. 하지만 다른 종류의 고객을 위해 1511년에 윈킨은 영어로 된 최초의 성인용 유머집 『재미있는 질문들』을 간행했는데, 이 책은 현재 딱 한 부만 남아 있다. 윈킨은 런던 이외 지역의 다른 서적상 겸 인쇄업자와도 공조했으므로, 『재미있는 질문들』도 이들을 통해 배포되었음에는 의심의 여지가 없다.

윈킨의 간행물은 지적 수준이 항상 높지는 않았지만, 그의 사업 감각만큼은 탁월했다. 그가 제작한 책의 품질은 종종 캑스턴보다 더 나았고, **종이**도 영국 최초의 제지업자인 존 테이트의 제지 공장에서 만든 것을 사용했다. 윈킨은 자기 책에 친숙한 **흑체** 활자를 선호했지만, **이탤릭체**의 도입은 물론이고 아랍어와 히브리어 활자의 이용에서도 영국 최초를 기록한 인쇄업자였다. 또 1495년에는 악보 활자를 사용한 영국 최초의 인쇄업자가 되기도 했다.

관련 내용
은밀하게 팔린 책의 또 다른 사례로는,
클레런드의 『패니 힐』, 168~169쪽
대중적 판매를 도모한 책의 다른 사례로는,
파월의 『올드 그리즐리 애덤스』, 192~193쪽
은나도지의 『창녀를 조심하라』, 222~223쪽

The demaũdes Joyous.

최초의 과학책

베네치아는 이탈리아 출판업의 중심지였지만, 르네상스 디자인의 전성기에, 그곳의 가장 혁신적인 인쇄업자는 이탈리아인이 아니라 바이에른의 아우구스부르크 출신 청년이었다.

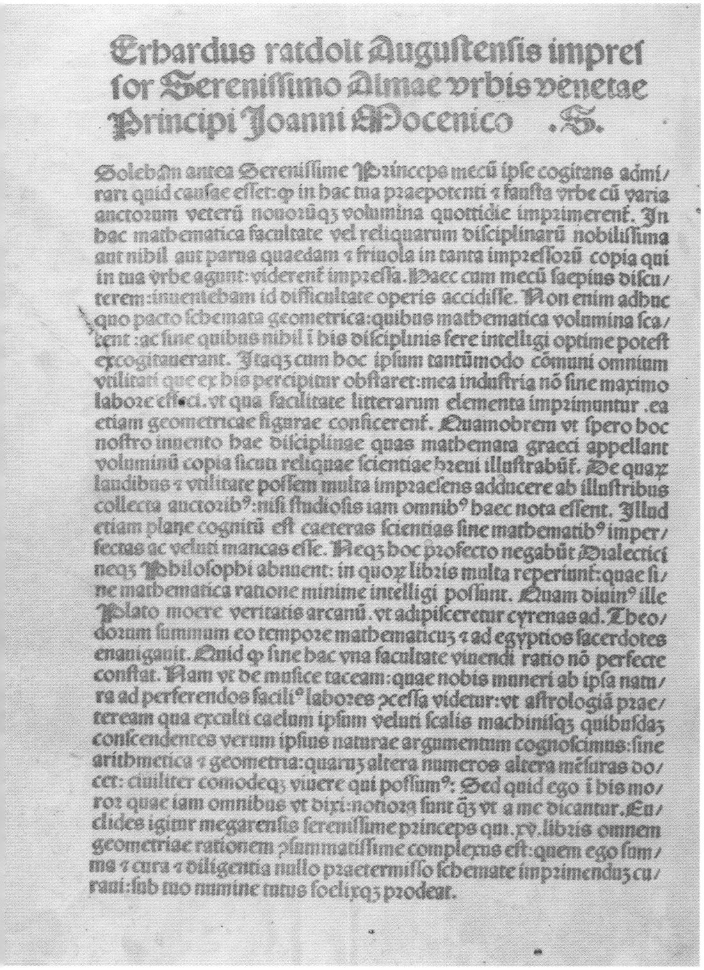

Erhardus ratdolt Augustensis impres
sor Serenissimo Almae vrbis venetae
Principi Joanni Mocenico .S.

Solebam antea Serenissime Princeps mecū ipse cogitans admi/
rari quid causae esset: ꝙ in hac tua praepotenti ⁊ fausta vrbe cū varia
auctorum veterū nouorūq3 volumina quottidie imprimerent. In
hac mathematica facultate vel reliquarum disciplinarū nobilissima
aut nihil aut parua quaedam ⁊ friuola in tanta impressorū copia qui
in tua vrbe agunt: viderent impressa. Haec cum mecū saepius discu/
terem: inueniebam id difficultate operis accidisse. Non enim adhuc
quo pacto schemata geometrica: quibus mathematica volumina sca/
tent: ac sine quibus nihil ī his disciplinis fere intelligi optime potest
excogitauerant. Itaq3 cum hoc ipsum tantūmodo cōmuni omnium
vtilitati que ex his percipitur obstaret: mea industria nō sine maximo
labore effeci. vt qua facilitate litterarum elementa imprimuntur. ea
etiam geometricae figurae conficerent. Quamobrem vt spero hoc
nostro inuento hae disciplinae quas mathemata graeci appellant
voluminū copia sicuti reliquae scientiae breui illustrabūt. De quarꝫ
laudibus ⁊ vtilitate possem multa impraesens adducere ab illustribus
collecta auctorib⁹: nisi studiosis iam omnib⁹ haec nota essent. Illud
etiam plane cognitū est caeteras scientias sine mathematib⁹ imper/
fectas ac veluti mancas esse. Neq3 hoc profecto negabūt Dialectici
neq3 Philosophi abnuent: in quorꝫ libris multa reperiunt: quae si/
ne mathematica ratione minime intelligi possunt. Quam diuin⁹ ille
Plato moere veritatis arcanū. vt adipisceretur cyrenas ad. Theo/
dorum summum eo tempore mathematicu3 ⁊ ad egyptios sacerdotes
enauigauit. Quid ꝙ sine hac vna facultate viuendi ratio nō perfecte
constat. Nam vt de musice taceam: quae nobis muneri ab ipsa natu/
ra ad perferendos facili⁹ labores ꝯcessa videtur: vt astrologiā prae/
tercam qua exculti caelum ipsum veluti scalis machinisq3 quibusda3
conscendentes verum ipsius naturae argumentum cognoscimus: sine
arithmetica ⁊ geometria: quaru3 altera numeros altera mēsuras do/
cet: ciuiliter comodeq3 viuere qui possum⁹: Sed quid ego ī his mo/
ror quae iam omnibus vt dixi: notiorā sunt q3 vt a me dicantur. Eu/
clides igitur megarensis serenissime princeps qui. xv. libris omnem
geometriae rationem ꝯsummatissime complexus est: quem ego sum/
ma ⁊ cura ⁊ diligentia nullo praetermisso schemate imprimendu3 cu/
raui: sub tuo numine tutus foelixq3 prodeat.

오른쪽 라트돌트의 헌사 대영 도서관에 소장된 이 장식적인 우피지 책에는 (현존하는 다른 몇 권의 책과 마찬가지로) 라트돌트가 조반니 모체니고 총독에게 바치는 헌사가 (총독의 문장(紋章)까지 곁들여져서) 다양한 활자를 이용하여 금으로 인쇄되어 있다.

15세기에 활동한 인쇄업자 가운데 가장 흥미로운 인물인 아우구스부르크 출신 에르하르트 라트돌트(1442~1528)는 1476~1486년에 베네치아에서 인쇄한 책들로 유명하다.

1500년 이전에 베네치아에서 일한 독일인 인쇄업자는 그를 포함해 50명이 넘었다. 라트돌트는 당시 뉘른베르크에서 개인 출판사를 보유했던 천문학자 레기오몬타누스 밑에서 일했을 가능성이 있다. 라트돌트가 베네치아에서 처음 간행한 책도 바로 이 분야의 저서였으며, 처음에는 다른 독일인 인쇄업자 두 명과 동업하면서, 이슬람 저자들의 작품을 번역한 천문학 서적 몇 권을 만들었다. 아울러 탁월하게 디자인되고 인쇄된 고전 저자들의 작품 판본 몇 가지도 인쇄했는데, 베네치아에서 제작된 것 중에서도 최고 가운데 하나인 멋진 로마자 **자체(字體)**를 이용했다.

라트돌트가 간행한 유클리드의 수학 저술은, 기하학적 도해에 효율적인 타이포그래피를 곁들인 솜씨에서 그 누구도 따라올 수 없는 수준이다. 이 책에서 발휘한 자기 솜씨에 자부심을 품은 라트돌트는, 급기야 베네치아 총독에게 바치는 헌사를 금으로 인쇄해 넣음으로써 인정받고자 했다.

라트돌트의 책은 필사본인 척 가장하는 인쇄본이 아니라, 자신감 넘치는 활판 인쇄술 판본이었다. 그의 다른 혁신으로 속표지에 사용하는 다색 인쇄 방법을 향상시킨 것, 활자 견본집을 처음으로 간행한 것, 현재까지 최초의 간행물 목록을 발행한 것 등이 있었다. 이런 혁신들은 상업적 성공을 가져왔어야 마땅했겠지만, 당시 베네치아 출판업계는 경쟁이 극심했다. 때문에 새로 임명된 아우구스부르크 주교 프리드리히 폰 호엔촐레른 백작이 자기 관구의 인쇄업을 맡아달라고 부탁하자, 라트돌트는 베네치아를 떠나 고향으로 돌아갔다. 이후 30년 넘도록 그곳에서 인쇄업에 종사하며 번영을 누렸지만, 베네치아 시절의 멋과 재주를 드러내지는 못했다.

라트돌트가 만든 책의 탁월한 품질은 사후 몇 세기가 지나서야 비로소 인정되었고, 윌리엄 모리스 같은 사람에게서는 그의 디자인에서 비롯된 영향이 뚜렷하게 나타났다.

관련 내용

학술적 출판의 다른 사례로는,
알두스판 베르길리우스 작품집, 108~109쪽
콤플루텐세 다언어 성서, 118~119쪽
중요한 과학 서적의 또 다른 사례로는,
뉴턴의 『프린키피아』, 138~139쪽
모범적인 판본의 다른 사례로는,
부셰의 『몰리에르』, 152~153쪽
그래본판 『풀잎』, 216~217쪽

Preclarissimū opus elementoꝝ Euclidis megarēsis vna cū cō/
mentis Campani pspicacissimi in artē geometriā incipit felicit.
Punctus est cuius ps non est. ¶ Linea est
longitudo sine latitudie cuius quidem ex/
tremitates sunt duo puncta. ¶ Linea recta
ē ab vno pūcto ad alium breuissima exten
sio in extremitates suas vtrūqz eoꝝ reci/
piens. ¶ Supficies ē q̄ lōgitudinē ⁊ latitu
dinē tm̄ habet: cui⁹ termini quidē sūt linee
¶ Superficies plana ē ab vna linea ad ali
am extensio in extremitates suas recipiēs
¶ Angulus planus ē duarum lineaꝝ alte/
rius cōtactus: quaꝝ expansio est super su/
pficiē applicatioqz nō directa. ¶ Quādo autē angulū cōtinent due
linee recte rectiline⁹ angulus noīatur. ¶ Qn̄ recta linea sup rectā
steterit duoqz anguli vtrobiqz fuerint eq̄les coꝝ vterqz rect⁹ erit.
¶ Lineaqz linee superstans ei cui supstat ppēdicularis vocat. ¶ An
gulus vero qui recto maior est obtusus dicit. ¶ Angul⁹ vero mior
recto acut⁹ appellat. ¶ Termin⁹ ē qd vniuscuiusqz finis ē. ¶ Figu/
ra ē q̄ termino vel terminis ꝯtinet. ¶ Circul⁹ ē figura plana vna q̄/
dē linea cōtenta: q̄ circūferētia noīat: i cui⁹ medio pūct⁹ ē a quo oēs
linee recte ad circūferentiā exeūtes sibiinuicē sunt equales. Et hic
quidē punct⁹ cētꝝ circuli dicit. ¶ Diameter circuli ē linea recta q̄
sup ei⁹ centꝝ transiēs extremitatesqz suas circūferentie applicans
circulū in duo media diuidit. ¶ Semicirculus ē figura plana dia/
metro circuli ⁊ medietate circūferentie cōtenta. ¶ Portio circuli
est figura plana recta linea ⁊ parte circūferentie cōtenta: semicircu
lo quidem aut maior aut minor. ¶ Rectilinee figure sūt que rectis
lineis cōtinent quaꝝ quedā trilatere q̄ trib⁹ rectis lineis: quedam
quadrilatere q̄ quatuor rectis lineis: q̄dā multilatere q̄ pluribus q̄z
quatuor rectis lineis continentur. ¶ Figuraꝝ trilaterarum: alia est
triangulus habens tria latera equalia. Alia triangulus duo habēs
equalia latera. Alia triangulus triū inequaliū laterū. Harū iteruz
alia est orthogoniū: vnū. s. rectū angulum habens. Alia est ambli/
gonium aliquem obtusum angulum habens. Alia est oxigonium:
in qua tres anguli sunt acuti. ¶ Figurarum autem quadrilaterarū.
Alia est quadratū quod ē equilateruz atqz rectangulū. Alia est te/
tragonus longus: que est figura rectangula: sed equilatera non est
Alia est helmuaym: que est equilatera: sed rectangula non est.

왼쪽 『기하학 원론』 에우클레이데스의 이 명저는 12세기의 학자 '바스의 애덜라드'가 아랍어에서 라틴어로 번역한 것이며, 1482년에 베네치아에서 에르하르트 라트돌트가 인쇄했다. 이 멋지게 장식된 판본에는 4백 개 이상의 기하학 도판이 들어 있으며, 이 새로운 기술을 이용하는 인쇄업자의 전문가적 솜씨를 보여준다.

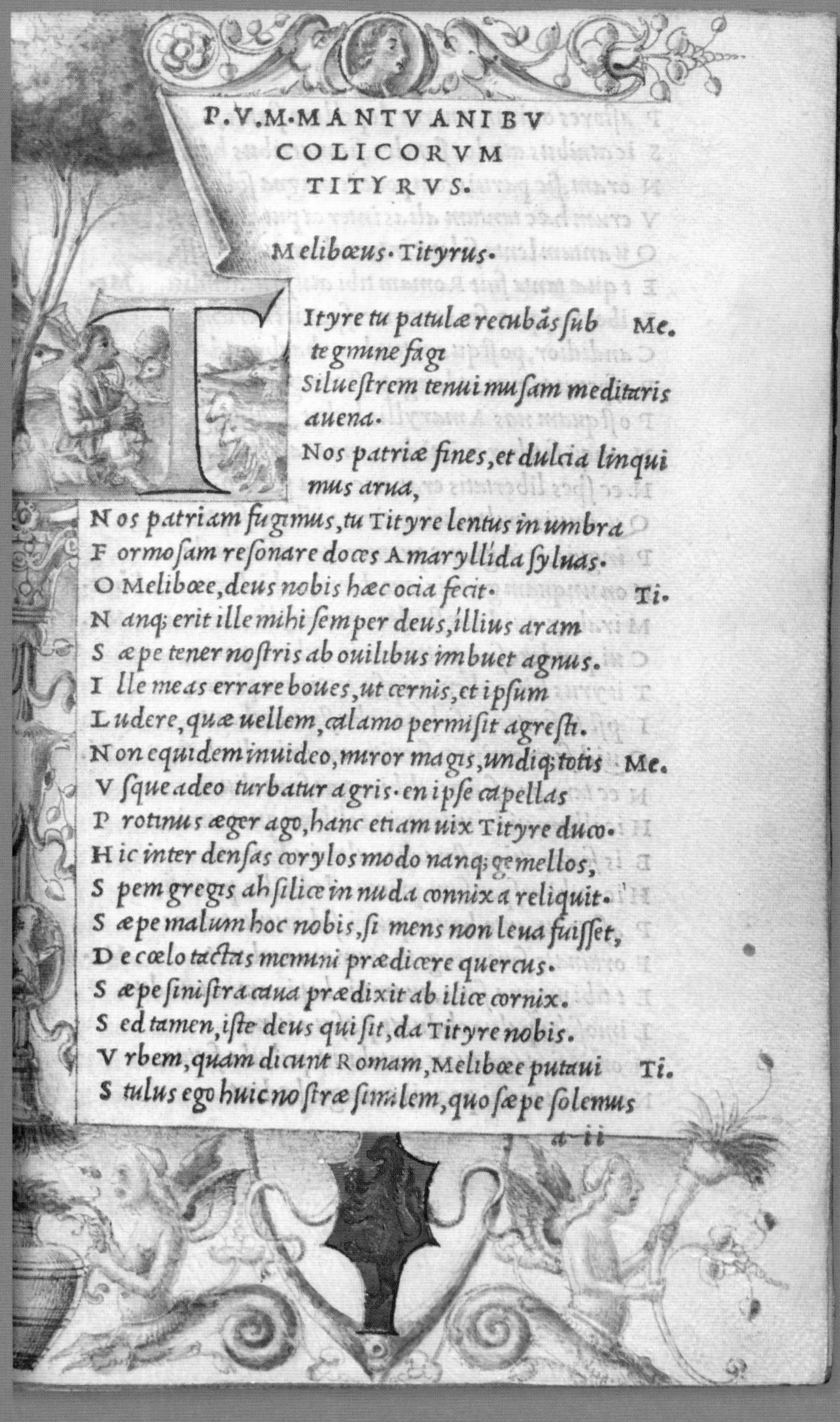

P.V.M.MANTVANI BV
COLICORVM
TITYRVS.

Melibœus. Tityrus.

Tityre tu patulæ recubãs sub tegmine fagi Me.
Siluestrem tenui musam meditaris auena.
Nos patriæ fines, et dulcia linquimus arua,
Nos patriam fugimus, tu Tityre lentus in umbra
Formosam resonare doces Amaryllida syluas.
O Melibœe, deus nobis hæc ocia fecit. Ti.
Nanq; erit ille mihi semper deus, illius aram
Sæpe tener nostris ab ouilibus imbuet agnus.
Ille meas errare boues, ut cernis, et ipsum
Ludere, quæ uellem, calamo permisit agresti.
Non equidem inuideo, miror magis, undiq; totis Me.
Vsque adeo turbatur agris. en ipse capellas
Protinus æger ago, hanc etiam uix Tityre duco.
Hic inter densas corylos modo nanq; gemellos,
Spem gregis ah silice in nuda connixa reliquit.
Sæpe malum hoc nobis, si mens non leua fuisset,
De cœlo tactas memini prædicere quercus.
Sæpe sinistra caua prædixit ab ilice cornix.
Sed tamen, iste deus qui sit, da Tityre nobis.
Vrbem, quam dicunt Romam, Melibœe putaui Ti.
Stultus ego huic nostræ similem, quo sæpe solemus

a ii

후세에 북 디자인의 모범이 된 책

작고, 믿을 만하고, 읽기 쉽고, 저렴하고. 이것이야말로
더 나중의 인쇄업자들이 모방하게 될 모범이 아닐 수 없었다.
역사상 알두스 마누티우스보다 더 큰 성공을 거둔 출판업자는 없을 것이다.

베네치아 공화국은 1490년대에 그 영향력이 절정에 이르며, 세계 출판업의 중심지가 되었다. 동양과의 연계에 북쪽의 오스트리아며 독일과의 연계까지 더해져, 이 도시는 사업을 위해서는 최적의 위치에 자리 잡고 있었는데, 이곳에서 활동하던 독일인 인쇄업자 상당수는 이미 그 사실을 알고 있었다.

초기의 인쇄업자 가운데 많은 이들이 필경사, 제본업자, 서적상의 배경을 갖고 있었다. 반면 알두스 피우스 마누티우스 또는 알도 마누치오(1449~1515)는 인문학자로서의 배경을 갖고 있었다. 당대의 저명한 학자 피코 델라미란돌라와 절친한 사이였고, 피코의 조카인 카르피 대공 알베르토 피오의 가정교사로 오랫동안 일했다. 알베르토 피오는 학술 출판에 관한 알두스의 포부에 공감하여, 1490년대 중반에 그가 인쇄소 겸 학교(즉 오늘날 대학 출판부의 선조라 할 만한 것)를 설립할 수 있도록 자금을 지원했다.

알두스는 벰보 추기경 같은 사람을 저자 겸 편집자로 고용했으며, 작은 **판형**을 발전시킨 명석한 필경사 바르톨로메오 산비토(1435~1518)라든지, (이후로 그의 인쇄업체를 가리키는 이름이었던) 알두스 인쇄소에서 사용한 그리스어와 **로마자** 서체를 비롯해 다양한 **자체(字體)**를 디자인한 탁월한 펀치깎이 punchcutter(활판 인쇄가 도입되기 이전에는 글자가 새겨진 펀치〔打印機〕를 금속판에 때려서 틀을 만들고, 그 틀에다가 녹인 금속을 붓고 활자를 주조해서 사용했다 - 옮긴이)인 프란체스코 그리포와 함께 일했다. 알두스의 혁신 중에는 구두법에서의 몇 가지 획기적 개선책과 작은 주머니책 판형을 이용해 적당한 가격의 대형 판본을 펴낸 것 등이 포함된다. 그리고 그중 상당수는 그가 처음 도입한 **이탤릭체** 활자로 인쇄되었다.

알두스의 판본은 거의 모두 훌륭하게 디자인되어 탐이 날 정도였다. 특히 로마 시대의 저자 가운데 가장 유명한 베르길리우스의 작품집은 그의 대표작이다. 알두스 판본은 뛰어난 편집과 타이포그래피의 깨끗함으로 명성이 높다. 현대의 북 디자인에 대한 그의 영향력은 아직까지도 강력하고 유익하다.

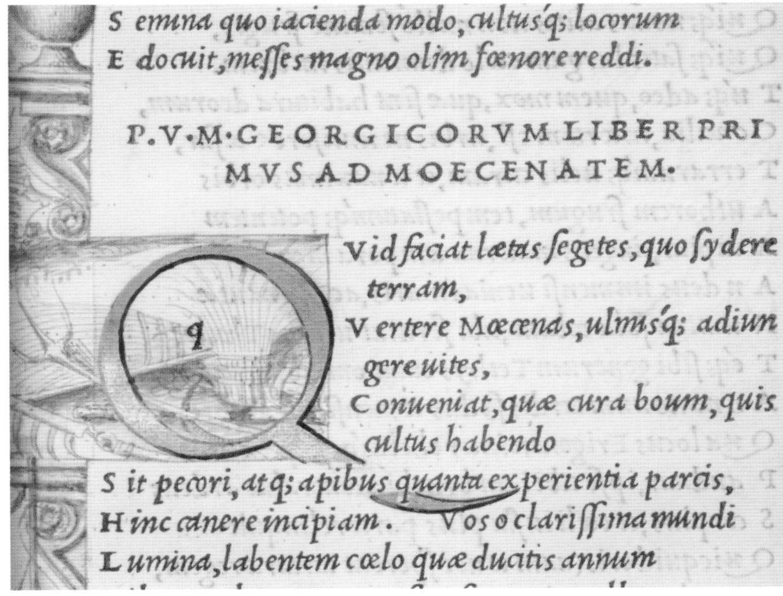

Semina quo iacienda modo, cultus'q; locorum
Edocuit, meſſes magno olim fœnore reddi.

P.V.M.GEORGICORVM LIBER PRI
MVS AD MOECENATEM.

Quid faciat lætas ſegetes, quo ſydere terram,
Vertere Mœcenas, ulmis'q; adiun gere uites,
Conueniat, quæ cura boum, quis cultus habendo
Sit pecori, atq; apibus quanta experientia parcis,
Hinc canere incipiam. Vos o clariſſima mundi
Lumina, labentem cœlo quæ ducitis annum

위 **전원적인 머리글자** 맨체스터 대학 도서관의 '라이랜즈 컬렉션'에서는 알두스 판본 컬렉션을 거의 완벽에 가깝게 소장하고 있다. **우피지**에 인쇄된 이 책에서 알두스는 수작업으로 멋지게 장식한 머리글자를 인쇄된 활자와 조화시켰다. 마치 밀 다발과 흡사한 Q자의 전원적인 성격은 이 페이지가 포함된 베르길리우스의 『농경시』의 내용을 반영한다.

왼쪽 **알두스판 베르길리우스 작품집** 이처럼 정교한 첫 쪽에 달린 『아이네이스』 제1권은 1501년에 알두스 인쇄소에서 간행되었는데, 알두스 활자로 인쇄된 최초의 작품이었다. 오늘날 우리에게는 '이탤릭체'로 알려진 이 활자는 그의 밑에서 일하던 펀치깎이 프란체스코 그리포가 고안한 것이다. 아울러 이 책은 당시로선 새로웠던 **8절판** 주머니책 판형으로도 최초였다.

관련 내용

뛰어난 자체(字體) 제작의 다른 사례로는,
에우클레이데스의 『기하학 원론』, 106~107쪽
부셰의 『몰리에르』, 152~153쪽
크라나흐판 『햄릿』, 214~215쪽
도서 제작 분야에서의 역작으로는,
헌터의 『구식 제지술』, 238~239쪽
베네치아의 수출용 인쇄물로는,
그레고리오의 『기도서』, 110~111쪽

아랍어 인쇄본

아랍어 최초의 인쇄본은 구텐베르크가 활자를 이용해 인쇄에 성공한 때로부터 딱 반세기 뒤에 나왔다. 하지만 이 책은 의외로 기독교인의 저술이었으며, 이탈리아에서 인쇄된 것이었다.

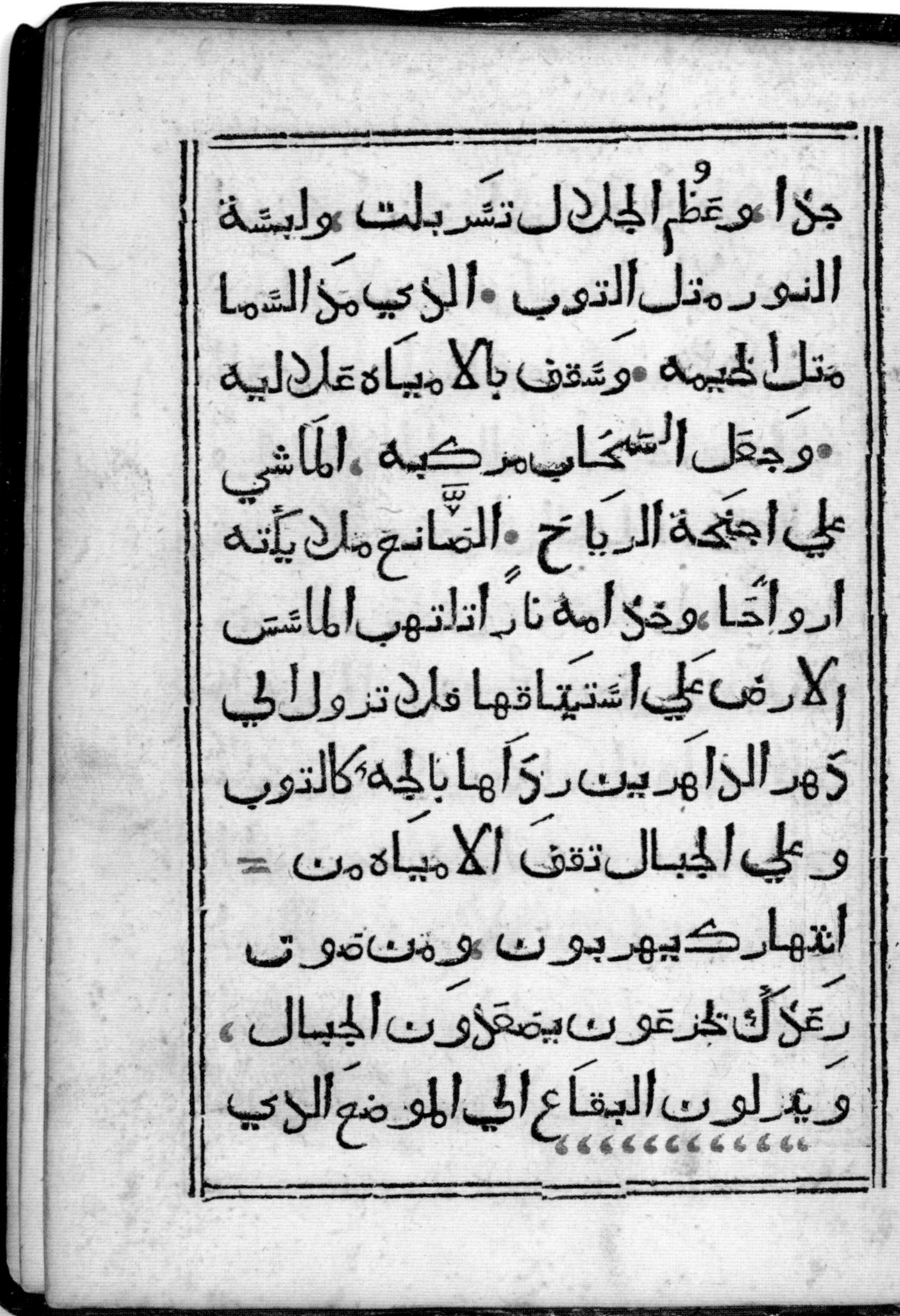
جدا وعظم الجلال تسربلت ولابسة
النور مثل الثوب الذي مد السما
مثل الخيمة وسقف بالامياه علاليه
وجعل السحاب مركبه الماشي
على اجنحة الرياح الصانع ملايكته
ارواحا وخدامه نارا تلتهب المؤسس
الارض على اساساتها فلا تزول الى
دهر الداهرين رداها باللجة كالثوب
وعلى الجبال تقف الامياه من
انتهارك يهربون ومن صوت
رعدك تجزعون يصعدون الجبال
وينزلون البقاع الى الموضع الذي

오스만의 술탄 바예지드 2세(재위 1481~1512)는 현명하고 자비로운 이슬람 통치자로 백성에게 상당한 자유를 주었다. 1490년대에 에스파냐의 지배자들이 유대인과 무슬림을 모두 쫓아냈을 때, 술탄은 이들이 북아프리카로 피난할 수 있도록 주선했으며, 유럽의 터키 영토 가운데 일부 지역에 정착하도록 도와주었다. 실제로 (1493년에) 콘스탄티노플에 와서 일하게 된 최초의 인쇄업자는 유대인이었으며, 그는 히브리어 서적을 인쇄했다.

필적에 대한 안목이 높았던 바예지드는 아랍어 인쇄술 도입에 강하게 반대했지만, 유대인과 그리스인과 아르메니아인이 인쇄업에 종사하는 것은 허용했다. 아랍어 **활자**를 이용한 인쇄가 이슬람 세계에서도 용납되기까지는 그로부터 여러 세기가 더 지나야 했다. 때문에 베네치아나 다른 유럽 도시들에서 수출용으로 아랍어 서적을 제작하려는 시도는 은밀하게 이루어질 수밖에 없었다.

현존하는 가장 오래된 아랍어 인쇄본은 『기도서』로, 아랍어를 구사하는 기독교인과 이슬람교에서 기독교로 개종할 가능성이 있는 사람들을 위한 책이었으며, 따라서 바예지드나 다른 어떤 술탄도 용인하지 않을 만한 내용이었다. 이 책은 1514~1517년경에 제작되었다.

일부 전문가들은 이 책이 시리아의 멜키파(그리스계 가톨릭교도) 공동체에서 사용되었다고 주장하지만, 다른 전문가들은 이 책이 선교

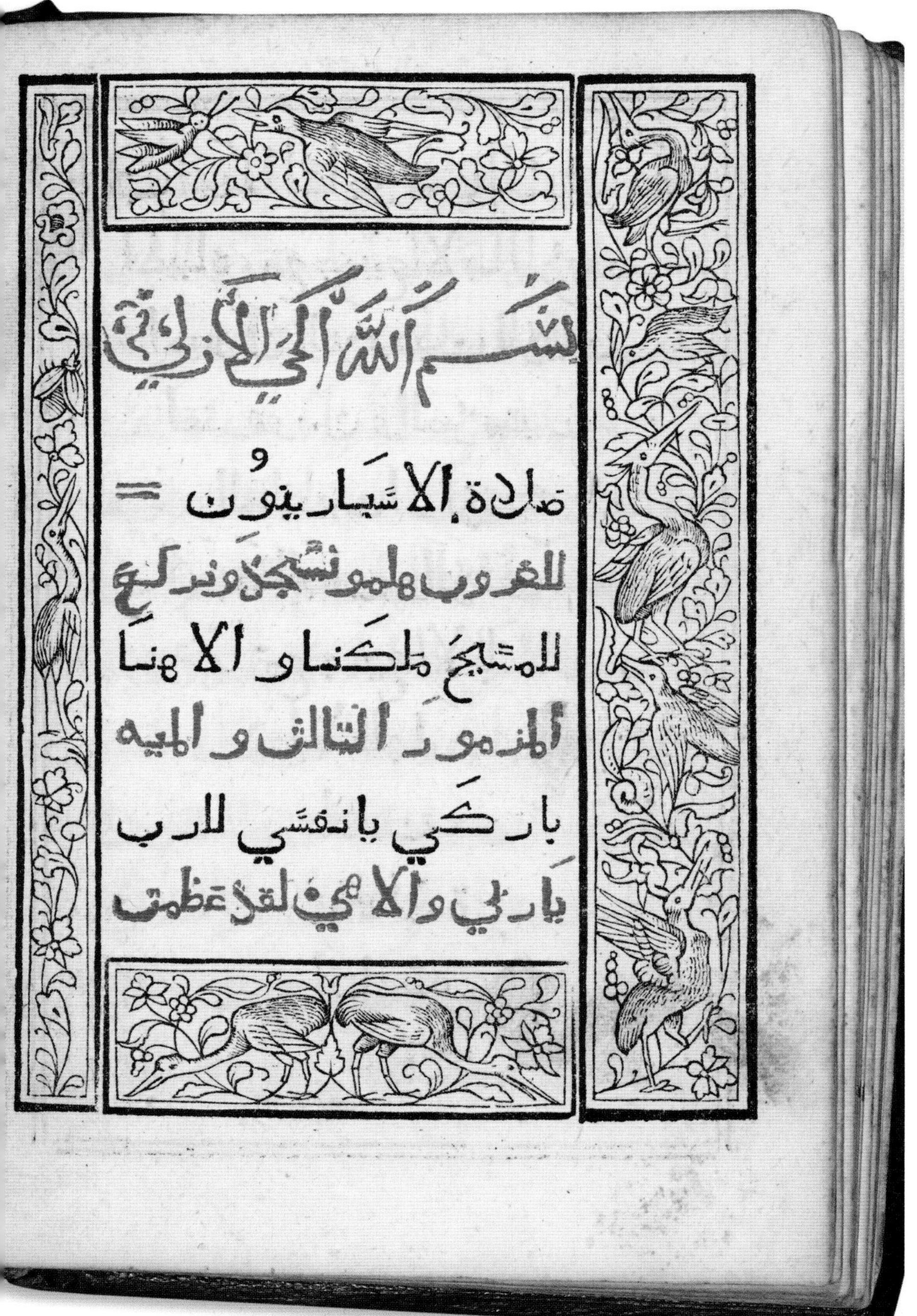

목적으로 사용되었다고 믿고 있다. 이 책의 제작에는 의뢰인인 교황 율리오 2세가 자금을 지원했을 가능성이 있다. 분명한 점은, 다재다능했던 베네치아의 인쇄업자 그레고리오 데 그레고리가 만든 인쇄물이었다는 점이다. 하지만 이 책에는 베네치아 판권면이 나와 있지 않다. 대신 이 책은 베네치아에서 가깝기는 하지만, 베네치아 영토 바깥에 있던 도시 파노에서 제작되었다고 나온다(이에 대한 한 가지 설명은 이렇다. 베네치아야말로 당시로선 보기 드물게 효율적인 저작권 규제를 발전시킨 국가 중 하나였으며, 베네치아에서 아르메니아어와 아랍어로 책을 인쇄할 수 있는 독점권은 이미 데모크리토 테라치나에게 부여되어 25년간 유효했기 때문이다).

『기도서』는 이탈리아 북부의 책에서 흔히 나타나는 **아라베스크**풍의 **목판** 장식을 보여준다. 이 아랍어 활자의 디자인 자체는 어설픈 편이어서, 이슬람 필경사라면 비판하지 않을 수 없었을 것이다. 하지만 『기도서』는 이상적인 동시에 아직 실현되지 않은 미래, 즉 이슬람 문화가 다른 문화처럼 인쇄술을 포용함과 동시에 찾아올 미래를 가리키고 있었다.

왼쪽 『기도서』 그레고리오의 『기도서』는 기독교의 기도문을 담은 책으로, 1514년 이탈리아의 파노에서 인쇄되었으며, 현존하는 아랍어 활자 인쇄본 중에서 가장 오래된 것이다. 이 책은 시리아에 있는 기독교인 공동체에 수출하기 위해 제작된 것으로 추정된다.

관련 내용
아랍어로 된 전도용 책자로는,
『보낭의 서』, 92~93쪽
아랍어 책의 다른 사례로는,
알 수피의 『항성지』, 86~87쪽
알 자자리의 『기계 기술 개론』, 88~89쪽

דרומי מזרחי ומקיף כדרכו עד שמגיע למזרחי צפונית ואחריה צפונית מערבית ואחריה מערבית דרומית ובא לו לכבש ויורד על יסוד דרומי · דתניא בברייתא ואת דמו ישפוך אל יסוד מזבח העולה זה יסוד דרומי או אינו אלא יסוד מערבי · אמרת ילמד ירידתו מן הכבש מיציאתו מן ההיכל מה יציאתו מן ההיכל אינו נותן אלא בסמוך אף ירידתו מן הכבש אינו נותן אלא בסמוך · והטעם מפני שאין מעבירין על המצות · ונאכלין לפנים מן הקלעים שנאמר בחטאת במקום קדוש תאכל בחצר אהל מועד יאכלוה · והמשכן היו קלעים סביבות החצר ובבית עולמים היו חומות העזרה · לזכרי כהונה שנאמר הכהן המחטא אותה יאכלנה · לאפוקי נשים שאינן ראויות לחטוי · וכתיב כל זכר בכהנים יאכל אותה · בכל מאכל משום דקתני גבי פסח אינו נאכל אלא צלי תנא בכלהו בכל מאכל בין מבושל בין צלי בין מה שירצה ואע״ג דאמרי׳ מתנות כהונה אין נאכלין אלא צלי שנאמר למשחה בהם לגדולה כדרך שהמלכים אוכלין היינו אלא מצוה בעלמא שיהדר לשם אכילה יפה אבל אם רצה לאכול אותם מבושל יותר מצלי הרשות בידו : ליום ולילה דילפינן בפ״ק דזבחים ובשר זבח תודת שלמיו · לומדו לתודה שנאכלת ליום ולילה אחד חטאת ואשם מנין ת״ל זבח : ובקדשים לילה הולך אחר היום שנאמר לא יניח ממנו עד בקר עד חצות : סייג עשו כדי להרחיק את האדם מן העבירה כדתנן בפ״ק דברכות כל הנאכלין ליום אחד מצותן עד שיעלה עמוד השחר ולמה אמרו חכמים עד חצות כדי להרחיק את האדם מן העבירה :

ר העולה קדש קדשים לפסלה ביאת טבול יום ומחוסר כפורים והאי דקתני בה קדש קדשים ולא קתני הכי בכלהו משום דלא כתיב בה קדש קדשים אשמעינן תנא דאפי׳ הכי קדש קדשים היא דהא כולה לגבוה סלק׳ שחיטתה בצפון שנא׳ בה על ירך המזבח צפונה

וקבול דמה וכו׳ כמו שפרשנו למעלה : ודמה טעון שתי מתנות שהן ארבע אלא מצאנו שנכתב בעולה קרנות המזבח אלא נוטל כוס דמה וזורקו את הדם על המזבח סביב : ומהו שאמר סביב אמרו שצריכה ארבע מתנות והן בקרן מזרחית צפונית ובקרן מערבית דרומית שכנגדה כאלכסון והיה זורק על הקרן והדם הולך אילך ואילך ונעשה כמין גם : והוו שתי מתנות שהן ארבע וצריך שיראה הדם בארבע רוחות והא לא משכחת לה אלא בשתי קרנות זו באלכסונה דאי בשתים שברוח אחת לא הוי הדם אלא בשלש רוחות המזבח ולא קרינן ביה סביב והכי תנן במסכת תמיד בא לו לקרן מזרחית צפונית נותן מזרחית צפונה מערבית דרומית נותן מערבית דרומית : והטעם מפני שמזרחית דרומית לא היה לה יסוד ואי אפשר שיתחיל ממנה מפני שהעולה תחלת מתן דמה טעון גם יסוד דאמר ר׳ עקיבא קן ומה שירים שאין מכפרין ואין באין לכפרה טעונין יסוד תחלת דם עולה שמכפרת ובאה לכפרה אינו דין שטעונה יסוד

והנה אצייר לך צורת רבוע המזבח והדם על הדרך שאמרנו וכי קרן דרומית מזרחית לא היה לה יסוד

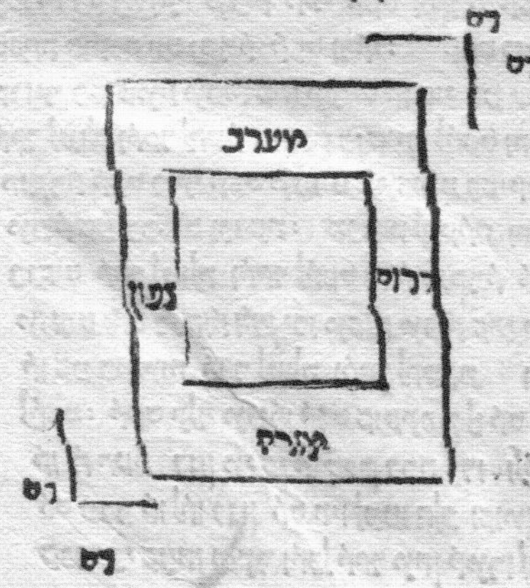

아프리카 최초의 인쇄본

모로코에서 인쇄된 최초의 책은 유대인 이민자가 만든 것이었다. 이 책의 제작은 널리 탄압받았던 유대인이 인쇄술에 대한 자기들의 권리를 유지하는 데 활용한 끈기를 보여준다.

위 『**법률서**』(떠돌이 인쇄공이었던) 게르숌 손치노는 초기 히브리어 인쇄업자 중에서도 가장 중요한 인물 가운데 하나였다. 1488년부터 1534년까지 그는 2백여 종의 책을 만들었는데, 그중 절반이 히브리어 책이었고, 나머지 절반은 라틴어나 이탈리아어 책이었다. 여기 나온 속표지는 1526년에 리미니에서 제작되었으며, 인쇄업자의 **문장(紋章)**을 보여주고 있다.

왼쪽 『**아부다르함의 서**』 아프리카에서(즉 1516년에 페스에서) 최초로 인쇄된 책으로, 에스파냐계 유대인의 관습에 관한 내용이다. 사진은 이 책의 47쪽에 해당하며, 예루살렘에 있는 성전의 제단 도판이 들어 있다. 내용은 제의적인 동물 희생제에 관한 것이지만, 성전 파괴 이후에는 희생제가 기도로 대체되었다.

이슬람교는 활판 인쇄술에 반감을 드러냈지만, 유대인 인쇄업자는 이 새로운 기술을 적극 받아들였다. 에스파냐에서 쫓겨난 에스파냐계 유대인 가운데 일부는 포르투갈로 이주해서 인쇄소를 차렸다. 이들이 간행한 초기의 서적 가운데 하나가 『아부다르함의 서(書)』로, 유대교 회당에서 벌어지는 의식에 여전히 중요하게 사용된다. 저자인 랍비 다비드 아부다르함의 선조는 세비야에서 산초 대왕(1258~1295) 밑에서 활동하던 세금 징수원이었다. 그의 책은 1489년에 리스본에서 엘리에제르 톨레다노가 인쇄했다.

마누엘 1세 치하에서 강제 개종이 시작되면서, 히브리어 책 인쇄는 포르투갈에서도 불가능하게 되었다. 포르투갈계 유대인 상당수도 다른 곳으로 망명하는 편을 택했다. 그중 하나인 사무엘 벤 이삭 네디보트는 리스본에 있는 엘리에제르 톨레다노의 인쇄소에서 일한 적이 있었다. 번영하는 모로코의 도시 페스에서 아들 이삭과 함께 정착한 네디보트는 1516년에 『아부다르함의 서』의 또 다른 판본을 내놓았다.

이들은 **종이**를 확보하는 데 큰 어려움을 겪었는데, 모두 에스파냐산이기 때문이었다(제지술이 12세기에 발렌시아 인근의 하티바에서 도입된 바 있었다). 네디보트 부자(父子)는 간신히 종이를 확보하여 이후 10년 동안 15권의 책을 인쇄했다.

페스에서 인쇄된 이 책이 유대인 최초의 인쇄본이라고는 말할 수 없다. 네디보트 부자보다 먼저 이탈리아에서 활동한 유대계 인쇄업자들도 있었고, 특히 훗날 콘스탄티노플과 테살로니키를 거쳐 이집트에서도 인쇄업에 종사한 손치노 가문도 유대계였기 때문이다. 손치노 판본은 특유의 타이포그래피와 (그리스어와 라틴어와 이탈리아어는 물론이고 히브리어까지도 포함한) 텍스트의 정확성으로 유명했다.

히브리어로 인쇄된 책의 부수는 모든 **인큐내뷸러** 중에서도 1퍼센트가 채 못 되지만, 초기의 유대인 서적은 이미 그 자체로 희귀하다. 『아부다르함의 서』는 아프리카 대륙에서 인쇄된 최초의 책이라는 점에서 주목할 만하다. 이집트에서 제작된 유대인의 인쇄물을 제외하면, 거의 3백 년 동안이나 아프리카에서는 인쇄술 자체가 없었다가, 18세기 말에야 영국이 시에라리온을 식민화하고 네덜란드가 희망봉을 식민화하면서 인쇄술이 다시 도입되었다.

관련 내용
히브리어 책의 다른 사례로는,
콤플루텐세 다언어 성서, 118~19쪽
테크니온 나노 성서, 246~47쪽

천상의 목소리

알파벳의 발명과, 이후 인쇄술의 발명은 말에 집중되어 있었다. 이에 비해 기보법의 경우처럼 소리를 기록하는 방법을 위해서는 다른 솜씨와 기술이 필요했다.

이른바 고대 세계의 마지막 학자로 일컬어지는(그리고 오늘날에는 컴퓨터와 인터넷의 수호성인으로 여겨지는) 세비야의 성 이시도르는 『어원사전(語源辭典)』에서 이렇게 말했다. "인간의 기억에 담아두지 않는 소리는 사라지게 되는데, 왜냐하면 소리는 어디에도 적어놓을 수 없기 때문이다." 그리하여 음악가들은 소리를 기록하는 방법을 찾기 위해 애썼는데, 이는 마치 알파벳의 창안 덕분에 인류가 말을 기억할 수 있게 된 것과 마찬가지였다.

소리를 기록하는 방법은 고전 세계에도 있었다. 현존하는 필사본들을 보면, 고대 그리스에서 사용한 방법을 알 수 있다. 서유럽에서는 그레고리오 성가를 적어놓는 체계가 있었는데, 샤를마뉴로부터 영감을 받아 서기 800년에 메츠에서 만들어진 이 방법에서는, 오선 없이 **네우마**라는 기호만 사용했다.

음악 관련 필사본은 보통 수도원의 **필사실**에서 수도사들이 필사로 제작했다(그리고 오스트리아 라반탈에 있는 장크트파울 수도원의 한 아일랜드인 수도사는 자기 고양이 '팡구르 반'에 관한 시를 적어놓기도 했다. 58쪽 참고). 여기 나온 필사본은 922~995년에 (스위스) 장크트갈렌 수도원에서 작성한 것으로, 현재까지 확인된 네우마의 사용 사례 중에서도 가장 오래된 것이고, 정교한 제본과 보관함 역시 이때의 것으로 간주된다. 한 필경사가 텍스트를 쓰고, 또 다른 필경사가 나중에 네우마를 삽입했을 가능성도 있어 보인다.

기보법용 **활자**는 더 나중에 발전했고, 성가대가 공동으로 사용할 수 있는 책이어서 크기가 크다 보니, 사실상 인쇄는 불가능했다. 수도원에서의 교창(交昌) 성가집과 다른 전례서의 필사본 제작은 여러 세기 동안 계속되었으며, 여기서 떼어낸 낱장은 골동품 매매업계에서 흔히 찾아볼 수 있다. 더 나중의 생산품 중에는 때때로 텍스트 일부에 등사인쇄를 차용한 경우도 있었지만, 오선과 음표는 여전히 필경사들이 정성 들여 수작업으로 그려 넣었다.

오른쪽 **장크트갈렌 『독창곡집』** 그레고리오 단선율 성가를 수록한 (사진에 나온 쪽은 '할렐루야' 부분이다) 이 10세기의 『성무일도 성가집』 또는 '응창(應唱) 성가집'은 **카롤링거 소문자체**로 작성되고, 금장식과 네우마가 곁들여져 있다. 전례 성가집은 최대한 서기 430년에도 사용되었는데, 이에 관해서는 5세기의 북아프리카 주교 빅토르 비텐시스가 서술한 바 있다. 실제로 성가대원들은 대개 노래를 암송해 불렀다.

관련 내용

종교 음악서의 또 다른 사례로는,
콘스탄츠 성가집, 116~117쪽
가벼운 세속 음악의 사례로는,
톰린슨의 『춤의 기술』, 146~147쪽
수도사들이 만든 책의 다른 사례로는,
가리마 복음서, 50~51쪽
켈스의 서, 60~61쪽
클루도프 시편집, 62~63쪽

notas fac mi hi & semitas
tu as edoce me.
ALLELUIA
Ostende nobis domine misericordiam
tu am & salutare
tu um
da nobis. AD OFFERENDUM
Ad te dne levavi. AD COMMUNIONEM
Dns dabit benig. PSAL. Benedixisti d.
AD REPETENDUM. Ostende nob dne.
NAT S. LUCIAE
A Dilexisti iustitiam.
R Dilexisti iusti tiam & odisti ini
quitatem.
V Propter ea unxit te deus
deus tuus oleo laetiti

ae.
All. Diffusa e gratia.
Of Offerentur minor. CO Diffusa e.
DOMINICA II
A Populus sion ecce.
R Ex sion species decoris e ius
deus manifeste ve niet.
V Congrega te illi
sanctos eius qui ordinave
runt testamentum
e ius super sacrificia.
All. Laetatus sum. V. Stantes erant.
Of Tu conversus. CO Hierusalem.
DOMINICA III
A Gaudete in dno semp.
R Qui sedes domine super che

구텐베르크에 관한 논란이 끝나다

한때 연도가 확인되지 않은 '콘스탄츠 성가집'이야말로 구텐베르크의 책들보다 더 먼저 인쇄되었다고 생각한 전문가들이 많았다. 그러나 현대의 기술 덕분에 종이 전문가들은 이 책이 그보다 한참 뒤에 인쇄되었음을 밝혀냈다.

여러 세기 동안 수많은 서지학자와 역사학자는 어떤 책이 언제 어디서 누구에 의해 인쇄되었는지를 밝히려고 노력했다. 이런 노력은 마치 퍼즐을 맞추는 것과 같지만, 차이가 있다면 힌트가 전혀 없다는 것이었다. 문제의 책에 저자와 제목과 판권면의 세부 사항이 포함되어 있는 경우에는 상대적으로 해결이 쉬웠다. 하지만 이런 기본 정보 가운데 뭔가 하나가 없거나, 또는 책 자체가 불완전한 상태인 경우에는 어려울 수밖에 없었다.

자체(字體) 분석을 포함한 현대의 기술은 **인큐내불러**의 서지학 연구에 특히 유용한데, 왜냐하면 당시의 인쇄업자들이 자기네 자체를 직접 깎았기 때문이다. 또 다른 방법은 **종이물자국**을 조사하는 것이었다. 예를 들어 연대를 알 수 없는 책이 15세기에 에스파냐에서 만든 **종이**를 사용했을 경우, 이 책이 16세기의 독일에서 인쇄되었을 가능성은 없게 마련이다. 종이물자국을 이용한 확인법의 문제는, 글자를 빽빽하게 인쇄한 쪽에서는 종이물자국이 잉크에 덮여 육안이나 사진으로 확인하기 어렵다는 것이다.

이런 보조 수단을 이용하더라도, 정확한 확인은 어렵다. 대표적인 경우가 **목판 책**이다(또는 **목각 인쇄본**이라고도 한다). 성서의 내용을 그림으로 설명한 '빈민용 성서'의 경우 이때는 중국의 인쇄술처럼 텍스트와 그림 모두를 나무에 새겨 넣는다(이 목판 책은 구텐베르크가 활자 인쇄를 시작하기 전인 1420년대나 1430년대에 제작된 것으로 보이지만, 실제로는 오히려 그 이후의 작품이었다).

또 골치 아픈 것은 '콘스탄츠 특별 미사 전례서'인데(또는 '콘스탄츠 성가집'이라고도 한다) 이 희귀하고도(현존하는 책은 딱 세 권뿐이다) 날짜를 알 수 없는 책은 구텐베르크와 그의 동업자인 푸스트와 쇠퍼가 (1457년의 저 유명하고도 아름다운 '마인츠 시편집'에서) 사용했던 자체의 제대로 연마되지 않은 버전을 이용해 조잡하게 인쇄되었다. 그렇다면 일부 전문가들의 생각처럼, '콘스탄츠 성가집'은 '42행 성서'보다 훨씬 더 먼저 제작된 것이었을까?

뉴욕의 서적상 한스 P. 크로스는 실제로 그렇게 믿었으며, 이 책을 구입한 피어폰트 모건 도서관도 그렇다고 믿었다. 그러나 한 종이 전문가가 새로운 기술을 이용해 조사한 결과, 목판 책과 '콘스탄츠 성가집'은 모두 1470년대 초에 제작된 독일산 종이로 제작된 것이었고, 따라서 구텐베르크의 책보다 훨씬 더 나중에 인쇄된 것이었다(1960년대에 베타 방사선이 종이 확인의 수단으로 발전했고, 오늘날은 미술관과 도서관에서 사용하는 표준 도구가 되었다). '콘스탄츠 성가집'의 제작 연대를 1473년경으로 다시 잡으면, 한 가지 질문에 대한 답변은 나오지만 다른 질문들에 대한 답변은 여전히 미정이다(예를 들어 자체는 구텐베르크나 푸스트가 다른 신참 인쇄업자에게 매각한 것이었을까?). 여하간 '콘스탄츠 성가집'은 이전의 추정만큼 오래된 것까지는 아니었지만, 초기 인쇄 방법을 보여주는 증거인 동시에 새로운 기술을 통한 증거 획득의 희귀한 증거로도 여전히 남아 있다.

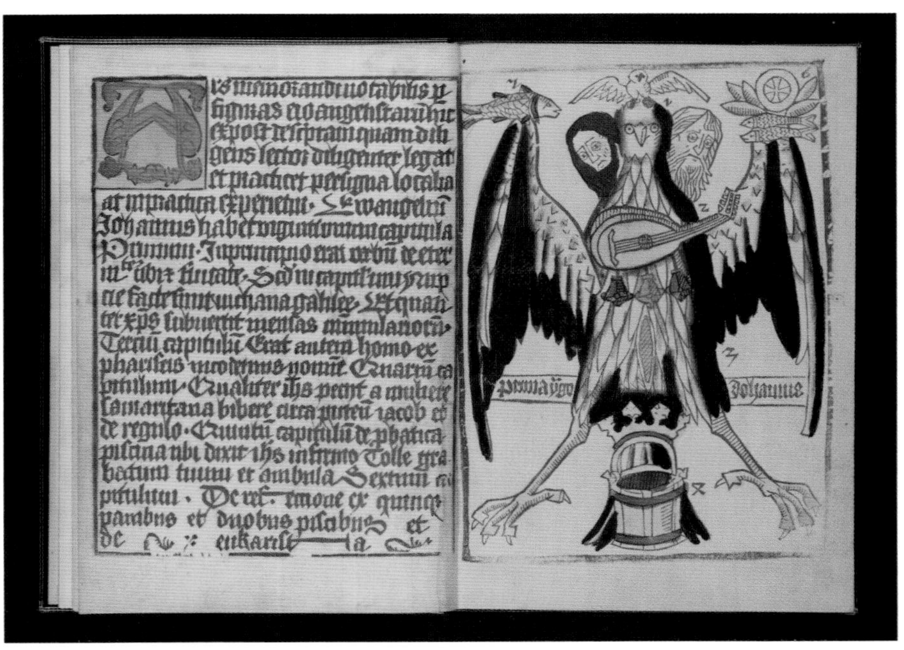

관련 내용
초창기의 서양 인쇄술의 다른 사례로는,
구텐베르크의 '42행 성서', 98~99쪽

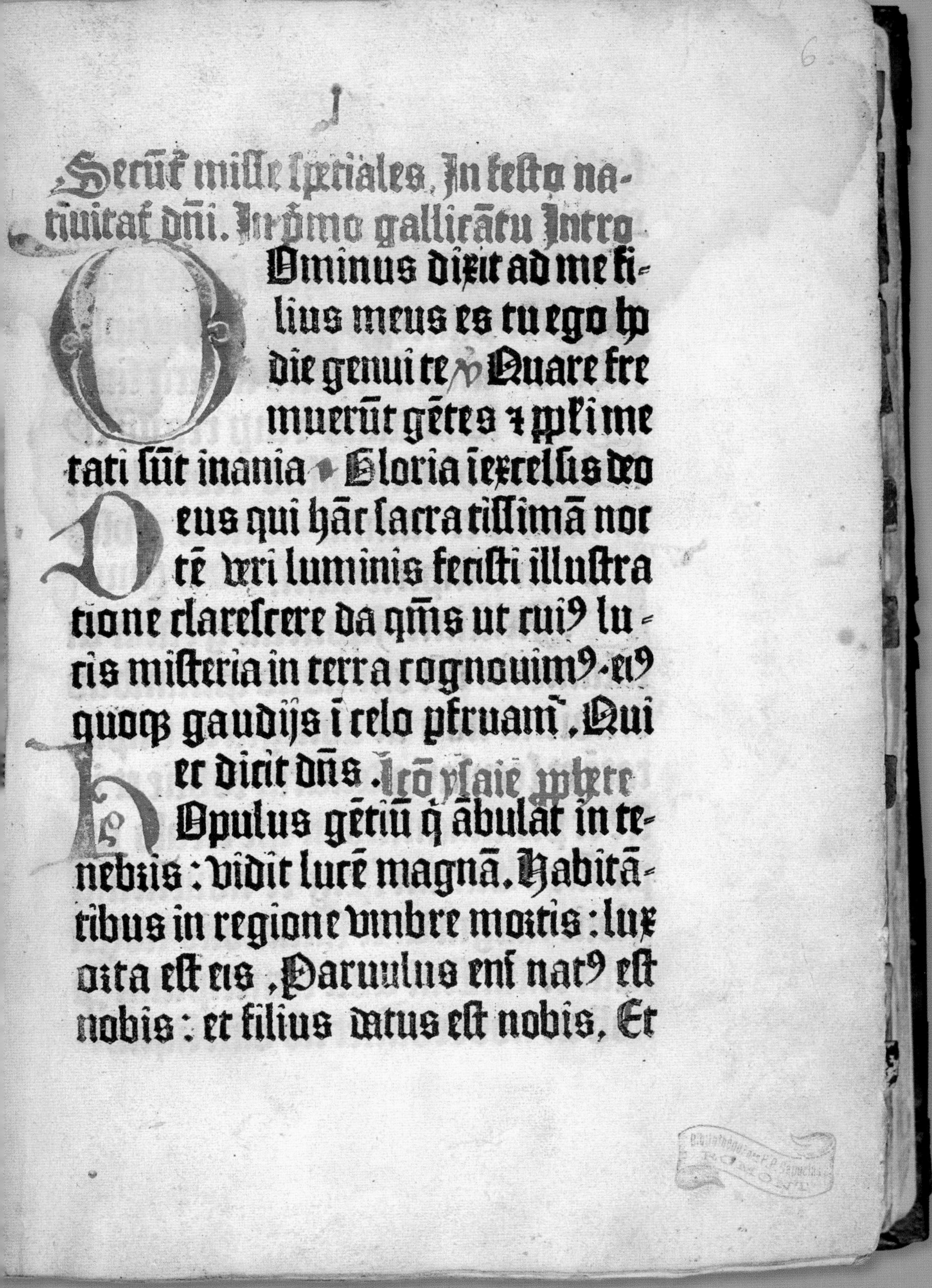
Sequūt misse speciales. In festo na-
tiuitat dn̄i. In p̄mo gallicātu Intro
Dominus dixit ad me fi-
lius meus es tu ego ho-
die genui te. Quare fre-
muerūt gētes et ppl'i me
tati sūt inania. Gloria i excelsis deo
Deus qui hāc sacratissimā noc
tē veri luminis fecisti illustra
tione clarescere da qs̄ ut cuius lu-
cis misteria in terra cognouimus eius
quoque gaudiis i celo pfruamur. Qui
Hec dicit dn̄s. lcō ysaie pphete
Populus gētiū q̄ ābulat in te-
nebris: vidit lucē magnā. Habitā-
tibus in regione umbre mortis: lux
orta est eis. Paruulus enī natus est
nobis: et filius datus est nobis. Et

왼쪽 ‘콘스탄츠 성가집’ 모건 도서관에 소장된 이 **미사 전례서**의 속표지는 1473년경에 바젤에서 인쇄된 것으로 추정된다. 이 희귀한 활판 인쇄술 보물은 1953년에 낡은 신문에 둘둘 말린 채 미국인 서적상의 손에 들어왔다. 이 책은 본래 스위스의 로몽에 있는 카푸친회 수도원에 있었는데, 한 이야기에 따르면 그곳의 고양이가 깔개로 사용했다고 한다.

왼쪽 페이지 목판 책 이 커다란 목판 책은 1470년에 독일에서 인쇄된 『그림을 통한 복음서 기억술』로, 상징을 이용하여 복음서를 암기하는 보조 도구였다. 갈색 잉크를 사용해 종이를 한 면만 인쇄해서, **뒷면**과 **앞면** 가운데 한쪽 면에만 내용이 나와 있다. 즉 각각의 인쇄면 뒷면은 텅 빈 면이 나오는 것이다(예를 들어 2~3쪽은 인쇄되고, 4~5쪽은 비어 있고, 6~7쪽은 인쇄되는 식이다).

오른쪽 **콤플루텐세 다언어 성서** 이 다언어 성서는 '침체된 성서 연구의 부흥'을 제안한다. 사진에 나온 것은 구약성서 「신명기」 제32장으로, 위쪽에는(책 바깥쪽에서 안쪽 방향으로) 히브리어 원문, 라틴어 불가타 번역문, 그리스어 70인역 번역문이 3단으로 배열되어 있다. 아래쪽에는(책 안쪽에서 바깥쪽 방향으로) 칼데아어와 라틴어 번역문이 2단으로 배열되어 있다. 맨 바깥쪽 여백에 적힌 것은 히브리어와 칼데아어의 어근이다.

성서 연구의 대작

다언어 성서의 효시인 이 책은
디자인의 여러 문제를 성공적으로 해결했다는 점에서,
그리고 그 자체의 아름다움이란 점에서
주목할 만하다.

여러 가지 언어(**다언어**)로 이루어진 이 성서는 16세기 초에 제작된 것으로, 구텐베르크의 '42행 성서' 이후 50년의 인쇄술 역사 동안 학술서 인쇄 기법이 얼마나 변화했는지를 보여준다. 다섯 가지 **활자**를 조판하는 복잡한 문제를 성공적으로 해결한 주인공은 아르나오 기옌 드 브로카르(1460?~1523)였는데, 프랑스 태생인 그는 툴루즈에서 인쇄업자로 훈련을 받고, 에스파냐 북부의 로그로뇨로 와서 인쇄업에 종사했다.

제작을 주도한 인물은 정치가 겸 수도사인 히메네스 추기경, 본명은 프란시스코 히메네스 데 키스네로스(1436~1517)였다. 1500년에 그는 알칼라 데 에나레스(이곳의 라틴어 이름이 '콤플루툼Complutum'이어서, 이 성서의 별칭이 비롯되었다)에 대학을 설립하고 자금을 지원했다. 히메네스의 애초 계획은 성서의 다중 언어 판본을 만드는 것이었다. 그는 디에고 로페스 데 수니가(1531년 사망)를 편집자로 정하고, 다른 저명한 학자들에게 지원을 부탁한 다음, 기옌 드 브로카르에게 인쇄를 맡겼다. 작업은 1502년에 시작되었다. 완성된 성서는(부록인 사전과 교재를 포함해) 모두 여섯 권이었으며(제작비는 5만 두카트로 추정된다) 1515년부터 1517년 사이에 제작되었지

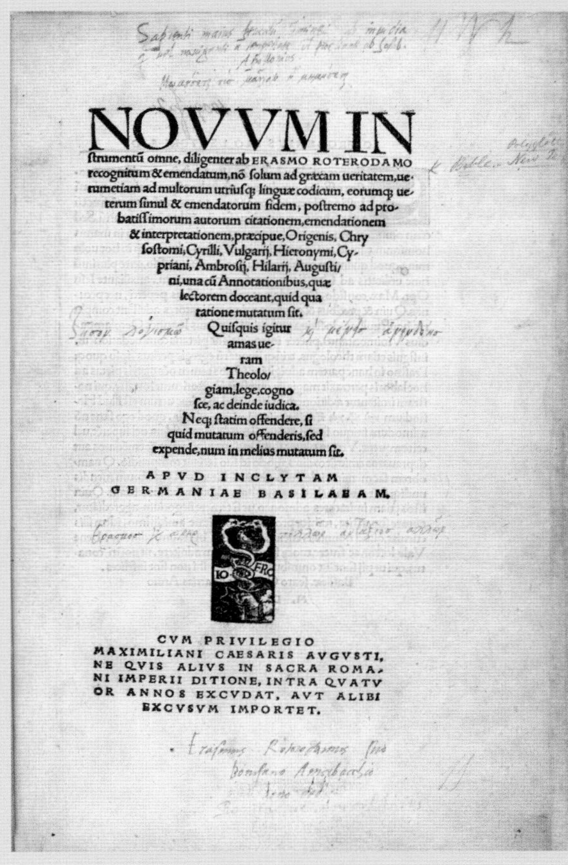

NOVVM INstrumentū omne, diligenter ab ERASMO ROTERODAMO recognitum & emendatum, nō solum ad græcam ueritatem, uerumetiam ad multorum utriusq; linguæ codicum, eorumq; ueterum simul & emendatorum fidem, postremo ad probatissimorum autorum citationem, emendationem & interpretationem, præcipue, Origenis, Chrysostomi, Cyrilli, Vulgarij, Hieronymi, Cypriani, Ambrosij, Hilarij, Augustini, una cū Annotationibus, quæ lectorem doceant, quid qua ratione mutatum sit.

Quisquis igitur amas ueram Theologiam, lege, cognosce, ac deinde iudica. Neq; statim offendere, si quid mutatum offenderis, sed expende, num in melius mutatum sit.

APVD INCLYTAM GERMANIAE BASILAEAM.

CVM PRIVILEGIO MAXIMILIANI CAESARIS AVGVSTI, NE QVIS ALIVS IN SACRA ROMANI IMPERII DITIONE, INTRA QVATVOR ANNOS EXCVDAT, AVT ALIBI EXCVSVM IMPORTET.

위 **에라스뮈스의 신약성서** 에라스뮈스의 2중 언어 대역본의 멋진 속표지. 헌사에서 그는 자기가 만든 새로운 편집본의 가치를 물에 비유해서 썼다. "저는 우리의 구원인 저 가르침을 굳이 연못과 수로에서 얻을 것이 아니라, 그 수원에서 찾아보고 실제 원천에서 길어 올리는 경우에는 더 순수하고 더 생생하다는 사실을 깨달았습니다."

만, 히메네스는 책이 완성되기 전에 사망했다.

다언어 성서의 제작 소식을 들은 로테르담의 에라스뮈스는 '그리스어-라틴어 대역 신약성서'를 1516년에 서둘러 간행해서 4년간의 배포 독점권을 로마로부터 얻어냈다.

6백 권에 달하는 '콤플루텐세 다언어 성서' 초판본의 배포는 교황 레오 10세가 1520년에 공인할 때까지 지연되었다. 불행히도 초판본 가운데 상당수는 이탈리아로 수출하는 과정에서 그만 바다에 가라앉았고, 현재는 123부만 남아 있다.

"에스파냐 르네상스 시대의 학술 출판물 가운데 가장 중요한 단 한 권"으로 평가되는 '콤플루텐세 다언어 성서'는 편집, 디자인, 그리스 자체(字體)의 아름다움으로 유명하며, 특히 그 자체는 18세기 말부터 서체 디자이너에게 큰 영향을 끼쳤다.

관련 내용
초기 합작품 책의 다른 사례로는,
셰델의 『뉘른베르크 연대기』, 100~101쪽
알두스판 베르길리우스 작품집, 108~109쪽
이와는 다른 합작품의 더 나중 사례로는,
디드로의 『백과전서』, 158~159쪽
성서 인쇄의 다른 사례로는,
구스타브 바사 성서, 124~125쪽
베이 시편집, 128~129쪽

오른쪽 **『인체의 구조에 관하여』** 베살리우스는 시체를 직접 다루었는데, 대개는 처형된 범죄자의 시체였다. 1543년에 그는 "농부들에게 겁을 주기 위해" 1년 동안 길가에 매달려 있던 시체를 우연히 발견하고 훔쳤던 일을 기록했다. "그 해골은 완전히 마르고 완전히 깨끗해서, 나는 그걸 유심히 관찰하면서, 그처럼 예상 밖이면서도 오랫동안 찾던 기회를 놓치지 않으려고 결심했다."(135~135쪽 참고)

7

제7장
위험한 발명품

16세기와 17세기에는 새로운 관심, 새로운 방법, 새로운 문제가 나타났다. 이런 쟁점 중에는 출판의 품질 관리와 저작권도 포함되었는데, 이는 오늘날까지도 계속해서 우려를 자아내고 있다.

SEPTIMA *MVSCVLO-* RVM TABV- LA.

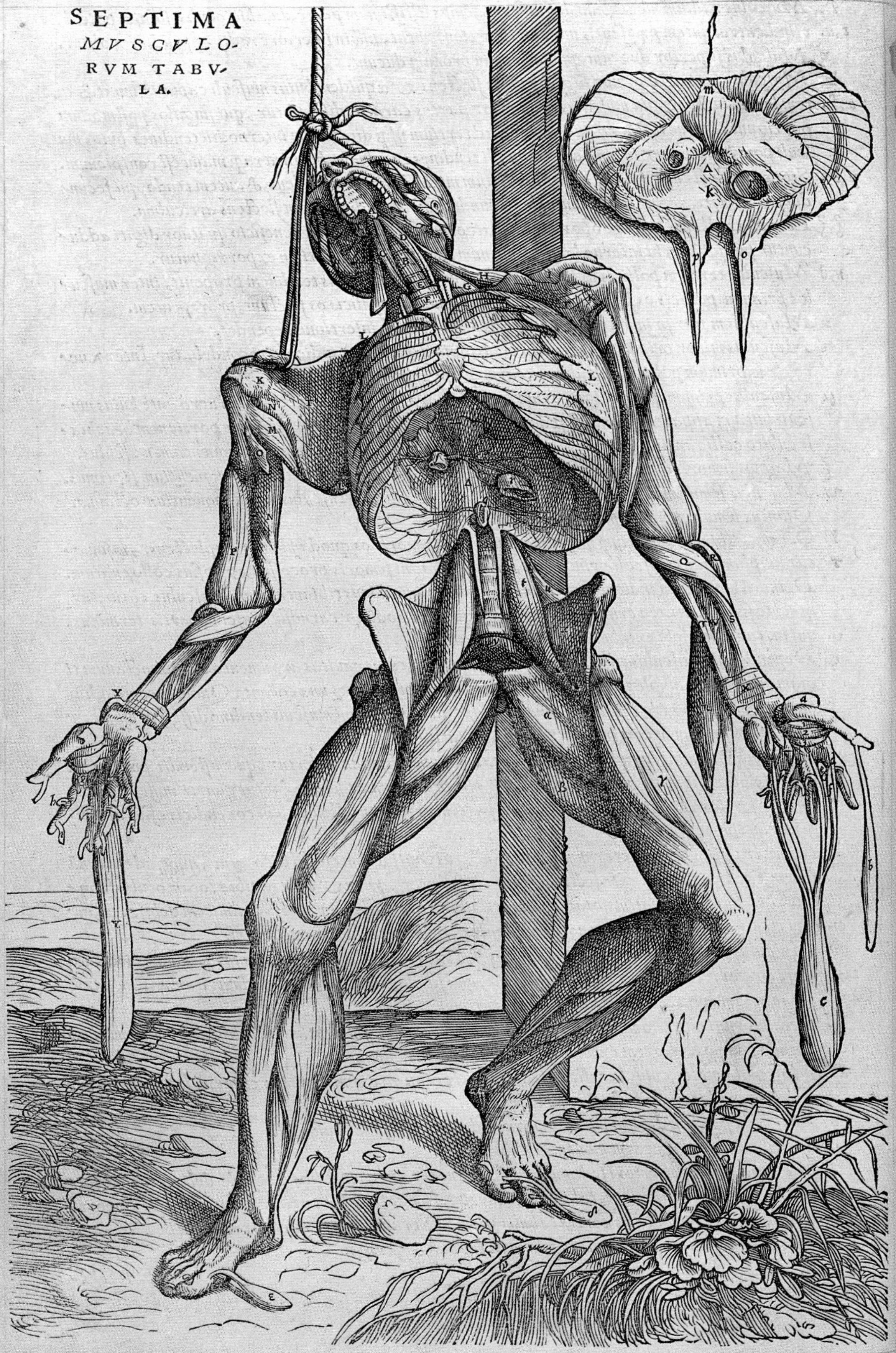

인쇄의 초창기에는 책에 대한 숭배와 아울러, 문자 이용 능력에 대한 감탄이 있었다. 16세기에는 문자 이용 능력이 늘어나고 책의 출간이 급증하자, 사람들의 태도도 바뀌었다. 종교개혁 지도자들은 사람들에게 성서를 읽으라고 이전보다 더 촉구했으며, 이와 더불어 성서 번역의 폭도 넓어졌다(118~119쪽, 124~125쪽, 128~129쪽 참고). 하지만 번역은 위험한 일일 수도 있었다. 성서를 영어로 번역한 윌리엄 틴들은 이단 혐의로 화형당했다.

심지어 정부의 지원을 받는 인쇄업자라 하더라도 완전히 자유로울 수는 없었다. 1538년의 '성공회 대(大)성서'가 파리에서 인쇄되었을 때에는 이를 간행한 리처드 그래프턴이 종교재판소의 탄압을 피해 달아나야 했다. 이후 그는 이 성서를 런던에서 인쇄했다가 감옥 신세를 졌다. 그럼에도 불구하고 성서 인쇄는 수지맞는 사업이었다. 지배자들은 인쇄업에 보조금을 지급하기도 했다. 또 국왕 제임스 1세는 교구마다 '공인판 성서'를 한 부씩 보유하도록 명령함으로써 '왕실 인쇄업자'가 상당한 이익을 얻게 해주었다. 최근까지만 해도 '왕실 인쇄업자' 그리고 옥스퍼드와 케임브리지 대학 출판부에는 일종의 보조금이 계속 지급되었다. 이 세 군데는 큰 혜택을 입은 터라, 정부 정책을 따를 가능성도 더 컸다.

자기들이 '절대진리'를 안다고 주장하는 사람들에게는 다른 방법도 있었다. 바로 검열이었다. 거의 모든 사회마다 출간 전 검열이(그리고 자기 검열도 종종) 자행되었으며, 이는 그 나름의 가치도 갖고 있었다(예를 들어 지금도 사용되는 과학 문헌의 동료 검토 역시 긍정적인 의미에서의 검열에 해당한다). 공식 발표된 로마가톨릭의 '금서 목록'은 1559년에 나타났다. 에라스뮈스의 저술을 금서로 지정함으로써 생긴 결과는 이 책에서도 생생하게 볼 수 있다(126~127쪽 참고).

청교도가 영국령 아메리카로의 이민을 택한 애초의 이유 가운데에는 자신들의 방식으로 예배를 드리려는 것도 있었지만, 매사추세츠에서도 검열은 엄격했다. 북아메리카에서 처음 성서가 인쇄된 것은 1782년의 일이었고, 그 이전에는 전적으로 선교 사업을 위해 제작된 한 가지 예외가 있을 뿐이었다. 그것이 바로 '엘리엇 인디언 성서'인데, 더 유명한 1640년의 '베이 시편집'과 마찬가지로 매사추세츠 주 케임브리지에서 제작되었다. 더 정확히 말하자면, 당시 하버드 대학 총장의 자택에 마련된 인쇄소에서 제작되었는데, 언론의 자유에 대한 간섭이 거기까지는 미치지 않았던 것이다(128~129쪽 참고).

선교 사업은 에스파냐령 아메리카의 설교자들에게도 중요한 역할을 했다. 이들의 역할은 무어인 치하 에스파냐의 정복 과정에서 에스파냐인이 담당한 역할과 더 비슷해 보이지만, 토착어로 저술된 책을 간행하려는 진지한 시도도 있었다. 그러나 이런 시도조차 종종 절대진리를 안다고 자처하는 사람들이 했기 때문에, 유카탄 주교 디에고 데 란다 칼데론처럼 자기가 보전한 문헌만큼 많은 문헌을 파괴하기도 했다. 신세계에 관한 정보를 구세계에 전달하는 것은 종종 어려운 일이었다. 가장 중요한 문서 가운데 하나인 '코덱스 멘도사'는 멕시코에서 에스파냐로 보낸 것이었지만 목적지에 도달하지 못하고, 엉뚱하게도 에스파냐의 적국의 소유가 되고 말았다(130~131쪽 참고).

머나먼 땅과 문명을 묘사한 더 나중의 책들은 이와 다른 형태를 취했는데, 고대의 **페리플루스(항해지)**와 더 비슷한 형태였다. 프랑스, 영국, 네덜란드 여행자들도 탐사를 수행했으며, 이들은 중국이나 정복 대신 동양과의 무역을 그 수단으로 사용했다. 해클루트를 비롯한 여러 사람이 17세기에 내놓은 설명은 지금도 읽기가 좋다. 네덜란드의 얀 판 린스호턴의 저서는 이런 유의 책 중에서도 최상급에 속한다(132~133쪽 참고).

학술 출판

구텐베르크의 발명 이후 두 세기가 지나자 책의 양식도 분야마다 확연히 달라졌다. 그중에서도 가장 오래된 것은 과학 출판물이었는데, 이 모두는 이슬람 세계와 유럽의 르네상스 시대처럼 더 이전 시대의 연구와 관련이 있었으며, 학술 연구로 유명한 전문 출판사와 서적상이 간행하는 경우가 점차 늘어났다. 그렇다고 해서 정부의 통제에 관한 우려가 완전히 사라졌다는 뜻은 아니었지만(바젤의 오포리누스라든지, 프랑스의 에스티엔 가문 같은 인쇄업자들의 파란만장한 경력은 이를 잘 보여준다) 베살리우스가 저술한 위대한 해부학 책의 간행은 의학 출판의 분수령을 상징했다(134~135쪽 참고).

16세기 중반의 덴마크에서는 과학 출판의 정확성이 문제시되었다. 일찍이 히메네스 추기경은 '콤플루텐세 다언어 성서' 제작에 필요한 조직을 만들었고(118~119쪽 참고), 덴마크의 국왕 프레데리크 2세는 천문학자 튀코 브라헤의 연구를 후원했다(136~137쪽 참고). 튀코는 자기 저서의 품질 관리를 위해 전용 인쇄소를 설립했고, 나중에 다른 학자들도 이런 방식을 이용했다. 하지만 출판사에서는 교정자의 전문 능력에 의존하는 경우가 점점 늘어났는데, 이는 인쇄업자를 위한 기술 지침서 중에서도 가장 오래된 히에로니무스 호른슈흐의 『올바른 타이포그래피』(1608)에서도 권장된 바였다.

17세기 중반부터는 서지 목록의 간행과 책 경매의 등장으로 배포가 단순화되었다. 과학 연구와 출판의 전문화는 거의 완성 단계에 접어들었다.
현대 과학의 시작은 1660년 런던에서 왕립 학회가 창립되었을 때로, 혹은 1669년 프랑스에서 왕립 과학회가 창립되었을 때로 거슬러 올라간다고 할 수 있다. 회원들은 자기네 정보를 조직화하고, 연구 결과를 체계화해서 출판하는 새로운 방법을 배웠다. 뉴턴의 『프린키피아』는 특히 돋보이는 책이었다(138~139쪽 참고). 그 탁월함이 세상에서 인정된 속도만 놓고 보면, 그 당시 정보의 유포가 얼마나 빨랐는지를 알 수 있다.
텍스트의 제시법과 마찬가지로, 책 삽화의 양식과 내용 역시 바뀌었다. (베살리우스의 책에 들어간) **목판화** 삽화도 탁월할 수 있었지만, 동판화와 에칭화도 점점 더 일반화되었다. 이 방법에는 단점도 있었다. 텍스트와 별개로 인쇄되어야 했고, 제작비가 더 비쌌다. 하지만 이 방법은 유행을 탔으며, 시간이 흐르면서 **요판(凹版)** 인쇄가 점차 일반적으로 사용되었다.

저자의 대두

엘리자베스와 제임스 시대의 출판에 관해서라면, 셰익스피어의 시집이나 희곡집 또는 (논픽션 중에서는) 버턴의 『우울의 해부』(1621) 같은 작품들의 사진만 수록해도 이 책 한 권이 가득 차고도 남을 것이다. 하지만 당시의 출판에 관해서라면 이들보다 오히려 더 아랫길인, 또는 거의 잊힌 저술가를 살펴보는 일이 더 유익한데, 왜냐하면 이들이야말로 이 시기의 놀라운 풍부함과 창의성을 잘 보여주기 때문이다. 당대의 군소 극작가이자 생계형 저술가인 저비스 마컴의 책은 숱한 불순물 속에 간혹 금 조각이 들어 있는 격이었다(140~141쪽 참고). 이후로는 여러 가지 공예와 기술에 관한 구체적인 묘사들로 이루어진 편찬서가 점점 많이 나왔는데, 자기 직업에 대해 자부심을 가진 장인(匠人)이 저자인 경우가 종종 있었다. 왕립 학회 회원으로 선출된 최초의 장인 조지프 옥슨의 『직공의 훈련: 수공업의 원리』(1678~1683)는 지금도 여전히 인쇄술과 다른 기술에 관한 가장 중요한 연구 중 하나로 남아 있다. 이런 책을 쓴 사람은 장인만이 아니었다. 여성 독자를 겨냥한 책도 점점 늘어났으며, 때로는 여성이 직접 저술하기도 했고(142~143쪽 참고), 때로는 남성 독자를 겨냥하기도 했다(144~145쪽 참고). 출판업에서의 발전은 **예약 출판**을 통해 더 모험적인 책 생산을 가능케 함으로써 (운이 좋으면) 저자들이 책을 펴내 수익을 얻을 수 있는 삽화본의 범위를 더 늘려놓았다(146~147쪽 참고).

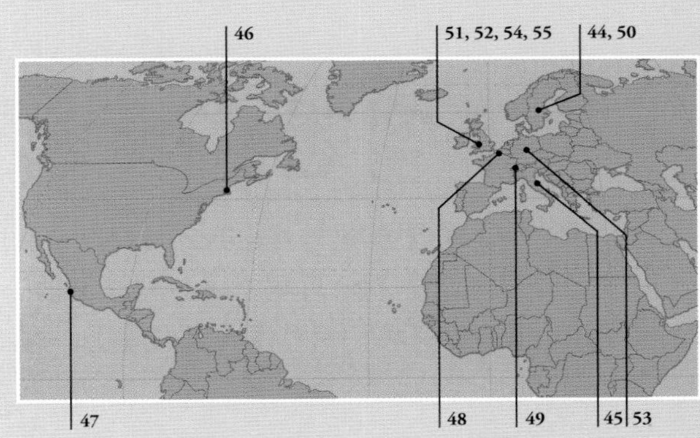

소개할 책들

스웨덴어의 발전

대부분의 유럽 국가들은 15세기와 16세기에 자국어로 성서를 간행했으며, 그 제작은 각국의 국가적 정체성을 굳건히 하는 데 도움을 주었다. 특히 스칸디나비아에서 그러했다.

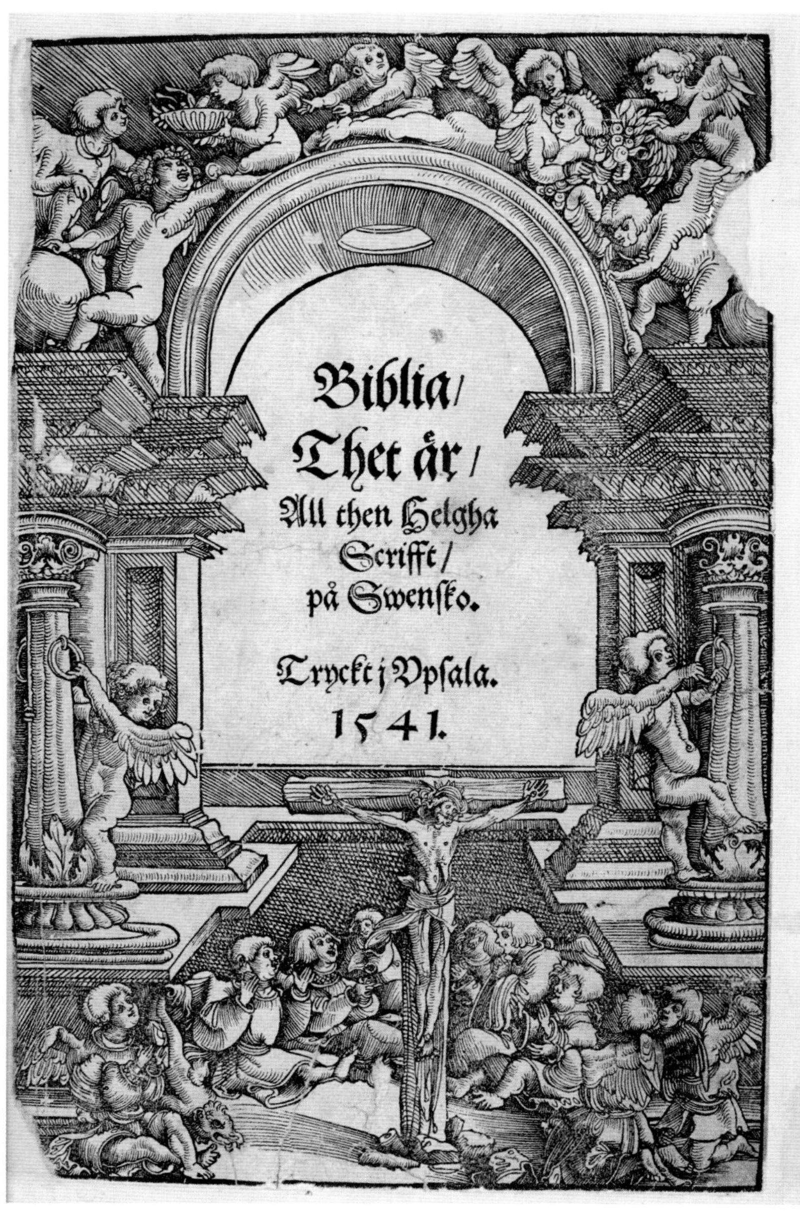

Biblia/
Thet år/
All then Helgha
Scrifft/
på Swensko.
Tryckt j Vpsala.
1541.

왼쪽 **'구스타브 바사 성서'** 1346년에 베테른 호수에서 성(聖) 비르기타가 설립한 바드스테나 수도원은 종교 텍스트를 스웨덴 토착어로 번역하는 과정에서 주도적인 역할을 했다. 이후 널리 배포된 이 성서를 모든 교구마다 제단에서 낭독함으로써, 결국 스웨덴어의 통일성을 만들어내는 과정에서 이 성서는 유일무이한 역할을 담당했다.

한편으로는 서유럽에서 종교개혁과 반(反)종교개혁을 낳았던 종교적 논쟁 때문에, 또 한편으로는 사람들이 텍스트를 읽어야 하는 압력의 증대 때문에, 상당수 통치자와 교회에서는 인쇄업자에게 의뢰하여 새로운 판본의 성서를 제작하도록 했다. 초기에 이루어진 성서의 각국 언어 번역 가운데 상당수는 라틴어 불가타 버전을 대본으로 했으며, 초기 인쇄본에 등장한 방언은 대부분 그 언어에 고착되고 보존되어 미래에까지 사용되었다.

프로테스탄트 종교개혁의 성장과 불가타 판본에 대한 반감 때문에, 루터파와 칼뱅파와 여러 종파에서는 신선한 번역에 대한 수요가 나타났다. 1522년에 마르틴 루터의 독일어 번역이 나왔고, (1526년에 안트베르펜에서) 야코프 판 리스벨트가 네덜란드어 버전을 내놓았다.

스칸디나비아에서 루터파 교회가 성장하면서, 그곳 통치자들도 자국 언어로 된 성서를 갖고 싶어 했다. 이때 성서는 **흑체** 활자와 **2절판 판형**이라는 정규 양식으로 간행되었다. 영국의 대(大)성서(1539)와 킹 제임스 성서(1611)도 마찬가지였다. 덴마크에서는 국왕 크리스티안 3세가 '덴마크어 성서'(1550~1551)의 제작을 주도했으며, 이 책은 1584년에 홀라르 주교가 감독해 완성한 '아이슬란드어 성서'의 토대가 되었다.

스웨덴의 성서 인쇄 역사도 이와 유사하다. 스웨덴어 신약성서는 1528년에 간행되었고, (루터의 텍스트를 번역 대본으로 삼은) 신구약 전체 성서는 1541년에 웁살라에서 완성되었다. 이 성서의 제작을 지시한 국왕

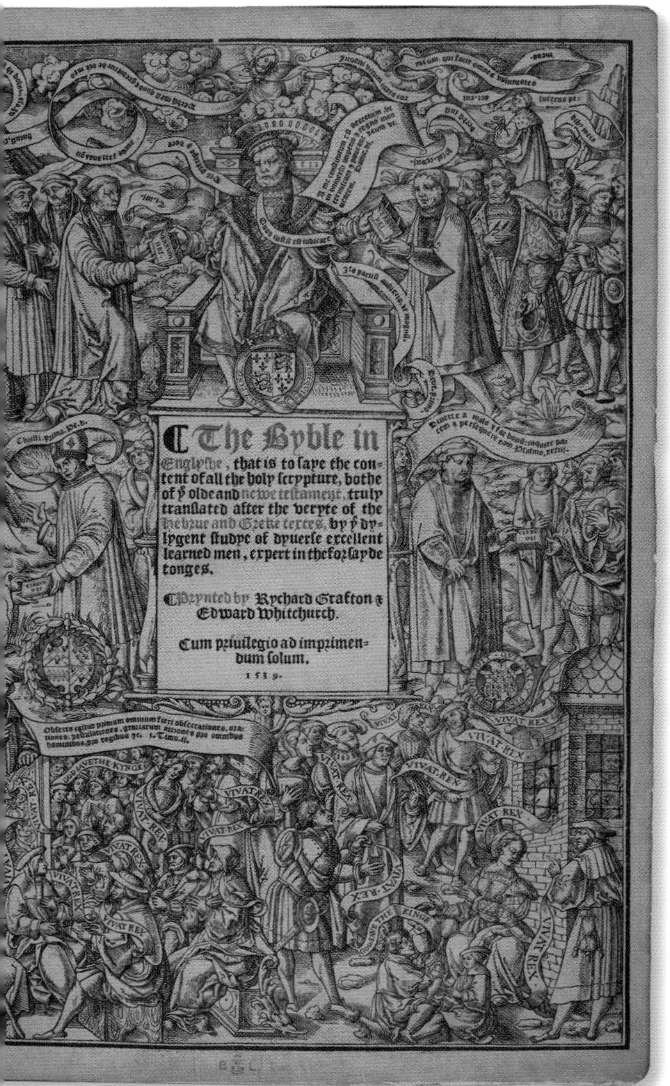
The Byble in Englyshe, that is to saye the content of all the holy scrypture, bothe of ẏ olde and newe testament, truly translated after the veryte of the Hebrue and Greke textes, by ẏ dylygent studye of dyuerse excellent learned men, expert in the forsayde tonges.

Prynted by Rychard Grafton & Edward Whitchurch.

Cum privilegio ad imprimendum solum.

1539.

J. N. J.

Die Heilige Bibel

nach S. Herrn D. MARTINI LUTHERI Deutscher Dolmetschung/und Erklärung/ vermöge des Heil. Geistes/ im Grund-Text/ Richtiger Anleitung der Cohærentz, Und der gantzen Handlung eines jeglichen Texts/ Auch Vergleichung der gleichlautenden Sprüche/ enthaltenen eigenen Sinn und Meinung/ Nechst ordentlicher Eintheilung eines jeden Buches und Capitels/ und Erwegung der nachdrücklichen Wort/und Redens-Art in der Heil. Sprache/ sonderlich aber Der Evangelischen allein seligmachenden Warheit/ gründ- und deutlich erörtert/ und mit Anführung Herrn LUTHERI deutschen/und verdeutschten Schrifften/ also abgefasset/ daß der eigentliche Buchstäbliche Verstand/ und gutes Theils auch der heilsame Gebrauch der Heil. Schrifft fürgestellet ist/ Mit grossem Fleiß/ und Kosten ausgearbeitet/ und verfasset/ von D. ABRAHAM CALOVIO,

Gedruckt in Wittenberg/ bey Christian Schrödtern/ der Univ. Buchdr.

왼쪽 **크롬웰의 '대 성서'** 이 '영어 성서'는 최초의 공인 번역을 의뢰한 대주교 대리 토머스 크롬웰의 이름을 따서 일컬어지기도 한다. 인쇄는 파리에서 시작했지만 이단 혐의로 압류되었고, 1539년 4월에야 런던에서 완성되었다. 빽빽하게 장식된 속표지는 크롬웰 경의 고용주이며 성공회의 수장인 헨리 8세와 그 밑의 성직자들을 묘사하고 있다.

위 **루터 성서** 마르틴 루터의 성서는 여러 가지 버전이 있다. 이 세 권짜리 판본은 17세기의 신학자 아브라함 칼로비우스가 편찬한 것으로, 1681~1682년에 비텐베르크에서 간행되었다. 사진에 나온 책은 현재 세인트루이스의 컨커디아 신학교에 있으며, 본래는 위대한 작곡가 J. S. 바흐의 소장본으로, 책 여백에 그가 적어놓은 25개의 메모가 있다. 사진 아래 오른쪽에는 그의 이니셜이 적혀 있다.

구스타브 1세의 이름을 따서 '구스타브 바사 성서'로 알려진 이 책은 독일인이 발전시킨 양식과 타이포그래피를 따랐으며, 역시 독일인이 개발한 **프락투어체(體)**를 사용했다(핀란드에서도 프락투어체를 사용했다). '구스타브 바사 성서'는 멋진 책이었다. 번역의 언어와 문체는 현대 스웨덴어 형성에 일조했으며, 철자법과 악센트 사용으로 덴마크어와의 차이가 더 두드러지게 되었다.

'킹 제임스 성서'가 간행된 이후에 영어가 변화했듯이, 현대에 접어들면서 스웨덴어가 변화하자 스웨덴인들도 자기네 성서의 언어가 구식이라고 느끼게 되었다. 하지만 스웨덴이 프락투어체를 포기하자 또 다른 문제가 생겨났다. 현대 스웨덴인은 그 자체(字體)를 읽을 수 없게 되었고, 결국 이 성서의 원본은 오늘날 읽는 사람이 거의 없어지고 말았다.

관련 내용

인쇄본 성서의 다른 사례로는,
콤플루텐세 다언어 성서, 118~119쪽
베이 시편집, 128~129쪽
독일어 자체(字體)를 사용한 책의 다른 사례로는,
구텐베르크의 '42행 성서', 98~99쪽
셰델의 『뉘른베르크 연대기』, 100~101쪽
스웨덴에서 제작된 책의 다른 사례로는,
린네의 『식물종』, 160~161쪽

실질적인 검열 사례

책을 파괴하는 것은 여러 시대와 국가에서 흔한 일이었다.
이에 비해 페이지에 적힌 말(言)을 태워 없애는 기술은 그만큼 흔하지 않았고,
그 텍스트에 대한 관심을 파괴하려는 목적을 달성하기에도 비효율적이었다.

15세기 중반에 구텐베르크가 인쇄술을 발전시킨 것과 거의 동시에 검열도 나타났다. 아이러니한 사실은, 1471년에 학자인 니콜로 페로티가 제안한 최초의 검열은 텍스트가 잘 편집되도록 보장하기 위한 중앙화된 통제 체제였다는 점이었다. 하지만 그의 유토피아적인 제안은 받아들여지지 않았고, 대신 정치나 종교 분야의 간행물에 대한 출판 통제가 이루어졌다. 도덕을 보전하려는 시도는 이보다 더 나중에, 특히 18세기에 이루어졌다 (168~169쪽 참고).

검열을 통해 독서를 통제하려는 시도 중에서도 가장 유명한 사례는 바로 1559년에 교황 바오로 4세가 공표한 가톨릭의 '금서 목록'이었다. 특별한 허락을 받지 않은 한, 그 '목록'에 있는 책을 가톨릭교도가 읽는 것은 금지되었으며, 목록에는 개별 작품도 있었지만 금지된 작가의 전체 작품이 오른 경우도 종종 있었다. 물론 이 목록은 여러 세기를 거치며 변했다. 가장 최근의

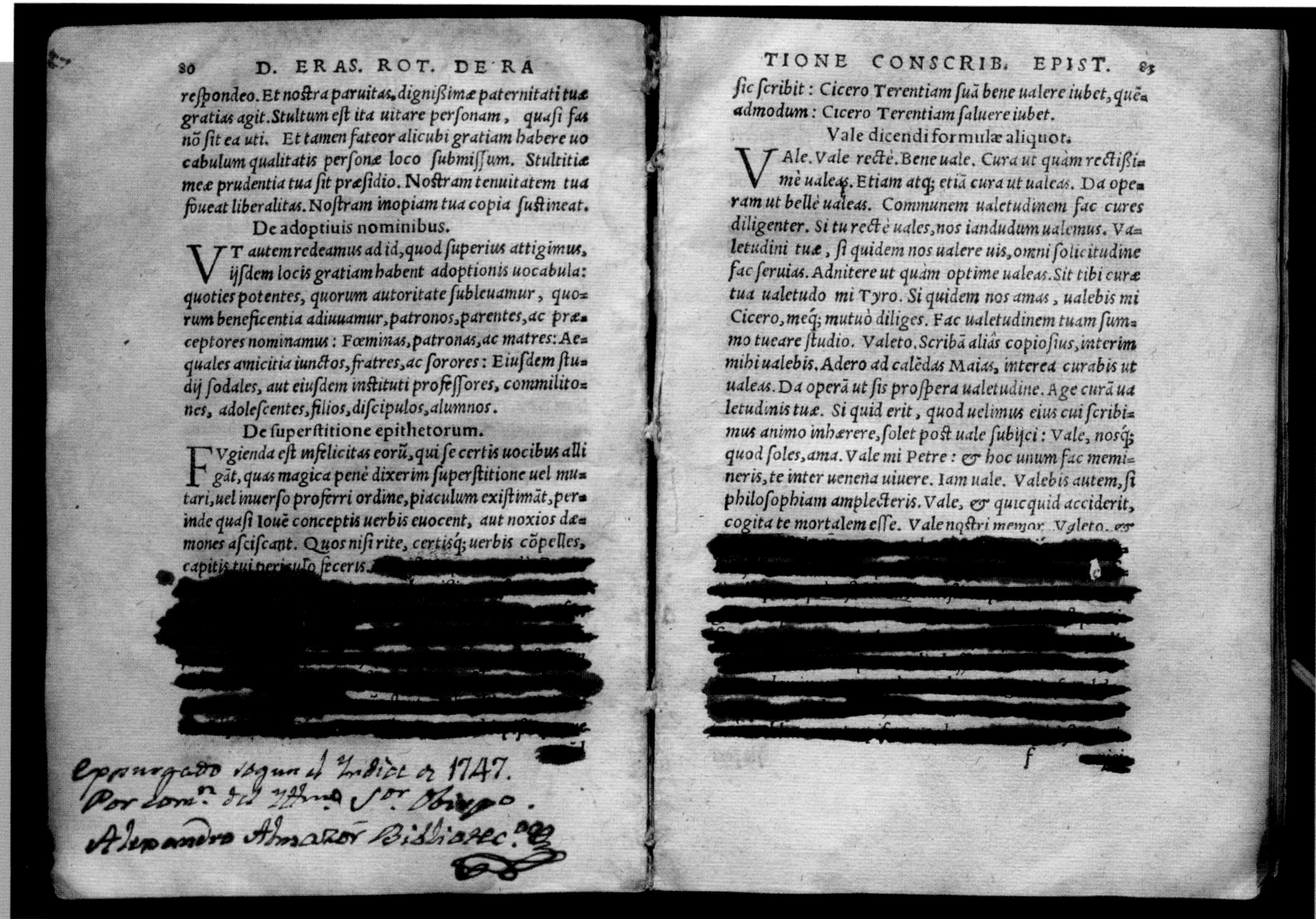
80 D. ERAS. ROT. DE RA

respondeo. Et nostra paruitas, dignißimæ paternitati tuæ gratias agit. Stultum est ita uitare personam, quasi fas nõ sit ea uti. Et tamen fateor alicubi gratiam habere uocabulum qualitatis personæ loco submissum. Stultitiæ meæ prudentia tua sit præsidio. Nostram tenuitatem tua foueat liberalitas. Nostram inopiam tua copia sustineat.

De adoptiuis nominibus.

VT autem redeamus ad id, quod superius attigimus, iisdem locis gratiam habent adoptionis uocabula: quoties potentes, quorum autoritate subleuamur, quorum beneficentia adiuuamur, patronos, parentes, ac præceptores nominamus: Fœminas, patronas, ac matres: Aequales amicitia iunctos, fratres, ac sorores: Eiusdem studii sodales, aut eiusdem instituti professores, commilitones, adolescentes, filios, discipulos, alumnos.

De superstitione epithetorum.

FVgienda est infelicitas eorũ, qui se certis uocibus alligãt, quas magica penè dixerim superstitione uel mutari, uel inuerso proferri ordine, piaculum existimãt, perinde quasi Iouẽ conceptis uerbis euocent, aut noxios dæmones asciscant. Quos nisi rite, certisq; uerbis cõpelles, capitis tui periculo feceris.

Expurgado segun el Indice de 1747.
Por com.n del Ill.mo S.r Obispo.
Alexandro Almazan Bibliotec.o

TIONE CONSCRIB. EPIST. 83

sic scribit: Cicero Terentiam suã bene ualere iubet, quẽadmodum: Cicero Terentiam saluere iubet.

Vale dicendi formulæ aliquot.

VAle. Vale rectè. Bene uale. Cura ut quàm rectißimè ualeas. Etiam atq; etiã cura ut ualeas. Da operam ut bellè ualeas. Communem ualetudinem fac cures diligenter. Si tu rectè uales, nos iandudum ualemus. Valetudini tuæ, si quidem nos ualere uis, omni solicitudine fac seruias. Adnitere ut quàm optime ualeas. Sit tibi curæ tua ualetudo mi Tyro. Si quidem nos amas, ualebis mi Cicero, meq; mutuò diliges. Fac ualetudinem tuam summo tueare studio. Valeto. Scribã aliàs copiosius, interim mihi ualebis. Adero ad calẽdas Maias, interea curabis ut ualeas. Da operã ut sis prospera ualetudine. Age curã ualetudinis tuæ. Si quid erit, quod uelimus eius cui scribimus animo inhærere, solet post uale subiici: Vale, nosq; quod soles, ama. Vale mi Petre: & hoc unum fac memineris, te inter uenena uiuere. Iam uale. Valebis autem, si philosophiam amplecteris. Vale, & quicquid acciderit, cogita te mortalem esse. Vale nostri memor. Valeto. &

f

판본은 1948년에 간행되었으며, '목록'은 1966년에 교황 바오로 6세에 의해 공식적으로는 폐기되었다.

'목록'에 의해 금지된 저자 중에는 1511년에 간행된 풍자 작품 『우신예찬』의 저자 데시데리위스 에라스뮈스(1466~1536)도 있었다. 그가 그리스어로 직접 번역한 신약성서는 1516년에 간행되었다. 평생 가톨릭 신자로 지냈음에도 불구하고, 에라스뮈스는 루터파가 발전할 기회를 주었다는 이유로 훗날 '목록'에 이름을 올렸다.

일부 열성분자들은 이런 금지를 지나치게 문자적으로 해석했다. 이탈리아인 안드레아 알치아티의 『우의화집(寓意畵集)』(1531) 이후로 **우의집**은 여러 세기 동안 인기를 누렸다. 알치아티의 저서는 금지되지 않았지만, 에라스뮈스의 저서는 금지되었다. 그런데 에라스뮈스의 저서가 『우의화집』에서 언급된 경우가 있었기 때문에, 알치아티의 책을 소유했던 어떤 사람은 에라스뮈스의 이름이 텍스트에 나타날 때마다 불로 지져 없애버렸다. 그런가 하면 1747년에 에라스뮈스의 책(즉 1522년에 바젤에서 프로벤이 인쇄한 『우아한 편지 작성법』)을 소장한 사람은 종교재판소의 검열관이었는데, 더 신중하게도 눈에 거슬리는 대목을 발견할 때마다 지워버렸지만, 그가 만든 얼룩은 오히려 독자의 호기심을 불러일으켰다. 이처럼 검열에는 거의 항상 반작용이 있게 마련이다.

관련 내용
정치적 · 통치적 이유로 인한 통제의 사례로는,
디드로의 『백과전서』, 158~159쪽
도덕적 이유에서 비롯된 검열의 사례로는,
클레런드의 『패니 힐』, 168~169쪽
스톱스의 『부부의 사랑법』, 230~231쪽

왼쪽 지워진 편지 1522년에 바젤에서 간행된 에라스뮈스의 『우아한 편지 작성법』에서는(현재 이 책은 '바르셀로나 신학교'의 '감독 도서관'에 소장되어 있다) 1747년에 종교재판소에서 일하던 검열관이 눈에 거슬리는 텍스트 가운데 상당 부분을 지운 다음, 거기다 '삭제(expurgado)'라고 적어놓았다.

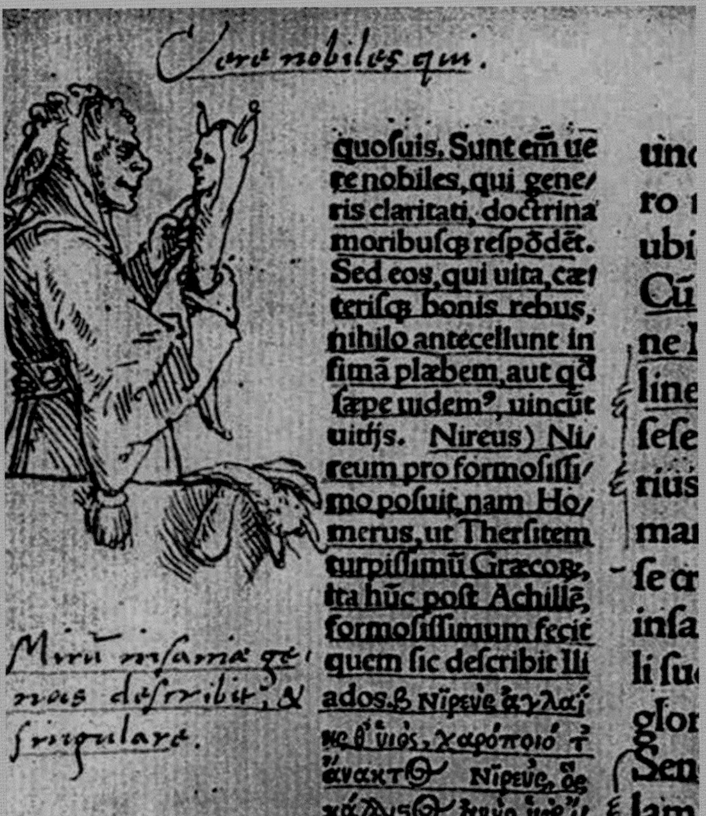
Vere nobiles qui.

quosuis. Sunt em̄ ue
re nobiles, qui gene
ris claritati, doctrina
moribusq; respōdēt.
Sed eos, qui uita, cæt
terisq; bonis rebus,
nihilo antecellunt in
fimā plæbem, aut q̄d
sæpe uidem?, uincūt
uitijs. Nireus) Ni
reum pro formosissi
mo posuit, nam Ho
merus, ut Thersitem
turpissimū Græcorū,
ita hūc post Achillē,
formosissimum fecit
quem sic describit Ili
ados.β Νιρεὺς ἀγλαΐ
ης υἱός, Χαρόποιό τ
ἄνακτος Νιρεὺς ὃς
κάλλιστος ἀνὴρ ὑπὸ Ἴλ

Mirū infamia ge
nos describit, &
singulare.

왼쪽 『우신예찬』 가톨릭교회를 겨냥한 이 날카로운 풍자는 1509년에 에라스뮈스가 친구 토머스 모어 경을 방문했을 때 쓴 것으로, 종교개혁에서는 긴요한 책이 되었다. 두 사람 모두의 친구인 한스 홀바인은 저자 소장본인 이 책의 여백에 '우신(愚神)' 모습을 한 저자의 위트 넘치는 초상화를 그려 넣었다. 이 여백 그림은 더 나중의 삽화본에 사용될 판화의 기초를 구성했다.

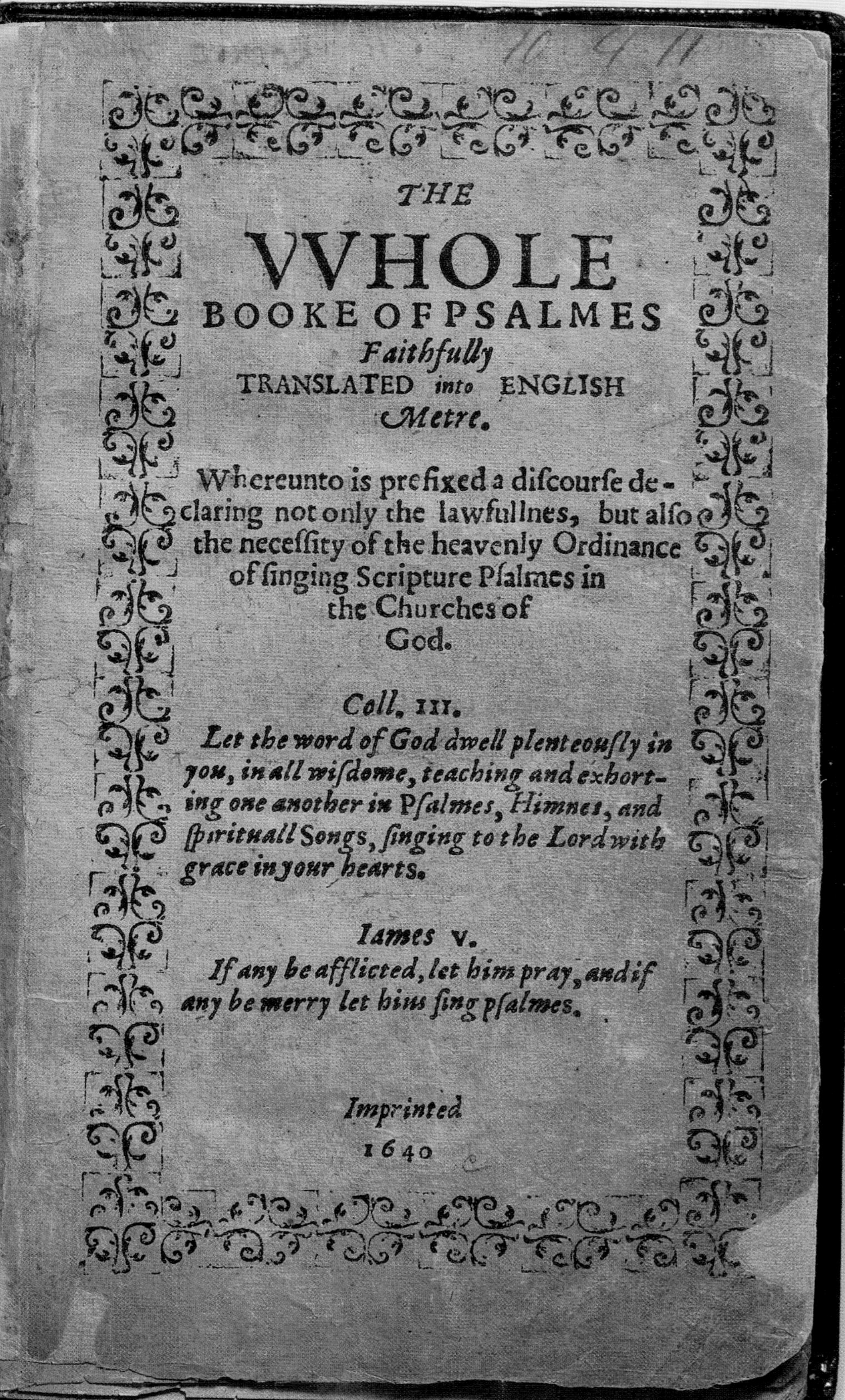

THE
VVHOLE
BOOKE OF PSALMES
Faithfully
TRANSLATED into ENGLISH
Metre.

Whereunto is prefixed a diſcourſe de-
claring not only the lawfullnes, but alſo
the neceſſity of the heavenly Ordinance
of ſinging Scripture Pſalmes in
the Churches of
God.

Coll. III.
Let the word of God dwell plenteouſly in
you, in all wiſdome, teaching and exhort-
ing one another in Pſalmes, Himnes, and
ſpirituall Songs, ſinging to the Lord with
grace in your hearts.

Iames V.
If any be afflicted, let him pray, and if
any be merry let him ſing pſalmes.

Imprinted
1640

왼쪽 **'베이 시편집'** 매사추세츠 베이 식민지에 이민 온 조합 교회 신교도가 제작한 『시편 전집』은 아메리카에서 인쇄된 최초의 책이었다. 영국에 살던 도제살이 열쇠공 스티븐 데이가 인쇄기와 종이와 활자 모두를 본국에서 구입해 식민지로 가져왔다. 초판본 1천7백 부 가운데 현존하는 것은 단 11부뿐이다.

오른쪽 위 **"내가 부르짖을 때에 들으시고."**(구약성서 「시편」 27편 7절. 맞은편 사진 홀수면의 맨 위에 나오는 구절이다 - 옮긴이) 『시편 전집』은 이전의 다른 책보다도 히브리어 원문에 더 가까운 표현을 위해 운문 형식을 도입했다. 아울러 당시 뉴잉글랜드를 이끌었던 학자들인 존 코턴, 리처드 매서, 존 엘리엇 같은 "진심으로 경건하고 학식 있는 목사들"이 만든, 신세계를 위한 새로운 번역이었다.

오른쪽 아래 **'알곤킨어 성서'** 청교도 이민자 존 엘리엇은 성서를 아메리카 인디언의 토착어로 인쇄하면, 이들을 기독교로 개종시킬 수 있다고 믿었다. (알곤킨족을 위한 대표적인 선교촌이었던) 나틱의 목사였던 엘리엇은 원주민인 존 사사몬의 도움을 받아 (당시까지만 해도 구어뿐이었던) 알곤킨어를 공부했다. 곧이어 그는 '교리문답서'를 번역했고, 1653년에는 '성서'를 나틱의 속어로 번역하는 일에 착수했다. 그가 번역한 성서는 아메리카에서 인쇄한 최초의 성서가 되었다.

영국령 아메리카 최초의 인쇄본

미국의 인쇄술과 출판업의 첫걸음이 시작된 곳은
매사추세츠의 초기 청교도 식민지 중에서도 바로 하버드 대학이었다.

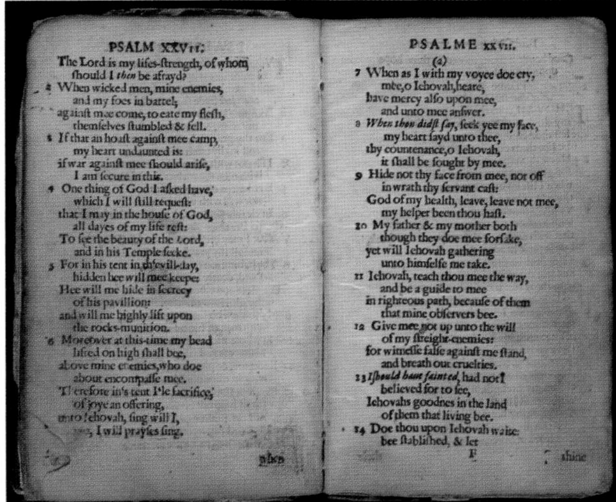

PSALM XXVII.
The Lord is my lifes-ſtrength, of whom
ſhould I *then* be afrayd?
2 When wicked men, mine enemies,
and my foes in battel;
againſt mee come, to eate my fleſh,
themſelves ſtumbled & fell.
3 If that an hoaſt againſt mee camp,
my heart undaunted is:
if war againſt mee ſhould ariſe,
I am ſecure in this.
4 One thing of God I aſked have,
which I will ſtill requeſt:
that I may in the houſe of God,
all dayes of my life reſt:
To ſee the beauty of the Lord,
and in his Temple ſeeke.
5 For in his tent in th'evill-day,
hidden hee will mee keepe:
Hee will me hide in ſecrecy
of his pavillion:
and will me highly lift upon
the rocks-munition.
6 Moreover at this-time my head
lifted on high ſhall bee,
above mine enemies, who doe
about encompaſſe mee.
Therefore in's tent I'le ſacrifice,
of joye an offering,
unto Iehovah, ſing will I,
yea, I will prayſes ſing.

PSALME XXVII.
(a)
7 When as I with my voyce doe cry,
mee, o Iehovah, heare,
have mercy alſo upon mee,
and unto mee anſwer.
8 *When thou didſt ſay*, ſeek yee my face,
my heart ſayd unto thee,
thy countenance, o Iehovah,
it ſhall be ſought by mee.
9 Hide not thy face from mee, nor off
in wrath thy ſervant caſt:
God of my health, leave, leave not mee,
my helper been thou haſt.
10 My father & my mother both
though they doe mee forſake,
yet will Iehovah gathering
unto himſelfe me take.
11 Iehovah, teach thou mee the way,
and be a guide to mee
in righteous path, becauſe of them
that mine obſervers bee.
12 Give mee not up unto the will
of my ſtreight-enemies:
for witneſſe falſe againſt me ſtand,
and breath out cruelties.
13 *Iſhould have fainted*, had not I
believed for to ſee,
Iehovahs goodnes in the land
of them that living bee.
14 Doe thou upon Iehovah waite:
bee ſtabliſhed, & let
F shine

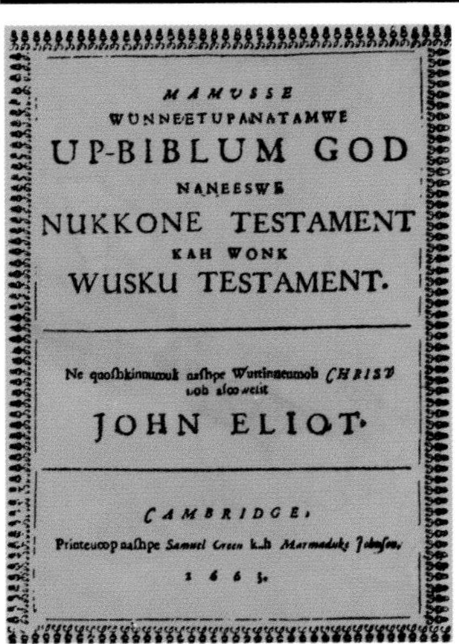

MAMUSSE
WUNNEETUPANATAMWE
UP-BIBLUM GOD
NANEESWE
NUKKONE TESTAMENT
KAH WONK
WUSKU TESTAMENT.

Ne quoſhkinnumuk naſhpe Wuttinneumoh CHRIST
noh aſoowesit

JOHN ELIOT.

CAMBRIDGE.
Printeuoop naſhpe Samuel Green kah Marmaduke Johnſon.
1663.

에스파냐령 아메리카의 초기 인쇄물 가운데 상당수는 종교적 목적을 띠었으며, 종종 예수회 선교사들이 주도해 만들었다. 17세기 중반, 영국의 내전(청교도 혁명)부터 왕정복고 시기에, 버지니아 당국은 인쇄술 도입에 강력히 반대했다. 1671년에 버지니아 총독 윌리엄 버클리 경은 이렇게 썼다. "이곳에는 무료 학교도 인쇄술도 없다는 것에 대해 하느님께 감사드리며, 앞으로 백 년 동안은 우리가 이런 것을 갖지 말았으면 한다." 하지만 매사추세츠에서는 이미 1639년에 인쇄술이 시작되었다.

최초의 인쇄본은 1640년에 스티븐 데이가 간행한 『시편 전집(詩篇全集)』이었다. 데이는 사실 인쇄업자도 아니었고(본업은 열쇠공이었다) 인쇄 장비를 소유하고 있지도 않았다. 헨리 글로버 목사가 데이를 고용하고 장비를 구입해 매사추세츠로 오는 항해 도중 사망하자, 계약에 따라 데이가 글로버의 미망인을 대신해 인쇄소를 설립하고 운영했을 뿐이다. 곧이어 미망인이 하버드 대학 총장 헨리 던스터와 재혼하면서, 인쇄소도 던스터의 집으로 자리를 옮기게 되었다. 덕분에 이 인쇄소만큼은 외압에도 안전하게 되었다(매사추세츠에서는 신문 발행이 이루어진 1649년, 1662년, 1690년에 인쇄술을 규제하려는 시도가 더 있었다). 케임브리지 인쇄소는 나중에 성서를 인쇄하는 데에도 사용되었지만, 이 성서는 '시편집'의 편집자이며 선교사인 존 엘리엇이 인근의 알곤킨족 토착어로 번역한 것이었다. 이 '엘리엇 인디언 성서'는 1660~1663년에 1천 부가 인쇄되었다. 인쇄업자 가운데 한 명은 니프먹족 출신의 제임스 프린터로, 당시 하버드 대학에서 토착민 교육을 위해 설립한 '인디언 칼리지'의 재학생이었다.

'베이 시편집'은 (이후 이런 명칭으로 굳어졌는데) 데이의 아들 매슈가 인쇄하고, 영국령 아메리카 최초의 서적상이었던 헤저카이어 어셔가 판매했을 것으로 추정된다. 경험이 별로 없었던 인쇄업자가 만든 것치고는 매우 훌륭한 제품이었다. 현존하는 것은 11부에 불과한데, 그중 한 부는 2013년 11월의 한 경매에서 1420만 달러에 낙찰되었다. 애초의 예상 낙찰가인 최소 1천5백만, 최대 3천만 달러에는 못 미치지만, 그래도 역사상 가장 비싸게 팔린 인쇄본 가운데 하나이다.

관련 내용
콜럼버스 이전 시대 책들의 다른 사례로는,
카랄의 결승문자, 20~21쪽
코덱스 멘도사, 130~131쪽
색다른 미국 인쇄본의 사례로는,
배네커의 『역서』, 170~171쪽
파월의 『올드 그리즐리 애덤스』, 192~193쪽
그래본판 『풀잎』, 216~217쪽

콜럼버스 이전 시대 아즈텍의 기록

에스파냐의 정복 이전 아메리카 인디언의 생활에 관한 문헌 기록은 매우 드물다. 아즈텍과 마야의 책들을 파괴한 것도 그 원인 가운데 일부이다. 하지만 그중 몇 가지 문헌은 용케 살아남았으니…….

전쟁은 무엇이든 간에 끔찍하게 마련이다. 식민지에서의 침략은 종종 침략자의 추악함을 드러내지만, 때로는 그 나름의 계몽된 영웅들을 낳기도 한다. 1519년에 이루어진 에스파냐의 멕시코 정복에서는 에르난 코르테스와 누뇨 데 구스만이 책과 사람 모두를 해치며 포악함을 드러낸 바 있었다. 곧이어 멕시코를 찾아온 사람들 중에는 더 인도적인 바르톨로메 데 라스카사스와 바스코 데 키로가도 포함되어 있었다. 이보다 더 전형적인 인물은 성직자 디에고 데 란다 칼데론이었는데, 그는 마야인과 그 언어에 대해 큰 관심을 보였다(현대의 학자들이 마야의 **음절문자**를 해석할 수 있는 것도 그의 저술 덕분이다). 하지만 고유 문화의 생존이 기독교의 성공적인 선교를 지체시키리라는 우려 때문에, 그는 마야의 필사본을 모두 찾아서 파괴하라는 명령을 내리고 말았다.

에스파냐의 국왕들은 식민지에서 무슨 일이 일어나는지를 파악하기가 쉽지 않았다. 또 아메리카 인디언의 문화는 전혀 낯설기만 했다. 이런 무지를 제거하기 위해, 계몽된 총독 안토니오 데 멘도사는(그는 1539년에 멕시코에 처음 인쇄술을 도입한 바 있다) 필사본 제작을 의뢰했다. 훗날 '코덱스 멘도사'로 일컬어지게 된 이 필사본은 아즈텍의 통치자, 에스파냐의 정복, 에스파냐인이 받은 공물의 구체적인 내용, 아즈텍 생활 등의 개요를 제공했으며, 아즈텍의 전통적인 **그림문자**와 함께 에스파냐어 주석을 담았다.

이 귀중한 텍스트는 에스파냐로 가져가, 카를 5세에게 제출하여 일종의 지침으로 삼을 예정이었다. 하지만 이후 이 필사본의 **이력**은 극적인 반전을 겪었다. 운반 도중 프랑스 사략선에 나포되어 앙드레 테베의 노획물이 되었기 때문이다(탐험가 겸 저술가인 테베는 리우데자네이루 인근에 식민지를 세우려다 실패한 프랑스의 시도에 관여한 바 있다). 이후 이 필사본은 파리에서 영국의 탐험 저술가 리처드 해클루트에게 매각되었고, 나중에는 또 다른 영국의 탐험 저술가인 새뮤얼 퍼처스가 구입해 자기 컬렉션 중에서도 으뜸가는 보석으로 여겼으며, 그중 몇 가지 도판을 『퍼처스 순례기』에 수록하기도 했다. 이어 역사가 겸 도서 수집가인(아울러 밀턴의 말마따나 "이 땅의 유명한 지식인 중에서도 최고수"였던) 존 셀던에게 매각된 이 필사본은 1654년에 옥스퍼드의 보들리 도서관이 소장하게 되었고, 이후 가장 중요한 장서 가운데 하나로 손꼽혔다.

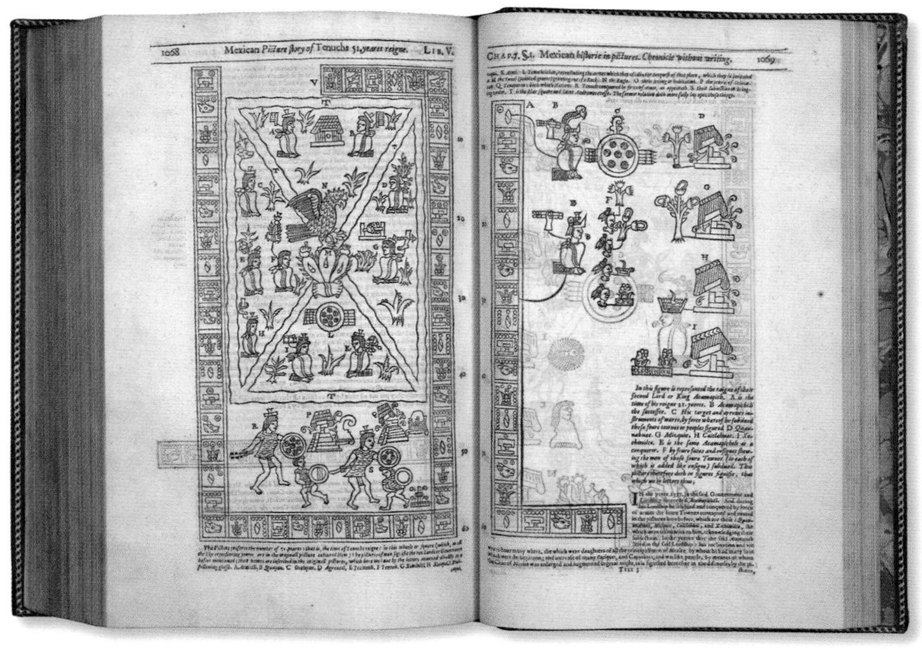

왼쪽 **『퍼처스 순례기』** 『해클루트 유고집』(1625년에 간행된 『퍼처스 순례기』의 다른 제목이다. 해클루트의 유고를 퍼처스가 편집해 간행했기 때문이다) 제4부 누에바에스파냐 장에는 '코덱스 멘도사'에서 가져온 삽화가 수록되어 있다(여기 보이는 것은 종교 및 정치 지도자인 열 명의 테노크 군주의 모습이다). 이 책은 프랜시스 드레이크의 여행에 관한 자료로 이루어진 미국 의회 도서관의 '크로스 컬렉션' 소장본이다(드레이크의 항해도 퍼처스의 책에 언급되기 때문이다).

관련 내용
콜럼버스 이전 아메리카의 삶을 보여주는 다른 사례로는,
카랄의 결승문자, 20~21쪽
유럽의 식민화에서 비롯된 전리품의 다른 사례로는,
바탁의 '푸스타하', 38~39쪽
『보낭의 서』, 92~93쪽

왼쪽 '코덱스 멘도사' 1640년대에 멕시코시티에서 제작된 이 홍미로운 코덱스의 2절판 65번째 낱장 앞면은 사제 겸 전사('칼메카크(calmecac)')로서의 성공적인 경력의 여섯 단계를 보여주고, 그 아래는 두 종류의 제국 관리를 보여준다. 다른 그림문자는 몬테수마의 궁전, 공물, 사제의 임무, 어린이 교육을 비롯하여 아즈텍 문명의 여러 생생한 광경을 보여준다.

후추와 육두구를 찾아서

네덜란드의 중요한 항해 지침서인 이 책은
훗날 동아시아에서 유럽의 식민주의를 발전시키는 결과를 낳았다.

동양에서 향신료와 희귀품을 얻고자 하는 추구의 기원은 거의 선사 시대까지 거슬러 올라간다. 또한 서기 1세기의 그리스어 책 『에리트레아 해(海) 항해지』와 9세기의 아랍인 알 마수디의 여행은 이런 추구가 결코 새로운 일이 아님을 보여준다. 한동안은 이슬람 세계를 거쳐 베네치아로 이어지는 복잡한 육로를 통해 향신료가 유럽으로 수입되었지만, 포르투갈이 인도 및 동남아시아를 탐사한 뒤로는 그 과정이 훨씬 더 단순화되었다.

포르투갈이 수입한 향신료는 유럽에 들어와 큰 이익을 낳았다. 안트베르펜은 여러 해 동안 네덜란드 지역의 향신료 공급을 독점했지만, 가톨릭인 유럽 남부 국가들과 (당시 새로 독립한) 프로테스탄트인 유럽 북부 국가들 간의 갈등이 심화되며 곤경에 처했다. 네덜란드는 향신료를 직접 수입할 기회를 원했지만 포르투갈은 외국 선박의 접근을 차단했다.

재간 좋은 네덜란드인 얀 하위헌 판 린스호턴(1563~1611)은 해결책을 찾았다. 그는 인도의 고아에서 포르투갈 대주교를 위해 일하면서 직접 본 것과, 거기서 더 동쪽까지 다녀왔던 다른 네덜란드인 여행자로부터 들은 내용을 조합했다. 여러 해 뒤에야 네덜란드로 돌아온 그는 빌럼 바렌츠와 함께 시베리아 북부의 '북동 항로'를 찾는 항해에 나섰고, 동쪽에서 향신료를 찾는 또 한 번의 항해에 나섰다.

린스호턴은 (지도 제작자 페트루스 플란키우스와 함께) 말라카에 있는 포르투갈의 요새를 우회하여 극동으로 항해하는 방법을 알려주는 **러터(항해 안내서)**를 다양하게 수집했다. 크리스토포로 부온델몬티의 **이솔라리오(섬 안내서)**와는 달리 (70~71쪽 참고) 린스호턴의 『여행 안내서』(1596)는 구체적인 항해 지시를 제공했고, 이때까지 유럽에는 거의 알려진 바 없던 지역에 사는 사람들에 관한 정보도 담고 있었다. 그의 책은 널리 재간행되고 번역되었으며, 결국 네덜란드는 아시아 식민지 여러 곳에서 포르투갈을 대신하기에 이르렀다. 이후 본격적인 무역 개시와 함께 네덜란드, 영국, 프랑스, 덴마크, 스웨덴이 저마다 설립한 동인도회사가 여러 세기 동안 아시아와의 무역을 지배하게 되었다.

왼쪽 코코넛 따기 이 반(半)자연주의적 배경에서 모호크족 옷차림의 토착민이 후추와 바나나 같은 열대 식물 사이에서 자라는 코코넛을 따고 있다. 비록 일부 세부 사항은(예를 들어 한쪽이 트인 건물 같은) 직접 관찰에 의거했을지 모르지만, 다른 세부 사항의 **이력**은 분명 유럽이다. 특히 전면 가운데에서 행복한 표정으로 바나나를 먹는 고전적인 천사의 모습이 그렇다.

관련 내용

초기의 여행 및 탐사 관련서의 사례로는,
크리스토포로의 『군도지』, 70~71쪽
식민지 생활에 관한 생생한 풍경화의 사례로는,
『보낭의 서』, 92~93쪽
뒤페를리의 『자메이카 사진 여행』, 186~187쪽

ITINERARIO,

Voyage ofte Schipvaert / van Jan Huygen van Linschoten naer Oost ofte Portugaels Indien/ inhoudende een corte beschryvinghe der selver Landen ende Zee-custen/ met aenwysinge van alle de voornaemde principale Havens/ Revieren/ hoecken ende plaetsen/ tot noch toe vande Portugesen ontdeckt ende bekent: Waer by ghevoecht zijn / niet alleen die Conterfeytsels vande habyten/ drachten ende wesen/ so vande Portugesen aldaer residerende/ als vande ingeboornen Indianen/ ende huere Tempels/ Afgoden/ Huysinge/ met die voornaemste Boomen/ Vruchten/ Kruyden/ Speceryen/ ende diergelijcke materialen/ als ooc die manieren des selfden Volckes/ so in hunnen Godts-diensten / als in Politie en Huijs-houdinghe: maer ooc een corte verhalinge van de Coophandelingen/ hoe en waer die ghedreven en ghevonden worden/ met die ghedenckweerdichste geschiedenissen/ voorghevallen den tijt zijnder residentie aldaer.

Alles beschreven ende by een vergadert, door den selfden, seer nut, oorbaer, ende oock vermakelijcken voor alle curieuse ende Liefhebbers van vreemdigheden.

t'AMSTELREDAM.
By Cornelis Claesz. op't VVater, in't Schrijf-boeck, by de oude Brugghe.
Anno CIↃ. IↃ. XCVI.

왼쪽 『여행 안내서』 1596년에 간행된 이 초판본은 포르투갈령 동인도와 그 너머까지 다녀온 린스호턴의 여행을 묘사하며, 밥티스타와 얀 판 두테훔 형제가 제작한 (라틴어와 네덜란드어 설명이 붙은) 판화 삽화가 들어 있다. 한편으로는 린스호텐이 가지고 돌아온 그림에 근거한 이 삽화는 테오도르 드 브리 같은 여행 삽화가들의 작품에 영향을 끼쳤다.

오른쪽 해부학 수업 『인체의 구조에 관하여』 속표지에는 당시의 해부 광경이 묘사되어 있다. 갈레노스와 달리 베살리우스는 직접적인 관찰에 의거하여 연구했으며, '갈레노스와 그의 유인원들'을 경멸하듯 언급했는데, 이 삽화 왼쪽 아래에 원숭이를 데리고 있는 남자가 아마도 갈레노스를 빗댄 인물로 보인다.

최초의 근대적 해부학 연구

르네상스 이전까지만 해도, 의학 교육은 오류가 많은 갈레노스의 연구에 의존하고 있었다. 파도바의 해부 극장에서 일하던 해부학자 베살리우스는 훌륭한 삽화가 수록된 책을 간행함으로써 이런 현실을 바꿔놓았다.

그리스인 갈레노스(129~200)의 해부학 연구는 여러 세기 동안 이슬람 세계는 물론이고 훗날의 이탈리아에서도 모든 의학 연구의 근거가 되어왔다. 갈레노스의 명성이 워낙 대단했기 때문에 해부학자들은 직접 해부를 통해서가 아니라 그의 텍스트로 학생들을 가르쳤다. 사실은 갈레노스가 인간의 시체를 다룰 수 없어, 대신 바바리마카크 원숭이의 시체로 해부를 수행하면서 인간의 시체도 이와 똑같으리라 넘겨짚었다는 것을 이들은 전혀 모르고 있었다. 갈레노스의 명성 때문에 이런 실수는 이의 제기도 받지 않고 영속되었다.

이처럼 잘못된 상황이 뒤집힌 것은 16세기 들어 브라반트(오늘날의 '벨기에') 출신의 탁월한 의사 안드레아스 베살리우스(안드리스 판 베젤, 1514~1564)에 의해서였다. 그는 1537년에 파도바에서 외과 및 해부학 담당 교수('외과 강사')가 되었다. 베네치아 영토에 속한 파도바는 종교재판소의 간섭으로부터 안전했으며, 학생과 방문객 앞에서 부검을 행했던 베살리우스에게는 매우 다행스러운 일이었다. 이것만 해도 의학 교육에서는 상당한 진전이었다.

자신의 해부학 연구를 더 널리 보급하기 위해 베살리우스는 『인체의 구조에 관하여』를 1543년에 간행했다. 일반적인 예상대로라면 베네치아에서 책을 인쇄했어야 했지만 그는 오히려 바젤의 학자 겸 인쇄업자인 요하네스 오포리누스에게 일을 맡겼다. 수준 높은 책을 간행한다는 오포리누스의 평판뿐만 아니라(한번은 '코란'의 라틴어 번역서를 간행했다가 곤란을 겪기도 했다) 간행물의 디자인 때문이기도 했다.

『인체의 구조에 관하여』가 걸작인 까닭은, 한편으로 베살리우스 학설의 중요성 때문이고, 또 한편으로 탁월한 **목판화** 삽화 때문이다. 이 도판을 제작했다고 추정되는 화가 얀 슈테펜 판 칼카르(1499?~1546)는 한때 티치아노의 제자였다. 바사리 등의 기록에 따르면, 그는 조르조네와 라파엘로의 모사자로도 뛰어났으며, 파도바의 해부 극장에서 자기가 직접 본 것을 정확하게 만들어내는 솜씨야말로 누구에게도 비할 바 없이 뛰어났다. 베살리우스의 책은 가장 뛰어난 해부서 가운데 하나로 평가되며, 오늘날에는 온라인으로도 볼 수 있다. 이 삽화의 양식은 당대의 해부학자들에게 영향을 끼쳤는데, 그중에는 베살리우스의 제자인 후안 발베르데 데 아무스코도 있었다. 나아가 이 삽화의 양식은 호바르트 비들로의 『인체 해부학』(1685)이나, 윌리엄 체슬던의 『골격 해부학』(1733) 같은 더 나중의 책에도 영향을 끼쳤다(물론 더 나중의 이런 책에도 뛰어난 삽화가 들어 있었지만, 오포리누스가 제작한 책에 수록된 삽화의 탁월함에는 미치지 못했다).

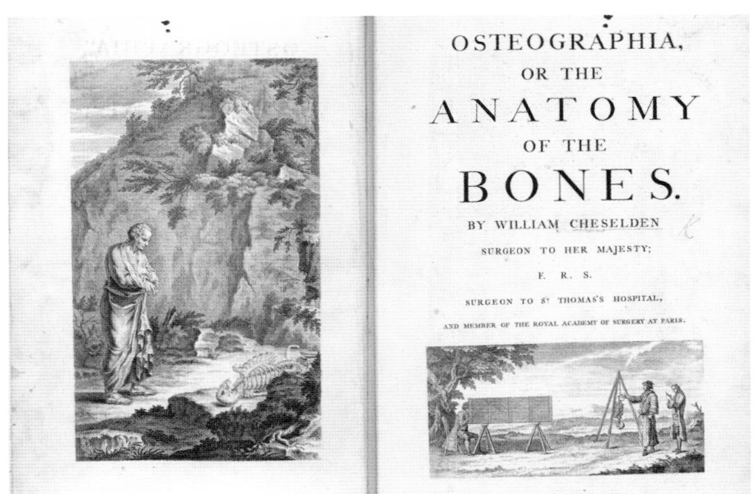

위 **체슬던의 『골격 해부학』** 체슬던은 1733년에 펴낸 『골격 해부학』에 수록할 도판을 만드는 과정에서, 속표지 장식화에 나타난 것처럼 카메라 옵스쿠라를 사용했다. 이 책에서는 인간과 동물의 골격이 반(半)자연주의적 배경에 놓인 것으로 묘사되는데, 이는 속표지 맞은편의 권두화(卷頭畵)에서도 마찬가지이다. 이 그림에는 갈레노스가 묘사되어 있는데, 아마도 이 해부학자에게 진 빚을 인정하려는 뜻일 것이다.

관련 내용
팝업이나 덮개를 사용한 책의 다른 사례로는,
렙턴의 '붉은 책', 174~175쪽
메겐도르퍼의 『대서커스』, 198~199쪽
이보다 더 이른 시기의 해부학 연구의 사례로는,
『만수르 해부학』, 90~91쪽

놀라운 아마추어 천문학자

여러 세기 동안 천문학 연구 및 출판의 동력은 바로 이슬람 세계에서 유래했다. 그러다가 고집스럽고도 일편단심인 한 덴마크 사람이 나타나 근대 천문학의 토대를 닦아놓았다.

고전기 그리스는 물론이고 이슬람 세계에서도 천문학은 대개 과학 연구에 속한다고 여겼다. 유럽에서 인쇄술이 이용 가능하게 되었을 때에도 천문학 책의 제작은 항상 문제를 일으켰다. 왜냐하면 천문학 관측과 마찬가지로, 천문학 책에서는 거기 수록된 자료의 절대적 정확성이 필수적이었기 때문이다(이를 위해 종이로 만든 일종의 '계산기〔**회전판**〕'가 사용되기도 했다). 레기오몬타누스나 헤벨리우스 같은 유럽의 초창기 천문학자 가운데 몇 명은 자기 저서를 인쇄하는 전용 인쇄소를 설립하여, 텍스트의 정확성을 높이려고 노력했다.

덴마크의 탁월한 수학자, 천문학자 겸 점성술사 튀코 브라헤(1546~1601)에게는 인쇄 관련 문제가 더 중요했는데, 왜냐하면 연구 결과를 남이 훔쳐가지 않을까 하는 병적인 두려움 때문이었다. 다행히 브라헤는 고위층과 연고가 있는 데다, 덴마크 국왕 프레데리크 2세도 브라헤의 조숙한 연구에 크게 감명을 받았다. 결국 브라헤는 (외레순에 있는) 벤 섬의 소유권과 함께, 그곳에 천문대를 설치할 수 있도록 보조금도 넉넉히 하사받았다(브라헤가 길일과 흉일을 잘 따졌다는 전설 때문에, 오늘날까지도 덴마크인은 이른바 '손 있는 날'을 가리켜 '튀코 브라헤의 날〔*Tycho Brahes dage*〕'이라고 부르지만, 실제로 브라헤 본인은 무척 운 좋은 날을 경험했음이 분명하다).

새로 설립한 천문대인 ('하늘의 성'이란 뜻의) '우라니보르'에서의 연구는 1572년부터 시작되었다. 브라헤는 (독일에서 마련한) 제지기(製紙機)와 인쇄기를 설치했으며, 천문학 장비를 만드는 일을 도와줄 조수들도 거느렸다. 우라니보르에서 간행된 그의 첫 천문학 책은 1588년에 인쇄에 돌입했지만, 바로 그 해에 프레데리크 2세가 사망했다. 후계자인 크리스티안 4세는 그런 연구에 자금 지원을 할 의향이 별로 없었고, 결국 보조금을 중단했다. 1597년에 브라헤는 우라니보르를 버리고 보헤미아로 이주했으며, 1598년에 그곳의 황제 루돌프 2세를 섬기는 '황실 수학자'로 임명되었다. 그는 1601년에 갑작스럽고도 예상치 못한 상태에서 사망했다. 일각에서는 그가 연금술 실험 과정에 겪은 수은 중독이 사망 원인이라고 추정하기도 한다.

브라헤의 계산 덕분에, 이전까지 이용 가능했던 자료보다 더 훌륭하고 더 정확한 자료가 세상에 나오게 되었다. 하지만 천문학자로서 그의 연구는 주목할 만한 동시에 실망스러운 것이었다. 그토록 밝은 전망이며, 많은 시도에도 불구하고, 그토록 많은 것이 여전히 미완성 상태로 남았기 때문이다. 그의 조수였던 요하네스 케플러가 훗날 브라헤의 책을 마무리했으며, 근대 천문학 연구의 토대가 되는 행성 운동에 관한 새롭고도 더 나은 이해를 발전시켰다.

오른쪽 **튀코 브라헤**『천문학』 속표지에는 1570년대부터 1601년 사망할 때까지 직접 만든 장비 가운데 일부를 가지고 천문대에 있는 이 천문학자가 묘사된다. 그의 사후에 이 장비는 프라하의 한 지하실에 보관되어 있다가, 1619년에 그곳에서 일어난 봉기의 와중에 파괴되고 말았다. 저명한 지도 제작자인 (아울러 브라헤의 제자였던) 요안 블라외는 훗날『대(大)지도책』에서 브라헤의 장비를 그렸다.

관련 내용
더 이전에 나온 천문학 책의 사례로는,
알 수피의『항성지』, 86~87쪽
부자이고 괴짜였던 책 제작자의 다른 사례로는,
렙턴의 '붉은 책', 174~175쪽
크라나흐판『햄릿』, 214~215쪽
헌터의『구식 제지술』, 238~239쪽

QVADRANS MVRALIS SIVE TICHONICVS.

EXPLI-

근대 과학의 주춧돌

뉴턴의 연구는 과학의 발전에 결정적인 것이었지만, 『프린키피아』를 쓴 이 까다롭고 비밀스러운 천재는 이 분야에서 누가 최초냐 하는 온갖 논쟁에 휘말리기도 했다.

PHILOSOPHIÆ
NATURALIS
PRINCIPIA
MATHEMATICA.

Autore *J S.* NEWTON, *Trin. Coll. Cantab. Soc.* Matheſeos
Profeſſore *Lucaſiano*, & Societatis Regalis Sodali.

IMPRIMATUR.
S. PEPYS, *Reg. Soc.* PRÆSES.
Julii 5. 1686.

LONDINI,
Juſſu *Societatis Regiæ* ac Typis *Joſephi Streater*. Proſtant Venales apud *Sam. Smith* ad inſignia Principis *Walliæ* in Cœmiterio D. *Pauli*, alioſq; nonnullos Bibliopolas. *Anno* MDCLXXXVII.

왼쪽 **뉴턴의 『프린키피아』** 뉴턴의 대작이자, 근대 물리학과 천문학의 발전에서 기념비적 중요성을 지닌 이 책은 1687년에 런던의 왕립 학회에서 간행되었다. 이 협회의 회장 자격으로 ('출판을 허가함'이라고) 출판 허가에 서명한 사람은 일기 작가 새뮤얼 피프스였다. 이른바 '뉴턴-피프스 문제'로 일컬어지는 확률에 관한 퍼즐의 이름은, 주사위의 확률에 관해 그가 뉴턴과 주고받은 편지에서 유래했다.

오른쪽 위 **『프린키피아』 개정판** 이 책의 중요성에도 불구하고, 뉴턴은 중력이 왜 발생하는지를 완전히 설명하지 못했다는 이유로 비판을 받았다. 현재 케임브리지 대학 도서관에 소장된 이 책은 원래 저자의 소장본으로, 이후의 개정판을 염두에 두고 그가 직접 쓴 주석이 붙어 있는데, 개정판은 결국 1713년에 간행되었다.

오른쪽 아래 **『여성을 위한 뉴턴 학설』** 이탈리아의 과학자이며 왕립 학회 회원인 프란체스코 알가로티는 1737년에 직접 펴낸 베스트셀러를 통해 뉴턴 학설을 대중화했다. 남녀 간에 오가는 활기차고 가벼운 대화를 통해, 이 책은 뉴턴의 여러 실험에 대한 (특히 빛과 색의 본성에 대한) 신중한 설명을 제공했으며, 자연철학을 문학의 한 장르로 만드는 데 일조했다.

만약 여러분이 근대 과학 혁명에서 가장 중요한 과학자를 찾는다면, 아이작 뉴턴이야말로 여러분이 작성한 목록에서 맨 꼭대기 가까이 놓일 것이다. 설령 여러분이 기억하는 내용이 머리 위로 사과가 떨어진 사건 때문에 그가 중력의 법칙을 발견했다는 (진위가 의심스러운) 이야기에 불과해도 말이다.

뉴턴(1642~1727)은 의심의 여지가 없는 천재였다. 시작은 별 가망이 없어 보였지만(과부였던 어머니는 아들이 링컨셔에서 농사짓기를 원했다) 1661년에 그는 케임브리지 대학의 트리니티 칼리지에서 공부를 시작하여, 1667년에 이 칼리지의 연구원이 되었다. 기독교에 대해 비정통적인 견해를 갖고 있던 그는 케임브리지에서 초대 '루카스 수학 석좌 교수'였던 수학자 아이작 배로로부터 큰 영향을 받았다. 뉴턴은 1669년에 제2대 '루카스 수학 석좌 교수'가 되었는데, 국왕 찰스 2세의 후원 덕분에 뉴턴은 당시 학자들처럼 성직자가 되지 않고도 연구를 계속할 수 있었다. 그는 1672년에 왕립 학회 회원이 되었으며, 1703년부터 사망할 때까지 오랫동안 이 학회의 회장을 맡았다. 그는 또한 여러 해 동안 왕립 조폐국의 최고 책임자로 재직했으며, 위폐범을 추적하는 과정에선 적극적이고 효과적인 역할을 맡았다.

하지만 뉴턴의 진정한 명성은 그의 저술에서 비롯되었다. 뉴턴은 튀코 브라헤와 케플러의 이전 연구에 근거하여 고전 역학의 기초를 놓았고, 중력에 관한 그의 이론은 『자연철학의 수학적 원리』, 일명 『프린키피아(원리)』에 수록되어 1687년에 간행되었다. 이 책은 과학사의 걸작 가운데 하나로 손꼽힌다.

뉴턴이 까다로운 사람이었다는 것은 의심의 여지가 없다. 그는 광학 분야에서 로버트 훅과 불화를 빚기도 했다. 미적분의 진짜 발명자가 누구냐는(그 후보는 명석한 독일인 고트프리트 라이프니츠와 뉴턴, 두 사람이었다) 문제를 놓고서도 길고도 치열한 논쟁이 벌어졌으며, 나중에는 영국과 독일 간의 과학 논쟁으로 번졌다. 영국에서는 『왕립 학회 철학 회보』가 뉴턴을 지지했지만, 유럽 대륙의 대부분 지역에서는 라이프니츠의 중요한 학술지 『학술 회보(學術會報)』가 라이프니츠를 지지했다. 과학 문헌이라고 해서 항상 중립적이지는 않았던 것이다.

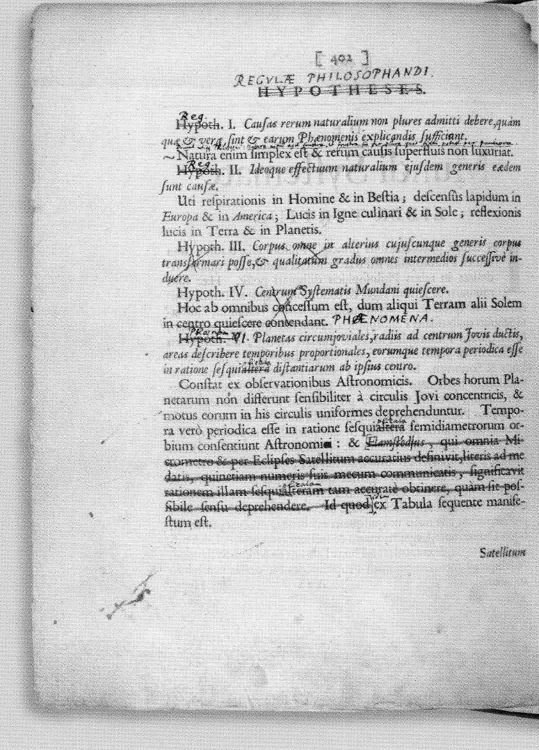

[402]

REGULÆ PHILOSOPHANDI.

HYPOTHESES.

Hypoth. I. *Cauſas rerum naturalium non plures admitti debere, quàm quæ & veræ ſint & earum Phænomenis explicandis ſufficiant.*

Natura enim ſimplex eſt & rerum cauſis ſuperfluis non luxuriat.

Hypoth. II. *Ideoque effectuum naturalium ejuſdem generis eædem ſunt cauſæ.*

Uti reſpirationis in Homine & in Beſtia; deſcenſûs lapidum in *Europa* & in *America*; Lucis in Igne culinari & in Sole; reflexionis lucis in Terra & in Planetis.

Hypoth. III. *Corpus omne in alterius cujuſcunque generis corpus transformari poſſe, & qualitatum gradus omnes intermedios ſucceſſivè induere.*

Hypoth. IV. *Centrum Syſtematis Mundani quieſcere.*

Hoc ab omnibus conceſſum eſt, dum aliqui Terram alii Solem in centro quieſcere contendant. PHÆNOMENA.

Hypoth. VI. *Planetas circumjoviales, radiis ad centrum Jovis ductis, areas deſcribere temporibus proportionales, eorumque tempora periodica eſſe in ratione ſeſquialtera diſtantiarum ab ipſius centro.*

Conſtat ex obſervationibus Aſtronomicis. Orbes horum Planetarum non differunt ſenſibiliter à circulis Jovi concentricis, & motus eorum in his circulis uniformes deprehenduntur. Tempora verò periodica eſſe in ratione ſeſquialtera ſemidiametrorum orbium conſentiunt Aſtronomi : & *Flamſtedius*, qui omnia Micrometro & per Eclipſes Satellitum accuratius definivit, literis ad me datis, quinetiam numeris ſuis mecum communicatis, ſignificavit rationem illam ſeſquialteram tam accuratè obtinere, quàm ſit poſſibile ſenſu deprehendere. Id quod ex Tabula ſequente manifeſtum eſt.

Satellitum

관련 내용

더 이전에 나온 수학책의 사례로는,
　아르키메데스 팔림프세스트, 54~55쪽
　에우클레이데스의 『기하학 원론』, 106~107쪽
비범하고 근대적인 수학책의 사례로는,
　RAND의 『백만 개의 난수』, 240~241쪽

모두가 저마다 전문가이다

만약에, 지금으로부터 4백 년 전에 여러분이 조리법을 필요로 했다면, 또는 정원 설계나 강아지 미용이나 망아지 훈련 방법을 알고자 했다면, 저비스 마컴의 실용 지침서에서 그런 정보를 발견할 수 있었을 것이다.

만약 여러분이 할리우드식의 엘리자베스 시대 드라마를 구상한다면, 저비스 마컴(1568?~1637)의 생애야말로 안성맞춤이 아닐까 싶다. 노팅엄셔의 한 지주의 막내아들이었던 저비스는 러틀랜드 백작의 가신으로 경력을 시작했다. 에식스 백작 휘하에서 네덜란드와 아일랜드 종군을 마쳤으며, 1601년에 에식스가 반역죄로 처형되었을 때 그는 운 좋게도 체포당하지 않고 달아났던 모양이다.

마컴은 작가로 출세하려는 야심을 품고, 아리오스토를 번역하고, 자작시와 희곡을 저술했으며, 배우로도 활동했다. 극작가로도 활동했지만, 당대의 유명한 극작가인 벤 존슨으로부터는 '저급한 친구'라는 혹평을 받았다. 일부 비평가는 셰익스피어의 『사랑의 헛수고』에 등장하는 돈 아드리아노 데 아르마도라는 등장인물이 마컴에 대한 조롱이라고 생각한다.

열성적이고 유능한 조마사(調馬師)였던(아울러 아랍산 말을 영국에 도입한 최초의 인물로 여겨지는) 마컴은 여러 해 동안 농업에 종사했으며, 농촌 생활의 여러 분야에서 전문가가 되었다. 아울러 그는 병적으로 말이 많았기 때문에, 다양한 주제의 책들을 쏟아냈다. 편지 작성 지침서인 『홉슨 서간 문범(書簡文範)』, 텃밭과 과수원을 다룬 『영국의 농민』, 조리법과 가정 관리에 관한 조언이 담긴 『전원의 만족: 영국의 주부』 등이 대표작이었다. 엘리자베스 시대와 제임스 1세 시대 일상생활의 여러 면을 망라하는 이 인기 있는 지침서의 상당수는 여러 차례 재간행되었으며, 오늘날도 여전히 읽는 사람이 있다. 하지만 마컴이 진짜 좋아한 것은 바로 말(馬)이었다. 말에 관한 그의 최초 저서는 1593년에 간행되었지만, 가장 중요한 저서는 1607년에 간행된 『영국의 승마인』이었다. 이 책에서 마컴은 여덟 명의 저명인사에게 바치는 여덟 개의 신중한 헌사를 집어넣었는데, 아마도 이 책을 헌정받은 각각의 인물들로부터 뭔가 보상을 바랐던 것으로 보인다. 『영국의 승마인』은 여러 판을 거듭했으며, 말에 대한 그의 놀라우리만치 광범위한 지식과 열의를, 아울러 인간 본성에 관한 이해를 드러내고 있다.

마컴은 이런 실용 지침서를 이후로도 많이 내놓았는데, 주제가 워낙 광범위하다 보니 나중에 가서는 서적상조차 출간을 꺼리기에 이르렀다. 급기야 1617년에 (인쇄업자와 서적상을 망라하는 런던의 강력한 조합이었던) '출판업자 조합'에서는 그에게 다음과 같은 전무후무한 각서에 서명하도록 강요했다.

> 말, 수소, 암소, 양, 돼지, 염소 등등 가축의 질병과 치료에 관한 내용의 책 또는 책들은 더 이상 쓰지 않을 것을 맹세합니다.

이처럼 성공한 저술가에게 출판사가 글을 쓰지 말라고 강요한 경우는 역사상 거의 없다시피 했다. 그리고 저비스 마컴의 경우, 출판사의 이런 시도는 실패로 끝나고 말았다.

오른쪽 **『영국의 승마인』** 저비스 마컴이 1607년에 펴낸 실용 지침서의 현란한 속표지. 이 책에는 저자가 이전에 발표한 '승마의 기술 전체'가 담겨 있는데, 그중에는 '말에게 묘기를 가르치는 방법'도 포함되어 있었다.

관련 내용

실용 지침서의 다른 사례로는,
수아예의 『현대의 주부』, 202~203쪽
스톱스의 『부부의 사랑법』, 230~231쪽

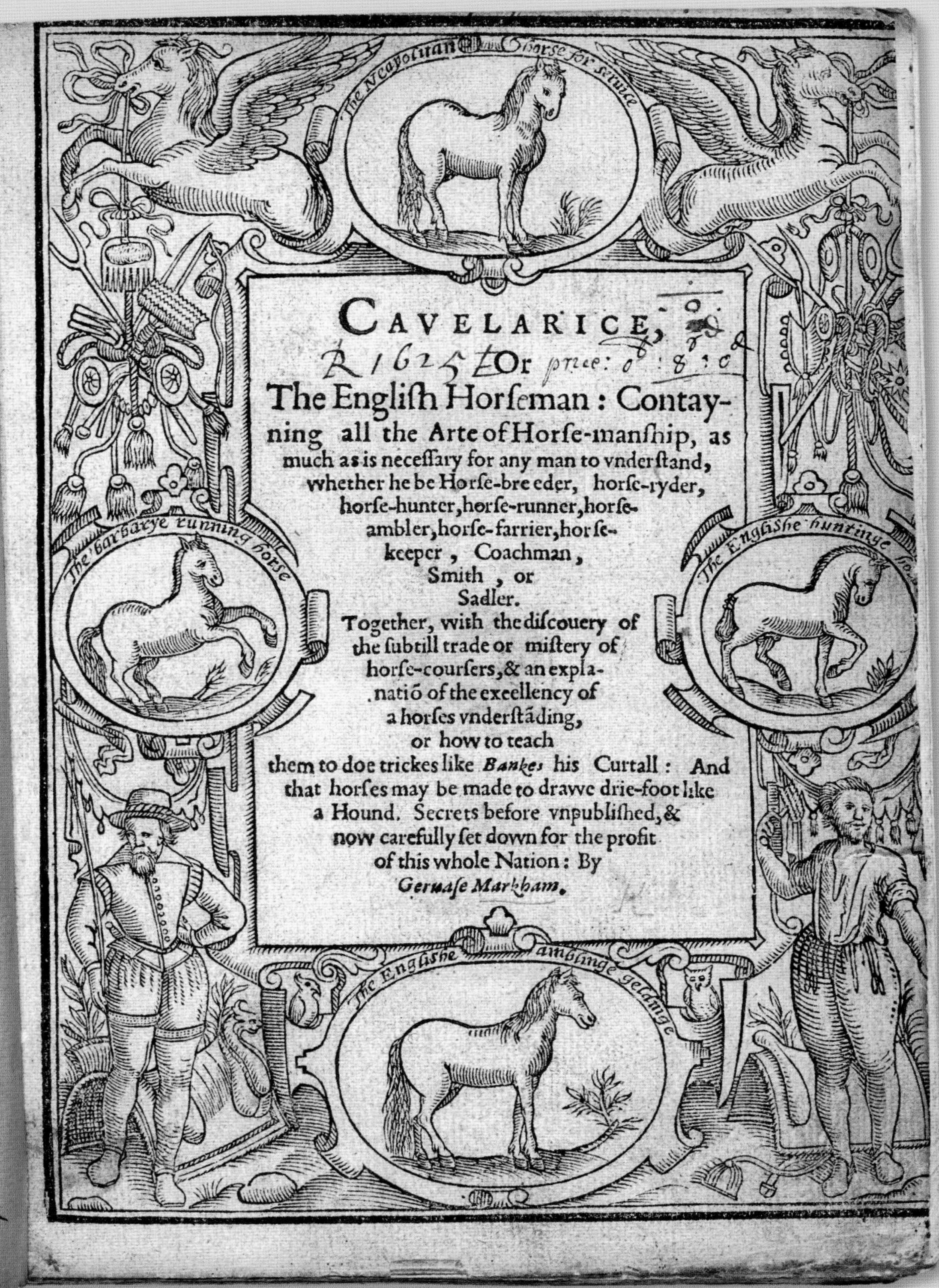

The Neapolitan horse for service

CAVELARICE,
Or
The Engliſh Horſeman: Contayning all the Arte of Horſe-manſhip, as much as is neceſſary for any man to vnderſtand, whether he be Horſe-breeder, horſe-ryder, horſe-hunter, horſe-runner, horſe-ambler, horſe-farrier, horſe-keeper, Coachman, Smith, or Sadler.
Together, with the diſcouery of the ſubtill trade or miſtery of horſe-courſers, & an explanatiō of the excellency of a horſes vnderſtāding, or how to teach them to doe trickes like *Bankes* his Curtall: And that horſes may be made to drawe drie-foot like a Hound. Secrets before vnpubliſhed, & now carefully ſet down for the profit of this whole Nation: By
Geruaſe Markham.

The barbarye running horse

The Englishe huntinge horse

The Englishe amblinge geldinge

Kunst- und Fleiß- übende
Nadel-Ergötzungen
oder
neu-erfundenes
Neh- und Stick- Buch
Worin dem, solche schöne Wissenschafft liebendem
Frauenzimmer allerhand, zu vielen Sachen an-
ständige Muster und Risse, nach der neuesten
Facon zu deren nützlichen bedienung,
vorgestellt von J: Margaretha Helmin.
zu finden in Nürnberg
bey Joh: Christoph Weigel

의복의 유행

여성복의 최신 유행 도판은 19세기에 흔히 찾아볼 수 있었지만,
여성을 위해 여성이 직접 쓴 실용 지침서는 중대한 변화의 시작을 상징했다.

18세기까지만 해도 여성이 집필한 미술 및 공예 관련서는 드물었고, 여성 독자를 위해 집필된 책은 더욱 드물었다. 이런 상황에서 위대한 네덜란드의 마리아 지빌라 메리안이나 스코틀랜드의 엘리자베스 블랙웰(144~145쪽 참고) 같은 여성 화가들은 특히 주목할 만했다.

자수에 관한 여성의 관심은 오래된 것인 동시에 매우 좋은 것으로 인정되고 있었다. "멋진 작품을 깔끔하고 솜씨 좋게 만들어내는 것이야말로, 훌륭한 여성 모임의 속성 가운데 하나이다." 빅토리아 시대의 한 귀부인은 이렇게 썼다. 중산층의 모든 젊은 여성은 자수 만드는 방법을 배워야 했다. 하지만 그 디자인을 어디서 얻어야 할까? 한 프랑스 저술가는 잎사귀에서 직접 모양을 뜨는 **원물 인쇄** 기법을 이용해 자수용 패턴을 만들라고 제안했지만, 영국과 프랑스와 독일의 여성 대부분은 시중에 나온 패턴을 구입하는 쪽을 택했다.

런던이나 파리에서 간행된 이 분야의 초기 책들은 남성이 저술한 것이었다. 하지만 1725년경에 뉘른베르크의 한 여성이 자수에 관한 저서 『바느질의 기술과 근면』의 첫 번째 권을 내놓았다. 이 책에서는 저자가 직접 패턴을 사각형 틀 안에 넣어 제시함으로써, 독자가 이 디자인을 천에 옮겨 그리는 작업도 용이해졌다. 교회 성가대 지휘자의 아내였던 마르가레타 헬름은 뛰어난 자수 공예가이자 판화가이기도 했다. 저서에서 그녀는 재료와 실과 색상에 관한 조언도 내놓았다. 전문적인 외투 제작자들은 물론이고, 아마추어 드레스 제작자들도 정보가 풍부한 헬름의 저서를 이용해 돋보이는 옷을 만들 수 있었다.

헬름의 책을 간행한 출판업자 크리스토프 바이겔은 존경받는 유명한 판화가이기도 했다(요한 제바스티안 바흐의 악보 가운데 일부도 그의 가족이 운영하는 회사에서 판각하여 출판되었다). 바이겔 역시 삽화가 들어간 지침서로 유명했으며, 패턴집을 두 권이나 간행했는데, 이때는 그 패턴이 독창적인 디자인이라는 점을 강조했다. 마르가레타 헬름의 책에 붙인 짧은 서문에서 그는 바느질이야말로 귀족과 '중산층' 여성 모두에게 가장 적절한 직업이라고 권장했다. 세월이 흐르면서 다른 패턴들도 간행되었으며, 그중에서도 맨 마지막은 헬름이 사망한 1742년에 간행되었다. **요판(凹版)** 작품이었던 까닭에 그녀의 책은 항상 가격이 비쌌고, 비교적 크기가 작은 판본으로 인쇄되었으며, 따라서 이제는 매우 희귀한 책이 되고 말았다.

왼쪽 『바느질의 기술과 근면』 마르가레타 헬름의 '새로 고안된 바느질 및 자수 지침서'인 『바느질의 기술과 근면』 속표지. 이 뉘른베르크의 재봉사는 자수를 가르친 것뿐만 아니라 동판화가로도 일했으며, 당시에는 양쪽 직업 모두 숙련된 '전문직'이었다.

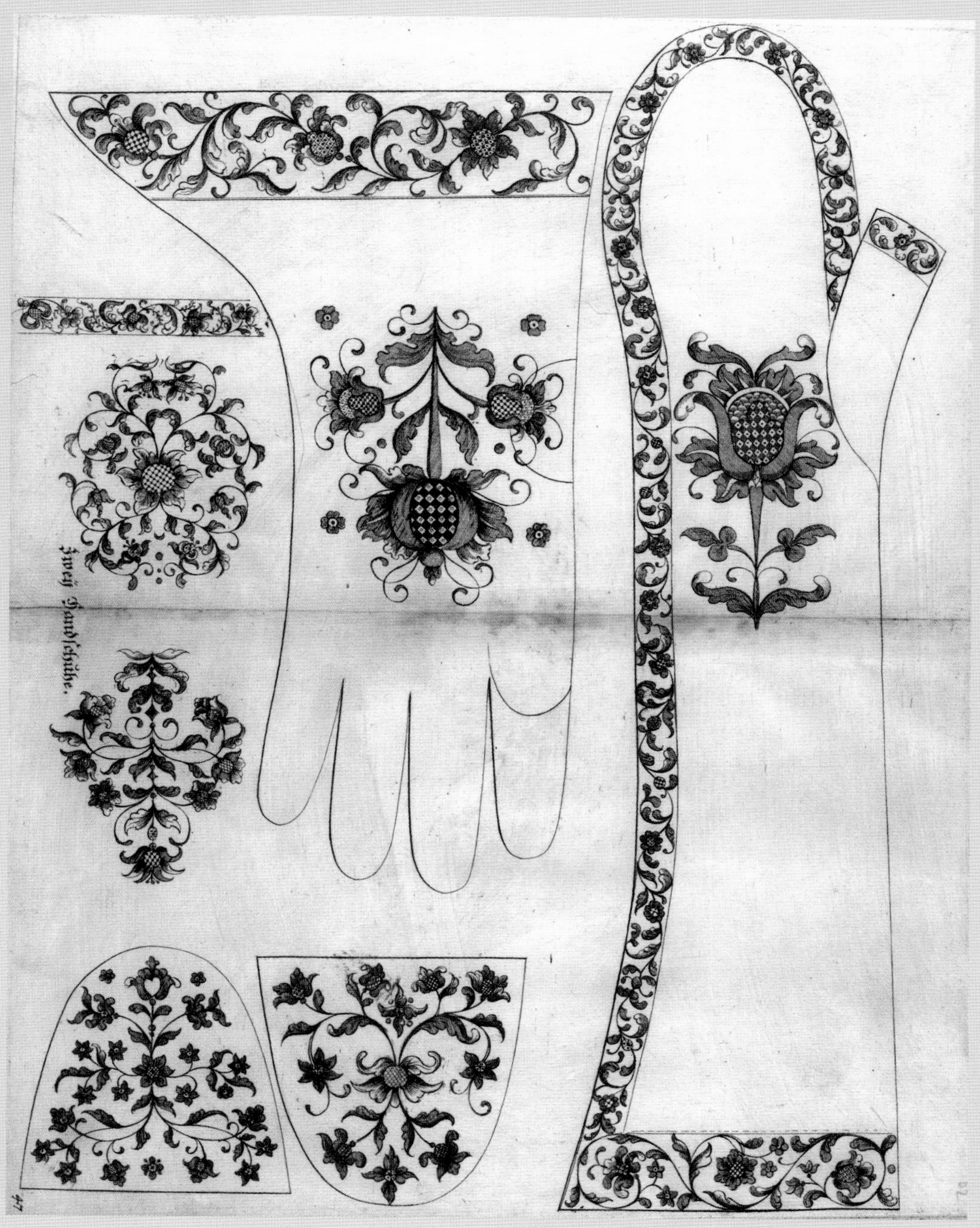

위 '두 가지 장갑' 헬름의 책에 수록된 47번 도판에는 자수를 놓은 장갑과 벙어리장갑을 위한 동판화 디자인이 나와 있다. 이처럼 세밀한 작업은 종종 비단이나 호박단이나 공단에 은실 혹은 금실을 이용해 이루어졌다. 이 책의 다른 부분에는 속옷과 겉옷에 사용하는 꽃문양이 들어 있다.

관련 내용

여성이 저술한 책의 다른 사례로는,
블랙웰의 『흥미로운 약초들』, 144~145쪽
앳킨스의 『영국 조류 사진 도감』, 184~185쪽
에이킨의 『한 음절 단어로만 된 로빈슨 크루소』, 194~195쪽
더 현대적인 페미니스트의 관점의 사례로는,
스톱스의 『부부의 사랑법』, 230~231쪽

식물학 분야에서 돋보인 영국의 기여

엘리자베스 블랙웰의 『흥미로운 약초들』은 식물 삽화 분야에서의 기여라는 면에서 특기할 만하다. 하지만 보다 '흥미로운' 점은 그녀가 이 놀라운 책을 쓰고 그리던 상황 그 자체였다.

마리아 지빌라 메리안이나 마르가레타 헬름(142~143쪽 참고)이 그러했듯, 출판을 위한 식물 연구와 저술과 삽화 제작 모두가 남성의 전유물이었던 시대에 활동한 식물화가 엘리자베스 블랙웰(1700?~1758)은 비범한 여성이 아닐 수 없었다. 하지만 우리는 그녀의 삶과 배경에 대해서는 거의 아는 바가 없다.

애버딘의 부유한 상인 집안에서 태어난 그녀는 1730년경에 사촌 알렉산더 블랙웰과 함께 남몰래 사랑의 도피를 떠났다. 말은 번드르르하지만 실속이 없었던 그는 네덜란드의 레이던에서 저명한 의사 겸 식물학자 헤르만 부르하버와 함께 공부했다고 주장하는 사람이었다. 1730년대 초에 두 사람은 런던에서 살았는데, 알렉산더는 인쇄업자 윌리엄 윌킨스에게 고용되어 인쇄물 교정자로 일하고 있었다. 그는 인쇄업자로 독립하려 했지만, 정작 출판업자 조합 회원만 런던에서 인쇄업에 종사하도록 허락된다는 사실은 모르고 있었다. 그 결과, 알렉산더는 사업을 날린 것은 물론이고, 조합이 부과한 엄청난 벌금으로 불량 채무자 형무소에 들어가게 되었다.

불굴의 여성인 블랙웰 여사는 그를 감옥에서 꺼내기 위해 (식물 수집가인 한스 슬론, 첼시 약초원의 원장 필립 밀러 같은 친구들의 도움을 받아가면서) 직접 자료를 수집하고, 도판을 판각하고, 각 권마다 일일이 직접 채색하고, 구매자 예약 및 계산까지 도맡아가면서 『흥미로운 약초들』을 제작했다. 5백 점의 도판을 수록한 이 책은 1737년부터 1739년까지 총 125회에 걸쳐 매주 일부분씩 간행되었으며, 비록 다른 판화가들이 만든 해적판이 팔렸음에도 불구하고, 알렉산더 블랙웰을 감옥에서 꺼내주고, 첼시에서 수수하게나마 살아갈 수 있을 만큼의 돈을 벌어다 주었다.

알렉산더는 이후에도 런던에서 몇 번인가 더 말썽에 휘말리다가 1742년에 스웨덴으로 이주했다. 국왕 프레드릭 1세의 어의(御醫)로 일하던 그는 1747년에 반역 혐의로 참수형에 처해졌다. 이후 과부가 된 엘리자베스는 1758년 사망할 때까지 첼시에 머물며 꽃 그림을 그렸다고 전한다.

나중의 판본은 그녀의 도판을 이용해 재간행되었으며, 뉘른베르크의 인쇄업자 크리스토프 야코프 트레브는 (새로 판각한 도판을 수록한) 증보판을 1750년부터 1773년에 걸쳐 '블랙웰 본초서(本草書)'라는 제목으로 펴냈다. 이 놀라운 책의 초판과 증보판 모두 디지털화 버전을 인터넷에서 볼 수 있다.

위 **메리 딜레이니의 종이 오리기 작품** 블랙웰과 거의 동시대인인 딜레이니는 72세의 나이에 종이 오리기에 관심을 갖게 되었다. 유명한 식물학자 조지프 뱅크스는 그녀의 정교한 꽃 **콜라주**를 가리켜 "지금까지 본 자연의 모방품들 중에서는 유일하게, 혹시나 오류를 저지르지 않을까 하는 두려움 없이 마음껏 참고해서 어떤 식물을 식물학적으로 묘사할 엄두를 내게 해주는 자료"라고 말했다.

오른쪽 **엘리자베스 블랙웰의 『흥미로운 약초들』** '5백 점의 도판' 가운데 상당수는 신세계에서 가져온 수많은 이국적인 식물종(種)이 자라던 첼시 약초원에서 저자가 직접 꼼꼼하게 기록한 것들이었다. 삽화의 판각과 수작업 채색까지 직접 하면서, 블랙웰은 도판 곳곳에 식물에 대한 묘사와 함께, 일반적인 용도도 간략히 설명했다.

관련 내용

더 먼저 나온 식물학 관련서의 사례로는,
디오스코리데스의 『약물지』, 64~65쪽
린네의 『식물종』, 160~161쪽
예약 출판 도서의 다른 사례로는,
존슨의 『영어 사전』, 154~155쪽
디드로의 『백과전서』, 158~159쪽
여성이 저술한 책의 다른 사례로는,
앳킨스의 『영국 조류 사진 도감』, 184~185쪽
스톱스의 『부부의 사랑법』, 230~231쪽

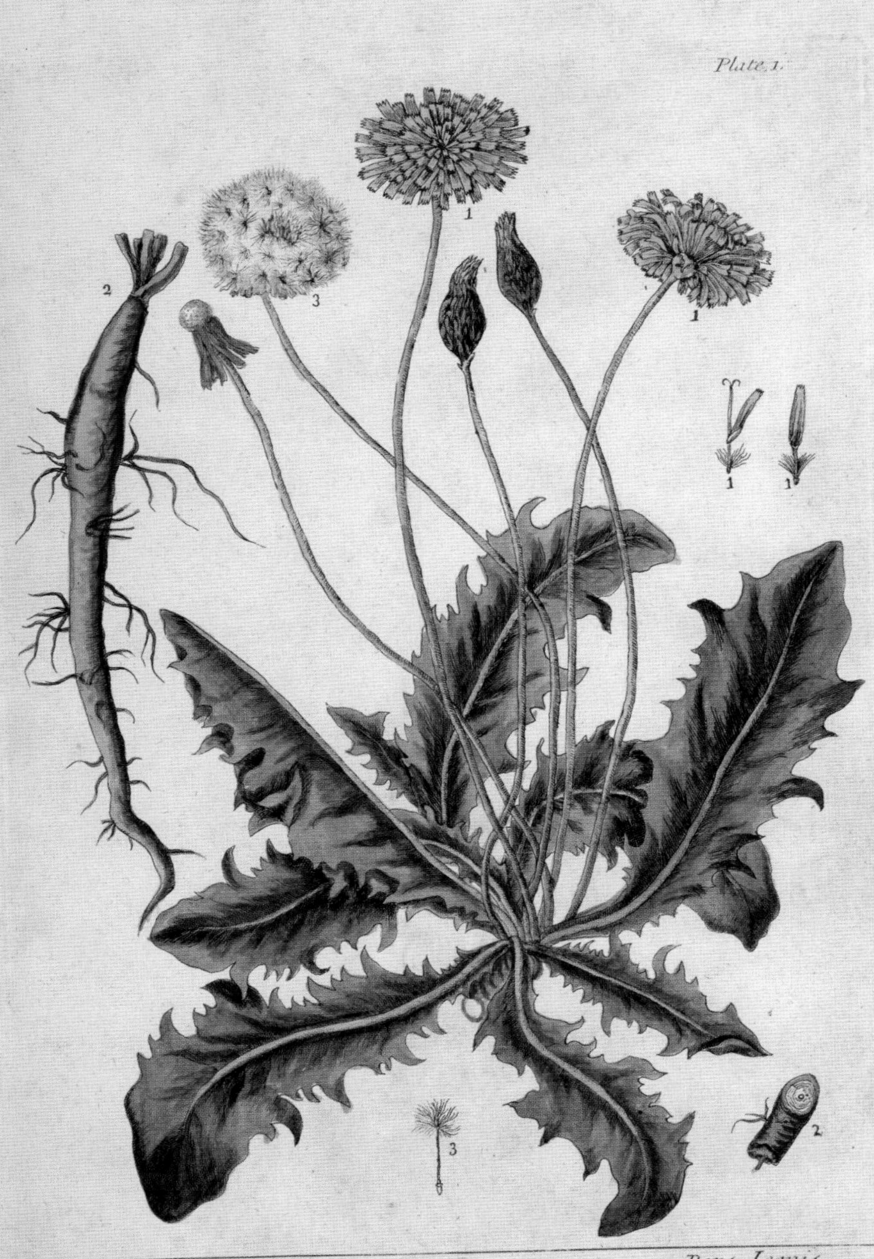
Plate 1.
Dandelion
Eliz. Blackwell delin. sculp. et Pinx.
1 Flower
2 Root
3 Seed
Dens Leonis
Taraxacum

오른쪽 『춤의 기술』 켈롬 톰린슨이 1735년에 간행한 지침서에는 얀 판 데르 후흐트를 비롯해 여러 화가가 제작한 37종의 멋지게 판각한 도판이 들어 있다. 지도와 투시 삽화를 (이는 오늘날의 입체 스케치 프로그램과도 유사하다) 조합시킴으로써, 푀이예의 복잡한 춤 기보법 위에 인물을 놓아두었고, 이를 통해 바로크 춤의 발동작뿐만 아니라 동작과 움직임의 느낌도 함께 전달하고 있다.

관련 내용

상류층을 위한 책의 다른 사례로는,
뷰익의 『영국 조류사』, 172~173쪽
렙턴의 '붉은 책', 174~175쪽
예약 판매를 한 책의 다른 사례로는,
존슨의 『영어 사전』, 154~155쪽
디드로의 『백과전서』, 158~159쪽
그래본판 『풀잎』, 216~217쪽
동판화가 포함된 책의 다른 사례로는,
린스호턴의 『여행 안내서』, 132~133쪽
블랙웰의 『흥미로운 약초들』, 144~145쪽
부셰의 『몰리에르』, 152~153쪽

바로크 시대의 음악에 맞춘 춤

18세기 상류 사회에서는 구매 가능한 서비스의 종류가 크게 늘었다. 적지 않은 비용만 감수한다면 춤 교습도 가능했다.

"책을 읽고, 춤을 추자. 이런 즐거움이야말로 세상에 아무런 해악도 끼치지 않을 테니까." 볼테르는 이런 말을 남겼다. 루이 14세와 다른 유럽 통치자의 궁정 서클에서는 뛰어난 춤꾼이 되면 위신도 올랐다. 춤 선생은 수도와 여러 도시에서 인기를 누렸다. 전설에 따르면, 루이 14세는 자기 궁전의 춤 선생에게 춤의 기보법 체계를 창안하라고 명령했다. 라울 오제 푀이예는 이 기보법을 발전시켜 1700년에 '안무법(按舞法)'이라는 제목으로 간행했으며, 이 기보법은 영국을 비롯한 다른 나라에서도 채택되었다. 이 체계는 비교적 복잡한 편이었으며, 춤꾼이 따라가야 하는 스텝과 위치, 춤꾼의 움직임이 바닥에서 그리는 패턴, 춤꾼의 동작에 맞춘 음악을 함께 소개하고 있었다. 이 책에서 소개하는 체계는 춤 선생들이 주로 사용했고, 학생들은 선생들의 동작을 암기함으로써 춤을 배웠다.

런던에서 활동하던 춤 선생 켈롬 톰린슨(1690~1753년경)이 저술한 『춤의 기술』은 호화본을 만들려는 야심만만한 시도였고, 그중 상당수는 필사본 형식으로 만들어졌다. 삽화에는 **요판(凹版)** 도판이 필수적이었다. 동판 인쇄는 가격이 비쌌고, 선불을 요구했기 때문에, 춤 선생이라도 구매를 망설일 만큼 책값이 비싸질 수밖에 없었으므로, 톰린슨은 **예약 출판**을 시도했다.

예약은 재정적 손실의 위험을 감소시키는 대신 두 가지 심각한 불이익이 있었다. 하나는 제작이 늦어질 수 있다는 것이었고, 또 하나는 다른 저자나 출판사가 유사한 책을 선수쳐서 펴낼 수 있다는 것이었다. 실제로 톰린슨의 책은 두 가지 문제 모두를 겪었다. 유사한 프랑스어 지침서의 번역본이 간행되었고, 톰린슨은 10년 뒤인 1735년에야 자기 책을 간행할 수 있었다. 그의 책을 예약한 고객 가운데 상당수는 귀족과 신사 계층이었으며, 이들 이외에 춤 선생과 극장 운영자와 음악가와 서적상과 인쇄업자도 있었다. 2기니 반이라는 가격 때문에(현재의 가격으로 6백 달러쯤 된다) 상당히 값비싼 출판물이었지만, 영국 도서 제작의 최전성기를 보여주는 멋진 사례가 되었다.

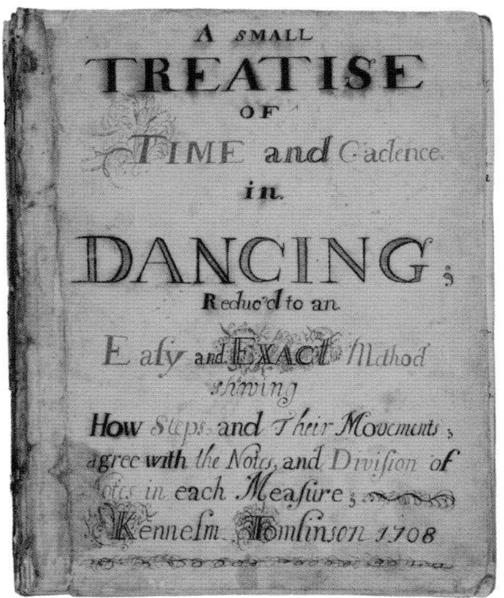

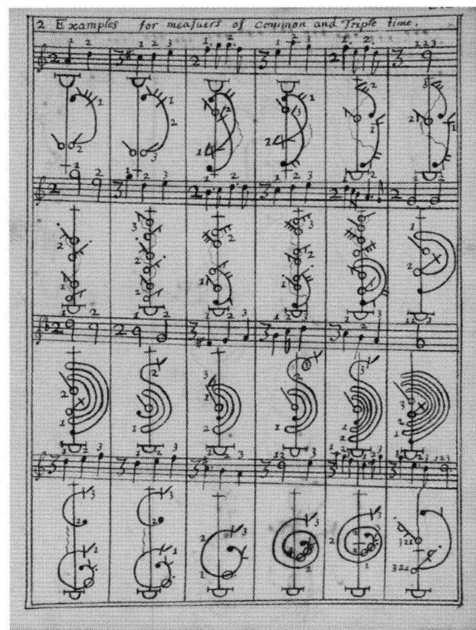

위 **'소론'** 어느 개인 컬렉션에서 최근에 발견된 이 매력적인 작업 노트는 켈롬 톰린슨이 1708년부터 1721년경까지 편찬한 것이었다. 이 춤 선생은 유럽의 춤 관련 텍스트에서 여러 구절을 차용했고, 기존의 춤 기보법을 기록하고, 몇 가지 신선한 안무를 만들었다. 여기 나온 복잡한 기보법은 루이 페쿠르의 『안무집(按舞集)』(파리, 1704년)에 서문으로 수록된 라울 오제 푀이예의 「박자에 관한 소론(小論)」에서 가져온 것이다. 페쿠르는 1704년에 파리의 오페라 『탕크레드』를 위해 '두 명을 위한 사라방드'라는 안무를 마련했는데, 1716년에 런던의 링컨스인필즈에서 공연된 톰린슨의 버전에서는 1인용 안무로 바뀌어 있었다.

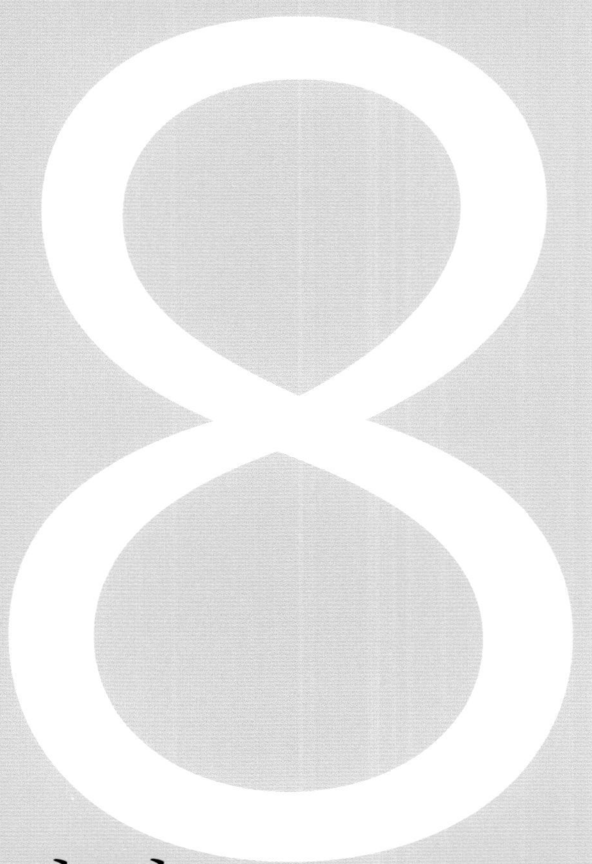

오른쪽 『영어 사전』 새뮤얼 존슨이 거의 혼자 힘으로 집필한 이 책의 초판본은 1755년 4월 15일에 두 권의 2절판으로 간행되었다(1818년의 판본부터는 네 권으로 간행되었다. 154~155쪽 참고).

제8장 인쇄술과 계몽주의

오늘날 일반적인 출판 형태는 거의 모두 18세기에 수립된 것들이다. 계몽주의 사상가들 사이에서 출판과 독서는 과학적이고 합리적인 사고에 대한 믿음을 낳았으며, 이는 프랑스 혁명을 이끌어낸 관념의 기초가 되었다.

A

DICTIONARY

OF THE

ENGLISH LANGUAGE:

IN WHICH

The WORDS are deduced from their ORIGINALS,

AND

ILLUSTRATED in their DIFFERENT SIGNIFICATIONS

BY

EXAMPLES from the beſt WRITERS.

TO WHICH ARE PREFIXED,

A HISTORY of the LANGUAGE,

AND

AN ENGLISH GRAMMAR.

BY SAMUEL JOHNSON, A. M.

IN TWO VOLUMES.

VOL. I.

THE SECOND EDITION.

Cum tabulis animum cenſoris ſumet honeſti:
Audebit quæcunque parum ſplendoris habebunt,
Et ſine pondere erunt, et honore indigna ferentur.
Verba movere loco; quamvis invita recedant,
Et verſentur adhuc intra penetralia Veſtæ:
Obſcurata diu populo bonus eruet, atque
Proferet in lucem ſpecioſa vocabula rerum,
Quæ priſcis memorata Catonibus atque Cethegis,
Nunc ſitus informis premit et deſerta vetuſtas. HOR.

LONDON,
Printed by W. STRAHAN,
For J. and P. KNAPTON; T. and T. LONGMAN; C. HITCH and L. HAWES;
A. MILLAR; and R. and J. DODSLEY.
MDCCLV.

저 길었던 18세기 동안(실제로는 한 세기 이상의 기간, 즉 영국에서 명예혁명이 일어난 1688년부터 프랑스 혁명까지의 기간, 또는 심지어 1815년에 있었던 나폴레옹의 몰락까지의 기간을 말한다) 인쇄와 도서 제작 및 판매는 오늘날까지도 우리가 인식할 수 있는 형태로 바뀌었다. 이 시기야말로 (비록 프랑스와 영국의 대립과 충돌이 있었지만) 상류와 중류 계급의 부가 꾸준히 증대한 시기였다.

이 시기의 시작 때만 해도, 과학과 기술 분야를 사실상 지배한 국가는 프랑스였다. 17세기에 '왕실 인쇄업자'가 생겨난 것도 취향을 향상시키는 한 방법이었다. 특정한 **자체(**즉 '왕실 로마자' 자체)의 제작에는 왕립 과학회가 관여했으며, 이 기관은 한참 나중에 나온 『기술 공예 도감』의 준비에도 관여했다. 1702년에 처음 사용된 '왕실 로마자'는 전통적인 **구식 자체**와는 거리가 있는 합리화된 자체였다. 이런 방식의 디자인을 계승한 사람이 파리의 활자 디자이너 피에르시몽 푸르니에로, 그는 1737년에 활자 측정 체계를 완성했고, 결국 활자의 국제적 표준화를 이끌었다(물론 〔프랑스의〕 **디도** 체계와 〔영국과 미국의〕 전통적인 **피카** 체계의 차이처럼, 국가 간의 타이포그래피 차이도 드러났지만 말이다).

프랑스의 취향과 활자는 판화가들의 기술에 잘 맞아떨어졌다(152~153쪽 참고). '왕실 인쇄업자'가 간행한 대형판 서적은 루이 14세가 의도한 대로 인상적이었다. 하지만 이런 책들이 탁월하지 못한 이유는 **종이**와 인쇄 작업에 있었다. 당시 프랑스 종이 대부분은 여전히 '방아식 분쇄기'에서 제작되었다. 하지만 17세기 말에 이르러, 풍력을 이용해 원료를 더 곱게 가는 것이 가능한 **네덜란드식 분쇄기**가 개발되었고, 이 장치가 유럽 전역에 전파되어 일반적으로 사용되기에 이르렀다. 아울러 표백법의 향상, 제지용 틀과 **압착**(또는 **가열 압착**) 등의 방법이 1750년경에 (영국의 제임스 와트먼 그리고 활자 제조업자 겸 인쇄업자 존 배스커빌에 의해) 개발되면서부터 섬세하고도 더 좋아 보이는 책의 제작이 용이해졌다.

영국의 책 디자인은 대부분 네덜란드의 영향을 받았는데, 영국에서 사용되는 종이와 인쇄기와 자체 모두가 네덜란드 제품이기 때문이었다(1660년대에 재구성된 옥스퍼드 대학 출판부의 경우에도 마찬가지였다). 네덜란드의 자체는 견고하고, 실용적이고, 구식(舊式)이었다. 프랑스에서 활자 디자인에 관한 이론화가 끝난 지 오래인 1720년경에는 런던의 활자 제조업자 윌리엄 캐슬론이 일련의 구식 자체 디자인을 내놓았는데, 이것이 훗날 영국과 영국령 아메리카에서 표준 자체가 되었다. 미국 독립선언서의 최초 인쇄본 역시 바로 이 캐슬론 활자로 인쇄한 것이었다. 영국 최초의 저작권법은 1710년의 '앤 조례'(제19조)였으며, 저서의 소유권을 저자에게 부여하는 것이 그 내용이었다. 아일랜드와 영국령 아메리카에서는 이 조례를 강제할 방법이 없었지만, 그래도 이 법률 덕분에 영국의 저자들은 책으로 돈을 벌 수 있었다(154~155쪽 참고). 그리고 시간이 흐르면서, 국가 간의 저작권 협약을 통해 (인터넷도 없던 시절에) 저작권이 애초의 의도대로 인정되기에 이르렀다.

과학 출판

영국과 유럽 대륙 양쪽 모두에서 도서 판매와 출판이 발전하면서 특정 분야만 다루는 회사들이 생겨났는데, 대표적인 것이 아동서 전문인 존 뉴베리(1713~1767)였다(156~157쪽 참고). 프랑스에서는 출판인 샤를조제프 팡쿠크(1736~1798)가 계몽주의의 발상을 전파하는 일에서 중요한 역할을 담당했다.

과학적 또는 철학적 사고의 발전은 결코 프랑스와 영국에만 국한되지는 않았다(158~159쪽 참고). 학술 단체 회보(즉『학술 회보』,『석학 회보』,『왕립 학회 철학 회보』 등)를 통해 지식을 전파하려는 노력이 유럽 전역에서 이루어졌다. 이들의 연구는 더 비공식적 수단인 서신 교환을 통해 전해지기도 했다. 예를 들어 스웨덴 박물학자 칼 린네(1707~1778)의 연구가 이런 수단 없이도 성취될 수 있었으리라고 상상하기는 어렵다. 아울러 더 멀리 떨어진 곳의 다른 사람들에게까지(예를 들어 벤저민 프랭클린에게까지) 소식이 전파될 수 있었던 연고(緣故)도 중요하기는 마찬가지였다(160~161쪽 참고). 이런 비공식적 통신 수단은 과학계에만 제한되지 않았다. 역사와 미술과 음악과 문학의 여러 측면에 관한 정보의 상당수가 멜키오르 그림(1723~1807)이 친필로 작성한 소식지를 통해 회람되었다(인쇄본은 모두 검열 대상이었지만, 이런 친필 소식지는 그렇지 않았다).

이들과는 달랐던 존 배스커빌의 경력은 계몽주의에 대한 영국적 접근법의 전형이나 다름없다. 배스커빌은 습자 교사로 경력을 시작했다. 버밍엄에 근거를 둔 루나 학회와 긴밀히 공조하면서(그곳 회원들은 산업혁명의 발전에 저마다 기여했다) 배스커빌은 활자 디자인과 인쇄와 출판으로 돌아섰다. 표면이 더 매끄러운 종이, 향상된 잉크와 인쇄기를 (아울러 특별 주문 제작한 신형 활자를) 이용한 배스커빌의 책은 그 우아함으로 매우 좋은 평가를 받았다. 극작가 보마르셰는 독일 켈의 인쇄소에서 볼테르 작품집(1784~1789)을 만들면서 배스커빌의 활자를 사용했다. 그의 이런 행동은 단순한 변덕이 아니었으며, (디드로의 『백과전서』와도 관련된) 파리의 출판인 팡쿠크로부터 은밀하게 자금 지원을 받은 것이었다. (독일 바덴 지방의) 켈에 있던 덕분에 보마르셰와 팡쿠크는 프랑스의 검열을 피했으며, 배스커빌의 영향력은 유럽 전역에 걸쳐 있었다. 그 당시 루나 학회와 공조했지만 지금은 거의 잊힌 또 다른 사람은 그래프와 파이 도표의 발명자인 윌리엄 플레이페어였는데, 구체제에서 산업혁명을 증진시키려고 시도하며 파리에서 일했던 그는 사실 동업자로 삼기에는 위험한 사람이었다(162~163쪽 참고).

새로운 출판 형태

18세기에는 몇 가지 형태의 출판이 일반화되었는데, 그중에는 『뉴게이트 연감』 같은 선정적인 문학도 있었다(164~165쪽 참고). 영국과 유럽 대륙 모두에서 소설이 대두했으며, 볼테르의 『캉디드』와 로런스 스턴의 『트리스트램 섄디』 같은 책들은 널리 인정을 받았고, 다른 소설가들의 작품을 낳는 촉매로 작용했다(166~167쪽과 168~169쪽 참고).

서양 세계 전역에 인쇄술이 전파되면서, 상당수의 출판사들은 기존의 간행물에 역서(曆書)의 연례 생산을 덧붙이게 되었다. 아마도 북아메리카에서 가장 주목할 만한 역서는 1732년부터 벤저민 프랭클린이 간행한 『가난한 리처드의 역서』일 것이다. 이 책은 베스트셀러가 되면서 이 분야의 모범이 되었다. 흥미로운 사실은, 초창기의 흑인 정신 표명 가운데 하나였던 책도 역서였다는 점이다(170~171쪽 참고).

박물학 책들은 오래전부터 인기가 있었지만, 도판의 판각과 인쇄 비용이 비쌌기 때문에 널리 전파되는 데에는 한계가 있었다. 배스커빌이 더 나은 인쇄기, 잉크, 매끄러운 종이를 사용하면서 생긴 영향 가운데 하나는, 눈목판화가 토머스 뷰익의 천재성이 이런 삽화 제작 방법을 전 세계적으로 유행시켰다는 것이었다. 결국 눈목판화 사용은 빅토리아 시대가 한참 지날 때까지도 가장 일반적인 삽화 제작 방법이 되었다(172~173쪽 참고).

18세기 말에는 각별히 주목할 만한 필사본도 몇 가지 나왔는데, 이는 영국의 사회 계층에서도 맨 꼭대기를 겨냥한 책이었다. 예를 들어 험프리 렙턴의 '붉은 책'은 정원 설계 분야를 뒤바꿔놓았다(174~175쪽 참고). 나아가 프랑스 혁명이 모든 것을 바꿔놓기 직전에는, 시각장애인을 도우려는 책의 생산을 위한 시도가 사상 최초로 이루어졌다.

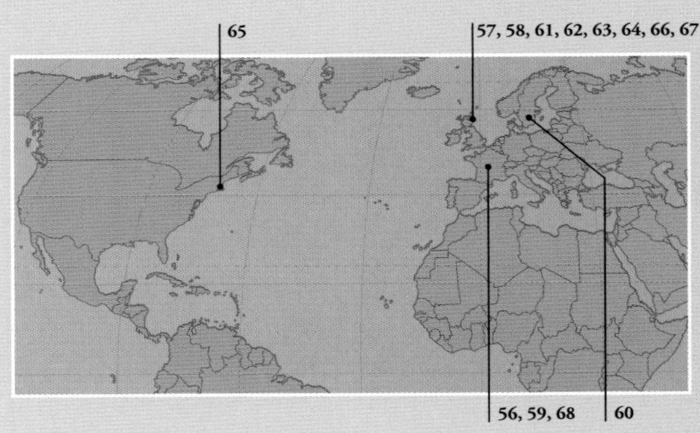

소개할 책들

고전기 희곡에 로코코 의상을 입히다

라신, 코르네유, 몰리에르는 17세기와 18세기의 가장 위대한 프랑스 극작가들이다. 파리의 도서 제작 전성기인 1734년에는 몰리에르의 작품집이 프랑스 왕궁의 지원하에 호화판으로 간행됨으로써, 이 분야에서 프랑스의 탁월함을 과시했다.

18세기의 대부분 기간 동안 프랑스의 예술과 문학은 절정에 이르러 있었다. 영국에서도 호가스 같은 화가들은 미술 작품에서 뛰어난 능력을 드러냈고, 비컴 부자(父子)도 기술적 유능함을 보여주었지만, 파리에서 만든 책은 타이포그래피 디자인과 삽화와 제본 면에서 영국 책보다 월등히 뛰어났다. 프랑스의 **요판(凹版)** 판화가들의 탁월함도 공인된 바였으며, 영국의 서적 삽화가 프랑스에 맞먹거나 심지어 능가하기 시작한 것은 프랑스 출신의 영국 화가 그라블로(그는 부셰에게 배웠고, 런던에서는 비컴 부자와 함께 일했으며, 화가 토머스 게인즈버러를 가르쳤다) 때부터였다.

그보다 더 성공한 화가는 바로 그라블로의 스승인 프랑수아 부셰(1703~1770)였는데, 그는 운 좋게도 프랑스 국왕 루이 15세의 호의를 얻은 바 있었다. 나중에는 위세가 등등했던 국왕의 정부 퐁파두르 부인에게 동판화를 가르친 것도 도움이 되었다(그녀는 코르네유의 『로도귄』의 한 판본에 들어갈 삽화를 직접 판각하여, 1770년에 베르사유의 전용 인쇄소에서 인쇄했다).
오늘날 부셰는 대부분 구체제(앙시앵레짐) 당시의 귀족 생활에 관한 매력적인 (그리고 종종 대담했던) 그림으로, 또 베르사유의 장식으로 기억된다.

PSICHÉ

PSICHÉ,
TRAGI-COMEDIE, & BALLET.

ACTE PREMIER.
Le théatre repréſente le palais du roi.
SCENE PREMIERE.
AGLAURE, CIDIPPE.
AGLAURE.

Il eſt des maux, ma ſœur, que le ſilence aigrit,
Laiſſons, laiſſons parler mon chagrin & le vôtre;
Et de nos cœurs, l'un à l'autre,
Exhalons le cuiſant dépit.
Nous nous voyons ſœurs d'infortune;
Et la vôtre & la mienne ont un ſi grand rapport,
Que nous pouvons mêler toutes les deux en une,

오른쪽 부셰의 『몰리에르』 프랑스 로코코 양식의 달인인 프랑수아 부셰는 연극 무대와 의상을 디자인하기도 했으며, 위대한 프랑스 극작가의 작품에 들어갈 삽화를 준비하는 와중에 정기적으로 연극을 관람했다. 이 사진은 1734년에 여섯 권으로 간행된 피에르 프로 판본의 권두화(卷頭畵)로, 부셰의 선화 33점이 들어가 있다. 이것이야말로 아마 가장 아름다운 18세기의 출판물 가운데 하나일 것이다.

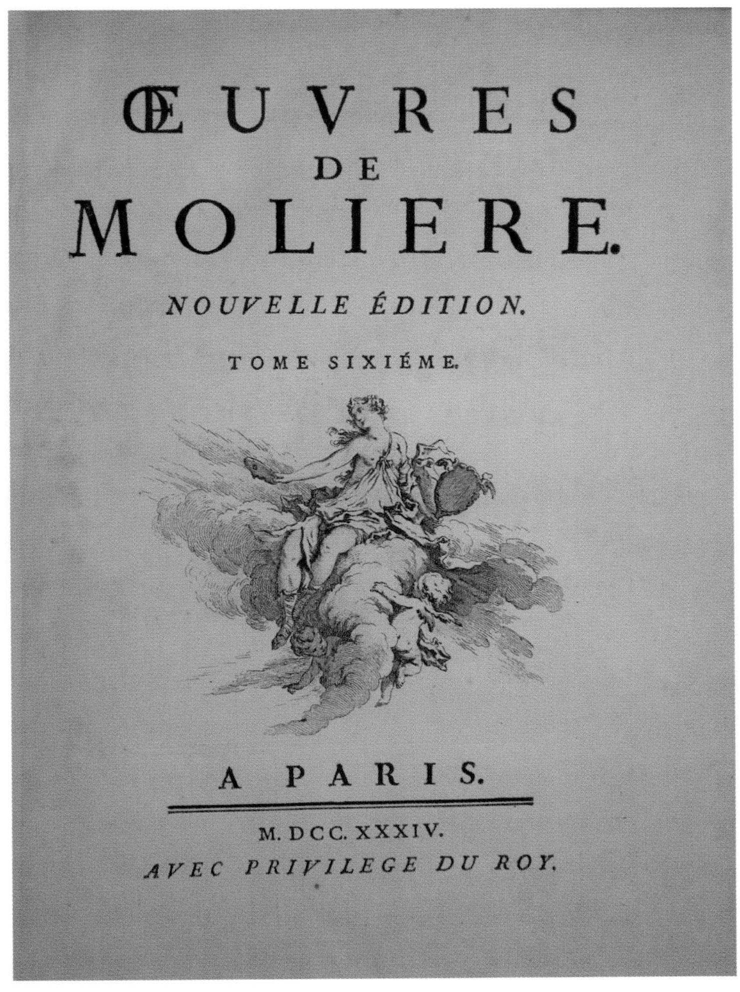

또 다른 훌륭한 프랑스의 태피스트리 디자이너 겸 도서 삽화가인 장 바티스트 우드리의 경우와 마찬가지로(우드리가 『라퐁텐 우화』에 곁들인 스케치는 1755년에 샤를 니콜라 코생이 재해석해서 호화스러운 판본으로 간행했다) 부셰의 선화(線畵) 역시 다른 사람이 판각했다. 그의 가장 유명한 도서 삽화는 1734년에 간행되었는데, 바로 프랑스의 희극 작가 몰리에르의 전집이었다(그 삽화의 대부분은 로랑 카르가 판각했다). 이 책은 부분적으로 루이 15세의 후원을 받아서 제작되었으며, 정부 검열관과 편집자들이 동원되어 출간이 용이했다고 전한다.

현대의 몰리에르 독자들은 초기의 17세기 판본이나 현대 판본으로 돌아가는 쪽을 더 선호한다. 하지만 1734년판 몰리에르 전집의 중요성은 그 텍스트가 아니라, 오히려 '페이지 조판', 타이포그래피 양식, 로코코 장식과 동판화에 있다. 그렇기 때문에 이 책이야말로 그 세기 최고의 프랑스 삽화본으로 손꼽히는 것이다.

왼쪽 「프시케」 이 희비극 발레는 아풀레이우스의 『황금 당나귀』에 나오는 프시케와 에로스의 선정적인 이야기를 정화시킨 버전이다. 부셰는 경력 초기에 장 프랑수아 카르 밑에서 공부했으며, 훗날 스승의 아들 로랑 카르가 (프랑수아 줄랭과 함께) 그의 도판을 판각해주었다.

관련 내용
기념비적인 판본의 다른 사례로는,
크라나흐판 『햄릿』, 214~215쪽
그래본판 『풀잎』, 216~217쪽

가장 위대한 영어 사전

18세기의 위대한 작품을 두 가지 꼽으라면, 존슨의 『영어 사전』과 디드로의 『백과전서』를 들 수 있다. 하나는 보수적이고 무뚝뚝하면서 전통주의적인 영국의 학술을 대표하고, 또 하나는 반짝이고 혁신적인 프랑스의 접근법을 대표한다. 하지만 양쪽 모두의 준비 과정은 놀라우리만치 유사했다.

다른 유럽 국가들은 저마다의 '공인' 언어 사전을 갖고 있었다. 이탈리아에는 1612년에 나온 『크루스카 학술원 사전』이 있고, 프랑스에는 1694년에 나온 『프랑스 학술원 사전』이 있었다. 반면 18세기 영국에서 구할 수 있는 최고의 사전은 너새니얼 베일리가 1721년에 만든 비공인 사전뿐이었고, 그나마도 포괄적이라고 하기에는 불충분하여, 1746년에 여러 출판사가 사전 출판을 위한 협의회를 구성하고 새뮤얼 존슨(1709~1784)을 편찬자로 삼았다. 존슨은 에세이 작가 겸 시인으로 명성을 얻었지만, 사전 편찬과 관련된 경험이라고는 로버트 제임스 박사의 세 권짜리 『의학 사전』(1743~1745)의 몇몇 항목을 집필하는 데 도움을 준 것뿐이었다(이 사전을 훗날 드니 디드로와 다른 사람들이 프랑스어로 번역해서 출간했다). 존슨과 디드로는 똑같이 생계형 저술가였고, 다락방에서 굶주려가며 결국 똑같은 책을 편집한 인물이었지만, 이들의 유사성은 바로 여기에서 멈춘다. 존슨의 『영어 사전』(1755)은 사실상 혼자 힘으로 대부분 구상되고 집필되었다(물론 여섯 명이나 되는 영국인 및 스코틀랜드인 가난뱅이를 서투른 필경사로 활용했지만, 이는 자기보다 더 불운한 사람을 보살폈던 존슨의 성격상 필요에 의해서라기보다는 동정에 의해 이루어진 고용이었을 가능성이 크다). 런던의 플리트 스트리트 인근 고프 스퀘어에 있는 다락방에서 존슨과 조수들은 역사상 가장 위대한 참고 도서 가운데 하나를 만들기 위해 애썼다.

『영어 사전』을 준비하는 과정에서 존슨은 단어의 용례를

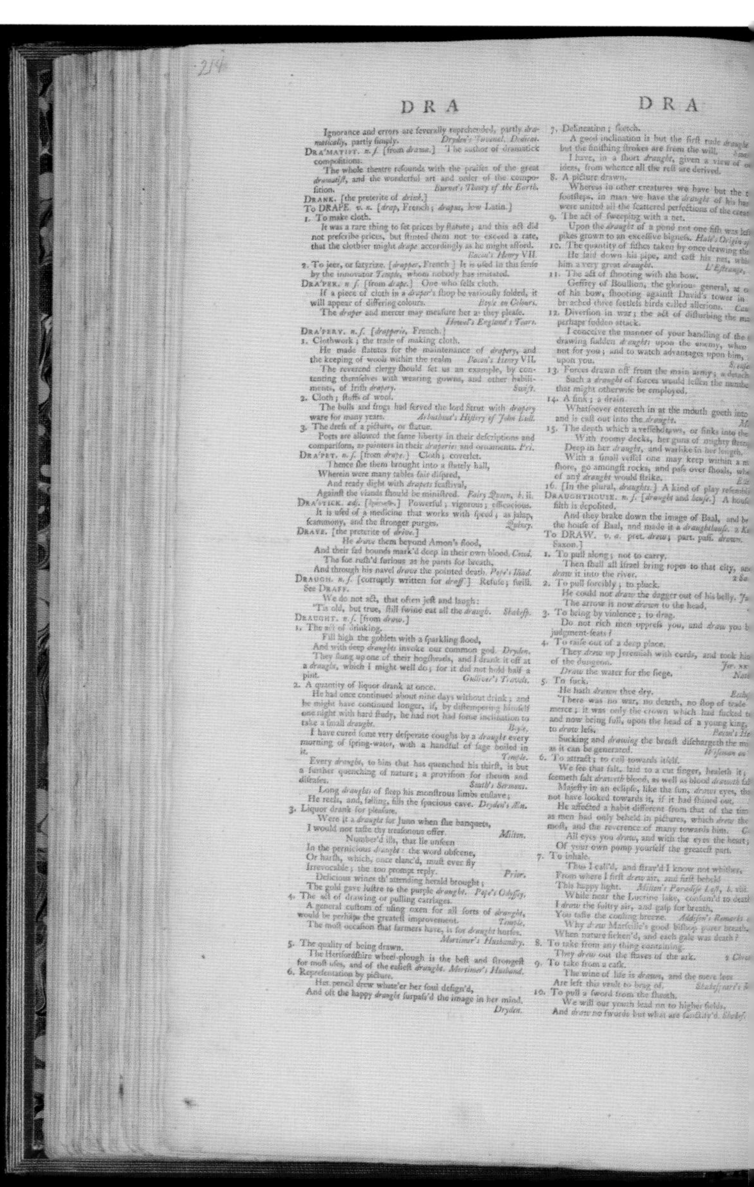

관련 내용

대규모 공동 작업의 다른 사례로는,
콤플루텐세 다언어 성서, 118~119쪽
디드로의 『백과전서』, 158~159쪽
존슨의 판단이 틀릴 때도 있음을 보여준 책의 사례로는,
스턴의 『트리스트럼 섄디』, 166~167쪽

아래 **『영어 사전』** 1755년 4월 15일에 출간된 이 『영어 사전』은 새뮤얼 존슨이 거의 혼자 힘으로 완성했으며 처음에는 2절판 두 권으로 간행되었다(나중의 판본은 네 권으로 발행되었다). 여기 나온 사진은 초판본의 214~215쪽이며, 존슨 박사의 친필 주석이 적혀 있다.

오른쪽 **맹견(Bandog): 나쁜 징조를 보여 주는 개일 수 있다.** 새뮤얼 존슨이 『영어 사전』의 저자 소장본에 꼼꼼히 적어놓은, '반갑지 않은 개'에 관한 정의. 그는 『영어 사전』 한 부를 절친한 친구인 헤스터 스레일에게(훗날 결혼해서 '헤스터 스레일 피오치'가 된다) 증정했는데, 그녀도 자기 소장본에 자기 나름의 조언을 주석으로 달아놓았다.

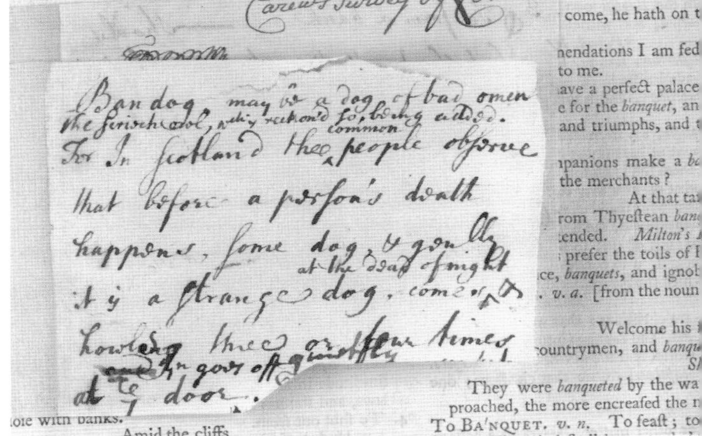

찾아내기 위해 광범위한 문헌을 샅샅이 뒤졌다. 충분한 용례를 모은 단어의 정의를 내릴 때에 그의 문장에 나타난 건조한 유머는 오늘날까지도 회자된다.

> 물품세Excise: 일용품에 대해 매겨지고, 재산에 관한 일반적 판정이 아니라 물품세를 받아 챙기는 사람들이 고용한 놈들에 의해서 정해지는 증오스러운 세금.
> 몽셰르Monsieur: 프랑스인을 점잖게 나무랄 때 쓰는 말.
> 귀리Oats: 잉글랜드에서는 보통 말[馬]에게 먹이지만, 스코틀랜드에서는 사람이 먹는 것.

존슨의 『영어 사전』은 동시대인으로부터 가장 뛰어난 영어 사전으로 신속히 인정받았지만, 비난도 없지는 않았다. "나로선 존슨 박사의 명성이 아주 오래갈 것이라고는 상상할 수가 없다." 호러스 월폴의 말이다. 이에 비해 최근의 비평가들은 더 관대하다. "개인의 업적으로는 가장 위대한 것 가운데 하나."(『옥스퍼드 영어 사전』 편집자) 훗날(1884~1933년까지 여러 권으로 나뉘어 간행된) 『옥스퍼드 영어 사전』을 준비하는 과정에서도, 『영어 사전』을 준비하는 과정에서 존슨이 택한 방법을 그대로 따랐다. 지금은 인터넷 덕분에 존슨의 『영어 사전』도 더 쉽게 이용할 수 있게 되었으며, 많은 독자들이 이 사전을 통해 이 비범한 인물의 정신에 대한 통찰을 만끽하고 있다. 그는 자기가 담당한 '사전 편찬자'라는 직업을 이렇게 정의한 바 있다. "사전의 저술가. 무해한 벽창우(碧昌牛)."

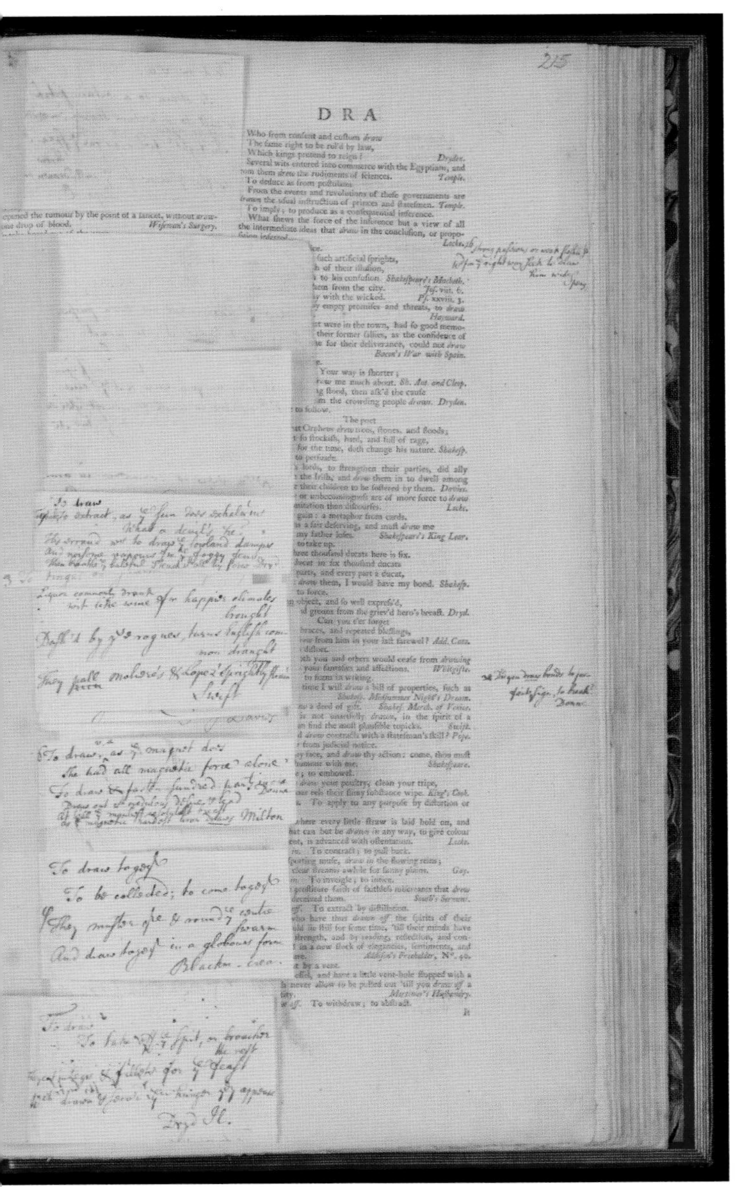

아주 초창기의 아동서

장사치 책과 아동서는 페이지가 떨어져나갈 때까지 사용되는 경우가 흔했다. 영국과 미국의 아동서 출판사들은 장난감을 곁들임으로써 책의 가치를 덧붙이는 기발한 아이디어를 떠올렸다.

관련 내용
저작권 침해의 다른 사례로는,
디킨스의 『피크위크 클럽 유고』, 190~191쪽
볼더우드의 『무장 강도』, 204~205쪽
어린이를 위한 책의 다른 사례로는,
에이킨의 『한 음절 단어로만 된 로빈슨 크루소』, 194~195쪽
호프만의 『더벅머리 페터』, 196~197쪽
루이스의 『기계식 백과사전』, 244~245쪽

아동서 집필과 출판은 계몽주의 시대에 발전했고, 아동서의 성공적인 제작이 1740년대의 런던에서 존 뉴베리에 의해 시작된 것이 정설이다. 하지만 이보다 더 먼저 의식적으로 제작된 아동서가 있었으니, 바로 모라바의 교육학자 얀 아모스 코멘스키(1592~1670)의(라틴어 이름 '코메니우스'로도 유명하다) 『세계도회(世界圖會)』이다.

1658년에 간행되어 유럽 전역에서 번역된 코메니우스의 책은 교육적인 의도를 갖고 있었지만, 정력적이고 다재다능한 존 뉴베리가 1737~1767년까지 간행한 책들은 교육보다 재미를 더 많이 추구했다. 그가 런던에 진출해 처음으로 간행한 『작고 예쁜 주머니책』(1744)은 '오락을 통해' 아이들에게 알파벳을 가르쳤다. 부모들은 "예외 없이 토미를 착한 소년으로, 폴리를 착한 소녀로 만든다"는 약속에 유혹되었다.

아래 **『재미있는 상형문자 성서』** 18세기 아동 문학의 또 다른 기념비인 이 책은 보스턴의 인쇄업자 아이제이어 토머스가 1788년에 간행한 성서이다. 여기에는 아메리카의 화가들이 그린 5백 점 가까운 목판화가 들어 있으며, '상형문자'를 이용한 것 역시 교육과 오락을 동시에 추구한 또 다른 사례였다.

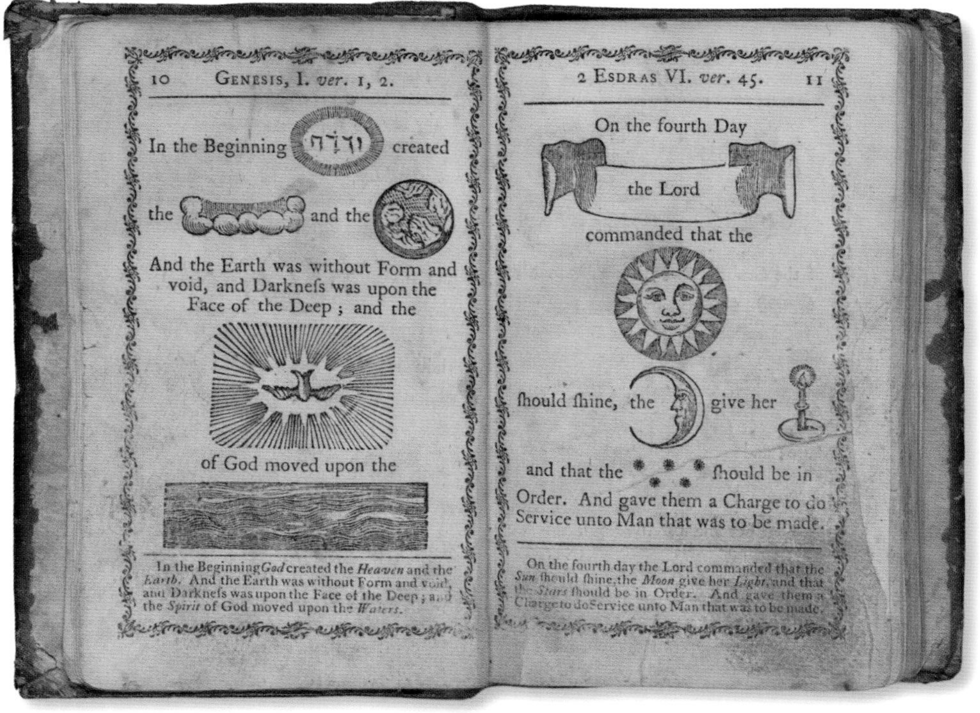

10 GENESIS, I. ver. 1, 2.

In the Beginning created the and the And the Earth was without Form and void, and Darkneſs was upon the Face of the Deep; and the of God moved upon the

In the Beginning *God* created the *Heaven* and the *Earth*. And the Earth was without Form and void, and Darkneſs was upon the Face of the Deep; and the *Spirit* of God moved upon the *Waters*.

2 ESDRAS VI. ver. 45. 11

On the fourth Day the Lord commanded that the ſhould ſhine, the give her and that the ſhould be in Order. And gave them a Charge to do Service unto Man that was to be made.

On the fourth day the Lord commanded that the *Sun* ſhould ſhine, the *Moon* give her *Light*, and that the *Stars* ſhould be in Order. And gave them a Charge to do Service unto Man that was to be made.

이 책을 사면 바늘꽂이나 공이 선물로 따라왔으며, 그 안에 들어 있는 '거인 사냥꾼 잭'의 편지에는 그런 장난감의 사용법이 나와 있었다. 이 책은 엄청난 성공을 거두었으며, 이후 뉴베리가 펴낸 1백 종 이상의 아동서는 영국과 영국령 아메리카 식민지에서 널리 판매되었다. 크리스토퍼 스마트나 올리버 골드스미스 같은 작가에게는 좋은 물주였고, 새뮤얼 존슨과도 가까웠던 뉴베리는 '제임스 박사의 열병 치료제' 판매 대리인으로 활동하면서 많은 돈을 벌었는데, 자기가 간행하는 책에 이 제품을 광고함으로써 판매를 촉진한 덕분이었다.

북아메리카에서 뉴베리의 책을 읽은 독자 중에는 아이제이어 토머스(1749~1831)도 있었다. 미국 독립전쟁 당시의 애국주의 인쇄업자였던 그는 훗날 매사추세츠 주 우스터에 있는 '미국 고서 협회'의 설립자가 되었다.

토머스는 영국을 경멸했고, 텍스트의 소유권을 그 저자에게 자동적으로 부여하는 영국의 저작권법('앤 조례' 제19조)을 대놓고 무시했다. 동시대의 매사추세츠 신학자 조너선 에드워즈는 토머스가 런던에서 책을 수입하고도 뉴베리에게 대금을 전혀 지급하지 않았다는 사실 때문에 곤란해했다. 토머스는 1787년에 우스터에서『작고 예쁜 주머니책』을 그대로 베낀 복제본을 내놓으며, 역시 공과 바늘꽂이를 선물로 곁들여 판매했다. 이 복제본은 뉴베리가 간행한 여러 종의 런던 판본보다 더 흔하지만, 미국 책으로는 최초로 야구에 관한 언급을 담고 있어, 오늘날의 도서관이며 수집가들은 토머스의 복제본을 더 탐내는 실정이다.

오른쪽 위 **'교육과 재미 모두'**『작고 예쁜 주머니책』을 구입하면 딸려오는 무료 장난감(여자아이에게는 바늘꽂이, 남자아이에게는 공이었다)은 효과적인 성별 특화적 판매 전략의 초기 사례이다. 물론 이런 판매 전략에 가장 귀가 솔깃했을 법한 대상은 바로 아이들의 부모였을 것이다. 부모들이야 예나 지금이나 이런 장난감 덕분에 과잉 행동이나 말 안 듣는 아이들을 조용히 만들 수 있기를 기대하게 마련이니까.

오른쪽 아래 **"공을 치고 나면, 아이는 달려간다."**『작고 예쁜 주머니책』에는 이른바 '야구'에 관한 현존 최초의 언급이 들어 있다(물론 이는 순수한 놀이라기보다는 오히려 도덕적 목표를 갖고 있으며, 나아가 오늘날의 야구라기보다는 오히려 야구의 전신인 '라운더스'를 묘사하는 것으로 봐야 하지만). 아동 문학의 기념비인 뉴베리의 책은 야구의 역사를 연구하는 데에도 사용된다.

A LITTLE PRETTY
POCKET-BOOK,
INTENDED FOR THE
INSTRUCTION and AMUSEMENT
OF
LITTLE MASTER TOMMY,
AND
PRETTY MISS POLLY.
With Two LETTERS from
JACK the GIANT-KILLER;
AS ALSO
A BALL and PINCUSHION;
The Use of which will infallibly make TOMMY
a good Boy, and POLLY a good Girl.
To which is added,
A LITTLE SONG-BOOK,
BEING
A NEW ATTEMPT to teach CHILDREN
the Use of the English Alphabet, by Way
of Diversion.

THE FIRST WORCESTER EDITION.

PRINTED at WORCESTER, Massachusetts.
By ISAIAH THOMAS,
And SOLD, Wholesale and Retail, at his Book-
Store. MDCCLXXXVII.

The *little* k Play. 43

BASE-BALL.

THE *Ball* once struck off,
Away flies the *Boy*
To the next destin'd Post,
And then Home with Joy.

MORAL.

Thus Seamen, for Lucre
Fly over the Main,
But, with Pleasure transported
Return back again.

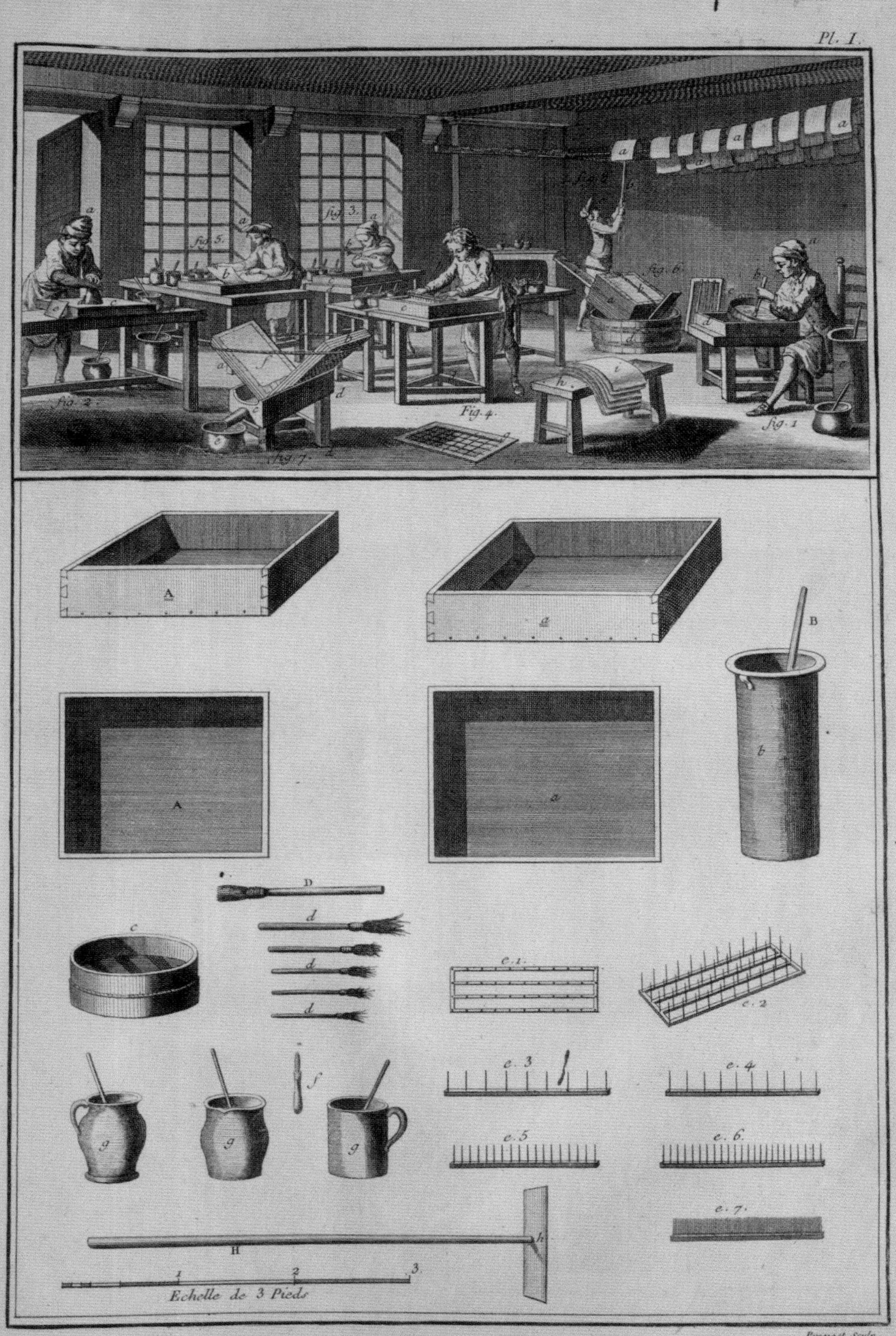
Pl. I.
Echelle de 3 Pieds
Prevost Sculp.
Marbreur de Papier.

계몽을 위한 자석

영국과 독일의 편찬자들은 프랑스의 백과사전을 만드는 일에 적합하지 않았다. 출판사는 이들을 대신하여 드니 디드로를 편찬자로 임명했으며, 이후 유럽의 문화는 영영 바뀌게 되었다.

18세기 전반은 참고 도서 출간의 전성기였다. 그중 하나인 피에르 벨의 『역사 비평 사전』(1695)은 다른 백과사전이 참고한 모범으로 중요하다. 또 한 가지 중요한 백과사전은 이프라임 체임버스의 영어판 『백과사전』(1728)이었는데, 벨의 책에는 없는 과학 및 기술 관련 주제를 다루었기 때문이다. 파리의 출판사들은 이 책들의 프랑스어 판본을 만들고 싶어 했다. 하지만 번역자로 계약한 영국과 독일의 학자들은 무능을 이유로 해임되었고, 운 좋게도 출판사들은 드니 디드로(1713~1784)를 편찬 총책임자로, 장 달랑베르를 공동 편찬자로 삼아 1759년까지 책을 완간하도록 했다. 두 사람은 명석한 저술가 겸 에세이 작가였다. 하지만 재치 있고, 주도면밀하면서도, 불안정하고 위험하기까지 했던 디드로의 내면에는 해임된 학자들에게서는 찾아보기 드문 천재의 기운이 깃들어 있었다.

디드로와 출판사들은 몽테스키외, 케네, 루소, 튀르고, 볼테르 등 저명한 저술가들도 끌어들였는데, 이들은 특히 기억에 남고 영향력 있는 에세이를 여러 편 기고했다. 그중에서도 가장 생산성 높았던 작가는 루이 드 조쿠르였는데, 그가 작성한 1만 8천 개 항목은 이 백과사전의 4분의 1에 해당하는 분량이었다. 하지만 디드로가 집필한 항목의 탁월함은(그리고 그의 유명한 장편 및 단편 소설은) 다른 동료들을 훨씬 능가한다. 벨의 책 덕분에, 디드로는 '관련 항목'이라는 기법을 터득하여 여러 항목을 교차 참조할 수 있게 했으며, 자기가 쓴 항목에 아이러니를 이용해 어떤 생각을 독자에게는 환기시키는 동시에 검열관에게는 잘 안 보이게 만들기도 했다. 하지만 이것은 위험한 방법이었으므로, 깜짝 놀란 인쇄업자 앙드레 르 브르통은 일부 항목의 어조를 몰래 더 낮추었다. 아울러 (왕의 정부인) 퐁파두르 부인이 이 책을 후원했고, 검열관 말제르브는 자칫 금서가 될 뻔한 운명에서 이 책을 구제했다.

원래는 두 권으로 계획되어 있던 『백과전서 또는 과학, 기술, 공예에 관한 체계적인 사전』은 1751년부터 1765년까지 전 17권의 대작으로 간행되었으며, 다시 1762년부터 1772년까지 도판집이 전 11권으로 간행되었다. 이 도판집은 원래 프랑스 '왕립 과학회'에서 75년 전에 간행하려고 준비했던 『기술 공예 도감』에 수록된 도판을 부분적으로 복제한 것이었다. 만약 『도감』이 더 일찍 간행되었어도, 디드로와 달랑베르의 『백과전서』가 가진 중요성은 오히려 더 줄어들었겠지만, 『도감』은 1761년부터 간행이 시작되어 1788년에야 완간되었다.

『백과전서』는 엄청난 성공을 거두었고, 판을 거듭하며 4천 부 이상 판매되었다. 이 책의 출간이 과연 프랑스 혁명을 낳은 원인이었는지(왜냐하면 이 책에서는 계몽주의 정치 이론을 강조하기 때문이다) 여부는 여전히 논란의 여지가 있지만, 그 제작이 유럽의 사상을 완전히 바꿔놓았음은 분명하다.

오른쪽 체계적인 사전 디드로와 달랑베르의 『백과전서(과학과 예술과 공예에 관한 체계적인 사전)』, 1751년.

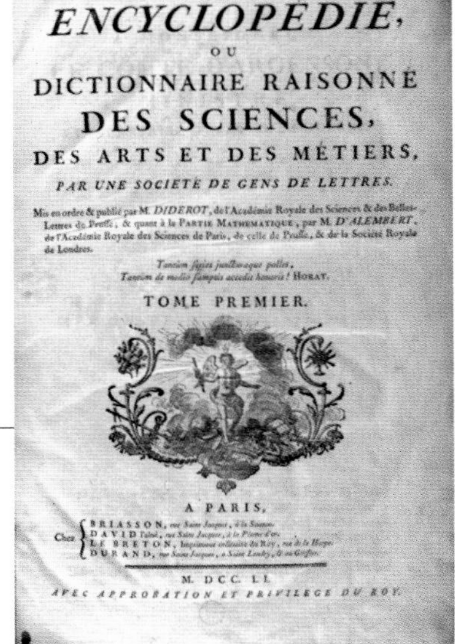

ENCYCLOPÉDIE,
OU
DICTIONNAIRE RAISONNÉ
DES SCIENCES,
DES ARTS ET DES MÉTIERS,
PAR UNE SOCIÉTÉ DE GENS DE LETTRES.
TOME PREMIER.
A PARIS,
M. DCC. LI.
AVEC APPROBATION ET PRIVILEGE DU ROY.

왼쪽 디드로의 『백과전서』 전 28권의 이 책에는 3,129점의 전면 세부 삽화가 들어 있다. 사진에 나온 삽화는 종이에 대리석 무늬를 넣는 기술과 장비를 묘사하고 있다. 보나벤투르 루이 프레보의 동판화.

관련 내용
백과사전의 또 다른 사례로는,
『영락대전』, 36~37쪽
기술 서적의 다른 사례로는,
알 자자리의 『기계 기술 개론』, 88~89쪽
전복적 출판물의 다른 사례로는,
카민스키의 『방어벽을 쌓는 석재』, 226~227쪽
불가코프의 『거장과 마르가리타』, 228~229쪽

정보 검색의 선구자

의사와 본초학자(本草學者)와 식물 채집가는 광범위한 종류의 식물을 이치에 맞고, 합리적인 순서로 정리하는 방법을 찾아내려 했다. 18세기에 스웨덴의 과학자가 방법을 발견했는데, 이는 오늘날까지도 동식물에 관한 우리의 사고에 필수적이다.

> 이보다 더 뛰어난 식물학자나 동물학자는 아무도 없었다. 이보다 더 많은 책을, 더 정확하게, 더 체계적으로, 자기 경험에 비롯해서 쓴 사람은 아무도 없었다. 이보다 더 완전하게 과학 전체를 변화시키고 새로운 시대를 개시한 사람은 아무도 없었다.

스웨덴의 과학자 칼 린네(1707~1778)가 내놓은 자기 평가는 마치 터무니없이 자신감 넘치는 이력서의 문구처럼 들리지만, 그의 자화자찬은 계몽주의 시대의 다른 중요한 인물들이 한 말과도 유사했다. 괴테는 자기에게 린네보다 더 많은 영향을 끼친 사람은 셰익스피어와 스피노자뿐이라고 단언했다. 루소는 (평소에는 남을 칭찬하지 않는 성격이었는데도) "지구 상에서 그보다 더 위대한 인물은 없다고 그에게 전해달라"고 말했다.

(스웨덴) 웁살라 대학의 의학 및 식물학 교수인 린네는 (예를 들어 인간을 '호모 사피엔스Homo sapiens'로 표기하는) 이명법(二名法)을 이용하여 동식물의 삶을 체계화하는 연구로 이런 칭찬을 얻었다. 그보다 먼저인 1623년에 바젤의 가스파르 보앵이 『식물도해상설(植物圖解詳說)』에서 비슷한 방법을 시도했지만, 보앵의 방법은 완전한 형태로 발전하지는 않았다. 실용적인 분류학 도식이 완전하게 실현된 것은 1735년에 겨우 12쪽짜리로 간행된 린네의 『자연의 체계』가 나온 다음의 일이었다. 식물을 분류하고 명명한다는 그의 계획은 『식물종』(1753)에서 자세히 서술되는데, 이것이야말로 식물명에 관한 최고의 권위로 여전히 남아 있다.

1758년에 이르러, 전 세계 박물학자들은 이미 린네의 방법을 채택했으며, 각자의 책 신판을 준비하는 과정에서 린네의 학명을 이용했다. 당시에 제10판까지 나온 린네의 저서에는 7천7백 종의 식물과 4천4백 종의 동물이 분류되어 있었다. 이 정도 규모의 자료를 수집하고, 정리하고, 다시 정리하는 과정에서는 다른 식물학자들과의 긴밀한 협조가 필요했고, (스프레드시트의 이용에서 카드 색인의 〔재〕발명에 이르기까지) 정교한 정보 처리 기법을 이용해야 했다.

린네의 식물 분류법은 가르치기 쉬웠으며, 한 역사학자의 말마따나 "숫자를 열둘까지 셀 줄 아는 젊은 여성 누구에게나 식물학을 쉬운 놀이로 만들어주었다". 린네의 업적 덕분에 인간은 마치 합리적 사고와 관찰을 통해(즉 계몽주의 시대에 더 나은 세상을 가져오는 방법이라고 철학자들이 믿었던 것을 통해) 자연을 장악하게 된 것처럼 보였다.

왼쪽 '식물의 결혼'에 관하여 린네가 21세 때인 1729년에 작성한 논문 「식물의 결혼에 관한 서론」은 식물의 성생활을 묘사한다. 이에 대해서는 "식물이 성적으로 번식할 수도 있다는 '불경스러운' 생각"에 대한 비판도 칭찬 못지않게 많이 나왔다.

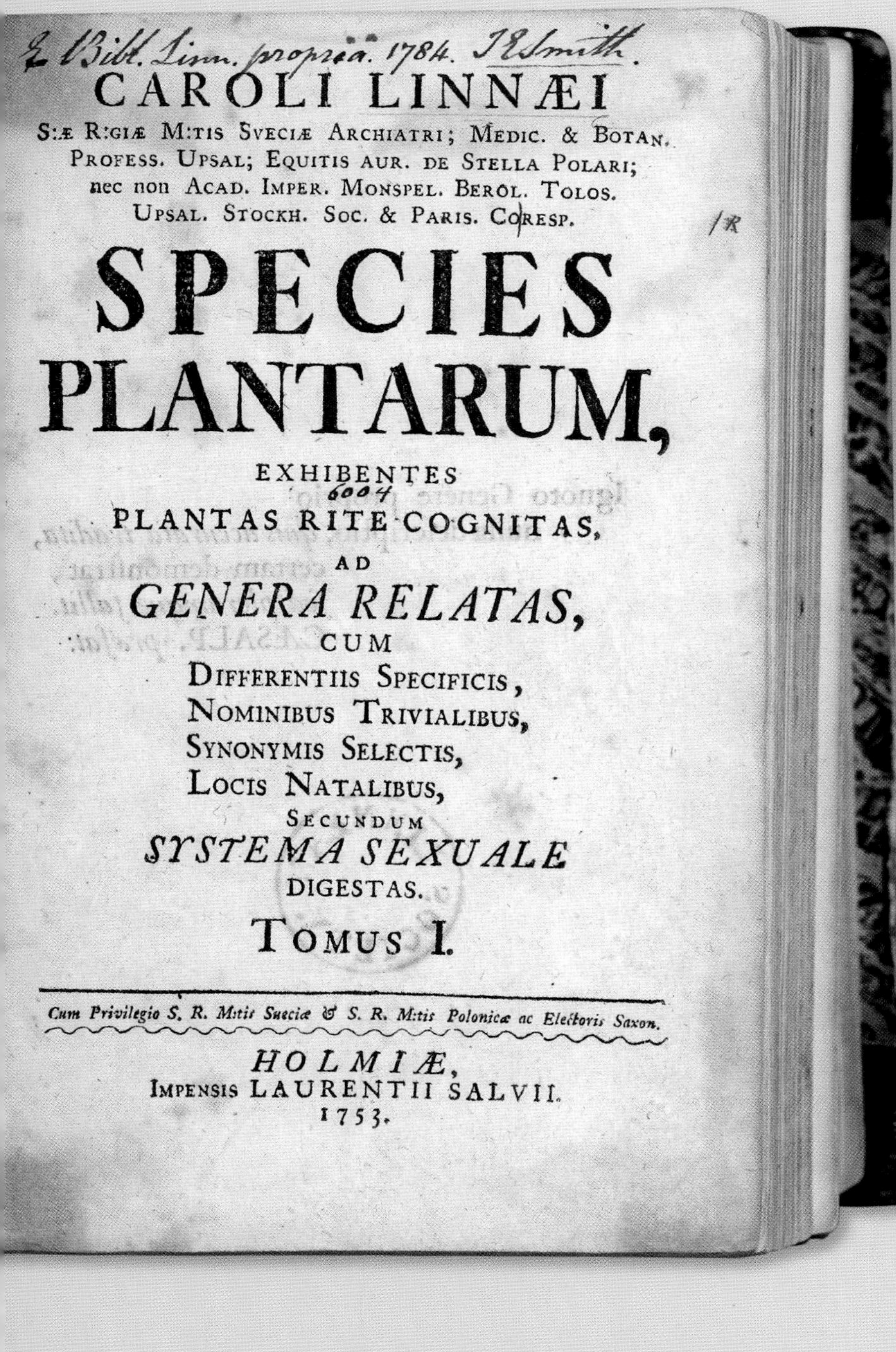
E Bibl. Linn. propria. 1784. JEsmith.
CAROLI LINNÆI
S:Æ R:GIÆ M:TIS SVECIÆ ARCHIATRI; MEDIC. & BOTAN. PROFESS. UPSAL; EQUITIS AUR. DE STELLA POLARI; nec non ACAD. IMPER. MONSPEL. BEROL. TOLOS. UPSAL. STOCKH. SOC. & PARIS. CORESP.
SPECIES PLANTARUM,
EXHIBENTES
6004
PLANTAS RITE COGNITAS,
AD
GENERA RELATAS,
CUM
DIFFERENTIIS SPECIFICIS,
NOMINIBUS TRIVIALIBUS,
SYNONYMIS SELECTIS,
LOCIS NATALIBUS,
SECUNDUM
SYSTEMA SEXUALE
DIGESTAS.
TOMUS I.
Cum Privilegio S. R. M:tis Sueciæ & S. R. M:tis Polonicæ ac Electoris Saxon.
HOLMIÆ,
IMPENSIS LAURENTII SALVII.
1753.

왼쪽 주석 달린 『식물종』 린네의 『식물종』에 저자가 달아놓은 주석은 종종 라틴어로 되어 있다. 그는 같은 판본을 여러 권 갖고 있었는데, 책마다 서로 다른 주석을 적었다.

아래 속(屬)과 종(種) 린네는 『식물종』에서 이명법, 즉 '두 가지 이름'의 원칙을 도입했다. 사진에 나온 1753년 판에는 '로사 에글란테리아(*Rosa eglanteria*)'라는 식물의 '다(多)암술형(Polygynia)'에 관한 그의 개정 내용이 포함되어 있다.

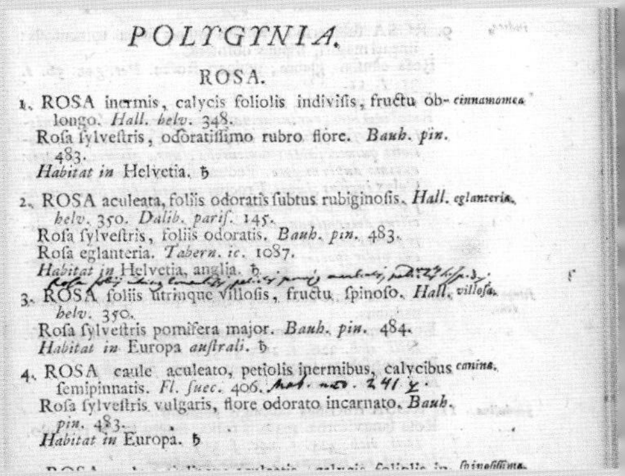
POLYGYNIA.
ROSA.
1. ROSA inermis, calycis foliolis indivisis, fructu oblongo. *Hall. helv.* 348. *cinnamomea.*
Rosa sylvestris, odoratissimo rubro flore. *Bauh. pin.* 483.
Habitat in Helvetia. ♄
2. ROSA aculeata, foliis odoratis subtus rubiginosis. *Hall. helv.* 350. *Dalib. paris.* 145. *eglanteria.*
Rosa sylvestris, foliis odoratis. *Bauh. pin.* 483.
Rosa eglanteria. *Tabern. ic.* 1087.
Habitat in Helvetia, anglia. ♄
3. ROSA foliis utrinque villosis, fructu spinoso. *Hall. helv.* 350. *villosa.*
Rosa sylvestris pomifera major. *Bauh. pin.* 484.
Habitat in Europa *australi.* ♄
4. ROSA caule aculeato, petiolis inermibus, calycibus semipinnatis. *Fl. suec.* 406. *canina.*
Rosa sylvestris vulgaris, flore odorato incarnato. *Bauh. pin.* 483.
Habitat in Europa. ♄

관련 내용
더 이전의 식물학 책의 사례로는,
디오스코리데스의 『약물지』, 64~65쪽
블랙웰의 『흥미로운 약초들』, 144~145쪽
린네의 분류법을 사용한 책의 사례로는,
앳킨스의 『영국 조류 사진 도감』, 184~185쪽

정보 전달을 위한 그래프 사용

통계 그래프를 발명할 정도의 인물이라면 안전하고 단조로운 삶을 살았으리라 예상하기 쉽지만, 정작 그는 프랑스 혁명 동안 서둘러 파리를 떠나지 않을 수 없었던 횡령범에 공갈범이었다.

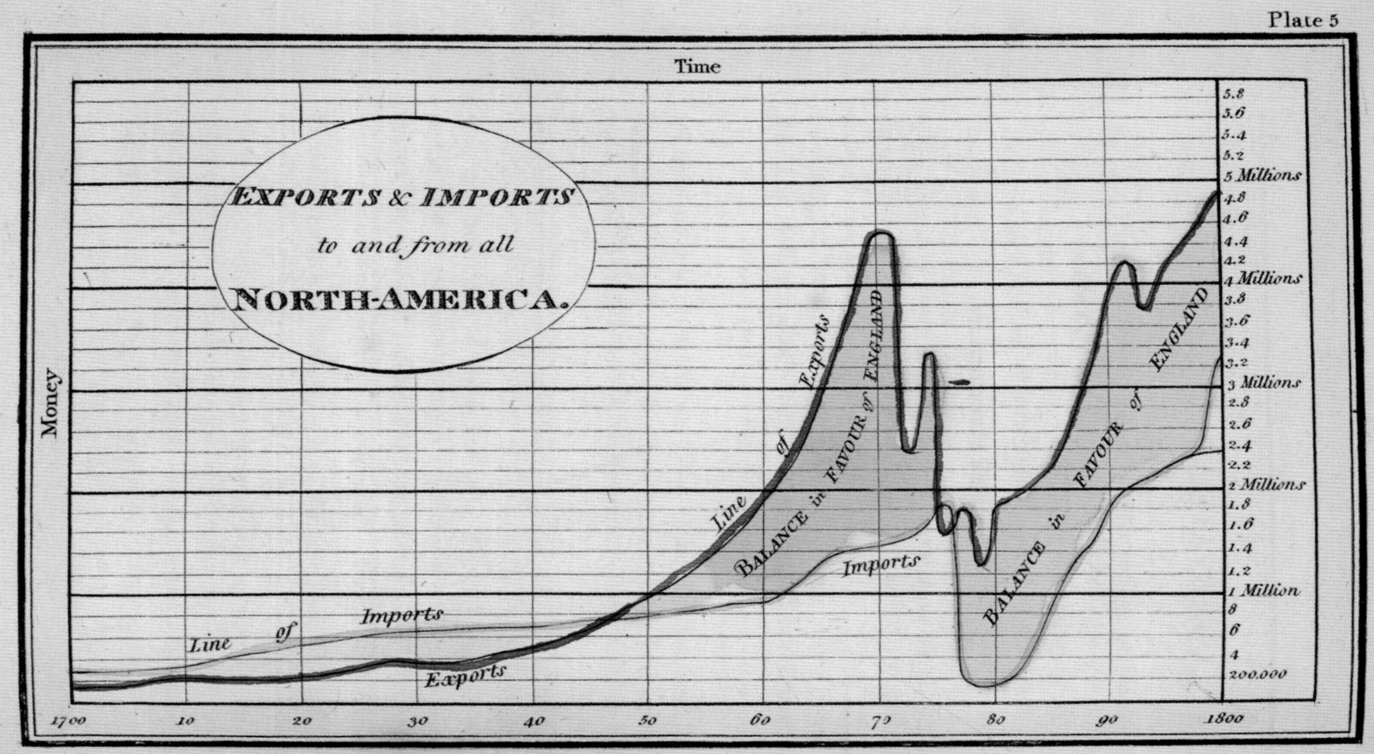

위 **플레이페어의 『상업 정치 도감』** 플레이페어가 1786년에 내놓은 도감은 통계 도표를 수록한 출판물로도 최초인 동시에, 막대그래프와 선 그래프를 최초로 (그리고 대단히 명료하게) 수록한 책으로도 역시 최초였으며(그러나 제목은 '도감'이지만 일반적인 의미의 '그림'은 없었다), 국제 무역과 경제에 관한 그의 빈틈없는 고찰을 보여준다. 사진에 나온 동판 인쇄 도표에서는 영국과 이전 식민지들 간의 무역에 끼친 미국 혁명의 영향이 극적으로 묘사되어 있다.

관련 내용
공학 분야의 혁신의 다른 사례로는,
퍼킨스의 특허, 182~183쪽
자료를 제시하는 시각적 방법의 더 이전 사례로는,
『만수르 해부학』, 90~91쪽

윌리엄 플레이페어(1759~1823)는 성공을 꿈꾸며 잉글랜드로 건너간 스코틀랜드의 청년들 가운데 하나였다. (훗날 에든버러 대학의 수학 교수가 된) 형의 지원으로 교육을 받은 플레이페어는 한 공학자 밑에서 도제로 지내다가 버밍엄으로 가서 '불턴 앤드 와트 공학 회사'에서 일했으며, 제임스 와트와 함께 증기 기관을 연구하기도 했다. 버밍엄 시절에는 제임스 케어와 조지프 프리스틀리 같은 사람들을 알게 되었는데, 이들 모두 계몽주의 시대에 과학 사상 발전에 중요한 역할을 했던 루나 협회 회원들이었다. 플레이페어는 케어와 함께 와트의 문서 복제기(종이에 잘 흡수되지 않는 잉크로 원본을 작성하고, 그 위에 얇은 종이를 올려놓고 눌러서 원본과 사본을 만드는 기계 장치를 말함 – 옮긴이) 개발에 관여했지만, 플레이페어가 몇 가지 금속 가공 관련 특허에서 아이디어를 '차용'했다고 케어가 의심하면서 결별하고 말았다.

이후 몇 년 동안 플레이페어는 런던의 한 은세공 회사에서 동업자로 일했지만 이 회사는 곧 망했다. 이후 그의 삶은 거창한 전망을 제시하고, 동료들과 다투고, 심지어 사기를 치는 일의 반복이 되었다. 한동안은 그도 책을 펴내 큰 성공을 거두었다. 그는 새롭고도 이해가 쉽도록 통계 자료를 시각적으로 표현하는 방법을 개발했으며, 오늘날까지도 일상적으로 사용되는 세 가지 방법인 파이 도표와 시간 순서 선 그래프와 막대 도표를 발명했다. 그의 『상업 정치 도감』(1786)은 이런 방법을 사용한 최초의 책이었다. 유럽에서는 훔볼트에서 루이 16세에 이르는 다양한 사람들이 이 책을 호평했다.

하지만 통계 관련서 출판에도 불구하고 플레이페어는 영국에서 돈이나 명성을 얻지 못했다. 프랑스 혁명 시기에는 미국 이민을 알선하던 부정직한 토지 매매 회사에 관여했다가 사기 혐의를 받고, 영국으로 도망쳤다. 그의 생애는 일련의 사기와 소송과 협박 시도를 거쳐 결국 가난 속에서의 죽음으로 끝났다. 이후 프랑스에서는 공학자 샤를 조제프 미나르가 이보다 더 효율적인 자료의 시각 표현법을 고안했고, 플레이페어의 혁신에 담긴 중요성이 영국에서 인정된 것은 이처럼 다른 추종자들의 연구가 나온 다음의 일이었다.

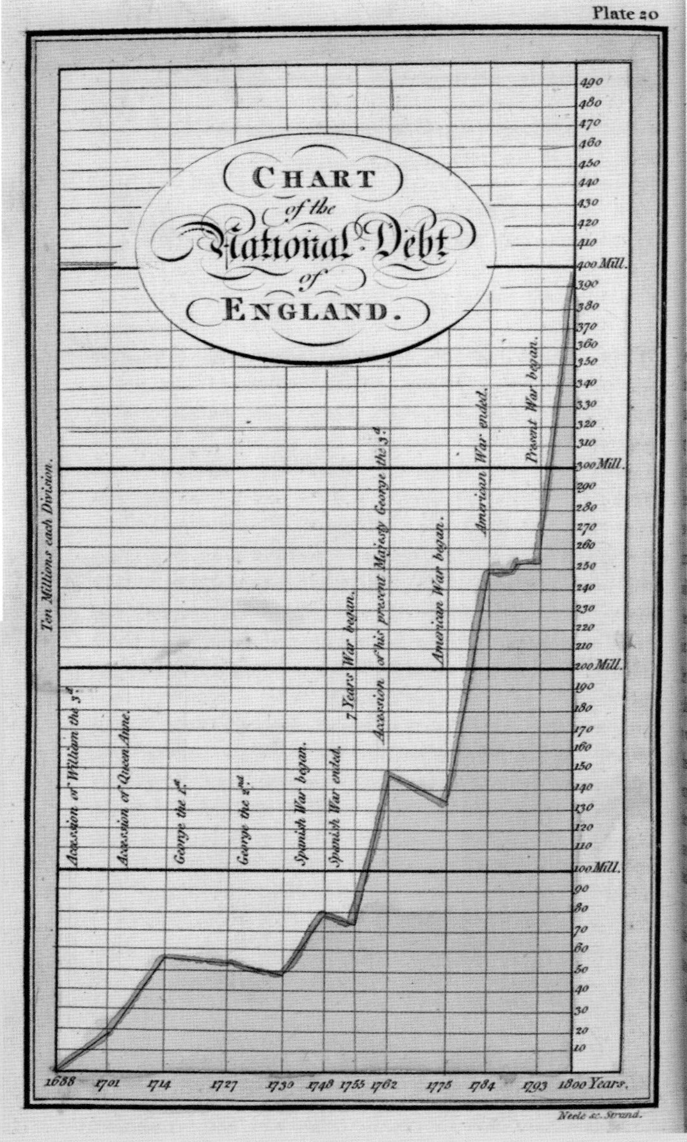

오른쪽 **'영국의 국가 부채'** 『상업 정치 도감』에 수록된 이 도표는 오늘날의 시각으로도 놀라우리만치 유용하다. 이 도표에 따르면 당시의 국가 부채는 증가 추세였고, (당시에는 북아메리카에서의) 전쟁이 이런 부채의 증가 요인이라는 암시가 분명히 드러났으며, 지나친 과세는 "중산층 이하의 전반적 빈곤"을 낳게 될 것이라는 언급이 나와 있다.

죄와 벌에 관한 기록

범죄자들이 그 대가를 치르는 이야기는 여전히 많은 사람들에게 인기를 얻고 있다. 지금보다 더 가혹한 처벌이 이루어지던 과거에는, 도둑들의 '은어'에 관한 이야기나, 죄수가 "아티초크와 케이퍼 소스 아침 식사"(즉 '교수형')를 대접받는 이야기에 독자들이 열광했다.

문학의 발전은 다양한 형태로 나타난다. 18세기의 영국에는 가정마다 성서가 한 권씩 있었고, 1678년에 간행된 존 버니언의 『천로역정』이 한 권씩 있는 경우도 없지 않았다. 그다음으로 많았던 책은 놀랍게도 『뉴게이트 연감』이었다.

원래는 공개 처형장이나 축제 때 노점상이 판매하던 브로드시트에 근거한 이 책은 종종 타이번 처형장이나 뉴게이트 형무소에서 처형된 악명 높은 범죄자들의 범죄와 재판과 처벌에 관한 선정적인 기록이었다. 런던의 지하 세계에 관심 있는 사람이라면 누구에게나 인기를 끌었던 이 보고서는 예나 지금이나 섬뜩한 매력을 발한다. 이 선집은 1700년에 한 해 동안 일어난 범죄에 대한 기록으로 시작되어 18세기 내내 간행되었으며, 가톨릭 신앙과 프랑스에 대해서는 물론이고 범죄와 처벌 전반에 대해서도 뚜렷하게 애국적인 어조를 취했다.

이보다 더 중요하지만 어조는 오히려 덜 선정적이었던 간행물은 1674년부터 1913년까지 간행된 『올드 베일리 재판 기록』으로, 여기에는 런던에서의 형사 재판이 모조리 기록되어 있었다. 모두 합쳐 거의 20만 건에 달하는 재판의 보고가 (종종 길게) 들어 있었는데, 『뉴게이트 연감』보다는 더 중립적이고 불편부당한 어조를 사용했다. 『올드 베일리 재판 기록』은 런던의 지하 세계에 대한 묘사에서 타의 추종을 불허한다.

이런 기록들 가운데 일부는 인쇄물 형태로 살아남았지만, 컴퓨터 기반의 정보 검색 서비스가 도입되기 전까지만 해도, 거기 담긴 사회사적으로 중요한 자료 대부분은 접근이 어렵고 제한적이었다. 2003년에 색인이 완비된 디지털 버전 '올드 베일리 온라인'이 서비스를 시작했고, 이를 위해 영국 정부 및 여러 대학 등이 자금을 지원했다. 정교한 색인 작업 덕분에 이제는 증인과 변호사와 피고를 비롯해 해당 재판과 관련된 모든 사람의 이름을 확인할 수 있게 되었다. 덕분에 광범위하고 포괄적인 분석도 가능해졌으며, 이전보다 더 훌륭하고 정보가 풍부한 역사 및 사회 연구를 간행할 수 있게 되었다. 이보다 더 선정적이고, 놀랍고, 흥미진진한 『뉴게이트 연감』 역시 한 사설 업체에 의해 디지털화되어 있다.

Engraved for The Malefactor's Register.
Dodd delin
Pollard sculp
The CONVICTS taking Water near Black Friars Bridge,
in order for their being conveyed to WOOLWICH.

왼쪽 『뉴게이트 타이번 연감』 여기 나온 1779년의 삽화는 죄수들이 런던의 블랙프라이어스 다리 옆을 지나가는 모습을 보여준다. 이들은 울리치로 이송되어 그곳의 감옥선에 갇혀 있다가, 나중에는 오스트레일리아로 유배를 떠났다. 이것은 그나마 유혈이 덜한 이미지이다. 판화가들은 범죄를 저지른 사람들이 받는 고통스러운 처벌 장면을 종종 신나게 묘사하곤 했다.

관련 내용

대중의 취향을 겨냥한 책의 다른 사례로는,
윈킨의 『재미있는 질문들』, 104~105쪽
교수형 장면을 묘사한 더 이전의 더 섬뜩한 사례로는,
베살리우스의 『인체의 구조에 관하여』, 134~135쪽
범죄와 모험에 관한 이야기의 다른 사례로는,
파월의 『올드 그리즐리 애덤스』, 192~193쪽
볼더우드의 『무장 강도』, 204~205쪽

오른쪽 『뉴게이트 연감』 '악당들의 피투성이 등록부'라는 부제가 달린 이 재판 기록은 1700년 이후의 주목할 만한 처형 사례를 묘사하는 일련의 월간 소책자로 시작되었는데, 1774년에 이르러 이 내용은 다섯 권짜리 양장본으로 간행되었다. 거기에는 절도범 겸 탈옥수 잭 셰퍼드, 여성 소매치기 몰, 해적 키드 같은 악명 높은(그리고 때로는 '인기 높은') 범죄자들의 흥미진진한 이야기가 종종 들어 있었다.

THE

NEWGATE CALENDAR;

COMPRISING

INTERESTING MEMOIRS

OF

THE MOST NOTORIOUS CHARACTERS

WHO HAVE BEEN CONVICTED OF OUTRAGES ON

The Laws of England

SINCE THE COMMENCEMENT OF THE EIGHTEENTH CENTURY;

WITH

OCCASIONAL ANECDOTES AND OBSERVATIONS,

SPEECHES, CONFESSIONS, AND LAST EXCLAMATIONS OF SUFFERERS.

BY

ANDREW KNAPP AND WILLIAM BALDWIN,

ATTORNEYS AT LAW.

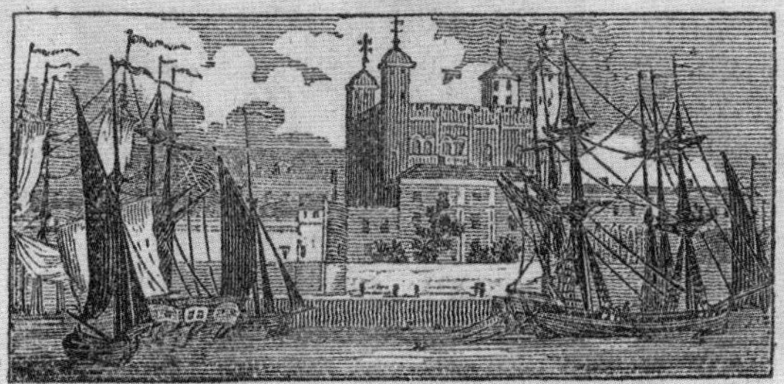

The Tower of London.

VOL. IV.

London:

J. ROBINS AND CO. IVY LANE, PATERNOSTER ROW.

1826.

유럽을 도취시킨 문학적 괴짜 행각

때로는 인쇄본이 삶에 관한 우리의 사고방식을 완전히 바꿔놓기도 한다. 로런스 스턴은 소설 쓰기를 새로운 방식으로 이끌었으며, 이 방식은 오늘날까지도 여전히 중요하게 여겨진다.

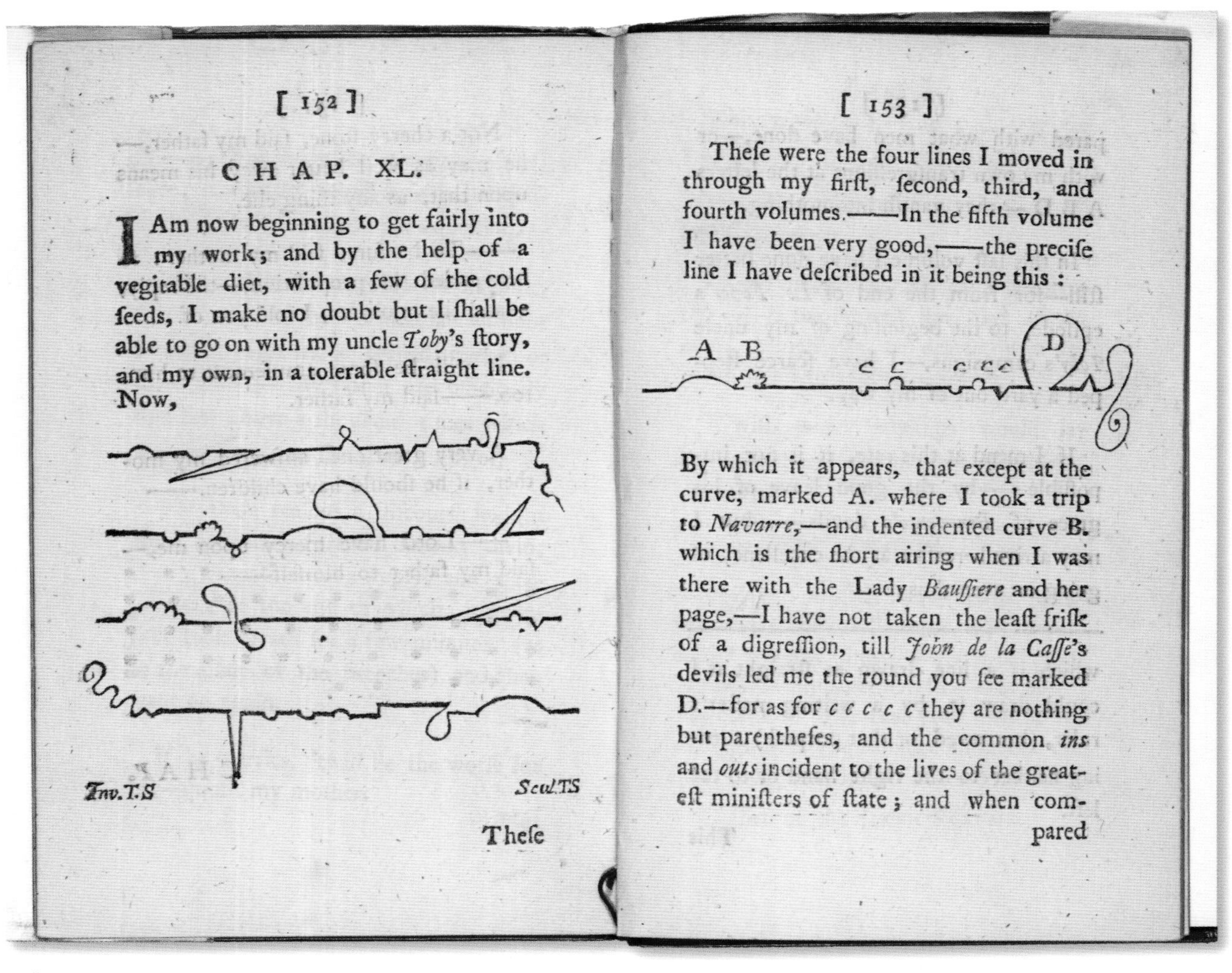

[152]

CHAP. XL.

I Am now beginning to get fairly into my work; and by the help of a vegitable diet, with a few of the cold ſeeds, I make no doubt but I ſhall be able to go on with my uncle *Toby*'s ſtory, and my own, in a tolerable ſtraight line. Now,

Theſe

[153]

Theſe were the four lines I moved in through my firſt, ſecond, third, and fourth volumes.——In the fifth volume I have been very good,——the preciſe line I have deſcribed in it being this :

By which it appears, that except at the curve, marked A. where I took a trip to *Navarre*,—and the indented curve B. which is the ſhort airing when I was there with the Lady *Bauſſiere* and her page,—I have not taken the leaſt friſk of a digreſſion, till *John de la Caſſe*'s devils led me the round you ſee marked D.—for as for *c c c c c* they are nothing but parentheſes, and the common *ins* and *outs* incident to the lives of the greateſt miniſters of ſtate; and when compared

위 **『트리스트램 섄디』** 스턴의 변덕스러운 텍스트는 그 서술의 전복성 때문에 종종 '포스트모던'하다고 묘사되는데, 여기에는 라블레와 로버트 버턴 같은 17세기와 18세기의 주요 저자들에 대한 인유(引喩)가 가득하며, 저자는 종종 이들의 작품을 발랄하게 혼성모방한다. 위의 사진에 나온 제6권 제40장에서 알 수 있듯이, 이 대담한 타이포그래피는 책으로 만들기가 상당히 어려운데, 이것이야말로 이 18세기의 소설이 오늘날까지 영향력을 발휘하는 이유이다.

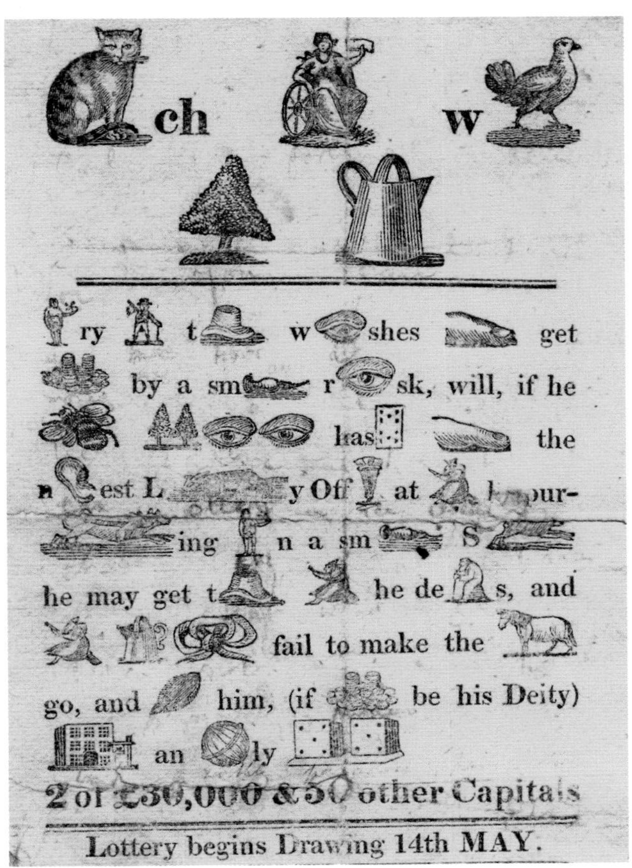

위 **그림문자 수수께끼** 19세기 초(즉 1805년경)의 것으로 보이는 이 전국 단위 복권 광고는 **그림문자** 수수께끼 형태로 되어 있다. 이는 스턴의 시대에 장난스러운 타이포그래피가 인기를 얻었음을 반영하는데, 이 시대에는 풍자에 대한 애호가 두드러진다. 이런 그림문자는 편지에서도 유행했고, 종종 정치적 풍자에서도 사용되었다.

제아무리 내용이 환상적이고 풍자적이라 하더라도, 18세기 영국의 소설은 당대 생활에 관한 사실적인 초상을 종종 그려냈다. 예를 들어 (1719년에 『로빈슨 크루소』를 펴낸) 대니얼 디포라든지, (1826년에 『걸리버 여행기』를 펴낸) 조너선 스위프트의 경우, 유럽 대륙에서도 독자를 매료시키며 성공을 거두었고, 새뮤얼 리처드슨의 『파멜라』(1740)는 루소의 『쥘리: 새로운 엘로이즈』(1761)의 모범이 되었을 정도였다.

프랑스와 영국의 오랜 경쟁 및 적대 관계도 문학에서만큼은 해당되지 않았다. 프랑스 소설들은 수많은 독자를 얻었고, (마치 '파리 패션'과 마찬가지로) 영국에서 인정을 받았다. 비록 볼테르는 부도덕하고 사악하다는 평판을 얻었을망정, 그의 재치 넘치는 소설 『캉디드』(1759)는 영국인을 위한 프랑스 작품의 전형이었다.

『캉디드』를 무척 잘 알고 있던 영국의 작가 가운데에는 로런스 스턴(1713~1768)이 있었고, 그의 소설 『신사 트리스트램 샌디의 생애와 견해』(1759~1767)는 유럽 대륙 전역에서 광범위하고도 열렬한 인기를 얻었다. 볼테르는 이 작가의 작품이 "분명히 라블레보다 뛰어나다"고 단언했고, 괴테 역시 이 작가를 높이 평가했다. 하지만 『트리스트램 샌디』는 길고도, 산만하고도, 불합리하고도, 암시적이고도, 종종 진부하기까지 한 농담으로, 어느 현대 비평가가 한마디로 정리한 것처럼 "이 언어로 된 것 중에서도 가장 지루한 이야기"에 불과하다.

"기묘한 것은 뭐든 오래 못 간다. 『트리스트램 샌디』도 오래가지 못할 것이다." 새뮤얼 존슨은 단호하게 말했지만, 그의 판단은 크게 빗나갔다. 『트리스트램 샌디』의 전 9권에 걸쳐 침투한 라블레적인 유머는 빅토리아 시대의 독자들이 이 무명의 성공회 목사를 의심하도록 만들기에 충분하다. 하지만 그의 시대는 물론이고, 20세기가 시작된 이후로 스턴의 소설은 격찬을 받았다. 디드로도 그로부터 영감을 얻어 『운명론자 자크』를 썼다. 버지니아 울프, 제임스 조이스, 마차도 데 아시스, 조르주 페렉, 이탈로 칼비노 같은 작가들도 이 비범한 책에서 영감을 얻었다. 18세기에도 크게 주목할 만했던 스턴의 타이포그래피 장난은 그의 텍스트와 마찬가지로 오늘날까지 영향력을 발휘한다. 과연 그가 사용한 방법을 전자책에서도 사용할 수 있을까?

관련 내용
타이포그래피 장난의 더 나중 사례로는
카멘스키의 『암소들과의 탱고』, 218~219쪽
동시대의 영국 타이포그래피의 사례로는,
존슨의 『영어 사전』, 154~155쪽
클레런드의 『패니 힐』, 168~169쪽
스턴의 추종자 겸 모방자 가운데 한 명의 사례로는,
디드로의 『백과전서』, 158~159쪽

어마어마한 외설인가, 문학의 고전인가?

문학적 검열은 인쇄술의 발명 이후 줄곧 존재했으며, 외설물에 관한 우려는 항상 있었다. 유행의 변천 때문에, 18세기에는 외설물로 금지된 책이 오늘날에는 오히려 문학의 고전으로 간주된다.

1668년 1월 13일자 일기에서 새뮤얼 피프스는 이렇게 적었다. "'여학교'라는 제목의 프랑스어 책을 구입해서 아내에게 번역하라고 했는데, 정작 내용을 살펴보았더니 지금까지 내가 본 것 중에서도 가장 추잡하고 음란한 책이었다."(결국 피프스는 1655년에 파리에서 처음 간행된 이 외설물을 다 읽고 나서 불태워버렸다). 그의 반응은 (남자건 여자건 간에) 호색 문학을 즐기던 독자의 전형적인 반응이었다. 외설물의 저자와 출판사와 배포자는 종종 처벌을 받았지만, 외설물이 완전히 사라지는 일은 없었다.

영국의 외설물은 대개 이탈리아나 프랑스 작가들이 쓴 책의 번역본이었지만 영국인이 쓴 작품도 아주 없진 않았는데, 성에 대한 솔직한 예찬을 담은 영어책 중에서도 가장 유명한 것이 『창녀의 회고록』, 즉 여주인공의 이름을 따서 종종 『패니 힐』이라고도 불리는 소설이었다. 저자인 존 클레런드(1710?~1789)는 1730년대에 초고를 썼는데, 원래는 저속한 말을 사용하지 않고도 창녀에 관한 책을 쓸 수 있음을 동료에게 입증하기 위해서였다. 1748년에 클레런드는 빚 때문에 감옥에 가게 되었는데, 그 안에서 이 소설을 완성해 1748~1749년에 간행했다. 책은 대성공을 거두었다. 비록 이후에는 금서가 되었지만(심지어 외설적인 부분을 제거한 형태로도 금서 판정을 받았다) 은밀하게 유포되었다. 1789년에 나온 클레런드의 부고에서는 저자가 이와 유사한 책을 쓰지 않는 대가로 정부로부터 매년 1백 파운드의 연금을 받았다는 주장이 나온다. 만약 이것이 사실이라면, 그야말로 흔치 않은 종류의 검열이었던 셈이다.

『패니 힐』이 금서 처분을 받았듯이, 당시에는 대중의 도덕관념 때문에 출판사와 도서관마다(그리고 새커리, 트롤럽, 디킨스 같은 소설가들마저도) 가장 순수한 텍스트에 대해서조차 검열을 가하지 않을 수 없었다. 그럼에도 불구하고 『패니 힐』은 빅토리아 시대에도 여전히 불법 판본으로(대개는 가짜 출판사의 판권면을 달고 해외에서 인쇄되었다) 구할 수 있었다. 지금은 유행과 취향이 바뀌다 보니, 이미 40년 전부터 옥스퍼드 대학 출판부를 비롯한 여러 출판사에서 이 책을 자기네 '고전' 시리즈에 포함시키고 있다.

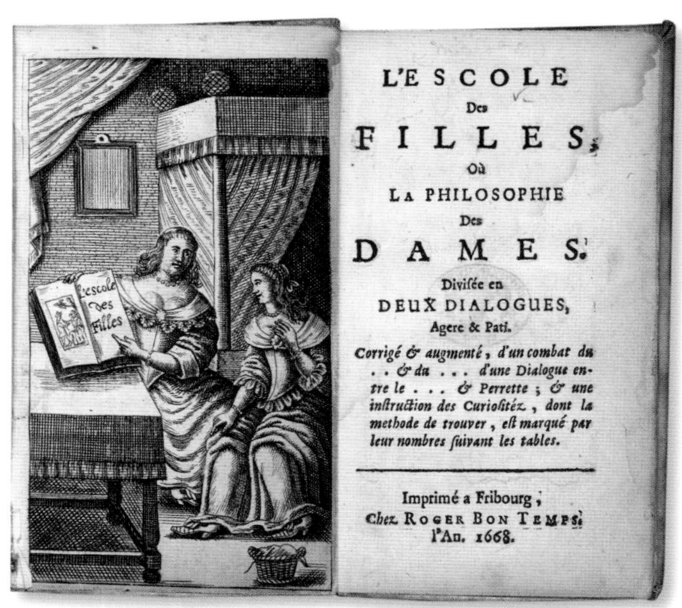
L'ESCOLE Des FILLES, Où LA PHILOSOPHIE Des DAMES. Divisée en DEUX DIALOGUES, Agere & Pati. Corrigé & augmenté, d'un combat du . . & du . . . d'une Dialogue entre le . . . & Perrette ; & une instruction des Curiositéz, dont la methode de trouver, est marqué par leur nombres suivant les tables.

Imprimé a Fribourg, Chez Roger Bon Temps, l'An. 1668.

왼쪽 **피프스가 얼굴을 붉히게 만든 책** 영어로는 '창녀 학교' 또는 '여자들의 기쁨'으로 번역되는 이 책은 1855년에 간행되었으며, 한 처녀와 더 경험 많은 사촌 자매인 두 젊은 여성이 나누는 대화체의 성 지침서이다. 여자를 밝히는 것으로 유명했던 피프스는 이 책을 읽느라 교회에 가는 것까지 빼먹고는 이렇게 변명했다. "이 세상의 악함을 깨닫기 위해 이런 책을 읽는 것도, 버젓한 사람으로서 아주 잘못된 일은 아니다."

관련 내용

금지되거나 검열당한 책의 다른 사례로는,
원킨의 『재미있는 질문들』, 104~105쪽
스톱스의 『부부의 사랑법』, 230~231쪽
도덕적 이유에서 검열당한 책의 나중 사례로는,
디킨스의 『피크위크 클럽 유고』, 190~191쪽

MEMOIRS

OF A

WOMAN

OF

PLEASURE.

VOL. I.

LONDON:

Printed for G. FENTON in the Strand.

By Dr. FITZPATRICK, Q.D.G.
Printed for W. Owen, near Temple-Bar.

This Day is published,
Compleat in ONE VOLUME,
(Price 3s. bound in CALF)
MEMOIRS of FANNY HILL.
'If I have painted Vice in its gayeft Colours; if I have 'deck'd it with Flowers, it has been folely in order to make the 'worthier, the folemner Sacrifice of it to Virtue.
Printed for R. Griffiths, at the Dunciad in St. Paul's Church-Yard.
Of whom may be had, in 2 vol. Price 6s.
MEMOIRS of the Celebrated Mrs. LÆTITIA PILKINGTON.

There is juft now finifhed, at the Prefs, and fpeedily will be publifhed,
In FIVE Neat POCKET VOLUMES,
Printed on a fine Paper, from a beautiful Type,
A NEW EDITION *of*
THE Facetious and Learned WORKS of FRANCIS RABELAIS, M. D. Illuftrated with the Notes of M. LE DUCHAT, Mr. MOTTEUX, and Others; and adorned with a new Set of Cuts. The Whole greatly improved fince the laft Edition.
Printed for J. Brindley, in New Bond-ftreet; and C. Corbett, in Fleet-ftreet.

위 **'창녀'를 팝니다** 외설적인 유머를 구사했던 라블레라면, 『패니 힐』이 출간되던 바로 당일에 『런던 인텔리전서』에 실린 이 광고를 보자마자, "악덕을 가장 화려하게 채색한" 작품과 자기가 이토록 가깝다는 사실에 재미있어 하지 않았을까(사진에 나온 두 개의 책 광고 가운데 위는 클레런드의 『패니 힐』, 아래는 라블레의 작품집이다. 그리고 위의 광고 문구에는 다음과 같은 클레런드의 말이 들어 있다. "내가 설령 악덕을 가장 화려하게 채색하고 꽃으로 장식했다 하더라도, 그건 어디까지나 미덕에 바치는 제물로서의 악덕을 더 가치 있고 장엄하게 만들려는 의도일 뿐이다." - 옮긴이).

왼쪽 **『패니 힐』** 1765년경에 가짜 출판사의 판권면을 달고 나온 이 초기 판본의 속표지에 나타난 점잖고 심지어 우아하기까지 한 타이포그래피만 보면, 이 책의 음란한 내용을 짐작할 수 없을 지경이다. 하지만 이 소설은 그로부터 2백 년 뒤까지도 여전히 음란한 내용이라고 여겨졌기에, 미국 매사추세츠와 캘리포니아 주에서는 출간을 둘러싸고 재판이 열리기도 했다. 캘리포니아 주 법원은 "단순히 그림 내용물이 없다는 이유만으로 책 형태의 외설물이 헌법 제1수정 조항의 보호를 받을 수는 없다"고 판결했다(하지만 1966년 미국 연방 대법원은 『패니 힐』에 비록 일부이나마 사회적 가치가 있음을 인정했고, 따라서 이 작품을 외설물로 판단한 매사추세츠 주 대법원의 판결을 파기 환송함으로써, 이 책을 둘러싼 논란에 종지부를 찍었다. - 옮긴이).

오른쪽 배네커의 『역서』 노예의 아들로 태어났지만 자유민이 된 벤저민 배네커는 1792년부터 1797년까지 '농민용 역서(曆書)'를 모두 여섯 권 펴냈다. 그는 첫 번째 권을 토머스 제퍼슨에게 증정하면서 노예제를 재고해달라고 촉구했다. 왜냐하면 한 분이신 "우리 모두의 하느님 아버지께서는 (……) 우리 모두에게 똑같은 감성을 부여하시고, 우리 모두에게 똑같은 능력을 베푸셨기" 때문이라고 했다.

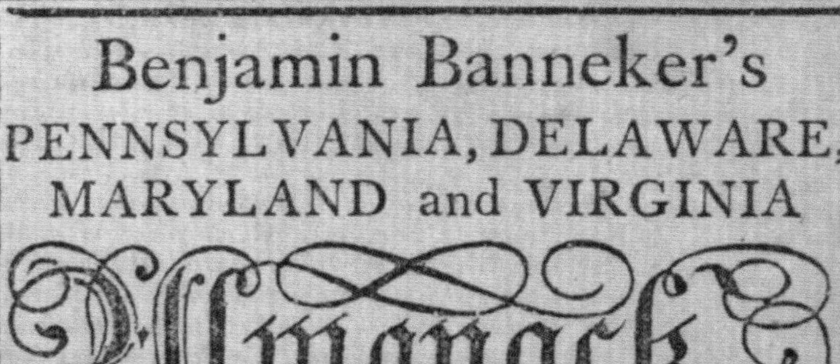

Benjamin Banneker's
PENNSYLVANIA, DELAWARE,
MARYLAND and VIRGINIA
Almanack,
AND
EPHEMERIS,
FOR THE YEAR OF OUR LORD,
1792;
Being BISSEXTILE, or LEAP-YEAR, and the SIXTEENTH YEAR of AMERICAN INDEPENDENCE, which commenced *July* 4, 1776.

CONTAINING, the Motions of the Sun and Moon, the true Places and Aſpects of the Planets, the Riſing and Setting of the Sun, and the Riſing, Setting and Southing, Place and Age of the Moon, &c.—The Lunations, Conjunctions, Eclipſes, Judgment of the Weather, Feſtivals, and other remarkable Days; Days for holding the Supreme and Circuit Courts of the *United States*, as alſo the uſual Courts in *Pennſylvania*, *Delaware*, *Maryland*, and *Virginia*.—ALSO, ſeveral uſeful Tables, and valuable Receipts.—Various Selections from the Commonplace-Book of the *Kentucky Philoſopher*, an *American Sage*; with intereſting and entertaining Eſſays, in Proſe and Verſe—the whole compriſing a greater, more pleaſing, and uſeful Variety, than any Work of the *Kind* and *Price* in *North-America*.

BALTIMORE: Printed and Sold, Wholeſale and Retail, by WILLIAM GODDARD and JAMES ANGELL, at their Printing-Office, in *Market-Street*.—Sold, alſo, by Mr. JOSEPH CRUKSHANK, Printer, in *Market-Street*, and Mr. DANIEL HUMPHREYS, Printer, in *South-Front-Street*, *Philadelphia*—and by Meſſrs. HANSON and BOND, Printers, in *Alexandria*.

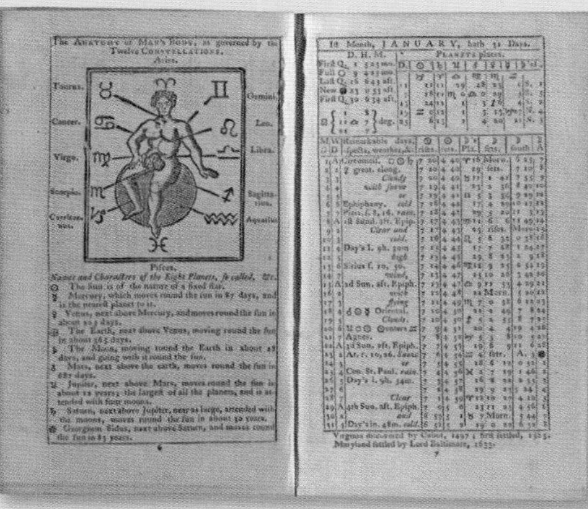

위 황도 12궁과 인체 관계도 비록 퀘이커교도들로부터 어느 정도 교육을 받기는 했지만, 배네커는 대부분 독학을 했다. 그의 역서에 수록된 의료 정보라든지, 천문 및 조수의 정보는 대부분 그가 직접 계산한 것이었다. 이 도해는 인체를 지배하는 열두 개의 별자리를 보여주는데, 이런 종류의 책에는 전형적으로 등장하는 내용이었다.

관련 내용

미국에서 간행된 책의 더 이전 사례로는,
베이 시편집, 128~129쪽
뉴베리의 『작고 예쁜 주머니책』, 156~157쪽
노예 해방 이후의 서인도 제도에 관한 시각의 사례로는,
뒤페를리의 『자메이카 사진 여행』, 186~187쪽

유서 깊은 분야에서 나타난 미국 흑인의 저서

역서는 워낙 흔해서, 우리는 이것이 의식 고취에 얼마나 유용한지를 쉽게 잊는다. 자유민 신분이었던 미국의 한 흑인이 제퍼슨의 견해를 바꾸기 위해 만든 이 책은 그 자체로도 매우 이례적이다.

역서(曆書)란 달과 조수와 계절의 움직임을 자세히 서술한 정기 간행물로, 도서 제작 초창기부터 만들어졌는데 이집트와 바빌로니아에서는 기원전 2000년경에 제작된 것들도 있다. 중국에서는 위대한 현자였던 요(堯) 황제(기원전 2356?~2255)의 치세 때 역서가 처음 만들어졌다고 여기며, 매년 간행된 통승(通勝)은 중국 사회 어디에서나 정기적으로 참조되었다.

유럽에서 역서의 출간은 인쇄술의 도입과 함께 시작되었으며, 각국의 출판업에서는 역서의 판매가 중요한 수입의 원천이었다(18세기 영국에서는 거의 모든 가구가 성서와 함께 역서를 한 부씩 소장하고 있었다고 추정된다). 역서의 제작은 북아메리카에서 워낙 일반적이었으므로, 그 중요성은 오늘날 거의 잊혀버렸다. 1792~1797년에 간행된 벤저민 배네커(1731~1806)의 『역서』도 그중 하나였다. 이 책이 중요한 까닭은, 그 내용을 계산하고 저술하고 출판한 사람이 자유민 신분의 미국 흑인으로, 마침 제퍼슨과 논쟁을 벌이던 인물이었기 때문이다. 세네갈 출신의 놀라운 여성 시인 필리스 휘틀리(1753~1784) 다음으로, 배네커는 자기 저서를 출판한 두 번째 미국 흑인이 되었다.

작가들과 학자들은 배네커의 생애와 업적 가운데 여러 측면에 관해 논쟁을 벌인다. 어떤 사람은 그가 순수한 흑인의 후예라고 주장하는 반면, 또 다른 사람은 그의 어머니가 백인 계약직 하녀였다고 주장한다. 배네커 가족은 메릴랜드 주에 농장을 소유했는데, 젊은 시절의 배네커는 평등주의 사고방식을 지닌 인근의 퀘이커교도들로부터 읽고 쓰는 법이며, 수학이며, 생존에 필요한 기술을 배웠다. 특히 이웃인 엘리콧 가족의 배려로, 배네커는 오늘날의 워싱턴 D. C.의 측량 현장에서 일했다.

『역서』 편찬자로 얻은 발언 기회를 이용하여, 배네커는 토머스 제퍼슨에게 편지를 보냈다. 노예제의 지속은 당신이 기초한 미국 독립선언서의 내용과도 배치된다는 예리한 지적이었다. 제퍼슨의 태도는 애매했지만, 답변만큼은 외관상 고무적이었다. 그는 배네커가 만든 역서를 수학자인 콩도르세 후작에게 전달할 예정이라고 대답했다. 계몽주의 시대의 또 다른 명사였던 이 프랑스인은 파리의 '흑인 친우 협회'에서 활동한 노예 해방론자였다.

하지만 아쉽게도 시기가 좋지 않았다. 콩도르세는 프랑스 혁명(1789~1799)의 와중에 체포되어 사망했고, 아이티 혁명(1791~1804) 때문에 마치 임박한 것처럼 보였던 노예 혁명도 저지되고 말았다. 결국 프랑스의 노예 해방(1848)과 미국의 노예 해방(1861)은 영국의 노예 무역 폐지(1807)와 영국령 식민지의 노예 무역 폐지(1834)보다도 한참 더 늦게야 찾아왔다. 이런 험난한 역사를 돌이켜보면, 배네커의 항의가 왜 획기적이었는지를 새삼 실감하게 된다.

왼쪽 **노예 출신 여성 시인** 배네커보다 연하인 필리스 휘틀리는 서아프리카 출신으로 일곱 살이던 1760년에 노예가 되었다. 보스턴에서 그녀의 주인이 된 사람들은 읽고 쓰는 법을 가르치며 시를 쓰도록 독려했다. 조지 워싱턴을 비롯한 많은 사람들로부터 칭찬을 받으면서, 그녀는 『여러 주제에 관한 시』(1773)를 펴냈다(사진은 그 책의 권두화이다). 이 책이야말로 미국 흑인 여성이 간행한 최초의 책이었다.

흑과 백의 달인

18세기 후반에는 도서 삽화 분야에서 영국이 프랑스를 능가하게 되었고, 잉글랜드 북부 노섬벌랜드에서는 한 화가가 눈목판화의 새로운 인쇄 방법을 개발했다.

18세기 대부분의 기간 동안 도서 삽화에서 선호되던 매체는 바로 **요판(凹版)**이었다. (**목판화** 기법으로 당대에 가장 뛰어나고 정교한 삽화를 만들어낸) 뒤러와 얀 슈테펜 판 칼카르의 시대는 오래전에 끝나버렸다. 목판화 제작 기술은 하향세에 접어들었으며, 소수의 출판사나 미술가만 이용했다(물론 선정적인 내용의 판화 삽화를 수록한 『뉴게이트 연감』 같은 출판물은 이 기법을 선호했기 때문에 예외라고 해야겠지만. 164~165쪽 참고).

이 기술을 프랑스에서 부흥시킨 판화가 장미셸 파피용은 디드로의 『백과전서』에서 판화에 관한 글을 쓰기도 했다. 파리에서 간행한 이론서 『눈목판화의 역사와 기법』(1766)에서 그는 회양목을 세로로 켜낸 종단면이 아니라, 가로로 자른 횡단면에 판화를 제작하는 백선(白線) 기법을 처음 소개했다. 파피용의 작품도 뛰어나기는 했지만, 이 기술을 완성한 인물은 토머스 뷰익(1753~1828)으로, 사람들은 그의 작품을 기적처럼 여기며 열광적으로 받아들였다. 대부분 가로 5센티미터에 세로 2.5센티미터에 불과한 작고 섬세한 회양목 판화를 통해, 그는 동물의 모습을 축소하면서도 모든 특징을 제대로 포착했다. 뷰익은 『영국 조류사(鳥類史)』(1797~1804)로 명성을 얻었으며, 이 책은 그의 생애 동안 모두 8판이 간행되었다.

노섬벌랜드의 한 농부의 아들로 태어난 뷰익은 일찌감치 자연에 대한 애호를 품었으며, 화가 특유의 눈 덕분에 전원생활을 노래한 시인 존 클레어에 버금가는 미술 분야의 인물이 되었으니, 한편으로는 그가 뉴캐슬어폰타인에서 판화가의 도제로 일하면서 배운 내용 때문이었다. 스코틀랜드 도보 여행과, 런던(그는 이 대도시를 무척 싫어했다)에서의 짧은 체류를 제외하면, 그는 평생 뉴캐슬어폰타인과 그 인근에서 거주했다. 빅토리아 시대 중반까지 영국 도서 삽화 분야에서 활동한 이후의 유능한 판화가들 가운데 상당수가 뷰익의 도제들이었으며, 뷰익의 모범을 통해 판화에 대한 접근법이 바뀌었다. 미국의 화가 오듀본이 말한 것처럼, 뷰익은 "박물학 분야에서 린네가 담당했던 역할을 판화 분야에서 담당한 인물로 봐야 한다. 즉 이 분야의 창시자는 아니지만, 계몽적인 혁신가이며 탁월한 촉진자이다".

오른쪽 **"악마는 도둑이 멘 자루를 뒤에서 찍어 눌렀다."** "나는 그걸 재빨리 넘겨버렸다. 무시무시한 그림이었기 때문이다." 『영국 조류사』에 수록된 이 설명 없는 권말화(卷末畵)는 샬럿 브론테의 『제인 에어』 제1장에서도 언급된다. 저 불행한 열 살짜리 꼬마 제인은 창가의 자리에 "마치 투르크인처럼 책상다리를 하고 앉아서" 암울한 현실을 잊기 위해 뷰익의 세계로 도피했던 것이다.

관련 내용
박물학 서적의 더 이전 사례로는,
디오스코리데스의 『약물지』, 64~65쪽
블랙웰의 『흥미로운 약초들』, 144~145쪽
린네의 『식물종』, 160~161쪽
부유층을 위해 제작된 책의 다른 사례로는,
렙턴의 '붉은 책', 174~175쪽
크라나흐판 『햄릿』, 214~215쪽

HISTORY

OF

BRITISH BIRDS.

THE FIGURES ENGRAVED ON WOOD BY T. BEWICK.

VOL. II.

CONTAINING THE

HISTORY AND DESCRIPTION OF WATER BIRDS.

NEWCASTLE:

PRINTED BY EDWARD WALKER, FOR T. BEWICK: SOLD BY HIM, AND LONGMAN AND REES, LONDON.

[*Price* ... *in Boards.*]

1804.

맞은편 왼쪽 '나이팅게일' 뷰익이 1797년에 제작한 나이팅게일(*Luscinia megarhynchos*)의 판화. 이 새는 시인들에게 무척 사랑을 받았다. 특히 워즈워스는 바로 이듬해에 「두 명의 도둑」이라는 시에서 이렇게 썼다. "오, 이제 뷰익의 천재적인 작품은 내 것이 되었구나. 그가 타인 강변에서 터득했던 그 솜씨까지도."

왼쪽 뷰익의 『영국 조류사』 뉴캐슬에 있는 세인트 니콜라스 대성당의 첨탑을 배경으로 연못에서 배를 띄우며 노는 소년들을 묘사한 이 작은 그림은 뷰익이 직접 그리고 새긴 것으로, 1804년에 나온 『영국 조류사』 제2권 『물새』 초판본의 속표지에 수록되었다. 뷰익은 제2권의 판화와 텍스트 모두를 직접 제작했다.

위 렙턴의 '붉은 책' 1801년에 험프리 렙턴은 (1640년 영국 케임브리지셔의 2백 에이커에 달하는 사슴 사냥터에 지어진 저택) 윔폴 홀에 대한 개선 공사를 제안하면서, 공사 이전과 이후를 보여주는 이 덮개 그림 장치를 선보였다. 그가 제안한 개선에는 홀 북쪽에 있는 작은 정원을 본래대로 바꾸는 것, 그리고 '케이퍼빌리티' 브라운과 윌리엄 임스가 만든 기존의 조경을 더 향상시키는 것이 포함되어 있었다.

최고의 조경 설계

정원과 조경에 관한 영국의 아이디어가 프랑스의 정연한 설계와는 완전히 달라진 시대에 이르러, '케이퍼빌리티' 브라운과 험프리 렙턴은 영국의 조경을 완전히 변모시켰다. 특히 렙턴은 솜씨 좋은 자기선전가이기도 했다.

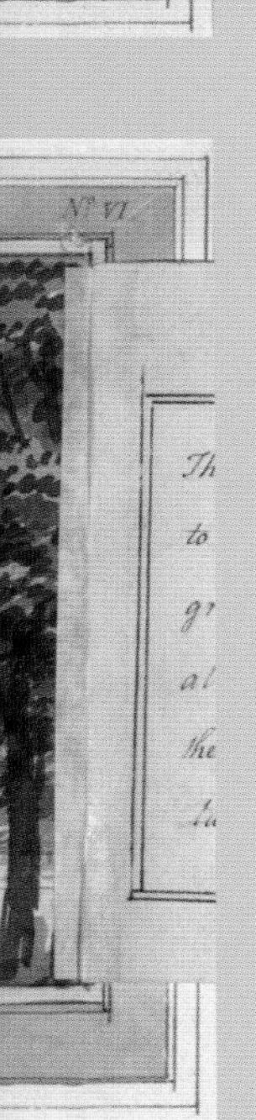

조경 전문 원예사 중에서도 가장 중요하고 유명한 인물은 '케이퍼빌리티' 브라운(1716~1783)으로, 영국 내에서 170개 이상의 주택 부지를 설계한 인물이었다(본명은 '랜슬롯 브라운'이지만, 항상 변화의 '가능성capability'을 강조하는 말버릇 때문에 '케이퍼빌리티[가능성] 브라운'으로 통했다 - 옮긴이). 그의 경력을 바짝 뒤따른 인물은 바로 험프리 렙턴(1752~1818)이었는데, 두 사람의 차이는 브라운이 처음부터 원예사 훈련을 거쳤던 반면, 렙턴은 전적으로 독학이라는 점이었다. 당시에만 해도 원예술은 천시되던 분야에서 점차 고상한 분야로 변모되던 중이었다.

젊은 시절의 렙턴은 아일랜드 총독 보좌 행정장관의 개인 비서였는데, 이런 연고를 통해 많은 정치인 및 지주와 친분을 쌓을 수 있었다. 저택 부지 설계 일을 하게 되면서부터, 그는 지인들을 이용해 자기 사업을 홍보하는 흔치 않고 효율적인 방법을 개발했다. 그것이 바로 렙턴의 '붉은 책'이었다. 이 가로로 길쭉한 책은 항상 붉은색 모로코가죽으로 장정되었으며, 그 안에는 고객의 저택 부지를 더 아름답게 만들기 위한 렙턴의 여러 가지 제안이 들어 있었다. 예를 들어 이쪽에 언덕을 없애고, 저쪽에 호수를 만들고, 나무 여러 그루를 인위적으로 심고……. 이 책은 인쇄본이 아닌 필사본으로, 그 안에는 각 분야 최고의 전문가들이 작성한 텍스트와 지도와 그림이 수록되어 있었다. 특히 공사 이전과 이후의 모습을 한눈에 보여주는 그림도 있었는데, 특정 부지에 그가 제안한 변화를 가할 경우에는 그 풍경이 어떻게 변화하는지를 수채화로 묘사한 다음, 이 수채화를 부분적으로 가린 덮개 위에 원래의 풍경을 묘사한 그림을 붙여 손쉽게 대조할 수 있게 한 것이었다.

'붉은 책'은 현재 진행 중인 작업의 설계도인 동시에 기록일 뿐만 아니라, 그의 후원자들이 서재에 놓고 자랑할 만한 멋진 풍경화집이었다. 하지만 렙턴의 책은 매우 비쌌다. 일부 고객이 그의 제안을 실행에 옮길 생각은 전혀 없었지만, 단지 사회적 위신을 위해 설계를 의뢰했기 때문이다. 의뢰가 들어올 때마다 1회에 한정해 제작된 까닭에 이 책들은 각 권마다 독립적인 내용이었으며, 렙턴의 믿음은 당대의 인기 작가들로부터 뚜렷한 반응을 이끌어냈다. 즉 유버딜 프라이스 경과 리처드 페인 나이트 같은 사람들이 이른바 미술에서의 '그림 같은 모습'과 '숭고한 모습'에 관해 논쟁을 벌였던 것이다. 이들의 미학 논쟁은 제인 오스틴의 『노생거 수도원』과 토머스 러브 피콕의 『헤드롱 홀』 같은 작품에도 반영되어, 이들은 독자들이 정원 설계에 관한 나름의 견해를 갖고 있으리라 간주하고 있었다.

번영이 늘어나던 시대에 확고한 취향의 반영으로, 렙턴의 작업은 주목할 만했다. '붉은 책'은 오늘날 무척이나 희귀하기 때문에 여러 도서관과 수집가가 무척 탐을 내는 물건이며, 따라서 여전히 가격이 비싸다.

관련 내용

팝업을 이용한 책의 다른 사례로는,
베살리우스의 『인체의 구조에 관하여』, 134~135쪽
메겐도르퍼의 『대서커스』, 198~199쪽
전문가를 위한 정교한 필사본의 다른 사례로는,
크리스토포로의 『군도지』, 70~71쪽
파르네세 『기도서』, 74~75쪽
부자를 위해 제작된 책의 다른 사례로는,
톰린슨의 『춤의 기술』, 146~147쪽
크라나흐판 『햄릿』, 214~215쪽

손으로 느끼는 문자의 시작

18세기까지만 해도, 시각장애인의 교육은 거의 이루어지지 않았다.
그러다 파리의 한 자선사업가의 노력으로 가장 큰 진보가 먼저 프랑스에서 찾아왔다.

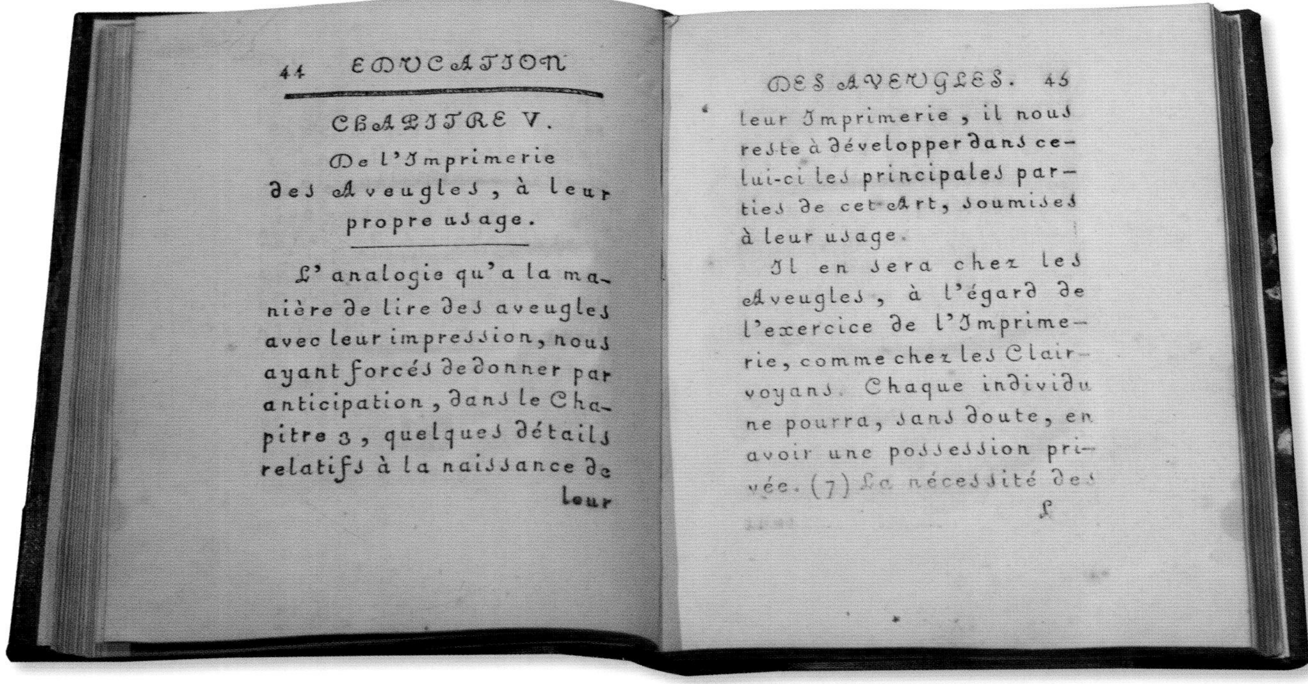

44 EDUCATION

CHAPITRE V.

De l'Imprimerie des Aveugles, à leur propre usage.

L'analogie qu'a la manière de lire des aveugles avec leur impression, nous ayant forcés de donner par anticipation, dans le Chapitre 3, quelques détails relatifs à la naissance de leur

DES AVEUGLES. 45

leur Imprimerie, il nous reste à développer dans celui-ci les principales parties de cet Art, soumises à leur usage.

Il en sera chez les Aveugles, à l'égard de l'exercice de l'Imprimerie, comme chez les Clairvoyans. Chaque individu ne pourra, sans doute, en avoir une possession privée. (7) La nécessité des

L

위 『**시각장애인 교육**』 루이 브라유가 평생을 근무한 학교는 본래 발랭탕 아위가 설립한 곳이었다. 학교를 설립하고 2년 뒤인 1786년에 아위는 시각장애인을 위한 혁신적인 책을 펴냈는데, 돋을새김 공정을 이용해 촉감 읽기가 가능한 돋을새김 글자를 만든 것이었다. 이 책은 왕실 인쇄업자인 자크 가브리엘 클루지에의 인쇄소에서 시각장애인 아동들이 직접 인쇄한 것이었다.

읽는 법을 배우기 위해서는 시각이 필요한 것이 일반적이다. 눈으로 볼 수 없는 사람이 무슨 수로 읽는 법을 배우겠는가? 16세기에 이탈리아의 수학자 지롤라모 카르다노는 촉각을 이용해 시각장애인이 알파벳을 이해하도록 가르칠 수 있다고 제안했지만, 정작 본인은 이 아이디어를 발전시키지 않았다.

18세기에 이르러 시각장애인 신동의 유명한 사례가 나타났다. 『석학 회보(碩學會報)』에서 스위스의 수학자 자코브 베르누이는 형판(型板)을 이용해 오려낸 글자 형태를 손으로 만지는 방법으로, 시각장애인 음악가 에스테르 엘리자베트 발트키르히에게 글자 읽는 법을 가르쳤다고 보고했다. 또 시각장애인 음악가이며, 집안이 좋았던 오스트리아의 마리아 테레지아 폰 파라디스는 종이에 글자 모양을 핀으로 뚫는 방식으로 글을 배웠다. 1784년에 마리 앙투아네트 왕비가 개최한 베르사유 연주회에서 그녀가 만난 발랑탱 아위(1745~1822)는 이미 시각장애인 교육에 관심이 있었는데, 그가 1785년에 설립한 '왕립 시각장애인 학교'는 이런 종류의 학교로는 최초였다. 1786년 크리스마스에는 재학생들이 왕궁에서 시범을 보여 국왕의 인가를 받았다. 이때 시각장애인 아동들은 파리의 상업 인쇄업자인 자크 가브리엘 클루지에의 지도하에 자기들이 직접 인쇄한 책을 국왕에게 선물했다.

아위가 사용한 돋을새김 글자의 서체는 장식적이었으며, 이 시기의 프랑스 서체를 많이 참조했기 때문에 어린이가 읽기에는 쉽지 않았다. 1820년대 말에 '왕립 시각장애인 학교'에서는 이 글자 대신 오늘날까지 사용되는 더 과학적인 체계를 도입했다. 루이 브라유(1809~1852)가 개발한 이 방법은 돋을새김 점들

위 **'시각장애인을 위한 문 박사의 알파벳'** 윌리엄 문은 원래 부분적으로 시력이 남아 있었지만, 21세 때에 완전한 시각장애인이 되었다. 기존의 촉감 읽기 체계 모두에 불만을 느낀 그는 나름의 방법을 만들기에 나섰다. 그 결과물인 '문 철자'는 브라이턴의 작업장에서 그가 인쇄한 사진의 알파벳에 나온 것처럼 기존의 알파벳 형태와 유사한 모양새이다.

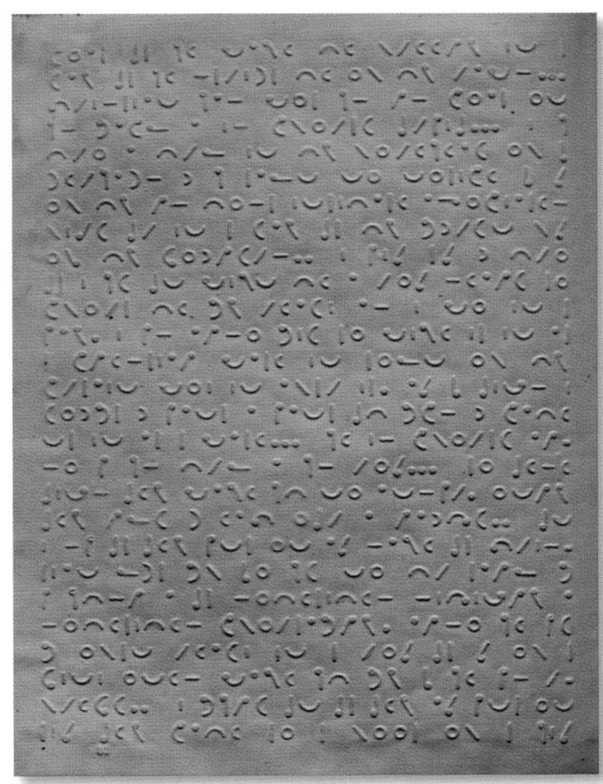

위 **시각장애인용 『천로역정』** 선량함이 장애물을 극복한다는 버니언의 이 고전적인 이야기의 특별판은 '런던 시각장애인 읽기 교육 협회'가 1869년에 간행한 것이다. 여기에 돋을새김으로 인쇄된 것은 '루카스 철자'로, 브리스틀의 속기 교사인 토머스 루카스가 1835년에 고안한 또 다른 촉감 읽기 체계이다.

로 이루어진 기호가 각각의 철자를 표시하는 방식으로, 샤를 바르비에가 발명한 군대의 '야간 필기' 방법을 토대로 했다. 아위라든지, 그의 후계자인 세바스티앵 기에가 만든 필체와 비교했을 때, 브라유의 철자는 촉감으로 읽기가 더 쉬웠지만 처음에만 해도 영국에서는 인기가 덜했다. 런던을 비롯해 브리스틀, 에든버러 그리고 다른 도시에서 일하던 자선사업가들도 시각장애인을 위한 저마다의 인쇄 방법을 고안했다. 하지만 이들의 방법은 기술적으로는 성공했지만, 궁극적으로는 실패하고 말았는데, 왜냐하면 시각장애인 학습자의 필요를 채울 만큼 다양한 읽을거리를 생산하기가 어려웠기 때문이었다. 그나마 더 오래 살아남은 체계, 즉 브라유 체계의 유일한 경쟁자는 브라이턴에 살던 시각장애인 윌리엄 문(1818~1894)이 고안한 것으로, 돋을새김 알파벳을 사용하여 브라유보다 더 배우기 쉽다고 여겨졌다. 문의 노력과 시각장애인 후원자의 도움으로, 문 인쇄소는 계속해서 이 대담한 노력을 지속하다가, 1960년에 이르러 프랑스의 발명품에 굴복하고 말았다.

관련 내용
읽기 교육 방법의 다른 사례로는,
뉴베리의 『작고 예쁜 주머니책』, 156~157쪽
에이킨의 『한 음절 단어로만 된 로빈슨 크루소』 194~195쪽
인쇄술의 기술적 진보의 다른 사례로는,
퍼킨스의 특허, 182~183쪽

오른쪽 『한 음절 단어로만 된 로빈슨 크루소』 매크러플린 브러더스 출판사가 1882년에 간행한 이 책의 텍스트는 메리 고돌핀(본명은 '루시 에이킨')이 썼으며, 색상이 화려한 표지에는 젊어 보이는 크루소가 멋진 줄무늬 반바지 차림으로 등장한다. 이 책에 수록된 6점의 도판은 나이 어린 독자층에 강하게 호소한다. 이 책의 꽤 낡은 모습은 오랜 세월 사용되었음을 알려준다 (194~195쪽 참고).

제9장
인쇄술과 증기력

19세기에는 출판의 물결이 그 강둑을 터뜨리기에 이르렀다. 새롭고 색다른 종류의 책들로 이루어진 홍수를 보며 어떤 사람은 문자 이용 능력이 늘어나면서 생긴 축복으로 여겼고, 어떤 사람은 자칫 이런 상황이 혁명을 조장할까 두려운 나머지 저주로 여겼다.

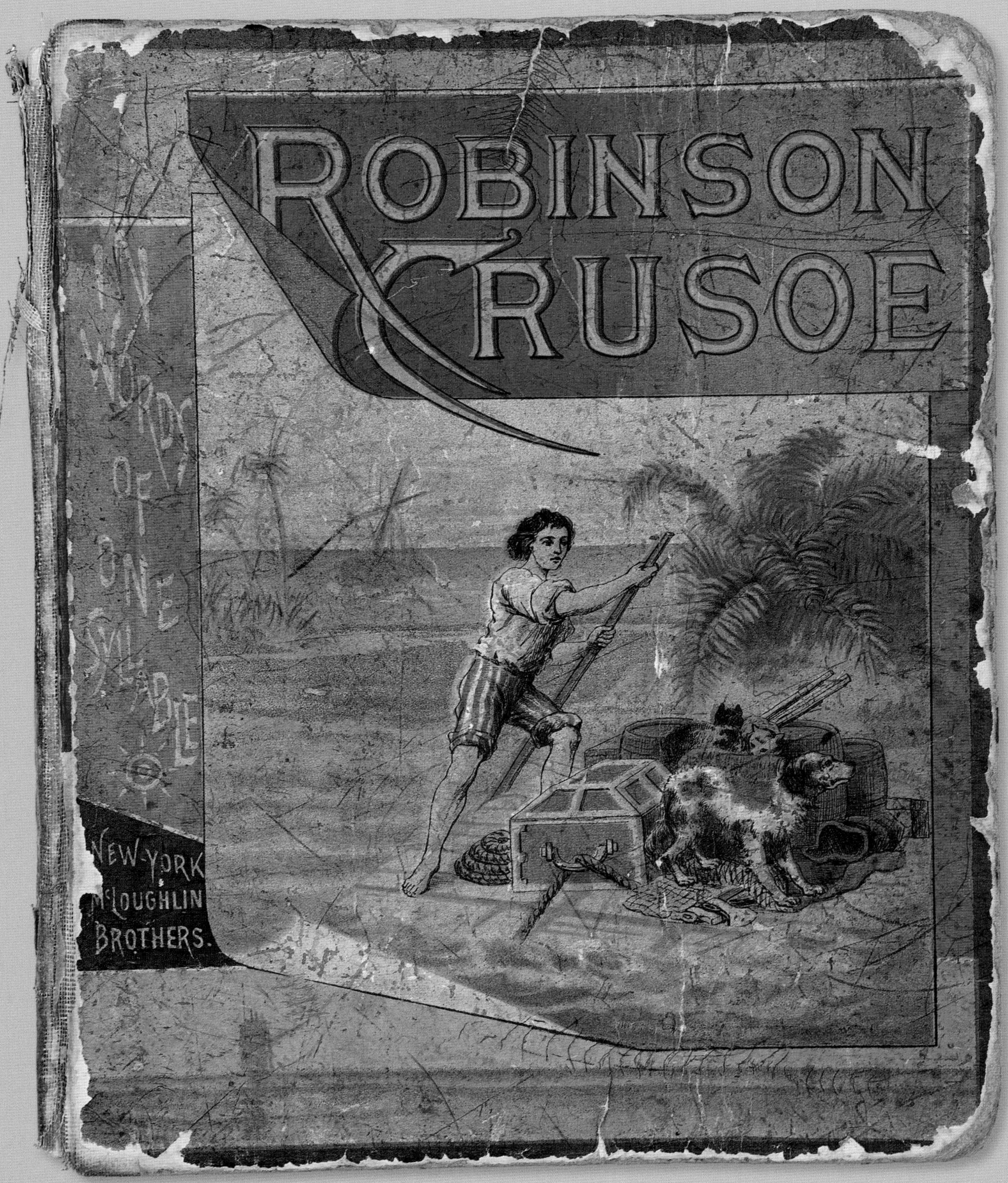
ROBINSON CRUSOE
IN WORDS OF ONE SYLLABLE
NEW-YORK
McLOUGHLIN BROTHERS.

혁신과 발명은 산업혁명의 핵심이다. 19세기 출판업의 여러 측면들(새로운 제지술, 향상된 활자 제조법, 새로운 삽화 기법의 도입 등등)은 1800년 이전부터 변화하기 시작했다. 그중에서도 가장 중요한 변화가 바로 **연판 인쇄술**, 즉 **활자**를 조판한 페이지 전체의 틀을 떠놓는 방법이었다. 1725년에 윌리엄 게드가 개발한 이 방법 덕분에 도서의 재간행이 용이해졌다. 이후 연판(鉛版)은 출판사의 귀중한 자산이 되었다. 연판을 이용해 신판을 만들고, 재간행본 시리즈를 만드는 다른 출판사에 연판을 판매할 수도 있기 때문이었다. 연판은 수십 년 이상 사용할 수 있으므로 출판업의 대들보가 되었다. 이처럼 비용이 저렴한 조판과 연판을 사용해서 출판사는 상당한 이득을 얻었으며, 이는 책값을 낮추는 결과를 낳았다.

모든 진보가 그러하듯, 여기에도 단점은 있었다. 연판 인쇄술의 저렴함과 편리함 때문에, 출판사들은 개정 증보판을 펴내기보다 재간행을 선호하게 되었다. 제지 기계의 발전 덕분에 유럽에서는 늘어나는 수요에 맞춰 **종이**를 만드는 일이 가능해졌고, 산업 과학자들은 전통적으로 사용되던 아마포 넝마 대신 다른 식물성 섬유를 이용한 제지법을 발견했다. 그리하여 종이의 공급은 늘어난 대신, 종이의 수명은 줄어들었다. 전통적인 제지소에서 만든 넝마 종이는 더 오래갔던 반면, 목재 펄프를 이용해 기계에서 만든 종이는 더 빨리 썩었기 때문이다(1820년대까지도, 종이의 이런 불안정성은 자주 언급될 정도였다). (영국의 경우) 아프리카수염새나 (독일의 경우) 옥수수 같은 식물로 만든 종이는 품질이 좋았다. 1875년 이후에는 어디에서나 가장 저렴한 책과 잡지와 신문은 섬유 펄프로 만든 종이에 인쇄되었으며, 이 종이는 '얇게 눌러놓은 톱밥'에 불과하다는 (충분히 일리 있는) 비난을 받았다.

가장 큰 변화 중 하나는 도서 삽화에서 있었다. 제이컵 퍼킨스의 **강철 요판 인쇄술**과(182~183쪽 참고), 다른 발명가들이 도입한 특허 덕분에 강철 판화가 가능해졌다. 연판 인쇄술 덕분에, 그리고 1840년경부터는 전기 도금판 덕분에 눈목판화의 사용도 크게 편리해졌다(172~173쪽 참고). **석판화**와 사진의 발전과 병행하여, **다게르(은판) 사진**과 **청사진**처럼 지금은 망각된 기법도 있었다(184~185쪽 참고). 그 사용은 런던이나 파리나 라이프치히 같은 대규모 인쇄 중심지에만 제한되지 않았다. 자메이카는 다게르 사진을 일찌감치 사용하며 이 분야에서 식민지의 주도권을 알렸고(186~187쪽 참고), 다른 여러 지역에서도 야심만만한 작업을 시도했다. 인도와 영국령 식민지에서는 (자메이카와 마찬가지로) 출판이 예상치 못한 형태를 취했다. 심지어 캐나다의 선교회 인쇄소에서도 **원물 인쇄** 판본을 내놓았다(188~189쪽 참고).

여가를 위한 독서의 전파

도서 제작의 발전은 사실 순환 과정이었다. 독자의 수요가 신선한 출판을 촉진하고, 출판사가 저렴한 인쇄 기법을 물색하고, 인쇄물 제작의 증대가 또다시 새로운 독자를 만들어내는 것이다. 출판사와 예약 도서관 운영자 그리고 찰스 디킨스 같은 저자들은 분책(分冊) 출판을 비롯한 새로운 규약을 수립했다(190~191쪽 참고). 이런 조치는 수지가 맞아서, 대부분의 소설가에게는 전 3권짜리 소설이 일반적인 형태가 되었다. 새로운 매체는 저자에게 이전과 다른 역할을 요구했고, 그 결과 디킨스, 새커리, 트롤럽, 개스켈 같은 소설가들의 작품에서는 독자의 성화로 처음 계획보다 연장된 줄거리가 나타났다.

사회 계층에서 더 낮은 쪽에 있던 사람들이 문자 이용 능력을 터득하면서 독서가 늘어나자, 이를 우려하는 시각도 있었다. 노동자 계급을 위해 쓴 『철자책』(1831)에서 급진주의자 윌리엄 코빗은 소설을 가리켜 "문학계의 독주(毒酒). 정신을 활기차게 만들기는커녕, 그저 마비시키는 것뿐"이라고 주장했다. 노동자 계급의 타락한 정신은 여러 질환의 이유가 된다고 여겼는데, 이는 **1페니 공포 소설**만 일별해도 단박에 드러나는 것만 같았다(192~193쪽 참고). 그런 한편으로 지식을 향상시키는 문학을 통해 사람들의 정신을 풍요하게 만들려는 진지한 시도도 많았으며, 여기에는 노동자 교육 센터를 권장하는 것이라든지, (이 세기 중반부터 나타나기 시작한) 무료 공립 도서관 설립을 지원하는 것 등이 포함되었다. 아동서 역시 이 당시의 독서에서 중요한 역할을 담당했다(194~199쪽 참고).

서지 정보 관리

출판물의 양이 늘고, 배포 범위가 확장되면서, 정보 폭발에 대처하는 새로운 방법이 필요해졌다. 18세기에는 '당일 간행'이라고 발표하는 것만으로도 충분했다. 하지만 이제는 간행물 현황을 서적상과 잠재 독자가 알 수 있는 방법을 찾아야 했다. 우선 서평지가 도움이 되었다. 도서 목록의 간행과 광고도 필수적이었다. 1840년에는 누구나 비교적 적은 비용에 자기 책을 소형 판본으로 간행할 수 있었으며, 자비 전문 출판사가 작가 지망생들에게 출간을 독려할 만큼 시장이 충분했다. 물론 오늘날과 마찬가지로, 그렇게 간행한 자비 출판물을 독자가 구매하도록 만들기는 여전히 힘들었지만 말이다.

영국에서 제작되는 모든 책을 정기적으로 확보하는 도서관은 오로지 여섯 군데의 납본 도서관뿐이었다. 출판사에서는 신간을 도서관에 납본해야 할 의무가 있었지만 재간행본이나 재인쇄본까지 납본하라고 법률로 정해놓지는 않았다. ('1펜스 유혈 소설', 아동서, 기타 등등의) 간행물을 받아들이느라 난감했던 도서관으로서는 다행스러운 일이었지만, 이처럼 가치 없게 평가된 간행물 가운데 상당수가 오늘날 희귀본 대접을 받는다. 가까운 미래에 이미 망각된 자비 출판물이나 전자책도 마찬가지 운명이 되지 않을까?

국립 도서관은 도서 관리 메커니즘을 만들었다. 대영 박물관의 '1841년 91개 조항'은 도서관 관련 규정과 체제 가운데서도 최초였다. 나중에는 (미국에서는 1876년, 영국에서는 1877년에 결성된) 사서 직능 단체와 상업 정보 제공 서비스 같은 집단들이 서지 정보 관리를 도모하게 되었다. 과학 및 의학 분야에서는 요약 및 색인 서비스가 시작되면서, 최신 정보를 제공해야 하는 (나날이 증대하는) 업무를 용이하게 해주었다. 인쇄술의 향상 면에서는 미국산 조판 기계의 발전이 돋보였다. **라이노타이프**(1886)와 **모노타이프**(1887)는 더 간단하고, 더 저렴하고, 더 신속한 제작을 가능하게 해주었다.

책값이 낮아지자 개인 용도로 책을 구매하는 사람도 많아졌다. 여행업이 확장되면서, 브래드쇼나 배데커의 여행 안내서와 머리의 관광 '안내서' 등은 많은 이익을 낳았으며, 급기야 여행 안내서 출판이 별도의 분야가 되었다(200~201쪽 참고). 요리와 가정 관리에 관한 책의 시장이 증대하면서, (주부용 지침서로 유명한 비턴 여사 같은) 일부 저자들은 그 분야의 권위자가 되었다. 그중에서도 가장 중요한 인물은 알렉시 수아예라는 스타 요리사였다(202~203쪽 참고).

19세기 말에는 저렴한 판본이 전 3권짜리 소설을 대체했으며 (204~205쪽 참고), 1실링 이하의 가격에 실용적인 판본을 구매하는 것도 가능해졌다. 하지만 불만도 많았다. 기술적 발전의 반작용으로 미적 감수성이 사라졌으며, 황색 언론에 놀란 사람도 일부 있었고, "1페니짜리 공포 소설이 반 페니짜리 겹 공포 소설로 대체된다"는 논평이 나오기도 했다. 윌리엄 모리스 같은 비평가들은 1520년에 베네치아에서 간행된 책이 1885년에 영국에서 간행된 책보다 더 훌륭한 디자인을 하고 있음을 간파했다. 프랑스, 에스파냐, 네덜란드, 독일에 있는 사람들도 이와 유사한 역설에 주목했다. 이들의 보수적인 또는 급진적인 해결책은 제10장에서 자세히 논의된다.

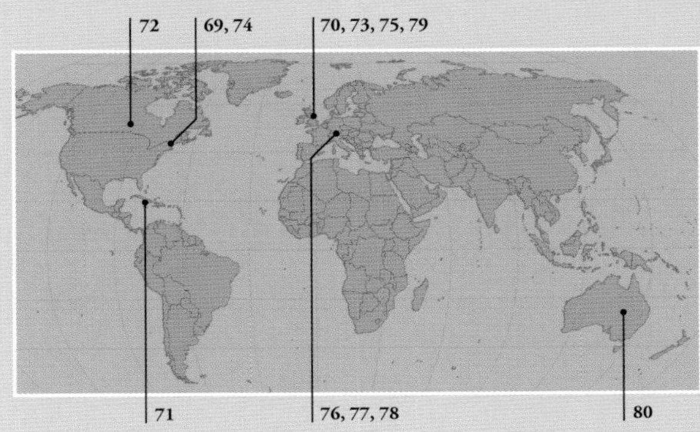

소개할 책들

특허감으로 기발한 양키의 창의력

산업혁명의 진보에 연료를 제공한 것은 바로 대서양 양쪽 국가에서 이루어진 특허 제도였다. 이 당시의 가장 중요한 발명가 중 하나인 제이컵 퍼킨스는 양쪽 국가 모두에서 성공을 거두었다.

지배자들은 종종 발명가들에게 특권을 부여했지만(인쇄업자들도 이런 특권을 부여받은 바 있다) 근대적인 특허 제도의 기원은 영국의 독점 조례(1623)에서 비롯되었다. 앤 여왕의 치세(1702~1714) 때에 발명가들은 자기 발명품의 서면 설명서를 제출해야 했고, 여러 군데의 법률 사무소에서는 이를 등록하는 것이 의무화되었다(이 제도는 1851년의 대박람회 이후 더 간소화되었다). 이 인쇄본 특허 명세서는 산업혁명의 더 빠른 발전을 가능하게 만들었으며 (비록 오늘날에는 도서관에 수집되어 있는 경우도 드물고, 대개는 경매장에서 매각되거나, 또는 도서 수집가나 보관하게 마련이었지만) 근대 세계에는 필수적인 요소가 되었다.

대부분의 발명가는 자기 특허로부터 수익을 얻기를 원했으며, 그중 일부는 ('불턴 앤드 와트 공학 회사'처럼) 자체 보유 면허 덕분에 부를 쌓았다. 제이컵 퍼킨스(1766~1849)가 매사추세츠 주를 떠나 영국으로 간 이유도 그래서였다. 다재다능했던 퍼킨스는 원통형 인쇄기와 못 제조용 기계를 만들어 미국에서 큰 성공을 거두었다. 그는 경화강철을 재료로 한 새로운 판화 기술(즉 '강철 요판 인쇄술')을 개발했고, 이를 이용하면 위조가 불가능한 은행권을 만들 수 있으리라 생각했다. 영국 국립은행은 그런 은행권을 만들 목적으로 2만 파운드라는(현재 가치로는 1백만 파운드 이상의) 현상금을 내건 바 있었다.

1819년에 퍼킨스는 자기 기술을 홍보하기 위해 영국으로 이주했다. 영국 국립은행이 영국인 발명가를 원했기 때문에 처음에는 설득하는 데 실패했지만, 퍼킨스의 기술은 영국에서 강철 판화가 발전하는 데 기여했고, 따라서 책의 역사에서도 중요한 기여를 남겼다. 그가 설립한 회사 '퍼킨스 앤드 베이컨'은 여러 지방 은행을 위해 유가증권과 은행권을 만들었으며, 1840~1861년까지는 영국 및 영국령 식민지를 위해 수익성 높은 우표를 제작했다(그중에는 세계 최초의 우표 '페니 블랙'도 있었다).

퍼킨스는 강철 요판 인쇄술 외에도 다른 여러 가지를 발명했다. 증기력을 이용한 연발총을 비롯해(하지만 웰링턴 공작은 지나치게 파괴적인 무기라는 이유로 도입을 거절했다) 증기기관과 선박 추진 장치도 있었다. 하지만 장기적으로 가장 큰 변화를 가져온 발명품은 영국 특허 GB 6662/1835, 즉 '얼음 제조 및 액체 냉매 관련 장치와 수단'이었다. 훗날 알렉시 수아예가 1838년에 리폼 클럽 주방에 설치했던 이 장치로부터, 이른바 냉장 산업이 탄생했다(202~203쪽 참고).

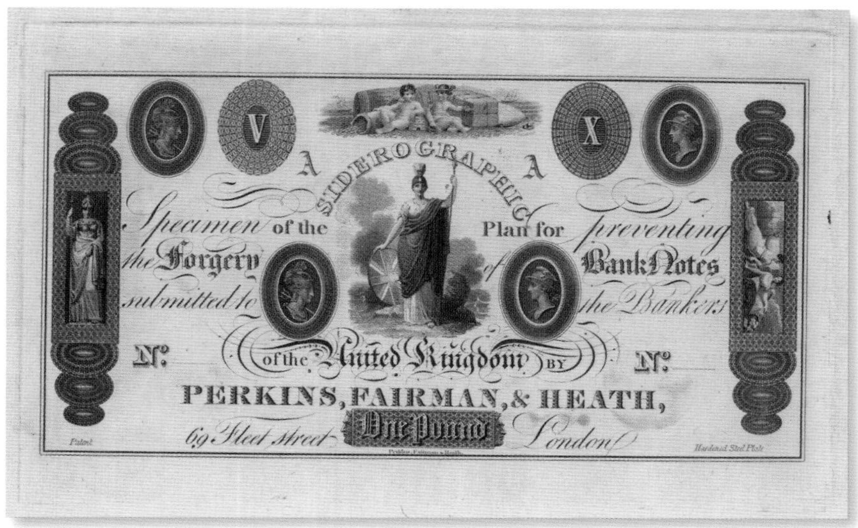

왼쪽 **은행권 견본** '퍼킨스 페어먼 앤드 히스'가 1821년경 영국 국립은행의 의뢰를 받기 위해 경화강철에 판각한 최초의 파운드 지폐 견본 앞면. 비록 영국 국립은행은 거절했지만, 다른 은행들은 이 견본을 채택했다.

관련 내용
다른 발명가의 사례로는,
알 자자리의 『기계 기술 개론』, 88~89쪽
구텐베르크의 '42행 성서', 98~99쪽
플레이페어의 『상업 정치 도감』, 162~163쪽
미국 발명가의 더 나중 사례로는,
칼슨의 실험 일지, 212~213쪽

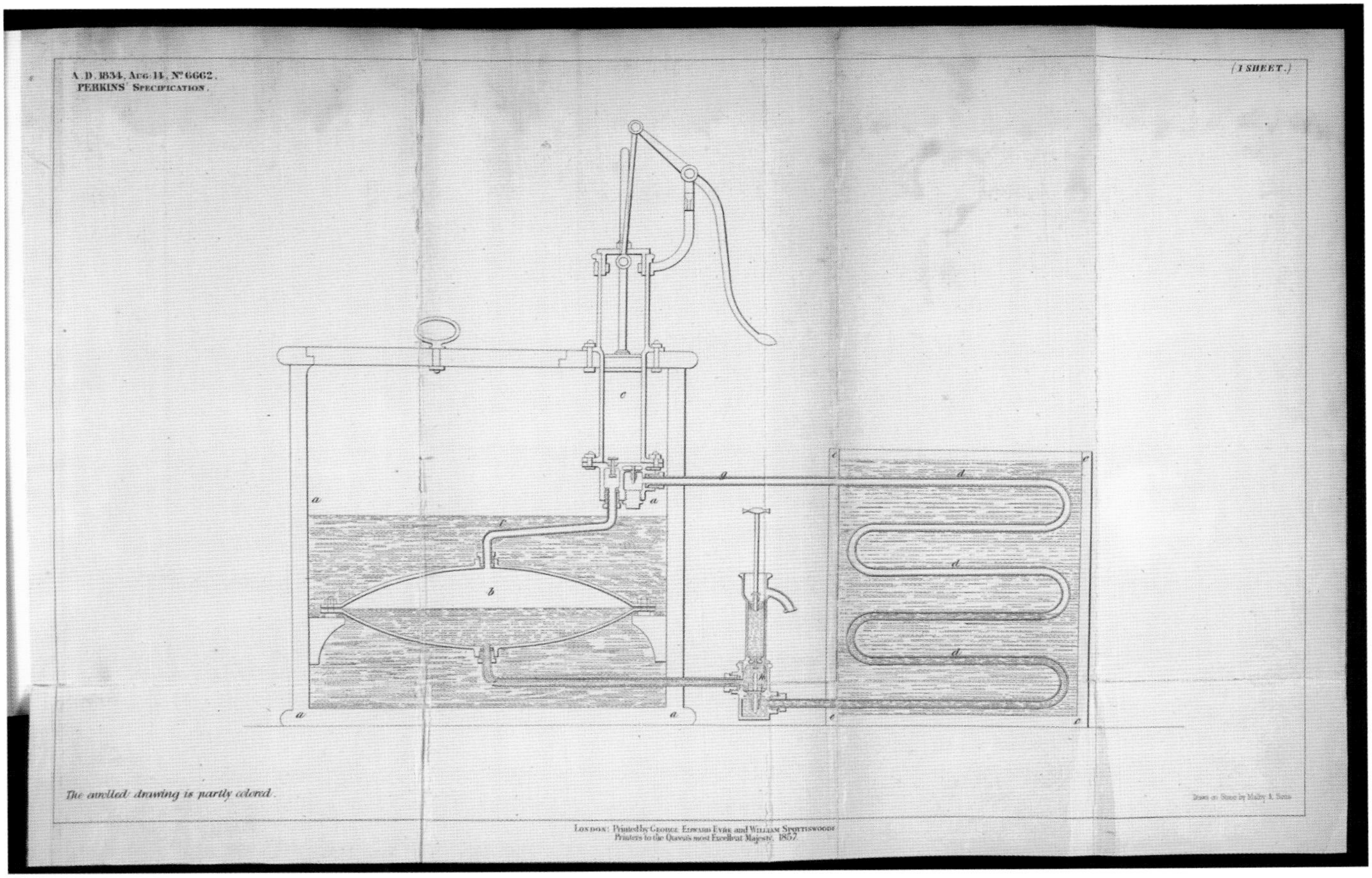

위 퍼킨스의 특허 1835년 8월 14일자로 취득한 '얼음 제조 및 액체 냉매 관련 장치와 수단'에 관한 제이컵 퍼킨스의 특허. 런던의 존 헤이그가 제작한 이 장치는 에틸에테르를 이용해 얼음을 만들었다. 특허의 인쇄 및 간행은 출판의 역사에서 중요한 부분을 차지하는데, 만약 이런 제도가 없었다면 산업계의 발명 가운데 상당수가 오늘날 전해지지 않았을 것이다.

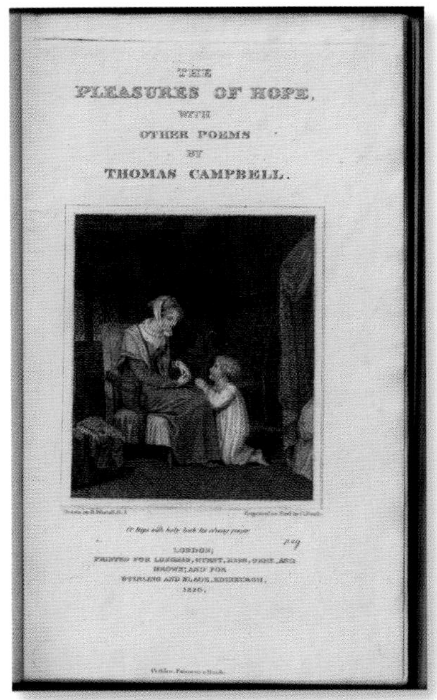

THE
PLEASURES OF HOPE,
WITH
OTHER POEMS
BY
THOMAS CAMPBELL.

LONDON;

왼쪽 『희망의 기쁨』 토머스 캠벨이 1799년에 간행했던 이 책을 1821년에 롱맨 출판사에서 리처드 웨스톨의 새로운 삽화를 곁들여 재간행했다. 찰스 히스가 판각하고 '퍼킨스 페어먼 앤드 히스'가 인쇄한 이 1821년 판본은 이때까지 사용되던 무른 재질의 구리판보다 더 오래가는 경화강철판을 이용해 인쇄한 최초의 책이었다.

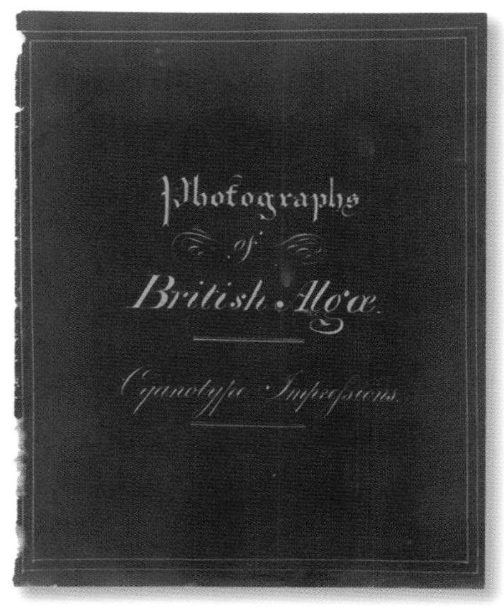

위 **청사진** 앳킨스의 청사진 화보집의 속표지에는 글자가 역상(逆像)으로 나와 있다.

사진 도판을 수록한 최초의 책

현대 사진의 발전은 프랑스와 영국 실험가들의 연구를 계승한 것이었다. 놀라운 점은, 사진 이미지를 수록한 최초의 (그리고 '아름다운') 책이 한 아마추어의, 그것도 한 여성의 독자적인 인화법에서 나왔다는 점이다.

17세기 중반 이후(일부 미술사학자들은 이보다 더 먼저였다고 주장하지만) 화가들은 **카메라 옵스쿠라**를 그림의 보조 도구로 사용했다. 그러나 이 장비에는 한계가 있었는데, 영국의 사진 분야 발명가인 윌리엄 폭스 탤벗은 이 장비를 이용해 코모 호수를 스케치하려다가 실패한 이후, 이미지를 복제하는 화학적 수단을 직접 찾아 나서게 되었다고 전한다.

최초의 성공적인 사진 인화법은 프랑스에서 나왔으며, 그 발명가는 재간 넘치는 니세포르 니에프스(1765~1833)와 루이 다게르(1787~1851)였다. **다게르(은판) 인화법**은 나중에 가서 탤벗이 개발한 인화법으로 대체되었지만, 이와는 또 다른 인화법이 있었으니, 바로 존 허셸 경이 1842년에 발명한 청사진 인화법이었다. 사진 도판이 들어간 최초의 책을 간행한 어느 아마추어가 사용한 인화법도 바로 이것이었다.

애너 앳킨스(1799~1871)는 예외적으로 좋은 교육을 받은 여성이었으며, 그녀의 아버지 존 칠드런은 저명한 과학자였다. 그녀는 아버지가 번역한 라마르크의 『무척추동물지』(1824)에 삽화를 그리기도 했다. 칠드런과 앳킨스 모두 탤벗, 허셸과 잘 아는 사이였다. 삽화가 없었던 윌리엄 하비의 『영국 조류 편람』(1841)의 자매편으로, 앳킨스는 1843년 10월에 『영국 조류 사진 도감: 청사진판』의 **분책** 제1권을 간행했다.

청사진을 이용하면 그 당시 사용되던 다른 사진 기법보다 더 오래가는 이미지가 나왔다. 그녀의 책에는 각 권마다 4백 점에 가까운 도판이 들어 있었으며, 이를 위해 앳킨스는 화학 약품을 섞고, 인화지를 준비하고, 해초의 표본을 배열하고, 각각의 청사진을 햇빛에 노출시키는 과정을 거쳐, 8천 개 이상의 이미지를 현상했다(이 과정에서 인화에 실패한 청사진이 몇 개였는지는 생각하고 싶지도 않다).

자기 가족으로부터 약간의 격려를, 그리고 친구인 애너 딕슨으로부터 약간의 도움을 받은 것을 제외하고, 이 모든 작업을 앳킨스 혼자 해냈다. 해초에는 이런 현상법이 이상적이었지만, 효율적인 제작을 위해서는 인쇄업자의 취향은 물론이고 그녀의 실력이 (그리고 '인내'가) 핵심적이었다. 『영국 조류 사진 도감』은 매우 작은 크기의 판본이었지만, 어쩌다 한 번 앳킨스의 청사진이 경매에 나오면 매우 인기가 높다. 2004년의 한 경매에서는 그녀의 책 한 부가 40만 6,460달러(24만 5천 파운드)에 낙찰되기도 했다.

오른쪽 **영국의 조류** 애너 앳킨스가 1843~1853년에 간행한 『영국 조류 사진 도감: 청사진판』에 수록된 갈조류 해초 가운데 하나의 청사진. 이 책은 세계 최초로 사진을 수록했으며, 폭스 탤벗의 『자연의 연필』보다 8개월쯤 앞서 나왔다. 이 청사진은 카메라를 이용하지 않고, 감광용지 위에 표본을 직접 올려놓고 햇빛에 노출시켜 밀착 인화한 것이다.

관련 내용
사진을 이용한 책의 또 다른 사례로는,
뒤페를리의 『자메이카 사진 여행』, 186~187쪽
여성이 주도한 도서 제작의 다른 사례로는,
헬름의 『바느질의 기술과 근면』, 142~143쪽
블랙웰의 『흥미로운 약초들』, 144~145쪽

Dictyota dichotoma
in the young state, and
in fruit.

제3세계로 간 사진

1840년대 이후 여행자들은 사진을 이용해 자신들이 방문하는 장소의 풍경을 기록하려 했다. 초창기의 성공작 가운데 하나는 자메이카에서 나왔다. 바로 프랑스인 이민자가 제작한 한 권의 책이었다.

아돌프 뒤페를리(1801~1865)는 파리에서 훈련을 쌓은 동판화가 겸 석판화가 겸 인쇄업자로서, 1820년대 초에 명성과 부를 찾아 아이티로 이주했으며, 쿠바에도 갔던 것으로 추정된다. 하지만 두 가지 목표 모두 얻지 못한 뒤에는 마침 자메이카에서 노예제가 종식되던 시기에 맞춰 수도인 킹스턴으로 가서 석판화가로 일했다. 1833년에는 1831년의 노예 봉기인 '크리스마스 폭동'을 묘사한 석판화를 간행했고, 1938년에는 킹스턴의 노예 해방 축제를 묘사한 석판화를 간행했다.

뒤페를리가 자메이카에서 얻은 명성은 주로 이삭 멘데스 벨리사리오가 펴낸 『삽화로 보는 인물 소묘: 자메이카의 흑인들』(1837~1838)에 수록된 석판화 삽화 덕분이었다. 뒤페를리가 조금이나마 재산을 모은 것은 루이 다게르의 사진 인화법을 일찌감치 채택하여, 1840~1842년에 자메이카에 독자적인 사진관을 열었기 때문이었다. 자메이카 최초였던 이 사진관은 훗날 이름을 '아돌프 뒤페를리 앤드 선'으로 바꾸고 1920년대까지 이어갔으며, 초상 사진과 명함 사진 그리고 나

아래 『**자메이카 사진 여행**』 1840년에 뒤페를리가 킹스턴에서 간행한 책의 속표지와 「킹스턴 법원의 선거일 풍경」(오른쪽). 이 석판화의 토대가 된 다게르(은판) 사진은 이 섬에 관한 풍경 사진 가운데서도 현재까지 확인된 것으로는 최초이다.

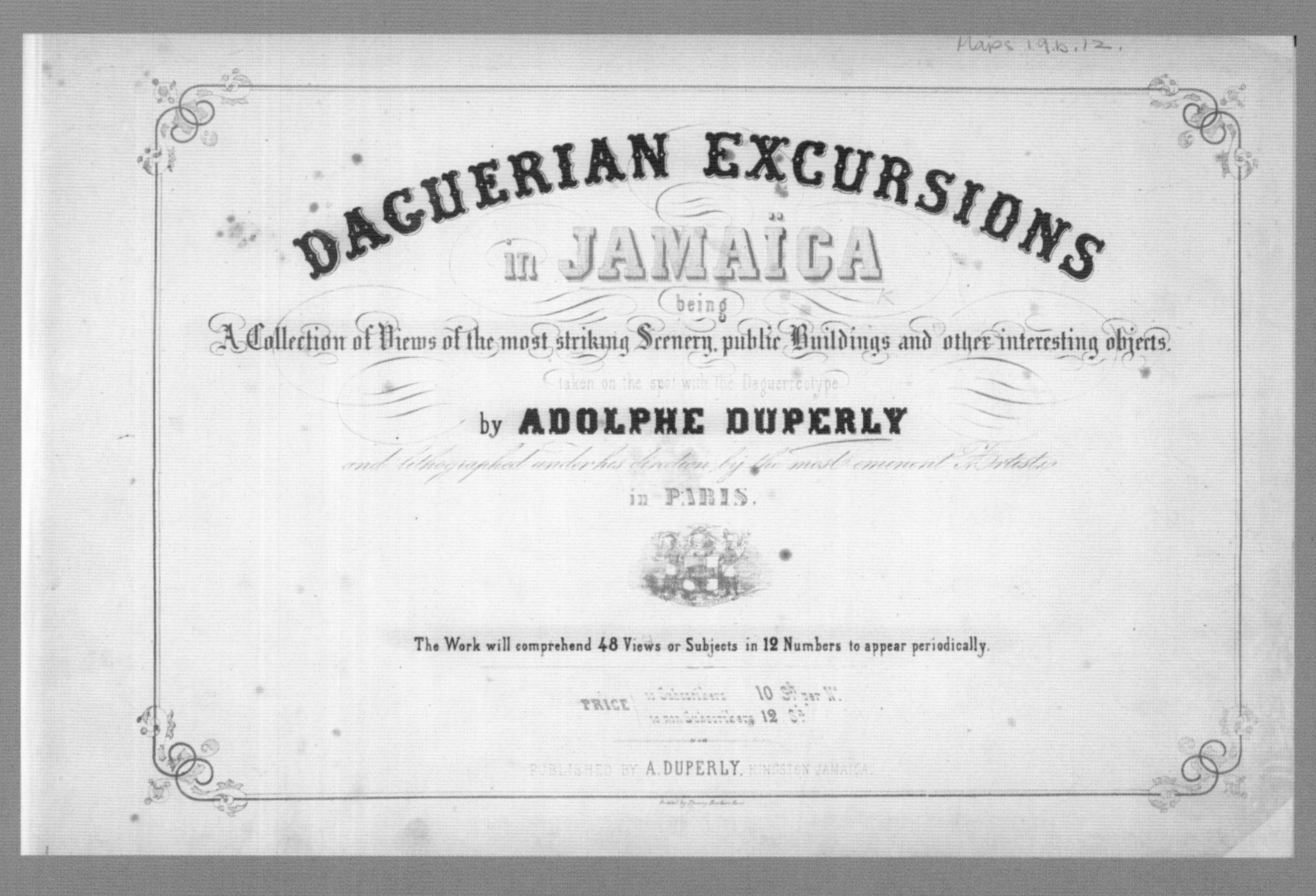
Maps 1.9.b.12.

DAGUERIAN EXCURSIONS in JAMAÏCA

being

A Collection of Views of the most striking Scenery, public Buildings and other interesting objects.

taken on the spot with the Daguerreotype

by ADOLPHE DUPERLY

and lithographed under his direction by the most eminent Artists in PARIS.

The Work will comprehend 48 Views or Subjects in 12 Numbers to appear periodically.

PRICE to Subscribers 10 S. per N. / to non Subscribers 12 S.

PUBLISHED BY A. DUPERLY, KINGSTON JAMAICA.

중에는 관광객을 겨냥한 그림엽서가 사업의 핵심을 차지했다. 1840년대 중반에 뒤페를리는 자메이카의 풍경을 직접 촬영한 **다게르(은판) 사진**을 토대로 일련의 석판화를 만들었다. 다른 프랑스의 석판화가와 마찬가지로, 그는 석판화 스케치를 간소화하는 수단으로서 인화의 유용성을 인식했다. 프랑스의 다게르(은판) 사진은 초창기에만 해도 노출 시간이 너무 길어서 움직임을 기록하지는 못했지만, 그래도 1840년대에 분할 간행된 뒤페를리의 『자메이카 사진 여행』은 생생한 거리 풍경을 기록하고 있으며, 초점을 벗어나 흐릿해진 이미지는 하나도 없다. 이런 결과물이 단지 사진만의 힘으로 성취되지는 않았다. 뒤페를리는 자기가 제작한 이미지를 파리에 있는 당대의 유능한 풍속 석판화가 중 하나인 J. 자코테에게 보냈다. 자코테는 이 사진에 여러 가지를 그려 넣음으로써 뒤페를리의 작품에 가치를 더해주었고, 워낙 솜씨가 좋았기 때문에 많은 사람들은 이 이미지가 뒤페를리의 렌즈로 포착된 풍경의 충실한 재현이라고 믿었다. 이처럼 '손을 본 판화'는 시간이 지나면서 점차 일반화되었다.

다게르(은판) 사진 가운데 하나를 본 화가 폴 들라로슈는 이렇게 탄식했다고 전한다. "오늘 날짜로 그림은 죽어버렸군!" 하지만 정작 본인은 이에 개의치 않고 그림을 그렸다. 뒤페를리는 사진 기법에 석판화를 조합하면 더 훌륭한 책을 만들 수 있음을 간파했다. 그의 『자메이카 사진 여행』은 서인도 제도 또는 다른 영국령 식민지에서 제작된 것 중에서도 가장 뛰어난 풍속 서적 가운데 하나였다.

관련 내용

노예 해방 이후 브라질에서 나온 책의 사례로는,
은나도지의 『창녀를 조심하라』, 222~223쪽
미국의 노예 해방을 위한 호소의 사례로는,
배네커의 『역서』, 170~171쪽
사진을 사용한 책의 또 다른 사례로는,
앳킨스의 『영국 조류 사진 도감』, 184~185쪽

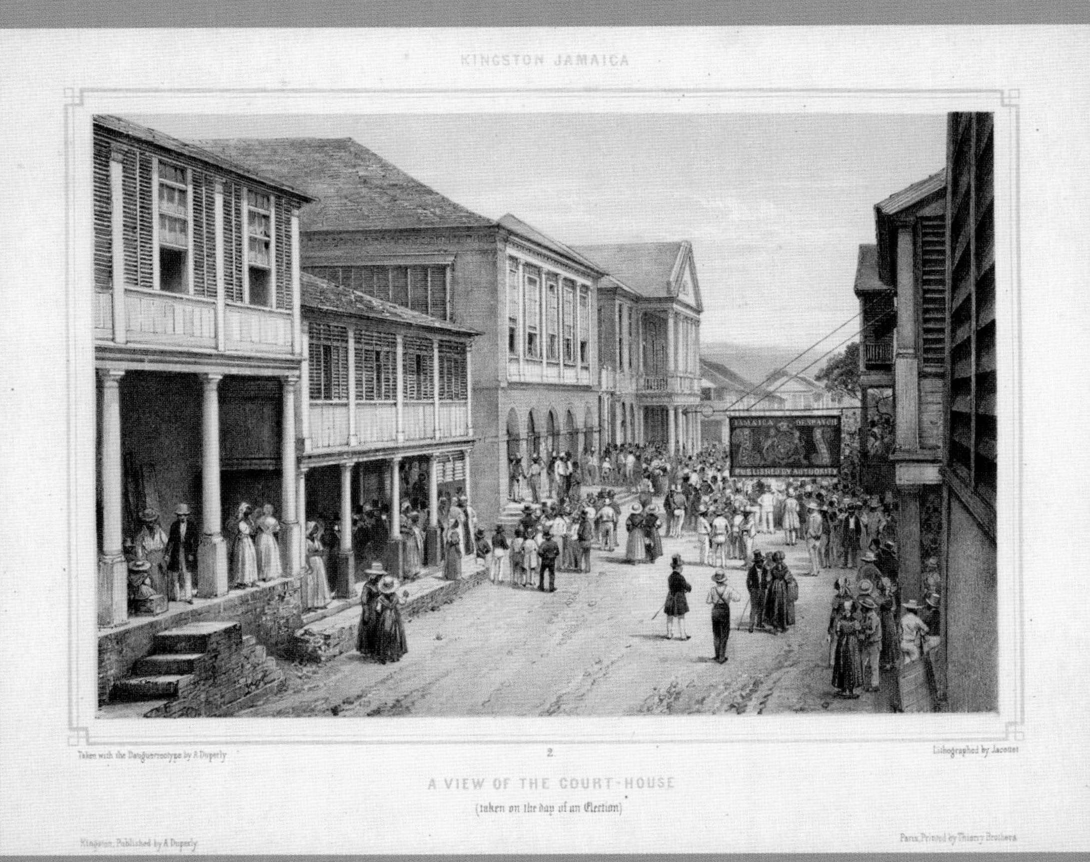

KINGSTON JAMAICA
Taken with the Daguerreotype by A. Duperly
2
Lithographed by Jacottet
A VIEW OF THE COURT-HOUSE
(taken on the day of an Election)
Kingston, Published by A. Duperly
Paris, Printed by Thierry Brothers

캐나다의 선교용 인쇄물

선교사들이 인쇄한 책은 드물기도 하려니와, 도서관에 수집되어 있는 경우도 드물다. 그런데 캐나다의 한 선교사 겸 인쇄업자는 캐나다 원주민을 가르치기 위해 저서를 간행하면서, 알파벳 대신 크리족 언어를 위한 음절문자를 사용했다.

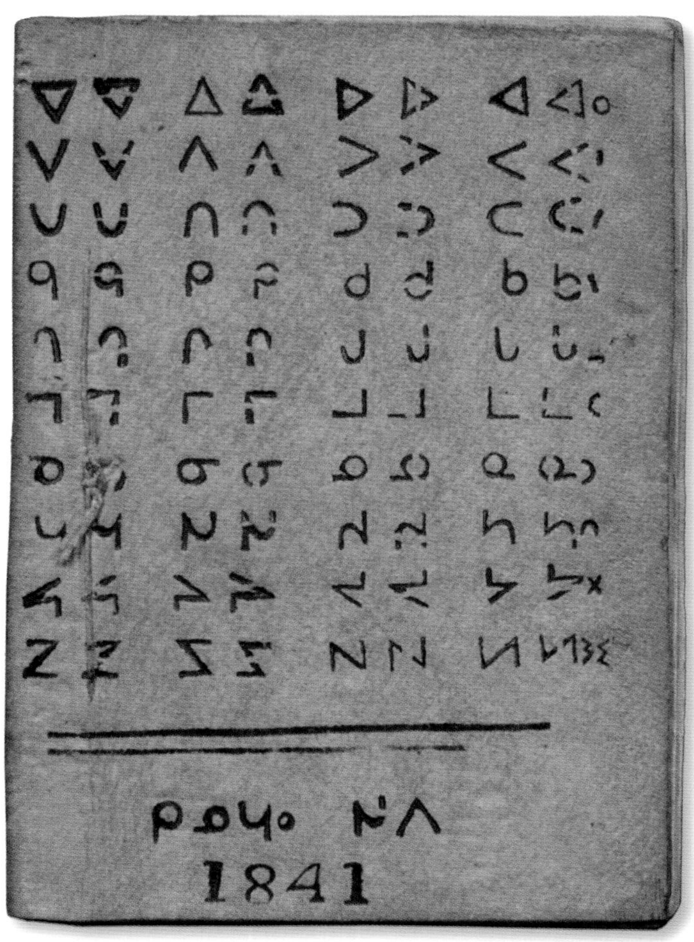

위 **음절문자 찬송가** 제임스 에번스가 제작한 23쪽짜리 찬송가는 1841년에 노르웨이하우스에서 간행되었으며, 엘크 가죽 덮개로 단순히 제본되고 앞뒤 표지에 음절문자표가 인쇄된 책에 불과했다. 당시에는 인쇄기나 활자 모두를 외부에서 들여올 수 없었기 때문에, 그는 떡갈나무로 활자 틀을 만들고, 총알과 차(茶) 상자의 테두리에서 긁어낸 납 조각으로 금속 활자 재료를 만들고, 램프의 검댕에 생선 기름을 섞어 잉크를 만들고, (보통은 모피 무역에서 동물 생가죽을 운반하기 쉽게 압착하는 데 사용되는) 나사식 압착기를 이용해 인쇄했다.

다른 대륙들을 식민화하기 시작한 직후에 유럽은 토착민을 기독교로 개종시키려 했으며, (대개는) 특정 종파로의 개종자를 얻으려고 했기 때문에, 가톨릭 선교회는 성공회나 비국교도 선교사들이 세운 선교 기지와 경쟁을 벌이게 되었다. 새로운 언어를 (그것도 문자로 기록된 적이 한 번도 없는 언어를) 배우는 일은 어려웠으며, 새로운 개종자에게 적절한 텍스트를 제공하는 것도 선교사들에게는 항상 난제일 수밖에 없었다.

캐나다 최초의 인쇄는 1751년에 노바스코샤 주 핼리팩스에서 이루어졌다. 종교 관련 원고를 유럽까지 보내 인쇄를 해오는 것은 복잡한 문제를 야기했다. 이에 대한 대안으로, 외딴(그리고 종종 적대적이기까지 한) 지역에 인쇄기를 설치하는 것이 이론적으로는 더 쉬웠다. 19세기에 도입된 강철 인쇄기는 이동이 가능하면서도 튼튼했다. '런던 선교회' 같은 단체는 아프리카, 아시아, 태평양의 여러 지역에 인쇄술을 도입했다. 그리고 캐나다 원주민에 속한 토착 부족들에게도 마찬가지였다.

온갖 어려움에 대처하기 위해서도 선교사들은 발랄하고, 재치 있고, 결단력이 있어야 했다. 그중에서도 가장 흥미로운 인물이 제임스 에번스(1801~1846)였는데, 본래는 잉글랜드의 킹스턴어폰헐에서 1820년에 부모를 따라 캐나다로 이민 간 사람이었다. 교사로 일하던 에번스는 1833년에 감리교 목사가 되었으며, 1840년에 위니펙 호수 북부의 노르웨이하우스 지역을 담당하게 되었다. 이 지역은 '허드슨 만 회사'가 서부로 모피를 찾아다니는 통로의 일부로서 중요했다. 또 크리족의 중심지였기 때문에, 자연히 에번스는 이들에게 읽는 법을 가르치는 데 집중하게 되었다.

다른 곳의(예를 들어 피지나 뉴질랜드의) 선교사 가운데 상당수는 **로마자** 알파벳을 이용해 다른 언어들이며 그 낯선 음성을 표기하려고 애썼다. 하지만 순수한 구전 사회에서는 26개나 되는 철자를 복잡하게 여겼고, 그로 인해 토착민의 읽기 능력도 크게 향상되지 못했다. 이미 오지브와어에 정통했던 에번스는 크리어나 오지브와어 모두 음절문자를 사용해 표기하는 쪽이 더 낫다고 판단했다.

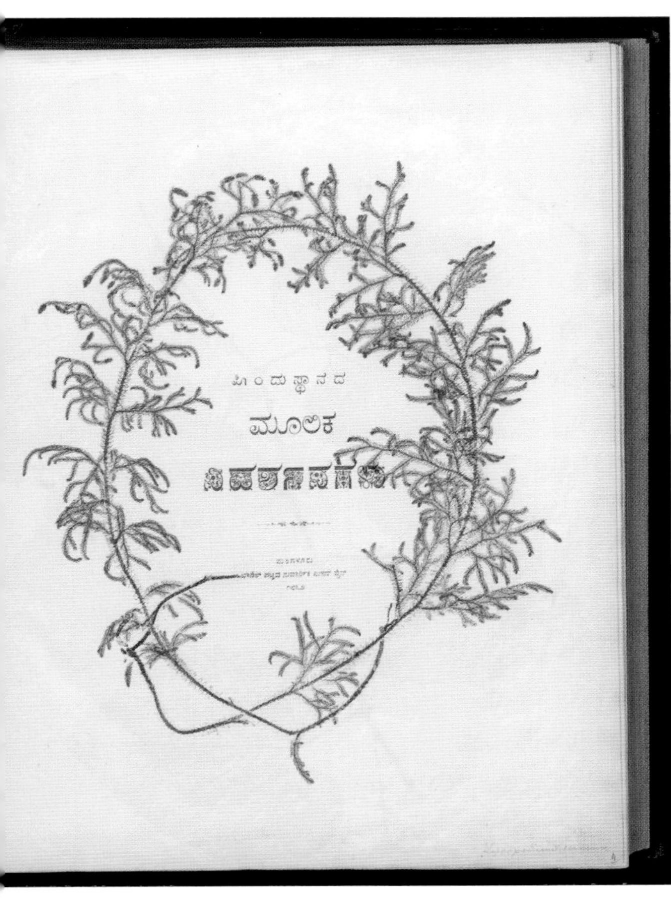

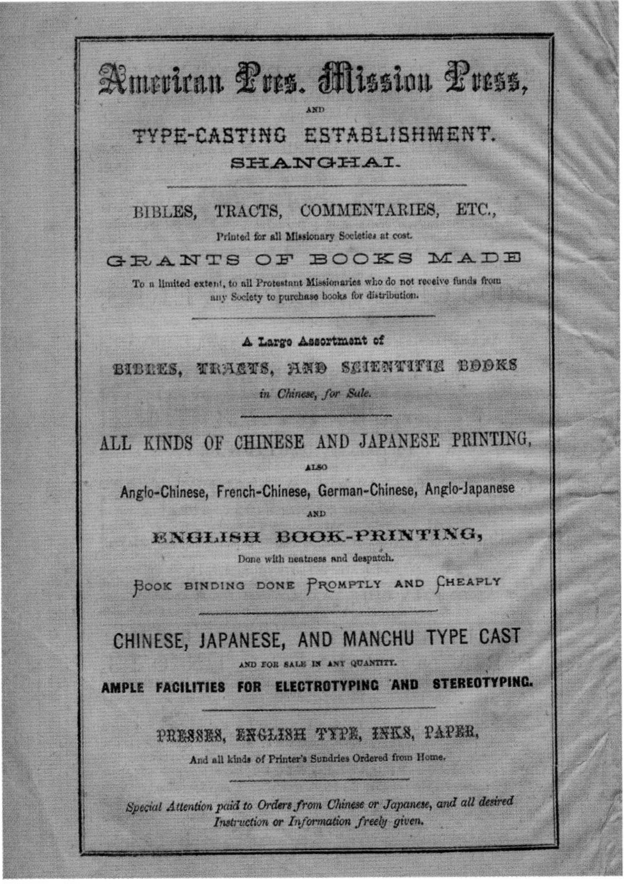

위 **'미국 장로교 선교회 출판부'** 1875년에 『중국 기록 및 선교 회지』에 게재된 '상하이 선교회 출판부'의 이 흥미로운 광고는 당시의 선교회 출판부가 얼마나 설비를 잘 갖추고 있었는지를 보여준다. 다양한 언어의 텍스트와 다양한 종류의 활자를 보유하고 있으며, 심지어 제본까지도 '신속 및 저렴'하게 이루어진다고 장담하고 있다.

위 왼쪽 **『자연의 자체 인쇄』** '남인도 식물군의 유용 및 관상 식물'이라는 부제가 달려 있는, 야코프 훈치커의 저서 속표지에 '물석송(*Lycopodium cernuum*)'의 모습이 밀착 인화 방식의 원물 인쇄로 나와 있다. 이 책의 텍스트는 발행처인 '바젤 선교회 출판부'가 있는 남인도의 망갈로르에서 쓰이는 칸나다어로 되어 있다.

처음에 에번스는 자작나무 껍질에 문자를 적었다. 이렇게 하자 크리족에게 읽기를 가르치기가 매우 원활해져서, 그는 음절문자로 이루어진 **활자**를 마련하기로 작정했다. 하지만 '허드슨 만 회사'는 그에게 적대적이고 비협조적이었으며(크리족에게 안식일에는 일하지 말라고 설득하던 에번스는 이미 회사 고위층을 충분히 성가시게 하고 있었다) 급기야 인쇄기와 활자를 구해달라는 요청을 거부했다.

에번스는 이에 아랑곳하지 않고 간단한 인쇄기를 직접 제작했다. (납 총알을 녹여 금속 활자의 재료로 삼는 것부터 시작해) 자기만의 활자를 주조하는 방법을 찾아냈으며, 검댕과 기름을 섞어 잉크를 만들었다. 이런 자작 도구를 이용해서 음절문자표와 일부 복음서 텍스트를 크리어로 1백 부 인쇄했다. 덕분에 그는 자기 방법을 채택하도록 선교회를 설득하는 데 성공했다. 심지어 경쟁 관계인(예를 들어 '교회 선교회'와 '원죄 없으신 마리아 선교 수도회' 같은) 다른 선교회들도 기꺼이 에번스의 음절문자표를 채택했다. 혹시 여러분이 오늘날 허드슨 만 남부 지역을 방문했을 때, 간판에서 프랑스어와 영어 외에 뭔가 낯선 글자를 발견한다면, 여러분은 지금도 사용되는 에번스의 글자를 보는 셈이다.

관련 내용
음절문자 사용의 다른 사례로는,
가리마 복음서, 50~51쪽
북아메리카의 선교용 인쇄물의 다른 사례로는,
베이 시편집, 128~129쪽
자작 활자 및 인쇄기를 이용한 다른 사례로는,
헌터의 『구식 제지술』, 238~239쪽

연재물 출판의 발전

소설의 적당한 길이는 어느 정도일까? 1830년대에 소설의 길이, 제작 기법, 인기를 모두 결정한 인물은 찰스 디킨스와 그의 출판사였다. 이들 모두에게는 이때야말로 수지맞는 시기였다.

18세기의 소설 가운데 일부는 볼테르의 『캉디드』처럼 매우 짧았고, 또 일부는 리처드슨의 『파멜라』나 스턴의 『트리스트램 섄디』처럼 여러 권에 달했다. 1820년대에 들어서자 전 3권이 소설의 일반적인 판형이 되면서 책값이 높게 매겨졌으며, 책을 구입할 여력이 안 되는 개인은 (출판사에서 크게 할인을 받아 책을 구매하는) **예약 도서관**을 통해 책을 빌리는 쪽으로 돌아섰다. 출판사 입장에서는 예약 도서관을 통해 구매가 보장되었기 때문에 오히려 사업이 간소화되었다. 이런 관습이 없었다면 출판사는 상당한 자본을 처음부터 투자해놓고, 마지막 권이 간행될 때까지는 아무 수익도 얻지 못할 가능성이 있었다. 이럴 경우, 저자도 출판사의 수익 가운데 일부를 인세로 받기 전까지는 한 푼도 구경 못하게 마련이었다.

영국에서 가장 성공적이고 부유한 작가였던 찰스 디킨스와 그의 출판사 '채프먼 앤드 홀'은 기발하고 새로운 판매 전략을 고안했다. 세 권짜리 단행본 말고도, 소설 전체를 20개로 분책한 다음 2주에 한 번씩 발간하고, 권당 2실링에 판매하면서 겉표지에는 광고를 실었던 것이다. 마지막 권은 분량이 두 배이고, 속표지와 삽화가 포함되어 있어서, 이때까지 분책을 모두 구입한 고객이 온전한 상태의 책을 제본할 수 있게 했다.

이 방법은 인쇄업자뿐만 아니라 (원고료를 빨리 받을 수 있게 된) 저자와 (광고 수입과 초기 판매 수입을 올릴 수 있었던) 출판사 모두에게 이득이 되었다. 이 방식은 워낙 성공적으로 판명되었기 때문에, 다른 저자와 출판사도 따라 했다. 분책이 완간된 이후에는 더 저렴한 합본도 간행되었다. 이제 소설 시장은 통제가 가능해졌으며, 누구나 구입할 수 있는 판본이 공급되었다.

이 기발한 공식도 나름의 문제가 있었다. 오늘날의 TV 드라마와 마찬가지로, 독자의 호기심을 유발하기 위해 저자들은 첫 번째 분책을 가장 흥미진진한 대목에서 끊어야 했다. 트롤럽과 새커리 같은 신중한 저자들은 인쇄가 시작되기 전에 책 전체를 완성하고 나서 분책을 계획했다. 하지만 디킨스는 그렇게 하지 않았기 때문에 『에드윈 드루드』라는 미완성작이 남고 말았다. 때때로 그는 독자의 요청에 응하여 소설 가운데 일부 내용을 바꾸는 바람에 후대의 편집자들이 결정판 텍스트를 만들기가 매우 어려워지고 말았다.

디킨스의 작품은 영국 바깥에서 저작권 보호를 전혀 받지 못했지만, 채프먼 앤드 홀은 미국 출판사들과 계약을 맺어 적게나마 인세를 받고 교정쇄를 넘겨주었다. 유럽 대륙에서는 베르나르트 타우흐니츠 출판사가 영국과 미국 저자에게 인세를 지불했고, 디킨스와 다른 작가들과 긴밀한 우정을 쌓았다. 그로 인해 유럽 대륙에서는 '타우흐니츠 문고'라는 잘 인쇄된 판본이 어디에서나 판매될 수 있었고, 영국에서 사용된 방법 덕분에 디킨스는 이때까지 그 어떤 작가보다도 더 유명해졌다.

왼쪽 타우흐니츠 잡지 '영국 월간지'의 '유럽 독자들'을 위한 판본으로 자처하는 이 간행물은 1892년 8월에 라이프치히에서 간행되었다. 1860년에 타우흐니츠에 보낸 편지에서 디킨스는 자기 책을 간행하는 이 독일 출판사에 '완벽한 신뢰'를 드러냈다.

오른쪽 『피크위크 클럽 유고』 채프먼 앤드 홀이 1836년 4월부터 1837년 11월까지 20개월에 걸쳐 분책으로 간행한 『피크위크 클럽 유고』에는 로버트 시모어, R. W. 버스, '피즈'(H. K. 브라운)가 그린 43점의 창작 도판과 25점의 복제 도판이 수록되어 있었다.

관련 내용
해적판에 대한 걱정의 다른 사례로는,
볼더우드의 『무장 강도』, 204~205쪽
출판사에 큰 이익을 안긴 시리즈의 다른 사례로는,
레먼의 『왈츠로의 초대』, 224~225쪽

[PRICE 1s.
No. XIV.]
THE
POSTHUMOUS PAPERS
OF THE
PICKWICK
CLUB
CONTAINING A FAITHFUL RECORD OF THE
PERAMBULATIONS, PERILS, TRAVELS, ADVENTURES
AND
Sporting Transactions
OF THE CORRESPONDING MEMBERS.
EDITED BY "BOZ."
WITH ILLUSTRATIONS.
LONDON: CHAPMAN & HALL, 186, STRAND.
MDCCCXXXVI

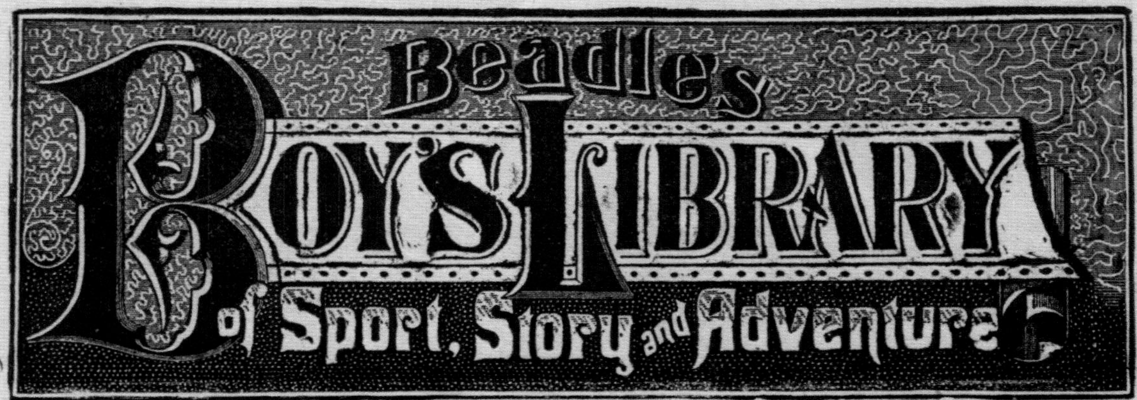

 Entered at Post Office, New York, N.Y., as second class matter. June 11, 1899.

No. 23. *Published Every Week.* M. J. IVERS & CO., Publishers, (James Sullivan, Proprietor,) 379 Pearl Street, New York. *Price 5 Cents. $2.50 a Year.* Vol. II.

OLD GRIZZLY ADAMS, THE BEAR TAMER;

Or, "The Monarch of the Mountains."

BY DR. FRANK POWELL,

빅토리아풍의 싸구려 소설

19세기에는 대중적인 작품의 출판에서 중대한 혁신이 이루어졌다. 특히 비들 앤드 애덤스 출판사의 '10센트 소설'은 어디에서나 찾아볼 수 있었다.

도시가 성장하고, 통신이 더 빨라지고, 인쇄에 동력이 도입되고, 종이가 저렴해지고, 제본이 기계화되는 (나아가 노동자 계급의 문자 이용 능력이 증대하는) 등의 모든 요인 덕분에 인쇄업자와 출판업자는 새로운 시장을 물색하고, 이전과는 다른 판매 전략을 찾으려고 노력하게 되었다. 빅토리아 시대 말기까지만 해도, 영국에서 소설 초판본은 대개 1기니 반(또는 31실링 6펜스)의 가격이었는데, 이 정도면 숙련공이 3주간 버는 임금에 해당했다. 더 저렴한 재간행본을 출판하면 더 많은 사람의 구매를 독려할 수 있었다. 영국에서는 (기차역의 가판대에서 판매되는) '루틀리지 철도 문고' 같은 **노란표지본(옐로백) 소설**이 잠재적인 수요를 일깨웠다. 하지만 권당 3실링 6펜스였기 때문에, 노동자에게는 여전히 비쌌다.

디킨스의 경우처럼 소설을 분책으로 간행하면 책이 이전보다는 더 많이 팔렸다. 이 아이디어의 연장선에 있던 **1페니 공포 소설**이나 '1페니 유혈 소설'은 (더 작고, 제본도 되지 않고, 선정적인 내용에, 영국에서는 권당 1페니에 판매되었으므로) 영국 내에서 더 많이 팔리는 것으로 판명되었다. 이 책들은 워낙 저렴하여 수천 부씩 팔렸다.

미국에서는 이에 상응하는 것이 바로 **10센트 소설**이었다. 특히 뉴욕의 '비들 앤드 애덤스' 출판사에서는 1860년대부터 시리즈를 펴내 특히 남성 독자들로부터 큰 인기를 끌었다. 남북전쟁 당시에는 북군 병사들 덕분에 판매가 급증했다. 신간에 시리즈 번호를 부여하고, 정기간행물이라고 주장함으로써, 비들 앤드 애덤스는 10센트 소설을 우편으로 저렴하게 배포하고 대금을 현금으로 거두어들였다(물론 나중에는 미국 체신청이 기존 규정의 이런 허점을 막아버렸다). 1861년부터 1866년까지 이 출판사는 런던에도 지점을 두고 권당 6펜스에 책을 판매하다가, 나중에는 루틀리지 출판사에 출판 및 배포 권리를 매각했다.

프랭크 파월의 『올드 그리즐리 애덤스, 곰 조련사』(1884)는 비들 앤드 애덤스가 간행한 통속적인 이야기의 전형으로, 통속 문학의 효율적인 생산 라인에 속해 있었다. 이들이 거둔 성공 덕분에 자연히 모방자들도 뒤따랐는데, 캐나다 출신으로 한때 비들에서 일했던 조지 P. 먼로는 1865년부터 1893년까지 여성 독자를 위한 10센트 소설을 개척했다. 1894년에 이래스터스 비들은 부자가 되어 사망했지만, 그의 회사는 그 직후에 사라졌다. 그의 추종자 가운데 가장 흥미로운 곳은 반다로그 출판사였는데, 시카고의 신문사 직원인 프랭크 홈과 조지 에이드는 '성실한 청년 문고'라는 유쾌한 시리즈로 『잘생긴 시릴: 따뜻한 발을 가진 사환 소년』 같은 작품을 내놓았다. 아쉽지만 이런 작품들은 아직 전자책으로도 나와 있지 않다.

왼쪽 **『올드 그리즐리 애덤스, 곰 조련사』** 1899년에 간행된 '올드 그리즐리' 이야기의 프랭크 파월 버전 표지는, '비들 소년 문고'에서 소년들이 기대하는 유형의 긴장 넘치는 모험을 약속한다. 이 이야기에는 많은 버전이 있고, 저자도 여러 사람으로 간주되는 듯하다.

오른쪽 **『인도 여왕의 복수』** 캐나다 출신으로 한때 비들 앤드 애덤스 출판사에서 일했던 먼로는 재빨리 이들의 경쟁자로 자리 잡았다. 그가 펴낸 책 가운데 상당수는 (1865년에 나온 미국 독립전쟁 시기 모호크 밸리에 관한 이 이야기처럼) 아메리카 인디언을 등장시켜 젊은 독자층에 막대한 매력을 발휘했다.

관련 내용

대규모 시장을 겨냥한 책의 다른 사례로는,
『뉴게이트 연감』, 164~165쪽
디킨스의 『피크위크 클럽 유고』, 190~191쪽
레먼의 『왈츠로의 초대』, 224~225쪽
연판 인쇄 판본의 다른 사례로는,
배데커의 『스위스』, 200~201쪽

청소년을 위한 혁신적인 책들

어린이 독자를 겨냥한 글쓰기와 삽화는 18세기에 나타났다. 새로운 인쇄 방법과 함께, 읽기를 가르치는 방법에 관한 신선한 아이디어는 빅토리아 시대에 이르러 이전과는 다른 방향을 잡게 되었다.

1740년대에 들어 런던의 존 뉴베리 같은 출판사는 어린이를 위한 출판업의 토대를 놓았다(156~157쪽 참고). 19세기 초에 경건주의가 뚜렷이 대두하던 와중에는, 교훈적이면서 재미있는 책을 제작하려는 시도가 좋은 의도를 품고 진지하게 이루어졌다. 이 중 상당수는 자신들이 반드시 이 일을 해야 한다고 믿는 비국교도에 의해 집필되거나 인쇄된 것이었다. 그리고 이들의 신분은 곧 '이들의 책은 유익하므로 구입할 만하다'는 보장으로 기능했다.

그러나 단순히 교훈만으로는 충분하지 않았다. 책들은 아이들이 읽기를 배우는 와중에 반드시 이야기에 빠져들 수 있어야만 했다. 이런 텍스트 가운데 상당수가 뉴베리의 저작권을 구입한 퀘이커교 출판사인 '단턴 앤드 하비'에서 간행되었다. 이들은 런던에서 활동하며, 1790년대부터 1870년에 문을 닫을 때까지 저렴하면서 혁신적인 여러 가지 책을 간행했다. 그중

80 ROBINSON CRUSOE

should do. And as they knew that the most safe way was to hide and lie in wait, they first of all took down the huts which were built for the two good men, and drove their goats to the cave, for they thought the wild men would go straight there as soon as it was day, and play the old game.

The next day they took up their post with all their force at the wood, near the home of the two men, to wait for the foe. They gave no guns to the slaves, but each of them had a long staff with a spike at the end of it, and by his side an axe. There were two of the wives who could not be kept back, but would go out and fight with bows and darts.

The wild men came on with a bold and fierce mien, not in a line, but all in crowds here and there, to the point were our men lay in wait for them. When they were so near as to be in range of the guns, our men shot at them right and left, with five or six balls in each charge. As the foe came up in close crowds, they fell dead on all sides, and most of those that they did not kill were much hurt, so that great fear and dread came on them all.

Our men then fell on them from three points with the butt end of their guns, swords, and staves, and did their work so well that the wild men set up a loud shriek, and flew for their lives to the woods and hills, with all the speed that fear and swift feet could help them to do. As our men did not care to chase them,

Crusoe's trip through China.

에서도 가장 잘 알려진 저자 겸 판화가는 자매간인 제인 테일러(1783~1824)와 앤 테일러(1782~1866)였는데, 이들은 지금도 유아들이 읽는 「반짝반짝 작은 별」과 「춤추자 아가야, 높이 높이 춤추자」 같은 시의 저자로 기억된다. 앤 테일러의 멋진 책 『시골 풍경: 시골 들여다보기』는 19세기의 처음 40년 동안 꾸준히 재간행되었다.

그리고 더 나중에 이 분야에서 활약한 인물로는 루시 에이킨(1781~1864)이 있었는데, 사립 교육을 받은 비국교도로서, 평생에 걸쳐 여성과 아동을 위한 책을 썼다. 종종 역사 분야에 속했던 그녀의 책에는 상당 부분 여성주의적인 편향이 깃들어 있었기 때문에, 그녀는 여성 창작의 발전 과정에서 흥미로운 인물로 간주된다. 어린이 교육에 관심이 많았던 그녀는 말년에 가서 어린이도 이해하기 쉬운 한 음절 단어만 이용해서 고전 작품을 개작하고, 그 결과물을 '메리 고돌핀'이라는 필명으로 간행하는 일에 전념했다. 그녀가 개작한 『로빈슨 크루소』, 『스위스 로빈슨 가족』, 『이솝 우화』는 19세기의 나머지 기간 동안 꾸준히 팔렸다. 또 다른 출판사도 그녀의 아이디어를 받아들여 간단한 읽기와 쓰기 연습을 제공했으며, 아이작 피트먼은 본인이 개발한 속기 체계를 직장인들이 쉽게 배울 수 있도록 『한 음절 단어로만 된 로빈슨 크루소』의 속기 버전을 간행하기도 했다.

관련 내용
아동서의 또 다른 사례로는,
뉴베리의 『작고 예쁜 주머니책』, 156~157쪽
더 섬뜩한 아동서의 사례로는,
호프만의 『더벅머리 페터』, 196~197쪽
읽기 학습을 돕는 책의 또 다른 사례로는,
아위의 『시각장애인 교육』, 176~177쪽

49

and the young women are silly for believing her. She is a gipsy, and calls herself a fortune-teller. Why, thirty years ago, this very old woman told simple Sally that she was to marry a handsome 'squire. So she turned off honest Tom the gardener; (for I fancy simple Sally did not know that honest gardeners are often better than handsome 'squires;) and she waited a great many years, expecting every day to see this fine person. But he never came; and now she is grown old, she sees the folly of having placed confidence in the silly predictions of a fortune-teller.

68. *Angling.*

My lad, you're so full of your fun and your slaughter,
You'll fall, if you do not take care;
And I fancy, young fellow, you'd feel in the water,
Much as fishes feel—when in the air.

69. *The Robin and Child.*

Come hither, sweet Robin, don't be so afraid,
I would not hurt even a feather:
Come hither, sweet Robin, and pick up some bread,
To feed you this very cold weather.

E

왼쪽 **로빈슨 크루소의 중국 횡단 여행** 루시 에이킨의 책에 수록된 6점의 전면 삽화 가운데 하나인 이것은 1719~1720년에 간행된 '로빈슨 크루소' 소설 가운데 제2부인 『로빈슨 크루소의 이후 모험』의 한 장면을 묘사한 것이다. 무인도 표류자 알렉산더 셀커크의 실화에서 영감을 얻은 제1부와 달리, 제2부는 모스크바 주재 영국 대사관 소속 서기관이 1693~1695년에 체험한 베이징 여행에서 영감을 얻은 것이 분명해 보인다.

오른쪽 **『시골 풍경: 시골 들여다보기』** 앤과 제인 테일러 자매의 협업으로 1805년에 간행된 이 책은 메리 고돌핀의 여러 저서와 마찬가지로 아이들 사이에서 꾸준한 인기를 누렸다. 1806년에 『먼슬리 리뷰』는 이 판화를 가리켜 "눈이 즐겁고 멋지다"면서, "그로부터 전달되는 도덕적 암시는 (……) 그 이상의 정서 함양과 영구적인 이득에 공헌할 수도 있다"고 논평했다. 사진에 나온 책은 1825년판이다.

그림을 통한 도덕 교육

빅토리아 시대 초기에 이르러, 순수한 교훈 주입은 아이들로부터 퇴짜를 맞는다는 것이 점차 인식되면서 어느 기발한 독일인은 공포와 재미를 뒤섞는 것이야말로 좋은 품행을 가르치는 데 훨씬 더 효과적이라는 사실을 발견했다.

더벅머리 페터와 다른 개구쟁이 이야기는 여러 세대에 걸쳐 독자들을 즐겁게 해주었다. 하지만 정치적 공정성이라는 관념에 더 민감한 일부 사람들은 이 책이 상당히 충격적이라고 여겼다. 심지어 어떤 사람은 이 책에 담긴 관념이 결국 히틀러와 국가사회주의의 사고방식을 예견한다고 주장하기까지 했다.

그러나 이 텍스트의 저자는 히틀러와는 전혀 딴판이었던 독일인 하인리히 호프만(1809~1894)이었다. 의사였던 그는 걸인을 돌보는 일에 전념했으며, 정신병원에서도 이례적으로 계몽된 원장이 되어, 환자들에게 정원 산책을 허락하는 새로운 방식의 병원을 실현시키는 데 온 힘을 기울여 결국 성공을 거두었다(이것이야말로 음침하던 정신병원과는 꽤 다른 모습이었다). 호프만은 자기 삶에서 나머지 시간을 아내와 자녀와 함께 보냈으며, 재미있는 그림을 그려 식구들을 즐겁게 해주었다. 1845년에 그는 한 친구의 제안을 받고 자신의 도덕 교훈담 가운데 일부를 '3세부터 6세까지의 어린이를 위한 재미있는 이야기와 별스러운 그림'이라는 제목으로 간행했는데, 오늘날은 '더벅머리 페터'라는 별칭으로 통한다. 이 책은 이내 성공을 거두었으며, 유럽 여러 국가와 미국에서 번역 간행되었다. 출간 이후 처음 50년 동안에만 50종의 영어 번역본이 나왔는데, 그야말로 저자는 물론이고, 독일 출판사들의 효율적인 판매 전략이 낳은 결과였다.

호프만의 책에 담긴 매력 가운데 일부는 저자가 자기 자녀에게 이 시를 시험하고 검증했다는 데에서 비롯된다. 그는 자녀에게 성냥으로 장난치지 말라고, 음식 투정을 하지 말라고, 손가락을 빨지 말라고 가르쳐야 했다. 지나친 설교 대신 황당한 이야기를 곁들여 가르치는 교훈이다 보니, 책을 읽어주는 부모나 귀를 기울이는 자녀 모두 재미있어 했다. 이전까지의 교훈서는 오로지 교훈적인 내용뿐인 경우가 흔했다. 『더벅머리 페터』에 들어 있는 심술기의 암시는 아이들을 더 매료시켰다. 호프만의 등장인물 가운데 일부는(예를 들어 '키다리 가위 아저씨'처럼) 자칫 아이들을 겁먹게 하고 악몽을 일으킬 가능성도 있었다. 하지만 이 책이 부모의 손에 있는 한, 아이들은 여전히 안전했다.

수많은 아동서와 마찬가지로, 호프만의 걸작은 다른 저술가와 삽화가에게 영감을 제공했다. 벨로크의 『악동의 동물지』나 에드워드 고리의 『펑 하고 산산조각난 꼬마들』처럼 이보다 더 점잖고 친절한 책들 역시 호프만의 이야기에 등장한 불순종과 공포의 암시야말로 메시지를 전달하는 강력한 방법이 될 수 있음을 인식하고 있다.

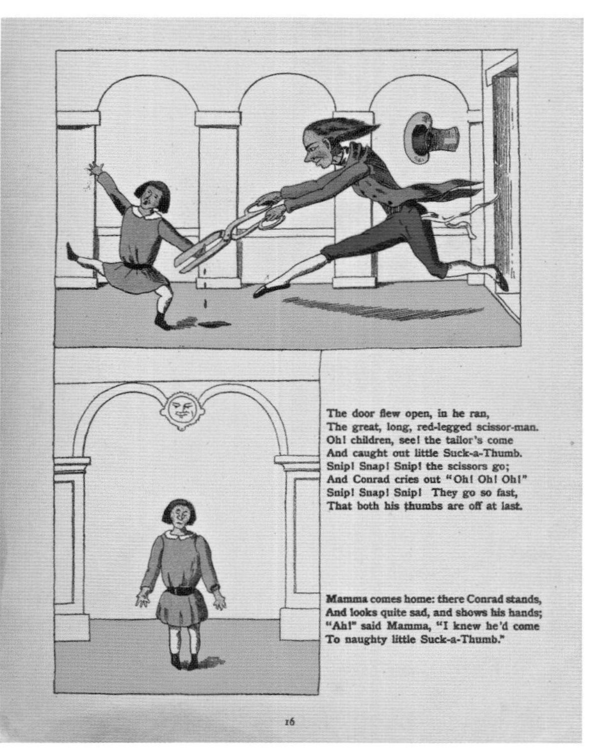

The door flew open, in he ran,
The great, long, red-legged scissor-man.
Oh! children, see! the tailor's come
And caught out little Suck-a-Thumb.
Snip! Snap! Snip! the scissors go;
And Conrad cries out "Oh! Oh! Oh!"
Snip! Snap! Snip! They go so fast,
That both his thumbs are off at last.
Mamma comes home: there Conrad stands,
And looks quite sad, and shows his hands;
"Ah!" said Mamma, "I knew he'd come
To naughty little Suck-a-Thumb."
16

왼쪽 **커다란 붉은 바지의 키다리 가위 아저씨** 아아! 호프만이 묘사한 저 무시무시한 가위 든 침입자는, 부모 말을 안 듣는 아이들을 위해 예약된 수많은 재난 가운데 하나에 불과하다.

관련 내용

어린이를 위한 책의 다른 사례로는,
뉴베리의 『작고 예쁜 주머니책』, 156~157쪽
메겐도르퍼의 『대서커스』, 198~199쪽
섬뜩한 그림을 수록한 책의 다른 사례로는,
에른스트의 『친절의 일주일』, 220~221쪽

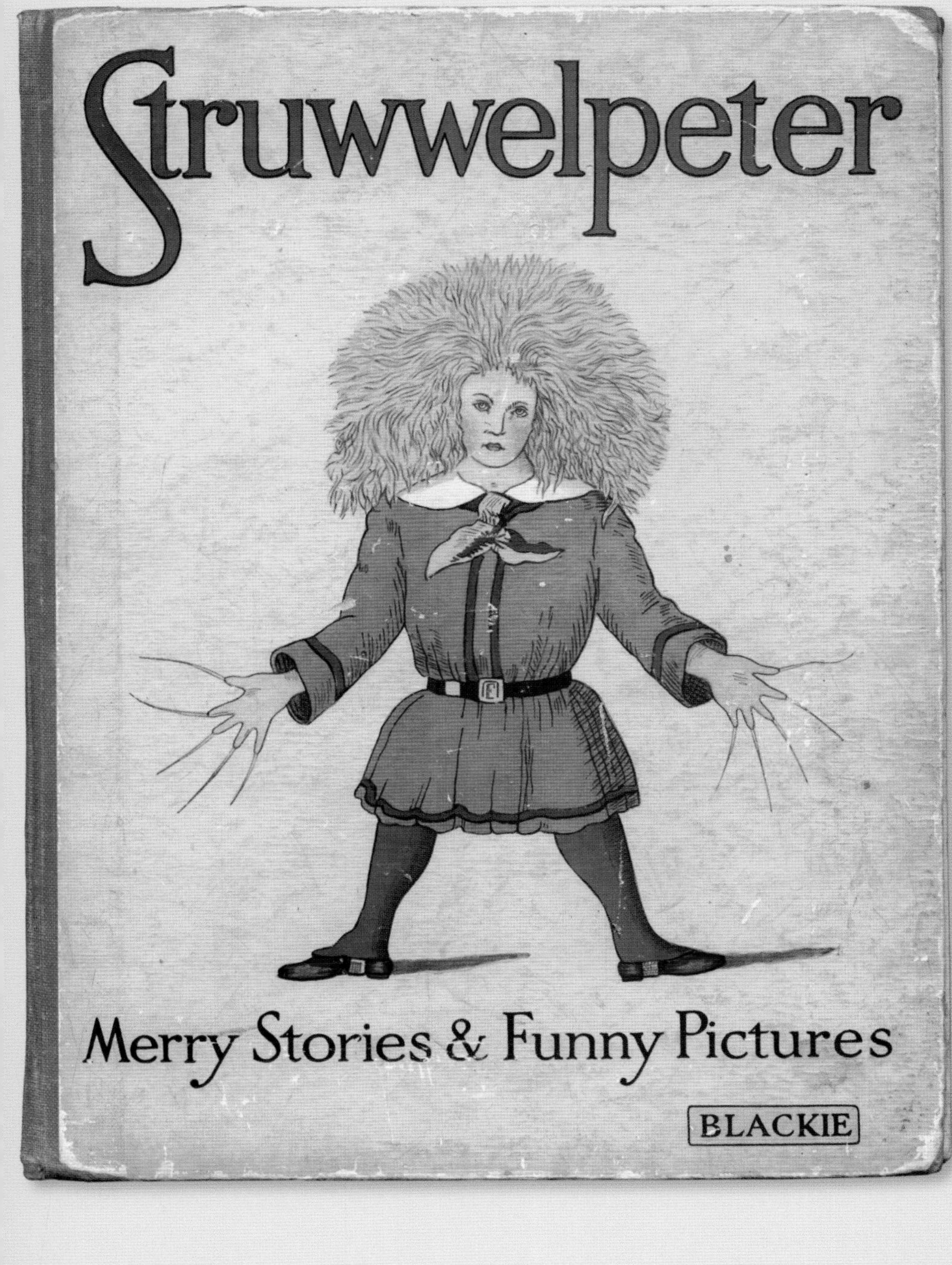

왼쪽 **『더벅머리 페터: 재미있는 이야기와 우스운 그림』** 글래스고의 '블레이키 앤드 선스' 출판사는 하인리히 호프만이 어린 아들을 위해 쓴 이 책의 영어 번역본을 간행했다. 이 책의 음침한 유머를 독자가 무척 재미있어 한 까닭에 『더벅머리 페터』는 35개 이상의 언어로 번역되고 여러 차례 패러디되기도 했다. 양차 세계대전 중에는 『큰머리 빌헬름 황제』와 『더벅머리 히틀러』가 나오기도 했고, 소녀를 주인공으로 한 『더벅머리 리제』도 있었다. 1885년에는 임신과 출산 중의 태아 상태를 이해하기 쉽게 소개한 『임부를 위한 더 짧은 더벅머리 페터』가 나오기도 했다!

위 **『지저분한 피터』** 호프만의 고전을 마크 트웨인이 자유 번역한 이 판본은 1891년에 완성되었지만, 저작권 문제로 트웨인이 사망한 이후에야 간행되었다.

위 **메겐도르퍼의 『대서커스』** 『대서커스』는 메겐도르퍼의 팝업 책 중에서도 가장 정교한 것이었다. 이 파노라마를 완전히 접으면 일반 책처럼 착각하게 된다. 이 버전은 1887년에 파리에서 간행된 것이며, 접이식 종이 공예의 걸작이다.

중세 신비주의에서 종이 공예로

종이 공예 책은 서양의 인쇄술 발전보다 몇 세기 전에 처음 고안되었다. 저술가들과 디자이너들이 종이를 새로운 용도에 사용하는 방법을 발견함으로써, 이런 책들은 아동서 중에서 가장 일반적인 유형으로 자리 잡았다.

종이 오리기를 처음 발견하여 종이 한 장의 활용 가능성을 확장한 사람이 누구인지는 우리도 결코 알 수 없을 것이다. 다만 카탈루냐의 라몬 룰(1232~1315년경)과 영국의 수도사 매슈 패리스(1200?~1259)가 종이로 만든 회전식 원반(**회전판**)을 사용했다고 전하며, 팝업과 접는 페이지는 베살리우스 같은 저자들의 과학책에도 등장한다(134~135쪽 참고). 하지만 영국에서는 움직이는 부분을 포함한 책의 근대적 발전이 17세기의 필사본에서 비롯되었으며, 런던의 출판인 로버트 세이어가 1765년에 아동용 읽기 책으로 간행하여 인기를 끌었다.

그림이 움직이기 때문에 **변신 책**, 페이지를 펼쳐야 하기 때문에 **덮개 책** 또는 어릿광대가 주인공으로 등장하기 때문에 **어릿광대 책**으로 일컬어지는 이런 책들은 19세기가 한참 지날 때까지도 영국과 미국에서 널리 제작되었다. 어쩌면 이것이야말로 팝업 북 또는 움직이는 책이라는 아이디어의 원천일 수 있다. 접이식 팝업의 이용 가운데 최초는 런던에서 나온 세밀화가 윌리엄 그리말디온의 『화장실』(1821)이었으며, 또 다른 책 『어린이를 위한 갑옷 이야기』(1823)도 인기를 누렸다. 하지만 이런 책들에 들어 있던 섭정 시대(1811~1820)의 섬세함은 얼마 안 가 독일 인쇄업자와 출판업자의 개성과 재간에 빛이 가려지게 되었다. 특히 뮌헨의 화가인 로타르 메겐도르퍼(1847~1925)가 창의적인 종이 공예 작품을 만들었다. 처음에는 풍자/유머 잡지인 『플리겐데 블라터』에서 일하던 메겐도르퍼는 다양한 책을 만들기 시작했는데, 신중하게 계획해 만든 꼭지를 잡아당기면, 페이지 밑에 숨어 있는 여러 개의 지렛대

위 **룰의 회전판** 종이 공예의 최초 사례 가운데 하나가 바로 천문 관측용 회전판이다. 여기 나온 것은 라몬 룰이 1305년경에 간행한 『대작(大作)』에서 만든 장치의 복제본이다. 별의 위치를 측정하는 도구인 아스트롤라베(天測具)와 유사한 이 장비는 아마도 극동에서 아랍을 거쳐 유럽으로 전해졌을 것이다.

위 **아담과 하와 어릿광대 책** 런던의 출판인 로버트 세이어는 1765년경에 자기가 만든 움직이는 덮개 책을 '어릿광대 책'이라고 불렀는데, 무언극의 등장인물인 어릿광대가 종종 주인공으로 나왔기 때문이다. 이 책들은 큰 인기를 누리며 널리 판매되었고, 해적판도 여러 가지 간행되었다. 이 미국 판본(1788)은 제임스 푸파르가 세이어를 모방해 그림을 그리고, 벤저민 샌즈의 『인간의 발단, 전개, 결말』이라는 텍스트를 달아놓았다.

가 작동하며, 그림마다 몇 가지 부분이 움직이도록 했다. 이 기법 때문에 독자는 책을 매우 조심스럽게 다루어야 했는데, 조심성 없는 아이들은 금세 책을 망가뜨리고 말았을 것이 분명하다.

메겐도르퍼의 그림이 저속하다며 질색하는 독자들도 일부 있었지만, 그 복잡성과 혁신은 (그리고 주도면밀한 판매는) 이 책을 성공으로 이끌었으며, 독일어와 영어와 프랑스어와 기타 언어 판본이 간행되었다. (자기 아들을 위해 그런 책을 처음 만든) 1878년부터 메겐도르퍼는 이런 책을 2백 종 이상 만들었다. 비록 다른 화가와 출판사가 종종 모방했지만, 그의 작품을 능가할 만한 작품은 드물었다.

관련 내용

팝업 북의 더 이전 사례로는,
베살리우스의 『인체의 구조에 관하여』, 134~135쪽
렙턴의 '붉은 책', 174~175쪽
아동서의 다른 사례로는,
뉴베리의 『작고 예쁜 주머니책』, 156~157쪽
에이킨의 『한 음절 단어로만 된 로빈슨 크루소』, 194~195쪽

안내서가 있으면 여행은 거뜬하다

19세기에 관광업의 발전은 여행 안내서라는 새로운 출판 장르를 만들었다. 그중에서도 가장 성공적이고 혁신적이었던 출판사는 독일의 배데커로, 이 회사의 이름은 훗날 이 분야의 대명사가 되었다.

나폴레옹 전쟁 이후 독일과 영국의 여행자들은 유럽 대륙으로 몰려들었고, 증기선과 철도 덕분에 짧고도 저렴한 휴가의 가능성이 대두하면서 관광 산업이 호황을 맞게 되었다. 영국 여성인 마리아나 스타크는 이전보다 더 실용적인 여행 안내서의 유행을 시작한 주인공이었다. 소설 『파름의 수도원』(1838)에서 스탕달은 영국 여행자를 조롱했다.

> 제아무리 사소한 물건을 살 때조차도 일단은 스타크 여사라는 사람의 여행기에 나온 가격을 확인하는데, 그 책은 (……) 칠면조 한 마리, 사과 한 개, 우유 한 잔 등등의 가격을 신중한 영국인에게 알려주고 있었다.

마리아나 스타크의 여행서는 런던의 존 머리 출판사에서 간행했는데, 이 같은 종류의 정확한 정보를 제공했으며, 소심한 관광객을 위해 여행을 간소화해주었다. 그리고 스타크는 탁월함을 나타내는 기호로 !!!!!를 사용했는데, 이는 현대의 여행 안내서 작가들이 사용하는 ***** 기호와 같은 것이었다.

머리는 시장의 잠재력을 깨닫고, 1836년에 『여행자 안내서』 첫 권을 내놓았는데, 처음에는(즉 제1권에서는) 서유럽 국가들만 소개하다가, 나중에는 알제리, 인도, 일본, 시리아 같은 먼 나라들도 소개하게 되었다. 이 시리즈는 엄청난 성공을 거두었고, 여러 번의 개정판이 나왔다. 하지만 19세기에는 경쟁이 너무 심했던지, 머리는 판권을 다른 출판사에 넘겼고, 이후 이 시리즈는 '파란색 안내서'라는 이름으로 계속 간행되었다. 이 성장하는 시장에는 다른 경쟁자들도 있었는데, (기차 시간표 출판사인) 브래드쇼에서 펴내는 더 저렴하고 조악한 책들부터, 한때 머리 출판사의 저자였던 오거스터스 헤어가 펴내는 박학하고 멋진 삽화가 들어 있는 책까지 (그의 『로마 산책』(1871)은 1920년대까지 여러 판본으로 간행되었다) 종류도 다양했다.

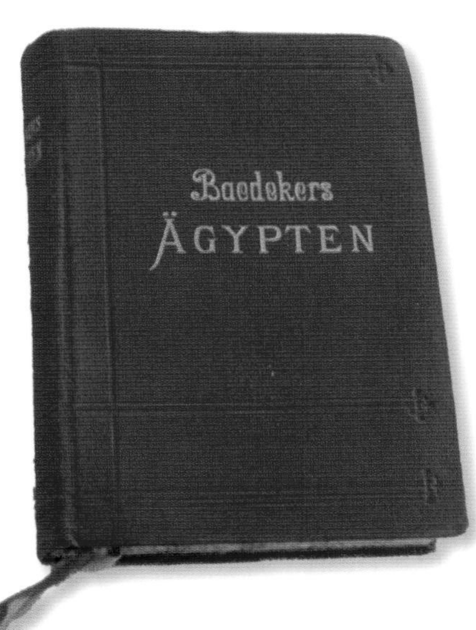

왼쪽 『이집트』 배데커의 인기 높은 주머니책 판형의 붉은색 여행 안내서 가운데 하나. 피라미드의 나라에 대한 이 여행 안내서는 1928년에 간행되었으며, 그로부터 겨우 6년 전에 하워드 카터가 발굴한 투탕카멘의 무덤에 관한 설명을 담은 최초의 책이기도 하다.

머리가 여행 안내서 제작에서 물러나게 된 이유 가운데 하나는, 카를 배데커(1801~1859)와 그 아들들의 철저함과 꾸준함이었다. 배데커는 이전에도 여행 안내서를 몇 가지 간행했지만, 1844년에 나온 스위스 편은 그야말로 혁신적이었다. 경로와 숙박을 비롯해서, 관광객에게 필요할 법한 모든 정보가 자세히 들어 있었다. 또 스타크의 방법을 채택하고(기호가 *****라는 점만 달랐다) 머리의 책에 나온 여러 가지 특징을 따랐으며, 심지어 외국어 판본도 간행했다(머리의 『안내서』는 오로지 영어판만 있었다).

1930년대에 카를 배데커 2세가 사업을 물려받게 되었을 무렵, 스위스 여행 안내서는 독일어로 39판, 프랑스어로 20판, 영어로 28판이 간행되어 있었다. 배데커의 사업은 철저하게 전문적이고 효율적이었으며, 정기적으로 신판을 간행했고, 인쇄 및 지도 제작 품질은 탁월했다. 1900년에 이르러 '배데커'는 급기야 여행 안내서를 일컫는 일반명사로 간주되며, (마치 영어 소설 분야의 타우흐니츠 문고처럼) 유럽 전역의 가판대에서 판매되었다.

20세기에 이르러, 이와 경쟁하는 다른 여행 안내서도 보편화되었다. 그중에서도 가장 유명하고 영향력 높았던 것은 『미슐랭 안내서』로, 미슐랭 형제가 자기네 타이어 판매를 촉진시키고자 1900년에 간행을 시작해, 안내를 원하는 운전자에게는 공짜로 제공했다(그러다가 1920년대부터는 판매하는 쪽으로 바꾸었다). 이런 여행 안내서가 워낙 대단한 영향력을 발휘했기 때문에, 식당 경영자가 미슐랭의 별점을 하나 더 얻음으로써 한 재산 마련할 수도 있었다.

오른쪽 배데커의 『스위스』 이 초판은 1844년에 카를 배데커가 간행한 것이다. 그의 가장 성공적인 책 가운데 하나인 이 책은 1937년까지 무려 39판이 간행되었다. 손때가 잔뜩 묻은 이 책은 원래 배데커가 1840~1850년대에 사용한, 노란색 바탕에 검은색으로 그림이 들어간 비더마이어 제본이었다.

아래 『슈트라스부르크에서 뒤셀도르프까지의 라인 강 여행』 1839년에 독일 코블렌츠에서 간행된 이 책은 배데커 여행 안내서 중에서도 최초로 (노란색 바탕에 검은색 그림이 들어간) 비더마이어 제본을 한 것으로, 라인 강변 여러 주의 풍경과 문장(紋章)이 그림으로 인쇄되어 있다. 특히 마인츠에서 쾰른까지의 접이식 지도가 들어 있다는 점이 이전 판본과는 확연히 달랐다.

관련 내용
여행서의 더 이전 사례로는,
크리스토포로의 『군도지』, 70~71쪽
린스호턴의 『여행 안내서』, 132~133쪽
국제적으로 배포된 책의 다른 사례로는,
메겐도르퍼의 『대서커스』, 198~199쪽
볼더우드의 『무장 강도』, 204~205쪽

아래 『현대의 주부』 '스타 요리사'였던 알렉시 수아예에게는 의외로 착실한 면이 있어, 크림 반도에서 플로렌스 나이팅게일과 함께 야전 병원의 음식을 개선하는가 하면, 아일랜드 대기근 동안에는 무료 급식소를 세우기도 했다. 그의 『대중을 위한 저렴한 요리』는 무료 급식소 앞에 '줄지어 늘어선' 사람들이 적은 돈으로도 잘 먹을 수 있도록 의도한 것이었다. 그가 저술해서 인기를 얻은 1849년의 주부용 지침서에는 "저렴하면서도 현명한 끼니 준비를 위한 1천 종에 가까운 조리법"이 담겨 있었다.

오른쪽 여성을 위한 소스 조리법 『현대의 주부』에는 '수아예 마법 스토브' 같은 탐나는 물건들을 묘사한 도판뿐만 아니라, 이 성별 특화적인 '맛있는 소스'처럼 이 스타 요리사가 만들고 곡선형 병에 담아 판매하는 소모품 광고도 들어 있었다. 그 인기 덕분에 『펀치』는 1848년에 "귀족 모두가 소스 그릇에 빠질 위험에 놓였다"고 주장할 정도였다.

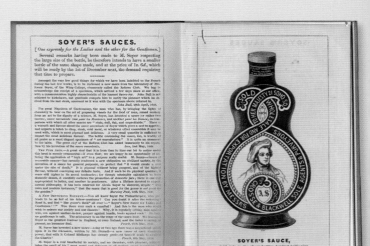

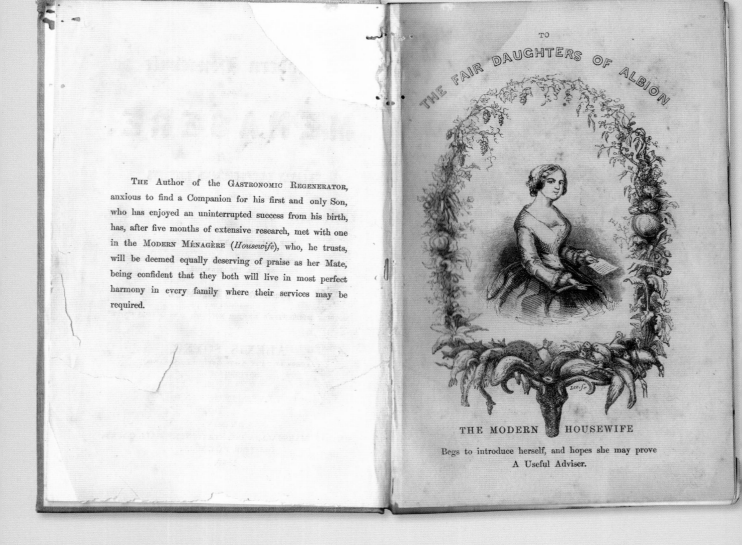

SOYER'S SAUCES.

[*One expressly for the Ladies and the other for the Gentlemen.*]

Several remarks having been made to M. Soyer respecting the large size of the bottle, he therefore intends to have a smaller bottle of the same shape made, and at the price of 1*s.* 6*d.*, which will be ready by the 1st of December next, the demand requiring that time to prepare.

THE AUTHOR of the GASTRONOMIC REGENERATOR, anxious to find a Companion for his first and only Son, who has enjoyed an uninterrupted success from his birth, has, after five months of extensive research, met with one in the MODERN MÉNAGÈRE (*Housewife*), who, he trusts, will be deemed equally deserving of praise as her Mate, being confident that they both will live in most perfect harmony in every family where their services may be required.

최초의 스타 요리사

'부엌의 나폴레옹'으로 비유되던 이 요리사는 요리의 중요성에 대한 자각을 증대시켰다. 한편으로는 무료 급식소와 야전 식당을 통해, 또 한편으로는 저서를 통해 그렇게 했다.

19세기가 한창일 때까지만 해도, 요리사는 영국 사회에서 그리 주목받지 않았다(사실은 주목받을 기회 자체가 거의 없었다). 나폴레옹 전쟁 이후 프랑스의 접촉이 많아지면서, 훌륭한 프랑스 요리사들이 런던으로 건너와 일했다. 그중 하나인 알렉시 수아예(1810~1858)는 베르사유에서 폴리냐크 공작의 부주방장으로 있다가 1830년 7월 혁명의 원인 가운데 하나였던 자기 고용주처럼 외국으로 도망치는 신세가 되고 말았다.

영국에 도착한 그는 여러 명문가에서 주방장으로 일하다가 1837년에 1천 파운드의 연봉을 받으며 당시 신장개업한 런던의 리폼 클럽 주방을 담당하게 되었다. 그는 가스스토브와 온도 조절식 오븐으로 요리하는 방법을 도입했고, (자기가 고안한 새로운 요리로) 리폼 클럽의 주방을 유명하게 만들었다. 적극적이고 대범했던 수아예는 '명성은 무엇이든 간에 유용하다'는 사실을 깨닫고, 유명세를 얻기 위해 어떤 기회든 적극 활용했다. 이에 대한 반발도 없지 않아서, 당대의 인기 잡지인 『펀치』에서는 정기적으로 그를 조롱했다. 새커리는 『속물들에 관한 책』(1846)에서 그를 넌지시 놀렸고, 『펜더니스』(1848~1850)라는 또 다른 작품에서 수아예를 모델로 삼은 우스꽝스러운 요리사 알카이드 마이로볼란트를 등장시키기도 했다.

수아예는 리폼 클럽 주방을 운영하면서, 다양한 소스와 병 음료수를 제조하고 판매했으며, 자기가 발명한 휴대용 스토브의 특허를 취득했다(이 스토브는 워낙 큰 성공을 거두어, 1990~1991년의 페르시아 만 전쟁 당시까지도 군대에서 이와 유사한 장비가 사용될 정도였다). 사비를 털어 빈민 무료 급식소를 세우고, 또 영국 해군성의 의뢰로 해군 선박의 식량 공급에 관해 조언하기도 했다. 1855년에는 크림 반도로 가서, 영국군의 혼란스러운 조리 시설을 재정비하기도 했다(크림 반도에 있던 플로렌스 나이팅게일도 수아예의 업적을 무척 존경했으며, 그가 맞은 의외의 죽음을 크나큰 재난이라고 표현했다).

수아예는 요리에 관한 책을 여러 권 간행했으며(그중 일부는 그의 조수나 유령 작가가 대필한 것이었지만) 독자들은 각자의 취향에 따라 고를 수 있었다. 예를 들어 『자선용 요리: 빈민의 재생기』(1848)도 있고, 무려 25만 부가 판매된 『대중을 위한 저렴한 요리』(1855)도 있다. 하지만 우리가 고른 것은 『현대의 주부』(1849)이다. 중산층을 위한 이 책은 여러 해 동안 수천 부가 판매되었다.

왼쪽 야전 식당 크림 반도의 야전 식당 옆에서 로크비 경과 펠리시어 장군과 함께 있는 수아예의 모습. 『일러스트레이티드 런던 뉴스』, 1855년 9월호.

관련 내용

고전 요리책의 사례로는,
『아피키우스』, 52~53쪽
창의력을 보여주는 다른 사례로는,
퍼킨스의 특허, 182~183쪽
칼슨의 실험 일지, 212~213쪽

ROBBERY UNDER ARMS

ROLF BOLDREWOOD

식민지에서의 책 판매

성공을 거둔 책들 가운데 상당수는 저렴하고 새로운 판본 제작을 통해 수명을 연장해왔다. 이 시리즈는 새로운 시장을 만들면서, 수많은 식민지 작가들을 주류 출판계로 데려왔다.

19세기에 **연판 인쇄술**이 널리 이용되면서, **노란표지본(옐로백) 소설**이나 **10센트 소설** 같은 저렴한 책 시리즈의 발전이 가능해졌다. 출판사들은 자신들이 아직 찾아내지 못한 미개척 시장이 있음을 깨달았다.

파리의 갈리냐니 출판사는 관광객용 영어책을 제작했다. 1841년에 라이프치히에서는 베르나르트 타우흐니츠가 '영미 작가 선집'이라는 시리즈의 연판 인쇄 판본을 간행해 유럽 전역에 배포하기 시작했다. 타우흐니츠는 영국과 미국의 작가들에게 인세를 지급했는데, 이를 강요할 법적 근거가 없는 상황이었기 때문에 더욱 놀랍고도 양심적인 일이었다.

무제한적인 해적질은 15세기부터 이미 출판사에 스며들어 있었다. 1886년에는 대부분의 유럽 정부가 베른 조약에 가입했으며, (1891년의 미국 체이스법에 따라) 외국인에게도 저작권 보호를 제공했다. 런던의 한 출판사는 이런 새로운 규제의 결과를 다음과 같이 예측했다. 즉 미국 출판사의 해적질로 인한 손해의 위험은 줄어드는 반면, 대영제국과 미국에서 저렴한 책을 만들어 배포하는 사업은 유리해지리라는 것이었다.

1886년에 맥밀런은 '식민지 문고'의 출판을 시작했다. 기존 간행 도서의 재간행 판권을 구입한 다음, 더 저렴한 판본을 제작한 것이었다. 타우흐니츠 문고와 마찬가지로, 이 책은 영국 내에서 판매가 불가능했다. 대신 출판사는 인도 및 오스트레일

왼쪽 『무장 강도』 오지 생활에 관한 이 소설은 1882~1883년에 『시드니 메일』에 연재되었던 것이다. 1889년에 맥밀런의 '식민지 문고'로 간행된 이 책은 19세기 오스트레일리아 문학의 고전 가운데 하나가 되었다. 1920년대에 맥밀런은 평범했던 천 장정 표지를 이처럼 더 흥미진진한 그림 표지로 바꾸었다.

오른쪽 **식민지에서 간행된 『배스커빌의 사냥개』** 런던의 롱맨 출판사가 "인도 및 영국령 식민지에서만 유통시킬 목적"으로 제작한 이 최초의 식민지 판본을 통해 셜록 홈스가 해외로 수출되었다. 맥밀런의 '식민지 문고' 판본보다 더 공들여 만든 이 책에는 장식적인 장정 외에 16점의 도판이 들어 있었다.

리아와 다른 식민지에서의 판매를 애초부터 의도하고 천 장정본과 종이표지본 모두를 간행했다.

이런 판매 전략은 엄청난 성공을 거두었다. 1913년에 이르러 맥밀런의 '식민지 문고'에 포함된 작품은 6백 종이 넘었으며, 그중 상당수가 잘 팔렸다. 출판사는 좋은 판매를 예상했고, (『사우스 오스트레일리안 어드버타이저』나 『타임스 오브 인디아』 같은 식민지 언론 매체의) 서평가들은 이 시리즈를 추천했다. "인도의 개인 책 구매자들은 (……) 이제 자신이 지불하는 금액보다 더 많은 대가를 얻게 될 것이다."

이처럼 큰 성공을 거둔 '식민지 문고' 제94권 『무장 강도』는 오늘날 오스트레일리아의 고전으로 간주된다. 저자는 '롤프 볼더우드', 개척 당시의 무법 상황을 직접 목격한 뉴사우스웨일스의 치안 판사 토머스 알렉산더 브라운(1826~1915)의 필명이었다. 볼더우드의 소설은 지금까지도 간행되는데, 초판이 간행된 때로부터 처음 50년 사이에 무려 50만 부 이상 판매되었다. 제임스 페니모어 쿠퍼의 『최후의 모히칸족』을 읽었을 때와 마찬가지로, 영국 독자들은 이 모험담을 통해 개척 중인 식민지의 상황을 많이 알 수 있었다.

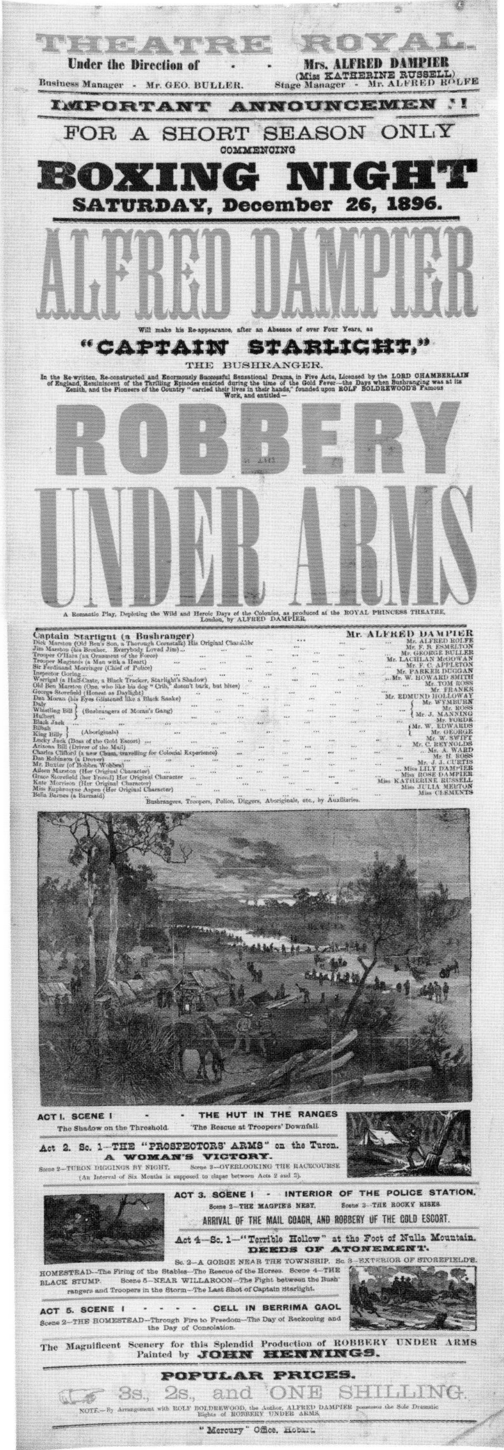

위 **무대에 오른 강도** 볼더우드의 소설을 원작으로 삼아 1896년 호바트의 로열 극장에서 개봉한 연극을 광고하는 포스터.

관련 내용

기념비적인 판본의 다른 사례로는,
크라나흐판 『햄릿』, 214~215쪽
그래본판 『풀잎』, 216~217쪽

오른쪽 『브후테마스의 건축』 1920년대의 모스크바에서 '브후테마스(VKhUTEMAS)'는 ('국가 고등 미술-기술 공방'의 약자로) 바이마르의 바우하우스와 유사한 실험과 기술 혁신의 중심지였다. 이 책의 겉표지는 1927년에 엘 리시츠키가 담당했으며, 진보적이고 현대적인 의도를 반영하고 있다(218~219쪽 참고).

제10장
떠들썩했던 20세기의 책들

두 번의 세계대전이라든지, 텔레비전과 매스커뮤니케이션의 도래 같은 정치적, 기술적, 문화적 사건들은 책의 지속적인 제작을 저해할 가능성이 있었다. 때문에 20세기의 책들은 대개 이전과 매우 다른 모습을 취하고 있지만, 그 생명력만큼은 여전히 충만했다.

МОСКВА
1927

АРХИТЕКТУРА

АРХИТЕКТУРА

ВХУТЕМАС

el

20세기의 시작부터 도서 제작 분야에서는 여러 가지 발전이 이루어지면 책의 수가 늘어나는 것은 물론이고, 인쇄와 디자인과 삽화도 더 나아지리라는 전망이 나왔다. 교육의 향상과 공립 도서관의 전파로 인해 책의 이용 가능성도 증대되었다. 1850년대에 처음 만들어진 공립 도서관은 20세기 초에 이르러 누구나 이용할 수 있게 되었으며, 사서 업무의 전문화는 도서관 서비스의 수준을 높여주었다. 미국의 멜빌 듀이와 영국의 제임스 더프 브라운은 서비스를 체계화하고, 컬렉션의 공개 접근을 가능하게 한 인물들이다. 또 다른 도서관('피어폰트 모건 도서관')에서는 유명한 사서 벨 다 코스타 그린이 컬렉션 구축은 남성만 가능한 게 아니라는 사실을 입증했다(이와는 매우 다른 방식으로, 레닌의 아내 나데즈다 크룹스카야는 러시아 공립 도서관의 장서를 풍부하게 만든 바 있었다).

정보 과학의 도래

유럽과 미국에서는 도서와 기타 간행물의 과잉이 점차 뚜렷해졌다. 이에 대처하는 가장 현저한 발전은 벨기에에서 비롯되었는데, 1895년에 두 명의 변호사가 '국제 서지학 연구소(IIB)'를 설립한 것이었다. 이 기관은 1937년에 '국제 정보 문서 연맹(FID)'으로 이름을 바꾸었다. 이곳은 듀이의 분류법을 '국제 십진 분류법'으로 만드는 일을 담당했다. IIB는 보편 서지학에 대한 계획을 품고, 1914년에 '국제 서지 보관소'에 1천1백만 개 이상의 항목을 수집해서 카드에 기록했다. 그 이름 변화가 암시하듯, FID는 책 자체보다는 개별 정보 항목에 더 관심을 가졌다. 정보 서비스를 향상시키려는 이들의 방법은 (마이크로 형태를 이용하는 것을 포함해) 컴퓨터에 기반한 시스템을 만드는 더 나중의 발전에서도 핵심적이었다. FID의 영향력은 뚜렷했으며, 훗날 '정보 과학'이라고 일컬어지는 것의 여러 변화 배후에 놓여 있었다. 하지만 영국에서는 책과 관련된 집단들 사이에 의견 불일치가 있었다. 즉 서적상 협회와 출판인 협회는 서로 대등한 관계가 아니었으며, 성격이 다른 집단들 사이에 더 가까운 연계를 만들고자 하던 카네기 재단의 시도는 실패로 돌아갔다. 문헌학자들은 자기들만의 직능 협회인 '정보 과학자 협회'를 만들었다. 도서관 서비스에서 책의 공급을 위해서는, 여전히 들썩거리던 이런 균열이 약점일 수밖에 없었다.

도서관을 운영하는 사람들은 결국 학자나 작가가 아니라 관리자가 되었다. 물론 예외도 있어서, 사서였던 아치볼드 매클리시(미국 의회 도서관)와 필립 라킨(영국 헐 대학 도서관)은 뛰어난 시인이기도 했지만, 행정가들은 이처럼 창의적인 사서들을 불신하는 경향이 있었다. 그러나 남아메리카에서는 작가들이 여전히 존경을 받고 국가의 봉급도 받는데, 그중에서도 가장 중요하고 영향력 있는 인물은 부에노스아이레스의 호르헤 루이스 보르헤스였다(210~211쪽 참고).

미국에서는 프리몬트 라이더가 FID 회원들처럼 정보 폭발을 우려했다. 1940년대에 그는 연구 도서관의 크기가 16년마다 두 배로 커질 것으로 계산했다(지나친 예측이긴 했지만, 그래도 문제의식만큼은 적절했다). 라이더는 마이크로카드라는 축소 형태로 해결책을 고안했는데, 그 안에 간행물 텍스트 전체를 수록하고, 도서 목록으로도 활용하게 하자는 것이었다. 미국 고서 협회 같은 대형 연구 도서관의 내용물은 수백만 개의 마이크로카드로 제작되었지만, 이제는 마이크로카드도 이미 유행이 지나갔고 그걸 읽는 장비도 구식이 되어, 양쪽 모두 읽을 수도 없는 박물관의 유물이 되고 말았다. 다시 말해, 종이 인쇄를 대체하기 위해 고안된 이전의 갖가지 방법과 마찬가지 운명이 되었던 것이다(212~213쪽 참고).

책 디자인의 발전

1914년 이전까지만 해도 켐스콧 인쇄소의 영향력은 여전히 강력했다. 그 시기는 물론이고, 양차 대전 사이의 시기에도, 수많은 **개인 출판사** 소유주들은 아름다운 책을 만들고자 했으며, 종종 판매 가능성과는 아무 관련 없는 상품을 제작했다(214~215쪽과 216~217쪽 참고). 이런 인쇄소들은 더 오래된 삽화 기법을 재발견한 화가들에게 일종의 수단을 제공했다. 하지만 현대적인 화가들은 급진적으로 다른 길을 택했으며, 이런 길도 결국에는 책을 디자인하는 일반적인 방법으로 천천히 통합되었다(218~219쪽과 220~221쪽 참고).

제3세계에서는 출판하고자 하는 충동과 읽고자 하는 충동이 만나 더 오래된 출판 형태의 부흥을 불러왔다. 인도와 나이지리아와 브라질에서는 (그리고 다른 신흥국에서도) 지역화된 독서 수요가 유럽에서는 오랫동안 찾아볼 수 없었던 방법들을 뒷받침하기에 이르렀다(222~223쪽 참고).

기술적 진보

유럽과 미국의 기술적 발전은 지속되었으며, 대개는 더 많은 삽화 기법의 공급에서 (특히 그라비어, 망판〔網版〕 그리고 비교적 값비싼 콜로타이프 인쇄 등에서) 발전이 지속되었다. 영국의 스탠리 모리슨과 미국의 W. A. 드위긴스와 네덜란드의 얀 판 크림펜 같은 사람들의 효율적인 타이포그래피 교육은 디자인에 대한 고전적인 접근법을 강화했다. 특이하게도 제2차 세계대전 당시의 영국에서는 **종이** 공급 제한으로 (고전적인 접근법에서건 현대적인 접근법에서건 모두) 간소화된 책 디자인이 나왔다. 그 당시의 책 구매자들은 지나친 현대주의(모더니즘)에 대해서는 질색했다. 그리고 상당수의 종이표지본(페이퍼백) 시리즈의 성공은 이를 반영했다(224~225쪽 참고).

혁명의 소용돌이와 제2차 세계대전이라는 사건 속에서, 알렉산드리아의 함락과 날란다의 약탈 때보다 더 많은 책들이 파괴되었다. 전체적인 피해가 그나마 경감되었던 것은, 한편으로는 (인쇄와 마이크로텍스트 등을 이용해) 보유 부수가 늘어나며 위험도 희석되었기 때문이고, 또 한편으로 납본 컬렉션에서 상당수가 보전되었기 때문이다. 20세기의 가장 희귀한 책들 가운데 일부는 비밀 출판사에서 인쇄한 것들이거나 (226~227쪽 참고), 아니면 탄압의 대상이 되어 비밀리에 출간되거나 검열 삭제본으로만 간행되었던 러시아 책이었다. 솔제니친의 『수용소 군도』나 보리스 파스테르나크의 『의사 지바고』가 그런 경우였다(228~229쪽 참고).

다양한 자기 계발 서적도 있었는데, 이런 유의 책은 오래전부터 나오고 있었다. 의학 서적 가운데 성 문제를 다룬 곳이 있었지만, 매우 조심스러운 태도를 취했다. 20세기에는 빅토리아 시대의 습속이 완화되면서, 성과 성적 건강에 관한 책들이 공개적으로 나와, 널리 읽혔다(230~231쪽 참고).

이보다 더 널리까지 미친 것은 개인숭배를 조장한 책들의 배포였다. 이 세기 동안 나타난 더 새로운 매체는 사람들의 생각과 행동 방식 자체를 바꿔버렸다. 물론 과도함 가운데 일부에 대해서는 사람들 자신도 책임이 있지만, 책은 여전히 어떤 의견이나 믿음의 생성자로서 중요했다. 히틀러의 『나의 투쟁』 판매량은 그 시대의 기준으로 볼 때 어마어마한 수준이었다.

20세기 초에만 해도 제한된 자금으로 출판사를 차리는 것은 쉬운 일이었다. 이때까지만 해도 출판에는 다양성이 더 뚜렷했지만, 나중에는 독립 출판사들이 대규모 복합 기업에 흡수되면서, 중요한 책보다는 수익이 나는 책을 간행하기 위해 운영되는 경우가 늘어났다. 독립 서점들도 사라지면서 반스앤드노블, 워터스톤스, 보더스 같은 대형 체인점으로 대체되었다. 이런 체인점들은 외관상 다양한 범위의 읽을거리를 제공한다지만, 실제로는 이들의 정책이 독자의 선택을 더욱 제한한다. 물론 아마존닷컴이 출판과 도서 판매에 끼치는 영향이 좋은 것인지 나쁜 것인지 여부는 아직 판정되지 않았지만 말이다.

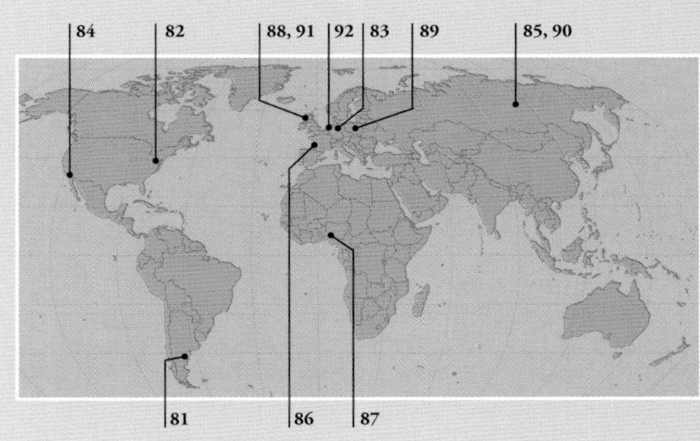

소개할 책들

부에노스아이레스의 눈먼 선견자

어떤 사서들은 조직화 능력이나 컬렉션 구축 능력으로 유명해졌지만, 아르헨티나의 사서 보르헤스는 현대의 정보 사회에서 나타난 변화를 일찌감치 예시한 내용의 비범한 소설을 써서 유명해졌다.

알렉산드리아의 칼리마코스나 피렌체의 말리아베치 같은 과거의 사서(司書)들은 그 박식함으로 유명했다. 현대의 사서들 중에도 이처럼 박식한 사람은 있지만, 작가로서 유명해진 사람은 비교적 적으며, 예외가 있다면 호르헤 루이스 보르헤스(1899~1986)뿐이다.

부에노스아이레스에 있는 아르헨티나 국립 도서관장을 역임한 보르헤스는 단편 작가로 잘 알려져 있다. 그는 스위스에서 학교를 다니다가, 이후 에스파냐에서 살면서 마드리드의 전위 문학 서클을 접했으며, 1921년에 아르헨티나로 귀국했다. 보르헤스는 언론인, 시인, 에세이 작가로 활동하면서 책과 도서관을 열심히 이용했다. 1930년대 초에는 부에노스아이레스 시립 도서관의 1급 보조 사서로 임명되었는데, 덕분에 생긴 넉넉한 시간을 이용해 집필에 힘쓰는 한편, 도서관과 관련된 자기 나름의 소설을 발전시켰다. 또한 그는 독재자 후안 페론을 적대시하는 정치적 견해도 드러냈는데, 이 때문에 1946년에는 부에노스아이레스 시장(市場) 소속 토끼 및 가금 검사관으로 '좌천'당했다. 작가는 이때의 모욕을 결코 잊지 못했다. 1955년에 페론이 물러났을 때, 보르헤스는 (이때쯤 거의 시력을 상실했는데도) 국립 도서관장에 임명되었고, 1973년에 페론이 권좌를 탈환하자 스스로 물러났다.

보르헤스의 소설은 기발한 데가 있으며, 막스 에른스트와 르네 마그리트 같은 화가들의 초현실주의에 상당 부분 빚지고 있었다. 그의 단편을 엮은 최초의 선집 『갈라지는 길이 있는 정원』(1941)은 훗날 『허구들』(1944)에 재수록되었다. 그때 이후로 해외에서 그의 작품이 알려졌고, 일부 비평가들은 그를 세르반테스 이후 가장 중요한 에스파냐어 작가로 평가하기도 했다. 그가 중남미 문학에 끼친 영향력은 대단했다.

보르헤스는 점점 더 나빠지는 시력 때문에 짧은 작품만 썼다. 또 한편으로는 자기가 워낙 무능하고 게을러서, 책 한 권을 직접 쓰는 대신 상상의 책들에 관한 요약이나 주석을 쓰기로 선택했다는 것이 그의 설명이다. 그의 단편 중 하나인 「바벨의 도서관」은 아이작 아시모프의 장편 SF 『파운데이션』에 나오는 가공의 책 『은하 백과사전』과도 유사하다. 「틀뢴, 우크바르, 제3의 지구」(1940)에서 보르헤스는 자신이 『브리태니커 백과사전』을 꿰뚫고 있으며, 허구에 관한 글쓰기에도 뛰어난 재능을 지니고 있다는 사실을 드러낸다. 그의 단편집 표제작인 「갈라지는 길이 있는 정원」은 이른바 **하이퍼텍스트** 소설을 실험하는 사람들이 즐겨 이용하는 작품이다.

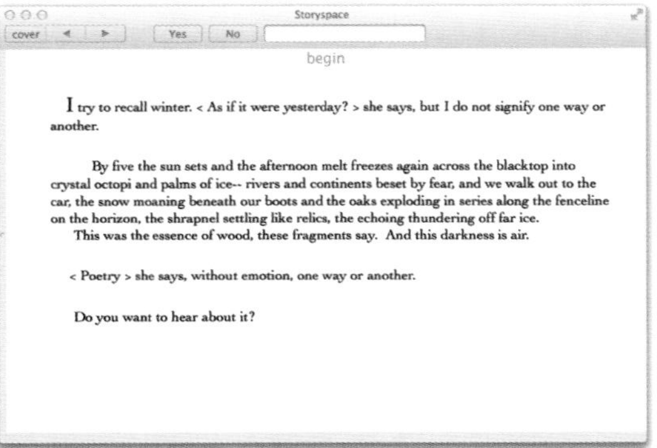

왼쪽 **하이퍼텍스트 소설** 보르헤스와 제임스 조이스 같은 작가들의 공식적인 실험은 훗날 하이퍼텍스트 소설의 발전에 영향을 끼쳤다. 마이클 조이스의 『오후, 이야기』는 1987년에 어느 회의에서 하이퍼텍스트 글쓰기의 사례로 처음 선보였으며, 사상 최초의 하이퍼텍스트 소설로 간주되고 있다.

관련 내용

혁신적인 소설의 또 다른 사례로는,
스턴의 『트리스트램 섄디』, 166~167쪽
중남미 간행물의 또 다른 사례로는,
은나도지의 『창녀를 조심하라』, 222~223쪽
프리에토의 『반책』, 250~251쪽

왼쪽 **『갈라지는 길이 있는 정원』** 게임 개발자들과 프로그래머들에게는 아이콘이나 다름없는 보르헤스의 이 중편소설은 제1차 세계대전 당시 영국에서 활동하던 스파이가 잃어버린 미로의 전설과 접하게 되는 내용이다. 내용이 진행될수록 이 이야기는 그 자체로 하나의 미로가 된다. 이 작품의 서로 다른 결말들이며, 시간과 플롯의 상호 작용은 하이퍼텍스트와도 유사하며, 상호 대화식 독서의 전조가 되었다. 이 초판본의 디자인은 당시 유럽의 출판에서 사용되던 디자인과 매우 흡사하다.

문서 제작에서의 크나큰 진전

정전 인쇄술에 관한 체스터 칼슨의 발명과 제록스사의 개발은 문서 제작을 완전히 변화시켰다. 어떤 사람들은 심지어 복사 기술의 성공으로 종이 없는 사무실의 도래가 오히려 지연되었다고 주장하기까지 한다.

스코틀랜드의 발명가 제임스 와트(1736~1819)는 동업자인 매슈 불턴을 위해 서류를 일일이 베껴 쓰는 일이 번거롭다고 여겨 문서 복제기를 발명했다. 이 제품은 성공을 거두었으며, 벤저민 프랭클린과 조지 워싱턴을 비롯한 많은 사람들이 구입했다. 와트의 발명품 이후로 19세기에는 수많은 복사 장치가 등장했고, 이 가운데 모사 장치나 알코올 복사 장치는 제2차 세계대전이 끝나고 한참 뒤까지도 사용되었다(이런 장치를 사용하려면 면밀한 계획과 아울러 특수한 물질이 필요했다). 다른 친필 또는 인쇄 문서의 경우에는 사진이 적격이었고, 1930년대에 연구 도서관에서는 이미 희귀본과 신문을 마이크로필름으로 만들고 있었다.

왼쪽 제록스 복사기 1938년에 직접 만든 최초의 전기 사진 장치와 함께 있는 체스터 칼슨. 제록스 사진 복사기의 선구인 이 장치는 놀랍게도 오늘날의 데스크톱 스캐너/프린터보다 더 크지도 않다.

하지만 장비 없이 읽을 수 있는 낱장 복사본을 만드는 방법에 대한 필요성도 있었다. (예를 들어 감열 복사 장치 같은) 다양한 사진 복사 장치가 이미 나와 있었지만, 이렇게 해서 제작된 이미지는 오래가지 못했다. 이때 중대한 돌파구가 나온 곳은 인쇄 및 사무용 복사 장치 업계 밖이었고, 그 주인공은 체스터 칼슨(1906~1968)이라는 의외의 인물이었다. 경력 대부분을 독자적인 발명가로 보낸 칼슨은 저렴하고도 용이하게 복사본을 만들어내는 아이디어에 매달려, 대공황의 여파가 심하던 1930년에 캘리포니아 공과대학에서 물리학 학사 학위를 취득했다. 벨 전화 연구소의 특허 변호사 밑에서 일하던 시절부터 그는 자기 집에서도 복사본을 만들어내는 아이디어를 가지고 실험을 거듭하며, 실험 일지에 그 결과를 기록했다. 1938년 10월에 그는 정전(靜電) 인쇄에 관한 최초의 성공적인 시도에 관해 기록했다.

1950년대에 가서야 칼슨과 바텔 연구소와 ('제록스'의 전신인) 힐로이드는 효율적이며 믿을 만한 정전 인쇄기 '제록스 914'를 합작으로 내놓을 수 있었다. 더 이전의 모델은 사용 중에 화재가 발생하기도 했고, 이 장비를 이용하면 남성 성 불능이 초래된다는(아마도 이들의 경쟁 업체가 내놓았음 직한) 사무실 괴담도 있었다. 그럼에도 불구하고 이 기계는 어마어마한 성공을 거두었으며, 학술 도서관과 수많은 사무실에서 이 기계와 더 나중의 모델을 설치하게 되었다.

칼슨의 발명은 출판과 학술뿐만 아니라 상업조차도 편리하게 만들었다. 책을 읽고 필사하거나 요약했던 과거와 달리, 이제 독자들은 손쉽고 저렴하게 복사본을 만들 수 있었다(물론 여기에는 장점 못지않게 단점도 있었지만). '유니버시티 마이크로필름' 같은 회사들은 학위 논문의 복사본을 판매하기 시작했다. 주문 출판과는 거리가 멀었고, 초창기의 복사본은 품질이 좋지 않을 수도 있었지만, 칼슨의 발명은 정보 폭발과 아울러 현대 정보 사회의 도래를 가속화했다.

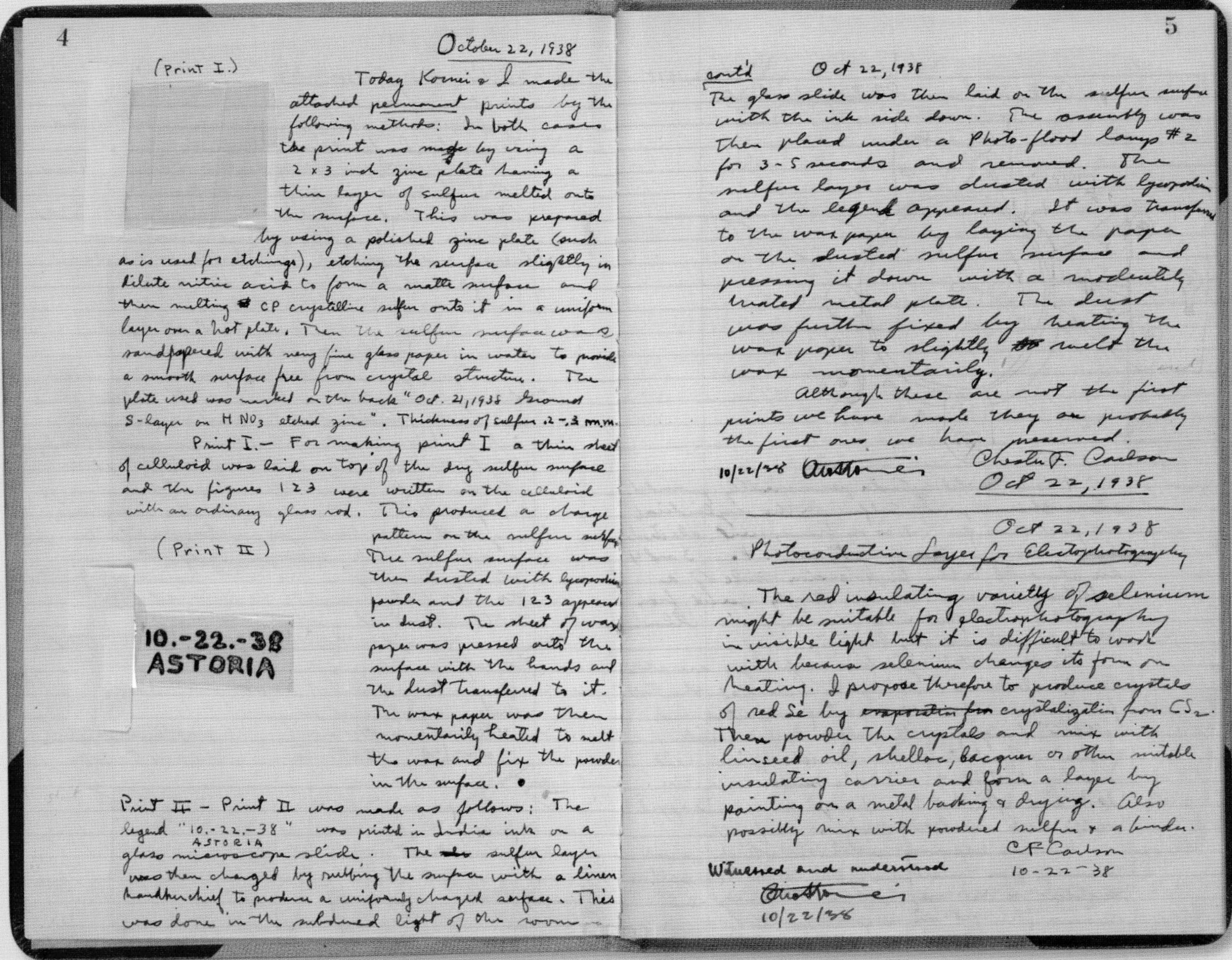

4

October 22, 1938

(Print I.)

Today Kornei & I made the attached permanent prints by the following methods: In both cases the print was made by using a 2 x 3 inch zinc plate having a thin layer of sulfur melted onto the surface. This was prepared by using a polished zinc plate (such as is used for etchings), etching the surface slightly in dilute nitric acid to form a matte surface and then melting CP crystalline sulfur onto it in a uniform layer over a hot plate. Then the sulfur surface was sandpapered with very fine glass paper in water to provide a smooth surface free from crystal structure. The plate used was marked on the back "Oct. 21, 1938 Ground S-layer on HNO_3 etched zinc". Thickness of sulfur .2–.3 mm.

Print I.— For making print I a thin sheet of celluloid was laid on top of the dry sulfur surface and the figures 123 were written on the celluloid with an ordinary glass rod. This produced a charge pattern on the sulfur surface. The sulfur surface was then dusted with lycopodium powder and the 123 appeared in dust. The sheet of wax paper was pressed onto the surface with the hands and the dust transferred to it. The wax paper was then momentarily heated to melt the wax and fix the powder in the surface.

(Print II)

10.-22.-38
ASTORIA

Print II – Print II was made as follows: The legend "10.-22.-38 ASTORIA" was printed in India ink on a glass microscope slide. The sulfur layer was then charged by rubbing the surface with a linen handkerchief to produce a uniformly charged surface. This was done in the subdued light of the room –

5

cont'd Oct 22, 1938

The glass slide was then laid on the sulfur surface with the ink side down. The assembly was then placed under a Photo-flood lamp #2 for 3-5 seconds and removed. The sulfur layer was dusted with lycopodium and the legend appeared. It was transferred to the wax paper by laying the paper on the dusted sulfur surface and pressing it down with a moderately heated metal plate. The dust was further fixed by heating the wax paper to slightly melt the wax momentarily.

Although these are not the first prints we have made they are probably the first ones we have preserved.

10/22/38 Chester F. Carlson Oct 22, 1938

Oct 22, 1938

Photoconductive Layer for Electrophotography

The red insulating variety of selenium might be suitable for electrophotography in visible light but it is difficult to work with because selenium changes its form on heating. I propose therefore to produce crystals of red Se by crystallization from CS_2. Then powder the crystals and mix with linseed oil, shellac, lacquer or other suitable insulating carrier and form a layer by painting on a metal backing & drying. Also possibly mix with powdered sulfur & a binder.

C F Carlson 10-22-38

Witnessed and understood

10/22/38

위 **체스터 칼슨의 실험 일지** 정식으로 간행된 책은 아니지만, 그래도 책은 책이다. 정전 인쇄술에 관한 내용이 담긴 칼슨의 이 친필 일지는 도서 출판 역사에 중대한 영향을 끼쳤다.

관련 내용

복제의 발전에서 더 이전의 사례로는,
플레이페어의 『상업 정치 도감』, 162~163쪽
앳킨스의 『영국 조류 사진 도감』, 184~185쪽
인쇄를 대체하려는 시도의 다른 사례로는,
루이스의 『기계식 백과사전』, 244~245쪽
테크니온 나노 성서, 246~247쪽

공연 예술로서의 인쇄술

셰익스피어의 멋진 판본은 여러 가지가 있었다. 그중에서도 부유한 심미가를 겨냥해 독일에서 제작된 판본이야말로, 20세기 출판의 가장 중요한 사례였다.

1900년에 이르러, 인쇄와 삽화에서 이루어진 기술적 진보에도 불구하고, 책의 외관에 대해서만큼은 독자의 불만이 많았다. 유럽의 아르누보(또는 '유겐트슈틸') 양식은 영국에서 '미술 공예 운동'이라는 특수한 형태로 나타났다. 이 운동은 기계화를 거부하자고, 더 이전의 형태로 돌아가자고, 재료에 충실하자고 강조했다. 윌리엄 모리스가 켐스콧 인쇄소에서 행한 '작은 타이포그래피의 모험'이 미국과 유럽에 끼친 영향은 엄청났다.

이와는 매우 다른 것이 바이마르에 있던 크라나흐 출판사로, 소유주는 하리 그라프 폰 케슬러(1868~1937)였다. 어머니는 영국계 아일랜드인이었지만, 아버지는 독일의 교양 있는 은행가 가문 출신이었다(빌헬름 1세 황제가 그의 대부였다). 그는 문학과 예술에 관심이 많아 박스트, 콕토, 프루스트, 로댕 같은 친구를 사귀었다. 리하르트 슈트라우스의 오페라 『장미의 기사』(1911)의 창작과 공연을 지원한 흥행주이기도 했다. 1890년대에 유겐트슈틸 잡지인 『판』에서 근무하며 타이포그래피에 관심을 갖게 된 케슬러는 1911년경에 자기 출판사를 차렸다. 영국의 자체(字體) 제작자, 프랑스의 종이 제작자, 영국과 프랑스의 예술가들에, 영국과 프랑스의 인쇄 전문가들이 바이마르에 모여 만든 케슬러의 크라나흐 출판사는 큰 기대를 모았다. 케슬러의 개인적인 관심사 때문에 일이 지연되기도 했지만(예를 들어 조각가인 아리스티드 마욜과 에릭 길을 협업시키려는 시도는 성공하지 못했다) 그는 이들을 아낌없이 지원했다.

1914년은 영국과 독일의 예술적 협업을 위해서는 그리 순조로운 시기가 아니었다. 그가 제작한 자체는 제1차 세계대전이 끝난 이후에도 오랫동안 사용되지 않았고, 그의 출판 계획은 미정 상태로 남았다. 가장 흥미진진하고 혁신적인 작품은 『햄릿』의 새로운 판본이었는데, 원래는 기발한 영국의 연극 연출가 겸 화가 겸 작가인 에드워드 고든 크레이그(1872~1966)와 함께 만들기로 한 것이었다. 크레이그는 1911~1912년에 모스크바 예술극장에서 콘스탄틴 스타니슬랍스키와 함께 『햄릿』의 현대식 공연을 작업한 바 있었다. 다른 **개인 출판사**들(예를 들어 '도브스 출판사')이 내놓은 판본도 있었지만, 하나같이 『햄릿』을 읽기 위한 텍스트로만 다루었다. 크레이그는 공연 중인 연극을 반영하는, 아울러 희곡 도입부마다 정교한 삽화가 들어간 책을 구상했다. 코즈모폴리턴이었던 케슬러는 "개인 출판사의 모든 책들을 통틀어 가장 용감한 예술적 모험"이었던 이 작은 판본에 막대한 돈과 개인적 관심을 쏟았다. 남다른 활자, 종이, 삽화, 제본, 시공을 거쳐 완성된 이 책의 진정한 가치가 인식된 것은 최근의 일이다.

Hamlet
Act V. Sc. i.

Heer's a scull now hath lyen you i'th earth three & twenty yeeres.
Ham. Whose was it?
Clow. A whorson mad fellowes it was, whose do you think it was?
Ham. Nay I know not.
Clow. A pestilence on him for a madde rogue, a pourd a flagon of Renish on my head once; this same skull sir, was sir Yoricks skull, the Kings Iester.
Ham. This?
Clow. Een that.
Ham. Let me see. Alas poore Yoricke, I knew him, Horatio, a fellow of infinite iest, of most excellent fancie, hee hath bore mee on his backe a thousand times, and now how abhorred in my imagination it is: my gorge rises at it. Heere hung those lyppes that I haue kist I knowe not howe oft, where be your gibes now? your gamboles, your songs, your flashes of merriment, that were wont to set the table on a roare, not one now to mocke your owne grinning, quite chopfalne. Now get you to my Ladies table, & tell her, let her paint an inch thicke, to this fauour she must come, make her laugh at that. Prethee Horatio tell me one thing.
Hora. What's that my Lord?
Ham. Doost thou thinke Alexander lookt a this fashion i'th earth?
Hora. Een so.
Ham. And smelt so? pah.

138

오른쪽 크라나흐판 『햄릿』 1930년에 바이마르에서 간행된 크라나흐 판본의 제4막 제5장 도입부. 이 놀라우리만치 대담한 디자인과 타이포그래피에서는 에드워드 존스턴이 디자인한 활자를 사용했고, 화가 겸 연극인 에드워드 고든 크레이그가 제작한 80점의 목판화 및 동판화도 곁들여졌다.

왼쪽 위 무덤 파는 인부 1 1927년에 에드워드 고든 크레이그가 (크라나흐판 『햄릿』을 담당한 인쇄공) 게이지콜을 이 희곡의 등장인물인 '무덤 파는 인부 1'로 묘사한 스케치.

왼쪽 아래 도브스 출판사의 접근법 윌리엄 모리스의 추종자였던 이 출판사에서는 단순성을 신봉했다. '이상적인 책'을 향한 소유주의 추구는 훌륭한 인쇄와 아름다운 활자에만 전적으로 의존했다. 도브스판 『햄릿』이 아름답다는 데에는 의심의 여지가 없다. 하지만 크라나흐 판본과 비교하면 지나치게 지루하고 도식적인 느낌도 없지 않다.

ACT IV SCENE V
LINES 56-74

THE TRAGICALL HISTORIE OF

mesme, puis que c'estoit par luy, que j'avois perdu ce qui me lioit à telle consanguinité et alliance. Homme pour vray hardy et courageux, et digne d'eternelle louange, qui s'armant d'une folie cauteleuse, et dissimulant accortement un grand desvoyement de sens, trompa souz telle simplicité les plus sages, fins, et rusez: conservant non seulement sa vie des efforts et embusches du tyran, ains qui plus est, vengeant avec un nouveau genre de punition, et non excogité supplice la mort de son pere, plusieurs annees apres l'execution: de sorte que conduisant ses affaires avec telle prudence, et effectuant ses desseins avec une si grande hardiesse, et constance, il laisse un jugement indecis entre les hommes de bon esprit, lequel est le plus recommandable en luy, ou sa constance et magnanimité, ou la sagesse, en desseignant, et accortise, en mettant ses desseins au parfaict accomplissement de son oeuvre de long temps premedité. Si jamais la vengeance sembla avoir quelque face et forme de justice, il est hors de doute, que la pieté et affection qui nous lie à la souvenance de nos peres, poursuivis injustement, est celle qui nous dispense à chercher les moyens de ne laisser impunie une trahison et effort outrageux et proditoire: veu que jaçoit que David fut un sainct, et juste Roy, homme simple, et courtois, et debonnaire, si est-ce que mourant il enchargea à son fils Salomon, luy succedant à la couronne, de ne laisser descendre au tombeau quelque certain, qui l'avoit outragé, non que le Roy, et prochain de la mort, et prest à rendre compte devant Dieu, fust

Louange d'Amleth tuans le tyran.

Vengeance juste, ou est ce que doit estre consideree.

Intention de David commandant ceste vengeance.

King. Pretty Ophelia.
Ophe. Indeede la, without an oath Ile make an end on't,
By gis and by Saint Charitie,
Alack and fie for shame,
Young men will doo't if they come to't,
By Cock they are to blame.
Quoth she, Before you tumbled me,
You promis'd me to wed,
(He answers.) So would I a done by yonder sunne
And thou hadst not come to my bed.
King. How long hath she beene thus?
Ophe. I hope all will be well, we must be patient, but I cannot chuse but weepe to thinke they would lay him i'th' cold ground, my brother shall know of it, and so I thanke you for your good counsaile. Come my Coach, God night Ladies, god night, sweet Ladyes god night, god night.

126

관련 내용
희곡 인쇄본의 다른 사례로는,
부셰의 『몰리에르』, 152~153쪽
개인 출판사 간행본의 다른 사례로는,
그래본판 『풀잎』, 216~217쪽
헌터의 『구식 제지술』, 238~239쪽

LEAVES OF GRASS
COMPRISING ALL THE POEMS WRITTEN
BY WALT WHITMAN
FOLLOWING THE ARRANGEMENT
OF THE EDITION OF
1891-'2

RANDOM HOUSE, INC., NEW YORK
1930

미국 서사시에 관한 서부 연안의 해석

프랑스의 에피날은 대중적인 판화의 중심지로 유명했고, 20세기에는 나이지리아의 오니차와 브라질의 헤시피가 길거리 문학으로 유명했다.
반면 샌프란시스코는 예술 인쇄본의 중심지로 유명했으며, 그래본 형제는 서부 연안의 인쇄업자로 존경을 받았다. 이들이 간행한 휘트먼의 『풀잎』은 한정판 서적의 걸작이다.

윌리엄 모리스와 켐스콧 인쇄소는 영국보다 미국에서 오히려 더 영향력을 발휘했다. 보스턴의 상업 출판업자인 메리마운트 출판사의 대니얼 버클리 업다이크라든지, 타이포그래피 전문가 브루스 로저스의 경우, 처음에는 모리스의 양식을 따랐는데, 이들이 만든 책은 미국의 도서 수집가들로부터 격찬과 구매의 대상이 되었다.

1920년대에는 대서양 양쪽 국가 모두에서 예술 인쇄본의 대유행이 일어났다. 뉴욕의 출판사 랜덤하우스의 눈치 빠른 출판인 베네트 서프는 1927년에 골든 코커럴, 논서치 그리고 다른 영국 예술 인쇄본 출판사의 미국 판매권을 취득했다. 서프는 또한 미국의 위대한 서사시인 월트 휘트먼의 『풀잎』의 예술 인쇄본 출간을 (당시에만 해도 비교적 신생이었던) 그래본 출판사에 의뢰했다.

샌프란시스코는 오랫동안 서적 예술의 중심지였으며, 이는 1912년에 설립된 '캘리포니아 북클럽'의 영향이었다. 에드윈과 로버트 그래본 형제는 미국 서부 연안에서 존경을 받았다. 하지만 그래본 출판사는 부유한 애호가가 설립한, (따라서 판매를 중요하게 생각하지 않는) **개인 출판사**와는 전혀 달랐다. 그래본 출판사는 오히려 상업 출판사에 가까웠으며(예를 들어 런던의 치즈윅 출판사나, 매사추세츠 주의 리버사이드 출판사처럼) 인쇄도 잘했지만, 동시에 수익을 추구했다. 그래본 형제는 (마치 브루스 로저스의 경우처럼) 은근한 맛이 있는 타이포그래피를 구사하며, 그때까지의 개인 출판사에서는 보기 드문 방식으로 텍스트와 타이포그래피를 결합시켰다.

1920년대의 대유행 기간 동안에는 값비싼 **한정판**이 잘 팔렸다. 『풀잎』 출간은 대단한 도박이었지만 서프의 훌륭한 말주변 덕분에 예약 신청은 성공을 거두었고, 유례없는 고가인 1백 달러(60파운드)에 4백 부 한정판을 구입하려는 예약 희망자가 2천 명 가까이 있었다. 서프는 원래 이보다 더 큰 판형도 15달러(9파운드)의 가격을 붙일 예정이었다.

제작 기간은 1년 넘게 걸렸다. 그래본 형제는 책을 훌륭하게 인쇄했고, 미국의 서체 디자이너 프레더릭 W. 가우디가 만든 뉴스타일체 **활자**로 텍스트를 조판했다. 원래는 삽화 없이 정교한 머리글자만 넣어 텍스트를 인쇄하려 했지만, 그래본 형제는 그 결과물에 실망한 나머지 단순하지만 암시적인 삽화를 집어넣기로 작정했다. 이들이 고른 화가는 이탈리아의 발렌티 안젤로로, 독학으로 그림을 배우고 1926년부터 그래본 출판사의 일을 하고 있었다. 안젤로의 단순한 **목판화**는 휘트먼의 텍스트에 이상적이어서, 이 판본의 장점은 널리 인정되었다(그래본 형제도 이 책이야말로 "우리가 만든 책 중에서 가장 완벽했다"고 훗날 회고했다).

관련 내용
개인 출판사에서 간행한 책의 다른 사례로는,
크라나흐판 『햄릿』, 214~215쪽
헌터의 『구식 제지술』, 238~239쪽

왼쪽 랜덤하우스 판본 그래본 형제가 제작한 월트 휘트먼의 이 돋보이는 시집은, 제작을 의뢰한 랜덤하우스의 판권면을 달고 있었다. 그래본 형제의 예술 인쇄본 중에서도 가장 성공적인 이 책에서는, 대담한 타이포그래피와 마찬가지로, 기만적으로 단순하고 유려한 발렌티 안젤로의 목판화가 휘트먼의 시와 완벽하게 결합되어 있다.

오른쪽 『풀잎』 1930년에 간행된 그래본 출판사의 속표지는 저명한 미국의 타이포그래피 디자이너가 제작한 힘있는 가우디 뉴스타일체를 이용하여 검은색과 붉은색으로 뚜렷하게 인쇄했다. 에드윈 그래본은 자기가 프레더릭 가우디의 새로운 자체에서 "강력하고 힘찬 휘트먼의 시행"을, 그리고 "단순한 인쇄를, 즉 팬지와 라일락과 발렌타인 같은 인쇄가 아니라, 산과 바위와 나무 같은 인쇄를" 보았다고 회고했다.

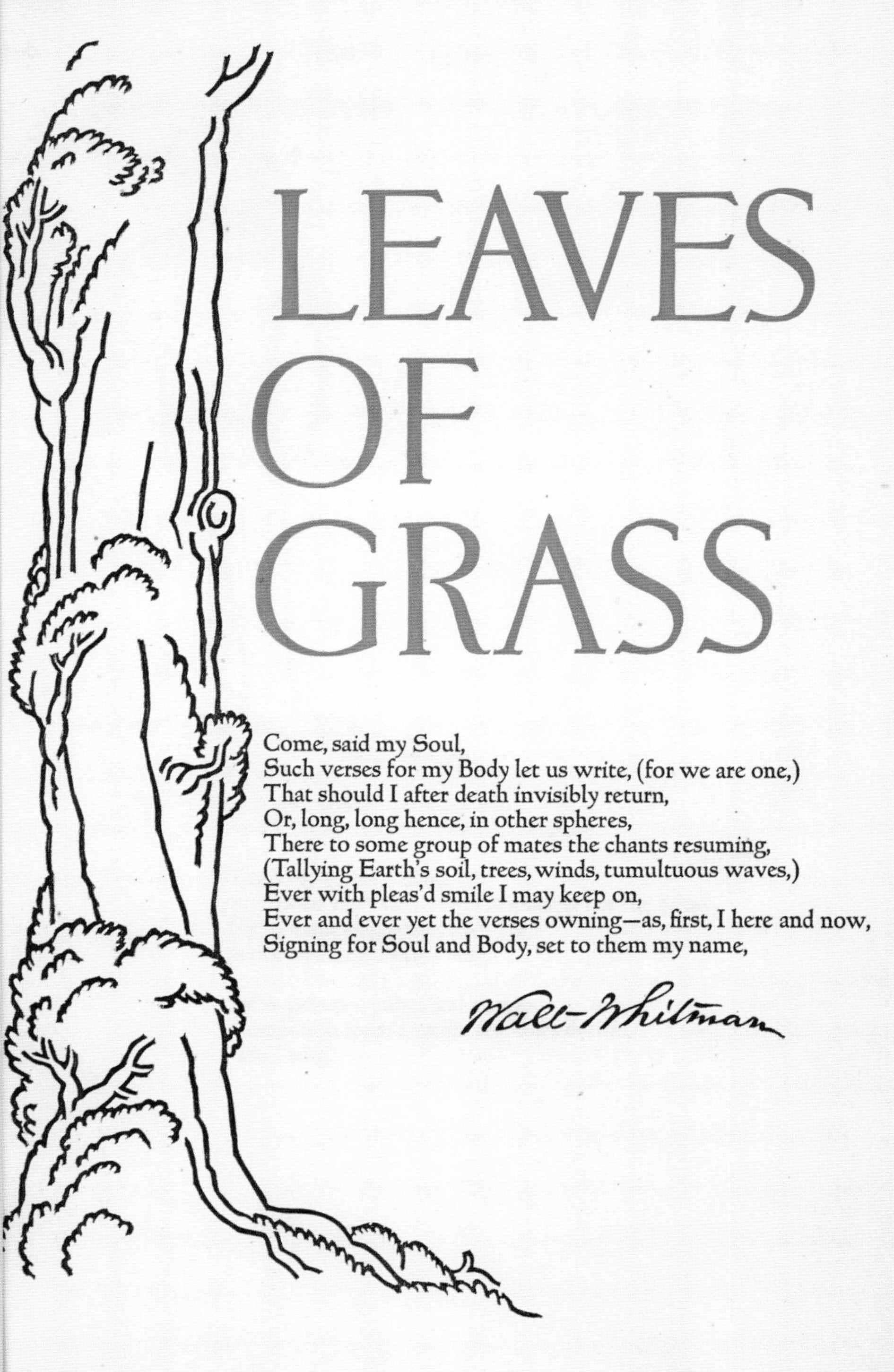
LEAVES OF GRASS

Come, said my Soul,
Such verses for my Body let us write, (for we are one,)
That should I after death invisibly return,
Or, long, long hence, in other spheres,
There to some group of mates the chants resuming,
(Tallying Earth's soil, trees, winds, tumultuous waves,)
Ever with pleas'd smile I may keep on,
Ever and ever yet the verses owning—as, first, I here and now,
Signing for Soul and Body, set to them my name,

Walt Whitman

혁명을 향한 탱고

현대 디자인으로 나아가는 중요한 걸음은 이탈리아와 러시아에서, 그것도 제1차 세계대전 직전의 혼란스럽고 불편한 시기에 나왔다.

1900년경의 (그리고 그때 이후의) 예술 인쇄본 출판사들은 종종 15세기의 타이포그래피 양식을 되돌아보았다. 그 결과, 순수 예술 분야에서 라파엘전파 형제단은 예전 양식으로의 전환을 통해 예술을 부흥시키기를 도모했다. 19세기의 서적 예술을 변화시키고자 했던 또 다른 사람들은 급진적인 실험을 통한 개혁을 고대했다. 즉 필리포 마리네티 같은 이탈리아의 미래주의자들은 1909년에 이를 다음과 같이 간략하게 정의했다. "우리는 과거를 조금도 원하지 않는다."
마리네티의 『미래주의자 선언』은 1909년에 간행되어 널리 주목을 받았으며, 특히 러시아에서 성공을 거두었다. 당시 러시아는 일본과의 전쟁(1904~1905)에서 패하고, 1905년의 혁명이 실패로 돌아가며 러시아 제국 여러 곳에서, 특히 지식인 사이에서 환멸이 생겨났기 때문이다. 모스크바에 근거한 문학 집단 '길레야'는 1910년에 이처럼 환멸을 품은 엘리트 사이에서 결성되었으며, 마리네티도 이들에게 매력을 느끼고 독려했다. '길레야'도 나름의 선언을 발표했는데, 그 제목은 '대중의 취향에 가하는 따귀'였다.
책이라는 측면에서 보면, '길레야'가 날린 따귀는 매우 강하고 당혹스러운 일격이었다. 바실리 카멘스키가 쓰고, 다비드 부를류크가 디자인하고 제작한 『암소들과의 탱고』는 마리네

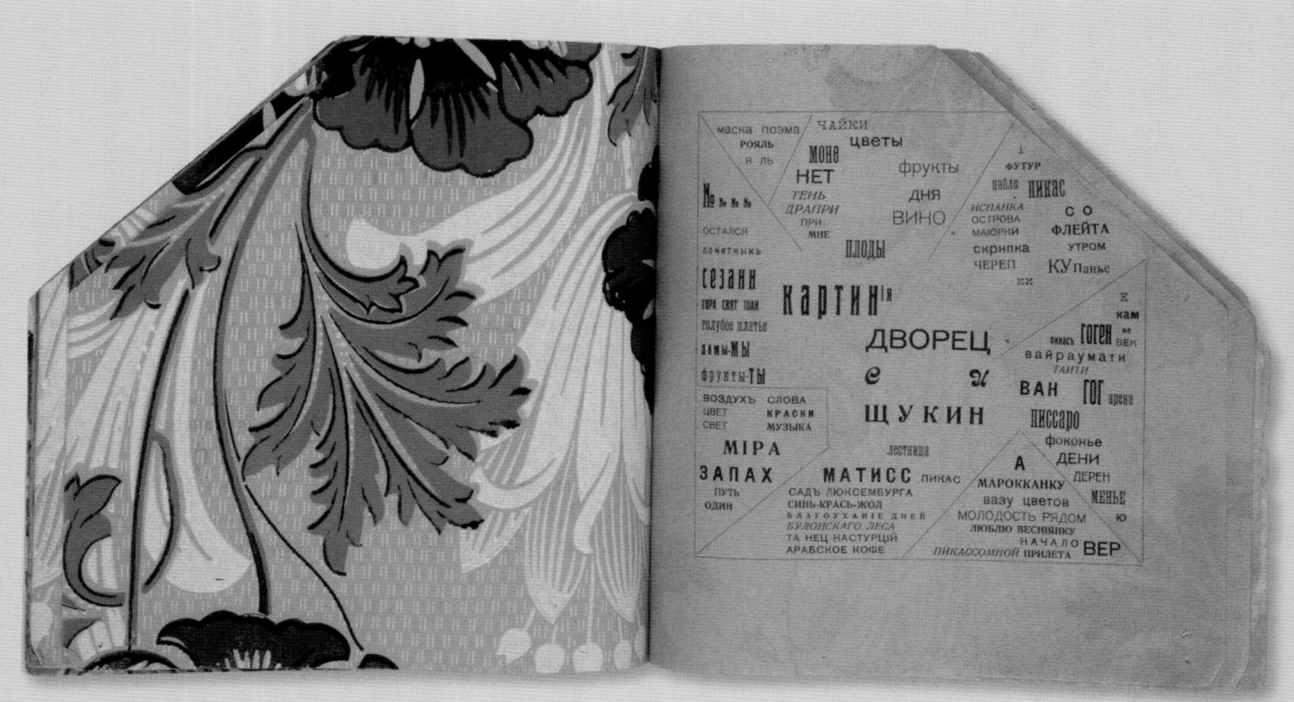

위 **『암소들과의 탱고』** 러시아의 시인 바실리 카멘스키가 지은 「강철 콘크리트 시들」이 수록된 이 작은 책은 (부르주아의 취향을 반영하기 위해) 상업적으로 생산된 벽지를 사용했으며, 그의 동료인 입체미래주의자 다비드와 블라디미르 부를류크 형제가 그린 세 점의 그림을 담았다. 타이포그래피의 평면 배열은 도시 생활과 현대성에 대한 찬양이라는 주제를 반영한다.

티의 『장툼툼』(1912)의 영향을 받았음이 분명하다. 이 책은 인쇄의 일반 원칙은 물론이고, 읽기 쉬운 책을 만드는 방법 모두를 깡그리 무시한 것으로 유명하다. 카멘스키는 '자움(zaum)'을 이용했는데, 이것은 러시아 미래주의 시인들이 사용한 의도적으로 일관성 없고 무질서한 말의 혼합으로, 오로지 소리만 사용하고 의미는 벗겨낸 것이었다. 그 제목은 활기차고 새로운 (당시 아르헨티나의 탱고가 파리를 통해 러시아에 소개되었다) 러시아의 도시 생활과, 오래되고 전통적인 (그리고 훗날 소련의 집산주의로 파괴되기에 이르는) 러시아의 농업 생활을 엮어주는 것이었다.

사용하지 않는 벽지 뒷면에 거칠게 인쇄하고, 일부러 사다리꼴로 재단하고, 크고 난폭한 전시용 **활자**를 사용한 까닭은, 의미가 아니라 시각적 충격을 독자에게 전달하기 위해서였다. 이 책은 많은 사람들을 매료시켰지만, 그 중요성은 한참 시간이 흐른 뒤에야 비로소 인식되었다. 문양으로서의 활자는 나중에 엘 리시츠키도 이용했는데, 그의 작품은 바우하우스와 구성주의 운동의 영향을 크게 받았으며, 여러 가지 면에서 20세기의 시각 디자인을 지배했다. 『암소들과의 탱고』는 지금 봐도 여전히 자극적인 책이다.

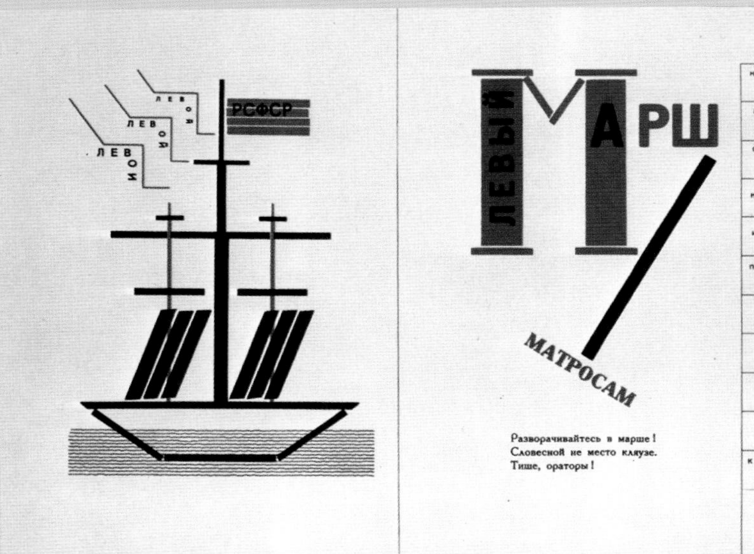

위 **'왼쪽으로 행진!'** 다비드 부를류크와 마찬가지로 정치 참여 때문에 모스크바 미술 학교에서 쫓겨난 그의 동료 미래주의자 블라디미르 마야콥스키의 시 「목소리를 위하여」에 엘 리시츠키가 삽화를 그렸다. 이 문제작은 이 집단의 발상을 반영한 역동적이고, 직각이고, 비대칭적인 디자인의 전형이다. 간행된 지 한 세기도 넘는 물건이 되었지만, 그 현대적인 요소들은 여전히 오늘날에도 크게 영향력을 발휘한다.

관련 내용
현대적인 책의 다른 사례로는,
스턴의 『트리스트램 섄디』, 166~167쪽
보르헤스의 『갈라지는 길이 있는 정원』, 210~211쪽
에른스트의 『친절의 일주일』, 220~221쪽
예술품 책의 다른 사례로는,
프리에토의 『반책』, 250~251쪽

시간 여행을 하는 초현실주의

제1차 세계대전은 모든 참전국에 파괴적인 영향을 발휘했으며, 이는 각국의 미술과 타이포그래피에 고스란히 반영되었다. 프랑스에서는 (독일과 마찬가지로) 다다와 초현실주의 같은 새로운 접근법에 의해 서적 예술이 직격탄을 맞았다. 특히 막스 에른스트는 아름답지만 심란한 느낌의 책을 몇 권 만들었다.

러시아의 미래주의 화가들과 작가들처럼, 서유럽의 화가들과 작가들도 자신들의 믿음을 표현하는 새로운 방법을 찾음으로써 전전(戰前)의 불만에 (그리고 나중에는 참호전의 공포에) 대응했다. 처음에는 (취리히에서 시작된) 다다 운동이 논리와 이성을 거부하고 비합리성을 드높였는데, 이는 주로 파리에서 활동하고 있는 전후의 초현실주의자들이 견지하던 믿음이었다.

비록 다다와 초현실주의에 국한된 것은 전혀 아니지만, **콜라주**는 현대 미술에서 많이 사용되는 미술 기법이 되었다. 물론 이것은 그 이전에도 오랫동안 있었으나(중국에서 **종이**가 발명되던 시기에 처음 사용된 바 있다) 20세기의 시작 무렵에 조르주 브라크와 파블로 피카소는 이 기법을 차용하고 대중화했으며, 각자의 작품에서 붙이기라는 요소를 사용했다. 다다이스트 중에서는 쿠르트 슈비터스가 아마 가장 잘 알려지고 가장 영향력 있는 콜라주 작가였겠지만, 그의 작품은 자기 그림을 창조하기 위한 개별적인 조합에 불과했다. 그런 작품은 책과 기사를 통해 재현될 수 있었지만, (러시아 미래주의자들이 자기네 책을 만들었던 것처럼) 대량 생산을 용이하게 하는 기법을 채택하는 예술가는 극소수였다.

파리에서는 이미 화가로 활동하던 독일인 막스 에른스트(1891~1976)가 시인 폴 엘뤼아르의 책 세 권에 삽화를 담당함으로써 콜라주를 책 삽화의 수단으로 발전시켰다. 나중에는 **그래픽노블** 세 권에서도 콜라주를 사용했는데, 외관상으로는 상당히 간단해 보이는 기술이었다(즉 19세기의 눈목판화를 여러 가지 구하고, 거기 어울리지 않는 다른 이미지들을 자르고 붙여서 자기가 원하는 그림으로 만든 다음, 사진 제판 기법을 이용하여 새로운 인쇄판을 만드는 것이었다).

아래 『친절의 일주일』 막스 에른스트의 『친절의 일주일』은 초현실주의자의 출판에서의 기념비이다. (이전 세대에서는 데쿠파주, 즉 종이를 오려 붙이는 장식 효과로 인기가 있던) 콜라주 기법을 사용함으로써, 에른스트는 빅토리아 시대의 동판화를 재조합하여, 여러 개의 "우아한 시체들"(초현실주의에서 개발한 창작 방법으로, 여러 사람이 창작한 여러 개의 글이나 이미지를 조합해서 새로운 〔대개는 의외이거나 뜻이 통하지 않는〕 하나의 글이나 이미지로 만들어내는 것을 말한다 – 옮긴이)을 구성했다. 호기심을 자극하는, 그리고 때로는 불안한 서사 효과를 위해서였다. 당시 새로이 대두하던 정신분석학은 이 몽환적인 세계에 큰 영향력을 끼쳤다.

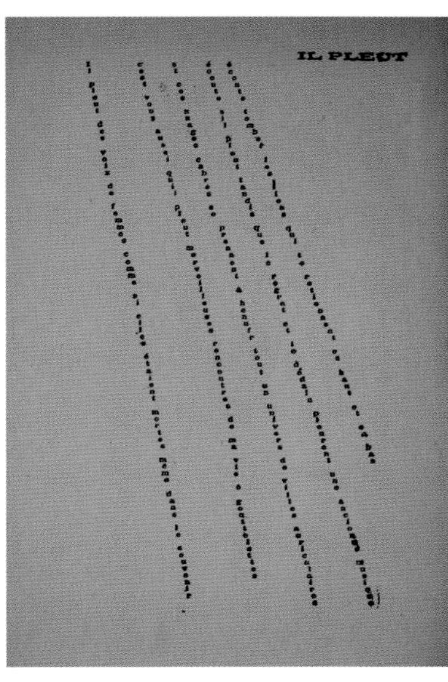

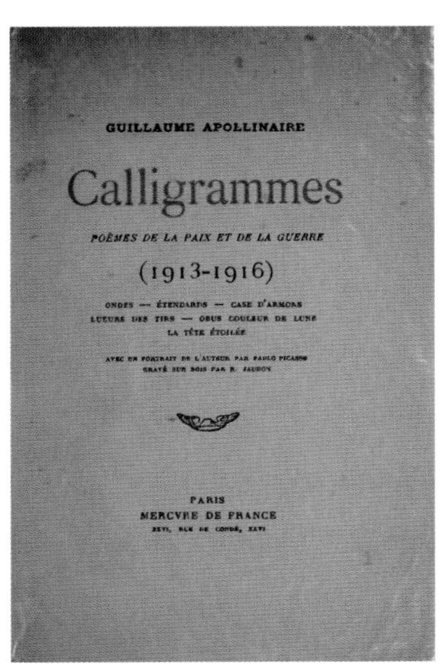

왼쪽 『칼리그람』 '초현실주의'라는 용어는 프랑스 전위 예술의 대표 주자였던 시인 기욤 아폴리네르가 만들어냈다. 그의 사후인 1918년에(그는 바로 그해에 유행성 독감으로 사망했다) 간행된 구체시(具體詩)는 『트리스트램 섄디』에 나왔던 발랄한 타이포그래피를 연상시킨다. 아폴리네르의 이 시는 초현실주의자들이 좋아한 자동 서술 기법을 이용해 창작되었다.

1934년에 간행된 『친절의 일주일』은 프랑스의 자선 단체 이름에서 따온 제목이다. 에른스트의 그래픽노블 가운데 세 번째인 이 작품은 이탈리아에서 3주 만에 만들어졌다. 이를 위해 에른스트는 몇 권의 책을 희생시켰는데, 그중에는 쥘 마리가 쓴 프랑스의 싸구려 선정 소설 『파리의 악당들』도 있었다. 원래는 다섯 부분으로(하지만 실제로는 일주일에 맞춰 일곱 부분으로 되어 있었다) 간행된 에른스트의 섬뜩한, 그리고 때때로 무시무시한 책에 담긴 이야기의 의미를 놓고는 지금까지도 비평가들 사이에 논의가 계속되고 있다. 19세기의 판화가는 (종종 대단한 기술을 지닌) 반교권주의, 에로티시즘, 폭력을 자기네 이미지에 담았다. 그림의 요소들을 이동시키고 대체함으로써, 에른스트의 콜라주는 (당시 대두하던 심리학에서 나온 이론에서 끌어온 주장처럼) 이때까지 억압되었던 관념들을 암시한다. 『친절의 일주일』의 영향력은 에드워드 고리 같은 후대의 삽화가들 작품에도 나타나며, 에른스트의 책은 지금까지도 여러 독자들의 뇌리에 남아 있다.

관련 내용

불협화음인 작품의 다른 사례로는,
스턴의 『트리스트램 섄디』, 166~167쪽
카멘스키의 『암소들과의 탱고』, 218~219쪽
프리에토의 『반책』, 250~251쪽
탁월한 눈목판화의 다른 사례로는,
뷰익의 『영국 조류사』, 172~173쪽
크라나흐판 『햄릿』, 214~215쪽

'길거리 문학'과 민중의 목소리

많은 국가들이 한때나마 자국민이 제작하고 소비하며 번성하는 출판업을 보유하고 있었다. 유럽에서는 이런 전통이 추억으로 남았지만, 나이지리아와 브라질에서는 여전히 길거리 문학이 번성하고 있다.

관련 내용
중앙 및 남아메리카 책의 다른 사례로는,
카랄의 결승문자, 20~21쪽
코덱스 멘도사, 130~131쪽
보르헤스의 『갈라지는 길이 있는 정원』, 210~211쪽
아프리카 책의 다른 사례로는,
모로코의 『아부다르함의 서』, 112~113쪽
이와는 다른 자기 계발서의 사례로는,
스톱스의 『부부의 사랑법』, 230~231쪽

위 **끈에 매달린 소설들** 1850년에 간행된 익명의 동판화에서는 (바르셀로나 리베라 지구의) 산 아구스틴 수도원 옆에 있는 '소설' 가판대를 묘사하고 있다. 이것이야말로 브라질의 '끈책'의 선구이다. 두 꼬마는 아마 여기서 판매되는 책의 제목 중에서도 더 선정적인 것 가운데 하나에 끌리는 모양이다.

왼쪽 **『창녀를 조심하라』** 조지프 O. 은나도지의 교훈조 소책자는 1970년대의 오니차 제작 도서의 전형으로, 수직형 평압 인쇄기에서 인쇄하고, 마분지 표지에는 **목판화**로 보이는 그림을 넣었다. 사실 이 그림은 판자에 붙인 두꺼운 바닥재 고무를 면도칼로 새겨 만든 것이다.

인쇄술이 생겨나고 처음 몇 세기 동안, 그러니까 서점을 통해 책 판매가 시작되기 이전에는, 책의 유통 방식도 오늘날과는 사뭇 다른 모습이었다. 즉 ('책장수'나 '장사치'로 일컬어지던) 행상이 정기 및 상설 시장에서 이른바 **장사치 책**을 널리 판매했던 것이다. 이런 책들은 새로 문자 이용 능력을 터득한, 또는 교육을 많이 받지 못한 사람들에게 호소하려고 고안된 것이었으며, 이른바 **10센트 소설**과 마찬가지로 가격이 저렴했다.

교육의 향상, 수입의 증대 그리고 더 세련된 책의 간행으로 유럽에서는 장사치 책의 제작이 사라지고 말았다. 하지만 제3세계 국가 두 곳에서는 20세기까지도 이런 전통이 계속되었다. 한 곳은 브라질 북동부이고, 또 한 곳은 나이지리아 남부의 큰 시장 도시 오니차 인근이었다. 지금으로부터 70년 전에도, 오니차에서는 무엇이든 구할 수 있다는 소문이 있었다. 모험심 많은 출판업자들과 야심만만한 저자들은 (일찍이 인도에서 벌어진 것처럼) 전통적인 부족 사회를 벗어나, 영어를 사용하고 서양처럼 생각하는 세계로 나아가는 사람들을 위해 작은 책들을 제작하기 시작했다. 오니차의 인쇄소에서 **활자**를 가지고 조판을 담당한 **식자공** 중에는 여성도 있었는데, 나이지리아에는 (다른 나라와 마찬가지로) 이런 인력이 부족했기 때문이었다.

이런 책들 가운데 상당수는 자기 계발 지침서였으며, 종종 도덕적인 어조를 담고 있었다(예를 들어 선데이 O. 올리사의 『인생은 사람을 높이고 낮춘다』(1964)에는 조잡한 고무 판화 삽화가 수록되어 있다). 다른 책들은 명백하게 젊은이들을 겨냥했는데, J. 아비아캄의 『여자들과 친해지는 방법』(1965)처럼 제목부터 유용해 보이는 책이 그러하며, 그 표지 삽화에는 내용과 어울리지 않게 뜨개질 도안이 나와 있다. 이런 오니차 책들의 제작은 유혈이 낭자했던 1967~1970년의 비아프라 전쟁으로 인해 주춤하고 말았으며, 그때 이후로는 출판업 자체가 쇠퇴했다.

브라질의 '끈책'(왜냐하면 판매용 책들을 '끈'에 매달아 가판대에 진열하기 때문이다)의 개념은 포르투갈의 '종이 전단'에서 나온 것으로 보이며, 전통적으로 이런 소책자들은 오니차처럼 제한된 장비를 이용해 유사한 방식으로 제작되었다. 하지만 양쪽의 차이는 분명히 있었다. '끈책'의 내용은 대부분 노래로 만들어 부르기 위한 시(詩)였다. 그러나 시간이 지나면서 끈책 저자들은 (트리니다드인이 자기네 칼립소를 가지고 한 것처럼) 현재의 사건을 기록하는 경우가 늘어났다. 어조에서는 뚜렷이 좌익인 경우가 흔했던 '끈책'은 구매자에게 인기가 있었으며, 그 저자와 미술가는 브라질 문화에서 중요한 역할을 담당한다.

맨 왼쪽 **『여자들과 친해지는 방법』** 나이지리아의 길거리 문학의 한 사례로, 오니차의 문학 시장이 그 절정에 있던 1965년에 J. C. 브러더스 서점에서 간행했다. 당시에는 종교서, 실용서, 희곡, 소설, 예의범절 등이 인기 있는 테마였다. 표지 삽화는 스웨터의 뜨개질 도안을 아무렇게나 가져온 듯한데, 사실 스웨터 자체가 나이지리아의 열대 기후와는 전혀 어울리지 않는다.

왼쪽 **브라질의 '끈책'** 길거리의 '끈' 문학은 민속과 종교와 노래에 뿌리를 두었지만 가끔은 정치적이었다. 이 소책자도 통속 소설처럼 보이지만, 실제로는 토지 개혁 문제에 관여했다가 1987년에 가족이 보는 앞에서 총격을 받아 사망한 변호사 에반드로 박사를 추모하는 내용이다.

출판 수요에 대한 20세기의 해결책

1930년대에는 종이표지본(페이퍼백)이
천 장정본을 대체하여 책의 표준이 되기 시작했다.
이런 변화는 한편으로 제2차 세계대전의 영향 덕분이었으며,
또 한편으로는 다른 사람의 아이디어를 가져다가 펭귄 북스에서 향상시킨
앨런 레인의 사업 감각 덕분이었다.

펭귄 문고의 어마어마한 성공 때문에, 설립자인 앨런 레인이 염가 도서 간행에서 벌인 모험이 이른바 '종이표지본(페이퍼백) 혁명'을 만들어냈다는 설명이 흔히 나오곤 한다. 하지만 품질 좋은 종이표지본(페이퍼백) 책을 판매하는 진정한 혁명은 이보다 훨씬 더 일찍, 그러니까 타우흐니츠가 유럽 대륙 판본을 펴내 성공을 거두었을 때 이미 찾아왔다. 타우흐니츠의 사업은 더 저렴한 판본을 재간행할 수 있는 권리를 보유하고 판매하는 다른 출판사들에 의존하고 있었다. 더 나중의 또 다른 유럽 대륙판 시리즈는 1932년에 시작된 앨버트로스 문고로 (머지않아 타우흐니츠에 흡수되는데) 역시나 주목을 받았다. 스탠리 모리슨 등이 개발한 새로운 **폰트**를 이용한 현대식 조판, 장르에 따라 적용한 색상 분류(예를 들어 오렌지색은 소설, 초록색은 여행) 등의 아이디어는 출판과 홍보 모두에서 혁신적인 접근이었다. 1933년에 들어 무역을 저해한 나치의 통치가 증대하지 않았더라면, '앨버트로스 문고'는 세계 시장을 지배했을 가능성이 크다.

당시 런던의 주요 출판사 몇 군데는 자사의 고급 서적을 종이표지본(페이퍼백)으로 직접 제작하려고 한 바 있었다(예를 들어 어니스트 벤은 '옐로 문고'라는 혁신적인 시리즈를 간행했다). 하지만 이런 출판사들은 경쟁을 두려워한 나머지 재간행 판권을 외국이 아닌 영국 내의 다른 출판사에 판매하기를 꺼렸고, 서점들 역시 재간행 도서를 쌓아놓기를 꺼렸다. 이때 등장한 앨런 레인(1902~1970)의 천재성은 훌륭한 종이표지본(페이퍼백)이라는 아이디어도 아니고, 그 디자인도 아니었다(왜냐하면 펭귄 문고는 앨버트로스 문고를 많이 모방했기 때문이다). 오히려 출판사들을 설득해 재간행 판권을 자기한테 판매하도록 만든 것과, 자기 책을 시장에서 판매하는 배포자를 찾아낸 것이 그의 진정한 천재성이었다.

레인은 출판계에 오랜 연고가 있었으며, 여러 해 동안 보들리 헤드 출판사의 설립자인 외삼촌 존 레인과 함께 일했다. 1930년에 앨런 레인은 대표이사가 되었다. 출판업계에서 워낙 유명하고 인기 있던 그는 괴짜로 통했다. 6페니짜리 종이표지본(페이퍼백)을 기차역의 자동판매기로 판매하겠다는 그의 생각은 우스꽝스럽게 들렸지만 펭귄의 처음 열 권을 대형 유통업체 울워스가 대량 판매함으로써, 레인의 성공은 보장되었다. 1937년에 레인은 논픽션 시리즈인 '펠리컨 문고'를 시작했으며, 이어 '펭귄 스페셜'을 시작했다. 이 책들이 1930년대 말에 엄청난 성공을 거두었다는 점은 이후의 도약에서도 중요한 계기가 되었다. 제2차 세계대전과 함께 영국에 **종이** 배급이 실시되자, 이전의 좋은 판매량을 이유로 펭귄 문고는 상당한 종이를 할당받았으며, 덕분에 점점 늘어나던 종이표지본(페이퍼백) 시장을 지배할 수 있었다(펭귄 종이표지본〔페이퍼백〕의 **판형**은 병사들이 휴대하기에도 딱이었다).

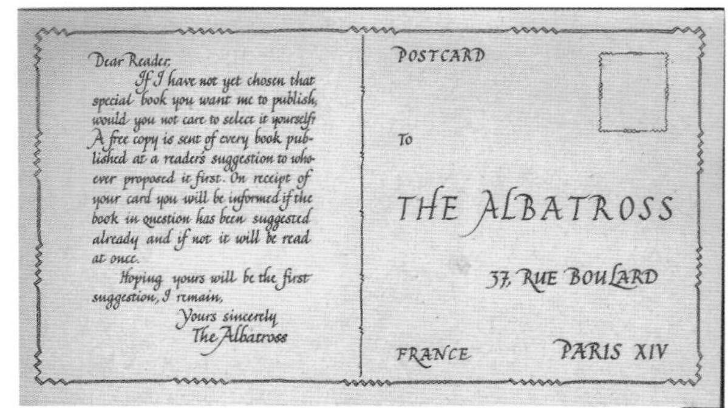
Dear Reader,
If I have not yet chosen that special book you want me to publish, would you not care to select it yourself? A free copy is sent of every book published at a reader's suggestion to whoever proposed it first. On receipt of your card you will be informed if the book in question has been suggested already and if not it will be read at once.
Hoping yours will be the first suggestion, I remain,
Yours sincerely
The Albatross

POSTCARD
To
THE ALBATROSS
37, RUE BOULARD
FRANCE PARIS XIV

위 **독자의 반응** '앨버트로스 현대 대륙 문고'는 영문학 분야의 여러 저명한 작가들을 끌어들였으며, 1932년의 첫 번째 목록에는 조이스, 울프, 헉슬리가 포함되었다. 이 엽서는 로자먼드 레먼의 『왈츠로의 초대』(옆 페이지 사진)에 끼워져 있던 것으로, 편집 선정에 참여하는 듯한 기분을 독자가 느끼도록 권하는, 이른바 '은근한' 판매술의 효율적인 일부분이다.

왼쪽 출판계에 날아든 새들 원래 타우흐니츠에서도 일했던 독일의 막스 크리스티안 베그너가 만든 앨버트로스 문고의 놀라운 디자인과 타이포그래피는 널리 모방되었는데, 그중에서도 가장 유명한 모방자는 바로 펭귄이었다. 펭귄 문고의 디자인 총책임자였던 한스 슈몰러는 1953년에 앨버트로스 문고에 관해 이렇게 말했다. "종이 표지 책들 중에서도 최고이다."

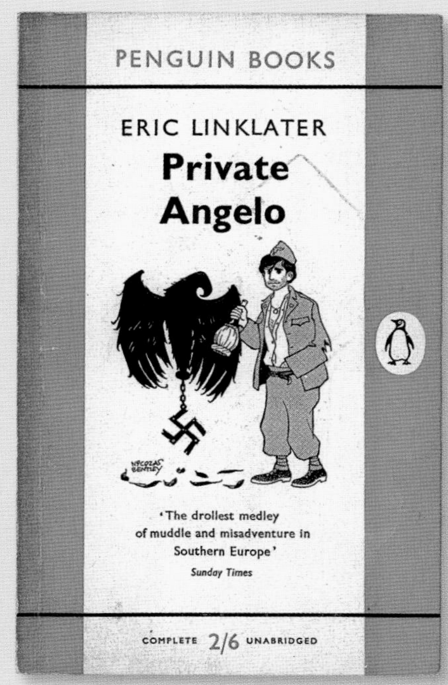

위 『앤젤로 이병』 훗날 펭귄의 보편적 양식이 된, 이 기만적으로 단순한 표지만 보면, 책 인쇄에서의 중대한 변화가 예고된다는 기미는 전혀 없다. 그 선구인 앨런 레인의 1957년 크리스마스 판본은 '매코커데일 인터타이프 사진식자기'라는 장비로 인쇄된 것이었다. 그리고 이것이야말로 기계적인 조판과 활판 인쇄에서 필름 조판으로 (그리고 궁극적으로는 컴퓨터 조판으로) 한 걸음 더 나아간 결과물이었다.

관련 내용
기술적 진보의 다른 사례로는,
구텐베르크의 '42행 성서', 98~99쪽
퍼킨스의 특허, 182~183쪽
성공한 시리즈 출판의 다른 사례로는,
디킨스의 『피크위크 클럽 유고』, 190~191쪽
볼더우드의 『무장 강도』, 204~205쪽

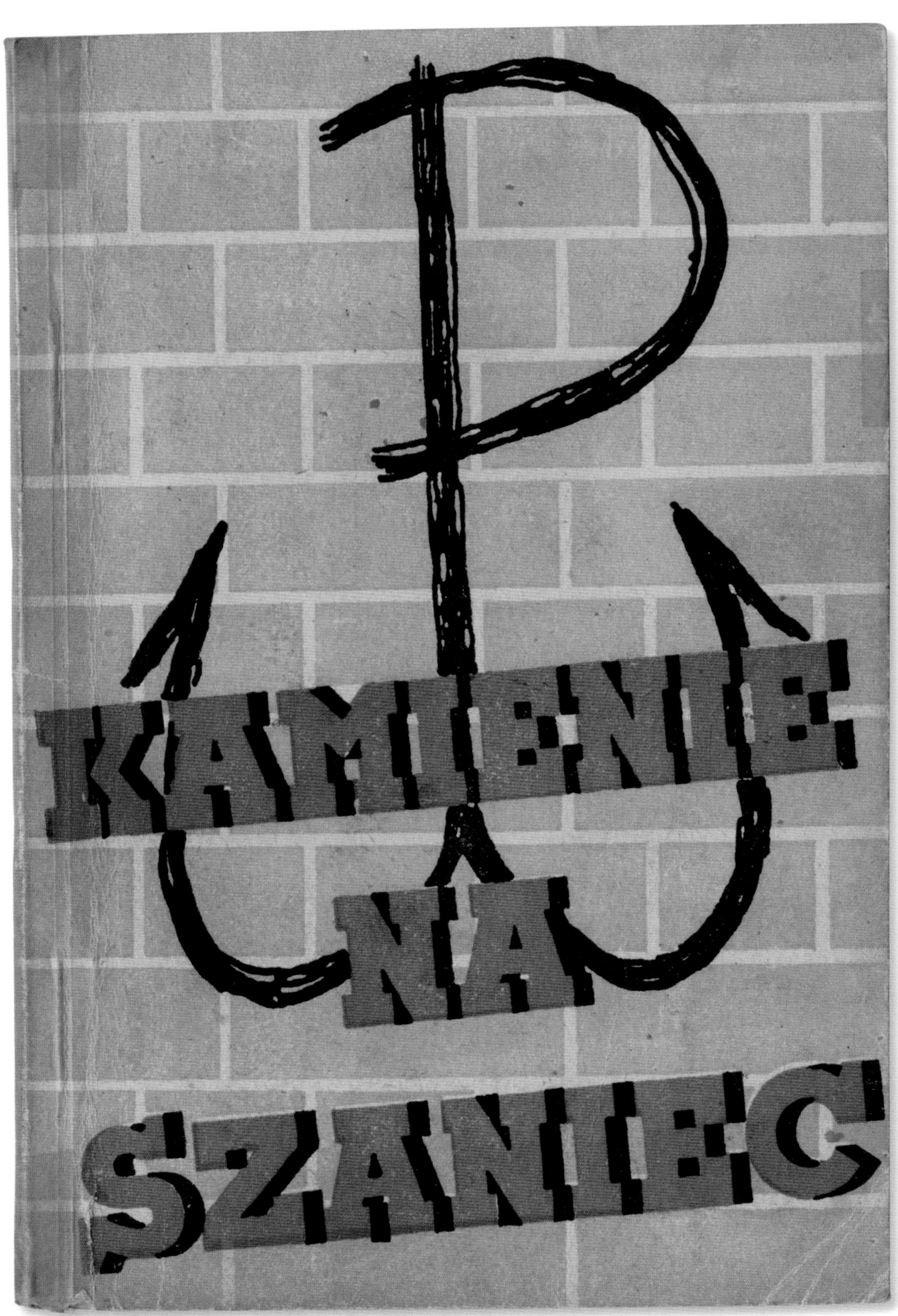

왼쪽 『**방어벽을 쌓는 석재**』 폴란드 육군 산하 정보선전부 소속의 스타니스와프 쿤스테테르가 1943년에 간행된 이 초판본의 표지를 디자인했으며, 닻 모양의 이 문장(紋章)은 폴란드 저항 운동의 상징이었다 (그 산하의 출판국은 기병도 문장을 사용했다). 이 책은 1945년에 '폴란드 보이스카우트 및 걸스카우트 연맹'이 영어로 번역해서 배포했다.

항복하지 마라! 전쟁 중의 지하 출판사

제2차 세계대전 중에 대부분의 점령 국가에서는 저항 출판사가 나타났다. 그중에서도 가장 대규모의 사례는 바르샤바에서 벌어진 폴란드인의 노력이었다.

전쟁 중에 가동된 비밀 출판사라면 지하실이나 다락방 또는 농가 헛간처럼 당국이 전혀 찾아내지 못할 만한 곳에 마련된, 작고 매우 은밀한 작업장을 떠올리기 쉽다. 물론 그런 출판사도 있었고, 심지어 직원이 적군에게 체포되어 처형되는 경우도 있었다. 하지만 제2차 세계대전 당시 독일에 점령된 대부분의 국가에서는 더 다양한 시도가 있었으며, 영국 공군은 저항 운동 세력이 사용할 휴대용 소형 인쇄기를 낙하산으로 투하하여 이들을 지원했다. 프랑스에서는 '심야 총서'가 파리에서 은밀하게 책을 출간했는데, 특히 베르코르의 소설『바다의 침묵』(1942)은 저항 세력 전사들의 사기를 높이는 데 큰 역할을 했다.

이런 사례들도 중요하지만, 1939년 독일의 침공 직후 폴란드에서 일어난 저항 운동 출판에는 비할 바가 못 된다. 1795년에 러시아와 오스트리아와 독일에 의해 국토가 분단된 이래 폴란드는 줄곧 자유를 추구했으며, 비밀 출판 역시 그런 활동의 일부였다. 제2차 세계대전 당시에 운영된 비밀 군대 출판국(TWZW)은 아마도 당시 세계에서 가장 큰 지하 출판사였을 것이다. 1944년에는 12개 인쇄소가 운영되며 수천 권의 신문과 아울러 심리전에 유용한 포스터를 인쇄하고 있었다.

베르코르의『바다의 침묵』처럼, 알렉산데르 카민스키의『방어벽을 쌓는 석재』는 '율리우시 고레츠키'라는 필명으로 간행된 소설이었다. 이 작품은 폴란드 저항 운동의 실제 활동에 크게 의존했다. 그 줄거리는 지하 정찰 임무에 참여하는 대원에게 소소한 사보타주 행위를 수행하는 방법을 가르쳐주는 것이다. 카민스키는 영웅적인 정찰 조직의 지도자 가운데 한 명인 터라 그의 저서도 실감이 넘치는 내용이다. 1943년에 바르샤바에서 비밀리에 출판된 이 책은 전쟁이 끝나기 전에 폴란드에서 재간행되었다. 영국에서는 1945년에 번역본이 나왔다. 폴란드의 공산당 통치 중에 카민스키의 책은 불온서적으로 간주되어 재간행이 어려웠지만, 지금은 현대의 고전으로 꼽히고 있으며, 폴란드의 중등학교 교과과정의 추천 도서 목록에도 올라 있다.

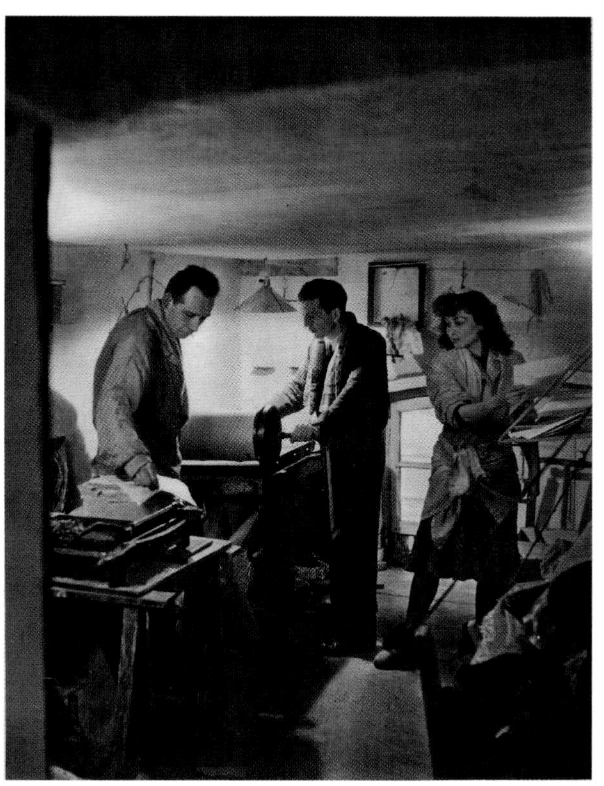

위 **비밀 출판사** 아마도 촬영을 위해 포즈를 취한 것 같지만, 1945년에『르 푸앵』에 게재된 이 사진은 저항 세력 출판인들이 매우 협소한 장소에서, 언제라도 옮길 수 있는 장비에 의존해 일했음을 잘 보여준다.

관련 내용

전복적인 출판물의 다른 사례로는,
불가코프의『거장과 마르가리타』, 228~229쪽

가장 위대한 '사미즈다트' 책

러시아 정부와 국가 검열은 항상 병행되었다.
'사미즈다트' 또는 '자비 출판물'이라고 일컬어지던 스탈린 시대의
비밀 출판물 중에는 몇 가지 뛰어난 문학 작품이 나오기도 했다.

러시아에는 오랜 억압의 역사와 함께, 출판이라는 은밀한 수단을 통한 지식인의 오랜 저항의 역사도 있다. 제국 시대에는 (시베리아 유형을 비롯해) 가혹한 처벌이 이루어졌기에, 1917년의 혁명 이후 많은 사람들이 출판에 대해서 더 관용적인 접근법이 있기를 희망했다. 하지만 레닌 치하에서는(그리고 그의 후계자인 스탈린 치하에서는 더더욱) 오히려 통제가 더 엄격해졌다. 솔제니친은 『수용소 군도』 때문에(서양에서는 1973년에 간행되었지만, 러시아에서는 1989년까지도 '사미즈다트〔samizdat〕'로만 구할 수 있었다) 국적을 박탈당하고 추방되었다. 노벨 문학상 수상자인 보리스 파스테르나크도 『의사 지바고』(1957)를 외국으로 빼돌려 출간함으로써 자칫 이런 일을 당할 뻔했다(그의 책을 간행한 이탈리아 출판인은 공산당에서 축출되었다). 더 나중의 반정부 인사인 블라디미르 부코프스키는 (러시아의 정신병원 겸 교도소인) '프시쿠스카'에서 여러 해 동안 투옥되어 있었다. 그의 죄목은 '사미즈다트'를 소유한 것이었는데, 그는 위에 언급한 저자들의 경험을 추출하여 자기 작품을 쓰고 편집하고 검열했다고 말했다.

미하일 불가코프(1891~1940)의 경우에는 자기 최고의 작품이 비록 '사미즈다트'의 형태로라도 간행되기 전에 사망한 것이 오히려 다행이었는지도 모른다. 의학을 공부하고, 1917년 혁명 이후에는 의사로 근무했던 그는 정권에 단단히 '찍힌' 사람이었다(그의 형제들이 반혁명 세력인 백군〔白軍〕에서 복무했기 때문이다). 불가코프의 초창기 저술은 흠잡을 데가 없었지만 (1925~1927년까지 쓴 의학 소재 단편들은 부분적으로 자전적이었다) 극작품은 말썽을 일으켰고, 급기야 그의 희곡은 모조리 모스크바 예술 극장에서 금지되었다.

그는 스탈린에게 직접 편지를 보내 이민 허가를 요청했다. 스탈린의 배려로 불가코프는 예술 극장과 볼쇼이 극장에서 대본 작성가로 일하게 되었지만, 더 이상 희곡이나 소설을 간행할 수는 없었다. 불가코프의 냉소적이고 풍자적인 이 소설은 소련 사회에 대한 고발 형태를 띠고 있었다. 작품은 1938~1939년에 완성되었지만, 여러 개의 초고가 있었다(일부는 태워버렸다). 1967년에 검열이 느슨해지고 나서야 출간이 가능했지만, 여전히 검열관에 의해 상당 부분 삭제된 채였다. 1973년에 완전본이 간행되자 저자의 천재성은 금세 인정받았고, 1982년에는 러시아에서 소행성에 그의 이름을 붙이기도 했다.

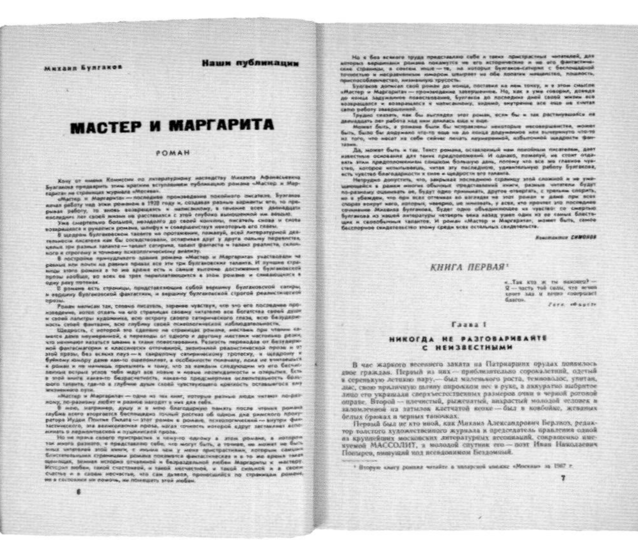
Михаил Булгаков

Наши публикации

МАСТЕР И МАРГАРИТА

РОМАН

КНИГА ПЕРВАЯ

Глава I

НИКОГДА НЕ РАЗГОВАРИВАЙТЕ С НЕИЗВЕСТНЫМИ

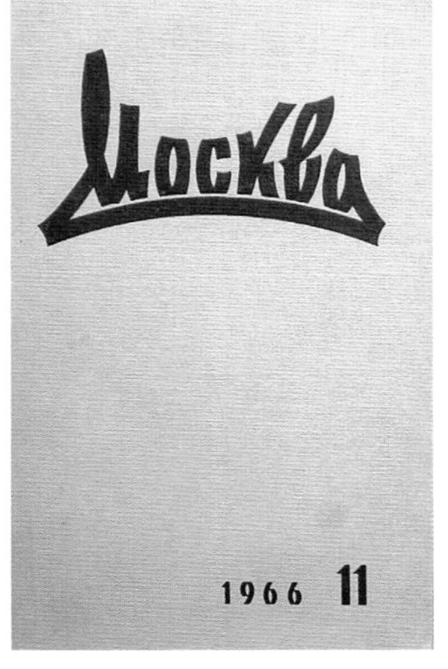

왼쪽 『모스크바』의 '거장' 1928년부터 1940년까지 집필된 이 작품의 최초 공식 간행(1966~1967)은 『모스크바』라는 잡지를 통해서였지만, 상당한 검열이 가해지고, 전체 텍스트의 12퍼센트(100페이지 정도 분량)가 누락되었다. 이 검열 부분은 이후 '사미즈다트' 형태로만 찾아볼 수 있다가, 1973년이 되어서야 비로소 완전한 형태로 소련에서 간행되었다.

왼쪽 **『거장과 마르가리타』** 전쟁으로 산산조각난 유럽에서와 마찬가지로, 소비에트 블록의 저자들은 지하로 숨어들 수밖에 없었다. 불가코프의 걸작 소설은 처음에만 해도 오로지 '사미즈다트'의 형태로만 배포되었다. 1969년에 프랑크푸르트의 출판사 포세프가 초창기의 단행본을 (사진에 나오는 것과 같은 놀라운 표지를 곁들여) 간행하면서 검열된 부분 가운데 상당 부분을 복원시켰다.

관련 내용
전복적인 소설의 다른 사례로는,
보르헤스의 『갈라지는 길이 있는 정원』, 210~211쪽
혁명적인 러시아 책의 다른 사례로는,
카멘스키의 『암소들과의 탱고』, 218~219쪽

Married Love

A NEW CONTRIBUTION TO THE SOLUTION OF SEX DIFFICULTIES

BY

MARIE C. STOPES

Doctor of Science, London; Doctor of Philosophy, Munich; Fellow of University College, London; Fellow of the Royal Society of Literature, and of the Linnean and Geological Societies, London

Federal Judge Lifts Ban

on the famous book dealing with the intimate contacts of love in marriage

In lifting the ban on "Married Love" Federal Judge John M. Woolsey said that this famous book "was neither immoral nor obscene, but highly informative . . . it pleads with seriousness, and not without some eloquence, for a better understanding by husbands of the physical and emotional side of the sex life of their wives. . . . I cannot imagine a normal mind to which this book would seem to be obscene or immoral within the proper definition of those words, or whose sex impulses would be stirred by reading it. . . . The book before me here has as its whole thesis the strengthening of the centripetal forces in marriage, and instead of being inhospitably received, it should, I think, be welcomed within our borders."

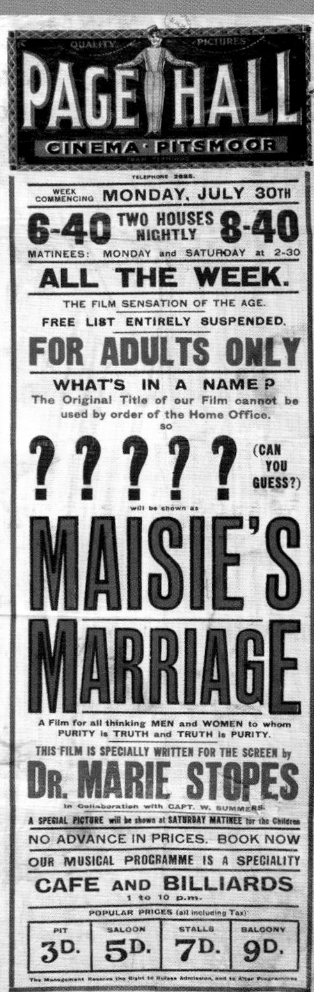

위 **『부부의 사랑법』** 1918년에 "마치 폭탄처럼 영국 사회를 강타했다"고 평가받는 이 책은 널리 간행되었다. 1931년에 뉴욕의 '유제닉스 출판사'에서 펴낸 이 판본은 미국에서 벌어진 논란을 책 판매에 이용했으며, 이것은 오늘날까지도 영업에 사용되는 전략이다. 오늘날의 통념과 달리 스톱스는 우생학을 어느 정도 지지했는데, 당시에는 상당수의 진보적인 사상가가 이런 태도를 취했다.

위 오른쪽 **『메이시의 결혼』** 1923년에는 『부부의 사랑법』 영화판이 나왔는데, 무성영화 배우인 릴리언 홀 데이비스가 주연을 맡았다. 영화 역시 이 책을 둘러싼 논란을 이용해 책을 홍보했으며, (애초에 저자가 의도한 진지한 부부 지침서라기보다는) '성적 방종'을 암시함으로써, 이 영화 역시 적극적인 검열 캠페인의 표적이 되고 말았다.

관련 내용

사랑에 대한 접근법의 다른 사례로는,
브뤼헤본 『장미 이야기』, 72~73쪽
클레런드의 『패니 힐』, 168~169쪽
여성이 집필한 획기적인 책의 다른 사례로는,
블래웰의 『흥미로운 약초들』, 144~145쪽
앳킨스의 『영국 조류 사진 도감』, 184~185쪽

가정을 위한 지침서

자기 자신을 향상시키려고 노력하는 사람들을 위한 지침서는 출판의 주요 분야 가운데 하나이다. 성생활 지침서인 『부부의 사랑법』은 출간 당시에만 해도 사람들의 생각을 변화시키는 데 막대한 영향력을 발휘했다.

많은 사람들이 빅토리아 시대의 저술가 새뮤얼 스마일스(1812~1904)의 『자기 계발론』(1859)을 이후 간행된 지침서 및 교훈서의 모범으로 여긴다. 실제 인쇄술의 발명 이후로(어쩌면 글쓰기의 시작 이후로) 작가들은 (오니차의 길거리 문학 가운데 일부와 마찬가지로) 특정 분야에서 성공하는 방법에 관한 지침서를 줄곧 써왔다. 스마일스의 책은 어마어마한 성공을 거두는 데(저자의 생전에만 25만 부가 팔렸다) 그의 처방이 당시의 풍조와 잘 맞았기 때문이었다. 그의 책은 "빅토리아 중기 자유주의의 성서"로 일컬어진다. 이는 향후 나타난 '자기 계발' 산업으로 나아가는 길을 닦았다.

여성이 받는 처우에 대한 불만은 새로운 것도 아니지만, 20세기 초에 이르러 교육을 받은 여성들은 삶에서의 자기 역할에 대한 불만을 종종 표현했다. 상당수의 경우에 이는 여성의 참정권 운동으로 이어졌고, 이를 제외하면 여성의 관심은 모두 자녀 양육에 집중되었다. 마거릿 생어(1879~1966)는 저서를 통해 피임에 관한 정보를 유포하다가 탄압을 피해 1915년에 미국을 떠나 유럽으로 가야 했고, 그녀의 상황은 유니버시티 칼리지 런던에서 일하던 고식물학자 마리 스톱스(1880~1958)의 관심을 불러일으켰다. 캐나다인 식물학자와의 결혼 생활에 불만을 품었던 스톱스는 (결국 1815년에 이혼했다) 성(性) 의학 문제에 더 많은 시간을 바치게 되었다. 그녀는 이 분야의 개척자인 헤이블록 엘리스의 『성의 심리학 연구』(1897~1928)로부터 영향을 받았다.

스톱스는 기혼자가 결혼의 기쁨을 늘리고 슬픔을 줄일 수 있음을 보여주기 위해 『부부의 사랑법』을 썼다고 말했다. 내용이 워낙 솔직하다 보니 여러 출판사가 간행을 거절했다(심지어 1931년까지도 미국 세관은 외설물이라는 이유로 미국 내 배포를 금지했다). 급기야 험프리 로(1878~1949)가 출간 비용을 대신 부담함으로써, 이 책은 1918년 초에 런던의 작은 출판사인 피필드 앤드 컴퍼니에서 간행되었다. 그해 11월에는 『현명한 부모 노릇』이 간행되었는데, 여기서는 피임 문제를 정면으로 다루었다. 지금은 잊혔지만, 험프리 로는 사회운동 분야의 개척자였다. 그는 1918년에 마리 스톱스와 결혼하고, 1921년에는 아내와 함께 런던 북부 이즐링턴에 영국 최초의 산아 제한 병원을 설립했으며, 아내가 다른 도시에도 산아 제한 병원을 늘리자고 역설하는 동안 자신은 행정가 겸 기금 모금자로 일했다.

당시의 기준으로는 충격적이어서, 영국 성공회 주교들이며 로마 가톨릭교회 모두로부터 눈엣가시가 되었던 성생활 지침서 『부부의 사랑법』은 여성주의 해방의 수문이 활짝 열릴 무렵에 맞춰 간행되었다. 이 책은 영국에서 어마어마한 성공을 거두었고, 여러 중산층 여성이 널리 읽었다(이보다 더 가난한 계층에게는 『현명한 부모 노릇』에 나온 피임 관련 조언이 더 중요했다). 1935년에 미국의 한 여론 조사에서는 『부부의 사랑법』이 지난 반세기 동안 가장 영향력 있는 책 25종 가운데 하나로 꼽혔는데, 이때까지의 판매량은 무려 1백만 부에 달했다.

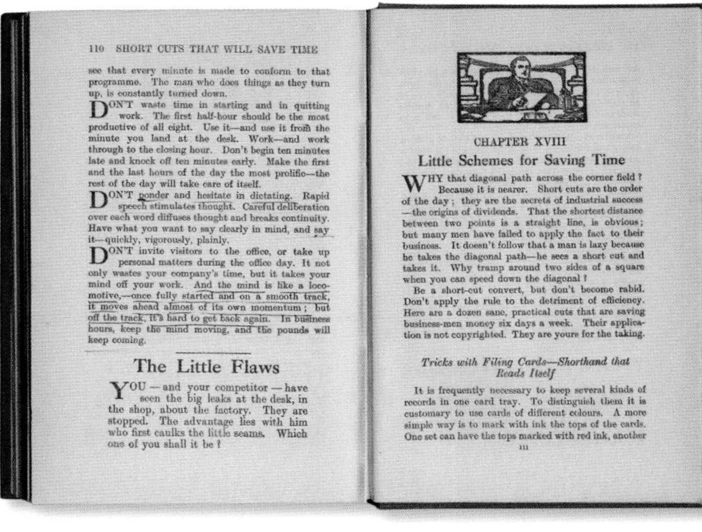

110 SHORT CUTS THAT WILL SAVE TIME

see that every minute is made to conform to that programme. The man who does things as they turn up, is constantly turned down.

DON'T waste time in starting and in quitting work. The first half-hour should be the most productive of all eight. Use it—and use it from the minute you land at the desk. Work—and work through to the closing hour. Don't begin ten minutes late and knock off ten minutes early. Make the first and the last hours of the day the most prolific—the rest of the day will take care of itself.

DON'T ponder and hesitate in dictating. Rapid speech stimulates thought. Careful deliberation over each word diffuses thought and breaks continuity. Have what you want to say clearly in mind, and say it—quickly, vigorously, plainly.

DON'T invite visitors to the office, or take up personal matters during the office day. It not only wastes your company's time, but it takes your mind off your work. And the mind is like a locomotive,—once fully started and on a smooth track, it moves ahead almost of its own momentum; but off the track, it's hard to get back again. In business hours, keep the mind moving, and the pounds will keep coming.

The Little Flaws

YOU—and your competitor—have seen the big leaks at the desk, in the shop, about the factory. They are stopped. The advantage lies with him who first caulks the little seams. Which one of you shall it be?

CHAPTER XVIII

Little Schemes for Saving Time

WHY that diagonal path across the corner field? Because it is nearer. Short cuts are the order of the day; they are the secrets of industrial success—the origins of dividends. That the shortest distance between two points is a straight line, is obvious; but many men have failed to apply the fact to their business. It doesn't follow that a man is lazy because he takes the diagonal path—he sees a short cut and takes it. Why tramp around two sides of a square when you can speed down the diagonal?

Be a short-cut convert, but don't become rabid. Don't apply the rule to the detriment of efficiency. Here are a dozen sane, practical cuts that are saving business-men money six days a week. Their application is not copyrighted. They are yours for the taking.

Tricks with Filing Cards—Shorthand that Reads Itself

It is frequently necessary to keep several kinds of records in one card tray. To distinguish them it is customary to use cards of different colours. A more simple way is to mark with ink the tops of the cards. One set can have the tops marked with red ink, another

111

오른쪽 **『효율적인 사람이 되는 방법』** 『부부의 사랑법』이 간행되기 2년 전에 뉴욕에서 『시스템: 비즈니스 전문지』에 게재된 효율성에 관한 지침. 삽화는 물론이고, 원래의 주인이 그어놓은 밑줄까지 곁들여진 이 지침은 효율성을 높여주는 '수첩' 기록법을 서술하고 있다. 현대 비즈니스에서 시간 관리 분야의 성서로 통하는 데이비드 앨런의 『일 제대로 하는 방법』의 선구인 셈이다.

정치 선전의 한계

계몽주의와 19세기의 사상가들은
문명화된 세계에서의 꾸준한 향상을 전망했다.
하지만 20세기는 새로운 차원의 야만성을
이해하게 되었으며, 새로운 전체주의 지배자들은
매체를 이용하는 방법을 배웠다.
다른 사람들은 저항을 위한
미묘한 방법도 발견했다.

스탈린은 이런 말을 했다고 전한다. "죽음은 모든 문제를 해결한다. 사람이 없으면 문제도 없다." 그리하여 1920년대의 '적색 테러' 시기에는 부르주아 계급을 겨냥한 조직적인 대량 학살의 고안이 곧 소련(USSR)의 정책이 되었다. 히틀러는 1933년에 권력을 쟁취하자 이와 유사한 압제 정책을 채택했다. 결국 히틀러와 스탈린 때문에 죽은 사람만 유럽 내에서 수천만 명에 달했는데, 그 방법 역시 가장 끔찍한 종류에 속했다.

독재자들은 자기 목표를 정당화하기 위해 종종 인쇄술에 의지하며, 솜씨 좋고 설득력 있는 선전을 이용한다. 서양에는 (스탈린을 지지하여 그의 압제를 부정한 미국의 언론인 월터 듀런티나 영국의 사회운동가 비어트리스 웹처럼) 소련 정권의 옹호자들도 많았고, 히틀러의 『나의 투쟁』(1925)은 독일 내외에서 수백만 부가 팔렸다.

저항 운동 출판은 폭정에 대한 적극적인 반응이었다(카민스키의 『방어벽을 쌓는 석재』, 226~227페이지 참고). 나치에 탄압당

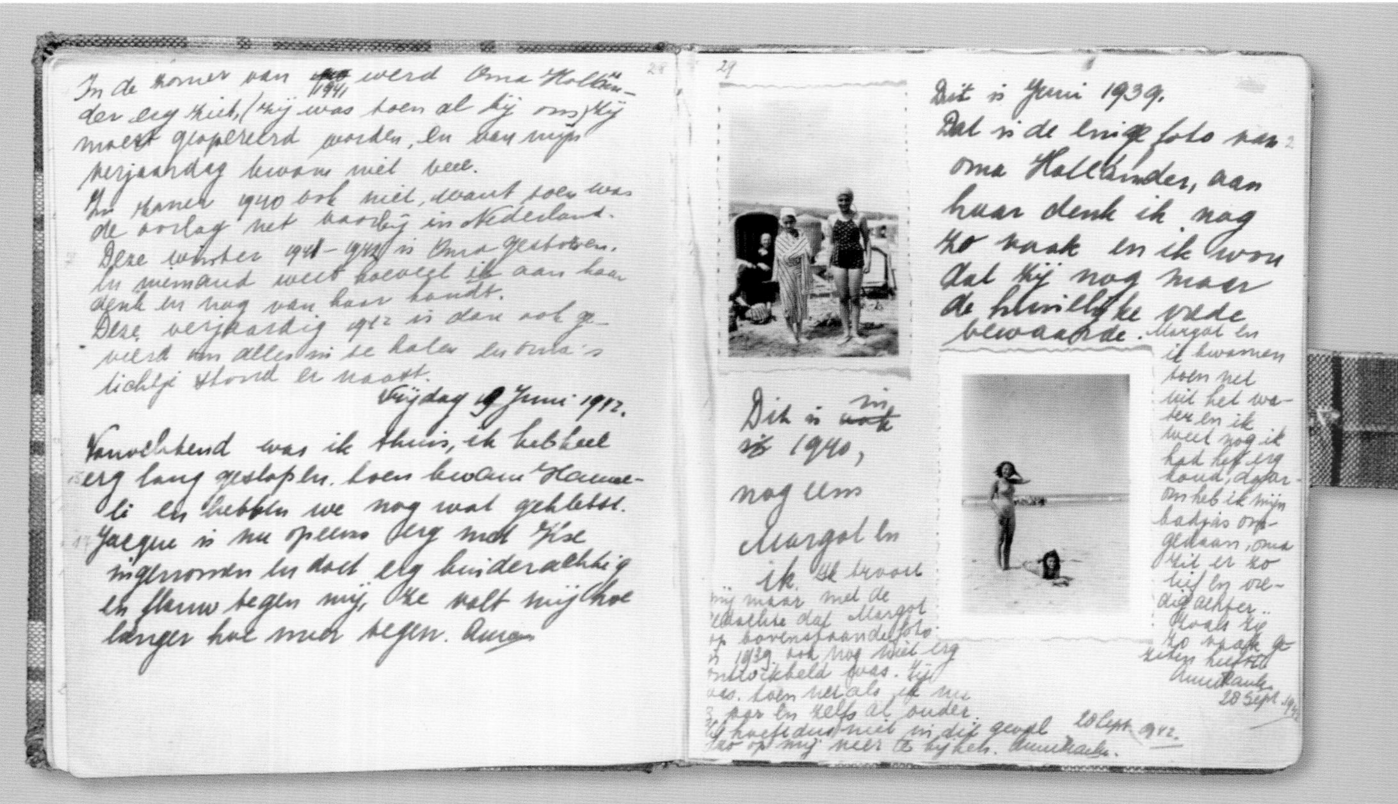

아래 **'친애하는 키티에게'** 이 어린이 공책의 쾌활해 보이는 붉은색 천 표지는 그 남다른 이력을 감추고 있다. 안네 프랑크는 13번째 생일인 1942년 6월 12일에 처음으로 일기장을 선물 받았다. 그녀는 그로부터 이틀 뒤에, 그러니까 가족이 '은신처'에 숨기 시작한 때부터 글을 쓰기 시작했다. 그녀는 가족이 숨어 있는 기간 동안 세 권의 일기를 썼으며, 1944년 8월 1일에 온 가족이 체포되었다. 사진에 나온 부분에는 안네와 언니 마르고트의 모습이 나온다. 자매 모두 베르겐벨젠 강제 수용소에서 발진티푸스의 희생자가 되고 말았다.

한 유대인이 쓴 책은 특히 기억할 만한데, 아우슈비츠 수감 생활을 회고한 프리모 레비의 『이것이 인간인가』(1947)가 대표적이고, 알렉산드르 솔제니친은 『이반 데니소비치의 하루』(1962)에서 강제 노동 수용소의 생활을 묘사했다.

이렌 네미로프스키(1903~1942)의 소설 『프랑스 조곡』은 독일의 프랑스 점령 초기를 묘사하고 있는데, 1942년에 네미로프스키가 아우슈비츠로 끌려가 사망하기 직전인 1940~1942년에 집필된 것이었다. 그로부터 50년 뒤에 그녀의 딸이 발견해서 2004년에 간행했는데, 프랑스의 유명한 문학상인 '르도노상'을 수상하고 영화로도 제작되었다. 여러 면에서 이와 유사한 내력을 가진 작품이 안네 프랑크의 『한 소녀의 일기』인데, 이 책은 1947년에 네덜란드에서 '은신처'라는 제목으로 간행되었다.

안네 프랑크(1929~1945)는 유대인으로, 그녀의 부모는 1933년에 히틀러가 권력을 잡자 프랑크푸르트를 떠나 네덜란드로 왔다. 안네의 일기는 프랑크 가족이 암스테르담에 숨어 살 때 작성된 것이었으며, 온 가족이 체포된 1944년에 중단되었다. 그녀는 베르겐벨젠 강제 수용소로 끌려가, 영국군이 수용소를 해방시키기 몇 주 전인 1945년 초에 발진티푸스로 사망했다. 놀랍게도 그녀의 일기는 살아남았고, 전쟁 후에 (가족 중 유일한 생존자인) 아버지 오토 프랑크가 책으로 간행했다. 이 책은 곧바로 성공을 거두었고, 이 작품으로부터 수많은 판본과 극화가 이루어졌다. 홀로코스트 부정자들은 이 책을 무척 싫어하지만(그들은 지금도 이 작품이 날조라고 주장한다), 안네의 일기는 수많은 사람들에게 영감을 제공했다. 넬슨 만델라는 감옥에서 이 책을 읽고 상당한 격려를 얻었다고 회고했다. "그 책은 우리의 사기를 높이 유지시켰고, 자유와 정의라는 대의의 불패에 대한 우리의 확신을 강화해주었다."

관련 내용
저항 운동 출판의 다른 사례로는,
카민스키의 『방어벽을 쌓는 석재』, 226~227쪽

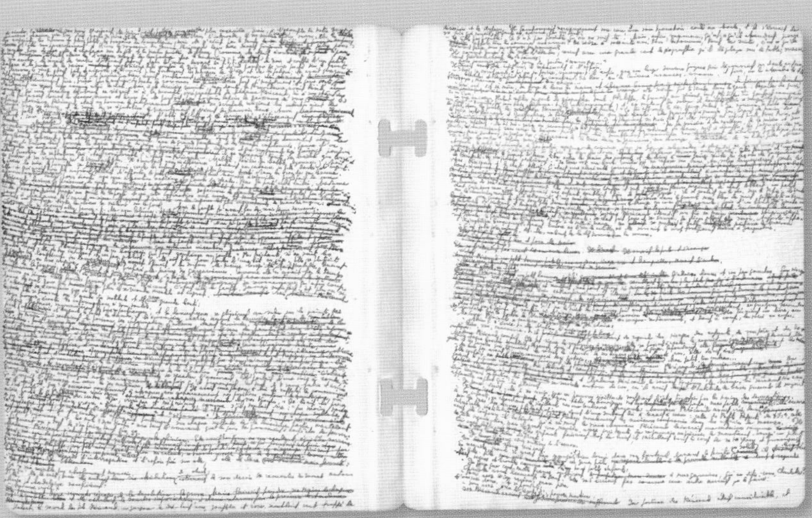

위 **『은신처』** 안네의 일기장은 프랑크 가족의 은신을 돕던 네덜란드인 여성 미프 히스가 챙겨 보관하고 있었다. 아버지 오토 프랑크가 편집해서 간행한 이 초판본(영어로는 '은신처: 1942년 6월 14일부터 1944년 8월까지의 일기'라는 제목으로 번역되었다) 이후 수많은 개정판이 여러 나라의 언어로 간행되었다.

위 **『프랑스 조곡』** 이렌 네미로프스키의 소설 원고가 담긴 공책 안에는 이런 깨알 같은 글자가 가득했다. 키예프 출신의 유대인 이민자였던 그녀는 프랑스 국적을 얻을 수 없었고, 가톨릭으로 개종했음에도 불구하고, 1942년에 '유대인 후손의 무국적자'로 분류되어 아우슈비츠로 끌려갔다.

오른쪽 로봇의 모험 『일본 만화 천 년사』(플라마리옹, 2007. 사진에 나오는 것은 이 책의 151쪽이다)에서 브리지트 고야마리처드는 『아톰』이라는 특이 현상을 논의한다. 처음에는 만화 **판형**으로 간행되었다가, 나중에는 신문에 연재되었고, 급기야 (영어권의 도서 제작 관행에 맞춰 그림의 좌우가 바뀐 상태로) 번역되고, 텔레비전에서 애니메이션으로 방영되고, 극장용 애니메이션 영화로도 제작되고, 비디오 게임으로도 만들어지고, 상품화되고, 전자책으로도 나온, 이 인기 있는 일본 만화의 주인공은 현대 출판의 유동적이고도 상호 작용적인 성격을 보여주는 사례이다(248~249쪽 참고).

11

제11장 디지털화와 책의 미래

어떤 사람들은 전자책의 도래가 전통적인 책을 대체하고 출판을 영원히 변화시키리라고 믿는다. 하지만 이런 도전은 인쇄본이 과거에도 이미 직면한 바 있던 다른 도전들과 비교했을 때 정말 새롭다고 할 수 있을까?

259
Tezuka Osamu, *Astro Boy*, 1960 © Tezuka Production

전신(電信)의 역사를 연구한 톰 스탠디지는 우리 세대가 역사의 돌출점에 있다는 잘못된 믿음을 가리켜 '현시대 중심주의'라고 표현했다. 통신의 미래에 관해서, 또는 새로운 기술이 장밋빛 미래를 만드는 방법에 관해서 이제껏 나온 수많은 글들이야말로, 바로 그가 말하는 종류에 속하는 내용이다. 한마디로 '과장'인 것이다(238~239쪽 참고). 뭔가 새로운 일을 추진하는 사람들은 이런 변화가 뚜렷한 향상으로 귀결되리라 믿기를 좋아한다. 예를 들어 책의 텍스트를 디지털화하는 것이 물리적 책의 관리와 유지 같은 문제를 모두 제거하리라는 낙관적인 생각은 상당히 흔하다. '구텐베르크 프로젝트', '오픈 라이브러리' 또는 지금은 없어진 '유니버설 디지털 라이브러리' 같은 곳에서 일하던 사람들에게는, 그야말로 스캐닝에 상당한 돈과 노력을 들일 만한 결정적인 논증으로 받아들여졌다. 하지만 이런 프로젝트들은 저작권과 소유권이라는 현실을 외면하고 있었고, 나아가 최상의 텍스트를 선별해야 하는 필요성에 대해서도 깨닫지 못했다(240~241쪽과 242~243쪽 참고).

인터넷

인터넷의 도래로 이용 가능한 정보 출처의 범위가 증대했음에는 의심의 여지가 없다. 위키피디아 같은 도구 없이, 오로지 『브리태니커 백과사전』에만 의존할 수밖에 없었던 과거에는 많은 정보 탐색자들이 손해를 볼 수밖에 없었다. 하지만 이 대목에서 우리는 저 위대한 『백과전서』의 기고자들에 관해 디드로가 했던 말을 기억하는 것이 좋다(158~159쪽 참고). 즉 그들 중 일부는 실력이 "미흡하거나 진부하거나 또는 완전히 나빴다"는 것이다. 물론 위키피디아를 담당하는 사람들도 최선의 노력을 다할 것이고, 『옥스퍼드 영국 인명사전』처럼 정확성이 엄격하게 관리되는 저서야 두말할 나위 없겠지만, 그럼에도 불구하고 오류와 누락과 편견과 잘못된 정보는 여전히 흔하다는 것이다.

정보에 대한 접근

이제 와서 생각해보면, 19세기의 출판에서 성행한 해적질도 책 구매자와 독자에게는 오히려 좋았던 것 같지만, 현재의 상황에서 가장 골치 아픈 문제는 바로 개인이 소유한 저작권과 사용권의 증대에 따라, 독자가 접근할 수 있는 정보에도 점차 제약이 가해진다는 사실이다. 출판계에서도 소수의 저작권 대리인에게 권한이 집중되다 보니, 특정 자료에 불필요하게 높은 가격이 매겨지기도 한다. 이는 과학 학술지 구독료의 급격한 인상에서 입증된 바 있다(결국 도서관마다 자료 구매 정책이 분야에 따라 균형을 잃고 말았다).

다수의 애서가들은 독립 서적상이 점점 드물어지는 사실을 한탄한다. 작가들은 저작권 대리인을 통해 자기 원고를 판매하기가 점점 어려워진다고 느낀다. 그에 반해 자비 출판은 그 어느 때보다 더 쉬워진 것만 같다. 이런 경로를 따르기로 선택한 저자들은 제작비를 스스로 부담해야 하고, 아마존닷컴이나 다른 배본업체에 크게 할인을 해주거나, 아니면 자기 간행물을 직거래로 판매하는 수단을 만들어야 한다. **예약 출판**은 오늘날 다시 일반화되었으며, 기존의 출판업 바깥에서 이루어지는 직접 개인 출판도 증가 추세에 있다(244~245쪽 참고).

정보 폭발(즉 너무 많은 책이 출판되는 것)은 곧 도서관이 이전보다 책을 덜 구매할 수밖에 없음을 의미한다. 도서관 장서의 기하급수적 증가에 관한 프리몬트 라이더의 오래된 예측은 모든 도서관의 비용 증가에 반영된다. 심지어 국립 도서관들조차 정책을 수정해서 비용 절감 수단에 의존한다. 영국 전역에서는 무료 공립 도서관 서비스의 중단이 진행 중이고, 미국에서는 공립 도서관의 역할이 재평가되는 중이다. 분명히 공립 도서관은 컴퓨터를 보유하고, 온라인 서비스에 대한 접근을 제공해야 한다. 하지만 과연 **종이**책까지 보유해야 할까? 일부 어리석은 행정가들은 그렇지 않다고 생각했다. 2013년에는 텍사스에서 '의도적으로' 책을 없앤 도서관이 처음 문을 열었다.

여러 저자들은 전자 출판으로의 전환을 선호하지만, 또 일부에서는 유네스코가 (그리고 각국 정부가) 세계의 언론 매체 시스템에 대한 선진국의 지배를 변화시키는 데 실패함으로써, 가난한 나라들은 계속해서 부적절한 대접을 받고 있다고 비판한다. 전자책의 도래에 관한 온라인 보고서 가운데 컴퓨터가 없거나 심지어 안정적인 전력 공급조차 없는 국가의 잠재 독자가 겪는 빈곤을 지적한 보고서는 극소수에 불과하다. 정보 소외 계층과 정보 향유 계층 간의 격차는 늘어만 가고 있다. 인터넷은 컴퓨터 이용자에게 많은 이득을 가져다주었지만, 또한 사기와 기만과 허위와 의도적 오도의 가능성도 크게 늘려주었는데, 이는 19세기에 전신이 도입되었을 때의 상황과도 같다.

전자책은 황금 알인가?

출판인의 입장에서, 전자책 출간으로 너무 빨리 전환한다거나, 전자책 가격을 잘못 붙인다면 자칫 파산할 위험이 있다. 또 물리적 책의 출간만 고집하는 출판사 역시 위험하기는 마찬가지이다. 대형 출판사들은 이제 하나같이 도서관들이 무제한으로 전자책을 대여할 수 있도록 허락하는데, 이는 전통적인 종이책

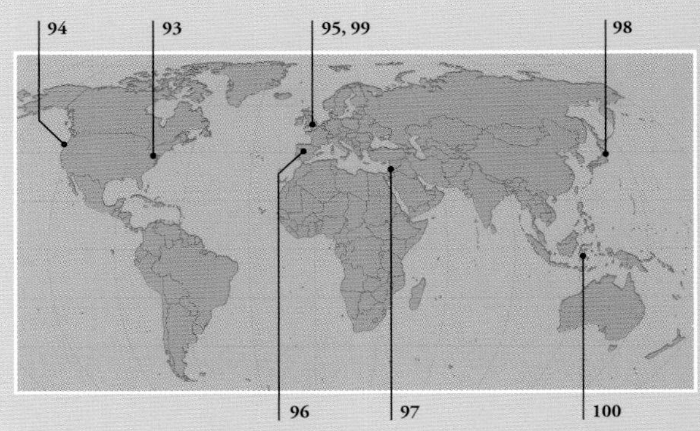

이 항상 그럴 수 있었던 것과 마찬가지이다. 하지만 이런 상황이 앞으로도 계속될 수 있을까? 최근에 하퍼콜린스 출판사는 도서관에서 자기네 전자책을 단 26회만 대여할 수 있게 허락하며, 그 횟수를 채우고 나면 텍스트를 삭제하겠다고 발표했다.

우리 중 어느 누구도 책의 미래를 예측하지 못한다. 단기적으로는 디지털화가 일부 도구에서의 향상을 촉진시켜 막대한 이득을 가져다줄 것이다(246~247쪽 참고). 다른 여러 온라인 서비스를 스캔할 수 있다는 것이야말로 독자에게는 좋은 일이다. 학자들에게도 (예를 들어 '아르키메데스 팔림프세스트'나 마르치아나본 『일리아스』를 가지고) 새로운 작업을 할 수 있다는 것이야말로 반가운 일이 아닐 수 없다. 하지만 이런 디지털화에는 비용이 들게 마련이고, 비록 현재의 각국 정부들은 여전히 자금을 지원하지만, 이제는 자칫 이런 상황이 (도서관의 도서 기금이 현재 지원하는 것 이상으로는) 지속될 수 없는 단계에 이르러 있다.

낙관주의자들은 미래가 밝다고 본다. 앞으로 몇 년이 지나면, 간행되는 책의 수는 지금보다 더 줄어들 것이라고 말한다. 동시에 간행되는 책은 지금보다 더 잘 편집되고, 더 잘 디자인되고, 더 잘 인쇄될 것이라고 이들은 믿는다(248~249쪽과 250~251쪽 참고). 그러나 이를 뒷받침할 만한 증거는 아직 부족한 실정이다. 일부 비판자는 이보다 더 비관적인 견해를 갖고 있다. 책은 이미 오래전에 죽었다고 통명스레 말하는 사람도 있다. 책은 반책(反册)에, 즉 출판계에서 나온 "영업에는 좋지만, 내용이라곤 없는" 물건에 굴복하고 말았다는 것이다. 이런 책은 결과적으로 출판을 저속하게 만든다. 여러 통속 소설뿐만 아니라, 심지어 만화책도 역시 반책이라 할 수 있다. 지금은 이런 책들이 양장본으로 간행되는 경우도 많다. 여러 세기 동안 비평가들은 독자의 저급한 취향에 불만을 나타냈지만, 이런 종류의 전자책 비율은 불편할 정도로 높다.

가난한 나라에서는, 그리고 책을 읽고자 하는 정보 소외 계층에게는, 전통적인 형태의 출판이 여전히 긴 미래를 보장받는다. 여러 나라에 음식 노점의 전통이 있고, 서양의 선진국에도 패스트푸드 체인점이 있지만, 그로 인해 좋은 음식을 먹으려는 사람들의 욕망이 완전히 사라진 것은 아니다. 따라서 전통적인 책의 간행은 아직도 번성하고 있다(252~253쪽 참고). 전자 출판이 지속되리라는 것은 의심의 여지가 없다(하지만 현재의 햄버거와 유사한 방식으로는 아닐 수 있다). 그리고 21세기 말에 이르러, 전자 출판은 어쩌면 지난 수천 년 동안 제작된 것만큼이나 훌륭하게 책을 만들게 될지도 모른다.

소개할 책들

위 **장인 겸 출판인** 1922년에 오하이오 주 칠리코시의 '마운틴 하우스 출판사'에 있는 활판 인쇄 공방에서 다드 헌터가 『구식 제지술』의 인쇄 상태를 확인하고 있다.

오른쪽 **『구식 제지술』** 다드 헌터의 비범한 '1인 제작 도서'는 그가 직접 디자인하고 주조한 자체를 이용해, 그가 직접 만든 종이에 인쇄한 것이었다. 나뭇잎과 나뭇가지에 황소의 머리가 합쳐진 디자인으로 이루어진 그의 출판사 마크는, 일찍이 1310년에도 사용되었던 유서 깊은 **종이물자국** 문장(紋章)이다.

OLD
PAPERMAKING
BY
DARD HUNTER

MCMXXIII

모조리 자기 손으로

산업화는 책 제작에서의 수작업을 모조리 대체해버렸다. 하지만 과연 그럴까? 왜냐하면 다드 헌터 같은 개인주의자들은 이와 정반대 방향으로 가는 데 성공했기 때문이다.

20세기 초에는 현대의 삶의 몇 가지 측면에 대한 불만이 여러 가지 형태로 나타났다. 정치적이거나 사회적인 수단을 통해 사람들을 변화시키려고 의도한 책의 생산은 1900년대 초만 해도 일반적이었다. 또 어떤 이들은 사람들의 예술적 믿음과 실천을 변화시키기를 도모했다. 심지어 오로지 더 멋진 책을 만들기만 바라던 전통주의자들조차 약간씩은 혁명가 노릇을 했다.

다드 헌터(1883~1966)도 그런 혁명가 중 하나일 수 있다. 오하이오 주에서 신문사를 소유한 집안에서 태어난 그는 일찍부터 예술에 관심을 갖고 있었다. 따라서 1904년에 헌터가 (엘버트 허버드가 뉴욕 북부에서 운영하던 미술 및 공예 모임인) 로이크로프트 공동체에 가담한 것은 지극히 자연스러운 일이었다. 그곳에서 그는 목공, 도서 제본, 서예, 스테인드글라스와 귀금속과 가구 제작법을 배웠다. 헌터는 뛰어난 디자인 감각을 갖고 있었으며, 그의 아르누보 창조물은 수집가들에게 높은 가치를 갖고 있다는 평가를 받았다. 하지만 로이크로프트 공동체에서도 상업주의를 목격하고 실망한 그는 1910년에 오스트리아로 가서 (아마 당시의 전 세계 공예 학교 중에서도 가장 중요한 곳이었을) '빈 공방'에서 공부했으며, 자신의 공부에 인쇄술도 포함시켰다. 1911년에 그는 런던으로 가서 광고 디자이너로 일했다. 마침 '런던 과학 박물관'에서 그는 제지 장비는 물론이고, 펀치와 제지용 틀과 주형(鑄型)처럼 인쇄용 **활자**를 주조하는 데 필요한 장비까지 모두 갖춘 전시회를 보았다.

머지않아 헌터는 제지의 역사에 관한 전문가가 되었으며, 유럽과 아시아를 널리 탐사하며 전통적으로 사용되는 다양한 제지 기법을 살펴보았다(그의 컬렉션은 훗날 '미국 제지 박물관'의 토대가 되었다. 1920년대의 여러 해 동안 그는 말버러온허드슨에서 제지소를 운영했고, 미국 내에서 유일무이한 수제 종이를 제작했다. 그곳에서 그는 제지술에 관한 저서를 만들었는데, 자기가 직접 디자인하고 깎아내고 주조한 활자를 이용해, 자기가 직접 만든 종이에, 자기가 직접 인쇄하고 제본해서 간행했다.

최상의 현대적 기법 대신 구닥다리 옛날 방법을 이용한 개인의 이런 수작업이 단순히 외고집에 불과하다고 보는 사람도 많을 것이다. 하지만 실제로는 그렇지 않다. 이처럼 여전히 수작업으로 조판하고 인쇄하는 사람은 의외로 많기 때문이다. 자기만의 종이를 만드는 사람도 있고, 자기만의 인쇄기를 만들거나 활자 제조용 펀치를 깎는 사람도 있다. 그리고 이들의 간행물을 열심히 찾고 구입하는 사람도 있다. 심지어 헌터의 놀라운 작업을 모방하는 사람도 소수나마 있다.

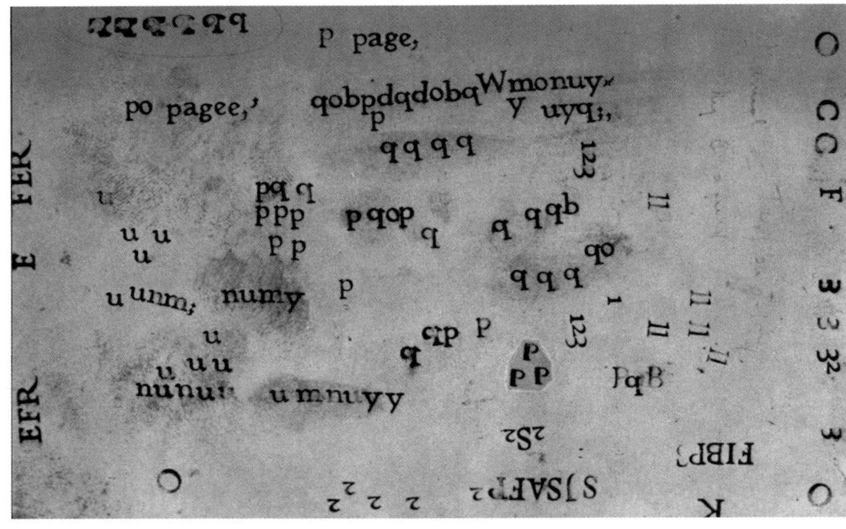

왼쪽 **그을음 시험 인쇄** 헌터는 자기만의 **폰트**를 주조하는 데 사용할 펀치 63개를 무려 4년에 걸쳐 수작업으로 깎아냈다. 사진에 보이는 '그을음 시험 인쇄'(펀치를 줄로 다듬는 사이사이에 촛불에 갖다 댔다가, 거기 묻은 그을음을 종이에 찍어 제대로 인쇄되는지를 확인하는 것을 말한다)를 보면 초기 자체(字體)에서는 발견되지만 기계로 깎은 현대의 활자에서는 종종 사라지는 활기차고 자유로운 자획(字劃)을 포착하는 데 성공했음이 드러난다.

관련 내용

미술과 공예에 관한 해석의 다른 사례로는, 크라나흐판 『햄릿』, 214~215쪽
미술과 공예의 메시지에 관한 미국의 해석의 다른 사례로는, 그래본판 『풀잎』, 216~217쪽

컴퓨터가 생기기 이전에만 해도,
성도(星圖)나 로그표 같은 여러 가지 수표는
만들기 어려울 뿐 아니라,
정확하게 인쇄하기도 어려웠다.
RAND의 1955년 지침서는 자동화로의 이행을
상징했으며, 오늘날까지도 널리 사용된다.

옛것의 맨 나중,

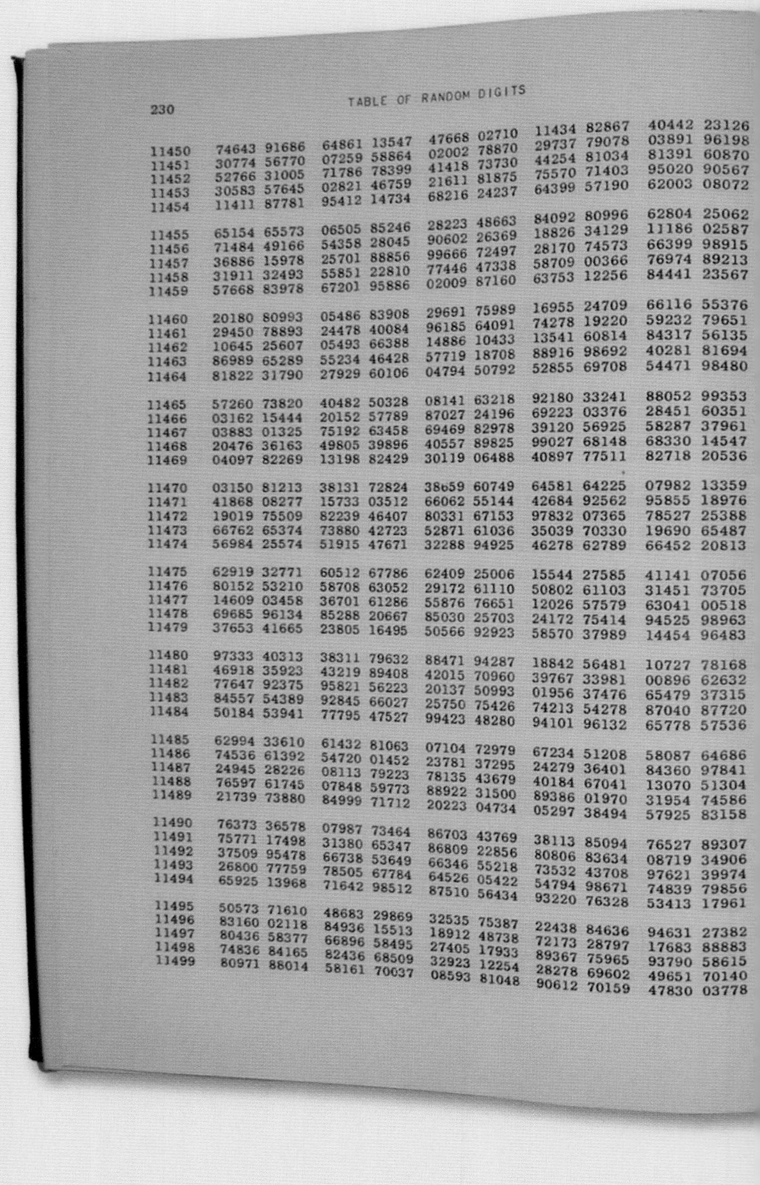

230 TABLE OF RANDOM DIGITS

11450	74643	91686	64861	13547	47668	02710	11434	82867	40442	23126
11451	30774	56770	07259	58864	02002	78870	29737	79078	03891	96198
11452	52766	31005	71786	78399	41418	73730	44254	81034	81391	60870
11453	30583	57645	02821	46759	21611	81875	75570	71403	95020	90567
11454	11411	87781	95412	14734	68216	24237	64399	57190	62003	08072
11455	65154	65573	06505	85246	28223	48663	84092	80996	62804	25062
11456	71484	49166	54358	28045	90602	26369	18826	34129	11186	02587
11457	36886	15978	25701	88856	99666	72497	28170	74573	66399	98915
11458	31911	32493	55851	22810	77446	47338	58709	00366	76974	89213
11459	57668	83978	67201	95886	02009	87160	63753	12256	84441	23567
11460	20180	80993	05486	83908	29691	75989	16955	24709	66116	55376
11461	29450	78893	24478	40084	96185	64091	74278	19220	59232	79651
11462	10645	25607	05493	66388	14886	10433	13541	60814	84317	56135
11463	86989	65289	55234	46428	57719	18708	88916	98692	40281	81694
11464	81822	31790	27929	60106	04794	50792	52855	69708	54471	98480
11465	57260	73820	40482	50328	08141	63218	92180	33241	88052	99353
11466	03162	15444	20152	57789	87027	24196	69223	03376	28451	60351
11467	03883	01325	75192	63458	69469	82978	39120	56925	58287	37961
11468	20476	36163	49805	39896	40557	89825	99027	68148	68330	14547
11469	04097	82269	13198	82429	30119	06488	40897	77511	82718	20536
11470	03150	81213	38131	72824	38659	60749	64581	64225	07982	13359
11471	41868	08277	15733	03512	66062	55144	42684	92562	95855	18976
11472	19019	75509	82239	46407	80331	67153	97832	07365	78527	25388
11473	66762	65374	73880	42723	52871	61036	35039	70330	19690	65487
11474	56984	25574	51915	47671	32288	94925	46278	62789	66452	20813
11475	62919	32771	60512	67786	62409	25006	15544	27585	41141	07056
11476	80152	53210	58708	63052	29172	61110	50802	61103	31451	73705
11477	14609	03458	36701	61286	55876	76651	12026	57579	63041	00518
11478	69685	96134	85288	20667	85030	25703	24172	75414	94525	98963
11479	37653	41665	23805	16495	50566	92923	58570	37989	14454	96483
11480	97333	40313	38311	79632	88471	94287	18842	56481	10727	78168
11481	46918	35923	43219	89408	42015	70960	39767	33981	00896	62632
11482	77647	92375	95821	56223	20137	50993	01956	37476	65479	37315
11483	84557	54389	92845	66027	25750	75426	74213	54278	87040	87720
11484	50184	53941	77795	47527	99423	48280	94101	96132	65778	57536
11485	62994	33610	61432	81063	07104	72979	67234	51208	58087	64686
11486	74536	61392	54720	01452	23781	37295	24279	36401	84360	97841
11487	24945	28226	08113	79223	78135	43679	40184	67041	13070	51304
11488	76597	61745	07848	59773	88922	31500	89386	01970	31954	74586
11489	21739	73880	84999	71712	20223	04734	05297	38494	57925	83158
11490	76373	36578	07987	73464	86703	43769	38113	85094	76527	89307
11491	75771	17498	31380	65347	86809	22856	80806	83634	08719	34906
11492	37509	95478	66738	53649	66346	55218	73532	43708	97621	39974
11493	26800	77759	78505	67784	64526	05422	54794	98671	74839	79856
11494	65925	13968	71642	98512	87510	56434	93220	76328	53413	17961
11495	50573	71610	48683	29869	32535	75387	22438	84636	94631	27382
11496	83160	02118	84936	15513	18912	48738	72173	28797	17683	88883
11497	80436	58377	66896	58495	27405	17933	89367	75965	93790	58615
11498	74836	84165	82436	68509	32923	12254	28278	69602	49651	70140
11499	80971	88014	58161	70037	08593	81048	90612	70159	47830	03778

찰스 배비지가 1832년에 제작한 미분 기계(현재 '런던 과학 박물관'에 소장되어 있다)는 오류가 없는 수표(數表)의 자동 제작을 위해 고안된 것이다. 하지만 배비지의 기계는 단 한 번도 만족스럽게 작동한 적이 없으며, 그 실현은 사실상 빅토리아 시대 초기의 기술적 역량을 넘어섰다고 간주된다. 이 기계는 현대 전자 컴퓨터의 개념 거의 모두를 차용하고 있기 때문이다.

계산은 물론이고, 이 수표의 인쇄에서도 절대적 정확성이 관건이었다. 워낙 느리고 힘든 일이어서 교정을 보면서도 오류를 간과하고 넘어가기가 쉬웠다. 제2차 세계대전 당시 암호 해석을 위한 집중적인 수적 계산에서나, 또는 맨해튼 프로젝트 당시 원자폭탄 제조를 위한 과학 및 공학 연구에서나, 막대한 개수의 난수(亂數)는 무척 유용했지만, 만들어내기가 어려웠다.

『백만 개의 난수』를 만들기 위한 작업은 1947년에 (당시까지는 '더글러스 항공사'의 부설 기관이었던) RAND 프로젝트에서 시작되었다. 이때만 해도 믿을 만한 전자 컴퓨터는 꿈도 못 꿀 상황이었으므로, RAND의 연구원들은 전자 '룰렛 바퀴'와 무작위 주파수 펄스 발생기를 이용해 숫자를 만들어냈다. 그렇게 만든 숫자는 IBM 카드 펀치로 옮겨 기록했다(지금이야 골동품이지만, IBM의 펀치

새것의 맨 처음

TABLE OF RANDOM DIGITS 231

11500	88473	86062	26357	01678	05270	80406	62301	23293	85734	32590
11501	00677	42981	84552	44832	67946	61532	79109	32073	13354	78578
11502	25227	51260	14800	19101	03146	12068	18261	06193	45909	65339
11503	15386	68200	21492	71402	76801	35235	49676	75306	52969	77447
11504	42021	40308	91104	34789	93269	77750	51646	95883	27282	26277
11505	63058	06498	49339	33314	49597	95931	44854	67348	91633	79473
11506	32548	69104	89073	32037	14556	70568	58821	37003	04390	86496
11507	03521	52177	24816	01706	79363	84378	70843	02090	85945	64113
11508	39575	90626	35889	82962	93759	92582	20979	57479	65739	11110
11509	58252	56687	60412	05060	95974	50183	88659	76568	45373	54231
11510	56440	69169	05939	57516	85127	74159	53295	29028	07409	28140
11511	16812	18195	88209	39856	03187	05605	43348	65589	51283	68224
11512	56503	14023	69475	37217	11465	15872	05551	37231	68175	18132
11513	96508	90101	11990	61199	75399	78214	84891	01376	05039	43632
11514	68958	56862	60433	07784	37721	96521	85412	13941	63969	45395
11515	26721	12583	44793	12071	83645	44062	86684	80890	09152	60050
11516	01476	19255	58656	26401	27356	38443	55210	61493	89832	07578
11517	45924	27655	27730	78321	45402	46568	64053	39814	74960	60944
11518	79516	79027	96227	72473	21231	68748	90204	92330	16216	09483
11519	59946	54123	38645	56734	87427	38049	88471	07421	53080	28515
11520	89056	71858	84058	44154	47929	94196	90847	40905	39151	12029
11521	07056	34611	45456	68268	31718	09715	80414	64095	24464	52799
11522	66189	03099	16595	30601	31691	38657	59600	24443	47978	35730
11523	85281	53288	58972	51531	02406	72117	85547	27445	79581	61608
11524	34761	22435	75006	61241	48628	62840	62633	34982	79051	76314
11525	45549	16045	96353	80376	64802	46062	39519	08688	18254	09915
11526	29337	45746	00844	79084	45838	22246	11095	05209	05113	83895
11527	44509	72387	39414	01011	46568	25718	62591	00174	38633	52966
11528	15068	41200	32705	47327	64665	50395	97110	31292	02965	37147
11529	59253	23492	55166	76780	33945	90298	39736	62674	00787	98482
11530	17140	07016	53376	07582	06899	32503	24412	29650	97759	02905
11531	87048	20624	23285	78268	13122	78242	40515	18454	97122	29628
11532	90254	79631	05936	68057	22760	38809	29233	81372	49252	28497
11533	66090	41296	19263	10253	33878	80280	33407	44464	23229	60740
11534	54672	30805	03962	93237	40900	90912	20746	63914	65456	32138
11535	99080	08088	99211	80001	88691	58425	52324	11449	18830	45387
11536	22859	21563	17374	20731	42124	17219	99392	63681	20452	19714
11537	65013	58031	22092	79881	34695	01615	28233	68809	35091	82223
11538	87296	05362	95779	54816	80032	94335	71581	72691	84058	39495
11539	61336	19425	24408	74091	19730	39832	49166	84284	01851	29579
11540	93134	41529	85992	45493	68165	02129	73858	54280	29281	12449
11541	80388	28010	93018	21652	32608	88409	63041	77051	93107	68856
11542	80214	71603	52837	90272	52141	58642	93933	25183	30994	54332
11543	74165	63881	71261	69394	29194	25046	23948	13048	57594	58886
11544	31361	68333	55171	96461	20694	31275	88884	71366	13054	03764
11545	48570	53579	64703	97498	67888	07817	34223	61667	43474	29179
11546	97894	36631	14389	59041	32600	08865	69364	99415	81194	82304
11547	77563	53771	54527	83456	23914	57808	67250	92991	91474	96012
11548	39903	34555	47585	70546	15704	61087	81728	03973	80652	22179
11549	83877	07815	14813	40666	43906	85802	42125	07164	13056	83161

왼쪽 무작위성의 '성서' 겉보기와 달리 제작이 매우 어려운 『백만 개의 난수』의 이례적인 무작위 '텍스트'는 확률 실험에 사용할 수 있는 난수와 편차에 대한 수요를 충족시키기 위해 RAND 연구소가 실시한 선구적인 계산 관련 연구에서 비롯되었다. 이 자료는 오늘날까지도 공학과 계량경제학에서 널리 사용되며, 통계학자와 물리학자와 시장 분석가와 복권 발행 담당자에 이르는 많은 사람들이 채택하고 있다.

카드는 그 당시만 해도 '예술에 가까운' 디지털 저장 장치였다).
(전하는 바에 따르면) 이 장비를 이용해 만든 이진수 모음에 대해 통계적 무의미성 여부도 확인했다지만, "그 수표의 본성상 최종 원고를 일일이 교정 볼 필요까지는 없었던 듯하다". 연구원들은 다른 IBM 장비를 이용해 이 숫자들을 인쇄했고, 그 결과물의 페이지를 이용해 인쇄 판본을 만들었다.
1955년에 간행된 『백만 개의 난수』는 과학계에서 널리 사용되었으며, RAND의 연구 성과는 일반 독자가 전혀 읽을 수 없는 내용임에도 불구하고, 중고 책조차도 수집가들에게는 상당히 높은 가치를 지니고 있다. 이것이야말로 찰스 램이 묘사한 다음과 같은 '책들'의 거의 완벽한 사례이다. "책이 아닌 책들, 이른바 '비책지책(非冊之冊)'이다." 그러면 당연히 『백만 개의 난수』를 이 범주에 포함시켰을 것이다. 2001년에 간행된 제2판에는 놀라우리만치 풍자적인 서평 몇 가지가 들어 있다. "이처럼 많고도 무시무시한 난수들을 정렬함으로써, 독자가 찾고자 하는 숫자를 더 쉽게 찾을 수 있게 배려하지 않았다는 것은 아쉽다." 한 서평가의 말이다.

관련 내용
수학책의 다른 사례로는,
에우클레이데스의 『기하학 원론』, 106~107쪽
뉴턴의 『프린키피아』, 138~139쪽
컴퓨터에 근거한 책의 다른 사례로는,
『전자책 베오울프』, 242~243쪽
루이스의 『기계식 백과사전』, 244~245쪽

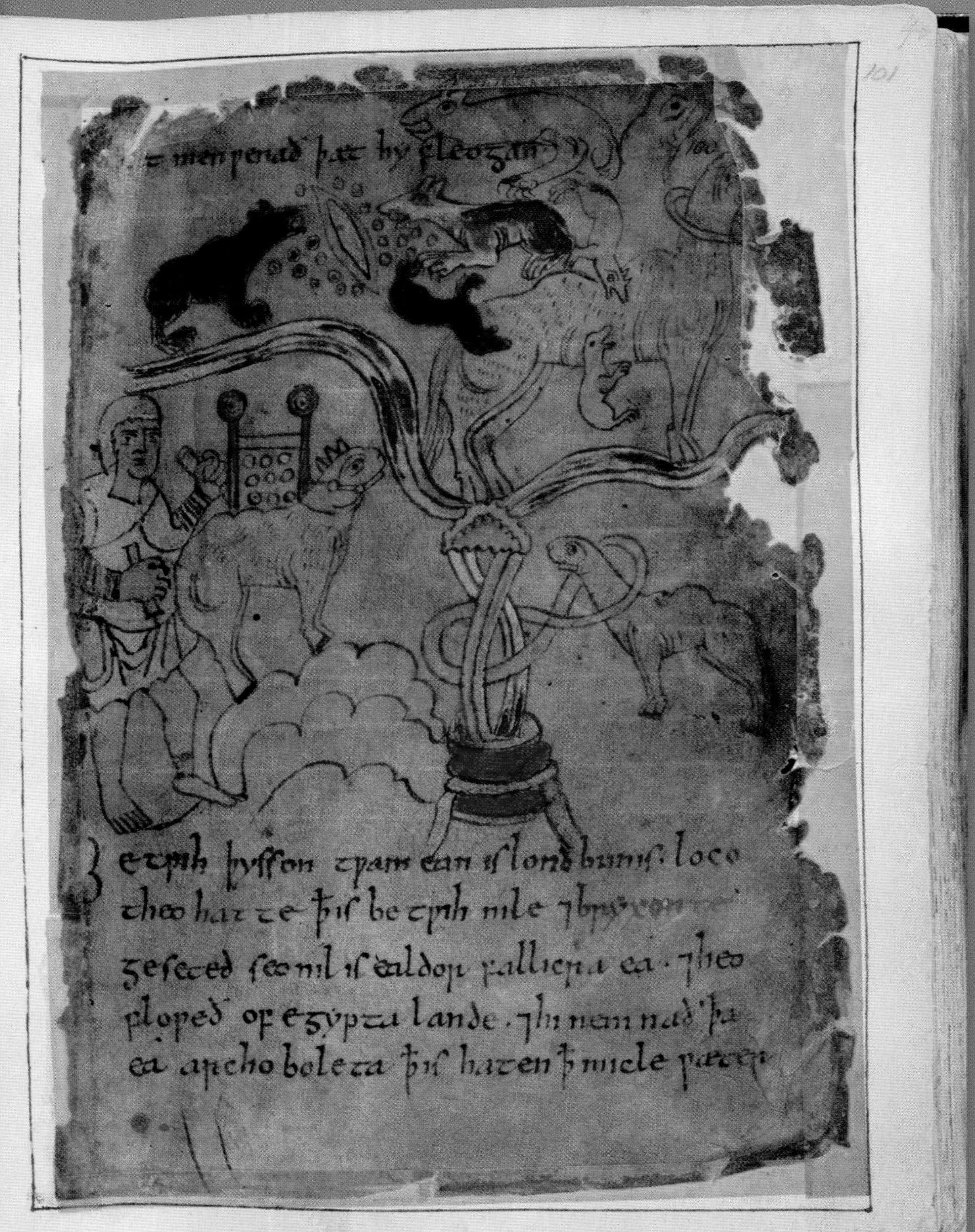

왼쪽 **『베오울프』** 대영 박물관에 소장된 '코턴 비텔리우스 A-15' 코덱스에는(사진에 나오는 페이지는 2절판 101쪽이다) 이 앵글로색슨어 서사시의 유일무이한 필사본이 들어 있다. 즉 스킬드 왕이 그렌델과 그 어미라는 두 마리 괴물에 대항하는 내용이 담긴 3,182행이다. 서기 1000년의 것으로 여겨지는 이 필사본은 두 명의 필경사가 필사했으며, 시간과 화재로 인해 심하게 손상을 입었다. 복원도 시도했지만 오히려 텍스트를 더 잃어버리고 말았다.

중세 필사본의 현대화

영문학 역사에서 핵심적인 작품의 오래된 현존 사본은 화재로 손상된 이후 상태가 심하게 나빠졌다. 그렇다면 이 자료를 학자들이 이용할 수 있도록 만드는 최선의 방법은 무엇일까?

호메로스의 『일리아스』나 베르길리우스의 『아이네이스』와 마찬가지로, 『베오울프』는 유럽 문학의 위대한 고전 가운데 하나이며, 여러 가지 언어로 널리 번역된 것은 물론이고 영어권 독자를 위해서도 현대어로 개작된 바 있다. 크누드 왕 치하였던 서기 1000년경에 작성된 저자 불명의 앵글로색슨어 텍스트는 오늘날 앵글로색슨어 학자들만 읽을 수 있다.

이 작품의 현존 필사본 가운데 가장 오래된 것은(이후의 판본은 모두 이 필사본에 근거한다) 현재 대영 도서관에 소장되어 있는데, 다른 중요한 필사본과 함께 로버트 코턴 경(1570?~1631)이 수집한 것이다. 코턴의 장서는 현재까지 영국의 개인 컬렉션 중에서도 가장 중요한 것이었는데, 1731년에 뜻하지 않은 화재로 책 상당수가 파괴되었으며, '코턴 비텔리우스 A-15'(『베오울프』 필사본이 수록된 코덱스를 말한다)도 크게 손상되었다. 이후 280년 동안 보존 전문가들이 최선을 다했지만, 이 필사본 바깥쪽 페이지의 텍스트 가운데 상당 부분은 끝내 사라지고 말았다. 사라진 단어 가운데 일부를 알아내기 위해, 학자들은 1786년에 이 필사본을 다시 베껴 썼던 아이슬란드의 학자 그리뮈르 욘손 토르켈린의 기록을 참고하지 않을 수 없었다.

『일리아스』의 마르치아나 필사본과 마찬가지로(48~49쪽 참고), 『베오울프』의 필사본은 현대의 법의학적 검토나 전자 출판 모두에 이상적인 소재였다. 켄터키 대학의 케빈 키어넌이 편집한 『전자책 베오울프』는 첫선을 보인 1999년에만 해도 무료로 배포되었다. 그러다 2011년에는 대영 도서관이 『전자책 베오울프 3.0』이라는 DVD 판을 내놓았다. 이제 우리는 책이 아니라 컴퓨터 제품을 다루고 있는 셈인데, 그로 인해 새로운 매체의 문제가 대두했다. 『전자책 베오울프 3.0』은 더 이전의 버전과 호환되지 않고, (최근 몇 년간 컴퓨터 기종의 신속한 변화로 인해) 표시 체계는 여전히 구식 소프트웨어에 의존하고 있어서, 이용자는 그 인터페이스의 효율성에 대해 의문을 제기할 수밖에 없다.

'인쇄본이 썩지 않고 과연 얼마나 오랫동안 유지되겠느냐'던 요하네스 트리테미우스의 의구심도 떠오른다(DVD의 수명은 여전히 논란의 여지가 있지만, 최소 2년에서 최대 15년까지가 일반적이다). 다른 인터넷 대안들도 그리 유용하지는 않다(예를 들어 '구텐베르크 프로젝트'가 제공하는 텍스트는 너무 옛날 것들이다). 『전자책 베오울프 3.0』은 진정으로 유용한 버전을 제공하려는 시도였고 상당 부분 성공적이었다. 비록 (셰이머스 히니가 만든 것과 유사한) 현대어 번역본을 선호하는 사람도 있겠지만 말이다.

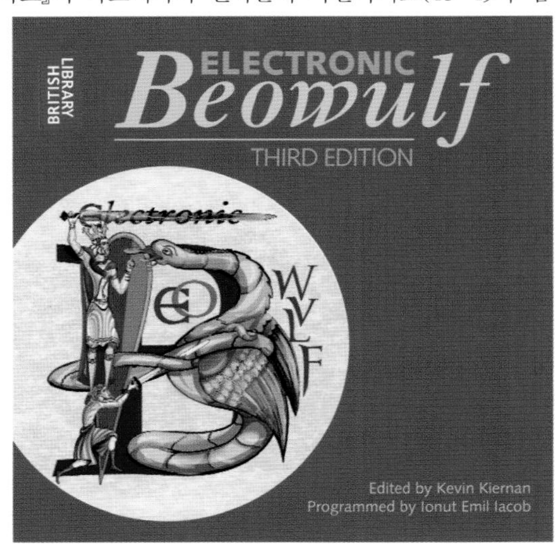

왼쪽 **디스크에 기록된 『베오울프』** 이 필사본에 관한 최고 전문가인 케빈 키어넌 교수는 1993년에 『베오울프』의 디지털화를 시작해, 1998년에 작업을 완료했다. 대중적으로 이용 가능한 DVD에 2절판의 컬러 스캔본이며, 중요한 관련 자료와 셰이머스 히니가 만든 이 시의 새로운 현대어 개작까지 수록함으로써, 이 연약한 필사본에 독자가 쉽게 접근할 수 있도록 했다.

관련 내용

디지털화를 통해 이득을 본 책의 다른 사례로는,
브뤼헤본 『장미 이야기』, 72~73쪽
장크트갈렌 『독창곡집』, 114~115쪽
보전 문제를 겪고 있는 책의 다른 사례로는,
『아니의 사자의 서』, 22~23쪽
켈스의 서, 60~61쪽
『판차탄트라』, 84~85쪽

최초의 전자책인가?

전자책이 발전한 까닭은 PC나 다른 단말기를 이용할 수 있었기 때문이다. 하지만 이런 아이디어는 이를 실현시킬 기술의 발전보다 먼저 형성되어 있었으며, 선견지명이 있던 에스파냐의 어느 교사는 이에 대한 묘안을 이미 내놓은 바 있었다.

컴퓨터 공학의 발전 가운데 상당수는 미국에서 유래했기 때문에, 최초의 '전자책'을 에스파냐의 학교 교사가 만들었다는 주장은 터무니없어 보일 수 있다. 하지만 실제로 그렇다고 생각하는 사람이 상당수 된다. 1949년에 앙헬라 루이스 로블레스(1895~1975)는 자신이 발명한 신형 '기계식 백과사전'에 대한 특허를 신청했다. 마치 책처럼 배열되었고, 이용자가 손쉽게 조작할 수 있는 텍스트 띠가 장착되어 있어, 현대의 전자책 단말기와는 많이 다르지만, 루이스의 아이디어는 본질적으로 전자책의 원리 그대로이다. 이 아이디어는 마이크로필름 단말기의 디자인에 상당 부분 빚진 듯싶은데, 그녀의 의도는 학생들이 교과서를 잔뜩 싸들고 오지 않아도 되도록, 단일한 교육 도구를 제공하는 것이었다. 루이스는 『기계식 백과사전』의 제작을 도울 후원자를 찾아낼 수 없었고, 1970년대에 미국에서 나온 '다이너북'과 마찬가지로, 이것 역시 시제품 이상으로 발전하지는 못했다. 하지만 그 배후의 아이디어는 전자책과 유사하다. 발명가들은 종종 기술적 문제에만 정신을 집중하느라 다른 문제는 외면하기 쉽다. 『기계식 백과사전』의 시제품은 어딘가 둔중해 보이고(물론 전기 시대 이전의 계산기도 사정은 마찬가지였다) 저작권과 영업과 다른 문제들까지는 미처 고려하지 못했던 것으로 보인다. 하지만 인터넷과 디지털화의 시대가 오면서, 무게도 가볍고 이동도 자유로운 새로운 매체의 잠재력도 비로소 발휘되었다.

로런스 스턴부터 조르주 페렉에 이르는 많은 소설가들도 저마다 책을 가지고 실험을 했지만, 어디까지나 전통적인 매체를 이용하는 데 그쳤다. 그런데 21세기가 시작되자 많은 작가들이 새로운 매체가 제공하는 (외관상 새로워 보이는) 표현 방법에 이끌렸다. 데스크톱 출판과 온라인 출판의 대두는 (이른바 모두에게 목소리를 제공할 잠재력을 드러내며) 호소력을 발휘했다. 출판사는 전자책의 수요에 맞추기 위해 경쟁을 벌였는데, (냉소적인 시각으로 바라보면) 그로 인한 판매 기회와 낮은 간접비를 주목한 것이었다. 2000년에 유명 작가 스티븐 킹의 중편 「총알차 타기」가 오로지 전자책 판형으로만 판매되는 사상 최초의 책이 되었다. 24시간 만에 킹의 열성 독자들은 무려 40만 건 이상 다운로드했다. 그야말로 책 판매에서는 혁명이었다.

19세기에 『옥스퍼드 영어 사전』을 만들 때는 단어의 용례를 수집하는 과정에서 이른바 '군중 참여(크라우드소싱)' 방법이 사용되었는데, 이는 오늘날 널리 채택되는 방법이다. 2012년 9월에 작가 실비아 하트먼은 ('구글 드라이브'를 이용해) 온라인 환상 소설을 쓰기 시작했다. 널리 홍보된 그녀의 '노출 작가' 프로젝트에 1만 3천 명 이상이 참여하여 온라인상에서 집필에 관해 조언했다. 그녀는 마지막 부분을 생중계로 집필했으며, 자기가 조직한 대회의 참석자들 앞에서 (아울러 이들과 함께) 완성했다. 그렇게 완성된 소설 『용의 군주』는 (2012년에 전자책과 종이책 모두로 간행되어) 상당한 주목을 받았는데, 군중(크라우드)의 (또한 '클라우드(cloud)'의) 참여로 이루어진 소설의 최초 사례이기 때문이다. 이런 실험이 글쓰기의 미래에 어떤 영향을 미칠지는 앞으로 지켜보아야 할 것이다.

오른쪽 『용의 군주』 모든 사람이 (최소한 인터넷에 접속할 수 있는 사람만큼은) 저마다의 목소리를 갖고 있는 '사회적 매체(소셜 미디어)'의 대두로 인해, 온라인상에서 공동 집필된 이 '군중 참여(크라우드소싱)'의 모험이 가능해졌다.

관련 내용
교육 관련 간행물의 다른 사례로는,
뉴베리의 『작고 예쁜 주머니책』, 156~157쪽
아위의 『시각장애인 교육』, 176~177쪽
띠 형태의 책의 다른 사례로는,
술라웨시본 '론타르', 252~253쪽

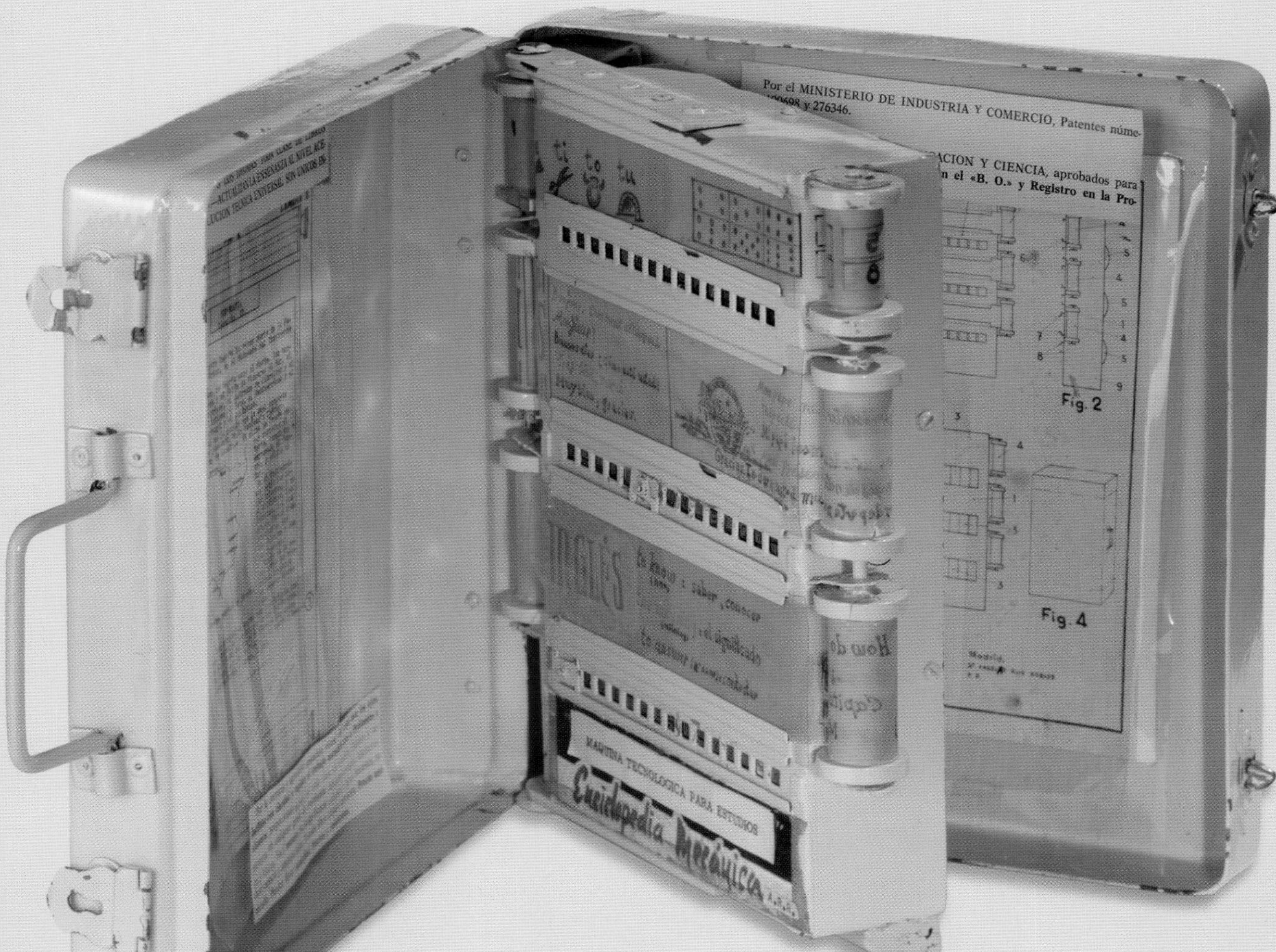

위 **'기계식, 전기식, 공압식 읽기 책'** 특허(제190698호)에 이와 같이 묘사된 발명품, 즉 교사 앙헬라 루이스 로블레스가 학생들을 위해 발명한 『기계식 백과사전』은 세계 최초의 전자책일 가능성이 있다. 내부에는 코일을 장착하고, 오늘날 우리가 하이퍼텍스트라고 부를 만한 것을 집어넣어, (다언어적인) 주제로 움직일 수 있게 했다. 현대의 전자책 단말기와 마찬가지로, 로블레스의 장치에는 확대 기능도 있어서, 독자가 특정 텍스트를 자세히 볼 수 있게 했다.

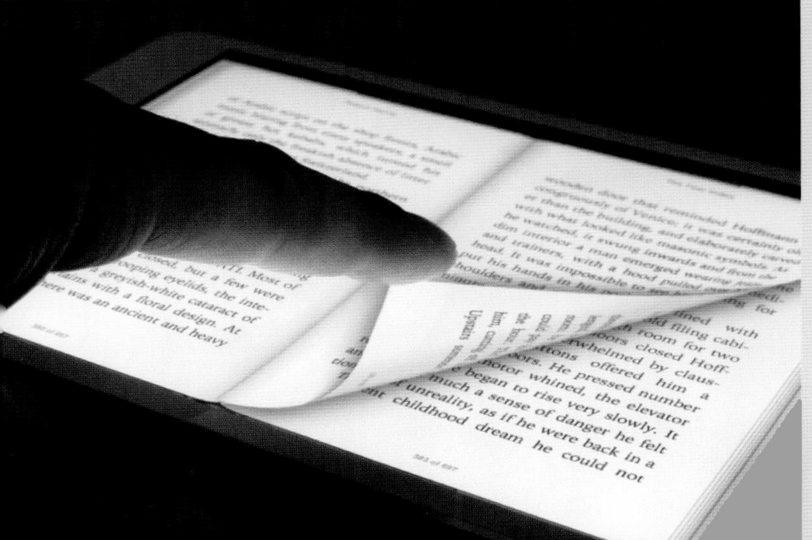

왼쪽 **전자책 단말기** 현대의 전자책 단말기는 판매의 성공 신화이다. 이처럼 아담한 형태의 물건에 정보를 저장한다는 것은 현대의 모바일 시대와도 딱 어울린다. 하지만 이것은 텍스트에만 초점을 맞춘 환원적인 과정일 뿐이다. 많은 사람들에게 '읽기'의 대상은 텍스트 이상의 것을 포함한다. 그리고 전통적인 유형의 책을 다루는 미적 즐거움은 이런 변화의 과정에서 실종되고 있다.

'작지만 내용은 풍부한'

기술적 발전 덕분에 출판사는 축소판 책을 만들 수 있게 되었고, 이는 수집가를 위한 새로운 분야를 만들어냈다. 그렇다면 나노 기술은 오늘날의 전자책과는 전혀 다른 새로운 형태의 책을 만들어낼 수 있을까?

축소판은 오래전부터 사람들의 호기심을 자극해왔다. 구텐베르크의 발명 5백 주년을 기념하기 위해 몇몇 업체가 **활자**를 하나씩 제조해서 판매했는데, 그 머리 부분에는 '주기도문' 전문이 수록되어 있었다. 이것이야말로 자기네의 활자 깎기와 주조 기술을 과시한 셈이었다. 많은 판화가들과 서예가들 역시, 오로지 확대경을 이용해야만 읽을 수 있는 작은 텍스트를 만드는 이와 유사한 위업을 시도한 바 있다. 비록 기술적인 문제도 상당하겠지만, 아이들을 위한 작은 책을 만드는 일은 매력적이다. 축소판 책의 수집은 널리 알려진 취미로, 작은 책의 수집과 연구에만 전념하는 국제 협회도 있다. 이때의 '작은 책'이란 보통 높이와 너비와 두께가 모두 76밀리미터 이내인 책으로 정의된다. 이렇게 작은 크기의 현존 인쇄본 가운데 가장 오래된 것은 1475년에 간행된 종교 텍스트이다.

선물용 축소판 책을 만들어 틈새시장을 공략하는 출판사도 있다. 19세기에는 **석판 인쇄**와 사진 제판의 발전으로 이런 '작은 생각'도 실현 가능해졌다. 당시에 글래스고의 '데이비드 브라

이스 앤드 선' 출판사는 이런 작은 책들을 시리즈로 개발해, 사전과 시집은 물론이고 '신약성서'까지 출간했다. 이 모두는 보관함과 확대경을 곁들여 판매되었다. 이들이 제작한 '코란'은 몇몇 무슬림 병사들에게 휴대용 부적으로 인기를 얻었다. 인도군 소속 무슬림 병사들은 제1차 세계대전 당시 이 책을 휴대하고 참호에서 복무했다.

부적으로서의 책에 관한 아이디어는 오래된 것인 동시에, 때로는 예상 밖의 방식으로 나타났다. 현대 기술의 큰 이득 가운데 하나는 막대한 양의 정보를 작은 공간에 보관할 수 있다는 것이다. 1945년의 독창적인 논문 「우리가 생각하는 대로」에서 미국의 영향력 있는 발명가 배너바 부시는, 나노 기술이 구현된 세계에서는 『브리태니커 백과사전』을 성냥갑 안에 압축할 수도 있을 것이라고 예측했다. 최근 이스라엘에서는 (매사추세츠 공과대학의 파완 시나가 수행한 연구를 토대로 하여) 이런 가능성을 명료하게 입증했다. 즉 하이파의 테크니온(이스라엘 공과대학) 부설 러셀 베리 나노 기술 연구소의 연구원과 학생이 '나노 모세 오경'을 만들어, 히브리어 성서의 처음 다섯 권의 텍스트 전체를 0.5제곱밀리미터 크기의 도금 실리콘 칩 두 개에 집속 이온 빔을 이용해서 식각(蝕刻)한 것이다. 나노 기술 분야에 사람들의 관심을 집중시키는 방법으로는 그야말로 최선의 방법이었다. '테크니온 나노 성서'는 2009년에 교황 베네딕토 16세가 성지 이스라엘을 방문했을 때 시몬 페레스 총리가 내놓은 특이한 선물이었다. 이것은 단지 시범에 불과하지만, 나노 기술을 위한 정보 과학의 미래는 어마어마하다. 그렇다면 전자책의 미래는 어떻게 될까?

왼쪽 **축소판 '코란'** 금박이 새겨진 붉은색 또는 검은색 모로코가죽으로 장정하고 모서리를 도금한 이 축소판 '코란'은 1900~1910년경에 '데이비드 브라이스 앤드 선'에서 제작한 것이다. 같은 출판사에서 만든 '성서'와 마찬가지로 금속제 보관함과 확대경을 곁들여 판매한 이 책은, 제1차 세계대전 당시 참호에 들어가 있던 몇몇 무슬림 병사들에게 일종의 부적 노릇을 했다.

오른쪽 **핀 머리에 새긴 성서** 테크니온 부설 러셀 베리 나노 기술 연구소의 학생들은 히브리어 성서의 처음 다섯 권 전체를 0.5제곱밀리미터의 금박 실리콘 칩 위에 새겼다. 디지털화한 원문을 적절한 **폰트**로 변환한 다음, 갈륨 이온의 집속 빔을 이용해 높이 0.002밀리미터의 글자 120만 개를 칩에 새긴 것이다.

관련 내용
정보 저장의 진보의 다른 사례로는,
칼슨의 실험 일지, 212~213쪽
『전자책 베오울프』, 242~243쪽

현대 기술과 일본 만화

1950년대의 일본에서는 새로운 형태의 출판이 발전했으며, 만화 기술은 전 세계에 널리 모방되었다. 그리고 새로운 컬러 인쇄 기법이 모든 도서 제작 기법을 변화시켰다.

20세기 중반부터 인쇄 기술의 진보가 이루어지면서, 도판이 풍부하게 실린 책의 출간이 더 간단한 절차와 더 저렴한 비용으로 가능해졌다. 이전까지만 해도 컬러를 믿을 만하게 재현할 수 있는 인쇄소는 극소수에 불과했으므로, 컬러 삽화 제작 비용은 아찔할 정도로 비쌌다. 제작 과정의 복잡성 때문에 출판사들은 종종 삽화본을 한 가지 언어 이상으로 공동 제작하려는 엄두를 내지 못했다. 전 세계적인 시장이 없다 보니 규모의 경제가 적용되지 못했고, 예외가 있다면 여행 안내서나 타우흐니츠의 종이표지본(페이퍼백)처럼 사진에 의존하지 않는 책들뿐이었다.
활판 인쇄의 발전으로, 출판사들은 컬러 사진 삽화를 적극적으로 사용하게 되었다. 예를 들어 『내셔널 지오그래픽』과 『플레이보이』처럼 성격이 전혀 다른 잡지들이, 양쪽 모두 여러 국가에서 대형판으로 간행되었던 것이다. 인터넷의 대두와 (이 책에서 사용된 것과 같은) 고품질의 4색 옵셋 석판 인쇄기의 개발 덕분에 한 세대 전에 있던 제작의 어려움은 제거되었다. 정확한 컬러의 재현이 보장되면서, 삽화가 많이 들어간 책이 적당한 가격으로 다양하게 간행되었다. 대표적인 책이라면 원예, 박물학, 여행 같은 분야에서 고를 수 있었겠지만, 대신 우리는 현대 일본 출판의 특이 현상인 '일본 만화'에 관한 역사적 연구서를 골랐다.
프랑스와 벨기에에서는 '아스테릭스'나 '땡땡' 시리즈처럼 텍스트와 그림을 합친 **그래픽노블** 또는 **방드 데시네**(보통 약자인 **베데**bd로 표기한다)가 무척이나 대중적인데, 이는 미국에서 만화의 상황과 똑같다. 일본에서는 18세기부터 '기뵤시(黃表紙)'라는 그림책의 전통이 강한데, 이것은 종종 만화의 조상으로 간주된다. 만화 제작이 일본 출판계에서 전면에 대두한 것은 제2차 세계대전 이후의 미국 점령 기간으로, 이때는 디즈니가 강력한 영향을 발휘했다. 가장 유명한 만화 시리즈 가운데

142
Kawanabe Kyôsai, La Bataille de Nanba, après 1871 © Kawanabe Kyôsai Memorial Museum
Cette bataille fut menée par Tokugawa Ieyasu contre les partisans de Toyotomi Hideyori, en 1615. Il avait toujours été interdit, à l'époque d'Edo, de représenter le shôgun. Quatre ans après le début de l'ère Meiji, ce sujet est donc nouveau. D'une remarquable puissance, les lignes provenant de la droite font ressentir la violence de l'explosion qui a réduit en miettes le Jizô*.

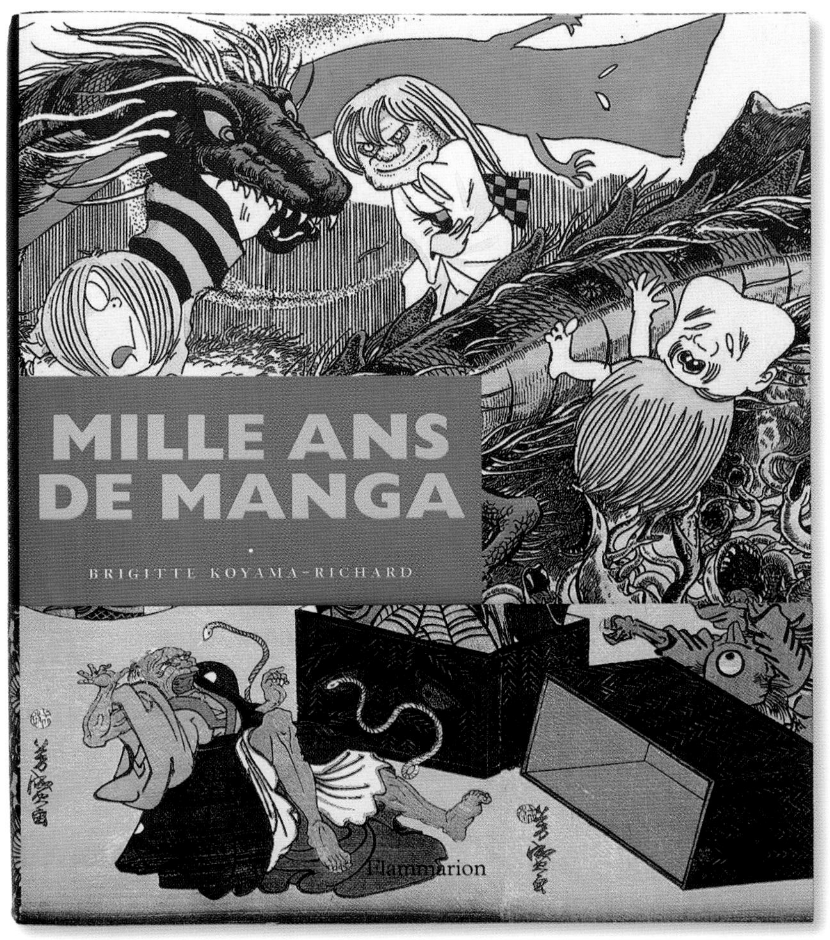

오른쪽 **『일본 만화 천 년사』** 브리지트 고야마리처드의 학술서는 일본에서 집필되고, 프랑스에서 편집되고, 싱가포르에서 프랑스어판과 영어판을 동시에 인쇄했다. 컴퓨터 파일을 이용해 제작된 다른 책들과 마찬가지로, 이것이야말로 오늘날의 출판사가 사용하는 효율적인 저술/편집/인쇄 기법의 사례이다.

왼쪽 **일본 만화 기법의 선구자** 가와나베 교사이(河鍋曉齋, 1831~1889)는 아마도 일본 전통 회화의 마지막 대가일 것이다. 역사적 사건에 대한 묘사로 그는 정부 당국과 상당한 갈등을 빚었다. 고야마리처드의 책에서도 설명된 것처럼, (1872년 이후에 나온) 그의 인상적인 **목판화**에 묘사된 1615년의 오사카 전투에서의 폭발 장면은 훗날 일본 만화에서 사용된 미술 양식을 예견한 것이었다.

하나인 '아톰'은 1952년에 데즈카 오사무(手塚治蟲)가 시작했는데, 그 역시 디즈니로부터 강력한 영향을 받은 인물이었다. 비록 만화의 제목은 원자력을 암시하지만, 이 작품의 테마는 본질적으로는 평화적이다(이와 비슷하게 유명하고 인기 많은 소설 시리즈인 아리카와 히로〔有川浩〕의 『도서관 전쟁』도 제목과는 달리 도서관과 표현의 자유에 대한 주장으로 발전했다). 『일본 만화 천 년사』는 현대 인쇄술 및 출판 기법의 최고 수준을 보여준다. 일본 애니메이션, 극장용 애니메이션 그리고 (만화에 근거한 컴퓨터 게임, 인형, 장난감 같은) 부차적인 산업의 탄생으로 인해, 일본은 물론이고 세계 각국에서 출판의 성격이 변화했다(이는 4색 인쇄술이 책의 모습에 관한 우리의 개념에 일대 혁신을 일으킨 것과도 같다). 그렇다면 전통적인 책의 대체물도 전자책이 아니라 만화가 되지는 않을까?

관련 내용
일본 출판의 이전 사례로는,
쇼토쿠판 『다라니경』, 30~31쪽
무라사키의 『겐지 이야기』, 82~83쪽
대중을 겨냥해 제작된 책의 다른 사례로는,
파월의 『올드 그리즐리 애덤스』, 192~193쪽
은나도지의 『창녀를 조심하라』, 222~223쪽

‘예술품 책’도 책인가?

책은 단순히 텍스트를 담은 그릇 이상의 존재이다.
사람들의 생각 속에서 책이 차지하는 자리는, 사랑부터 무관심이나 증오에 이르기까지 다양하다. 그런데 책이 미술가의 상상력을 담은 그릇이 되는 순간, 때로는 전혀 예상치 못한 형태를 취하기도 한다.

어떤 독자들은 책이야말로 텍스트를 담은 그릇에 불과하다고 생각하는데, 예를 들어 킨들이나 다른 전자책 단말기 애호가들이 지닌 사고방식이 딱 이렇다. 하지만 다른 많은 사람들은 텍스트를 보유한다는 것이야말로 (삽화라든지 책 제작의 여러 측면에서, 재료나 색상이나 촉각의 성질을 달리함으로써) 더 이상의 상상력 넘치는 작업을 만들어내는 출발점이라고 믿고 있다. 예술 인쇄본도 이 가운데 일부이다. 단순히 읽는 것뿐만 아니라, 미적인 층위에서 감상하고, 만져보고, 즐기기 위해 제작된 물질적 형태의 텍스트인 것이다.

이와 달리 '예술품 책'은 주로 미술가들이 각자의 미적 신념을 표현하는 통로로 제작한 것들이다. 감상하기 위해 계획되었지만, 그중 상당수는 아예 읽는 것 자체가 불가능하다. 또한 종종 제작자의 서명이 들어가고, 제작 및 판매도 의도적으로 제한된다. 누구나 구매하거나 읽을 수 있도록 서점이나 도서관에 비치되는 것이 아니라, 주로 미술품 판매상과 수집가에게 판매된다. 심지어 전자책에 의해 대체될 가능성도 없어 보인다.

찰스 램은 역서(曆書)와 인명록을 가리켜 '비책지책(非冊之冊)', 즉 '읽을 수도 없는 책'이라고 말한 바 있다. '예술품 책' 가운데 일부는 책의 물리적이고 개념적인 기초를 의문시하고 잠식한다. 파블로 네루다와 니카노르 파라의 작품에서 알 수 있듯이, 칠레는 사려 깊고 학구적인 시의 오랜 전통을 보여주며, 타이포그래피의 전통에도 예민한 나라이다. 그리고 ('예술품 책'의 대표적인 예로서 여기 소개하는) '반책(反冊)'은 램이 말한 범주와는 상당히 다르다. 텍스트의 저자인 니카노르 파라 산도발(1914~)은 시집의 외관에 대한 전통적인 개념에 도전하기 위해 칠레에서 특유의 '반책'을 만들었다. 파라는 시 낭송 때마다 "내가 말한 모든 것을 철회한다"라는 말을 반복한다.

파라의 시는 런던에서 활동하는 칠레 출신의 서적 예술가(북아티스트) 프란시스카 프리에토가 '반책'에 관한 또 다른 해석을 하는 이상적인 출발점을 형성했다. 프리에토의 작품들은 보통 복잡하게 자른 종이 공작 paperwork의 형태를 취하며, 종이접기의 전통을 이용해 얕은 돋을새김의 종이 작품을 만들어낸다. 그녀의 '반책'은 이와는 상당히 다른 형태를 취한다. '접지(摺紙) 사이'라는 시리즈에서 그녀는 빅토리아 시대의 지도와 책과 잡지를 이용해 그 시대의 삽화를 엿볼 수 있는 창문을 제공했다. 이 작품들은 막스 에른스트의 악몽과도 같은 초현실주의 작품을 연상시키는데, 그의 **콜라주** 역시 19세기의 동판화에서 가져온 것이었다(220~221쪽 참고).

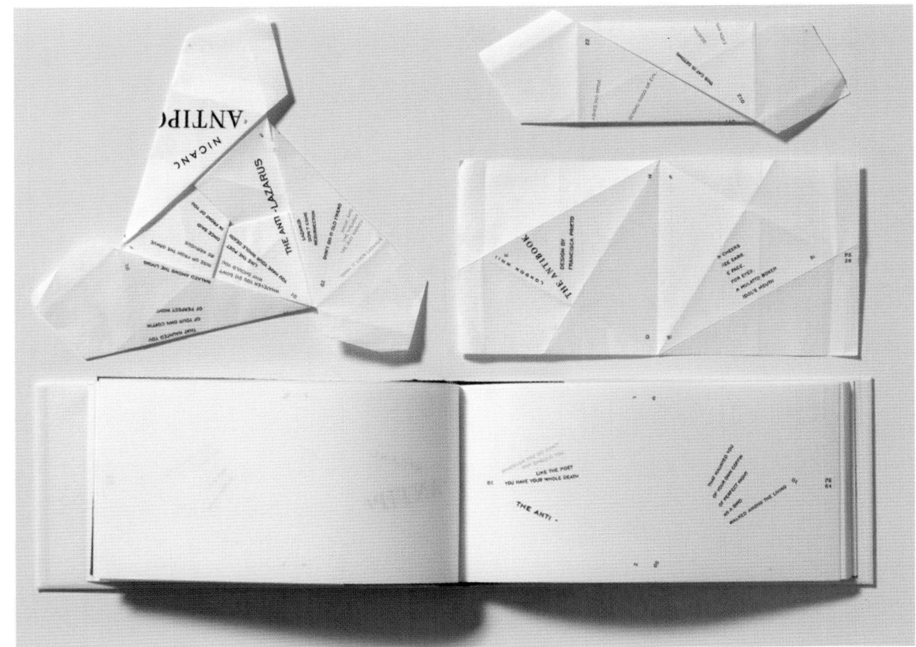

맨 왼쪽과 왼쪽 『반책』 비록 미술 그 자체는 전통적이지 않더라도, 미술가와 책 사이의 상호 작용만큼은 전통적이다. 하지만 책과 미술품 사이의 구분선은 경우에 따라 다르다. 에른스트는 내용만큼은 전적으로 새롭지만, 외형만큼은 전통적인 유형의 책을 만들었던 반면(220~221쪽 참고), 프란시스카 프리에토 같은 사람들은 기존의 텍스트를(여기서는 파라의 『반시(反詩)』를) 출발점으로 이용했다. 그녀의 종이접기 20면체는 가로 15센티미터, 세로 17센티미터, 폭이 19센티미터이다.

관련 내용

책의 형태에 관한 해석의 다른 사례로는,
『길가메시 서사시』, 18~19쪽
파라바이크, 40~41쪽
메젠도르퍼의 『대서커스』, 198~199쪽
슐라웨시본 '론타르', 252~253쪽
서적 예술에 대한 접근법의 다른 사례로는,
크라나흐판 『햄릿』, 214~215쪽
에른스트의 『친절의 일주일』, 220~221쪽

이것도 책이라고 할 수 있을까?

서로 다른 필요 때문에 그 필요를 만족시키는 서로 다른 판형이 나왔다. 그렇다면 독자는 자기 책에서 무엇을 필요로 하는 것일까?

디지털화와 전자책에 관한 장(章)에 와서, 갑자기 인도네시아의 술라웨시에서 제작된 이 놀라운 물건 이야기를 꺼내는 것은 상당히 의외일 것이다. 하지만 우리가 이것을 굳이 여기 포함시킨 이유는 그 **판형**이 곧바로 인식 가능한 것이기 때문이다. 이는 유대교 예배에서 사용되는 모세 오경의 **두루마리** 형태라든지, 또는 지금은 사용하지 않는 띠 형태의 녹음테이프와도 아주 다르지는 않다. 그렇다면 술라웨시의 부기족은 왜 굳이 이런 판형을 채택했는지 궁금할 수도 있다. 사실 부기족과 마카사르족은 다른 문화에서 사용되는 다른 형태의 책도 접한 바 있었으며, **코덱스**도 사용했다. 따라서 설령 여러분이 그 글자를 읽지 못한다 하더라도, 이 책이 읽기 위해 의도된 책이라고, 아마도 공식 행사에서 사용하는 책이라고 추론이 가능할 것이다.

가만히 생각해보아도 그렇다. 이런 두루마리 판형은 사용하기가 어렵다. 마이크로필름을 사용하지 않을 수 없는 현대의 연구자라 하더라도, 자기가 읽으려는 페이지를 찾으려고 수백 페이지를 일일이 넘겨보아야 하는 상황을 싫어하게 마련이다. **파피루스**에 글을 쓰던 고대에는 두루마리 형태가 충분히 이해할 만했지만, 그리스와 로마에서는 오늘날 우리가 사용하는 것 같은 코덱스 판형으로 옮겨갔는데, 왜냐하면 찾아보기도 더 쉽고, 앞으로 돌아가기도(또는 맨 뒤로 가기도) 더 쉽기 때문이었다.

그러니 책이란 단순히 텍스트를 담은 그릇 이상의 존재라는 사실을 다시 한 번 말할 필요가 있다. 책이 만들어지는 방식에 대한, 또는 책을 만드는 데 사용되는 재료에 대한 인식, 그리고 책을 훌훌 넘겨보며 어떻게 배열되었는지를, 어떤 독자를 겨냥했는지를, 이전에 누가 가졌고 어떻게 사용했는지에 대한 단서라든지 그 대화에서의 잠재적인 문제를 알아보는 것. 경험 많은 독자에게는 이런 것들이야말로 거의 본능적인 일이 된다(왜냐하면 희귀본 관리자에게는 책 냄새를 맡아보거나, 또는 책의 종이를 흔들어 사각거리는 소리를 들어보는 것 역시 추가의 '법의학적' 정보를 제공하기 때문이다). 이는 마치 (그 책의 듀이

분류 번호와도 같은) '메타자료'로의 연장과도 유사하며, 이 역시 전자책에서는 대부분 없는 요소이다. 아마존닷컴의 '본문 보기' 기능은 책을 구매하는 데에는 유용하지만, 그것 자체는 인쇄본을 훌훌 넘겨보는 행위의 어설픈 대체물에 불과하다.

앞에 나온 여러 장들에서의 논의는 이런 '메타자료'의 중요성에 관한 여러 가지 사례를 보여준다. 희귀본 관리자 가운데 상당수는 자기네 컬렉션에 있는 책을 디지털화할 때, 잠재 독자에게 제공할 이런 '메타자료'를 알아내기 위해 일한다. 물론 쉬운 일은 아니다. 예를 들어 여기 소개한 술라웨시 필사본의 텍스트를 디지털화하더라도, 어떻게 그것 하나로 이 모든 단서를 제공할 수 있겠는가? 상당수 전자책 공급자 및 조달자가 이렇게 하지 않는다는, 또는 그럴 필요조차 느끼지 못한다는 사실은 참으로 낙담스럽다. 이런 일이 더 잘 이루어지지 않는 한, 전자책의 미래는 오로지 종이책에 대한 보완물로만 남을 것이며, 앞으로도 종이책은 계속 생산되고 애독될 것이다.

왼쪽 **술라웨시의 얼레 모양 책** 이 '론타르' 필사본은 1907년 이전에 인도네시아 남(南)술라웨시에서 제작된 것으로, 우리가 알고 있는 대부분의 '책'보다는 오히려 낚시용 얼레를 더 많이 닮았다. 팔미라 야자나무로 만든 끈에 적힌 텍스트(부기어 서사시인 『라 갈리고(La Galigo)』의 한 회〔回〕이다)가 두 개의 얼레 사이를 오간다(한편으로는 앙헬라 루이스 로블레스의 『기계식 백과사전』과도 유사하다. 244~245쪽 참고).

위 **텍스트 띠** 남술라웨시 불루쿰바에서 제작된 또 다른 '론타르' 필사본은 1887년 이전의 것으로, 인도네시아 타네트 왕조의 한 왕비가 부기어로 작성한 편지이다.

관련 내용

두루마리(또는 띠) 형식 책의 다른 사례로는,
『아니의 사자의 서』, 22~23쪽
루이스의 『기계식 백과사전』, 244~245쪽
인도네시아의 책 형태의 다른 사례로는,
바탁의 '푸스타하', 38~39쪽
『보낭의 서』, 92~93쪽

A

ABUGIDA(아부기다)

'음소'와 '음절' 모두의 성격을 갖고 있는 분절(分節) 문자 체계로, 자음에 모음을 더함에 따라 '바(ba)'도 되고, '베(be)'도 되고, '비(bi)'도 되는 방식이며, 이렇게 한 음절을 한 단위로 삼는다. '아부기다'라는 명칭은 에티오피아 게즈어의 처음 네 철자에서 유래했다('알파벳'이라는 명칭이 그리스어의 처음 두 철자인 '알파'와 '베타'에서 유래한 것과 같다).

ALIM(agarwood tree, 침향목(沈香木))

학명은 *Aquilaria malaccensis*. 수마트라와 다른 인도네시아의 섬에서는 그 속껍질을 기록면으로 사용한다.

AMHARIC(암하라어)

에티오피아와 에리트레아에서 사용하는 셈어족의 고대 언어. 굵은 펜을 이용해 게즈어로 작성하며, 띄어쓰기와 기타 지시 기호로 이루어진 독자적인 구두법 체계가 있다.

우피지에 작성한 **암하라어** 텍스트의 한 페이지. 검은색과 붉은색의 게즈어 또는 에티오피아어 서체로 작성했다. 에티오피아.

17세기의 인쇄업자가 사용한 꽃무늬가 추상적인 **아라베스크** 문양을 형성하고 있다.

ARABESQUE(아라베스크)

장식용 주제로, 원래는 아칸서스 잎사귀의 연속적이고 양식화된 표현으로 이루어져 있었다. 이슬람 미술에서(예를 들면 유광 타일에서) 널리 사용되었으며, 이런 유행이 책 장식으로도 옮겨졌는데, 특히 베네치아에서 생산된 책이 그러했다. 초기 인쇄업자의 꽃이나 꽃무늬 가운데 상당수는 추상적인 아라베스크 디자인에서 나왔다.

ATELIER(아틀리에)

영어의 '공방(workshop)'에 해당하는 프랑스어이다. 훗날 영어에서는 주로 순수 및 장식미술에 종사하는 작가의 공방을 의미하는 데 사용되었다. 공방에서는 대표 장인 한 명이 여러 조수와 도제와 학생을 거느리고 협업으로 작품을 만들어 자기 이름으로 내놓는다. 과거의 길드 체계에서는 사실상 우두머리 인쇄공과 그 직공과 도제 모두가 한 아틀리에에 속해 있는 셈이었다. 하지만 오늘날에는 (장인이 만들었건 직공이 만들었건 간에) 예외적으로 높은 품질을 지닌 작품을 내놓는 공방을 가리킬 때 사용된다. 예를 들어 뉘른베르크의 미하엘 볼게무트와 빌헬름 플라이덴부르프의 사례라든지, 영국의 토머스 뷰익의 사례가 그렇다. 〔참고〕: 셰델의 『뉘른베르크 연대기』, 100~101쪽; 뷰익의 『영국 조류사』, 172~173쪽.

ASCENDERS(위뻗친획 철자)

로마자의 대문자는 모두 높이가 똑같고, 일관적인 기준선 위에 올라앉아 있다(예외라면 아래로 획을 뻗친 Q뿐이다). 아래서랍자(소문자)도 대부분 똑같은 기준선 위에 올라앉아 있다. 위뻗친획 철자는 그중에서 획이 x보다 더 높이 올라가는 철자(즉 b, d, f, h, k, l, t)를 말한다. 그런가 하면 획이 x보다 더 높이 올라가는 동시에 더 낮게 내려가는 예외적인 경우도 있다(이탤릭체 *f*가 그렇다). 〔참고〕: DESCENDERS(아래뻗친획 철자).

B

BANDES DESSINÉES(방드 데시네)

약자는 bds, 프랑스와 벨기에에서 간행되는 (예를 들어 에르제의 '땡땡' 시리즈 같은) 그래픽노블을 지칭하는 프랑스어이다.

BASTARDA(바스타르다체)

14세기와 15세기에 서유럽에서 사용하던 고딕 서체의 일종. 주로 책이나 문서를 토착어로 필사할 때 사용되었는데(이 서체로 라틴어 텍스트를 작성한 경우는 매우 드물었다) 단순화된 자형을 이용한 서체라 신속한 필기가 가능했다. 프랑스와 플랑드르에서는 이 서체의 디자인이 특히 훌륭했다. 캑스턴이 영국에서 처음 사용한 활자도 이 서체의 어설픈 해석에 해당했다. 프랑스에서도 바스타르다체가 사용되다가 16세기에 들어 **로마자**와 **이탤릭체** 디자인이 대신하게 되었지만, 독일에서는 이 서체가 **슈바바허체**와 **프락투어체**로 발전하여, 20세기 중반까지 사용되었다. 〔참고〕: 크리스토포로의 『군도지』, 70~71쪽; 캑스턴의 『체스 교훈담』, 102~103쪽.

BLACKLETTER(흑체)

인쇄술 초창기에 사용된 필기체 겸 활자체. 영어 인쇄본의 '고대 영어' 서체를 의미하는 말로 종종 사용된다. 〔참고〕: 윈킨의 『재미있는 질문들』, 104~105쪽.

BLOCK BOOKS(목판 책)

'목각 인쇄본(xylographica)'이라고도 한다. 50쪽 이내의 짧은 분량의 책으로, 활자 조판 대신 목판에 텍스트와 삽화를 직접 새겨 만든다. (구텐베르크가 인쇄술을 발명한 이후인)

15세기에 나타났으며, 보통은 대중에게 배포하려는 종교 서적이었다.

BOUSTROPHEDON(좌우교호서법〔左右交互書法〕)

그리스어의 '수소(bous)'와 '뒤집다(strophē)'에서 유래한 말로, 수소를 부려 밭을 갈 때와 비슷하게 한 줄씩 좌우로 오가는 상황을 일컫는다. 고대 그리스와 에트루리아 필사본 및 비문에서 찾아볼 수 있는 양방향 텍스트를 말하며, 여기서는 문장이 한 줄씩 서로 반대 방향으로 나열된다. 즉 (현대 유럽 언어에서처럼) 왼쪽에서 시작하여 오른쪽에서 끝나거나, 또는 (셈어족의 경우처럼) 오른쪽에서 시작하여 왼쪽에서 끝나는 것이 아니라, 1행은 왼쪽에서 시작하여 오른쪽으로 끝났다가, 2행은 방향과 글자 모두가 '뒤집혀' 오른쪽에서 시작되어 왼쪽에서 끝나기 때문에, 결국 먼저와 반대 방향으로 읽는다.

C

CALENDERING(압착)

연마용 롤러를 거쳐서 매끄러운 표면을 갖게 된 **종이**를 가리켜 압착(또는 '가열 압착') 종이라고 부른다. 18세기에 도입된 이 기술의 활용은 **요판(凹版)** 인쇄나 **현대식 자체**의 로마자 활자 인쇄에 안성맞춤이었다. 〔참고〕: HOLLANDER(네덜란드식 분쇄기).

CAMERA OBSCURA(카메라 옵스쿠라)

바늘구멍을 통해서 닫힌 상자 또는 암실(暗室) 속에다가 이미지를 포착하는 광학 장비로, 고대로부터 있었으며 17세기 때부터 화가들의 보조 도구로 널리 사용되었다. 루이 다게르의 선구적인 사진 기법은 카메라 옵스쿠라를 이용해 **다게르(은판) 사진**을 만드는 것이었으므로, 사진을 찍는 장비를 일컫는 '카메라'라는 명칭도 여기서 유래했다.

CANGJIE(창힐〔蒼頡〕)

중국의 문자 작성 체계인 한자(漢字)를 만들었다는 전설의 인물. 그의 이름은 1976년에 타이완에서 만든 컴퓨터 입력 체계의 이름으로도 사용되었는데, 이를 이용하면 일반적인 QWERTY 자판을 이용해 중국 텍스트의 모든 한자를 입력할 수 있다.

CAROLINGIAN MINUSCULE(카롤링거 소문자체)

8세기에 샤를마뉴 치하에서 요크의 앨퀸이 운영한 **필사실**에서 개발한 공식 필체에 붙여진 명칭. 이 서체는 이후 서유럽에서 널리 사용되었으며, 오늘날 우리가 사용하는 (a, b, c, d 같은) '아래서랍자(소문자)'는 바로 이 카롤링거 서체에서 유래했다. 〔참고〕: 장크트갈렌 『독창곡집』, 114~115쪽.

CHANSONS DE GESTE(무훈시〔武勳詩〕)

8세기부터 9세기에 걸친 샤를마뉴와 그 후계자의 치세를 배경으로 한 전설의 핵심을 이루는 프랑스의 서사시. 그중 상당수가 (어떤 것은 수천 행에 달하기도 하는데) 12세기부터 15세기까지 제작된 필사본에 수록되어 전해진다. 브라질의 '끈책' 문학에서도 이 장르의 메아리가 아주 희미하게나마 엿보인다.

CHAPBOOKS(장사치 책)

18세기와 19세기 초에 간행된 작은 소책자로, 외형상으로는 접지를 꿰매지만 보통 제본하지는 않으며, 내용상으로는 대중적인 성격의 저렴하고 저급한 출판물이다. 지방에서는 행상과 '장사치(chapmen, 바로 여기에서 그 이름이 유래했다)'가 판매하고, 또는 런던이나 지방 도시에서는 서적상이 판매한 장사치 책은 프랑스의 에피날에서 발행된 포스터 작품과도 유사한 대중 오락물이었다. 수천 부씩 판매된 장사치 책은 『뉴게이트 연감』(164~165쪽 참고)이나 '1페니 유혈 소설'과도 유사한 내용을 다루었고, 더 최근의 사례로는 나이지리아나 브라질의 길거리 문학과도 유사성이 있다(222~223쪽 참고).

CHOLIAMBIC(불규칙 단장격)

시의 운율 가운데 하나로, 고전 시기의 그리스어와 라틴어 시에서 사용되었다.

『악마의 경매』라는 희곡을 수록한 **장사치 책**. 자연산 갱지에 활판 인쇄로 찍었고, 유명한 삽화가 호세 과달루페 포사다의 동판화를 수록했으며, 1890년부터 1932년 사이의 언젠가 멕시코에서 간행했다.

CODEX/CODICES(코덱스)

글을 적은 낱장을 여러 장 모으고, 접고, 묶어서 현대의 책과 유사한 형태로 만든 필사본(고전 시대에는 이런 식으로 묶은 책을 '코덱스'라 불렀고, 이집트의 **파피루스** 필사본처럼 낱장을 이어 붙여 두루마리로 만든 것을 '볼루멘(volumen)'이라고 불렀다).

COLLAGE(콜라주)

종이(또는 다른 재료)의 조각을 모아서 평면에 붙이거나 쌓아서 새로운 작품을 만드는 미술 기법. 18세기 말에 나온 딜레이니의 꽃 그림은 이 기법의 초기 사례이지만, 20세기에는 현대 미술과 더 긴밀하게 연관되었다. 초현실주의자 막스 에른스트, 큐비즘 화가 파블로 피카소와 조르주 브라크의 경우가 특히 그렇다. 〔참고〕: 에른스트의 『친절의 일주일』, 220~221쪽.

COLOPHON(간기〔刊記〕)

(1) 속표지가 도입되기 이전 시기, 초기 인쇄본

끝부분에 적어놓는 텍스트로, 인쇄업자의 이름과 날짜 같은 기본 정보가 들어 있었다. 현대의 일부 예술 인쇄본에서는 한정판 표시, 자체(字體)나 용지 관련 세부 사항 등이 들어 있기도 하다. (2) 인쇄업자의 문장(紋章)이나 출판사의 상표를 가리키는 명칭으로 종종 (잘못) 사용되는데, 왜냐하면 이런 문장이나 상표가 보통 간기가 있는 페이지에 (더 최근에는 속표지에) 함께 나와 있기 때문이다.

COMPOSITOR(식자공)
우두머리 인쇄공으로부터 할당받은 텍스트를 조판하는(식자하는) 인쇄공. 그리스어나 히브리어 또는 수학 텍스트의 조판을 위해서는 그 분야의 전문 식자공을 채용했지만, 원래 식자공은 당연히 문자 이용 능력이 있어야 했다. 따라서 이들은 종종 읽기 힘든 저자의 원고를 읽고 이해할 수 있고, 철자법이나 구두법의 교정을 제공할 수 있었다.

CONCRETE POETRY(구체시)
시의 일종으로, 여기서는 전통적인 문학적 내용뿐만 아니라, 타이포그래피상의 배치도 저자가 의도한 효과를 전달하는 데 중요하다. 예를 들어 마리네티와 다다이스트의 작품이 그렇다. 〔참고〕: 카멘스키의 『암소들과의 탱고』, 218~219쪽; 프리에토의 『반책』, 250~251쪽.

CUNEIFORM(쐐기문자)
기원전 3300년경부터 고대 메소포타미아에서 사용된 문자 작성 체계로, 서기 75년경에 페니키아 알파벳으로 대체되어 이후로는 사용되지 않았다. 쐐기 모양의 갈대를 이용해 축축한 진흙 평판에 표식을 하는 이 문자 작성 체계는 널리 채택되어 발전했다. 이런 평판 수십만 개가 발굴되었는데, 그중 일부는 아직 해독되지 않은 상태이다. 〔참고〕: 『길가메시 서사시』, 18~19쪽.

CYANOTYPE(청사진 인화법)
1842년에 존 허셸 경이 고안한 밀착 인화법으로, 페리시안화칼륨을 이용해 인화지를 만든다(청사진은 공학자들이 종종 사용한다). 책의 경우에는 애너 앳킨스라든지 일부 추종자들과 가장 밀접하게 연관된 기술이다. 〔참고〕: 앳킨스의 『영국 조류 사진 도감』, 184~185쪽.

D

DAGUERREOTYPE(다게르〔은판〕 사진/인화법)
1830년대에 프랑스에서 개발된 초기 사진의 한 형태로, 고안자인 루이 다게르의 이름을 따서 지어진 이름이다. 이것은 최초의 상업적 사진 인화법이었다. 이 인화법은 (표면에 은을 도금하고 광택을 낸 다음, 거기다가 옥소 가스를 접촉시켜 감광성을 얻게 한) 구리판을 카메라에 넣어 노출시키고, 가열한 수은 증기 위에서 이미지를 현상하는 방법이다. 이것은 초상 사진가에게 특히 인기 있는 인화법이 되었는데, 왜냐하면 기술의 향상 덕분에 노출 시간이 더 짧아졌기 때문이다. 〔참고〕: 뒤페를리의 『자메이카 사진 여행』, 186~187쪽.

DESCENDERS(아래뻗친획 철자)
기준선 아래로 획이 내려간 (g, j, p, q, y 같은) 소문자를 말한다. 〔참고〕: ASCENDERS(위뻗친획 철자).

DEVICE / PRINTER'S MARK(문장〔紋章〕)
어떤 책이 특정 업체에서 제작된 것임을 독자가 한눈에 알아볼 수 있도록 **간기(刊記)**나 속표지에 집어넣는 고유 상표.

인쇄업자의 **문장.** 알두스 마누티우스의 돌고래와 닻 문장은 1501년에 그가 벰보 추기경에게 선물로 받은 고대 로마의 경화(硬貨) 뒷면에 찍혀 있는 문양에서 차용한 것이다.

DIDOT(디도)
(1) 18세기부터 19세기까지 프랑스에서 활동한 유명한 인쇄/출판업 가문. (2) 프랑스에서 광범위하게 사용된 **현대식 자체(字體), 로마자, 활자**의 이름. (3) 유럽의 인쇄용 활자 크기 측정법(영미 업계에서는 **피카**가 활자 크기 측정에서 기준으로 사용되었다).

DIME NOVEL(10센트 소설)
19세기 말에 미국에서 생산된 대중 문학을 경멸적으로 부르는 용어. 〔참고〕: 파월의 『올드 그리즐리 애덤스』, 192~193쪽. 〔참고〕: PENNY DREADFUL(1페니 공포 소설).

DISS(해판〔解版〕)
'흩어놓다(distribute)'의 약자. 한 번 조합해서 사용한 활자를 나중에 다시 사용하기 위해 활자통에 도로 정리해 집어넣는 것을 뜻하는 인쇄 용어. 해판의 필요성은 인쇄 비용을 높이는 요인이었다. 결국 활자의 주조와 조판에 기계가 도입되고 나서야 해판 과정 자체가 사라지며 인쇄 비용이 절감되고, 그로 인해 책값도 저렴해졌다.

DLUWANG / DULUANG(들루왕)
닥나무(학명은 *Broussonetia papyrifera*) 또는 다른 열대 식물의 속껍질을 벗겨내고, 두들겨서 얇게 만들고, 연마해서 만드는 기록면이다. 해충의 공격에 매우 취약하지만, 이 목피지(나무껍질 **종이**)는 최근까지 인도네시아와 필리핀 전역에서 널리 제작되었으며, 그보다 더 이전에는 중국 남부와 동남아시아에서도 제작되었다. 남태평양에서는 **타파**라는 이름으

오른쪽 디드로와 달랑베르의 『백과전서』(1751~1757)에서 활판 인쇄를 묘사한 도판. 맨 위는 활자를 조판하고 해판하는 **식자공**의 모습이다. 그 아래는 여러 가지 활자와 여백을 표시하는 공목(空木)의 모습이다. 그 아래는 식자용 막대 틀(식자공은 왼손에 막대 틀을 들고, 오른손으로 활자를 뽑아 막대 틀에 집어넣는다. 막대 틀에서 문장이 완성되면, 거기 있는 활자를 조판 상자로 옮겨 담는다 – 옮긴이)이다. 맨 아래는 정해진 길이에 맞춰놓은 활자들이다.

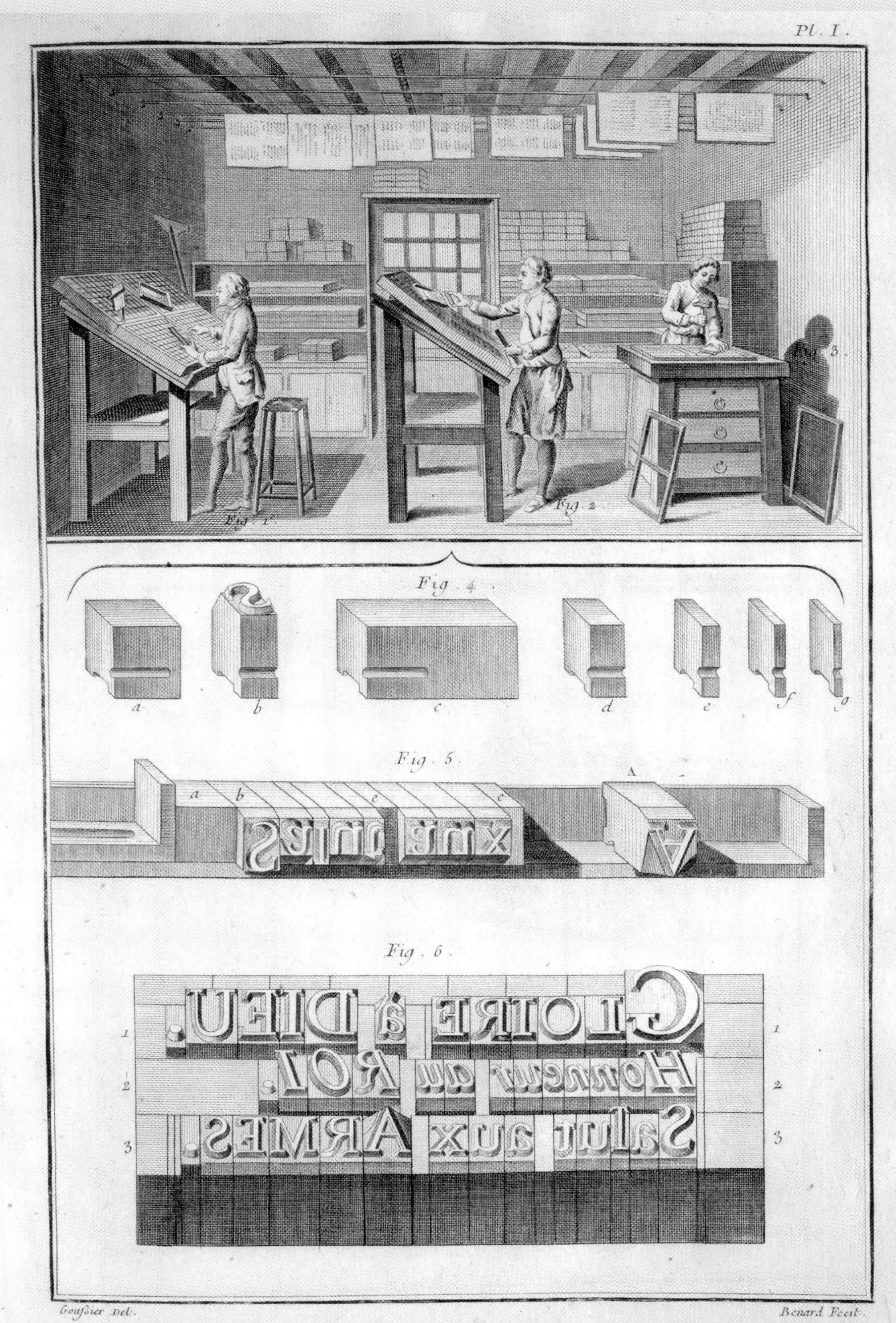
Pl. I.
Fig. 1.
Fig. 2.
Fig. 3.
Fig. 4.
a
b
c
d
e
f
g
Fig. 5.
Fig. 6.
Goussier Del.
Benard Fecit.
Imprimerie en Lettres, L'Operation de la casse.

로 지금도 제작되고 있으며, 멕시코에서도 이와는 또 다른 식물을 이용해 '아마테'라는 이름의 목피지를 제작하고 있다. 〔참고〕: 『보낭의 서』, 92~93쪽.

DUODECIMO(12절판, 약자는 12mo; 12°)

종이 한 장을 세 번 접어 열두 장으로 만들고, 거기다 인쇄해서 만든 책을 말한다. 초기에 나온 종이표지본(페이퍼백)의 **판형**이 대부분 12절판이었다. 〔참고〕 레먼의 『왈츠로의 초대』, 224~225쪽.

E

ELECTROTYPE / -ING(전기 도금판/전기 도금)

전기 분해를 이용해 얇은 구리판에 복제판을 만드는 인쇄 공정을 말하며, 1830년대에 상트페테르부르크와 리버풀에서 독자적으로 발명되었다. (1) 활자 제조업자의 펀치/주형과 똑같은 복제본을 만들 수 있기 때문에, 중국에서는 한자(漢字) 활자의 대량 생산을 용이하게 만들기도 하고, 서양에서는 활자 제조업자가 다른 활자 제조업자의 디자인을 해적질하는 부작용이 나오기도 했다. (2) 19세기 중반의 **원물 인쇄** 기법처럼, 판화 **요판(凹版)**의 복제본을 만들어 인쇄에 이용할 때 사용했다. (3) (인쇄용 활자 또는 눈목판화의 페이지의) 정확한 복제본을 볼록 표면으로 만들어 더 광범위한 간행이 가능하게 했다. 1840년경부터 20세기 후반까지 널리 사용되었다. 〔참고〕: STEREOTYPE/STEREOTYPING(연판 인쇄/연판 인쇄술).

EMBLEM BOOKS(우의집〔寓意集〕)

16세기와 17세기에 서유럽에서 인기를 누린 삽화본으로, (검열관이 의심하는 바에 따르면) 독자는 텍스트에 반드시 명시되지는 않은 의미를 그림에서 읽어낼 수 있었다. 〔참고〕: 에라스뮈스의 『우아한 편지 작성법』, 126~127쪽.

F

FASCICLE(분책〔分冊〕)

책 한 권의 일부분에 해당되며, 종종 구매자에게 개별 판매되었기 때문에, 아직 편집이 완료되지 않은 상태에서도 책의 앞부분을 독자가 읽을 수 있게 해주었다. 보통 분량이 많은 참고도서라든지, **요판** 판화가 삽화로 들어 있는 책이 이렇게 간행되었다.

FLAP-BOOK(덮개 책)

〔참고〕: HARLEQUINADES(어릿광대 책).

FOLIO(2절판, 약자는 fo; 2o)

수제 종이 한 장을 절반으로 접어 두 장으로 만든 판형을 말한다. 사용한 종이의 크기에 따라 약간씩 다르지만, 2절판은 4절판이나 8절판에 비해 비교적 판형이 크다.

FONT / FOUNT(폰트)

함께 사용하기 위해 설계하고 깎은 활자 세트를 말한다. 폰트 한 벌에는 대문자(A부터 Z 그리고 Æ와 OE 등도 포함), **아래서랍자(소문자**, a부터 z까지, 아울러 β 등도 포함), 작은 대문자(A부터 Z까지), **이탤릭체** 대문자와 아래서랍자(소문자), 구두점 기호와 특수 문자(*, &, $ 등)가 모두 포함된다. **폰트**라는 말은, 이런 '종류(sorts, 즉 서로 다른 종류의 활자)'를 갖가지 크기로(예를 들어 12포인트, 24포인트 등) 갖추었음을 의미하는 것으로 종종 받아들여진다. 이 모두를 가진 인쇄소는 가장 큰 업체뿐이었다(이미 사용한 활자는 해판해야만 다시 쓸 수 있었으므로). '종류가 떨어진(out of sorts)' 상황이 벌어지면 (활자 제조업체와 신속히 접할 수 없는 이상) 인쇄업자에게 심각한 문제가 되었다.

EMBLEMA XIV. De secretis Naturæ.
Hic est Draco caudam suam devorans.
EPIGRAMMA XIV.
Dira fames Polypos docuit sua rodere crura,
Humanâque homines se nutriisse dape.
Dente Draco caudam dum mordet & ingerit alvo,
Magnâ parte sui fit cibus ipse sibi.
Ille domandus erit ferro, fame, carcere, donec
Se voret & revomat, se necet & pariat.

제 꼬리를 삼키는 용의 그림과 함께 경구(警句)가 나와 있다. 미하엘 마이어의 『도망치는 아탈란타』는 연금술에 관한 **우의집(寓意集)**으로, 시와 텍스트와 50곡의 푸가가 들어 있으며 (제목의 '도망치는(fugiens)'과 음악의 '푸가(fugues)'의 어원이 같다는 데에서 착안한 말장난이다) 요한 테오도르 드 브리의 동판화를 담아 1618년에 오펜하임에서 간행되었다.

FORMAT(판형)

(1) 책의 크기와 형태를 말하며, 페이지를 만들기 위해 원래의 종이 한 장을 접는 횟수에 따라 결정된다. 〔참고〕: FOLIO(2절판); QUARTO(4절판); OCTAVO(8절판); DUODECIMO(12절판). (2) 책이나 다른 간행물의 일반적인 물리적 외관을 말하며, 여기에는 종이의 품질, 여백, 자체(字體), 제본 등이 포함된다.

FRAKTUR(프락투어체)

16세기 초부터 제2차 세계대전까지 독일어(그리고 다른 몇 가지 지역어)의 인쇄에 사용된 단정한 느낌의 공식 활자이며 **흑체** 활자이다. 라틴어와 다른 언어에서도 이 자체가 사용되다가, 18세기부터 대부분 안티쿠아체(**로마자**)로 대체되었지만, 여러 독일 문학 텍스트는 계속해서 프락투어체로 인쇄되었다. 여기에는 **이탤릭체**에 해당하는(즉 로마자 자체로 인쇄된 책에서 '강조' 표시를 담당하는) 요소가 전혀 없어서, 인쇄업자들은 또 다른 흑체 자체(즉 **슈바바허체**)를 이용하거나, 자간 조절 방식을 이용했다.(로마자 본문에서 강조할 단어를 이탤릭체로 표시해서 눈에 띄게 만드는 것처럼, 흑체 본문에서는 강조할 단어의 자간을 더 벌려서 눈에 띄게 만들었다(예를 들면 '좌우교호서법'을 '좌 우 교 호 서 법'이라고 표시하는 것이다 – 옮긴이). 〔참고〕: 구스타브 바사 성서, 124~125쪽.

프락투어체 활자의 최초 사용 사례 가운데 하나는 1550년에 덴마크에서 간행된 '크리스티안 3세 성서', 일명 '종교개혁 성서'의 붉은색 표지 위에 인쇄된 글자이다. 그 주위의 눈목판화(세부)는 에르하르트 알트도르퍼의 작품이다.

G

GRAPHIC NOVEL(그래픽노블)

성인(아울러 아동)을 위한 이야기이지만, 줄거리와 행동을 그림으로 표현한(예를 들어 린드 워드의 소설처럼) 작품. 또는 프랑스/벨기에의 방드 데시네(베데)나 일본 만화의 경우처럼, 그림에 제한된 분량의 텍스트를 조합한 작품이다.

H

HARLEQUINADES(어릿광대 책)

'변신 책', '덮개 책', '뒤집기 책'이라고도 일컬어지며, 런던의 출판인 로버트 세이어가 처음 고안했고, 1765년부터 19세기 초까지 인기를 누렸다. 아동서에 사용된 **판형**으로, (보통은 판화가 들어 있는) 낱장 두 개를 합쳐 만든다. 첫 번째 낱장은 세로로 접어서 네 개의 면을 만든다. 두 번째 낱장은 잘라서 네 개의 면 위아래에 붙여 덮개로 삼아 각각의 덮개를 펼쳤다 접었다 할 수 있게 만든다. 이 책은 모두 네 페이지로 이루어지는데, 각 페이지마다 수록된 시에는 짧은 이야기가 나오고, 맨 끝에 가서는 덮개를 펼치라는 지시가 나온다. 덮개를 위나 아래로 펼치면, 독자는 기존 그림의 절반이 새로운 그림으로 대체되는 것을 보게 된다. 이렇게 덮개를 하나씩 펼침으로써, 이야기가 의외의 방향으로 흘러가게 된다는 사실이 밝혀진다. 〔참고〕: 메겐도르퍼의 『대서커스』, 198~199쪽.

HIEROGLYPHICS(상형문자)

고대 이집트인이 사용하던 문자 작성 체계로, **표의문자**와 알파벳의 요소 모두를 포함한다. **파피루스**와 나무에 작성된 종교 문헌에서는 이집트인이 흘림체 상형문자를 사용했다. 〔참고〕: 『아니의 사자의 서』, 22~23쪽.

HOLLANDER(네덜란드식 분쇄기)

1680년에 네덜란드에서 개발된 종이 원료 분쇄기를 말하며, 아마나 삼 같은 식물 섬유를 분쇄해서 제지용 종이 펄프로 만든다. 이 기계는 작업 속도가 빨라 유럽의 제지소에서 사용되던 기존의 '방아식 분쇄기'를 대체했지만, '네덜란드식 분쇄기'로 만든 **종이**는 더 약하다는 단점도 있었다.

HOT-PRESS/ING(가열 압착)

〔참고〕: CALENDERING(압착).

HYPERTEXT(하이퍼텍스트)

전자 장치에 나타나는 텍스트로, 여기에서는 정보(텍스트, 도표, 이미지, 다른 웹 페이지로의 링크 등)가 여러 겹으로 저장되어 있다. 추가 정보에 대한 언급은 하이퍼링크로 표시되는데, 클릭이 가능한 이 링크는 대개 주 텍스트와는 다른 색깔로 강조되어 있다. 그 링크를 클릭하면 새로운 정보로 나아가게 된다. 이 형태는 에세이, 온라인 뉴스, 이력서, 심지어 소설에서도 점점 많이 사용되는 추세이다(210쪽에 소개된 소설 『오후, 이야기』 참고). 특히 소설의 경우에는 하이퍼링크가 가상의 교차로로 기능하여, 한 가지 줄거리의 전개가 다른 줄거리로 이어지게 된다.

I

IDEOGRAM/IDEOGRAPHIC (표의문자/표의문자의)

표의문자는 의미를 직접 표현하는 기호라는 점에서, (알파벳이나 **아부기다**처럼) 말이나 형태소를 표현하는 기호와는 다르다. 고대 이집트의 **상형문자**나, 초창기 중국의 문자 작성 체계는 **그림문자**나 표의문자였지만, 시간이 흐르면서 이런 기호에는 더 추상적인 의미도 깃들게 되었다. 현대 서양의 모든 알파벳의 원조인 페니키아어 알파벳만 해도 초창기 형태는 그림문자였다. 즉 알레프(A)는 수소, 베트(B)는 집, 김멜(G)은 낙타, 달레트(D)는 문을 나타냈다.

INCUNABULA(인큐내뷸러)

'요람기의 책'이라는 뜻으로, 구텐베르크의 발명 직후에 유럽에서 나온 초창기의 인쇄본을 가리키는 말이다. 보통은 15세기에 나온 인쇄본을 말하지만, 때로는 1520년 이전의 책 모두를 포함하기도 한다.

INSULAR(도서〔島嶼〕 양식)

서기 600년부터 900년까지 영국 제도와 아일랜드에서 발전한 미술의 형태이다. 필사본에서는 '켈스의 서'와 '린디스판 복음서'가 이 양식의 가장 유명한 사례이다. 〔참고〕: 켈스의 서, 60~61쪽.

INTAGLIO(요판〔凹版〕)

그림의 선을 금속판 표면에 음각하거나 식각(蝕刻)하는 인쇄 공정. 잉크를 도려낸 부분의 틈새에 집어넣은 다음, 종이를 판 위에 대고 강한 힘으로 눌러 이미지가 종이에 옮겨지게 한다. 요판 인쇄를 사용하면, 활판 인쇄기를 이용한 볼록판 인쇄보다도 더 섬세한 세부사항이 가능하기 때문에, 훌륭한 작품에는 이 공정이 선호되었다. 〔참고〕 린스호턴의 『여행 안내서』, 132~133쪽; 톰린슨의 『춤의 기술』, 146~147쪽.

ISOLARIOS(이솔라리오, 섬 안내서)

'섬에 관한 책'이라는 의미이며, 15세기와 16세기에 이탈리아 전역에서(특히 베네치아에서) 선원과 여행자를 위해 제작된 지도책을 말한다. 〔참고〕: 크리스토포로의 『군도지』, 70~71쪽.

'린디스판 복음서'의 세부. 「누가복음」의 도입부이다. 이 양피지 복음서는 7세기 말에 (영국 북동부 근해의 섬인) 린디스판의 수도원에서 이드프리스라는 수도사가 필사하고 장식해서 만들었다. 이것이야말로 **도서(島嶼)**, 일명 '앵글로하이버니아' 양식의 가장 훌륭한 사례로, 국내산과 수입산 동물과 식물과 광물 염료를 사용했다. 몰식자(沒食子) 잉크로 작성한 라틴어 텍스트 사이에 고대 영어로 쓴 주석이 달려 있다.

ITALIC(이탤릭체)

인문주의 시대의 흘림체 서체로, 14세기에 이탈리아 북부에서 발전했으며, 베네치아의 알두스 마누티우스가 이를 처음 자체(字體)로 깎은 다음, 옆으로 기울어진 아래서랍자(소문자)와 (똑바로 선) 로마자 대문자를 이용했다. 매우 성공적인 서체였던 **이탤릭체**는 종종 **로마자** 대신 사용되기도 했지만, 시간이 지나면서 로마자와 함께 사용되는 부차적인 자체가 되었다. 글자가 기울어지는 각도는 **폰트**마다 달랐으며, 똑바로 선(수직) 모양의 이탤릭체도 깎아 만들었다. 〔참고〕: 알두스판 베르길리우스 작품집, 108~109쪽.

K

KAMAWA-SA(카마와사)

버마의 필사본 중에서도 가장 성스러운 것으로, 불교 경전 가운데 팔리어 율장(律藏)의 발췌문으로 이루어져 있으며, 광택제를 바르고 도금한 론타르 잎사귀에 특수한 서체로 작성해 만든다.

KHIPU/QUIPU(결승문자〔結繩文字〕)

매듭을 짓거나 꼬아놓은 섬유를 글쓰기의 대안으로 사용하는 기억 장치. 에스파냐의 식민지 시기 이전까지만 해도 안데스 산맥의 여러 문명에서 널리 사용되었으며, 중국에서도 전설의 인물 황제(黃帝)가 기원전 2625년에 글쓰기의 발명을 명령했을 때 만들어진 '밧줄 매듭 꼬기' 체계가 있었다는 기록이 있다. 〔참고〕 카랄의 결승문자, 20~21쪽.

L

LIMITED EDITION(한정판)

발행 부수가 한정되어 있는 판본을 말하며, **개인 출판사**의 책에서는 이 사실을 알리는 표시가 일반적으로 **간기(刊記)**에 친필 또는 인쇄로 나와 있다. 예를 들어 '250 중 19'나 '19/250' 같은 표시는 이 책이 "250부 한정판의 19번째 책"이라는 의미이다.

LINOTYPE(라이노타이프)

1886년에 미국의 오트마 머겐탈러가 고안한 기계로, 텍스트를 입력하면 즉석에서 활자를 주조하여 인쇄판을 1행씩 만들어낼 수 있었다(때문에 '활자 1행〔Line of type〕'이라는 말에서 비롯된 이름이 붙었다). 이렇게 주조한 활자는 인쇄가 끝나면 재사용하기 위해 해판할 필요 없이, 그대로 폐기할 수 있다는 것이 장점이었다. 이후 라이노타이프는 (경쟁 상대인 다른 여러 장치와 함께) 신문 및 잡지 인쇄는 물론이고 서적 인쇄에서도 표준 장치로 사용되다가, 1960년대에 필름 조판 기계에 밀려나게 되었다.

LITHOGRAPHY(석판화)

18세기 말에 바이에른의 알로이스 세네펠더가 발명한 **평판 인쇄** 공정. 물과 기름이 섞이지 않는다는 원리에 의거하여, 바이에른산 석회석 평판을 이 공정의 수단으로 사용했다. 도안을 유성 펜으로 석판 위에 스케치하고, 석판에 물을 묻혀놓으면 잉크를 부었을 때 유성 표식에만 잉크가 달라붙게 만든다. 석판화의 가장 큰 장점은 볼록판이나 **요판**으로 제작된 판화를 석판에 그대로 옮길 수 있어서, 결국 판화를 저렴하게 제작할 수 있다는 점이다. 19세기 초의 신속한 발전 덕분에 석판화는 거의 활판 인쇄에 버금갈 정도로 중요성을 갖게 되었으며, 20세기 중반에는 아예 활판 인쇄를 대체해버렸다. 〔참고〕: 뒤페를리의 『자메이카 사진 여행』, 186~187쪽; 메겐도르퍼의 『대서커스』, 198~199쪽.

LIVRES D'ARTISTES(예술품 책)

프랑스어와 영어 모두 직역하면 '예술가 책'이라는 뜻이다. 미술가가 삽화를 그리고, 역시 유명한 (주로 파리에 있는) 인쇄 **아틀리에**에서 인쇄한 작은 판형의 책들이다. 고가에 판매되고, 일반적으로 최고의 전위 예술 제본업자가 장정하기 때문에, 읽기 위해서라기보다는 오히려 예술품으로 고안된 책이다. 보통 출판계 외부에서 간행되는 **개인 출판사** 간행본과 예술품 책 사이에는 정확한 구분이 어려운 경우가 많으며, 오히려 미술가와 인쇄업자의 간행 의도에 의존하여 구분을 시도하는 것이 일반적이다.

LONTAR(론타르)

인도와 남아시아에서 팔미라 야자나무나 론타르 야자나무(학명은 *Borassus flabellifer*)나, 탈리폿 야자나무(학명은 *Corypha umbraculifera*)의 잎사귀를 말려 기록면으로 사용한 필사본을 말한다. 이 야자나무 잎 필사본은 최대 기원전 5세기부터(그리고 어쩌면 그보다 더 오래전부터) 일반적인 기록면으로 사용되었다. 다만 그 보전은 지속적인 문제를 야기한다. 〔참고〕: 날란다본 『팔천송반야경』, 34~35쪽.

LOWERCASE(아래서랍자, 약자로는 L.C.)

알파벳 가운데 (a, b, c 같은) **소문자체**를 말한다. 영어 명칭을 직역하면 '아래 서랍'이 되는데, 인쇄소에서 대문자(약자로는 caps)는 위쪽 서랍에 보관하고, 소문자(약자로는 l.c.)는 아래의 서랍에 보관하는 데에서 비롯된 명칭이다.

M

METAMORPHOSES(변신 책)

〔참고〕: HARLEQUINADES(어릿광대 책).

MINUSCULE / MINISCUL(소문자체〔小文字體〕)

고대 그리스어 필사본에서(특히 성서 텍스트) 사용된 작은 흘림체 서체로, 7세기에는 **로마자**의 소문자 흘림체로 발전하여 '카롤링거 소문자체'가 되었다. 지금은 나중의 형태를 가리킨다. 아울러 인쇄업에서는 대문자와 구분되는 **아래서랍자(소문자)**를 가리키는 표현이다.

MISSAL(미사 전례서)

가톨릭의 전례서(典禮書)로, 연중 거행되는 미사와 관련된 순서와 지시가 교회의 예식대로 담겨 있고, 종종 시편(악보와 함께 실려 응창 성가로 부른다), 복음서, 사도 서한, 기도문도 함께 실려 있다. 장식이나 삽화가 곁들여진 경우가 많다.

MODERN FACE(현대식 자체)

18세기 중반부터 생산된 **로마자** 자체의 디자인. 이 디자인의 세리프 모양과 다른 측면들은 (이른바 구식 자체 활자의 모범이 되었던) 굵은 펜으로 작성한 필기체보다 공학자의 도면에 더 가까웠다. 19세기 말에 이르러 영어권에서 **구식 자체** 디자인이 다시 사용되기 전까지, 현대식 자체는 이후 한동안 전 세계 전체에서 표준이 되었다.

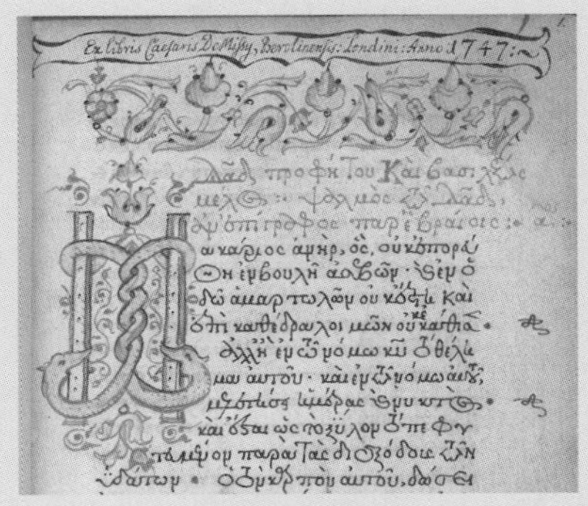

여기 나오는 장식된 머리글자와 그리스어 **소문자체**는 1661년에 이집트 시나이 산의 성(聖) 카타리나 수도원에서 수도사 마타이오스가 작성한 '시편집'의 일부이다. 머리글자는 붉은색과 노란색 펜 장식 가운데 일부이다.

MONOTYPE(모노타이프)

1890년에 미국의 탤벗 랜스턴이 고안한 기계로, 즉석에서 활자를 하나하나씩 조판하고 주조할 수 있었다. 활자를 한 행씩 만드는 **라이노타이프**에 비해 기술적 이점이 커서, 영국에서는 도서의 식자와 과학적 인쇄의 주요 장비로 이용되다가, 1960년대에 필름 조판 장치에 밀려났다.

N

NATURE PRINTING(원물 인쇄)

(1) 잎사귀나 꽃이나 깃털 같은 자연물을 이용해 이미지를 만드는 인쇄 기법. 대상에 직접 잉크를 바른 다음, 종이에 대고 찍어내는 것이다. 손도장(핸드프린트)이야말로 가장 오래된 형태의 원물 인쇄 작품이다. (2) 19세기 중반에 사용된 인쇄 기법으로, 자연물이나 레이스나 잎사귀 등을 납판 위에 누른 다음, **전기 분해**를 이용해 동판을 제작하고, 그걸 **요판**이나 활판 인쇄술 기법으로 인쇄하는 것이다.

NEUMES(네우마)

'숨, 호흡'을 의미하는 그리스어 '프네우마(pneuma)'에서 유래한 용어. 그리스어 텍스트의 강세를 나타내는 기호였다가, 나중에 모양이 변화되면서 음높이와 꾸밈음을 나타내는 지시가 되었으며, 그레고리오와 비잔틴의 전례 및 세속 합창의 (가사 한 음절에 한 음씩을 배당하여 연속으로 노래하는) 단선율 성가에서는 물론이고, 중세 초기의 다성률 성가에서도 기보법으로 사용되었다. 네우마는 현대의 음표의 선구에 해당한다.

제지술의 수호성인 채륜. 청(靑) 왕조 때의 디자인을 복제한 18세기의 목판화.

O

OCTAVO(8절판, 약자로는 8vo; 8°)

종이 한 장을 세 번 접어서 여덟 장으로 만들고, 거기다가 인쇄해서 모두 16페이지로 만드는 책의 **판형**이다. 따라서 8절판의 각 면은 원래 종이 크기의 8분의 1이 된다. 영어권에서는 대략 높이가 20센티미터에서 25센티미터가량(대략 A4용지 크기)의 작고 일반적인 책을 8절판이라 통칭하고, 그보다 더 큰 책은 **4절판**이나 **2절판**이라고 통칭한다(물론 어떤 책이 정확히 어떤 판형인지는 원래의 종이 크기에 따라 달라지지만 말이다).

OLD FACE(구식 자체)

유럽의 초기 인쇄업자들이 제작한 **로마자**의 자체로, 디자인은 르네상스 필사본에 사용된 인문주의 시대 서체를 많이 참고했다. 이 디자인이 변화되기 시작한 것은 18세기에 프랑스의 펀치깎이에 의해서였지만, 더 나중의 버전인 '캐슬론 구식 자체'는 그 세기 말까지 영국과 미국에서 여전히 정식으로 사용되었으며, 빅토리아 시대 말기에 이르러 다시 한 번 인기를 얻었다.

P

PALIMPSEST(팔림프세스트)

그리스어의 '다시 긁어내다(palimpsēstos)'라는 단어에서 유래했으며, **파피루스**나 **우피지**나 **양피지** 필사본 가운데 기존의 텍스트를 지우기 위해 표면을 긁어내고 다시 사용한 것을 말한다. '아르키메데스 팔림프세스트'가 가장 유명한 사례 중 하나인데, 비잔틴 시대의 어떤 소유주가 자신이 원하지 않았던 이 고전 저술가의 텍스트를 지운 다음, 그걸 재활용해 기도서를 만들었던 것이다.

PAPER(종이)

영어 명칭은 라틴어 '파피루스(papyrus)'에서 유래했으며, (아마나 대마 같은) 식물의 섬유를 분쇄하여 만드는 것이 전통적인 방법이다. 물에 뒤섞여 있는 섬유를 제지용 틀에 넣었다가 건져내고, 틀에 생성된 한 겹의 종이를 말리고 표면 처리를 하는 것이다. 초창기의 종이에서는 (서기 105년경에 한(漢)의 조신(朝臣) 채륜(蔡倫)이 처음 만들었다고 전하는데) 가늘게 쪼갠 대나무를 엮어 제지용 틀을 만들었다. 유럽에서는 가느다란 놋쇠 철사를 가로세로로 엮어 제지용 틀을 만들어, 종이를 빛에 비춰보면 뚜렷한 철망 무늬가 나타났다. 18세기 이후로는 철망을 이용해 제지용 틀을 만들었고, 19세기 초에 제지업이 기계화되면서 철망 제지용 틀의 사용도 보편화되었다(예외가 있다면 **개인 출판사**와 미술가가 선호한 값비싼 수공품 종이뿐이었다). 대부분의 현대 종이는 나무를 펄프의 원료로 사용하지만, 재활용 종이가 원료에 섞이는 경우가 점점 많아진다. 그로 인해 종이 표면의 품질도 떨어져, 그런 종이로 만든 간행물을 보전하는 것이 지속적인 문제가 된다.

PAPYRUS(파피루스)

사초(莎草)의 일종인 파피루스로 만든 기록면이다(이 식물의 학명은 *Cyperus papyrus*이고, 한때 널리 경작하던 지역의 이름을 따서 영어로는 '나일 그래스'라고도 한다). 이 재료의 안쪽 심지를 잘게 찢고 두 겹으로 깐 다음, 두들기고, 말리고, 광택을 내고, 표준 크기로 잘라서 완성한다. 최대 기원전 4천 년부터 사용하기 시작했다.

PARABAIK(파라바이크)
두꺼운 **종이**를 풀로 붙이고 접어서 만든 버마의 필사본으로, 필기용은 (특히 비종교 텍스트의 경우에는) 검은색으로 만들고, 그림이나 도안용은 흰색이나 미색으로 만든다.

PARCHMENT(양피지)
기록면의 일종으로, 영어 이름은 (오늘날의 터키 '베르가마'에 해당하는 장소인) 페르가몬(Pergamon)에서 유래했다. 그 기원은 아탈리드 왕조의 왕 에우메네스 2세 때, 이집트에서 페르가몬으로의 **파피루스** 수출이 중단된 데에서 비롯되었다. 원래는 양가죽으로 만든 매체만을 지칭했지만(송아지 가죽이나 염소 가죽으로 만든 매체는 **우피지**라고 했다) 지금은 이전보다 더 느슨하게 적용되기 때문에, 종종 동물 가죽 일반을 지칭하는 것은 물론이고, 심지어 '식물성 양피지'라는 명칭도 있을 정도이다. 우피지의 경우와 마찬가지로, 양가죽은 우선 석회를 이용해 깨끗이 다듬고, 펼쳐서 말리고 무두질하고, 속돌로 닦아야만, 품질 좋고 오래가는 기록면을 만들 수 있었다.

PECIA(페키아)
필사본을 여럿으로 쪼개 만든 일부분을 말하며, 보통은 2절판 용지 네 장(즉 16쪽)이 한 단위이다. 즉 책 한 권을 필사할 때, 여러 명의 필경사를 고용하고, 저마다 서로 다른 부분(페키아)을 쪼개서 작업하는 것이다. 이것이야말로 중세의 대량 생산 라인에 해당하며, 이렇게 해서 한 사람이 작업할 때보다 더 빨리 필사 작업을 마칠 수 있었다. 이때에는 학교에서 공인한 '견본' 텍스트를 사용했는데, 이 방법은 이탈리아의 대학 도시에서 유래했으며, 13세기에 이르러서는 파리 대학에서 정규 절차가 되었다.

PENNY DREADFUL(1페니 공포소설)
'1페니 유혈 소설(penny bloods)', '1페니 잔혹 소설(penny awful)' 등의 명칭도 있다. 19세기의(특히 영국의) 저렴하게 생산된 간행물로서, 주로 선정적인 이야기를 연재물 형태로 간행해 1페니에 판매했다. 훗날 뮤지컬과 영화로 유명해진 '악마의 이발사 스위니 토드'의 이야기도 원래 이런 형태로 등장한 것이었다. 이 용어는 훗날 소책자 형태의 통속 소설 전반을 지칭하는 데에도 사용되었다.

PERIPLUS(페리플루스, 항해지)
고대 그리스에서 항해에 필요한 정보를 담아 간행한 책을 말한다.

PICA(피카)
(1) 영미권의 활자 분류법으로 '피카'라는 이름의 가장 일반적인 활자 크기에서 따온 이름이다. 〔참고〕: DIDOT(디도); TYPE/TYPEFACE(활자/자체). (2) 이에 상응하는 단위로, 도서 디자이너와 **식자공**이 선과 도판과 인쇄 페이지의 치수를 결정하는 데 사용한다.

PICTOGRAPH/
PICTOGRAM(ME)(그림문자)
문자의 형태와 그 문자가 나타내는 관념의 시각적 유사성을 통해 의미를 전달하는 시각 기호를 말한다(표음문자는 철자의 조합으로 의미를 전달한다). 로마 및 아랍어 알파벳과는 달리, **쐐기문자**와 **상형문자**는 그림문자이며, 중국의 한자 가운데 상당수도 그림문자이다(예를 들어 수소나 암소를 가리키는 한자 '우(牛)'는 쇠뿔을 매우 단순화시켜 그린 그림에 근거하고 있다).

PLANOGRAPHIC(평판 인쇄)
인쇄 공정의 하나로, 인쇄되는 부분과 배경 부분 모두 똑같은 높이에 있다는 점에서, 볼록(또는 활판) 인쇄와도 다르고 오목(또는 **요판**) 인쇄와도 다르다. 가장 일반적인 형태의 평판 인쇄는 **석판화**이다.

POLYGLOT(다언어/다언어 구사자)
여러 가지 언어로 이루어진 텍스트 또는 여러 가지 언어를 구사하는 사람. 다언어 사전이나 성서는(예를 들어 '콤플루텐세 다언어 성서'의 경우처럼) 여러 가지 언어를 동시에, 종종 한 페이지에 나란히 인쇄한다. 초기의 사례 중에는 알렉산드리아의 오리게네스가 만든 '구약성서'가 있는데, 여기서는 히브리어 원문과 서로 다른 그리스어 번역문들을 나란히 실어 놓았다(물론 단 두 가지 언어뿐이라서 '다언어 성서'라고 하기에는 미흡하겠지만). 역사상 가장 유명한 다언어 구사자는 19세기 이탈리아의 추기경 주세페 메조판티인데, 무려 72개 언어를 구사했다고 전한다.

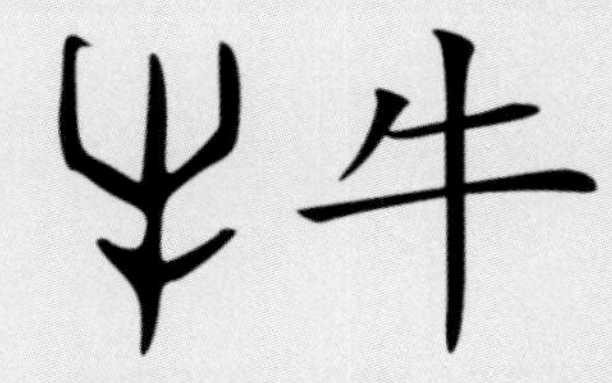

한자(漢子)에서 '소'를 의미하는 '우(牛)'는 누구나 알아볼 수 있는 쇠뿔 모양에서 유래한 **그림문자**이다.

PORTOLAN(포르톨란, 바다 안내서)
해도(海圖)를 말하며, 종종 양피지에 그렸는데, 나침반의 방향과 항해자들이 관측한 예상 거리가 나와 있었다. 13세기 이탈리아에서 유래했으며(현존하는 가장 오래된 사례는 '카르타 피사나〔Carta Pisana, 피사 지도〕'로 대략 1296년의 것으로 추정된다) 나중에는 에스파냐와 포르투갈의 항해자들이 널리 이용했다. 〔참고〕: RUTTER(러터).

PROVENANCE(이력)
특정한 책의 이전 소유주를 (서명, 장서인, 장서표, 증정문, 기타 정보를 통해 직간접적으로) 알려주는 기록이다. 셰익스피어의 초판 2절판 같은 '중요한' 책들의 경우, 이런 이력이 항상 중요하며, 고급 예술품의 경우와 마찬가지로 이전 소유주가 유명 인사인 경우에는 그 책의 가치가 높아질 수 있다.

PRIVATE PRESS(개인 출판사)
예술 인쇄물을 제작하는 개인 소유의 인쇄소 중에는 소유주가 직접 운영하는 경우가 있었다. 개인 출판사는 15세기부터 운영되었지만, 이 분야에서 뚜렷한 추세가 나타난 것은 19세기 말에 윌리엄 모리스와 '예술 공예 운동'의 영향하에서였다. 이 운동에서는 도서 제작에서 전통적인 기술과 뛰어난 장인 정신에 대한 평가가 최우선이었기 때문이다. 〔참고〕: 크라나흐판 『햄릿』, 214~215쪽; 그래본판 『풀잎』, 216~217쪽; 헌터의 『구식 제지술』, 238~239쪽.

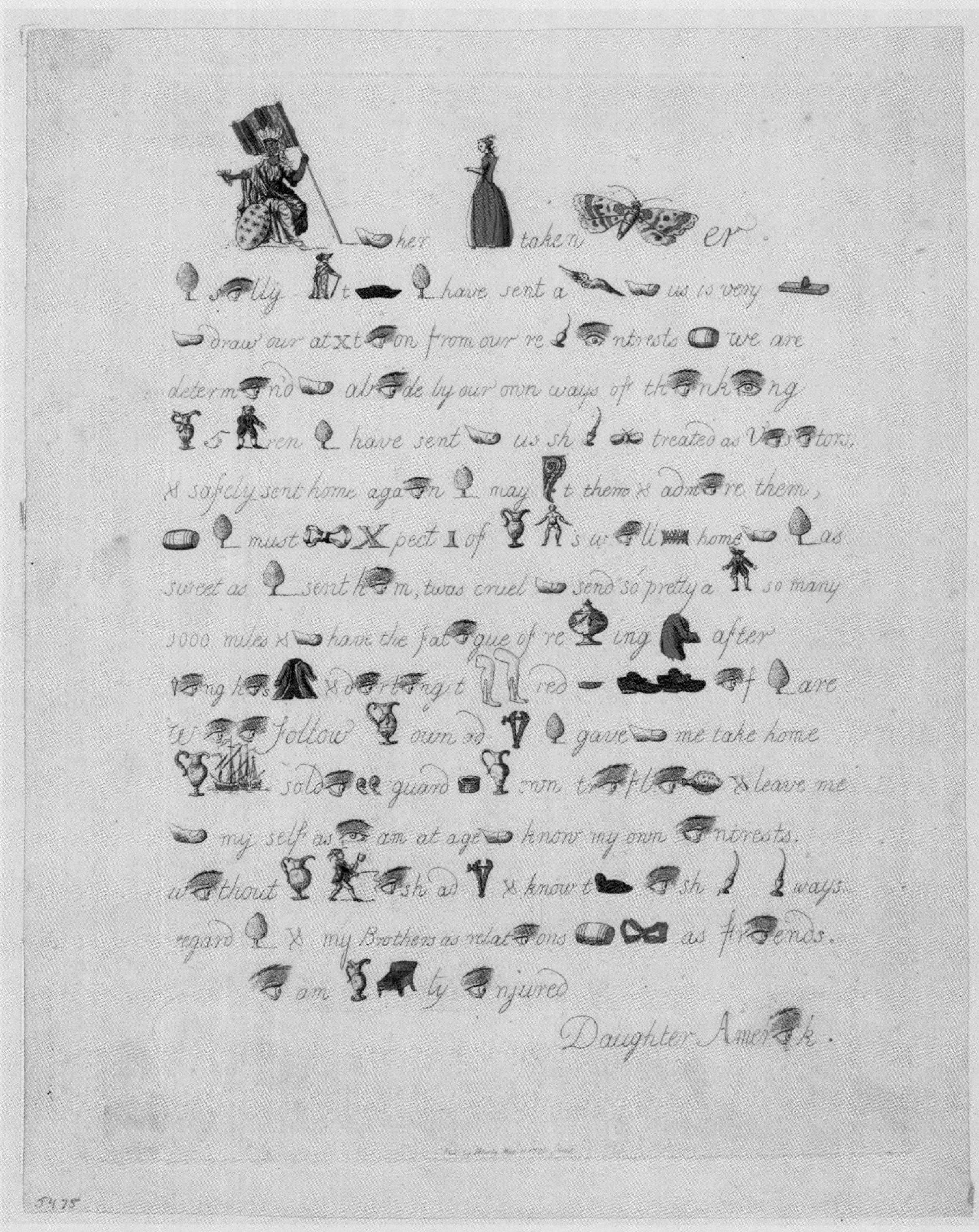
Daughter Amer k

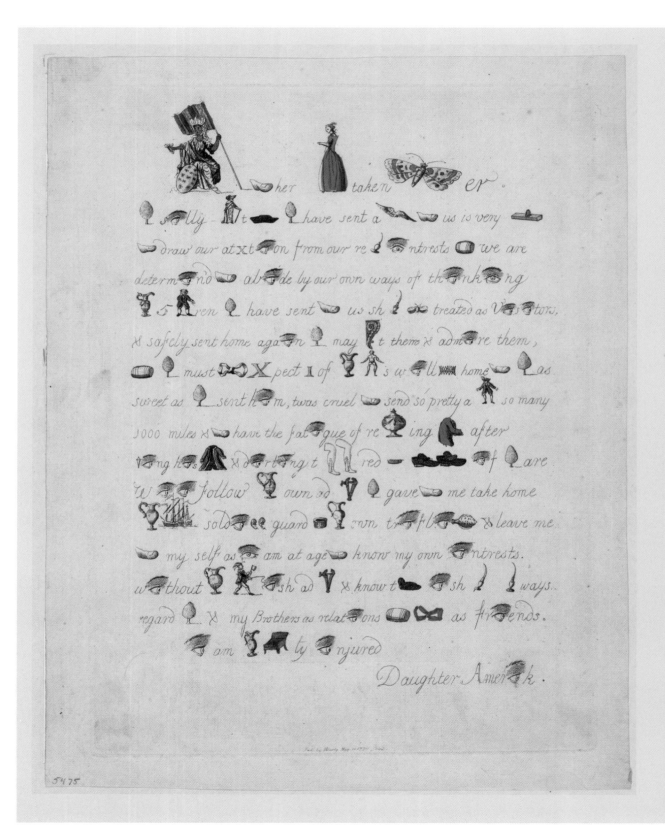

왼쪽 미국의 의인화인 '아메리카'가 영국의 의인화인 '브리타니아'에게 보내는 **그림문자 수수께끼**. 첫 줄을 해석하면 "뭔가 잘못 생각하시는 어머니께 아메리카가 말씀드립니다([America toe] her [miss]taken [moth]er)"가 된다. 1778년 5월 11일, M. 달리(스트랜드) 간행.

PSALTER/PSALTERIUM(시편집)

성서 전권을 구하기 힘들었던 시절에 구약성서의 「시편」 내용만을 별도로 떼어내 수록한 책으로, 특히 중세에는 전례력(典禮曆)이나 호칭 기도 같은 신앙 관련 내용을 함께 수록했다. 상당수의 시편집은(예를 들어 '루트렐 시편집'의 경우처럼) 개인이 소유하고 제작을 의뢰했으며, 종종 멋진 채식이나 장식을 곁들였다. 라틴어 시편집은 8세기 초부터 나왔으며, 장식이 없는 콥트어 시편집은 그보다 더 오래전부터 나왔다. 완전한 형태의 콥트어 시편집 중에서 가장 오래된 사례는 이집트의 알무딜에서 발견된 4세기의 필사본이다.

Q

QUARTO(4절판, 약자는 4to; 4°)

종이 한 장을 두 번 접어서 네 장 또는 8페이지를 만드는 판형이다. (지금 여러분이 읽고 있는) 이 책의 크기가 대략 4절판에 해당한다. 〔참고〕: FOLIO(2절판); OCTAVO(8절판); DUODECIMO(12절판).

QUIRE(접장〔摺張〕)

원래는 중세 필사본에서 나타나는 것처럼 **종이**나 **양피지** 한 장을 접어 여덟 장 또는 16페이지로 만드는 것을 말했다(그 결과물은 '접장' 하나가 되며, 이런 '접장'을 여러 개 묶어야 책이 한 권 만들어진다). 지금은 종이 한 연(連)에서 20분의 1의 분량을 가리키는 단위로도 사용된다. 또한 똑같은 크기와 품질의 (접지 않거나 또는 한 번 접은) 종이 24매를(요즘 와서는 흔히 25매를) 가리키는 단위로도 사용된다.

R

REBUS(그림문자 수수께끼)

이미지를 이용한다는 점에서 일반적인 **그림문자**와 똑같지만, 여기서는 그림문자를 이용해 음절을 나타낸다는 점이 다르다. 예를 들어 눈(eye), 깡통(can), 바다(sea), 암양(ewe)의 이미지가 나와 있다면, 이것은 결국 각 단어의 발음과 유사한 "나는 너를 볼 수 있다(I can see you)"라는 문장인 것이다. 18세기와 19세기에 문장학(紋章學)에서 널리 사용되었으며, 퍼즐이나 암호 편지를 통해 인기를 얻었다.

RECTO(앞면)

〔참고〕: VERSO(뒷면).

ROLL(두루마리)

〔참고〕: SCROLL(두루마리).

ROMAN / ROMANCE(로망스/이야기)

중세의 서사시에서 발전한 산문 또는 운문 문학 장르. 종종 기사도에 관한, 또는 궁정에서의 사랑에 관한 경이로운 이야기와 연관되며, 중세 중기부터 근대 초기까지 유럽의 귀족 계층에서 인기를 누렸다. 13세기 초에는 이 장르를 산문으로 쓰는 경우가 점점 늘어났으며, 처음에는 고대 프랑스어와 앵글로노르만어와 오크어(랑그도크)로 작성되다가, 나중에는 독일어와 영어로도 작성되었다(『가웨인 경과 녹색의 기사』가 대표적인 사례이다). 이 장르는 1600년경에 인기를 잃었다가, 빅토리아 시대의 고딕 복고 양식의 유행을 맞아 앨프리드 테니슨 같은 작가들의 작품 속에서 잠깐 부흥했으며, 중세의 로망스에 관한 심상은 라파엘전파가 사용한 소재의 출처가 되기도 했다. 〔참고〕: CHANSONS DE GESTE(무훈시).

ROMAN(로마자)

라틴어 서체의 주된 역사적 자체 세 가지 가운데 하나이다(나머지 두 개는 **흑체**와 **이탤릭체**이다). 1400년경 유럽의 필사본 양식에 근거한 이 수직형 로마자 자체는 고대 로마의 텍스트에서 발견되는 정사각형의 대문자와 **카롤링거 소문자체**를 조합한 것이다. 르네상스 때까지만 해도 자체는 로마자 아니면 이탤릭체, 둘 중 하나였다. 오늘날은 로마자와 이탤릭체 활자가 한 텍스트 안에서 (서로 다른 문법적 또는 기능적 목적을 위해) 종종 조합되어 사용된다.

RUBRIC(주서〔朱書〕)

눈에 띄게 하려고 친필 또는 인쇄를 통해 붉은 잉크로 표시한 단어 또는 텍스트 일부분을 말한다.

RUTTER(러터, 항해 안내서)

프랑스어의 '숙련자(routier)'가 그 어원이다. 해도(海圖)가 일반화되기 이전에 중세의 항해자들이 사용한 ('페리플루스'와 '포르톨란'과 유사한) 항해용 조타서이다. 보통 항구와 해안 지형지물 그리고 대략적인 거리 등에 대한 정보를 담고 있다.

S

SCHWABACHER(슈바바허체)

독일의 도시 슈바바흐에서 따온 이름으로, 1480~1530년에 독일에서 많이 사용되던 **흑체**의 자체이며, 특히 마르틴 루터의 작품 인쇄에 사용되었다. 이후 20세기까지 (이전보다는 덜하지만) 사용되었다. 원래는 프랑스, 영국, 독일, 베네룩스 등에서 널리 사용되던 (일명 '텍스투알리스〔textualis〕' 또는 '텍스투라〔textura〕'라는) 고딕체 손글씨에서 유래했다. 〔참고〕: FRAKTUR(프락투어체).

SCRIPTORIUM / SCRIPTORIA(필사실)

글을 쓰는 작업실. 특히 인쇄술이 보급되기 이전에 중세 유럽의 수도원에서 필경사들이 (특히 종교 관련) 필사본을 본격적으로 필사하기 위해 별도로 마련된 공간을 말한다(하지만 대부분의 필사 작업은 수도사들의 독방이나 경내의 칸막이 방에서 이루어졌을 가능성이 크다). 13세기에 이르자 수도원 외부에도 세속 필사 전문점이 운영되었다. 필경사들은 흐릿하게 불이 밝혀진 방 안에서, '필사실장(armarian, 필사실의 '물품함〔armarius〕'에서 유래한 단어이다)의 감독 아래 작업에 임했으며, 필사실장은 이들에게 양피지와 우피지와 잉크 같은 재료들을 공급해주었다.

SCROLL(두루마리)
편집이 가능한 기록 보관 수단 중에서도 가장 오래된(고대 이집트 시기부터 사용된) 형태인 두루마리는 텍스트나 그림을 기록할 수 있도록 **파피루스**나 **양피지**나 **종이**로 만든 기록면이다. 보통 여러 개의 페이지로 나뉘는 두루마리는 때로 별도의 파피루스나 양피지를 여러 장 서로 붙여 만들거나, 또는 페이지 구분 표시가 되어 있는 하나의 연속적인 묶음으로 만든다. 서기 1세기의 플리니우스는 『자연사』에서 상업적인 파피루스 두루마리가 20장, 즉 길이로는 4.5미터에 달하는 반면, 서적용 두루마리('볼루멘')는 대개 9~10.5미터에 달한다고 설명했다. 두루마리는 둘둘 말아놓은 다음, 끈으로 묶거나(또는 봉인하거나) 유대교의 모세 오경 두루마리처럼 목제나 상아 권축(卷軸)에 붙여놓았다.

SIDEROGRAPHY(강철 요판 인쇄술)
요판 인쇄에 쓰이는 강철 요판 디자인을 만드는 공정으로, 제이컵 퍼킨스가 발명했다. 주로 은행권을 제작할 때, 인쇄판에 똑같은 이미지를 만드는 거푸집 제작에 사용되었다.

SIZING(표면 처리)
제지와 관련되어 이용되는 종이 표면 가공 방법으로, 화공 녹말이나 젤라틴처럼(1850년 이후로는 수지(樹脂)처럼) 풀과 유사한 물질을 종이에 바름으로써, 잉크가 덜 흡수되어 글쓰기나 인쇄에 적합한 표면을 만드는 것을 말한다. 이 공법은 일찍이 중국에서 (녹말을 이용하여) 발전했다. 초기의 표면 처리는 인쇄 표면과 함께 종이의 강도를 향상시킨 것이 분명하지만, 현대의 표면 처리는 오히려 종이의 강도를 약화시키며 품질 저하를 가속화하는 화학 반응을 산출한다.

STEATITE(동석[凍石])
광물의 일종으로, 버마의 검은색 **파라바이크**의 경우처럼 검은 표면에 흰 표시를 남기는 데 사용되었다.

STEREOTYPE / STEREOTYPING(연판 인쇄/연판 인쇄술)
스코틀랜드의 윌리엄 게드가 18세기 초에 개발한 공정으로, 석고나 혼응지(混凝紙)를 이용해 조판된 페이지의 틀을 뜬 다음, 이를 이용해 활자 합금으로 활자를 주조하는 것이다. 이 공정 때문에 굳이 활자를 다시 조판하지 않고도 나중의 재인쇄를 대비해 텍스트를 지형의 형태로 보전하는 일이 가능해졌다. 타우흐니츠나 에브리맨 문고 같은 저렴한 재간행본 시리즈에서는 거의 모두 이 공정을 이용했다. 〔참고〕: ELECTROTYPING(전기 도금판/전기 도금).

SUBSCRIPTION LIBRARY(예약 도서관)
(1) 회비나 기부금으로 유지되는 도서관. (2) 상업적으로 운영되는 대여 도서관. 양쪽 모두 18세기에 영어권 세계에서 발전했다(현존하는 가장 오래된 예약 도서관은 1731년에 설립된 '필라델피아 도서관 조합'이며, 영국 내에서는 '런던 도서관'이 가장 유명하다). 상업적으로 운영되는 도서관은 훗날 공립 도서관으로 대체되었지만, 그 모습은 영화나 DVD 대여점 형태로 남아 있다).

SUBSCRIPTION PUBLISHING(예약 출판)
출판 기법 중 하나로, 저자나 출판사가 책을 정식으로 출간하기 이전에, 또는 작품을 쓰기 전에 미리 주문(즉 '예약')을 받는 것이다. 영국에서는 17세기에 발전했으며, 18세기에 큰 인기를 끌었는데, 이런 책들은 종종 예약자의 이름을 넣어 간행했다. 현대에 와서는 **개인 출판사**의 소유주나 예술품 책의 제작자들 가운데 상당수가 예약제로 책을 간행했다. 이 방법은 영국의 예약 출판 전문 업체인 '언바운드' 같은 회사들이 채택하여 미래의 출판 방법으로 제안하고 있다.

SYLLABARY(음절문자)
음절을 나타내는 기호로 이루어진 표음식 문자 작성 체계. 하나의 음절은 자음 더하기 모음으로 이루어지거나, 또는 모음 하나로 이루어진다(물론 이와는 또 다른 표음식 구조도 있다). 체로키어('찰라기')나 일본어('히라가나')는 여전히 사용되지만, 미케네 그리스어('선형문자 B')와 마야어는 더 이상 사용되지 않는다.

T

TALLY STICK(부절〔符節〕)
수량이나 숫자, 심지어 메시지를 기록하는 데 사용된 기억 장치. 보통 기호를 새겨놓은 뼈나 나무를 둘로 잘라서 만들며, 두 개의 조각을 두 사람이 나눠 갖고 있다가, 다시 만났을 때 조각을 맞춰 '딱 맞아떨어지는지(符合)' 여부를 확인해서 진위를 판별했다. 선사 시대부터 고전 시대까지 유럽 및 중국에서 줄곧 사용되었고, 19세기까지도 계속 사용되었다. 〔참고〕: KHIPU/QUIPU(결승문자). 〔참고〕: 이상고 뼈, 16~17쪽.

TAPA(타파)
나무껍질 천을 일컫는 폴리네시아어이다. 〔참고〕: DLUWANG(들루왕).

TYPE/TYPEFACE(활자/자체〔字體〕)
(1) 인쇄용 활자를 구성하는 철자를 담고 있는 금속 주조물을 말한다. (2) 인쇄한 철자의 외관을 말한다. 펀치깎이와 활자 제조업자는 19세기 초까지만 해도 크기를 가리키는 전통적인 이름을 이용하여(예를 들어 각각의 포인트를 '부르주아〔Bourgeois〕', '넌파레일〔Nonpareil〕', '잉글리시〔English〕' 같은 별칭으로 불렀다〔'부르주아'는 영국에서 9포인트 활자, '넌파레일'은 미국에서 6포인트 활자, '잉글리시'는 영국과 미국에서14포인트 활자를 가리키는 별칭이었다 - 옮긴이〕) 처음에는 독자적인 방식으로 **폰트**를 만들었는데, 그러다 보니 서로 다른 활자 제조업자가 만든 활자를 조화시켜 사용하기가 힘들었다. 그러다가 영국에서는 활자 크기가 표준화되면서, 가장 흔한 크기(즉 **피카**)가 기준인 12포인트로 정해지고, 다른 모든 활자도 10포인트, 14포인트, 24포인트 같은 포인트 체계에 맞춰 주조되었다. 유럽에서는 나폴레옹 치하에서 표준화가 더 빨리 이루어졌기 때문에, 금속 활자의 제작이 끝날 때까지 '디도' 체계를 사용했다. 12

오른쪽 윌리엄 캐슬론이 제작한 자체(字體)와 언어 표본집. 이프라임 체임버스의 『백과: 미술 과학 종합 사전』(런던: 제임스 앤드 존 냅턴, 1728)에서.

A SPECIMEN

By WILLIAM CASLON, Letter-Founder, in Chifwell-Street, LONDON.

ABCD
ABCDE
ABCDEFG
ABCDEFGHI
ABCDEFGHIJK
ABCDEFGHIJKL
ABCDEFGHIKLMN

French Cannon.

Quoufque tandem abutere, Catilina, pati-
Quoufque tandem abutere, Catilina, patientia noftra?

Two Lines Great Primer.

Quoufque tandem abutere, Catilina, patientia noftra? quamdiu nos etiam
Quoufque tandem abutere, Catilina, patientia noftra? quamdiu nos etiam furor

Two Lines Englifh.

Quoufque tandem abutere, Catilina, patientia noftra? quamdiu nos etiam furor ifte tuus elu-
Quoufque tandem abutere, Catilina, patientia noftra? quamdiu nos etiam furor

DOUBLE PICA ROMAN.

Quoufque tandem abutere, Catilina, patientia noftra? quamdiu nos etiam furor ifte tuus eludet? quem ad finem fefe effrenata jac-
ABCDEFGHJIKLMNOP

GREAT PRIMER ROMAN.

Quoufque tandem abutêre, Catilina, patientia noftra? quamdiu nos etiam furor ifte tuus eludet? quem ad finem fefe effrenata jactabit audacia? nihilne te nocturnum præfidium palatii, nihil urbis vigiliæ, nihil timor populi, nihil con-
ABCDEFGHIJKLMNOPQRS

ENGLISH ROMAN.

Quoufque tandem abutêre, Catilina, patientia noftra? quamdiu nos etiam furor ifte tuus eludet? quem ad finem fefe effrenata jactabit audacia? nihilne te nocturnum præfidium palatii, nihil urbis vigiliæ, nihil timor populi, nihil confenfus bonorum omnium, nihil hic munitiffimus
ABCDEFGHIJKLMNOPQRSTVUW

PICA ROMAN.

Melium, novis rebus ftudentem, manu fua occidit. Fuit, fuit ifta quondam in hac repub. virtus, ut viri fortes acrioribus fuppliciis civem perniciofum, quam acerbiffimum hoftem coërcerent. Habemus enim fenatufconfultum in te, Catilina, vehemens, & grave: non deeft reip. confilium, neque autoritas hujus ordinis: nos, nos, dico aperte, confules defumus. De-
ABCDEFGHIJKLMNOPQRSTVUWX

SMALL PICA ROMAN. No 1.

At nos vigefimum jam diem patimur hebefcere aciem horum autoritatis. habemus enim hujufmodi fenatufconfultum, verumtamen inclufum in tabulis, tanquam gladium in vagina reconditum: quo ex fenatufconfulto confeftim interfectum te effe, Catilina, convenit. Vivis: & vivis non ad deponendam, fed ad confirmandam audaciam. Cupio, P. C., me effe clementem: cupio in tantis reipub. periculis non dif-
ABCDEFGHIJKLMNOPQRSTVUWXYZ

SMALL PICA ROMAN. No 2.

At nos vigefimum jam diem patimur hebefcere aciem horum autoritatis. habemus enim hujufmodi fenatufconfultum, verumtamen inclufum in tabulis, tanquam gladium in vagina reconditum: quo ex fenatufconfulto confeftim interfectum te effe, Catilina, convenit. Vivis: & vivis non ad deponendam, fed ad confirmandam audaciam. Cupio, P. C., me effe clementem: cupio in tantis reipub. periculis non diffolutum
ABCDEFGHIJKLMNOPQRSTVUWXYZ

LONG PRIMER ROMAN No 1.

Verum ego hoc, quod jampridem factum effe oportuit, certa de cauffa nondum adducor ut faciam. tum denique interficiam te, cum jam nemo tam improbus, tam perditus, tam tui fimilis inveniri poterit, qui id non jure factum effe fateatur. Quamdiu quifquam erit qui te defendere audeat, vives: & vives, ita ut nunc vivis, multis meis & firmis præfidiis obfeffus, ne commovere te contra rempub. poffis. multorum te etiam oculi & aures non fentientem, ficut adhuc fecerunt, fpeculabuntur, atque cuftodient. Etenim quid eft, Catilina,
ABCDEFGHIJKLMNOPQRSTUVWXYZÆ

LONG PRIMER ROMAN. No 2.

Verum ego hoc, quod jampridem factum effe oportuit, certa de cauffa nondum adducor ut faciam. tum denique interficiam te, cum jam nemo tam improbus, tam perditus, tam tui fimilis inveniri poterit, qui id non jure factum effe fateatur. Quamdiu quifquam erit qui te defendere audeat, vives: & vives, ita ut nunc vivis, multis meis & firmis præfidiis obfeffus, ne commovere te contra rempub. poffis. multorum te etiam oculi & aures non fentientem, ficut adhuc fecerunt, fpeculabuntur, atque cuftodient.
ABCDEFGHIJKLMNOPQRSTVUWXYZÆ

BREVIER ROMAN.

Double Pica Italick.

Quoufque tandem abutere, Catilina, patientia noftra? quamdiu nos etiam furor ifte tuus eludet? quem ad finem fefe effrenata jac-
ABCDEFGHJIKLMNO

Great Primer Italick.

Quoufque tandem abutêre, Catilina, patientia noftra? quamdiu nos etiam furor ifte tuus eludet? quem ad finem fefe effrenata jactabit audacia? nihilne te nocturnum præfidium palatii, nihil urbis vigiliæ, nihil timor populi, nihil con-
ABCDEFGHIJKLMNOPQR

Englifh Italick.

Quoufque tandem abutere, Catilina, patientia noftra? quamdiu nos etiam furor ifte tuus eludet? quem ad finem fefe effrenata jactabit audacia? nihilne te nocturnum præfidium palatii, nihil urbis vigiliæ, nihil timor populi, nihil confenfus bonorum omnium, nihil hic munitiffimus habendi fe-
ABCDEFGHIJKLMNOPQRSTVU

Pica Italick.

Melium, novis rebus ftudentem, manu fua occidit. Fuit, fuit ifta quondam in hac repub. virtus, ut viri fortes acrioribus fuppliciis civem perniciofum, quam acerbiffimum hoftem coërcerent. Habemus enim fenatufconfultum in te, Catilina, vehemens, & grave: non deeft reip. confilium, neque autoritas hujus ordinis: nos, nos, dico aperte, confules defumus. Decrevit quondam fenatus
ABCDEFGHIJKLMNOPQRSTVUWXYZ

Small Pica Italick. No 1.

At nos vigefimum jam diem patimur hebefcere aciem horum autoritatis. habemus enim hujufmodi fenatufconfultum, verumtamen inclufum in tabulis, tanquam gladium in vagina reconditum: quo ex fenatufconfulto confeftim interfectum te effe, Catilina, convenit. Vivis: & vivis non ad deponendam, fed ad confirmandam audaciam. Cupio, P. C., me effe clementem: cupio in tantis reipub. periculis non diffolutum videri: fed jam
ABCDEFGHIJKLMNOPQRSTVUWXYZ

Small Pica Italick. No 2.

At nos vigefimum jam diem patimur hebefcere aciem horum autoritatis. habemus enim hujufmodi fenatufconfultum, verumtamen inclufum in tabulis, tanquam gladium in vagina reconditum: quo ex fenatufconfulto confeftim interfectum te effe, Catilina, convenit. Vivis: & vivis non ad deponendam, fed ad confirmandam audaciam. Cupio, P. C., me effe clementem: cupio in tantis reipub. periculis non diffolutum videri: fed jam meipfum inertiæ
ABCDEFGHIJKLMNOPQRSTVUWXYZ

Long Primer Italick. No 1.

Long Primer Italick. No 2.

Brevier Italick.

Pica Black.

And be it further enacted by the Authority aforefaid, That all and every of the faid Exchequer Bills to be made forth by virtue of this Act, or fo many of them as fhall from
ABCDEFGHIJKLMNOPQRST

Brevier Black.

Pica Gothick.

Pica Coptick.

Pica Armenian.

Englifh Syriack.

Pica Samaritan.

Englifh Arabick.

Hebrew with Points.

Hebrew without Points.

Brevier Hebrew.

Englifh Greek.

Pica Greek.

Long Primer Greek.

Brevier Greek.

Long Primer Saxon.

Pica Saxon.

This SPECIMEN to be placed in the Middle of the Sheet 5 U u, VOL. II.

포인트의 디도 활자는 12포인트의 피카 활자와 상당히 달랐다.

U

UNCIAL(언셜체)

구식 로마자 흘림체에서 발전한 언셜체는 원래 둥근 모습의 한 획짜리 공식 필기체로 '켈스의 서'에서도 발견된다. 이보다 좀 더 복잡해진(즉 **위뻗친획**과 **아래뻗친획** 철자가 서기 600년경에 도입된) 형태는 교황 대(大)그레고리오 1세가 각별히 애호한 까닭에, 교부(敎父)의 저서 가운데 상당수를 이 서체로 필사하도록 지시했다. 언셜체에는 물고기나 십자가 같은 기독교의 상징이 종종 장식으로 곁들여졌다.

메로빙거 시대의 **언셜체**. 7세기 말에 프랑스 북부 코르비에서 제작된 것으로 추정되는 양피지 코덱스 '설교집'의 일부이다. 머리글자가 상당히 거칠어 보이는데, 그중 일부에는 물고기 장식 같은 동물 그림이 곁들여져 있다.

V

VELLUM(우피지(牛皮紙))

어원은 라틴어의 '송아지로 만든(vitulinum)' 또는 고대 프랑스어의 '송아지 가죽(velin)'으로 추정된다. 부드러우면서도 오래가는 표면 때문에, 역사적으로 **두루마리**나 **코덱스**를 만드는 데 많이 사용된 기록면이다. 송아지 가죽이나 염소 가죽을 세척하고, 건조용 틀(herse)에 펼쳐놓았다가 ('루나리움(lunarium)'이라고 하는) 초승달 모양의 도구를 이용해 긁어 만들며, 그 품질은 재료인 생가죽의 품질과 가공 솜씨에 따라서 달라진다. 진품 우피지는 합성 재료로 만든 현대의 '종이(식물성) 우피지'와는 현저히 다르다.

VERSO(뒷면)

앞면(recto)과 뒷면(verso)은 필사본 **코덱스**, 인쇄본, 브로드시트 등에서 종이 한 장의 '앞면'과 '뒷면'을 가리키는 말이다. 문장이 왼쪽에서 시작해 오른쪽에서 끝나는 작성 체계를 지닌(예를 들어 영어 같은) 언어의 경우, 앞면은 오른쪽이고 뒷면은 왼쪽이다. 반면 문장이 오른쪽에서 시작해 왼쪽에서 끝나는 작성 체계를 지닌(예를 들어 아랍어 같은) 언어의 경우, 이와 반대로 앞면이 왼쪽이고 뒷면은 오른쪽이다(페이지 숫자가 없는 옛날 코덱스의 경우, '몇 번째 낱장 앞면/뒷면'으로 표기한다. 예를 들어 현대의 인쇄본 5~6쪽은 '세 번째 낱장 앞면/뒷면'으로 표기한다.)

VOLVELLE(회전판)

영어에서는 '회전식 원반(wheel chart)'이라고도 한다. 천문학자가 사용하는 관측의와 비슷하게 생긴 종이 원반으로 이루어진 계산 장치이다. 회전판의 원리는 아마도 고대 바빌로니아에서 유래한 것으로 추정되지만, 종이 재질의 장치는 11세기 페르시아에서 유래했으며, 그곳에서는 이 장치를 이용해 행성과 별의 움직임을 묘사했다. 종종 영구 달력이나 행성의 운동을 보여주는 장치의 형태를 취하며, 아마도 13세기 말에 라몬 룰의 『대작』을 통해 서양에 소개된 듯하다.

W

WATERMARK(종이물자국)

종이를 제조하는 과정에서 생기는 무늬 또는 이미지를 가리키는 책 관련 용어이다. 제지용 틀에 철사를 엮어 넣어 만드는데, 종이 두께에 따라 무늬가 다르게 나타나며, 종이를 불빛에 갖다 대야만 육안으로 확인된다. 종이물자국이 처음 나타난 것은 13세기 이탈리아에서였으며, 이때만 해도 단순한 형태였고, 닻이나 어린 양이나 십자가 같은 기독교의 상징에서 유래한 것도 있었다. 처음에는 제지소나 길드나 후원

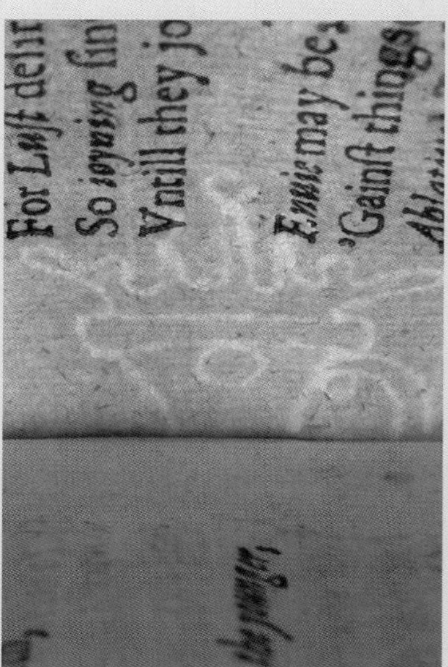

(뉴펀들랜드 최초의 시인으로 추정되는) 로버트 헤이먼이 올드뉴펀들랜드의 뉴브리타니올라에서 1628년에 간행한 『최신 창작 쿼들리벳』에 나타난 **종이물자국**의 사례. 이 확인용 표시는 종종 책에서 (종이가 접힌) 여백에서 발견되며, 4절판에서 특히 그런데, 이는 접기 이전의 종이에서 그 문양이 찍힌 위치 때문이다.

자 확인용 표시였지만, 오늘날에는 종이(및 지폐) 제작에서 널리 사용된다. 오랫동안 사용된 까닭에 역사적 문서의 연대 확인에 유용하다.

'죽음의 무도' 또는 '인쇄소에 찾아온 죽음'. 1499/1500년 2월 18일에 리옹에서 간행된 마티아스 후스의 목판화. 후스의 목판화는 15세기 프랑스의 인쇄소를 묘사하고 있는데, 그림 왼쪽에서부터 원고 거치대(일명 '비소룸〔visorum〕'), 식자용 막대 틀, 잉크 묻히는 방망이, 인쇄기의 모습이 나타나 있다. 인쇄소에서 제작한 책은 오른쪽에 있는 작은 서점에서 판매되었다.

WOODCUT(목판 인쇄술/목판화)

영어로는 목각 인쇄술(xylography)이라고도 한다. 동양에서는 오래전부터, 서양에서는 1400년경부터 사용된(처음에는 천에, 나중에는 종이에)인쇄 기술이다. 이미지는 나무판 표면에 새기고, 거기다 잉크를 바르고 종이를 표면에 대고 누른다. 양각(陽刻) 인쇄이기 때문에, 목판은 인쇄 부분을 제외한 나머지를 음각(陰刻)한다. 즉 흰색으로 남아 있어야 하는 부분은 깎아내고, 잉크가 남아 있어야 하는 선이나 면은 표면을 그대로 내버려두는 것이다. 대개는 화가가 디자인한 것을, 판각공(block cutter, 독일어 명칭인 '포름슈나이더〔formschneider〕'로도 부른다)이 판각하지만, 이 당시에만 해도 판화가가 직접 목판을 디자인하고, 판각하고, 인쇄하는 경우가 흔했다. 서양에서는 알브레히트 뒤러가 아마도 목판화를 제작한 가장 유명한 화가일 것이다.

WOOD ENGRAVING(눈목판화)

정교한 형태의 목판 양각 인쇄로, 18세기 말에 토머스 뷰익의 작품을 통해 발전했다. 회양목이나 돈나무 같은 단단한 목재의 종단면(널목판)이 아니라 횡단면(눈목판)을 이용하고, 목각도(木刻刀) 대신 미세한 음각 도구(즉 '금속 조각도')를 이용해서, 전통적인 목각 기술보다 더 섬세한 선을 만들 수 있었다(목판화는 인쇄가 용이했지만 섬세한 묘사가 불가능했고, 동판화는 인쇄가 번거롭지만 섬세한 묘사가 가능했는데, 양쪽의 절충형인 눈목판화는 섬세한 묘사도 가능하고 인쇄도 용이하다는 장점이 있었다). 오늘날도 도서 삽화의 인기 있는 형태이다.

X

XYLOGRAPH(목각 인쇄본)

〔참고〕: WOODCUT(목판화).

Y

YELLOWBACKS(노란표지본〔옐로백〕 소설)

1840년대에 기차역 도서 가판대의 성장과 함께 발전한 저렴한 대중 소설 양식. 특히 조지 루틀리지의 '철도 문고'(1849)가 두각을 나타냈으며, 1870년대와 1880년대에 그 절정에 이르렀다. 대개는 당시 베스트셀러의 저렴한 재간행본이었던 이 시리즈에 '노란표지본(옐로백)'이라는 이름이 붙은 까닭은, 책마다 노란색의 양장이나 종이 표지가 붙어 있었기 때문이다(그래서 '겨자 연고 색깔 소설'이라는 별명도 있었다). 아울러 **1페니 공포 소설**이 점령한 시장에서의 경쟁을 위해 각별히 눈길을 끄는 삽화를 목판 인쇄 기법으로 표지에 수록했기 때문이다.

Z

ZAUM(자움, заумь)

러시아어의 '자(за, 너머)'와 '움(ум, 정신)'에서 비롯되어 '상식을 넘어서는' 또는 '이성을 초월하는'이라는 의미를 갖게 되었다. 언어 실험, 특히 러시아 미래주의 시인의 실험에 동원되었으며, 그 의미의 불확정성이 특징이다. 1913년에 시인 알렉세이 크루초니흐가 고안한 용어인데, 그는 1921년에 『초이성주의 언어 선언』에서 언어를 가리켜 '구속'이라고 지칭했다. 리드미컬한 소리와 심상으로 이루어진 '자움'의 사용은 더 넓은 개념을 포착하기 위한 의도였다.

참고 문헌

매우 선별적인 이 참고 문헌을 작성하는 과정에서, 우리는 고대의 필사본에서 현대의 전자책에 이르기까지 수많은 주제를 망라한 온갖 저술 분야에서도 놀라운 정보 폭발을 실감하지 않을 수 없었다. 우리는 이를 반영해 참고 문헌에 인터넷으로만 볼 수 있는 자료도 몇 가지 포함시켰다. 인쇄본을 찾으려는 사람이면 자연스레 도서관의 도서 목록을 이용할 것이다. 하지만 구글이나 다른 검색 엔진을 통해 온라인 검색까지 시도하는 독자라면 몇 가지 보물을 발견할 것이다. 우리 모두 익히 알고 있듯이 인쇄본 자료에는 종종 오류나 누락이 있게 마련이며 언제든 그 약점을 쉽게 확인할 수 있다. 반면 전자 자료의 경우에는 그러기가 힘들어서, 그 내용은 매우 탁월한 것부터 아주 나쁜 것까지 제각각이다.

그중에서도 좀 더 나은 편에 속하는 자료는 제러미 노먼(Jeremy Norman)의 『동굴 벽화에서 인터넷까지: 정보와 미디어의 역사에 관한 연대기별 및 주제별 연구 *From Cave Paintings to the Internet: Chronological and Thematic Studies on the History of Information and Media*』(www.historyofinformation.com)이다.

여러 가지 '중요한' 책들의 경우, 국립 도서관 및 여러 연구 도서관 웹사이트에서 각자 보유한 보물 가운데 상당수의 디지털 이미지를 찾아볼 수 있다(예를 들어 대영 도서관 웹사이트를 보라. http://www.bl.uk/onlinegallery/index.html). 이와 유사하게(유럽 내에서 두 군데를 예로 들자면) 바이에른 주립도서관과 프랑스 국립 도서관에서도 자기네 컬렉션에 포함된 책의 이미지를 매우 풍부하게 보유하고 있는데, 이 중 일부는 PDF 파일로 다운로드가 가능하다. 아래의 목록에서는 일반 참고 문헌뿐만 아니라 각 장과 연관된 인쇄본과 온라인 자료 모두를 주제별로 배열했다.

일반 참고 문헌

Nicholas A. Basbanes, *On Paper: the Everything of its Two-Thousand-Year History* (New York: Knopf, 2013)

Michael Bhaskar, *The Content Machine: Towards a Theory of Publishing from the Printing Press to the Digital Network* (London: Anthem Press, 2013)

Wilfrid Blunt and William T. Stearn, *The Art of Botanical Illustration*, rev. ed. (Woodbridge, Suffolk: Antique Collectors' Club, 1994)

Christine L. Borgman, *From Gutenberg to the Global Information Infrastructure: Access to Information in the Networked World* (Cambridge, MA: MIT Press, 2000)

Joseph A. Dane, *What Is a Book? The Study of Early Printed Books* (Notre Dame, Indiana: University of Notre Dame Press, 2013)

Simon Eliot and Jonathan Rose (Eds), *A Companion to the History of the Book* (Chichester: Wiley-Blackwell, 2009)

Stuart Kelly, *The Book of Lost Books* (London: Viking, 2005)

David Pearson, *Books as History; the Importance of Books Beyond Their Texts*, rev. ed. (London: British Library/New Castle DE: Oak Knoll Press, 2012)

제1장: 태초에……

엘 카스티요 동굴, 14~15쪽

Kevin Sharpe and Lesley Van Gelder, *Evidence for Cave Marking by Palaeolithic Children* (www.ksharpe.com/word/AR86.htm)

이상고 뼈, 16~17쪽

Laurence Kirby, *Plimpton 322: The Ancient Roots of Modern Mathematics* (http://media.baruch.cuny.edu/mediacenter/Plimpton_322.mov)

『길가메시 서사시』, 18~19쪽

Vybarr Cregan-Reid, *Discovering Gilgamesh: Geology, Narrative and the Historical Sublime in Victorian Culture* (Manchester: Manchester University Press, 2013)

카랄의 결승문자, 20~21쪽

Guaman Poma website (www.kb.dk/permalink/2006/poma/info/en/frontpage.htm)

Gary Urton, *Signs of the Inka Khipu: Binary Coding in the Andean Knotted-String Records* (Austin: University of Texas Press, 2003)

『아니의 사자의 서』, 22~23쪽

Richard Parkinson and Stephen Quirke, *Papyrus* (London: The British Museum Press, 1995)

James Wasserman, *The Egyptian Book of the Dead: The Book of Going Forth by Day*, rev. ed. (Chicago: University of Chicago Press, 2008)

제2장: 동양의 접근법

곽점 초간(郭店楚簡), 28~29쪽

Jiang Guang-hui, "Guodian and Early Confucianism" (http://www.lunwentianxia.com/product.free.3455418.1/>)

Joseph Needham, *Science and Civilisation in China: Chemistry and Chemical technology. Part 1 Paper and Printing*, by Tsien Tsuen-Hsuin (Cambridge: Cambridge University Press, 1985)

팔만대장경, 32~33쪽

Research Institute of Tripitaka Koreana (RITK), *The Tripitaka Koreana Knowledgebase Project* (http://kb.sutra.re.kr/ritk_eng/intro/introProject03.do)

바탁의 '푸스타하', 38~39쪽
Ann Kumar and John F. McGlynn, *Illuminations: the Writing Traditions of Indonesia* (Jakarta: Lontar Foundation/New York: Weatherhill, 1996)

Teygeler, René, "Pustaha; A study into the production process of the Batak book" *Bijdragen tot de Taal-, Land- en Volkenkunde* (Manuscripts of Indonesia 1949, no: 3, pp. 593–611)

파라바이크, 40~41쪽
Stephanie Watkins, *Hand Papermaking in Central Burma and Northern Thailand* (http://cool.conservation-us.org/coolaic/sg/bpg/annual/v11/bp11-41.htm)

제3장: 위대한 고전

이솝 우화, 46~47쪽
Anne Stevenson-Hobbs (Ed.), *Fables* (London: Victoria and Albert Museum, 1986)

호메로스의 『일리아스』, 48~49쪽
Casey Dué, ed, *Recapturing a Homeric Legacy: Images and Insights from the Venetus A Manuscript of the Iliad* (Washington: Center for Hellenic Studies, Harvard University, 2009). Also available as http://www.homermultitext.org/Pubs/Due_Recapturing_a_Homeric_Legacy.pdf

가리마 복음서, 50~51쪽
Martin Bailey, *Discovery of Earliest Illuminated Manuscript*, (http://www.ethiopianheritagefund.org/artsNewspaper.html)

Lester Capon, *Extreme Bookbinding: a Fascinating Preservation Project in Ethiopia* (http://www.hewit.com/skin_deep/?volume=26&article=1#article)

Richard Pankhurst, *How to Lose Your History: the Microfilming of Ethiopian Manuscripts* (http://www.linkethiopia.org/guide-to-ethiopia/the-pankhurst-history-library/the-microfilming-of-ethiopian-manuscripts-a-nostalgic-view/)

『아피키우스』, 52~53쪽
Apicius (http://penelope.uchicago.edu/~grout/encyclopaedia_romana/wine/apicius.html)

Eric Quayle, *Old Cook Books, an Illustrated History* (New York: E.P. Dutton, 1978)

아르키메데스 팔림프세스트, 54~55쪽
Archimedes Palimpsest Project, *The Archimedes Palimpsest* (http://archimedespalimpsest.org/about/history/archimedes.php)

Reviel Netz and William Noel, *The Archimedes Codex* (London: Weidenfeld & Nicolson, 2007)

제4장: 중세 세계와 책

켈스의 서(書), 60~61쪽
Faksimile Verlag, *Book of Kells* (http://www.faksimile.de/werk/Book_of_Kells.php?we_objectID=17)

Trinity College Dublin, Digital Collections (http://digitalcollections.tcd.ie/home/#searchresults)

St. Gallen, *Codices Electronici Sangallenses Virtual Library* (http://www.cesg.unifr.ch/en/index.htm)

클루도프 시편집, 62~63쪽
Robin Cormack, *Writing in Gold, Byzantine Society and its Icons* (London: George Philip, 1985)

디오스코리데스의 『약물지』, 64~65쪽
Wilfrid Blunt and Sandra Raphael, *The Illustrated Herbal*, rev. ed. (London: Frances Lincoln, 1994)

Encyclopaedia Romana, *Dioscorides De Materia Medica* (http://penelope.uchicago.edu/~grout/encyclopaedia_romana/aconite/materiamedica.html)

토로스 로슬린 복음서, 66~67쪽
Christopher De Hamel, *Scribes and Illuminators* (London: British Museum Press, 1992)

프톨레마이오스의 『지리지』, 68~69쪽
Ralph E. Ehrenberg, *Mapping the World: an Illustrated History of Cartography* (Washington: National Geographic Society, 2006)

크리스토포로의 『군도지』, 70~71쪽
Sullacrestadellonda.it ("Riding the wave"), *The Aegean Sea: The Books of Islands* (http://www.sullacrestadellonda.it/cartografia/mar_egeo1_en.htm)

브뤼헤본 『장미 이야기』, 72~73쪽
Roman de la Rose Digital Library (http://romandelarose.org/)

University of Glasgow Special Collections, *Roman de la Rose* (http://special.lib.gla.ac.uk/exhibns/month/feb2000.html)

파르네세 『기도서』, 74~75쪽
J.J.G. Alexander (Ed.), *The Painted Page: Italian Renaissance Book Illumination, 1450–1550* (Munich: Prestel, 1994)

제5장: 동양에서 온 빛

둔황본 『금강경』, 80~81쪽
British Library, *Diamond Sutra* (http://www.bl.uk/onlinegallery/sacredtexts/podsusanwhitfield.html)

British Library, On-line Gallery, *The Diamond Sutra* (http://www.bl.uk/

onlinegallery/ttp/sutra/accessible/introduction.htm)

International Dunhuang Project: The Silk Road Online (http://idp.bl.uk/)

Dorothy C. Wong, *Personal Devotional Objects of Buddhist Asia* (http://people.virginia.edu/~dcw7a/articles/Personal-Devotional-Objects-of-Buddhist-Asia.pdf)

무라사키의 『겐지 이야기』, 82~83쪽
Peter Kornicki, *The Book in Japan: A Cultural History* (Honolulu: University of Hawai'i Press, 2001)

『판차탄트라』, 84~85쪽
Bodleian Library, *Kalilah wa-Dimnah* ("The Fables of Bidpai") (http://treasures.bodleian.ox.ac.uk/The-Fables-of-Bidpal)

알 자자리의 『기계 기술 개론』, 88~89쪽
Ahmad Y. al-Hassan (Ed.), "Al-Jazari and the History of the Water Clock" (http://www.history-science-technology.com/articles/articles%206.htm)

『만수르 해부학』, 90~91쪽
National Library of Medicine, *Historical Anatomies on the Web: Mansur* (http://www.nlm.nih.gov/exhibition/historicalanatomies/mansur_bio.html)

David J. Roxburgh (Ed.), *Turks; a Journey of a Thousand Years, 600–1600* (London: Royal Academy of Arts, 2005)

『보낭의 서』, 92~93쪽
Teygeler, René, *Dluwang, a near-paper from Indonesia* (http://www.scribd.com/doc/39391411/Dluwang)

제6장: 변화의 수레바퀴

일반 참고 문헌
K. Lesley Knieriem, *Book-Fools of the Renaissance* (Champaign, IL: University of Illinois, Graduate School of Library and Information Science, 1993)

Alberto Manguel, *A History of Reading* (London: Flamingo, 1997)

Andrew Pettegree, *The Book in the Renaissance* (New Haven: Yale University Press, 2010)

Southern Methodist University, Bridwell Library, *Invention and Discovery: Books from Fifteenth-Century Europe* (http://www.smu.edu/Bridwell/Collections/SpecialCollectionsandArchives/Exhibitions/InventionDiscovery)

구텐베르크의 '42행 성서', 98~99쪽
Lucien Febvre and Henri Jean Martin, *The Coming of the Book: The Impact of Printing 1450–1800*, 3rd. ed. (London: Verso, 2010)

Morgan Library & Museum, The Morgan Gutenberg Bible Online (http://www.themorgan.org/collections/works/gutenberg/provenance)

Eric Marshall White, *Peter Schoeffer: Printer of Mainz* (Dallas, TX: Bridwell Library, 2003)

셰델의 『뉘른베르크 연대기』, 100~101쪽
Cambridge Digital Library, *Nuremberg Chronicle* (http://cudl.lib.cam.ac.uk/view/PR-INC-00000-A-00007-00002-00888/1)

캑스턴의 『체스 교훈담』, 102~103쪽
John Rylands University Library, *Jacobus de Cessolis* (http://www.library.manchester.ac.uk/firstimpressions/assets/downloads/07-Jacobus-de-Cessolis-The-game-of-chess-translated-by-William-Caxton.pdf)

에우클레이데스의 『기하학 원론』, 106~107쪽
University of British Columbia, *Images from the first (1482) edition of Euclid* (http://www.math.ubc.ca/~cass/euclid/ratdolt/ratdolt.html)

알두스 판 베르길리우스 작품집, 108~109쪽
Bartolomeo Sanvito: The Life and Work of a Renaissance Scribe (http://www.paulshawletterdesign.com/2011/04/bartolomeo-sanvito-the-life-and-work-of-a-renaissance-scribe/)

Martin Davies, *Aldus Manutius: Printer and Publisher of Renaissance Venice* (London: British Library, 1995)

Garamond, *Aldus Manutius and his Innovations* (http://www.garamond.culture.fr/en/page/aldus_manutius_and_his_innovations)

그레고리오의 『기도서』, 110~111쪽
Miroslav Krek, "The Enigma of the First Arabic Book Printed from Movable Type" (http://www.ghazali.org/articles/jnes-38-3-mk.pdf.)

Paul Lundes, "Arabic and the Art of Printing" (http://www.saudiaramcoworld.com/issue/198102/arabic.and.the.art.of.printing-a.special.section.htm)

『아부다르함의 서』, 112~113쪽
Jewish Virtual Library, *Judaic Treasures of the Library of Congress: First Book in Africa* (http://www.jewishvirtuallibrary.org/jsource/loc/Africa.html)

장크트갈렌 『독창곡집』, 114~115쪽
Jenneka Janzen, *Pondering the Physical Scriptorium* (http://medievalfragments.wordpress.com/2013/01/25/pondering-the-physical-scriptorium/)

D. W. Krummel and Stanley Salie, *Music Printing and Publishing* (New York: Norton, 1990)

Virtual Manuscript Library of Switzerland, Cod Sang. 359, (http://www.e-codices.unifr.ch/en/description/csg/0359)

콘스탄츠 성가집, 116~117쪽
Newberry Library Chicago, *Apocolypse Block Book* (http://www.newberry.org/apocalypse-block-book)
Bernstein: The Memory of Paper (http://www.memoryofpaper.eu:8080/BernsteinPortal/appl_start.disp)

콤플루텐세 다언어 성서, 118~119쪽
Pecia Complutense, *The Pinciano and his Contribution to the Edition of the Alcalá Polyglot Bible* (1514–1517) (http://biblioteca.ucm.es/pecia/56309.php)

제7장: 위험한 발명품

에라스뮈스의 『우아한 편지 작성법』, 126~127쪽
Glasgow University Emblems Website, "Andrea Alciato's *Emblematum liber*" (http://www.emblems.arts.gla.ac.uk/alciato/books.php?id=A31a&o=)

Jewish Virtual Library, *Christian–Jewish Relations: The Inquisition* (http://www.jewishvirtuallibrary.org/jsource/History/Inquisition.html)

베이 시편집, 128~129쪽
Dick Hoefnagel, *The Dartmouth Copy of John Eliot's Indian Bible (1639): Its Provenance* (http://www.dartmouth.edu/~library/Library_Bulletin/Apr1993/LB-A93-Hoefnagel.html?mswitch-redir=classic)

Sotheby's, *The Bay Psalm Book: America's First Printed Book* (http://www.sothebys.com/en/news-video/videos/2013/11/The-Bay-Psalm-Book-America-First-Printed-Book.html)

코덱스 멘도사, 130~131쪽
Frances Berdan and Patricia Anawalt, *The Essential Codex Mendoza.* (Berkeley: University of California Press, 1997)

베살리우스의 『인체의 구조에 관하여』, 134~135쪽
National Library of Medicine, *Historical Anatomies on the Web, Andreas Vesalius* (http://www.nlm.nih.gov/exhibition/historicalanatomies/vesalius_home.html)

Andreas Vesalius, *On the Fabric of the Human Body* (http://vesalius.northwestern.edu/flash.html)

브라헤의 『천문학』, 136~137쪽
Museum of the History of Science, Oxford, *The Noble Dane: Images of Tycho Brahe*, (http://www.mhs.ox.ac.uk/tycho/index.htm)

뉴턴의 『프린키피아』, 138~139쪽
Levenson, Thomas, *Newton and the Counterfeiter: The Unknown Detective Career of the World's Greatest Scientist* (London: Mariner Books, 2010)

마컴의 『영국의 승마인』, 140~141쪽
Gervase Markham, *Cavalarice* (http://www.classicrarebooks.co.uk/sports/cavalarice_book.html)

헬름의 『바느질의 기술과 근면』, 142~143쪽
Moira Thunder, "Deserving Attention: Margaretha Helm's Designs for Embroidery in the Eighteenth Century", *Journal of Design History*, December 2010, p. 409 (http://connection.ebscohost.com/c/articles/55370545/deserving-attention-margaretha-helms-designs-embroidery-eighteenth-century)

블랙웰의 『흥미로운 약초들』, 144~145쪽
British Library Online Gallery, *Blackwell's Herbal* (http://www.bl.uk/onlinegallery/ttp/blackwells/accessible/introduction.html)

Bruce Madge, "Elizabeth Blackwell—the Forgotten Herbalist?," *Health Information & Libraries Journal*, vol. 18, no. 3, pp. 144–152, September 2001 (http://onlinelibrary.wiley.com/doi/10.1046/j.1471-1842.2001.00330.x/full)

톰린슨의 『춤의 기술』, 146~147쪽
Baroque Dance Notation Systems, (http://www.baroquedance.com/research/dancenotation.htm)

Library of Congress, *Dance Instruction Manuals* (http://memory.loc.gov/cgi-bin/ampage?collId=musdi&fileName=158/musdi158.db&recNum=183&itemLink=r?ammem/musdibib:@field(NUMBER+@band(musdi+158)))

제8장: 인쇄술과 계몽주의

부셰의 『몰리에르』, 152~153쪽
Bland, David, *A History of Book Illustration: the Illuminated Manuscript and the Printed Book* (Cleveland: World Publishing Company, 1985)

Metropolitan Museum of Art, *Gravures de Boucher pour les Oeuvres de Molière* (http://www.metmuseum.org/collections/search-the-collections/346508)

Metropolitan Museum of Art, *Dangerous Liaisons: Fashion and Furniture in the Eighteenth Century* (http://resources.metmuseum.org/resources/metpublications/pdf/Dangerous_Liaisons_Fashion_and_Furniture_in_the_Eighteenth_Century.pdf)

존슨의 『영어 사전』, 154-155쪽
Beryl Bainbridge, "Words count" (http://www.theguardian.com/books/2005/apr/02/classics.wordsandlanguage)

Dictionary of the English Language: *A Digital Edition of the 1755 Classic by Samuel Johnson* (http://johnsonsdictionaryonline.com/)

Technische Universität Berlin, *A Brief History of English Lexicography* (http://classic-web.archive.org/web/20080309181613/http://angli02.kgw.tu-berlin.de/lexicography/b_history.html)

뉴베리의 『작고 예쁜 주머니책』, 156~157쪽
Virginia Haviland and Margaret Coughlan, *Yankee Doodle's Literary Sampler... Selected from the Rare Book Collections of the Library of Congress* (New York: Thomas Y. Crowell Company, 1974)

Library of Congress Digital Collections, *A Little Pretty Pocket-Book* (http://lcweb2.loc.gov/cgi-bin/ampage?collId=rbc3&fileName=rbc0001_2003juv05880page.db&recNum=10)

Morgan Library & Museum, *A Little Pretty Pocket-Book* (http://www.themorgan.org/collections/collections.asp?id=130)

South Australia State Library, Treasures, *Orbis sensualium pictus* (http://www.samemory.sa.gov.au/site/page.cfm?u=965&c=3702)

디드로의 『백과전서』, 158~159쪽
BBC Radio 4, "In our time," *The Encyclopédie*, (http://www.bbc.co.uk/programmes/p0038x93)

Philipp Blom: *Encyclopédie: the Triumph of Reason in an Unreasonable Age* (London: Fourth Estate, 2004)

Massachusetts Institute of Technology, Library Exhibits, *Technology and Enlightenment: The Mechanical Arts in Diderot's Encyclopédie* (http://libraries.mit.edu/exhibits/maihaugen/diderots-encyclopedie/)

린네의 『식물종』, 160~161쪽
Staffan Müller-Wille and Sara Scharf, "Indexing Nature: Carl Linnaeus (1707–1778) and his Fact-Gathering Strategies," *Working Papers on The Nature of Evidence*
no. 36/08 (http://www.lse.ac.uk/economicHistory/pdf/FACTSPDF/3909MuellerWilleScharf.pdf)

Natural History Museum, *A Film about Carl Linnaeus* (http://www.youtube.com/watch?v=Gb_IO-SzLgk)
Uppsala Universitet, Linné on line (http://www.linnaeus.uu.se/online/life/8_3.html)

플레이페어의 『상업 정치 도감』, 162~163쪽
enlightenment-revolution.org., *William Playfair* (http://webcache.googleusercontent.com/search?q=cache:http://enlightenment-revolution.org/index.php/Playfair,_William)

Rosalind Reid, "A Visionary and a Scoundrel" (http://www.americanscientist.org/bookshelf/pub/a-visionary-and-a-scoundrel)

Ian Spence, "William Playfair and the Psychology of Graphs" (http://www.psych.utoronto.ca/users/spence/Spence%20(2006).pdf)

Edward R. Tufte, *The Visual Display of Quantitative Information* (Cheshire, CT: Graphics Press, 1993)

『뉴게이트 연감』, 164~165쪽
British Library, *Learning, Dreamers and Dissenters* (http://www.bl.uk/learning/histcitizen/21cc/crime/media1/calendar1/calendar.html)

oldbaileyonline.org, *The Proceedings of the Old Bailey, 1674–1913* (http://www.oldbaileyonline.org/)

스턴의 『트리스트램 섄디』, 166~167쪽
Jesus College, Cambridge, *Laurence Sterne* (http://www.jesus.cam.ac.uk/about-jesus-college/history/pen-portraits/laurence-sterne/)

Laurence Sterne Trust, "The First Publication of *Tristram Shandy*" (http://www.laurencesternetrust.org.uk/wp/sterneana/first-publication-of-tristram-shandy/the-first-publication-of-tristram-shandy/)

클레런드의 『패니 힐』, 168~169쪽
Julie Peakman, *Mighty Lewd Books: the Development of Pornography in Eighteenth-Century England* (Basingstoke: Palgrave Macmillan, 2012)

배네커의 『역서』, 170~171쪽
Inventors.about.com, *Benjamin Banneker*, (http://inventors.about.com/od/bstartinventors/a/Banneker.htm)

뷰익의 『영국 조류사』, 172~173쪽
Thomas Bewick, *My life*, ed. by Iain Bain (London: Folio Society, 1981)

Bewick Society, *Thomas Bewick* (http://www.bewicksociety.org/index.html)
Diana Donald, *The Art of Thomas Bewick* (London: Reaktion Books, 2013)

렙턴의 '붉은 책', 174~175쪽
gardenhistorygirl, *Humphrey Repton and Accessible Gardening History* (http://gardenhistorygirl.blogspot.co.uk/2013/02/humphrey-repton-and-accessible.html)

Morgan Library & Museum, *Humphry Repton's Red Books* (http://www.themorgan.org/collections/works/repton/#self)

아위의 『시각장애인 교육』, 176~177쪽
Emmy Csocsán and Solveig Sjöstedt, *Learning and Visual Impairment* (http://www.isar-international.com/_files/didaktikpool_9_20090710102624.pdf)

Royal London Society for Blind People, *RLSB Archive Exhibition, Celebrating 175 years of RLSB* (http://www.rlsb.org.uk/175years)

John Rutherford, *William Moon and his Work for the Blind* (London: Hodder & Stoughton, 1898; https://docs.google.com/document/d/1Rg0lW6DCpcm8Fwk5qYdkDxX-POZ5XCA9ZGKl0wr__RM/edit#)

Sobre a Deficiência Visual, *Essai sur l'Éducation des Aveugles par Valentin Haüy* (Paris, 1786; http://deficienciavisual9.com.sapo.pt/r-Hauy.htm)

제9장: 인쇄술과 증기력

일반 참고문헌
Ann M. Blair, *Too Much to Know: Managing Scholarly Information before the Modern Age* (New Haven : Yale University Press, 2010)

Tom Standage, *The Victorian Internet: the Remarkable Story of the Telegraph and the Nineteenth Century On-line Pioneers.* (New York: Berkley Books, 1999)

퍼킨스의 특허, 182~183쪽
Baker Perkins Historical Society, "Jacob Perkins in the Printing Industry" (http://www.bphs.net/GroupFacilities/J/JacobPerkinsPrinting.htm)

hevac-heritage.org, "The Perkins Family" (http://www.hevac-heritage.org/victorian_engineers/perkins/perkins.htm)

Stephen Van Dulken, *Inventing the 19th Century: the Great Age of Victorian Inventions* (London: British Library, 2001)

앳킨스의 『영국 조류 사진 도감』, 184~185쪽
Roderick Cave, *Impressions from Nature: A History of Nature Printing* (London: British Library/New York: Mark Batty, 2010)
Liz Hager, "Anna Atkins" (http://venetianred.net/2010/05/08/anna-atkins-mistress-of-blueprint-manor/)

Naomi Rosenblum, *A History of Women Photographers*, 3rd edition (New York: Abbeville, 2010)

뒤페를리의 『자메이카 사진 여행』, 186~187쪽
National Library of Jamaica, "The Beginning of Photography in Jamaica" (http://nljblog.wordpress.com/2011/11/25/the-beginning-of-photography-in-jamaica/)

에번스의 『음절문자 찬송가』, 188~189쪽
Bruce Peel, *Rossville Mission Press: The Invention of the Cree Syllabic Characters, and the First Printing in Rupert's Land* (Montreal: Osiris Publications, 1974)

디킨스의 『피크위크 클럽 유고』, 190~191쪽
John Siers, ed., *The Culture of the Publisher's Series.* 2 vols (Basingstoke: Palgrave Macmillan, 2011)

파월의 『올드 그리즐리 애덤스』, 192~193쪽
Albert Johannsen, *The House of Beadle & Adams and its Dime and Nickel Novels*, (http://www.ulib.niu.edu/badndp/bibindex.html)

Thomas L. Bonn, *UnderCover: an Illustrated History of American Mass Market Paperbacks* (Harmondsworth: Penguin, 1982)

Robert J. Kirkpatrick, *From the Penny Dreadful to the Ha'penny Dreadfuller: A Bibliographical History of the British Boys' Periodical* (London: British Library, 2013)

Library of Congress, "Dime Novels" (http://www.loc.gov/exhibits/treasures/tri015.html)

Monash University, Library, "Yellowbacks" (http://monash.edu/library/collections/exhibitions/yellowbacks/xyellowbackscat.html)

worldwidewords.org, "Penny Dreadful" (http://www.worldwidewords.org/qa/qa-pen2.htm)

에이킨의 『한 음절 단어로만 된 로빈슨 크루소』, 194~195쪽
publidomainreview.org, *Nursery Lessons in words of one syllable*, (http://publicdomainreview.org/2013/08/01/nursery-lessons-in-words-of-one-syllable-1838/)

호프만의 『더벅머리 페터』, 196~197쪽
curiouspages.blogspot.co.uk, *Strewwelpeter* (http://curiouspages.blogspot.co.uk/2009/10/struwwelpeter-or-shock-headed-peter.html)

메겐도르퍼의 『대서커스』, 198~199쪽
Ana Maria Ortega, *Pop-Up, Mobile and Deployable Books* (http://emopalencia.com/desplegables/historia.htm)

University of Florida, Baldwin Library, "Always Jolly; Movable Book by Lothar Meggendorfer" (http://www.youtube.com/watch?v=yWzrGpp7DGo)

University of North Texas, Libraries, *A Brief History of Movable Books* (http://www.library.unt.edu/rarebooks/exhibits/popup2/introduction.htm)

배데커의 『스위스』, 200~201쪽
Richard Mullen and James Munson, "*The Smell of the Continent*": *The British Discover Europe* (London: Macmillan, 2009)

oldguidebooks.com, "History of Guide Books" (http://oldguidebooks.com/guidebooks/)

Frank Werner, "Collecting Baedeker Travel Guides" (http://www.ilab.org/eng/documentation/197-collecting_baedeker_travel_guides.html)

수아예의 『현대의 주부』, 202~203쪽
Michael Garval, "Alexis Soyer and the Rise of the Celebrity Chef," (http://www.rc.umd.edu/praxis/gastronomy/garval/garval_essay.html)

Nancy Mattoon, "Britain's Original Celebrity Chef: Alexis Soyer" (http://www.booktryst.com/2010/12/britains-original-celebrity-chef-alexis.html)

볼더우드의 『무장 강도』, 204~205쪽
Paul Eggert, "*Robbery Under Arms*; the Colonial Market, Imperial Publishers, and the Demise of the Three-Decker Novel," *Book History* vol. 3, 2003, pp. 127-46, (http://www.jstor.org/discover/10.2307/30227345?uid=3738032&uid=2&uid=4&sid=21102980036937)

제10장: 떠들썩했던 20세기의 책들

일반 참고 문헌
Federation of British Industry, *Oxford University Press and the Making of a Book* (http://www.slate.com/blogs/lexicon_valley/2013/11/07/oxford_english_dictionary_a_1925_silent_film_about_the_making_of_a_book.html)

보르헤스의 『갈라지는 길이 있는 정원』, 210~211쪽
Adam Lee, "How Big is the Library of Babel?" (http://www.patheos.com/blogs/daylightatheism/2006/03/how-big-is-the-library-of-babel/)

칼슨의 실험 일지, 212~213쪽
David Owen, *Copies in Seconds: Chester Carlson and the Birth of the Xerox Machine* (New York: Simon & Schuster, 2004)

크라나흐판 『햄릿』, 214~215쪽
John Dieter Brinks, *The Book as a Work of Art: the Cranach Press of Count Harry Kessler* (Laubach: Triton Verlag/Williamstown: Williams College, 2005)

Roderick Cave, *The Private Press*, 2nd. ed. (New York: R.R. Bowker Co., 1983)

카멘스키의 『암소들과의 탱고』, 218~219쪽
Tim Harte, "Vasily Kamensky's 'Tango with Cows': a Modernist Map of Moscow" *Slavic and East European Journal*, vol. 48 no. 4 (Winter, 2004), pp. 545–566 (http://www.jstor.org/discover/10.2307/3648812?uid=3738032&uid=2&uid=4&sid=21102983729067)

Museum of Modern Art, *Tango s korovami. Zhelezobetonnye poemy* (http://www.moma.org/collection/object.php?object_id=11018)

tangowithcows.com, *Tango with Cows* (http://www.tangowithcows.com/)

에른스트의 『친절의 일주일』, 220~221쪽
Elza Adamowicz, *Surrealist Collage in Text and Image: Dissecting the Exquisite Corpse* (Cambridge: Cambridge University Press, 1998)

Dorothy Kosinski, *The Artist and the Book in Twentieth-Century France* (Dallas: Bridwell Library, 2005)

Musée d'Orsay, "Max Ernst, 'Une semaine de bonté'—the Original Collages" (http://www.musee-orsay.fr/en/events/exhibitions/in-the-musee-dorsay/exhibitions-in-the-musee-dorsay-more/article/les-collages-de-max-ernst-20484.html?cHash=83c594fbdb)

M. E. Warlick, "Max Ernst's Alchemical Novel: 'Une Semaine de bonté'" *Art Journal* vol. 46, no. 1, Spring, 1987, pp. 61–73 (http://www.jstor.org/discover/10.2307/776844?uid=3738032&uid=2&uid=4&s id=21102984022587)

은나도지의 『창녀를 조심하라』, 222~223쪽
Mark J. Curran, *Brazil's Folk-Popular Poetry—"A Literatura de cordel"* (Bloomington, Ind.: Trafford Publishing, 2010)

Mark Dinneen, ed., *Brazilian Popular Prints* (London: Redstone Press, 1995)

McCarthy, Cavan "Printing in Onitsha" (http://www.lsu.edu/faculty/mccarthy/OnitshaText.htm)

University of Florida "Onitsha Market Literature" (http://ufdc.ufl.edu/onitsha)

University of Kansas, "Onitsha Market Literature" (http://onitsha.diglib.ku.edu/index.htm)

레먼의 『왈츠로의 초대』, 224~225쪽
University of Bristol, Library, *Penguin Book Collection* (http://www.bristol.ac.uk/library/resources/specialcollections/archives/penguin/penguinbooks.html)

카민스키의 『방어벽을 쌓는 석재』, 226~227쪽
Grzegorz Mazur, "The ZWZ-AK Bureau of Information & Propaganda" (http://www.polishresistance-ak.org/13%20Article.htm)

불가코프의 『거장과 마르가리타』, 228~229쪽
Middlebury College, *Master and Margarita* (http://cr.middlebury.edu/bulgakov/public_html/intro.html)

안네 프랑크의 『한 소녀의 일기』, 232~233쪽
Anne Frank Museum, Amsterdam (http://www.annefrank.org/)

Robert Gellately, *Lenin, Stalin and Hitler: the Age of Social Catastrophe* (London: Vintage, 2008)

Website devoted to Irene Nemirovsky (http://www.irenenemirovsky.guillaumedelaby.com/en_biography.html)

제11장: 디지털화와 책의 미래

일반 참고 문헌
Nicholson Baker, *Double Fold: Libraries and the Assault on Paper* (London: Vintage, 2002)

Nick Bilton, *I live in the Future & Here's How it Works: How Your World, Work, and Brain are Being Creatively Disrupted* (New York: Crown Business, 2010)

Ian F. McNeely, *Reinventing Knowledge; from Alexandria to the Internet* (New York: W.W. Norton, 2009)

Janet H. Murray, *Hamlet on the Holodeck: The Future of Narrative in Cyberspace* (New York, Free Press, 1997)

polarstarfilms.com, *Google and the World Brain* (http://shop.polarstarfilms.com/?product=dvd-google-and-the-world-brain)

Abigail Sellen and Richard Harper, *The Myth of the Paperless Office* (Cambridge, MA: MIT Press, 2003)

Sherman Young, *The Book is Dead* (Sydney: NewSouth Publishing, 2007)

헌터의 『구식 제지술』, 238~239쪽

Cathleen A. Baker, *By His Own Labor: The Biography of Dard Hunter* (New Castle, DE: Oak Knoll, 2000)

www.dardhunter.com, "Mountain House Press" (http://www.dardhunter.com/mhpress.htm)

www.pbs.org,"Elbert Hubbard: an American Original" (http://www.pbs.org/wned/elbert-hubbard/index.php)

RAND의 『백만 개의 난수』, 240~241쪽

www.wps.com, "Book review: *A Million Random Digits*" (http://www.wps.com/projects/million/index.html)

『전자책 베오울프』, 242~243쪽

Grant Leyton Simpson, Review of *The Electronic Beowulf* (http://www.digitalmedievalist.org/journal/8/simpson/)

Benjamin Slade, ed., *Beowulf on Steorarume* (<http://www.heorot.dk/)

www.audioholics.com, "Data Longevity on CD, DVD Media: How Long Will They Last?" (http://www.audioholics.com/audio-technologies/cd-and-dvd-longevity-how-long-will-they-last)

루이스의 『기계식 백과사전』, 244~245쪽

Robert McCrum, "The Dragon Lords, world's first 'cloud-sourced' novel, prepares to land" (http://www.theguardian.com/books/booksblog/2012/dec/17/the-dragon-lords-novel-silvia-hartmann)

unbound, "How to Crowdfund a Book" (http://unbound.co.uk/about)

테크니온 나노 성서, 246~247쪽

Simon Beattie, "Used in the Trenches" (http://www.simonbeattie.kattare.com/blog/archives/843)

Louis W. Bondy, *Miniature Books, their History from the Beginnings to the Present Day* (Farnham: Richard Joseph, 1994)

Martin Chilton, "Is this the World's Smallest Book?" (http://www.telegraph.co.uk/culture/books/booknews/9927200/Is-this-the-worlds-smallest-book.html)

Brant Rosen, "Nano-Torah Technology?" (http://rabbibrant.com/2007/12/26/nano-torah-technology/)

University of Indiana, Lilly Library, *4,000 Years of Miniature Books* (http://www.indiana.edu/~liblilly/miniatures/earlyprinted.shtml)

프리에토의 『반책』, 250~251쪽

Harry Polkinhorn, "From Book to Anti-book" (http://www.thing.net/~grist/lnd/hp-book.htm)

Francisca Prieto, "My Life with Paper" (http://uppercasemagazine.com/blog/2012/11/29/my-life-with-paper-francisca-prieto#.UpOCCcR7KSp)

Victoria and Albert Museum, "Artists' Books and Books as Art" (http://www.vam.ac.uk/vastatic/wid/exhibits/bookandbeyond/case1.html)

감사의 말

소중한 시간, 전문 지식 그리고 물질 및 격려로 지원해주신 모든 분들께 감사 인사를 전합니다. 안타깝게도 이처럼 넓은 범위를 다루는 책에서는 고마운 분들을 한 분씩 일일이 거명하기가 어렵기에 양해를 구합니다. 하지만 그중에서도 데이비드 체임버스, 레이 데즈먼드, 로스 하비, 피아 오스틀룬트, 존 랜들, 보이드 레이워드에게만은 특별히 감사를 드리고 싶습니다. 많은 의견과 격려를 아끼지 않은 줄리 파콰르와 게리 헤인스에게도 감사드립니다. 아울러 출판사 콰르토의 직원 여러분, 특히 빅토리아 라일과 새러 벨에게 각별한 고마움을 표합니다. 그들은 채 정돈되지 않은 우리의 초고와 수정 원고를 읽으면서 적절한 조언과 대안을 제시해주었습니다. 끝으로 이 책을 집필하는 내내 무제한에 가까운 엄청난 지원을 아끼지 않은 돈 케이브에게도 가슴 깊이 감사를 드리는 바입니다.

도판 판권

본 출판사는 각자의 텍스트와 정보를 너그러이 공개해주신 여러 기관, 학자, 개인 수집가 여러분께 감사드리는 바이다. 이 책을 만드는 과정에서 저작권 문제를 해결하고자 모든 노력을 기울였지만, 혹시나 의도하지 않은 저작권 침해가 있다면 미리 사과드리는 바이다. 이 책에 수록된 이미지 가운데 대영 도서관(런던) 소장품의 저작권은 대영 도서관에 있다(© The British Library Board). 나머지 이미지의 저작권은 아래에 열거한다.

2~3쪽: 「에스더서」 두루마리, 18세기. 양피지에 펜과 잉크, 돋을새김 은갑(銀甲) 첨부. 이탈리아에서 제작되었으며, 은 장식은 네덜란드의 수입 규제용 순도 표식을 나타낸다. 이스라엘 박물관(예루살렘, 이스라엘) 소장 스티글리츠 컬렉션(에리카와 루드비히 예셀손의 기여로 기증됨). © The Bridgeman Art Library.

4, 11, 15쪽: 손자국과 들소, 엘 카스티요 동굴(푸엔테 비에스고, 에스파냐), 네안데르탈인의 유적으로 추정. 다색의 광물성 물감을 대롱으로 불어서 제작. Courtesy Marcos Garcia Diez.

4, 25쪽: 바탁 점술서, 1855년경. 뼈, 거북 등딱지, 목피지. 토바(수마트라) 제작. Tropenmuseum, Amsterdam, A. 1389.

4, 43쪽: 호메로스 원작, 『일리아스』, 10세기. 사진: 그리스어 소문자체 필사본 24번째 낱장 앞면의 세부. Biblioteca Marciana, Venice, MS Homer Venetus A/B., Gr Z. 454 (= 822), f. 1v. By permission Ministero per i Beni e le Attività Culturali.

5, 57쪽: 토로스 로슬린 복음서, 1262년. 사진: 2절판 104번째 낱장 앞면. 성(聖) 마태 초상화. 양피지에 잉크, 다색 물감, 금박. 흐롬클라(가지안테프, 터키)에서 간행. Courtesy The Walters Art Museum, Baltimore, W.539.

5, 77쪽: 여행 중인 승려, 북송(北宋), 851~900년. 탱화(幀畵), 종이에 먹과 물감. 중국 간쑤(甘肅) 성 둔황(敦煌) 모가오 굴(莫高窟) 천불동(千佛洞) 17호 동굴. © The Trustees of the British Museum, OA 1919,1-1,0.168.

6, 95쪽. 하르트만 셰델, 연대기, 1493년. 사진: 2절판 12쪽, '세계의 제2시대'. 고더로툰다 활자. 미하엘 볼게무트, 빌헬름 플라이덴부르프 및 공방에서 제작한 목판화 다수 수록. 뉘른베르크, A. 코베르거 간행. Bayerische Staatsbibliothek, München, BSB-Ink A-195,94.

6, 121쪽. 안드레아스 베살리우스, 『인체의 구조에 관하여』, 1543년. 사진: 190쪽. 교수대에 매달려 있는 사람. 라틴어 의학 텍스트에, 얀 슈테펜 판 칼카르 제작으로 추정되는 목판화 수록. 바젤, 요하네스 오포리누스 간행. Wellcome Library London, L0031739.

6, 149쪽. 새뮤얼 존슨, 『영어 사전』, 1755~1756년. 사진: 제2판의 속표지. 런던: J. & P. 냅턴 간행. The British Library, London, 680.k.12,13.

7, 179, 194쪽. 메리 고돌핀(본명은 루시 에이킨), 『한 음절 단어로만 된 로빈슨 크루소』, 1882. 뉴욕, 매크러플린 브러더스 간행. Collection the author.

7, 207쪽. 『브후테마스의 건축』, 1927년. 엘 리시츠키의 표지 디자인. 모스크바, 브후테마스 간행. Russian National Library, St. Petersburg © Heritage Image Partnership Ltd/Alamy.

7, 235, 248~249쪽. 브리지트 고야마리처드, 『일본 만화 천 년사』, 2008년. 사진: 150~151쪽; 94~95쪽: 프랑스어판 표지. 파리/런던: 플라마리옹 간행. © Flammarion(150~51쪽); © Tezuka Production (94~95쪽); © Kawanabe Kyosai Memorial Museum (프랑스어판 표지); © Mizuki Shigeru Production/ © Kumon Institude of Education/ © Chiba City Museum of Art/ © Mizuki Shigeru Production.

14쪽. 손자국. 쿠에바 데 라스 마노스(산타크루스 주, 아르헨티나), 기원전 9500년경. 다색 광물 염료로 제작. Mariano Cecowski. Creative Commons Attribution Share Alike 2.5 Generic license.

16쪽. 부절(符節), 국고금 영수증, 13세기. 눈금과 표식을 새긴 개암나무를 쪼개서 제작. © National Archives, Kew, E402.

17쪽. 이상고 뼈, 기원전 2만 5000~2만년. 개코원숭이 종아리뼈에 표식을 넣음. 벨기에령 콩고에서 제작. The Royal Belgian Institute of Natural Sciences, Brussels.

18쪽. 『길가메시 서사시』, 서기 7세기. 신(新)아시리아 쐐기문자가 새겨진 진흙 평판의 단편. 이라크, 아슈르바니팔의 도서관 유적(쿠윤지크, 니네베)에서 제작. © The Trustees of the British Museum, K.3375.

19쪽. 아시리아의 필경사, 님루드 소재 궁전, 기원전 730년. 석고석 부조. British Museum, London, ME 124955. © Zev Radovan/BibleLandPictures/ © www.BibleLandPictures.com/ Alamy.

20쪽. 카랄의 결승문자(結繩文字), 기원전 4600년. 매듭진 면실을 막대기에 둘러 제작. 페루: 성스러운 도시 카랄수페 고고학 유적. © Archaeological Zone Caral, Peru, courtesy Dr Ruth Shady.

21쪽. 펠리페 구아만 포마 데 아얄라, 『훌륭한 정부와 새로운 연대기』, 1615년. 사진: 335[337]쪽. 결승문자(結繩文字)를 든 남자가 창고 앞에 서 있다. 에스파냐어와 케차어로 작성된 필사본. 종이에 잉크. 루카나스 아야쿠초 주 內 페루): 에스파냐 국왕 펠리페 3세를 위해 제작. © The Royal Library, Copenhagen, GKS 2232.

22~23쪽. 『아니의 사자의 서』, 기원전 1250년경. 파피루스에 채색. 테베(이집트), 아니의 무덤에서 출토. © The Trustees of the British Museum, EA 10470/3.

23쪽. 필경사 프타세프세스, 제5왕조, 기원전 2450년경. 석회석 채색 조각상. 사카라(이집트), 분묘 C10에서 발굴. Egyptian National Museum, Cairo.© The Art Archive/Collection Dagli Orti.

28쪽. 예언용 뼈, 중국 상(商) 왕조 말기의 것으로 추정, 기원전 1400년경. 석화된 거북 등딱지에 문구를 새김. Museum of East Asian Art, Bath. © Heritage Image Partnership Ltd/Alamy.

29쪽. 초간(楚簡) 『노자(老子)』(A 버전), 기원전 300년경. 대나무에 붓글씨. 후베이(湖北) 성 징멘(荊門) 소재 곽점(郭店)의 초(楚)나라 무덤 1호에서 발굴. Private collection. © Archives Charmet/The Bridgeman Art Library.

30쪽. 인쇄본 다라니를 넣은 햐쿠만(百萬) 탑. 서기 770년경. (원래는 채색된) 탑의 가운데 빈 곳에 목판 인쇄본 다라니 두루마리를 넣었다. 소나무와 삼종이. 나라(일본) 소장. Courtesy Bloomsbury Auctions, London, UK.

32~33쪽. 팔만대장경, 13세기. 사진: 해인사 장경판전. 한자가 새겨진 8만 1,258개의 목판으로 이루어져 있다. 해인사(경상남도, 한국) 소장. © Image Republic Inc./Alamy.

34~35쪽. 『팔천송반야경(八千頌般若經)』, 1112년경. 야자나무 잎에 채색한 필사본, 벵골에서 제작. © Victoria & Albert Museum, London, IS.8~1958.

36쪽. 『영락대전(永樂大典)』, 1562~1567년. 가정제(嘉靖帝) 때 제작된 세 번째 사본이다. 사진: 2절판 44~45번째 낱장 앞면으로 홍수 관리에 관한 내용이다. The British Library, London, Or.14446.

37쪽. 중국의 제지술, 1800년경. 중국의 직업을 묘사한 수출용 풍속화집에 수록된 수채화. The British Library London, Or. 2262, no.69.

38쪽. 바탁 점술서, 1855년경. 목피지에 채색 및 새김. 토바(수마트라)에서 제작. Tropenmuseum, Amsterdam, coll. no. A.1389.

39쪽. 점술용 뼈, 20세기 말. 물소 뼈에 새김. 자카르타에서 제작. Collection the author.

41쪽. 파라바이크 문신 제작 지침서, 19세기. 종이에 검은색과 붉은색 잉크로 삽화를 그린 필사본. 미얀마에서 제작. © Trustees of the British Museum, inv. 2005,0623,0.5.

46쪽. '곰과 벌집', 17세기. 『이솝 우화』에 수록된 프랜시스 발로의 원화에 기초한 제임스 커크의 동판화. Wellcome Library, London, 39904i.

47쪽. 발레리우스 바브리우스, (이솝 원작) 『이솝 우화시(詩)』, 11세기. 사진: 2절판 3번째 낱장 앞면의 불규칙 단장격(短長格)의 그리스어 운문. 양피지 필사본. 시리아에서 제작 추정. The British Library, London, Add MS 22087.

48쪽. 호메로스 원작, 『일리아스』, 10세기. 사진: 2절판 1번째 낱장 뒷면. 아프로디테의 가호 아래 트로이로 가는 헬레나와 파리스. 그리스에서 제작 추정. Biblioteca Marciana, Venice, MS

Homer Venetus A/B., Gr Z. 454 (= 822). By permission of the Ministero per i Beni e le Attività Culturali.

50~51쪽. 가리마 복음서, 최소 서기 330년에서 최대 서기 650년의 것으로 추정. 양피지(염소 가죽으로 추정) 채식 필사본. 전 2권. 아드와(에티오피아 북부): 아부나 가리마 수도원 제작.
Courtesy Ethiopian Heritage Fund © Lester Capon and Jacques Mercier.

52쪽. 아피키우스 원작, 『레 쿠오퀴나리아』, 서기 830년경. 사진: 2절판, 양피지 필사본. 풀다 수도원(독일) 소장.
Courtesy of the New York Academy of Medicine Library.

53쪽. 로마의 학교, 부엌 일꾼이 동물 내장을 빼내는 모습. 서기 50~55년. 보스코레알레 인근 저택의 프레스코화.
Getty Villa, Malibu, 79.AG.112.
© Alex Ramsay/Alamy.

54쪽. 아르키메데스 팔림프세스트, 서기 1229년. 아르키메데스와 히페레이데스 등의 고대 텍스트(기원전 287~212) 위에 삽화본 그리스어 기도서('유콜로기온')를 덮어썼다. 양피지에 잉크. 예루살렘에서 제작 추정. Private collection. Courtesy the Rochester Institute of Technology, Archimedes Palimpsest Imaging project.

61쪽. 켈스의 서, 800년경. 사진: 2절판 34번째 낱장 앞면, '카이로'. 우피지에 몰식자(沒食子) 잉크와 다색 물감. 텍스트는 도서(島嶼) 소문자체로 작성. 미스주(아일랜드): 켈스 수도원에서 제작.
Trinity College Library, Dublin, MS A. I. (58). © The Board of Trinity College, Dublin/Bridgeman Art Library.

63쪽. 클루도프 시편집, 850년. 사진: 2절판 67번째 낱장 앞면, 「시편」 69편과 성상파괴주의자인 문법학자 요한. 양피지에 잉크, 진사(辰砂), 금, 템페라. 텍스트는 언셜체, 나중에 소문자체 추가. 콘스탄티노플: 성(聖) 요한 스투디오스 수도원에서 제작 추정. © State Historical Museum, Moscow, GIM 86795 Khlud. 129.

64~65쪽. 유수프 알 마우실리, (디오스코리데스 원작의) 『약물지』, 1228년. 사진: 디오스코리데스가 제자에게 맨드레이크를 보여준다. 의학 필사본. 종이에 금과 다색 물감. 아나톨리아 또는 시리아 북부: 샴스 아드딘을 위해 제작 추정.
Topkapi Museum, Istanbul, Ahmed III 2127. © Topkapi Saray Museum, Istanbul; © Werner Forman Archive, London.

66~67쪽. 토로스 로슬린 복음서, 1262년. 사진: 2절판 104번째 낱장 앞면, 사람의 아들의 상징; 2절판 88번째 낱장 뒷면, 여리고의 장님(세부). 양피지에 잉크, 물감, 금; 텍스트는 언셜체로 작성. 흐롬클라(터키)에서 제작.
Courtesy The Walters Art Museum, Baltimore, W.539.

68쪽. 요하네스 슈니처(Johannes Schnitzer), (클라우디우스 프톨레마이오스 원작의) 『지리지(우주지)』, 1482년. 사진: 12~13쪽, (프톨레마이오스에 의거한) 돈누스 니콜라우스 게르마누스의 필사본 지도에 의거함. '판각공 요한'이 제작한(수작업으로 채색한) 목판화 지도로 이루어진 부도(附圖). 울름: 린하르트 홀레 간행. The British Library, London, Maps.C.1.d.2.

69쪽. 시편집 지도, 1262년 이후. 사진: 2절판 9쪽, 세계 지도. 라틴어 필사본. 우피지에 잉크와 다색 물감. 잉글랜드(런던 또는 웨스트민스터 추정) 제작.
The British Library, London, Add. MS 28681.

70~71쪽. 크리스토포로 부온델몬티, 『군도지』, 1482년. 사진: 2절판 156~157쪽, 아토스 산을 보여주는 그림 지도. 양피지 코덱스, 라틴어 텍스트는 고딕 흘림체로 작성, 채색 삽화 다수 포함. 네덜란드(헨트) 제작. The British Library, London, MS Arundel 93.

72쪽. 크리스틴 드 피장, 『여자들의 도시』, 1475년. 사진: 2절판 17쪽, 크리스틴과 '이성(理性)'이 '여성의 도시'를 건설하기 위해서 여성 차별적인 견해로 가득한 '글밭'을 청소하고 있다. 프랑스어 원작의 플랑드르어 번역서, 얀 데르 바엔스트를 위해 제작. The British Library, London, Add. 20698 © The Art Archive/British Library

73쪽. 기욤 드 로리와 장 드 묑, 『장미 이야기』, 1490~1500년경. 사진: 2절판 12쪽, 정원에 모인 류트 연주자와 가수들. 프랑스어 필사본에 '기도서 명장(明匠)'의 삽화 수록. 양피지에 다색 물감, 금색 및 검은색 잉크. 텍스트는 고딕 흘림체로 작성. 브뤼헤: 나사우 공국의 엥겔베르트 백작을 위해 제작. The British Library, London, MS Harley 4425.

74~75쪽. 줄리오 클로비오, 파르네세 『기도서』, 1546년. 사진: 2절판 126번째 낱장 뒷면과 127번째 낱장, 예수 탄생 그리고 에덴동산의 아담과 하와. 라틴어 텍스트, 우피지에 금색과 다색 물감. 로마: 알레산드로 파르네세 추기경을 위해 제작.
The Pierpont Morgan Library, New York, M.69. © Photo Pierpont Morgan Library/Art Resource/Scala, Florence.

80~81쪽. 『금강경』, 당(唐) 시대, 868년 5월 11일. 두루마리에 목판 인쇄, 권두화 포함; 닥나무 종이 재질의 일곱 면(面)(길이 16피트). 둔황(간쑤 성, 중국): 왕개가 제작. The British Library, London, Or. 8210/P. 2.

82~83쪽. 무라사키 시키부, 『겐지 이야기 그림두루마리(原氏物語絵巻)』, 1100~1150년. 사진: 궁녀들과 시녀들의 모습(82쪽); 니오노미야(匂宮)와 우대신의 여섯째 딸의 첫날밤(83쪽). 채색 필사본 두루마리, 종이에 잉크와 물감.
Tokugawa Art Museum, Nagoya © The Art Archive/Granger Collection.

84~85쪽. 스리 라마콘드라, 『판차탄트라(다섯 가지 원칙)』, 1754~1755년. 동물 우화; 종이에 산스크리트어로 기록한 필사본; 세밀화 49점 포함. 라자스탄(인도) 제작.
Courtesy Sam Fogg, London.

85쪽. 『칼릴라와 딤나』, 15세기. 종이에 잉크, 물감, 금. 이라크: 카라 코윤루의 바그다드 통치자였던 피르 부다크를 위해 제작한 것으로 추정.
Tehran, Golestan Library, MS 827. © Werner Forman Archive.

86쪽. 황도 점성학, 17세기 말에서 18세기 초. 사진: 2절판 12번째 낱장 앞면(세부), 큰곰자리 별자리. Wellcome Library, London, MS Persian 373.

87쪽. 아브드알라만 알 수피, 『항성지』, 1009~1010년. 사진: 2절판 325~326쪽, 알 자바르(거인), 즉 오리온자리. 아랍어 천문학 코덱스(알 수피의 아들이 제작한 것으로 추정); 종이에 잉크.
Bodleian Library, Oxford, MS Marsh 144. © The Art Archive/Bodleian Library Oxford.

89쪽. 알 자자리, 『기계 기술 개론』, 1205~1206년. 사진: 2절판 136번째 낱장 앞면, 공작 모양으로 설계한 세면대. 셀주크 투르크 시대 필사본; 종이에 잉크와 수채물감. 디야르바키르(터키)에서 제작.
Topkapi Museum, Istanbul, MS Ahmet III 3472. © The Art Archive/ Gianni Dagli Orti.

90쪽. 불교 해부학, 1830~1850년경. 아코디언 모양의 양면 필사본; 종이에 잉크와 다색 물감, 텍스트는 라타나코신 시대의 타이 및 캄보디아어 필체로 작성. 캄보디아 또는 타이에서 제작 추정.
Courtesy of Sam Fogg, London.

91쪽. 만수르 이븐 일랴스, 『만수르 해부학』, 15세기 말. 사진: 동맥계와 소화계. 페르시아의 해부학 필사본. 종이에 다색 잉크. 시라즈(이란)에서 제작 추정.
Museum of Islamic Art, Cairo. © The Art Archive/ Kharbine~Tapabor/ Photo Boistesselin.

92쪽. 『보낭의 서』, 1600년 이전. 사진: 2절판 1쪽, 도입부. 이슬람 신학에 관한 논고; '들루왕' 종이에 텍스트는 고대 자바의 네모꼴 서체로 작성. 자바에서 제작(세크 울바리를 당국자로 언급함).
Leiden University Library, Or. 1928.

93쪽. 나무껍질을 두들겨 종이를 만드는 다약족 여성, 칼리만탄(인도네시아), 1910~1915년. 은염 사진.
Tropenmuseum, Amsterdam, coll. no. 60056064.

98쪽. 괴팅겐의 장식 견본서, 1450년경. 사진: 2절판 2~3쪽, 꽃무늬 장식. 채식사를 위한 지침서; 종이에 잉크와 다색 물감. 텍스트는 바스타르다체로 작성.
Göttingen State and University Library, 8° Cod. Ms. Uff. 51 Cim. © SUB Göttingen.

99쪽. 성서, 1455년경. 사진: 2절판 1번째 낱장 앞면, 히에로니무스가 번역한 바울서신. 장식이 곁들여진 42행 라틴어 성서; 종이에 흑체 활자로 인쇄하고 주서(朱書)를 곁들임. 마인츠: 요하네스 구텐베르크와 요한 푸스트 간행. The British Library, London, C.9.d.3, 1, vol.1.

100쪽. 하르트만 셰델, 연대기, 1493년. 사진: 2절판 44쪽, 베네치아. 고딕 로툰다체; 미하엘 볼게무트, 빌헬름 플라이덴부르프 및 공방에서 제작한 목판화 다수 수록. 뉘른베르크: A. 코베르거 간행(윌리엄 모리스 소장본).
Wellcome Library, London, EPB 5.f.6.

101쪽. 미하엘 볼게무트(?), 하느님 아버지. 『세계사』의 권두화로 사용된 목판화. 종이에 펜과 갈색 잉크, 수채 물감과 금박. © The Trustees of the British Museum, AN149421001.

102쪽. 윌리엄 캑스턴(야코부스 데 체솔리스 원작), 『체스 교훈담』, 1482년. 사진: 도판 4, '상인과 환전상의 태도'. 장 드 비네의 프랑스어본을 윌리엄 캑스턴이 번역하여 클래런스 공작 조지에게 헌정함. 종이에 인쇄, 목판화 24점 수록. 웨스트민스터: 윌리엄 캑스턴 간행. Rare Book and Special Collections, Library of Congress, Washington, D.C., Incun. X .C42.

103쪽. 전례 예식 지침서인 『사룸 예식서』의 광고, 1476~1477년. 단면 인쇄물에 친필 주석 추가. 웨스트민스터: 윌리엄 캑스턴 간행. Courtesy of the University Librarian and Director, The John Rylands Library, The University of Manchester, 23122.

105쪽. 윈킨 디 워드, 『재미있는 질문들』, 1511년. 인쇄본, 표지 포함 8쪽, 목판화 1점. 런던: 윈킨 드 워드 간행. Newton Library, University of Cambridge, Sel.5.20. Reproduced by kind permission of the Syndics of Cambridge University Library.

106~107쪽. 에우클레이데스, 『기하학 원론』, 1482년. 사진: 헌사 및 도입부. 텍스트는 라틴어로 작성(에우클레이데스의 원문은 기원전 200년경 그리스어로 작성): 중세 아랍어본에서 옮긴 (12세기에 바스의 애덜라드가 옮기고, 13세기에 노바라의 캄파누스가 개정한) 최초의 인쇄본. 베네치아: 에르하르트 라트돌트 간행. The British Library, London, C.2.c.1.

108~109쪽. 베르길리우스, 1501년. 사진: 『아이네이스』 제1권, A2번째 낱장 앞면; 『농경시』, C1번째 낱장 앞면(세부). 우피지에 라틴어로 인쇄된 코덱스, 수작업 장식 포함. 베네치아: 알두스 마누티우스 간행. The University of Manchester Library, Aldine Collection 3359. Courtesy of the University Librarian and Director, The John Rylands Library, The University of Manchester.

110~111쪽. 『기도서』, 1514년. 텍스트는 아랍어로 작성하고, 라틴어 헌사 수록. 파노: 교황 율리오 2세의 의뢰를 받아, 그레고리오 데 그레고리(일설에는 게르숌 손치노)가 제작. The British Library, London, Or.70.aa.12.

112쪽. 다비드 벤 요세프 벤 다비드 아부다르함, 『아부다르함의 서』, 1516년. 히브리어 전례서, 종이에 인쇄. 페스: 사무엘과 이삭 네비도트 간행. Hebraic Section, Rare Book and Special Collections, Library of Congress, Washington, D.C.

113쪽. 『법률서』, 1526년. 사진: 인쇄업자의 문장(紋章)이 나와 있는 속표지. 유대인의 의례법, 종이에 인쇄. 리미니: 게르숌 손치노 간행. Hebraic Section, Rare Book and Special Collections, Library of Congress, Washington, D.C.

115쪽. 『독창곡집』, 922~926년. 사진: 2절판 26~27쪽, 알렐루야. 양피지에 붉은색과 검은색 잉크; 텍스트는 카롤링거 소문자체로 작성. 장크트갈렌: 장크트갈렌 수도원 제작. St. Gallen, Stiftsbibliothek, Cod. Sang. 359

116쪽. 콘스탄츠 성가집, 1473년경. 사진: 2절판 6번째 낱장 앞면. 미사 전례서, 종이에 인쇄, 주서(朱書) 포함. 바젤: 콘스탄츠 성가집 인쇄업자(요한 마이스터로 추정) 제작. New York, The Pierpont Morgan Library, Ms. PML 45545. © 2013. Photo Pierpont Morgan Library/ Art Resource/Scala, Florence.

117쪽. 『그림을 통한 복음서 기억술』, 1470년경. 갈색 잉크로 한쪽 면에만 인쇄한(예를 들어 2~3쪽은 인쇄되고, 4~5쪽은 비어 있는) 삽화본 목판 책, 수작업 채색 머리글자 포함. 독일: 인쇄업자 불명. Rare Books and Special Collections, Library of Congress, Washington D.C., Incun. X .A88.

118~119쪽. 콤플루텐세 다언어 성서(1514~1517), 1520년. 히브리어, 그리스어, 칼데아어, 아람어, 라틴어 텍스트 포함. 알칼라 데 에나레스: 콤플루텐세 대학, 기옌 드 브로카르가 (프란시스코 히메네스 데 키스네로스를 위해) 제작. The British Library, London, Or.72.c.2.

119쪽. 데시데리위스 에라스뮈스, 『신약 성서』, 1516년. 사진: 2절판 1쪽, 속표지. 그리스어 텍스트, 일부 내용은 라틴어 불가타 성서에서 번역함. 바젤: 요하네스 프로벤 간행. The British Library, London, C.24.f.14.

124쪽. 성서, 1541년. 안드레아이 라우렌티우스, 올라우스와 라우렌티우스 페트리 형제가 스웨덴어로 번역한 성서. 웁살라: 스웨덴 국왕 구스타브 바사를 위해 제작. The British Library, London, 1109.kk.5.

125쪽. 『영어 성서』, 1539년. 붉은색과 검은색 잉크로 인쇄; 헨리 8세, 토머스 크롬웰, 크랜머 대주교, 기타 평신도를 묘사한 목판화 수록. 런던: 존 캐우드 인쇄. The British Library, London, C.18.d.1.

125쪽. 『성서』(루터 성서), 1681~1682년. 사진: 속표지(제1권), J. S. 바흐의 이니셜 기입. 비텐베르크: 크리스티안 슈뢰터 간행. Courtesy Special Collections, Concordia Seminary Library, St. Louis

126쪽. 데시데리위스 에라스뮈스, 『우아한 편지 작성법』, 1522년. 사진: 1747년에 종교재판소의 검열관이 행한 검열 및 규제 흔적이 있는 80쪽와 83쪽. 바젤: 요하네스 프로벤 간행. Episcopal Library, Barcelona © PRISMA ARCHIVO/ Alamy.

127쪽. 한스 홀바인, 본인 소장본 『우신예찬』(1511) 여백에 그린 에라스뮈스 스케치. 종이에 잉크. Kupferstichkabinett, Basle.

128쪽. 『시편 전집』, 1640년. 케임브리지(매사추세츠 주): S. 데이 간행. Private collection. Courtesy Sotheby's.

129쪽. 『시편 전집』, 1640년. 사진: 59~60쪽, 「시편」 27편. 케임브리지(매사추세츠 주): S. 데이 간행. American Imprint Collection, Library of Congress, Washington, D.C., BS1440 .B4.

129쪽. 『성서: 구약 및 신약, 인디언 언어 번역본』, 1663년. 케임브리지(매사추세츠 주): 새뮤얼 그린과 마마듀크 존슨 간행. Rare Book and Special Collections, Library of Congress, Washington, D.C., BS345 A2E4.

130쪽. 새뮤얼 퍼처스, 『해클루트 유고집』 또는 『퍼처스 순례기』, 1625년. 코덱스 멘도사의 내용을 재수록. 런던: 헨리 페더스톤을 위해 윌리엄 스탠스바이가 간행. Library of Congress, Washington, D.C., G159 .P98.

131쪽. 코덱스 멘도사, 1540년대 초. 사진: 2절판 65번째 낱장 앞면, 사제 겸 전사('칼메카크')로서의 성공적인 경력의 여섯 가지 단계; (아래) 두 종류의 제국 관리들. 아즈텍의 필사본, 에스파냐의 멕시코 정복 직후에 요약됨. Bodleian Library, Oxford, Arch. Seld. 1. © The Art Archive/Bodleian Library, Oxford.

132쪽. 얀 하위헌 판 린스호턴, 『여행 안내서』, 1595~1596년. 사진: 도판 80~88, 코코넛을 모으는 토착민들. 전 3부, 수작업 채색 도판 수록. 암스테르담: 코르넬리우스 클라에스즈 간행. The British Library, London, 569.g.23. © The British Library Board/ Art Archive.

133쪽. 얀 하위헌 판 린스호턴, 『여행 안내서』, 1595~1596년. 사진: 2절판, 속표지. 전 3부, 암스테르담: 코르넬리우스 클라에스즈 간행. Bodleian Library, Oxford, THETA. © The Art Archive/ Bodleian Library, Oxford.

134쪽. 안드레아스 베살리우스, 『인체의 구조에 관하여』, 1543년. 사진: 속표지. 베살리우스의 해부학 강의에서 이루어진 해부를 표현한 삽화. 라틴어 의학 텍스트, 얀 슈테펜 판 칼카르의 것으로 추정되는 목판화 포함. 바젤: 요하네스 오포리누스 간행. Bibliotheque de l'Academie de Medecine, Paris. © The Art Archive/ CCI.

136쪽. 윌리엄 체슬던, 『골격 해부학』, 1733년. 사진: 속표지 펼친 면; 권두화에는 갈레노스, 속표지 장식화에는 도판 제작에 활용된 카메라 옵스쿠라가 묘사됨. 런던: 윌리엄 보이어 간행. The British Library, London, 458.g.1.

137쪽. 튀코 브라헤, 『천문학』, 1598년. 사진: 천문대에 있는 튀코 브라헤. 반데스부르기(반데스베크, 함부르크): 튀코 브라헤 간행. The British Library, London. © The British Library Board/The Art Archive, London.

138쪽. 아이작 뉴턴, 『자연철학의 수학적 원리』, 1687년. 런던: 왕립 학회를 위해 새뮤얼 피프스가 간행. The British Library, London, C.58.h.4. © The British Library Board/The Art Archive, London.

139쪽. 아이작 뉴턴, 『자연철학의 수학적 원리』, 1687년. 사진: 402쪽, 가설, 뉴턴의 주석 기입. 런던: 조지프 스트리터 간행. Cambridge University Library, Adv.b.39.1.

139쪽. 프란체스코 알가로티, 『여성을 위한 뉴턴 학설』, 1737년. 사진: 권두화로 사용된 (잠바티스타 피아체타의 원화에 의거한) 마르코 피테리의 판화. 나폴리에서 제작. Biblioteca Marciana, Venice © The Art Archive, London/DeA Picture Library.

141쪽. 저비스 마컴, 『영국의 승마인』,

1607년. 런던: 에드워드 화이트를 위해 간행. The British Library, London

142~143쪽. 마르가레타 헬름, 『바느질의 기술과 근면』, 1725년경. 사진: 장갑의 디자인; 속표지. 뉘른베르크: 요한 크리스토프 바이겔 간행. Bayerische Staatsbibliothek München, 4 Techn. 41 gf.

144쪽. 메리 딜레이니, 꽃 콜라주 앨범, 1778년. 사진: 제1권 도판 1, 아칸서스의 일종(*Acanthus Spinosus; Dydinamia Angospermia*). 검은색 잉크를 칠한 배경에 색종이, 불투명 물감, 수채물감. © The Trustees of the British Museum, AN330030001.

145쪽. 엘리자베스 블랙웰, 『흥미로운 약초들』, 1737년. 사진: 도판 1, 민들레. 런던: 새뮤얼 하딩 간행. The British Library, London, 34.i.12.

146쪽. 켈롬 톰린슨, 『춤의 기술』, 1775년. 사진: 도판 6, '미뉴에트의 일반적인 순서'. The British Library, London, K.7.k.8.

147쪽. 켈롬 톰린슨, 「춤의 시간과 박자에 관한 소론」, 1708~1721년경. 사진: (왼쪽) 필기 노트 표지; (가운데) '한 박자와 세 박자의 측정'; (오른쪽) '두 명을 위한 사라방드'. © Alexander Turnbull Library, Wellington, New Zealand.

152~153쪽. 장바티스트 포클랭(몰리에르), 『몰리에르 작품집』, 1734년. 사진: 『상상병 환자』의 속표지. (프랑수아 부셰의 선화(線畫)에 의거해) 로랑 카르 등이 제작한 판화 수록. Courtesy Le Feu Follet, Paris.

154~155쪽. 새뮤얼 존슨, 『영어 사전』, 1755~1756년. 사진: 114~115쪽. 주석 붙은 쪽; '맹견' 항목. 런던: J. & P. 냅턴을 위해 W. 스트레이언이 간행. Beinecke Rare Book and Manuscript Library, Yale University, IIm J637 755D.

156쪽. 아이자이어 토머스, 『재미있는 상형문자 성서』, 1788년. 1783년 런던에서 간행된 T. 호지슨의 원작에 의거함. 우스터(매사추세츠 주): 아이제이어 토머스 간행. Rare Book and Special Collections, Library of Congress, Washington, D.C., BS560 1788.

157쪽. 아이제이어 토머스, 『작고 예쁜 주머니책』, 1787년. 사진: (위) 속표지; (아래) 43쪽, '야구'. 우스터(매사추세츠 주): 아이제이어 토머스 간행. Thomas Rare Book and Special Collections, Library of Congress, Washington, D.C., PZ6.L7375.

158~159쪽. 드니 디드로, 장 바티스트 르 롱 달랑베르, 『백과전서』, 1751~1757년. 사진: (158쪽) '종이에 대리석 무늬를 넣는 공정', 프레보의 판화; (159쪽) 속표지. 파리: 앙드레 르 브르통, 미셸 앙투안 다비드, 로랑 뒤랑, 앙투안클로드 브리아송 간행. © The Art Archive/ Gianni Dagli Orti.

160쪽. 칼 린네, 「식물의 결혼에 관한 서론」, 1729년. Uppsala University Library, Sweden © The Art Archive/ Gianni Dagli Orti.

161쪽. 칼 린네, 『식물종』, 1753년. 사진: (왼쪽) 속표지; (오른쪽) 491쪽의 '다(多)암술형' 관련 설명과 저자의 친필 주석. 스톡홀름: 라우렌티 살비 출판사 간행. Linnean Society of London, BL.83.

162~163쪽. 윌리엄 플레이페어, 『상업 정치 도감』, 1786년. 사진: 도판 5쪽과 20쪽, '북아메리카와의 수출 및 수입'(162쪽)과 '영국의 국가 부채'(163쪽). 런던: J. 데브레트를 위해 간행. The British Library, London, 8247.de.2.

164쪽. 『악당들의 피투성이 등록부: 뉴게이트 타이번 연감』, 1779년. 사진: '죄수들이 런던의 블랙프라이어스 다리 옆을 지나가는 모습'. 런던: 알렉산더 호그 간행. The British Library, London. © The British Library/Robana/Getty Images.

165쪽. 『뉴게이트 연감』, 1824~1826년. 런던: J. 로빈스 출판사 간행. The British Library, London. © British Library/ Robana/Getty Images.

166쪽. 로런스 스턴, 『신사 트리스트램 섄디의 생애와 견해』, 1760년. 사진: 152~153쪽, 제15장. 요크: 앤 워드 간행. The British Library, London, C.70. aa.28.

167쪽. 그림문자 수수께끼의 형태로 제작된 전국 단위 복권 광고, 1805년경. 판화를 수록한 인쇄지. Amoret Tanner Collection. © The Art Archive.

168쪽. (미셸 밀로), 『여학교』, 1668년. 프리부르(스위스): 로제르 봉 탕 간행(가짜 판권면, 실제로는 암스테르담으로 추정). The British Library, London, P. C.29.a.16.

169쪽. 존 클레런드, 『창녀의 회고록』, 1765년경. 런던: G. 펜턴(가짜 판권면)을 위해 간행. Private collection. Courtesy David Chambers.

169쪽. 『화이트홀 이브닝 포스트』 또는 『런던 인텔리전서』, 1750년 3월 6~8일. 사진: 『패니 힐』 광고. 런던: C. 코빗 간행. The British Library, London, Burney collection, issue 635.© The British Library Board.

170쪽. 벤저민 배네커, 『펜실베이니아, 델라웨어, 메릴랜드, 버지니아 주 역서(曆書) 겸 천체력(天體曆)』, 1792년판, 1791년. 사진: 6~7쪽, 황도 12궁 해부도; 속표지. 볼티모어: 윌리엄 고더드와 제임스 앤젤 간행. Rare Book and Special Collections, Library of Congress, Washington, D.C.

171쪽. 필리스 휘틀리, 『여러 주제, 종교, 도덕에 관한 시』, 1773년. 사진: 휘틀리의 초상화, 스키피오 무어헤드의 판화. 런던: 아치뷰드 벨 간행. Rare Book and Special Collections, Library of Congress, Washington, D.C., LC~USZC4~5316

172~173쪽. 토머스 뷰익, 『영국 조류사』, 1804년. 사진: (172쪽 위) '나이팅게일'; (172쪽 아래) 설명 없는 권말화('악마'); (173쪽) 제2권 속표지, '물새의 역사와 종류'. 뉴캐슬: T. 뷰익을 위해 에드워드 워커가 간행. © Courtesy of the Natural History Society of Northumbria, Great North Museum: Hancock.

174쪽. 험프리 렙턴, '윔폴 붉은 책,' 1801년. 사진: 주택 부지 풍경, 덮개 달림. 윔폴홀의 입구, 전면, 교회와 새로운 식수(植樹)를 보여준다. The National Trust, Wimpole Estate, Cambridgeshire. © The National Trust Photolibrary/ Alamy.

176쪽. 발랑탱 아위, 『시각장애인 교육』, 1786년. 사진: 445~445쪽, 두꺼운 종이에 돋을새김한 활자. 파리: M. 클루지에의 지도하에 시각장애인 아동들이 제작. Courtesy of the Museum of the American Printing House for the Blind, Louisville, Kentucky, 2004134502.

177쪽. 윌리엄 문, 『시각장애인을 위한 문 박사의 알파벳』, 1877년. 돋을새김 알파벳을 보여주는 쪽. 브라이턴: 문 출판사 간행. Courtesy of the Museum of the American Printing House for the Blind, Louisville, Kentucky, 1992313.

177쪽. 존 버니언, 『천로역정』, 1860년. 사진: 루카스 철자를 이용해 돋을새김으로 텍스트를 인쇄한 쪽. Courtesy of the Museum of the American Printing House for the Blind, Louisville, Kentucky, 1998.66.

182쪽. 은행권 견본, 1821년경. 은행권 위조를 방지하기 위한 강철 요판 인쇄술 계획의 견본. 특허 제품. 런던: 퍼킨스, 페어먼 & 히스 제조. Courtesy Heath-Caldwell Family Archive.

183쪽. 제이컵 퍼킨스, 얼음 제조 및 액체 냉매 관련 장치와 수단, 1835년 8월 14일. The British Library, London, GB 6662/1835.

183쪽. 토머스 캠벨, 『희망의 기쁨: 시집』, 1821년. '신판': 리처드 웨스톨과 찰스 히스의 강철판 삽화 포함 재간행. 런던: 롱맨, 허스트, 리스, 옴, 브라운 간행; 에든버러: 스털링 앤드 슬레이드 간행. Courtesy Heath-Caldwell Family Archive.

184~185쪽. 애너 앳킨스, 『영국 조류 사진 도감: 청사진판』, 1843~1850년. 사진: 속표지; 2절판 55쪽. '참그물 바탕말(*Dictyota dichotoma*)의 어린 상태 그리고 열매를 맺은 상태'. The British Library, London, C.192.c.1.

186~187쪽. 아돌프 뒤페를리, 『자메이카 사진 여행』, 1840년. 사진: 속표지; 석판화 '킹스턴 소재 법원의 선거일 풍경'. 킹스턴(자메이카): 아돌프 뒤페를리 간행. The British Library, London, Maps.19.b.12.

188쪽. 제임스 에번스, 『크리족 음절문자 찬송가』, 1841년. 엘크 가죽 덮개로 제본하고, 앞두에 음절문자표 인쇄. 노르웨이 하우스(매니토바 주): 제임스 에번스 간행. Victoria University Library, Toronto, AS42 .B49 no.4.

189쪽. 야코프 훈치커, 『자연의 자체 인쇄』, 1862년. 사진: 속표지, 칸나다어 텍스트에, 물석송(*Lycopodium cernuum*) 원물 인쇄. 망갈로르: 바젤 선교회 출판부, J. 훈치커 간행. © Basel Mission Archives/Basel Mission Holdings, C.325.I.004.

189쪽 『중국 기록 및 선교 회지』, 1875년. 사진: 미국 장로교 선교회 출판부의 광고. 상하이: 미국 장로교 선교회 출판부. Collection the author.

190쪽 『타우흐니츠 잡지』, 1892년 8월호. 라이프치히: 베르나르트 타우흐니츠. Courtesy Alistair Jollans.

191쪽 찰스 디킨스, 『피크위크 클럽 유고』, 1836~1837년. 1836년 4월부터 1837년 11월까지, 20개월 동안 매달 한 권씩 (19권과 20권은 합본으로) 간행; R. W. 버스, H. K. 브라운('피즈'), 로버트 시모어(표지 포함)가 제작한 삽화 수록. 런던: 채프먼 앤드 홀 간행. Copyright © 2013 Bonhams Auctioneers Corp. All Rights Reserved.

192쪽 프랭크 파월 박사, 『올드 그리즐리 애덤스, 곰 조련사: 산의 군주』, 1899년. '비들 스포츠와 모험 소년 문고' 제2권 제23호, 1899년 6월 11일. 뉴욕: M. J. 아이버스 앤드 컴퍼니 간행. Johannsen Collection, Rare Books and Special Collections, Northern Illinois University Libraries, 23.

193쪽 『인도 여왕의 복수』, 1864년. '먼로 10센트 소설 문고,' 55호. 뉴욕: 조지 먼로 앤드 컴퍼니 간행; 필라델피아: J. 트렌위스 간행. Johannsen Collection, Rare Books and Special Collections, Northern Illinois University Libraries, 241.

195쪽 앤과 제인 테일러, 『시골 풍경: 시골 들여다보기, 어린이용』, 1825년. 사진: 48~49쪽, '낚시' 외. 런던: 하비 앤드 다턴 간행. Collection the author.

196~197쪽 하인리히 호프만, 『더벅머리 페터』, 1848년. 사진: 앞표지(197쪽); 16쪽 '손가락 빠는 꼬마의 이야기'(196쪽). 글래스고: 블래키 앤드 선스 간행. Collection the author.

197쪽 마크 트웨인, 『지저분한 피터』, 1935년. 사진: 앞표지(제2판). 뉴욕: 하퍼 앤드 브러더스 간행. Collection the author.

198~199쪽 로타르 메겐도르퍼, 『대서커스』, 1887년. 팝업 북. 파리: 누벨 리브라리 들라 죄네스, 1887년. Collection Ana Maria Ortega. Photo © Álvaro Gutiérrez.

199쪽 라몬 룰, 『대작』, 1305년. 사진: 회전판. 엘 에스코리알 도서관(마드리드) 소장 원본에 의거한 복제본(1990). 마드리드: 마드리드 카이데다 출판사 간행. Collection Ana Maria Ortega. Photo © Álvaro Gutiérrez.

199쪽 로버트 세이어, 『아담과 하와가 나오는 어릿광대 책』, 1788년. 덮개 책; 수작업 채색 판화 포함, 제임스 푸파르 도안 및 제작; 텍스트는 벤저민 샌즈의 『인간의 발단, 전개, 결말』(런던, 1650)에 의거함. Collection Ana Maria Ortega. Photo © Álvaro Gutiérrez.

200쪽 배데커판 『이집트』, 1928년. 여행 안내서, 지도와 삽화 포함; 더 이전에 간행된 독일어판의 개정판. 코블렌츠: 카를 배데커 간행. Courtesy Karl Baedeker Verlag.

201쪽 『슈트라스부르크에서 뒤셀도르프까지의 라인 강 여행』, 1839년. 노란색 바탕 비더마이어 제본. 코블렌츠: 카를 배데커 간행. Courtesy Karl Baedeker Verlag.

201쪽 『스위스』, 1844년. 초판본, 노란색 바탕 비더마이어 제본. 코블렌츠: 카를 배데커 간행. Courtesy Shapero Rare Books, London.

202쪽 알렉시 수아예, 『현대의 주부』, 1849년. 사진: (아래) 속표지; (위) '수아예 소스'의 광고. 런던: 심킨, 마셜 간행. Collection the author

203쪽 수아예가 크림 반도에서 설치한 야전 식당, 1855년. 『일러스트레이티드 런던 뉴스』, 1855년 9월 22일자에 수록된 판화. 런던: 허버트 잉그램 간행. © 19th era 2/Alamy.

204쪽 롤프 볼더우드, 『무장 강도』, 1927년. 런던: 맥밀런 앤드 컴퍼니. Courtesy Ian Riley.

205쪽 아서 코넌 도일 경, 『배스커빌의 사냥개』, 1902년. 식민지판 초판본; 시드니 패짓의 삽화 수록. 런던: 롱맨, 그린 앤드 컴퍼니 간행. Courtesy Adrian Harrington Rare Books, London.

205쪽 연극 『무장 강도』를 선전하는 전단, 1896년. 호바트 소재 로열 극장에서의 연극 공연. 호바트: 존 헤닝스 간행. Tasmaniana Library, LINC Tasmania. ©Tasmanian Archive and Heritage Office.

210쪽 마이클 조이스, 『오후, 이야기』, 1987년. 하이퍼텍스트 저술 시스템 '스토리스페이스'를 이용한 상호 대화식(인터랙티브) 전자책. 워터타운(매사추세츠 주): 이스트게이트 시스템스 간행. © Eastgate Systems.

211쪽 호르헤 루이스 보르헤스, 『갈라지는 길이 있는 정원』, 1942년. 부에노스아이레스: 수르 간행. Courtesy Ken Lopez Bookseller, Massachusetts.

212쪽 체스터 플로이드 칼슨, 본인이 발명한 1938년의 제록스 복사기와 함께 있는 모습, 1960년경. ©Pictorial Press/Alamy

213쪽 체스터 칼슨, '실험 일지', 1938년. 사진: 친필 노트 A4의 4~5쪽, 정전(靜電) 인쇄에 관한 필기 부분. The New York Public Library, Chester F. Carlson papers, MssCol 472.

214쪽 윌리엄 셰익스피어, 『덴마크 왕자 햄릿의 비극』, 1930년. 사진: 126쪽, 제4막 제4장. 에드워드 고든 크레이그의 목판화 및 동판화 80점 수록. 바이마르: 크라나흐 출판사 간행. The British Library, London, C.100.l.16.

214쪽 윌리엄 셰익스피어, 『덴마크 왕자 햄릿의 비극』, 1909년. 사진: 138쪽, 제5막 제1장. 해머스미스: 도브스 출판사 간행. The British Library, London, C.99.g.30.

215쪽 에드워드 고든 크레이그, '무덤 파는 인부 1', 1927년. 크라나흐판 『햄릿』의 인쇄공 해리 게이지콜을 모델로 삼음. 『매트릭스』 1992년 12월호(97쪽). Courtesy of John Randle.

216~217쪽 월트 휘트먼, 『풀잎』, 1930년. 사진: 검은색과 붉은색으로 인쇄된 풀잎, 발렌티 안젤로의 목판 삽화 포함. 뉴욕: 랜덤하우스를 위해 그래본 출판사 간행. The British Library, London, RF.2003.c.9.

217쪽 블라디미르 부를류크와 바실리 카멘스키, 『암소들과의 탱고: 구체시』, 1914년. 2절판 12페이지. 벽지 표지에 활판 인쇄 삽화 3점 수록. 모스크바: D. D. 불리우크 간행. Museum of Modern Art, New York, Gift of The Judith Rothschild Foundation, inv. 74.2001. © Digital image, The Museum of Modern Art, New York/Scala, Florence.

218쪽 블라디미르 마야콥스키, 『목소리를 위하여』, 1923년. 「왼쪽으로 행진」은 엘 리시츠키가 디자인. 베를린: R.S.F.S.R. 출판사 간행. © Image Asset Management Ltd./Alamy

220~221쪽 막스 에른스트, 『친절의 일주일』, 1934년. 에른스트가 1933~1934년에 제작한 콜라주로 이루어진 '콜라주 소설'. 파리: (조르주 두발 인쇄) 에디시옹 잔 뷔셰 간행. The Louis E. Stern Collection, Museum of Modern Art (MoMA). © Digital image, Museum of Modern Art, New York/Scala, Florence © ADAGP, Paris and DACS, London 2014.

221쪽 기욤 아폴리네르, 『칼리그람: 평화와 전쟁의 시, 1913~1916』, 1918년. 타이포그래피 배열을 이용한 구체시, 저자 사후에 간행. 파리: 메르쿠르 드 프랑스 간행.

222쪽 조지프 O. 은나도지, 『창녀를 조심하라, 너무 많은 친구도, 이 세상은 험하다』, 1970년경. J. C. 아노루의 개정 및 증보판; 단순한 고무 판화 몇 점 포함. 오니차(나이지리아): J. C. 브러더스 서점 간행. Courtesy Cavan McCarthy.

223쪽 익명의 화가, 바르셀로나 소재 산아구스틴의 수도원 옆에 있는 '소설' 가판대. 1850년경. 1850년에 간행된 어느 단막극 대본에 수록된 동판화.

223쪽 J. 아비아캄, 『여자들과 친해지는 방법』, 1965년경. 표지 그림은 원래 어느 뜨개질 도안집에 수록되었던 것이다. 오니차(나이지리아): J. C. 브라더스 서점 간행. Courtesy Cavan McCarthy.

223쪽 올레가리오 페르난데스 다 실바, 『에반드로 바리아도르 데 수루빔 박사의 죽음』, 1987년. 목판화 또는 고무 판화 표지화 수록. 카루아루(페르남부쿠 주, 브라질): 간행처 불명. Courtesy Cavan McCarthy.

224쪽 로자먼드 레먼, 『왈츠로의 초대』, 1934년. 앨버트로스 현대 대륙 문고, 223권. 함부르크: 앨버트로스 출판사. Collection the author.

225쪽 에릭 링클레이터, 『앤젤로 이병』, 1958년. 종이표지본(페이퍼백), 1957년의 한정판 사진 식자 크리스마스 판본에 의거함. 미들섹스: 펭귄 출판사. Courtesy Penguin Books Ltd.

225쪽 '현대 대륙 문고' 독자들을 위한 엽서, 1934년경. 파리: 앨버트로스 출판

사. Collection the author.

226쪽. 알렉산데르 카민스키, 『방어벽을 쌓는 석재』, 1944년. '율리우시 고레츠키'라는 필명으로 간행; 스타니스와프 쿤스테테르 표지 디자인. 바르샤바: TWZW 간행 Warsaw Uprising Museum, Warsaw.

227쪽. 저항 운동 출판사. 『르 푸앵』에 수록된 사진, 1945년. 사진작가 불명, Collection the author.

228쪽. 미하일 불가코프, 『거장과 마르가리타』, 1966~1967년. 모스크바의 한 잡지에 수록된 당시의 판본. 사진: (왼쪽) 겉표지; (오른쪽) 본문(1966). Courtesy Helix Art Center, San Diego www.russianartandbooks.com;Courtesy Shapero Rare Books, London.

229쪽. 미하일 불가코프, 『거장과 마르가리타』, 1969년. 사진: 초판본 표지를 재현한 1974년의 재판본 표지. 프랑크푸르트: 포세프 출판사 간행. Courtesy Possev Verlag, Frankfurt.

230쪽. 마리 스톱스, 『부부의 사랑법: 성 문제 해결에 대한 새로운 제안』, 1931년. '연방 대법관이 금지 조치 철회'라고 나온 표지 광고. 뉴욕: 유제닉스 출판사 간행. Collection the author.

230쪽. 영화 「메이시의 결혼」의 광고 전단, 1923년. 쪽 홀 극장(요크셔 주 피츠무어 소재); 『부부의 사랑법』에 부분적으로 기초한 영화. 리즈/런던: 존 웨딩턴사(社) 간행. © National Archives, Kew, HO45/11382.

231쪽. 『효율적인 사람이 되는 방법』, 1916년. 『시스템: 비즈니스 전문지』에서 간행하는 '시스템 실용 지침서' 가운데 하나. 사진: 제18장 '시간 절약을 위한 작은 계획'. 런던/시카고: A. W. 쇼 앤드 컴퍼니 간행. Collection the author.

232쪽. 안네 프랑크, 『일기: 1942~1944년』. 사진: 첫 번째 일기장 내부, 1942년 6월 19일자. ©Anne Frank Fonds - Basel via Getty Images.

233쪽. 안네 프랑크, 『은신처』, 1947년. 안네 프랑크 사후, 아버지 오토 프랑크의 편집을 거쳐 간행된 일기의 초판본. 암스테르담: 콘탁트 출판사 간행. © Allard Bovenberg/Anne Frank Fonds - Basel via Getty Images.

233쪽. 이렌 네미로프스키, 『프랑스 조곡』, 1940~1941년. 친필 원고를 수록한 공책. © Fonds Irène Némirovsky/IMEC, by permission of the Estate.

238쪽. 오하이오 주 칠리코시 소재 마운틴 하우스 출판사에서 『구식 제지술』을 인쇄하는 다드 헌터, 1922년. Courtesy Dard Hunter III.

238쪽. 다드 헌터, 『구식 제지술』, 1923년. 칠리코시(오하이오 주): 마운틴 하우스 출판사 간행. Courtesy Dard Hunter III.

239쪽. 다드 헌터가 직접 제작한 자체(字體)로 행한 '그을음 시험 인쇄' 흔적, 1922년경. Courtesy Dard Hunter III.

240~241쪽. RAND 연구소, 『백만 개의 난수와 10만 개의 정규 편차』, 1955년. 글렌코(일리노이 주): 프리 프레스 출판사 간행. Photo courtesy Tom Jennings, by permission of Rand Corporation.

242쪽. 『베오울프』, 서기 1000년경. 사진: 2절판 101쪽, 『베오울프』가 수록된 필사본 코덱스에 함께 수록된 『동양의 경이』에 나오는 '고르고네우스의 나라에서 금을 파내는 개미 떼'를 묘사한 세밀화. The British Library, London, MS Cotton Vitelius A. XV.

243쪽. 전자책 베오울프 CD, 버전 2, 2011년. '코턴 비텔리우스 A~15' 필사본에 수록된 『베오울프』와 기타 작품의 앵글로색슨 필사본에 의거한 CD. 제3판, 2011년. 런던: 대영 도서관 출판부 간행.

244쪽. 실비아 하트먼, 『용의 군주』, 2013년. 온라인을 통한 군중 참여 집필 소설의 종이표지본(페이퍼백) 표지. 이스트번: 드래건라이징 출판사 간행. Courtesy of Silvia Hartmann(www.SilviaHartmann.com) and DragonRising Publishing(www.DragonRising.com).

245쪽. 앙헬라 루이스 로블레스, 『기계식 백과사전』, 1949년. 사진: 현재 남아 있는 시제품은 앙헬라 루이스 로블레스의 후손들이 소유하고 있다. Spanish National Museum of Science and Technology. Photo © Luis Carré.

245쪽. 아이패드 미니 태블릿 컴퓨터에서 전자책의 쪽를 넘기는 독자의 모습. © Iain Masterton/Alamy.

246쪽. 축소판 '코란', 그리고 부속물인 금속제 보관함 및 확대경, 1900~1910년경. 글래스고: 데이비드 브라이스 앤드 선 간행. Courtesy Simon Beattie, www.simonbeattie.co.uk.

247쪽. 핀 머리에 새긴 히브리어 성서, 2009년. 테크니온 부설 러셀 베리 나노 기술 연구소에서 개발한 나노 성서. 텔아비브: 테크니온(이스라엘 공과대학) 간행. © Technion, Israel Institute of Technology, Tel Aviv.

250~251쪽. 프란시스카 프리에토, 『반책』, 2003년. 종이접기 20면체: 가로 15, 세로 17, 너비 19센티미터, 니카노르 파라의 『반시(反詩)』에 의거함. 종이접기로 제작. Artist's collection. All rights reserved. Copyright © Francisca Prieto, 2001~13.

252쪽. 인도네시아 남(南)술라웨시의 '얼레 모양 책', 1907년 이전. 론타르 종이. Tropenmuseum, Amsterdam, coll. no. 673~674.

253쪽. 인도네시아 남(南)술라웨시의 불루쿰바에서 제작된 '띠 모양 필사본', 1887년 이전. 론타르 종이에 부기어로 작성. Tropenmuseum, Amsterdam, coll. no. A-4515b.

254쪽. 에티오피아어 서체. 에티오피아, 연대 불명. 우피지에 검은색과 붉은색으로 작성한 게즈어 또는 에티오피아어 텍스트. © The Art Archive.

254쪽. 아라베스크 문양, 인쇄물 장식, 17세기. Collection the author.

256쪽. 인쇄업자의 문장(紋章). 알두스 마누티우스의 문장, 1501년경. Collection the author.

257쪽. 드니 디드로, 장 바티스트 르 롱 달랑베르, 『백과전서』, 1751~1757년. 사진: '활판 인쇄', 구시에의 그림에 의거한 베르나르의 동판화. 파리: 앙드레 르 브르통, 미셸 앙투안 다비드, 로랑 뒤랑, 앙투안클로드 브리아송 간행. © The Art Archive/DeA Picture Library.

258쪽. 미하엘 마이어, 『도망치는 아탈란타』, 1618년. 사진: 제 꼬리를 삼키는 용(우로보로스)의 모습. 연금술에 관한 우의집(寓意集); 시, 텍스트, 음악 푸가; 요한 테오도르 드 브리의 동판화. 오펜하임: 히에로니미 갈리에리 간행, 1618년. Prints and Photographs Division, Library of Congress, Washington, D.C., LC-USZ62-95263.

259쪽. 크리스티안 3세 성서, 1550년. 사진: 속표지(세부), 프락투어체 제목, 에르하르트 알트도르퍼의 목판화. 최초의 덴마크어 성서 완역본. 코펜하겐: 루도비시 디츠 간행.

260쪽. 『린디스판 복음서』, 700년경. 사진: 2절판 139번째 낱장 앞면(세부), 「누가복음」의 도입부. 우피지에 다색 물감과 잉크. The British Library, London, Cotton MS Nero D.IV.

261쪽. 시편집, 1661년. 사진: 2절판 1쪽(세부), 장식 머리글자와 그리스어 소문자체 텍스트. 이집트의 시나이 산 소재 성(聖) 카타리나 수도원에서 수도사 마타이오스가 수도사 파코미오스를 위해 작성. The British Library, London, MS Burney 16.

262쪽. 제지술의 수호성인 채륜(蔡倫), 18세기. 청(靑) 왕조 때의 디자인을 복제한 18세기의 목판화. Collection the author

263쪽. '소'를 의미하는 한자(漢字) '우(牛)'.

264쪽. "뭔가 잘못 생각하시는 어머니께 아메리카가 말씀드립니다", 그림문자 수수께끼, 1778년 5월 11일. 동판화에 수작업 채색. 런던: M. 달리(스트랜드) 간행. Prints and Photographs Division, Library of Congress, Washington, D.C., PC 1 - 5475.

267쪽. 이프라임 체임버스, 『백과: 미술 과학 종합 사전』, 1728년. 사진: '윌리엄 캐슬론이 제작한 자체(字體)와 언어 표본집'. 런던: 제임스 앤드 존 냅턴 간행.

268쪽. 오리게네스, 『민수기 15~19장 설교집』, 675~700년. 사진: 2절판 11쪽(세부), 언셜체(메로빙거 시대) 텍스트, 주서(朱書) 대문자. 프랑스 북부(코르비?) 간행. The British Library, London, MS Burney 340.

268쪽. 로버트 헤이먼, 『(올드뉴펀들랜드, 뉴브리타니올라에서 건너온) 최신 창작 쿼들리벳』, 1628년. 사진: 여백 쪽에 나타난 종이물자국. 런던: 로저 미첼을 위해 엘리자베스 올디가 간행. Private collection. Creative Commons, Ambassador Neelix.

269쪽. 마티아스 후스, 오토 셰퍼, 『죽음의 무도』, 1499~1500년. 리옹: 마티아스 후스. Collection the author.

찾아보기

가

나

다

라

마

바

사

아

자

차

카

타

파

하